EINFÜHRUNG INS PTOLEMÄISCHE

Eine Grammatik
mit
Zeichenliste und Übungsstücken

von
Dieter Kurth

TEIL 2

Backe-Verlag

1. Auflage

Backe-Verlag, Daniela Kurth
Steinbecker Straße 49
29646 Hützel
www.backe-verlag.de

Original des Umschlagfotos: Angela Kraft, Tierfotoagentur Lüneburger Heide
Technische Umschlaggestaltung: Dipl. Grafikerin Tatjana Scheiger
Formatierung und Layout des Textes: Andreas Effland, Jan-Peter Graeff

ISBN: 978-3-9810869-3-5

Inhalt

Teil 2

Inhalt V-XII

Vorwort 587

(IV) *Grammatik Fortsetzung*

B Morphologie 588

1 Pronomen, § 37 - § 89 589

1.1 Personalpronomen, § 37 - § 69 589

1.1.1 Personalpronomen Suffix, § 37 - § 47 589

1.1.2 Personalpronomen Abhängig, § 48 - § 60 599

1.1.3 Personalpronomen Unabhängig, § 61 - § 69 609

1.2 Demonstrativpronomen, § 70 - § 89 615

1.2.1 *pꜣ*, *tꜣ*, *nꜣ* und Ableitungen, § 70 - § 77 615

1.2.1.1 Attributivartikel, § 74 618

1.2.1.2 Possessivartikel, § 76 620

1.2.1.3 Absoluter Possessivartikel, § 77 622

1.2.2 *pw*, *tw*, *nw* und Ableitungen, § 78 - § 81 622

1.2.3 *pf*, *tf*, *nf* und Ableitungen, § 82 - § 85 626

1.2.4 *pn*, *tn*, *nn* und Ableitungen, § 86 - § 89 628

2 Substantiv, § 90 - § 117 632

2.1 Genus, § 90 - § 96 632

2.2 Numerus, § 97 - § 108 638

2.2.1 Abstrakter Singular, § 104 646

2.2.2 Distributiver Singular, § 105 648

2.2.3 Singular ad Sensum, § 106 650

2.2.4 Plural ad Sensum, § 107 651

2.2.5 Wechsel zwischen Singular, Plural und Dual, § 108 653

2.3 Bildung, § 109 - § 117 654

2.3.1 Präfix *bw*, § 110 656

2.3.2 Präfix *p*, § 111 657

2.3.3 Präfix *m*, § 112 658

2.3.4 Präfix *mdt*, § 113 659

2.3.5 Präfixe *rꜣ-ꜥ*, *rꜣ* und *ꜥ*, § 114 660

2.3.6 Präfix *śt*, § 115 661

2.3.7 Affix *tj*, § 116 661

2.3.8 Präfix *tp*, § 117 662

3 Adjektiv, § 118 - § 134 663

3.1 Verbal-Adjektiv, § 119 664

3.1.1 Verbal-Adjektiv und Partizip, § 120 667

3.2 Nisbe-Adjektiv, § 121 669

3.2.1 *jmj*, *jrj*, *ḥrj*, § 122 671

3.2.2 *nj*, Konstruktion *nj-św* ...; Genitiv-Adjektiv, § 123 674

3.3 Substantivierung des Adjektivs, § 124 678

3.4 Relativ-Adjektiv, § 125 680

3.4.1 *ntj*, § 126 680

3.4.2 *jwtj*, § 127 682

3.5 Zahlwort, § 128 684

3.5.1 Bruchzahlen, § 129 685

3.5.2 Kardinalzahlen, § 130 686

3.5.3 Ordinalzahlen, § 131 692

3.5.4 Zahlen im Datum, § 132 693

3.5.5 Zahlen bei Maßangaben, § 133 696

3.5.6 *wꜥ* (*n*) als Unbestimmter Artikel, § 134 697

4 Präposition, § 135 698

5 Verbum, § 136 - § 157 707

5.1 Verbalklassen, § 137 708

5.2 Infinitiv, § 138 713

5.3 Partizip, § 139 715

5.4 Pseudopartizip, § 140 724

5.5 Relativform, § 141 - § 145 728

5.5.1 *śḏm.f*-Relativform, § 142 729

5.5.2 *śḏm.n.f*-Relativform, § 143 730

5.5.3 mit *j* anlautende Relativform, § 144 731

5.5.4 Passiv der Relativform, § 145 732

5.6 *śḏm.tj.fj*, § 146 733

5.7 *śḏm.f*, § 147 734

5.7.1 Aktiv, § 148 734

5.7.2 Passiv, § 149 735

5.8 *śḏm.n.f* und *śḏm.n.tw.f*, § 150 735

5.9 *śḏm.tw.f*, § 151 738

5.10 *śḏmt.f* ,§ 152 739

5.11 *śḏm.jn.f*, *śḏm.ḫr.f*, *śḏm.kꜣ.f*, § 153 740

5.12 Hilfsverb, § 154 741

5.13 Konjunktiv, § 155 749

5.14 Imperativ und Vetitiv, § 156 750

5.15 Bildung, § 157 755

6 Adverb, § 158 762

7 Partikel, § 159 764

Übung 8 797

C Wort-Syntax

1 Nomen (und *nj* oder *ntj*) und Nomen, § 160 798

1.1 Genitivverbindung, § 161 798

1.1.1 Regens und Rectum, § 162 800

1.1.2 Regens und Genitiv-Adjektiv *nj* und Rectum, § 163 801

1.1.3 Regens und *ntj* und Rectum, § 164 801

1.2 Koordination, § 165 802

1.3 Nomen und Apposition, § 166 806
1.4 Superlativ, § 167 810
1.5 Iteration und Intensivierung, § 168 812
2 Nomen (und Nomen) und Präposition und Nomen, § 169 812
2.1 Koordination, § 170 813
2.2 Komparativ, § 171 813
2.3 Superlativ, § 172 814
2.4 Nomen und Präpositionales Attribut, § 173 815
3 Adjektiv und Adjektiv, § 174 817
4 Adjektiv/Partizip und Nomen, § 175 817
5 Adjektiv/Partizip und Nomen und Präposition und Nomen, § 176 820
5.1 Attributiver Ausdruck, § 177 821
5.2 Komparativ, § 178 821
6 Pseudopartizip und Nomen, § 179 822
7 Präposition und Nomen, § 180 823
7.1 Präposition und Direktes Objekt, § 181 823
7.2 Reihungen, § 182 825
8 Verbum und Verbum, § 183 826
8.1 Koordination, § 184 827
8.2 Verbum und Adverb, § 185 828
9 Transitives Verbum ohne Direktes Objekt, § 186 828
10 Zahlwort und Gezähltes, § 187 830
Übung 9 834

D Satz-Syntax

Definitionen § 188 835
1 Satzbaumuster (allgemein), § 189 838
1.1 Nominalsatz § 190 839
1.1.1 Nominaler Nominalsatz, § 191 - § 209 839
1.1.1.1 Nomen und Nomen, § 192 840
1.1.1.2 Personalpronomen und Nomen, § 193 842

1.1.1.3 Nomen oder Infinitiv und Nominale Formen des Verbs, § 194 843

1.1.1.4 Nomen und Demonstrativpronomen, § 195 845

1.1.1.5 Der Nominale Nominalsatz mit *pw*, § 196 - § 207 846

1.1.1.5.1 Nomen und *pw*, § 197 847

1.1.1.5.2 Nomen, *pw* und Nomen, § 198 848

1.1.1.5.3 Nomen, Nomen und *pw*, § 199 850

1.1.1.5.4 Unabh. Personalpron., *pw* und Nomen, § 200 851

1.1.1.5.5 Unabh. Personalpron., Nomen und *pw*, § 201 851

1.1.1.5.6 Unabh. Personalpron., *pw* und Partizip oder *śḏm.tj.fj*, § 202 852

1.1.1.5.7 Unabh. Personalpron., *pw* und *śḏm.f*, § 203 852

1.1.1.5.8 Unabh. Personalpron. und *pw ntj* ..., § 204 853

1.1.1.5.9 Unabh. Personalpron., *pw* und *śḏm.n.f*-Relativform, § 205 853

1.1.1.5.10 Adverbieller Nominalsatz (syntaktisch ein Nomen) und *pw*, § 206 854

1.1.1.5.11 Infinitiv und *pw jrj.n.f*, § 207 855

1.1.1.6 Partikel und Nominaler Nominalsatz, § 208 855

1.1.1.7 Partikel *n(n)* (Negation) und Nomen oder Nom. NS, § 209 856

1.1.2 Adverbieller Nominalsatz, § 210 – 220 858

1.1.2.1 mit Adverb, § 211 859

1.1.2.2 mit Präposition und Nomen oder Pronomen, § 212 859

1.1.2.3 mit *jm.f*, § 213 862

1.1.2.4 mit *n.f jmj*, § 214 864

1.1.2.5 mit *r.f*, § 215 865

1.1.2.6 mit Pseudopartizip (Pseudoverbalkonstruktion), § 216 867

1.1.2.7 mit Präposition und Infinitiv (Pseudoverbalkon.), § 217 869

1.1.2.8 Partikel und Adverbieller Nominalsatz, § 218 873

1.1.2.9 Partikel *n(n)* (Negation) und Adv. Nominalsatz, § 219 875

1.1.2.10. Hilfsverb und Adverbieller Nominalsatz, § 220 876

1.1.3 Adjektivischer Nominalsatz, § 221 - § 226 884
1.1.3.1 mit Adjektiv, § 222 884
1.1.3.2 mit Partizip, § 223 886
1.1.3.3 mit *nj św*, § 224 887
1.1.3.4 mit *twt r.f*, § 225 888
1.1.3.5 Adj. Nominalsatz nach Partikel und Hilfsverb, § 226 889
1.1.4 Die *jn*-Konstruktion, § 227 - § 232 890
1.1.4.1 *jn* und Nomen und Partizip, § 228 891
1.1.4.2 *jn* und Nomen und *śḏm.f*, § 229 892
1.1.4.3 *jn* und Nomen und *śḏm.n.f*, § 230 893
1.1.4.4 *jn* und Infinitiv und *śḏm.n.f*-Relativform, § 231 894
1.1.4.5 *jn* und Nomen und *ḥr* und Infinitiv, § 232 894
1.2 Verbalsatz, § 233 - § 239 895
1.2.1 *śḏm.f*-Aktiv, § 234 897
1.2.2 *sḏm.f*-Passiv, *śḏm.tw.f* und *śḏm.n.tw.f* ,§ 235 902
1.2.3 *śḏm.n.f*, § 236 904
1.2.4 Partikel und Verbalsatz, § 237 913
1.2.5 Hilfsverb und Verbalsatz, § 238 915
1.2.6 Zweites Tempus, § 239 920
1.3 Fragesatz, § 240 921
1.4 Negierter Satz, § 241 922
2 Satzverbindung (allgemein), § 242 923
2.1 Satzreihe (Parataxe) , § 243 924
2.2 Satzgefüge (Hypotaxe), asyndetisch, § 244 - § 254 926
2.2.1 mit Adverbialsatz, § 245 927
2.2.1.1 adversativ, § 246 928
2.2.1.2 final und konsekutiv, § 247 928
2.2.1.3 kausal, § 248 930
2.2.1.4 konditional; der „Wechselsatz", § 249 932
2.2.1.5 temporal, § 250 934
2.2.1.6 zirkumstanziell, § 251 936

2.2.2 mit Attributsatz (Relativsatz), § 252 939

2.2.3 mit Objektsatz, § 253 949

2.2.4 mit Subjektsatz, § 254 952

2.3 Satzgefüge, syndetisch, § 255 - § 263 952

2.3.1.1 mit Adverbialsatz, adversativ, § 256 954

2.3.1.2 final und terminativ, § 257 954

2.3.1.3 kausal, § 258 956

2.3.1.4 konditional § 259 961

2.3.1.5 temporal, § 260 962

2.3.1.6 zirkumstanziell, § 261 967

2.3.2.1 mit Attributsatz positiv (*ntj*), § 262 970

2.3.2.2 mit Attributsatz negativ (*jwtj*), § 263 976

2.4 Komplexe Satzgefüge, § 264 982

2.5 Rede und Begleitsatz, § 265 987

2.6 Direkte Rede, § 266 990

2.7 Indirekte Rede, § 267 991

Übung 10 993

V *Stilistik*

1 Stilistik und Syntax, § 268 994

2 Voranstellung und Nachstellung von Satzteilen, § 269 997

2.1 im Nominalsatz, § 270 1000

2.2 im Verbalsatz, § 271 1003

3 Doppelsetzung von Satzteilen, § 272 1005

4 Ellipsen, § 273 1007

4.1 beim Nominal- und Verbalsatz, § 274 1008

4.2 bei Konstruktionen mit dem Infinitiv, § 275 1010

4.3 bei Vergleichen, § 276 1013

4.4 bei Wunsch, Bekräftigung und Vokativ (Anrede), § 277 1014

Übung 11 1018

VI *Text und Bild*

1 Einheit von Text und Bild, § 278 1020

2 Formale Zuordnung von Text und Bild, § 279 1025

Nachwort zur Stellung des Ptolemäischen innerhalb des Ägyptischen 1027

Übung 12 1029

VII b *Lösungshilfen zu den Übungen 8 – 12*[1] 1030

VIII *Indizes*

1 Textstellen 1037

2 Res Notabiles 1053

3 Stichwörter 1074

3.1 Ägyptisch

3.2 Demotisch

3.3 Koptisch

3.4 Griechisch

3.5 Arabisch

3.6 Deutsch

4 Grammatische Begriffe 1082

IX *Abgekürzt zitierte Literatur der Bände 1 und 2* 1109

Addenda et Corrigenda 1121

[1] Die Übungen sind von den Kapiteln und Paragraphen der Grammatik unabhängig; sie bilden einen selbständigen Teil, und ihre Abfolge hat eine eigene Intention (siehe EP 1, 12 f.).

Vorwort

Der vorliegende zweite Teil der Grammatik enthält Morphologie, Syntax und Stilistik. Er soll demjenigen, der als Philologe Inschriften der griechisch-römischen Zeit bearbeitet, als Ort des Verweises dienen. Die historische Entwicklung einzelner Formen wird nur dort angesprochen, wo es zum Verständnis notwendig erschien. Überraschen mag die Aufnahme der Stilistik als eines der Hauptkapitel, aber das war nötig, weil aus diesem Bereich entscheidende Hilfen zur Abtrennung der Sätze kommen.

Zur Erleichterung des Benutzers enthalten die Kopfzeilen des zweiten Bandes, abweichend von denjenigen des ersten, auch die Angabe der Paragraphen. Der vorliegende Band enthält auch die zahlreichen Addenda et Corrigenda zu Band I.

Das Literaturverzeichnis und die Indizes umfassen beide Bände. Alle Stichwörter wurden streng alphabetisch geordnet; so steht beispielsweise „als“ vor „im“, „zur“ etc. Ägyptische Wörter in Umschrift folgen jeweils dem deutschsprachigen Index.

Wie schon im ersten Band zum Ausdruck gebracht, bin ich auch hier meinen Mitarbeitern zu großem Dank verpflichtet für die Textverarbeitung und das Korrekturlesen. Die schwierige Lemmatisierung sowie die Erarbeitung der Indizes lag in den Händen von Frau Ruth Brech, der ich sehr herzlich danken möchte.

Zu besonderem Dank bin ich der Deutschen Forschungsgemeinschaft und der Akademie der Wissenschaften zu Göttingen verpflichtet, deren großzügige Förderung des Edfu-Projekts zum Gelingen der vorliegenden Grammatik beigetragen hat.

Hützel, im Oktober 2008

Dieter Kurth

(IV) Grammatik Fortsetzung[1]

B Morphologie[2]

Für die anschließenden Kapitel IV B – D gilt:

Trotz weitreichender Gemeinsamkeiten innerhalb der erhaltenen Inschriften kann man nicht jede an einem Ort belegte grammatikalische Erscheinung ohne weiteres an jedem anderen Ort erwarten, und zwar vor allem aus zwei Gründen:

Zum einen findet man komplexe grammatikalische Strukturen nur in den breit angelegten textlichen oder textlich-bildlichen Kompositionen der wenigen großen Tempel. Nur dort gab es ja die benötigten ausgedehnten Wandflächen, die wirtschaftliche Kraft zur Bezahlung der erforderlichen Arbeiten sowie gelehrte Priester, die in der Lage waren, literarisch anspruchsvolle längere Texte zu verfassen.

Zum anderen sind natürlich bestimmte grammatikalische Formen und Strukturen an bestimmte Textsorten und spezielle Textinhalte[3] gebunden, in denen sie besonders häufig oder sogar ausschließlich begegnen, so vor allem an die erzählenden, die erklärenden, die beschreibenden, die hymnischen, die dramatischen Texte oder an die Beischriften der Ritualszenen. Diesbezüglich heben sich beispielsweise die Texte in den Krypten oder Dachkapellen des Tempels von Dendera[4], der große Horusmythus im Tempel von Edfu oder die Kalendertexte auf den Säulen des Tempels von Esna deutlich von den Beischriften der gewöhnlichen Ritualszenen ab, jenen Kompositionen, die man – im Unterschied zur verstreuten Vielfalt der anderen Textsorten und Textinhalte – in allen dekorierten Tempeln findet.

Die im folgenden behandelten Formen und Strukturen haben also in den Tempeln ihre speziellen Orte, und erst der Blick auf die Gesamtheit der Texte ergibt ein Bild der ptolemäischen Grammatik.

---

[1] Auf den ersten Teil der vorliegenden Grammatik wird mit „EP 1" verwiesen.

[2] Zu beachten ist:
a) In diesem Kapitel werden vorrangig die Formen und Schreibungen ausführlich behandelt, die wichtigsten syntaktischen Funktionen hingegen nur fallweise am Beginn eines jeden Abschnitts aufgezählt. Die eingehende Behandlung der Funktionen mit weiteren Textbeispielen findet man in den folgenden Kapiteln.
b) Die Einteilung der Wortarten orientiert sich daran, wie der menschliche Verstand diese Welt wahrnimmt. Er findet Wesen sowie konkrete und abstrakte Dinge,
- deren Namen er nicht nennt (Pronomina),
- deren Namen er nennt (Nomina/Substantive),
- deren Eigenschaften er bezeichnet (Adjektive),
- deren wechselseitige Beziehungen er angibt (Präpositionen),
- deren Handlungen und Zustände er bezeichnet (Verben),
- deren Handlungen und Zustände er auf Raum, Zeit und Umstände bezieht (Adverbien),
- über die oder über deren Handlungen und Zustände er sich emotional oder beurteilend äußert, und zwar mit nur einem einzigen, invariablen Wort (Partikeln).

[3] Deren sprachliche Gestaltung im Detail wurde jeweils auch durch die Ausbildung der zeitgenössischen Autoren geprägt sowie durch die von ihnen verarbeiteten Vorlagen älterer Autoren.

[4] Siehe Junker, Sprachliche Verschiedenheiten in den Inschriften von Dendera, in: SPAW 1905, 783 ff.

Das erste der drei Kapitel (IV B) möchte die morphologischen Veränderungen des Ptolemäischen gegenüber der einst lebendigen mittelägyptischen Sprachstufe vorstellen. Ein solches Unterfangen muß aber scheitern, wenn man ein vollkommenes Ergebnis erreichen will, lohnt also nur, wenn man bereit ist, ein unvollkommenes zu akzeptieren. Der Grund dafür liegt auf der Hand: Das ptolemäische Schriftsystem, mit seinen Anliegen der Ästhetik und Sinnanreicherung, verschleiert in besonderem Maße die Lautgestalt der Wörter. Nur der Vergleich mit der gleichzeitigen Alltagsprache, dem Demotischen, sowie dem späteren Koptischen erlaubt es hier und da, besondere ptolemäische Schreibungen als Resultat morphologischer Veränderungen zu interpretieren.[1]

1 Pronomen[2]

1.1 Personalpronomen

1.1.1 Personalpronomen Suffix

§ 37

Das Suffixpronomen dient vor allem als

- Attribut (Genitivattribut, Possessivpronomen[3])
- Bestandteil der Adverbialgruppe[4] nach Präpositionen
- Direktes Objekt beim Infinitiv
- Subjekt beim Finiten Verbum und Hilfsverbum

Das Suffixpronomen übernimmt auch die Funktion eines Reflexivpronomens, weil die ägyptische Sprache dafür keine eigenen Formen gebildet hat.

---

[1] Cf. Engsheden, Reconstitution du verbe, 39 - 84.

[2] Siehe auch Junker, GdD, § 48 ff.; Jansen-Winkeln, Spätmitteläg. Gramm., § 216 ff.

[3] Zur Umschreibung der dritten Person Singular und Plural durch *jrj* siehe unten, § 122. – Zum Suffixpronomen als eigentlich selbständiges Wort und Genitivattribut siehe Gardiner, EG, 35, 1; 85; 300; Edfou V, 159, 10 (*ḳmꜣ(t) fdt* bezieht sich auf das Suffixpronomen *ś* bei *śtj.ś*); VII, 103, 4 (*nfr m ḏt.f* bezieht sich auf das *f* von *dp(t).f*).

[4] Als „-gruppe“ werden mehrgliedrige Satzteile bezeichnet.

§ 38

Das Suffixpronomen der 1. Person Singular lautet *j*. Nur relativ selten wird es in der Schrift unterdrückt[1], dabei aber auffallend häufig nach *j*[2], weiterhin in bestimmten Texten Edfus beim *śḏm.n.f*[3] sowie gelegentlich nach der Femininendung *t*[4]. Wird es geschrieben, dann kann die Person entweder undifferenziert oder differenziert angegeben werden.

Undifferenziert steht 𓏤 bei Gottheiten[5], Königen und Königinnen[6] sowie bei Priestern[7]. Im Material Edfou V – VIII fällt auf, daß 𓏤 fast ausschließlich als Subjekt beim Verbum steht, selten nur bei der Präposition und beim Substantiv.[8]

Undifferenziert steht auch 𓇋 bei Gottheiten[9] und beim König[10]. Im Material Edfou V – VIII steht 𓇋 selten bei Präpositionen.

---

[1] Edfou VI, 177, 15 (*wnn.(j)*); VII, 195, 5 (*sꜣ.k jm.(j)*).

[2] Edfou V, 95, 12 (*ḫntj.(j)*); VI, 52, 8 (*rnpj.(j)*); VII, 299, 5 (*(r)dj.(j)*); 326, 5 (*dmꜣtj.(j)*); VIII, 143, 2 (*ḥntj.(j)*). Hierhin gehört wohl auch die Stelle Edfou VI, 304, 6 (*mnꜥ.(j)*), da das Wort koptisch als ⲙⲟⲟⲛⲉ weiterlebt (Crum, CD, 174a), also mit einem Auslaut, der dem auslautenden *j* in etwa entsprach. – Der Grund für die Auslassung ist der Zusammenfall eines auslautenden *j* mit dem *j* des Pronomens; ich kenne aus Edfu keine Stelle, die zum Beispiel „akademisch“ 𓏙𓇋𓇋 schreibt, *(r)dj.j*, „ich gebe“ (an der Stelle Edfou V, 217, 18, die nach Chassinats Publikation scheinbar dafür in Frage käme, ist eines der beiden Schilfblätter zu tilgen; kollationiert).

[3] Edfou I, 375, 1 (*(r)dj.n.(j) n.k*; so üblich in den Bänden Edfou I und II, cf. Kurth, in: GM 113, 1989, 57); VI, 52, 12 (*rr.n.(j) ṯw*); 53, 5 (*ḥn.n.(j) ṯw*); Bresciani, Assuan, 44; 52 et passim. Cf. Gardiner, EG, § 412.

[4] Edfou III, 85, 8 (*jmj-ḥt.(j)*, „(mein) Herz“; V, 187, 15 (*ḫt.(j)*; cf. VII, 90, 14 und 322, 14); VI, 58, 7 (*ꜥt.(j)*); Esna VII, Nr. 559, 12 (*śnḫt.(j)*). Cf. Till, Kopt. Gramm., § 189.

[5] Edfou V, 99, 11; VI, 313, 15; VII, 70, 14; VIII, 105, 8.

[6] Edfou I, 494, 16; V, 189, 10; VII, 63, 1; VIII, 122, 1.

[7] Edfou I, 556, 13 f.; 564, 1 und 12; Dendara VII, 182, 4; 10.

[8] Zu den wenigen Ausnahmen gehören Edfou VIII, 45, 12 (*wnmj.j* und *jꜣbj.j*); 92, 5 (*ꜥwj.j*). – Ursache der Vermeidung dürfte sein, daß hier die Möglichkeit der Verwechslung mit dem Ideogrammstrich besteht oder, bei zweifacher Setzung des 𓏤 beim Nomen, mit dem Dual.

[9] Edfou VI, 86, 4 (*sꜣ.j*); VII, 28, 6 (*nśt.j*); 297, 5 (*ḥꜥj.j*).

[10] Edfou VI, 58, 4 (*ꜥḳ.j*); VII, 48, 6 (*śḫt.j*); 138, 6 (*jnj.j*).

Undifferenziert werden bei Gott[1] und Göttin[2] sowie bei König[3] und Königin[4] auch die Zeichen und verwendet,[5] wenn auch mit einer deutlichen Bevorzugung beim Femininum,[6] letzteres sogar ausschließlich dort. Man findet diese Schreibung bei der Präposition[7], beim Substantiv[8] und beim Verbum[9] und auch bei der Relativform[10].

Differenziert wird zumeist nach Rang und Geschlecht. So steht eine Darstellung des Königs im Ornat (zum Beispiel) oder auch für den König[11], [12] und sehr selten [13] für den Gott, für die Göttin[14] und für die Königin[15]. Für die Gottheiten kann eine spezifische direkte Repräsentation verwendet werden, zum Beispiel (Amun), (Nephthys), [16] (Horus)[17] oder auch (Harsomtus als Kind)[18]. Bei der Differenzierung nach Rang und Geschlecht gibt es manchmal Vertauschungen.[19]

---

[1] Edfou VIII, 18, 6; Dendara Mam., 106, 13 (*sꜣ.j mrj.j*).

[2] Edfou V, 37, 12; VI, 19, 7; VII, 28, 7; VIII, 18, 4 (Edfou V - VIII: ca. 150 Fälle); Kalabchah, 65, oben (Rede der Nephthys: *šsp.n.j*; *ḥr.j*; *jb.j*). Siehe schon Ahmed Fakhry, The Oases of Egypt, Volume 2, Kairo 1983, 152, Fig. 77, rechts, Rede der Maat (*(r)dj.j šḫpr*); 26. Dynastie.

[3] Edfou V, 382, 8; VII, 40, 6; Dakke, 250 (*ḥnk.j n.ṯ*).

[4] Edfou VI, 82, 3 (*jḥj.j n kꜣ.k*).

[5] Siehe generell Kurth, in: Edfu Begleitheft 1, 1990, 66 ff. Dort gibt es neben vielen Belegstellen auch einen Vorschlag zur Erklärung dieser Schreibung: Ihre phonetische Grundlage bildet vielleicht die ähnliche Aussprache des Suffixpronomens *j* und der Endung *t* des Femininum im Status Absolutus.

[6] Für die bei Jansen-Winkeln, Spätmitteläg. Gramm., 131, n. 4, geäußerten Zweifel an der Existenz maskuliner Belege gibt es aber keinen Grund. Dagegen sprechen zum einen die hier zitierten Stellen. Zum anderen sind ja die zahlreichen femininen unstrittig; warum sollte dann nur bei den maskulinen Belegen, die ja auch in Dendera vorkommen, das Suffixpronomen der 1. Person Singular ausgefallen sein?

[7] Edfou VI, 244, 15 (*ḫnt.j*); Tôd II, Nr. 290, 13 (*jm.j*).

[8] Edfou VI, 295, 11 (*ḏbʿw.j ḏś.j*); VII, 301, 11 (*wdj.j. hh.j*); Esna VII, Nr. 582, 16 (*wnf ḥʿ.j*).

[9] Edfou VI, 337, 5 (*wnn.j ḥnʿ.k n ḥrj.j*).

[10] Edfou V, 179, 13 (*sꜣ.j mrj.j*); 367, 13 (*(r)dj.j. n.k ptr(t).n.j*, „Ich gebe dir das, was ich gesehen habe").

[11] Fairman, in: ASAE 43, 1943, 207 f.; Edfou V, 96, 13 f.; VII, 92, 9; VIII, 122, 9.

[12] Edfou VIII, 92, 9; 132, 5. Es gibt Varianten mit Zepter oder Flagellum. – Dieses Zeichen paßt natürlich auch zum König, siehe dazu zum Beispiel Edfou VI, 61, 1 und öfters in diesem Text.

[13] Siehe EP 1, 364, Zeichenliste, 15 (Mobilar des Hauses, des Grabes und des Tempels), Nr. 23.

[14] Edfou V, 91, 16; VII, 91, 14; VIII, 78, 1. Es gibt etliche Varianten bezüglich Körperhaltung, Blume auf dem Schoß, Papyruszepter und diversen Kronen.

[15] Edfou IV, 171, 12.

[16] Es gibt Varianten bei Krone und Zepter.

[17] Siehe die große Sammlung bei Fairman, in: ASAE 43, 1943, 206 ff.

[18] Edfou IV, 255, 4 f.

[19] beim Gott (Edfou V, 89, 17; 96, 9 - das zweite ist zu tilgen; VII, 186, 10; VIII, 124, 16) und bei der Göttin (Edfou V, 154, 4; 368, 10; VIII, 143, 1 f.); beim König (Edfou VII, 145, 15; 165, 9); bei der Göttin (*sšm.j ṯw*; Edfou VI, 89, 7; cf. 85, 1). Siehe auch Dendara Mam., 106, 17.

Beim Suffixpronomen der 1. Person Singular kann ein Determinativ stehen:[1]

 [2],  [3],  [4],  [5],  [6],  [7]. Da diese Determinierung jeweils nur vereinzelt auftritt, möchte man zunächst an fehlerhafte Schreibungen denken; dagegen spricht aber sehr, daß auch die Personalpronomina der 2. und 3. Person determiniert werden können.

§ 39

Das Suffixpronomen der 2. Person Singular Maskulin lautet *k*. Auslassungen begegnen selten, und bei ihnen handelt es sich wohl um antike Fehler.[8]

Als Schreibungen begegnen in der Regel  [9],  [10] oder  [11], selten  [12], , ,  [13] oder  [14] singulär  [15] und  [16].

Beim Suffixpronomen der 2. Person Singular Maskulin kann ein Determinativ stehen:[17]

 [18],  [19],  [20],  [21].

[1] Das begegnet auch bei der 2. und 3. Person, siehe unten.
[2] Edfou VIII, 98, 15; 124, 2 (beide maskulin).
[3] Edfou VII, 295, 1 (feminin; siehe die Parallelen ITE I/2, 558, n. 8).
[4] Dakke, 250 (maskulin).
[5] Edfou VII, 321, 2 (feminin).
[6] Edfou V, 218, 2 (maskukin).
[7] Edfou VIII, 132, 5; 144, 9 (maskulin).
[8] Edfou VI, 234, 5 (kollationiert); VIII, 56, 15; 62, 2.
[9] Edfou V, 99, 17; VI, 76, 11; VIII, 26, 2; 52, 5; EP 1, 284, Zeichenliste, 8 (Schlangen), Nr. 33.
[10] Edfou V, 49, 16; VI, 161, 19; VII, 154, 15; EP 1, 376, Zeichenliste, 16 (Kronen, Kleidung, Schmuck und Insignien), Nr. 21.
[11] Edfou VI, 58, 13; VII, 146, 10; 147, 4.
[12] Vermutlich an der Stelle Leichentuch Moskau I, 1 a, 5763 (Randinschrift links, in Blickrichtung des Verstorbenen).
[13] Edfou VI, 78, 9 (cf. V, 43, 5 f.; 45, 1); 304, 9; VII, 105, 6 (cf. II, 47, 6); VIII, 37, 6; 64, 14. In diesen Fällen könnte man als antiken Fehler eine Auslassung in Erwägung ziehen; dagegen sprechen aber sehr die Anzahl der Belege sowie auch die analoge Erscheinung beim Suffixpronomen der 2. Person Singular Feminin (siehe unten).
[14] Esna VII, Nr. 571 B, Zeile 1; 586 (p. 105, 1); 598 (p. 134, 2).
[15] Dendara VIII, 22, 9.
[16] Edfou VIII, 13, 7 (kollationiert). Bei dieser einmaligen Schreibung denkt man sofort an einen antiken Fehler. Dagegen sprechen jedoch die naheliegende Herleitung nach Prinzip V sowie ein vergleichbarer Fall mit ⊿ (Jansen-Winkeln, in: MDAIK 60, 2004, 96 f. mit Anm. 10; Privatdenkmal, 30. Dynastie - frühptolemäisch).
[17] In einigen Fällen ist eine alternative Erklärung als Determinativ des Regens oder als Mischschreibung möglich (siehe Felber, in: Edfu Begleitheft 1, 1990, 46 f.); dies trifft aber nicht für alle Fälle zu, und man darf die analoge Erscheinung bei den anderen Personen des Singulars nicht übersehen.
[18] Beinlich, Buch vom Ba, 54 (B 56 = MG 37).
[19] Edfou V, 245, 8 f. (*sšp.k*); VIII, 148, 12.
[20] Edfou VII, 207, 9; 234 f.; VIII, 159, 14.
[21] Edfou VIII, 3,4; 4, 14.

§ 40

Das Suffixpronomen der 2. Person Singular Feminin lautet *ṯ*.

Als Schreibungen begegnen  oder  [1],  [2] und [3], und zwar jede von ihnen ziemlich häufig, selten  [4].

Beim Suffixpronomen der 2. Person Singular Feminin steht nicht selten ein Determinativ:

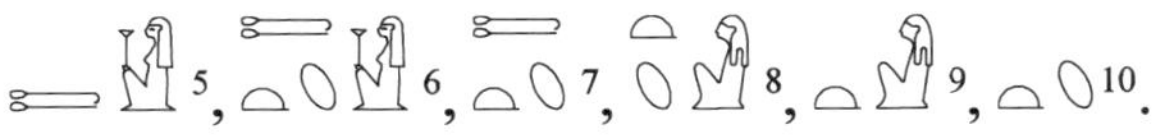

§ 41

Das Suffixpronomen der 3. Person Singular Maskulin lautet *f*. Etliche Auslassungen sind zu belegen, bei denen es sich wohl um antike Fehler handelt.[11]

Als Schreibungen begegnen häufig  [12],  (mit einigen Varianten)[13]  [14], oder  [15] und selten  [16].

Beim Suffixpronomen der 3. Person Singular Maskulin steht nur sehr selten ein Determinativ:

---

[1] Edfou V, 91, 9; VI, 155, 9; VII, 88, 15; VIII, 91, 6.

[2] Edfou V, 227, 17; 258, 4 f.; VI, 97, 9; VII, 96, 15; VIII, 104, 7.

[3] Edfou V, 87, 14; VI, 94, 15 (und öfters in diesem Text); VII, 88, 15; VIII, 91, 2. – Cf. auch Bresciani, Assuan, 76, rechts: (in: *ḫr.ṯ*, „zu dir").

[4] Dendara I, 44, 7.

[5] Edfou VIII, 55, 1.

[6] Edfou VIII, 130, 14.

[7] Edfou VIII, 130, 17; Dakke, 353.

[8] Edfou VII, 257, 13; 293, 15; VIII, 130, 16 (Variante).

[9] Edfou V, 207, 1; VII, 104, 7 (Variante); VIII, 4, 1; Derchain, Elkab, 21*, Zeile 3.

[10] Edfou VI, 303, 13; VIII, 101, 6.

[11] Edfou V, 113, 3; VIII, 24, 13; 41, 5; 132, 4; 159, 5.

[12] Edfou V, 2, 2; VIII, 54, 6; EP 1, 131, Zeichenliste, 1 (Menschen und Gottheiten), Nr. 25.

[13] Edfou V, 3, 4; VII, 3, 6; 7, 4.

[14] Edfou V, 355, 2; VI, 127, 13; VIII, 111, 4 f.; EP 1, 228, Zeichenliste, 4 (Teile von Säugetieren), Nr. 93.

[15] Edfou V, 32, 15; VI, 27, 8; VII, 16, 1; VIII, 54, 11.

[16] Siehe EP 1, 227, Zeichenliste, 4 (Teile von Säugetieren), Nr. 68.

[17] Edfou VIII, 81, 12.

[18] Edfou V, 7, 1 (cf. 305, 4).

§ 42

Das Suffixpronomen der 3. Person Singular Feminin lautet *ś*.

Es steht auch für das Neutrum.[1]

In der Regel wird 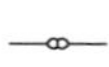 oder [2] geschrieben, weitaus seltener [3], [4], [5], [6], 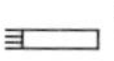 [7], [8], [9], [10] oder [11].

Beim Suffixpronomen der 3. Person Singular Feminin steht nur relativ selten ein Determinativ:

[12], [13], [14].

Ganz offensichtlich steht hinter vielen dieser determinierten Schreibungen des Singulars das kalligraphische Anliegen, ein Zeichen-Quadrat zu bilden; siehe zum Beispiel , *(r)dj. ś*, sie gibt.[15]

[1] Edfou V, 233, 6 (Bezugswort: *jj(t)*, das, was kommt); VII, 112, 3 (Bezugswort: *ʿnḫ ḏd w3ś*).
[2] Edfou III, 254, 5; VII, 104, 15.
[3] Edfou V, 6, 2 (*3ḫ wj m33.ś*); VII, 139, 16 (*ẖr-m-m.ś*). – Zu den mit *w* erweiterten Schreibungen cf. Erman, NG, § 74; Erichsen, DG, 399.
[4] Junker, GdD, § 49.
[5] Esna VI/1, Nr. 487, 18.
[6] Edfou I, 233, 5 (droit; *ḥr s3ṯw.ś*; cf. 250, 7, droit und gauche). Cf. Erman, NG, § 72.
[7] Dendara IV, 10, 7 (*r.ś*); 231, 12.
[8] Dendara V, 53, 7.
[9] Esna III, Nr. 206, 1; 11 (§ 3; 15 und öfters im folgenden).
[10] Dendara V, 117, 2 (*mj ḳd.ś*).
[11] Dendara Mam., 144, 5; Dümichen, Baugeschichte, Tf. XV, 20.
[12] Edfou VI, 272, 13 (Variante); 373, 1 (Variante); VII, 93, 17; VIII, 9, 13 (Variante).
[13] Edfou VI, 265, 7 (Variante); VIII, 4, 8.
[14] Edfou VIII, 30, 5.
[15] Edfou VI, 272, 13.

§ 43

Das Suffixpronomen der 1. Person Pural lautet *n*.

Die undifferenzierten normalen Schreibungen[1] sind [2] oder [3]. Selten nur begegnen [4] und [5].

Differenzierte Schreibungen stellen die betreffenden Personen direkt dar, zum Beispiel [6], wenn die Vier Horussöhne sprechen.

§ 44

Das Suffixpronomen der 2. Person Pural lautet *ṯn*.

Neben den häufigen Schreibungen [7] und [8] findet man auch [9] und [10], seltener [11] und [12], dann auch [13] und [14] sowie [15].

Bei den Präpositionen *n* und *r* stehen relativ häufig und , wird also das *n* nicht geschrieben.[16] Wenn auch daneben die normalen Schreibungen auftreten, so sind dennoch die 16 Belege der Bände Edfou V - VIII auffällig[17]; dieselbe Erscheinung beobachtete Junker in

---

[1] Das Determinativ an der Stelle Edfou VI, 312, 11 (nicht kollationiert), ist unsicher, da im engeren Kontext einige Ungereimtheiten bestehen.

[2] Edfou VI, 77, 4; 173, 11 ff.; 292, 3 f.; Sauneron, in: BeiträgeBf 6, 1960, 42, No 7, Zeile 4 (*n.n*).

[3] Edfou V, 37, 16 f.; VI, 77, 5; VII, 307, 5 f.; VIII, 67, 16.

[4] Edfou V, 63, 5 (kollationiert). Solche Schreibungen begegnen schon im Mittelägyptischen, Gardiner, EG, § 34.

[5] Edfou V, 388, 6 (kollationiert); die Doppelschreibung des *n* begegnet schon im Neuägyptischen, siehe Erman, NG, § 75. – Zu weiteren Fällen eines hinzugefügten *n* siehe EP 1, § 17.3.

[6] Edfou IV, 153, 17. Weitere Beispiele: Fairman, in: ASAE 43, 1943, 208 ff.

[7] Edfou VI, 73, 8; 83, 6.

[8] Edfou VII, 44, 1 f.; VIII, 82, 11.

[9] Edfou VII, 315, 4.

[10] Edfou VI, 73, 9; VII, 315, 5.

[11] Edfou VII, 264, 9; 306, 10.

[12] Edfou VI, 55, 10; VII, 306, 10.

[13] Edfou VI, 236, 1 und 5 f. (öfters in diesem Text); Junker, Stundenwachen, 26.

[14] Edfou VI, 73, 9.

[15] Edfou VI, 77, 8; 348, 1. – Siehe auch EP 1, 136, Zeichenliste, 1 (Menschen und Gottheiten), Nr. 48b.

[16] Edfou V, 76, 12; VI, 235, 10; VII, 314, 5; VIII, 33, 6.

[17] Nur einmal begegnet die Schreibung ohne *n* nicht bei einer Präposition: Edfou V, 160, 14 (beim Nomen).

Dendera[1]. Dazu vermute ich aber mit Blick auf weitere Fälle[2] und die andere Beleglage bei der 3. Person Plural (siehe unten), daß es sich nicht um eine besondere Erscheinung der 2. Person Plural handelt, sondern nur um eines unter den vielen Anzeichen für eine generell sehr schwache Aussprache des auslautenden *n*, die manchmal zur Unterdrückung dieses Lautes in der Schrift führte[3].

Nur einen Beleg[4] kenne ich für die Schreibung .

§ 45

<u>Das Suffixpronomen der 3. Person Pural</u> lautet zumeist *śn*, seltener *w*.

Das Pronomen *śn* wird überwiegend [5], [6], [7] oder [8] geschrieben, seltener auch [9], und zwar in allen Fällen auch ohne Pluralstriche, z. B. [10]. Neben der Auslassung des *n* ( )[11], findet man doppelt geschriebens *n* ( )[12].

Das Pronomen *w* wird ausführlich [13] oder [14] geschrieben (am häufigsten), abgekürzt [15] und dies gerne nach [16].

[1] Junker, GdD, § 49.
[2] Siehe EP 1, 514 f., § 17.2.1.
[3] Cf. Erman, NG, § 79. – Als mitwirkender Faktor kommt auch der Wortakzent in Frage.
[4] Edfou VII, 317, 13 (*ḥʿ.ṯn*, „eure Leiber"). Cf. ITE I/2 (Edfou VII), 605, n. 1; es kann, aber es muß sich nicht zwingend um einen Fehler handeln, cf. Gardiner, EG, § 43, Obs. 2; Erman, NG, § 76 und Till, Kopt. Gramm., § 192 (ϩⲱⲧⲧⲏⲩⲧⲛ̄).
[5] Edfou VI, 121, 6.
[6] Edfou VI, 119, 1.
[7] Edfou VI, 9, 1; 118, 2.
[8] Edfou VII, 47, 5; VIII, 67, 15.
[9] Edfou VI, 122, 14; 320, 11.
[10] Edfou V, 12, 15; VI, 48, 5; 118, 9; VII, 21, 8; 107, 14; VIII, 45, 8; 76, 3.
[11] Ohne spezifische Verwendung: Edfou V, 368, 12 (beim Hilfsverb *jw*); VIII, 34, 1 (beim Nomen); 55, 3 (bei der Präposition); oft fehlt das *n* auch in den Texten des Hathortempels von Dendera, siehe Junker, GdD, § 49. – Die Auslassung des *n* begegnet schon im Neuägyptischen; siehe Erman, NG, § 79, und oben, § 44.
[12] Edfou VI, 15, 14, VII, 158, 2. Siehe dazu generell EP 1, 516 ff., § 17.3.
[13] Edfou V, 74, 12, VI, 17, 12; VII, 249, 1.
[14] Edfou V, 358, 6; VI, 55, 17; VII, 55, 13; VIII, 136, 4; Esna VII, Nr. 552, 5 (*mw wrw prj.w m ḳrtj*); 581, 9 (nach Präposition: *śḫpr n.w jḫt nb(t)*).
[15] Edfou VI, 134, 10; 150, 5; VII, 69, 2; VIII, 46, 9.
[16] Cf. auch Junker, GdD, § 50 mit Verweis auf ⲉⲩ (dazu siehe Till, Kopt. Gramm., § 193). Das erklärt auch die seltenen Schreibungen für *jw.w* (Edfou VIII, 55, 18; 89, 3; EP 1, 493, Phonetik, § 9.2), die man also demnach nicht unbedingt als Fehler auffassen muß (wie versehentlich ITE I/1 (Edfou VIII), 158).

Sowohl *śn* als auch *w* stehen bei der Präposition, beim Substantiv, beim Finiten Verb und beim Infinitiv.

Die Schreibung ist an bestimmte lautliche Konstellationen gebunden, siehe zum Beispiel 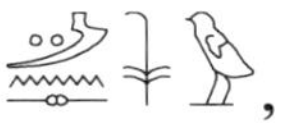, *m33.n.ś(n) św*, wenn sie ihn erblickt haben;[1] die akademische Aussprache lautete vielleicht **mán|s^e s(^e)*. In anderen Fällen könnte wegen eines folgenden *n* oder *m* Haplographie vorliegen.[2] In wieder anderen Fällen steht  möglicherweise als Neutrum, indem es dadurch herabwürdigend? auf Fremdvölker oder Feinde verweist,[3] oder auch bei neutrisch aufgefaßten Wesen und Dingen;[4] dabei gibt es aber kein konsequentes Vorgehen,[5] und nicht jeder Fall läßt sich ohne weiteres klären.[6]

Als Objekt beim Infinitiv, wo *śn*[7] oder *śt*[8] stehen könnte, findet man selten auch merkwürdige Mischformen aus beidem, zum Beispiel 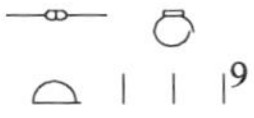[9] oder 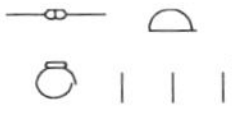[10]. Schreibungen wie  (nach Präposition) könnten fehlerhaft sein.[11]

---

[1] Edfou VII, 56, 3; 266, 3; in Normalschreibung: VI, 317, 15.

[2] Edfou V, 106, 1 (*jt.ś(n) jm.k*); VI, 77, 10 (*jb.śn mḥ m ʿp(t).ś(n) nḏrj*).

[3] Edfou VIII, 53, 3 und 8; 57, 16; 58, 3; 62, 2; 66, 7; 167, 10.

[4] Edfou VIII, 25, 6 (Bezugswort: die vier Himmelsrichtungen/Weltgegenden; *nb.ś(n) jm.<k>*); 70, 5 (Bezugswort: *W-ḥr*; cf. die vorangehende Normalschreibung und Philä I, 84, 7 f.); 105, 10 (Bezugswort: Kühe).

[5] Edfou VII, 83, 16; 84, 1; cf. die üblichen Schreibungen 243, 1 und 2 (es handelt sich um Getreide und Ernteerträge).

[6] Edfou VII, 259, 5 (*jrj s3 nṯrw m sš.ś(n)*); Sauneron, in: BeiträgeBf 6, 1960, 44, nota (f): *ḥr ḏd n.ś(n)*. – Man vergleiche auch Engsheden, Reconstitution du verbe, 160 ff., die beobachtete, daß sich in dem von ihm untersuchten Textkorpus das Suffixpronomen *śn* nur selten mit dem *śḏm.n.f* verbindet; zur Bestätigung siehe unten, § 236.

[7] Edfou VI, 118, 5 (*ḥr ḥḥj.śn*).

[8] Siehe unten beim Personalpronomen Abhängig, § 59.

[9] Edfou VII, 153, 15 (kollationiert).

[10] Edfou V, 340, 14 (kollationiert); Traunecker, Coptos, 190, Nr. 36, 1 (mit „sic“; ich würde hier *ḥnk.(j) śt* oder *ḥnk.(j) śn* lesen, da keine speziellen Opfergaben genannt werden).

[11] Kalabchah, 41 (mit „sic“); die gleichen Schreibungen zitiert aber bereits Erman, NG, § 79, Anm.

Das Suffixpronomen der 3. Person Plural dient auch als Indefinitpronomen bei der Umschreibung des Passivs,[1] und zwar sowohl *śn* als auch *w*. Als Schreibungen begegnen 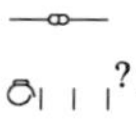 ?[2],  [3] und  [4].

§ 46

Das Indefinite Suffixpronomen lautet *tw*.

Als häufigste Schreibungen begegnen[5]  [6] und  [7], seltener  [8],  [9], [10], [11]  [12].

§ 47

Der Dual des Suffixpronomens wird seltener graphisch dargestellt (zum Beispiel  [13]), zumeist aber durch den Plural wiedergegeben.[14] Als Schreibungen für letzteres findet man zum Beispiel  [15] oder  [16], aber auch  [17], [18] und  [19].

[1] Wie auch im Neuägyptischen (Erman, NG, § 269) und Demotischen (Spiegelberg, Dem. Gr., § 248).

[2] Chelouit III, Nr. 127, 1 f. (gefolgt von *jn* zur Einführung des Handelnden: *rś.k nfr m ḥtp ... ḏd.śn n.k jn Ḫmnjw*, „'Du mögest gut und in Frieden erwachen ...', wird zu dir von den Acht Urgöttern gesagt"); ähnlich: Nr. 124, 1 f. – Beide Fälle sind unsicher, da man mit Erman, NG, § 702, übersetzen könnte: „..., sagen sie zu dir, nämlich die Acht Urgötter"; cf. auch Gardiner, in JEA 5, 1918, 190, n. 4.

[3] Edfou II, 153, 15 f. (*(r)dj.n.śn św*, sie haben es übergeben/man hat es übergeben/es wurde übergeben; es folgt ein weiterer Fall); VIII, 161, 11 (*ḳmꜣ.śn św3ś*, Lobpreis wird gegeben).

[4] Edfou VI, 18, 6 (*nḥp.w pr pn*, dieses Haus wurde gebaut); VII, 248, 12 (*... j.wḥm.w*, ..., die bestätigt wurden; in diesem demotisch gefärbten Text gibt es weitere Fälle, zum Beispiel 218, 8; 248, 14; 249, 1); Dendara X, 49, 6 f. (*jw.w (ḥr) mtnw.w*).

[5] Als Subjekt beim Finiten Verbum und zur Umschreibung des Passivs.

[6] Edfou VI, 121, 8 (*jw ḏd.tw*, man sagt); VII, 65, 1; VIII, 84, 13 (*jrj.tw nśwt*, der König wird eingesetzt).

[7] Edfou VI, 111, 9; 121, 8; VII, 3, 7; 106, 4.

[8] Edfou VI, 57, 7; VII, 69, 10 f.

[9] Edfou VI, 14, 4 (kollationiert).

[10] Edfou IV, 144, 15 f.

[11] Edfou VII, 295, 11 (*n śjꜣ.n.tw.f*).

[12] Edfou VII, 305, 17.

[13] Edfou IV, 157, 1 (Horus und Hathor, in: *šsp.n*, „wir nehmen an"); ähnlich: 313, 7.

[14] Zum Aussterben dieses Numerus in der jüngeren Sprache cf. Gardiner, EG, § 34; Erman, NG, § 155 f.; Jansen-Winkeln, Spätmitteläg. Gramm., § 218; Spiegelberg, Dem. Gr., § 36. – Zu den graphischen Dualformen siehe oben, § 43 und unten bei der Behandlung des Substantivs (§ 101 – 103).

[15] Edfou VII, 278, 2; VIII, 134, 9.

[16] Edfou V, 305, 1; VII, 263, 18.

[17] Edfou VIII, 25, 15.

[18] Edfou VI, 55, 7.

[19] Edfou VI, 17, 12; VIII, 84, 7.

In einem Fall wurde mit  ein Dual angezeigt,[1] dies aber wohl nur graphisch statt  oder [2].

1 Pronomen

1.1 Personalpronomen

1.1.2 Personalpronomen Abhängig

§ 48

Das Abhängige Personalpronomen dient vor allem als

- Direktes Objekt bei Finitem Verbum, Imperativ und Partizip Aktiv[3]
- Subjekt im Adjektivischen Nominalsatz
- Subjekt im Adverbiellen Nominalsatz
- Subjekt im Präsens (neuägyptisch)
- Vorangestelltes Subjekt beim *śdm.f*
- Verstärkung des Imperativs

Das Abhängige Personalpronomen übernimmt auch die Funktion eines Reflexivpronomens, weil die ägyptische Sprache dafür keine eigenen Formen gebildet hat.

§ 49

Das Abhängige Personalpronomen der 1. Person Singular lautet *wj* und *tw.j*.

[1] Edfou VIII, 84, 3: *n3j.k jm.w*, die deinigen sind sie (die beiden Landeshälften). Dazu gibt es eine interessante Parallele aus älterer Zeit, siehe Jansen-Winkeln, Spätmitteläg. Gramm., § 218.

[2] Letztere Schreibung begegnet in der Parallele Philä I, 22, 3.

[3] Selten auch beim Infinitiv, so wie es in der klassischen Sprache beim neutrischen *śt* üblich ist.

Das Pronomen *wj* wird geschrieben[1] oder auch nach Genus differenziert [2] und [3] (maskulin), [4] und [5] (feminin).

Das Pronomen *tw.j*[6] wird geschrieben[7]: [8], [9], [10], [11], [12], [13], [14], [15].

§ 50

Das Abhängige Personalpronomen der 2. Person Singular Maskulin lautet *ṯw*, *tw.k* und *kw*.

Das Pronomen *ṯw* wird zumeist geschrieben[16] (auch:) [17], selten [18], [19] und [20].

---

[1] Edfou V, 141, 2 (reflexiv; *rdj.n.(j) wj*; wurde vielleicht nur einmal gesetzt und gilt zugleich für *n.j* und *wj*; wegen einer anderen Erklärung siehe oben, § 38 und Gardiner, EG, § 412); VI, 240, 7 f. (Direktes Objekt; drei Fälle).

[2] Edfou VII, 192, 15 (reflexiv; *rdj.n(j) wj*).

[3] Edfou I, 26, 4 (Objekt; *mꜣꜣ.n.j nṯr mꜣꜣ wj śḫm*, „ich habe den Gott angeschaut, der Mächtige schaut mich an"); cf. auch VI, 186, 13 (epigraphisch nicht ganz sicher).

[4] Edfou VI, 74, 2 (Subjekt nach Partikel; *mk wj jj.kwj*, „siehe, ich bin gekommen").

[5] Edfou VI, 87, 3 (Subjekt nach Partikel; *mk wj jj.kwj*, „siehe, ich bin gekommen").

[6] Zu diesem Pronomen siehe Erman, NG, § 83; Spiegelberg, Dem. Gr., § 258 f.; zu Entstehung und Vorkommen im Neuägyptischen siehe Junge, Neuäg. Gramm., 80, Anm.

[7] Junker, GdD, § 51, nennt keine Beispiele für die 1. Person Singular.

[8] Vittmann, in: Fs. Thausing, 241; 270 (Subjekt beim Präsens); römerzeitliches Privatdenkmal.

[9] Edfou VI, 66, 11 (Subjekt im Adverbiellen Nominalsatz; *mk tw.j ḥr jꜣt*, „siehe, ich (Fem.) war an einer Stätte"); 115, 1 (Direktes Objekt; *ꜥḥꜥ Ḥr Bḥdtj mꜣꜣ tw.j*, „Halt, Horus Behedeti, sieh mich an!"); 319, 5 (reflexiv; *jmn.j tw.j*, „ich verberge mich"); J. Lieblein, Le livre Égyptien que mon nom fleurisse, Leipzig 1895, LVII, 12 (Direktes Objekt; *(r)dj tw.j Jtmw*, „Atum gab mich"). – Mit Blick auf die Art und Anzahl der Belegstellen ist die hier gewählte Lesung *tw.j* der Lesung *wj* vorzuziehen (Kurth, in: Edfu Begleitheft 1, 1990, 68), obwohl man zu ihren Gunsten auch auf , *kwj* (Endung des Pseudopartizips, 1. Person Singular) verweisen könnte.

[10] Esna III, Nr. 206, § 21 (p. 34; *jnj.ś tw.j*); die Angabe bei Sauneron, Esna V, 181, nota dd), irritiert ein wenig.

[11] Cauville, Temple d'Isis, 321, 16 (reflexiv): *ḏbꜣ(.j) tw.j m ...*, „Ich bekleide mich mit ...". Cf. 343, 18: *ḏbꜣ.j tw(.j)* ().

[12] Esna III, Nr. 368, 35 (Direktes Objekt; *fkꜣ tw.j*, „belohne mich"); die Angabe bei Sauneron, Esna V, 181, nota dd), irritiert ein wenig.

[13] Edfou VII, 139, 9 (Direktes Objekt; *dwꜣ tw.j ꜥnḫw*); siehe ITE I/2, 251, n. 1.

[14] Vittmann, in: Fs. Thausing, 241; 270 (Subjekt beim Präsens); römerzeitliches Privatdenkmal.

[15] Vittmann, in: Fs. Thausing, 241; 270 (Subjekt beim Präsens); römerzeitliches Privatdenkmal.

[16] Edfou V, 99, 17; 132, 11 (Verstärkung des Imperativs: *Jmśtj sbj ṯw r rśj*, Amset, begib dich doch zum Süden); VI, 36, 2; VII, 90, 11 (allesamt: Direktes Objekt); Edfou VI, 69, 9 (Subjekt nach Partikel im Adverbiellen Nominalsatz); 86, 2 (reflexiv); Esna II, Nr. 25, 2; VII, Nr. 573, 7 (beide Stellen aus Esna: Direktes Objekt); Dendara X, 297, 14 (Verstärkung des Imperativs: *nhsj ṯw*, erwache doch).

[17] Edfou VI, 50, 12; 52, 12.

[18] Edfou VI, 189, 6.

[19] Dendara X, 245, 12 (*ḥwn.ś ṯ(w)*, „sie verjüngt dich").

[20] Edfou VI, 272, 6 (Direktes Objekt); VII, 200, 13 (reflexiv).

Das Pronomen *tw.k* ist mir in Edfu und Dendera nur als Direktes Objekt bekannt,[1] nicht als Subjekt beim Präsens. Die häufigste Schreibung ist [2], seltener begegnen [3] und [4].

Das Personalpronomen *kw* ist die archaische Form des späteren *ṯw*, die der älteren Schicht der altägyptischen Sprachstufe entnommen wurde.[5] Als ausführlichste graphische Variante kann ich vielleicht [6] nennen, sonst findet man [7], [8], [9] oder auch nur [10]. Diese Schreibungen konzentrieren sich in Edfu in einem einzigen Text, den Stundenwachen[11], die insgesamt den Eindruck erwecken, als hätten ihre Verfasser die Sprache der Pyramidentexte nachahmen wollen; außerhalb dieser Textgruppe begegnet *kw* nur selten.[12] Das häufigere *ṯw* kann unmittelbar neben *kw* erscheinen.

§ 51

Das Abhängige Personalpronomen der 2. Person Singular Feminin lautet *ṯn* und *tw.ṯ*.

---

[1] Bezogen auf die Bände Edfou V - VIII. In Dendera ist dieses Pronomen als Objekt üblich (Junker, GdD, § 52; Sprachliche Verschiedenheiten, § 46), wohingegen es in Edfu eher selten begegnet. – Zu diesem Pronomen siehe Erman, NG, § 83; Spiegelberg, Dem. Gr., § 258 f.; zu Entstehung und Vorkommen im Neuägyptischen siehe Junge, Neuäg. Gramm., 80, Anm.

[2] Edfou V, 257, 14; VI, 271, 5; VII, 273, 6; VIII, 75, 2 (reflexiv); Dendara X, 395, 10 (reflexiv). – An der Stelle Edfou VII, 192, 2 ist aber, trotz der Schreibung, *r ḥpt.k* zu lesen, da es sich um ein pronominales Direktes Objekt am Infinitiv handelt; es wird nämlich auch beim geschwundenen stammhaften *t* dessen Wiederaufleben vor dem Suffixpronomen durch angezeigt (cf. schon für das Neuägyptische Erman, NG, § 405).

[3] Edfou VI, 271, 6; VII, 285, 9 (Umstellung: *śwḏ3.n.j tw.k*); VIII, 91, 17.

[4] Dendara X, 245, 12 (*3ṯjt.k rr(t) t(w).k*, „deine Amme, die dich nährt"; zur Endung beim Partizip Aktiv siehe unten, § 139 – die Femininendung muß ausscheiden, da diese nur bei den Verbal-Adjektiven geschrieben wird, siehe unten, § 119; anders Cauville, Dend. Chap. Os. I, 130, die allerdings die betreffenden Zeichen nicht berücksichtigt); Esna II, Nr. 70, 9 (*šsp.f tw.k*, „er empfängt dich").

[5] Siehe Edel, Altäg. Gramm., § 166. Zum Prozeß der Präpalatalisierung (im vorliegenden Fall: *k* wird zu *ṯ*) siehe § 111.

[6] Edfou VI, 307, 8 (wenn richtig, singulär als Subjekt im Adjektivischen Nominalsatz; *wꜥj kw*, „du bist einzig"). Zum Determinativ cf. oben, § 38 - 42 und bereits Nelson, Hypostyle Hall, Pl. 78, 1. – Die alternativ mögliche Lesung *wꜥj.k*, „..., indem du einzig bist" (siehe Erman; NG, § 65), halte ich wegen der Textstruktur und wegen des Determinativs für weniger wahrscheinlich.

[7] Edfou I, 210, 2.

[8] Edfou I, 224, 3.

[9] Edfou I, 211, 12.

[10] Edfou I, 18, Nr. 34 (*wṯs k(w) r ḥrt*, „der dich an den Himmel hebt").

[11] Junker, Stundenwachen, 26 f.

[12] In diesem Sinne ist die entsprechende Aussage bei Junker, Stundenwachen, 27, zu modifizieren.

Das Pronomen *ṯn* erscheint in Edfu in den Schreibungen [1], [2] und [3].

Während man in Edfu *ṯn* benutzt, ist in Dendara das Pronomen *tw.ṯ* die Regel[4]. Es wird nur als Direktes Objekt verwendet und begegnet in den Schreibungen: , , [5], , , [6], [7].

§ 52

Das <u>Abhängige Personalpronomen der 3. Person Singular Maskulin</u> lautet *św*[8]. Es wird nur selten ausgelassen.[9]

---

[1] Edfou V, 173, 11 (*ḏr mśj ṯn mwt.ṯ Nwt*); VI, 319, 5 (*jrj.n.j ṯn*).

[2] Edfou VI, 95, 8; 96, 6; 284, 6.

[3] Edfou V, 79, 1; VI, 319, 4 (*jrj.n.j ṯn*, „ich habe dich gemacht").

[4] Zu diesem Pronomen siehe Erman, NG, § 83; Spiegelberg, Dem. Gr., § 258 f.; zu Entstehung und Vorkommen im Neuägyptischen siehe Junge, Neuäg. Gramm., 80, Anm.

[5] Dendara II, 65, 16.

[6] Cauville, Temple d'Isis, 285, 7. Alternative: Das *n* von *ṯn* wurde versehentlich ausgelassen (ein antiker Fehler?).

[7] Junker, GdD, § 52. – Die Schreibung (<*ṯn*>?, *tw.ṯ*?) findet man an den Stellen Dendara XIII, 43, 13; 45, 2.

[8] Cauville, Dend. Chap. Os. III, 607, nennt vier Belege für ein Abhängiges Personalpronomen *twf* („pronom dépendant"). Die genannten Stellen reichen aber nicht aus, um ein solches Pronomen zu belegen: An der Stelle Dendara X, 281, 3, ist der folgende Text zerstört; an der Stelle 376, 12, läge ohnehin ein Fehler vor (das *f* fehlt); an den Stellen 395, 13 und 416, 10 handelt es sich um die Infinitive zweier Verba Tertiae Infirmae, deren *t* vor Suffixpronomen wieder auflebt, was mit angezeigt wird (siehe Kurth, in: Edfu Begleitheft 1, 1990, 62 ff.; zur Stelle 395, 13, cf. Dendara II, 173, 4 und lies *pꜥpꜥ dgt.f*, dessen Anblick strahlend ist; zur Stelle 416, 10, siehe Wb II, 220, 5 ff. und lies *m kꜣt nwt.f*, wörtl.: bei der Arbeit des ihn Versorgens/Umhüllens).

[9] Edfou VI, 101, 11 (*śḥḏ.k* (*św*), „Du erleuchtest (ihn)"); 120, 7 (*jtḥ.n.f* (*św*), er schleppte (ihn)); 133, 1((*r*)*dj.n* (*św*) *nśwt*, der König gab (ihn)). In den beiden ersten Fällen ist das Pronomen vielleicht als selbstverständlich unterdrückt worden, im letzten handelt es sich wohl um eine Haplographie der beiden ; generell muß man hier aber auch mit antiken Fehlern rechnen.

Als Schreibungen zeigen sich [1], [2], 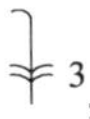[3],  [4] und 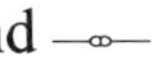[5]. Gelegentlich findet man auch .[6] Die vereinzelte Schreibung [7] erinnert an gewisse Eigenheiten neuägyptischer „Orthographie".[8]

In den Inschriften des Tempels von Edfu[9] wird bei den Schreibungen folgendermaßen differenziert:[10] und 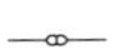 verwendet man in der Regel[11] nicht als Subjekt im Adverbiellen Nominalsatz, wohl aber als Subjekt im Adjektivischen Nominalsatz und als Direktes Objekt. Dem ist zu entnehmen, daß sich die Orthographie des Pronomens manchmal an seiner Aussprache im akademischen Unterricht orientierte: Bei nicht-enklitischer Verwendung als voranstehendes Subjekt erscheint die betonte Vollform *św*, bei enklitischer Verwendung verwendet man neben der Vollform auch die enttonte Form *ś* (s^{e}).

Die wenigen Fälle, in denen 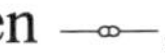, *ś*(*w*), als pronominales Objekt am Infinitiv erscheint,[12] dort also, wo nach der Regel das Suffixpronomen *f* verwendet wird, sind nicht unbedingt als Fehler anzusehen.

---

[1] Edfou V, 78, 14 (Subjekt im Adverbiellen Nominalsatz); VI, 87, 13 (Subjekt nach Partikel beim Präsens, cf. Erman, NG, § 482; *(j)śk św m3ᶜ* <*ḫrw m*> *wśḫt*; zur Ergänzug cf. 89, 3 - 5 und 90, 3); 140, 10 f. (Subjekt beim Präsens; *św jj m ḥᶜᶜ(wt)*, er ist jubelnd gekommen); VII, 9, 12 (Direktes Objekt); 99, 4 (reflexiv); 157, 10 (Subjekt im Adjektivischen Nominalsatz); VIII, 101, 11 (Subjekt im Adverbiellen Nominalsatz).

[2] Diese Schreibung wird in den Bänden Edfou V - VIII sehr oft verwendet, vor allem als Subjekt im Adverbiellen Nominalsatz: V, 64, 13; VI, 142, 13; VII, 92, 12; VIII, 121, 10 (alle Beispiele: *św m* ... oder *św mj* ...).

[3] Edfou VII, 5, 2 (Subjekt im Adverbiellen Nominalsatz); VIII, 93, 8 (Direktes Objekt).

[4] Edfou VII, 5, 2 (Subjekt im Adjektivischen Nominalsatz); 24, 14 (Direktes Objekt; *wnp.n.f ś(w)* er durchbohrte ihn); VIII, 31, 1 (reflexiv).

[5] Edfou VI, 21, 2 (Direktes Objekt; *ms.n.f ś(w)*, er führte ihn); VII, 11, 3 (reflexiv); 24, 10 (Subjekt im Adjektivischen Nominalsatz; *wr ś(w) r nṯrw*, er ist größer als die (anderen) Götter); VIII, 27, 8 (Subjekt im Adverbiellen Nominalsatz; *św ḥr* <*jtrw*>, er ist auf dem Fluß).

[6] Edfou V, 392, 4 (Subjekt im Adjektivischen Nominalsatz; *rśw wj św*, ach wie froh ist er); VIII, 80, 16; 120, 13 (die beiden letzten Fälle: Subjekt im Adverbiellen Nominalsatz).

[7] Edfou I, 151, 18 (reflexiv; *(r)dj św ᶜpj jmj-wtj iḥtj.ś*, zwischen deren Schenkeln sich die Flügelsonne zeigt).

[8] Cf. Erman NG, § 72 und 97.

[9] Bezogen auf die Bände Edfou V – VIII.

[10] Cf. auch unten, § 53 und 56.

[11] Eine Ausnahme: Edfou VIII, 27, 8; der betreffende Text enthält auch sonst einige Unregelmäßigkeiten.

[12] Edfou V, 125, 6; *mnj ś(w)*, sie (die Barke *wj3*) landen lassen); VIII, 80, 7 (*ḥr rd(t) ś(w) ḥr tp. f*, und gibt ihn (den Kranz *m3ḥ*) auf seinen Kopf). Der Ansatz als antiker Fehler ist nicht zwingend, da Vergleichbares im Neuägyptischen (Erman, NG, § 91, Anm.) und im Demotischen zu belegen ist (Spiegelberg, Dem. Gr., § 255; cf. auch § 242).

§ 53

Das Abhängige Personalpronomen der 3. Person Singular Feminin lautet *śj*.

Die klassische Schreibung  habe ich nicht mehr gefunden.[1] An ihrer Stelle begegneten mir [2], [3], [4], [5], [6] oder [7], also dieselben Formen wie im Maskulinum.

Dabei ist aber in Edfu folgende graphische Differenzierung zu beobachten:[8]  und 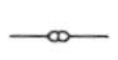 werden in der Regel nicht als Subjekt im Adverbiellen Nominalsatz verwendet, sondern nur als Direktes Objekt. Zur Interpretation dieses Befundes siehe oben, § 52.

Seltene Schreibungen wie 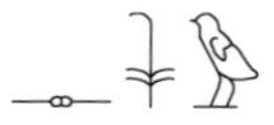[9] und [10] erinnern an ungewöhnliche neuägyptische Formen.[11]

§ 54

Das Abhängige Personalpronomen der 1. Person Plural lautet *n* und *tw.n*.

Das Pronomen *n* findet man nur selten[12] und – so weit meine Belege reichen – nur nach einer Partikel. Schreibungen sind [13], 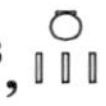[14] oder [15].

---

[1] Sie war schon im Neuägyptischen obsolet geworden, siehe Erman, NG, § 93. Obwohl diese Schreibung nicht mehr zu belegen ist, habe ich sie aus praktischen Gründen in der Transkription beibehalten, weil sie hier eine Möglichkeit zur Differenzierung bietet.

[2] Edfou V, 77, 6 (Subjekt im Adverbiellen Nominalsatz); 79, 10; VI, 317, 15; VII, 86, 10; 144, 13. Auch:  (Edfou V, 74, 7).

[3] Edfou VII, 97, 8; 104, 16; VIII, 64, 8; 101, 16.

[4] Edfou VIII, 2, 13; 4, 10; 163, 8.

[5] Edfou VIII, 36, 14; 128, 19; 129, 17.

[6] Dendara XI, 156, 14.

[7] Edfou VII, 40, 11; VIII, 16, 10; 122, 9; 140, 9.

[8] Cf. auch oben, § 52 und unten, 56.

[9] Edfou I, 233, 5 (cf. 240, 5).

[10] Edfou VII, 94, 2.

[11] Cf. Erman, NG, § 70 - 72; 97.

[12] Junker, GdD, § 53, zitiert nur ein einziges Beispiel (die Stellenangabe lautet richtig „M.D. IV 48 b“ = Dendara X, 135, 3).

[13] Dendara X, 135, 3 (Stundenwachen).

[14] Dendara X, 135, 4 (Stundenwachen).

[15] Edfou I, 205, 5 (Stundenwachen).

Auch das Pronomen *tw.n* begegnet relativ selten. Es wird [1], [2], [3] oder [4] geschrieben.

§ 55

Das Abhängige Personalpronomen der 2. Person Plural lautet *ṯn*.

In Edfu schreibt man oft [5], seltener [6]; in Dendera finden wir und [7]. Nur in einem Text der Bände Edfou V - VIII zeigt sich [8].

Die Schreibungen und , die innerhalb der Bände Edfou V - VIII nur in einer einzigen Ritualszene als Direktes Objekt auftreten[9], könnte man *tw.ṯn* lesen,[10] wenn nicht in einer Nachbarszene[11] als Suffixpronomen erschiene,[12] so daß eine wie auch immer zu begründende, singuläre Schreibung für *ṯn* nicht auszuschließen ist.[13]

Während bei meist nicht eindeutig zwischen *ṯn* als Verstärkung des pluralischen Imperativs und *ṯn* als Subjekt des optativischen *śḏm.f* unterschieden werden kann,[14] begegnet

---

[1] Edfou V, 32, 12 (Subjekt im Adverbiellen Nominalsatz; *tw.n m pꜣ wp nfr n Bḥdt*, „wir befinden uns im schönen Fest von Behedet"; Rede der Schiffsbesatzung, vielleicht ein Einschub der Umgangssprache).

[2] Edfou VI, 17, 8 (reflexiv; *ms.n tw.n r.k*, „wir begeben uns zu dir"; siehe Spiegelberg, Dem. Gr., § 258 f.; Junge, Neuäg. Gramm., 80, Anm.).

[3] Edfou VIII, 145, 14.

[4] Esna III, Nr. 206, 4 (p. 30, § 9; *j tꜣ mśjt tw.n*, „o, du, die du uns geboren hast").

[5] Edfou V, 167, 3 (Direktes Objekt; *śkꜣ.j ṯn*, „ich preise euch"; kollationiert); VI, 55, 16; VII, 260, 10; VIII, 122, 10 (reflexiv); 154, 2; Dendara X, 104, 9.

[6] Edfou VI, 77, 9.

[7] Junker, GdD, § 53.

[8] Edfou VI, 235, 10.

[9] Edfou VII, 318, 9, 10 und 13.

[10] Cf. Spiegelberg, Dem. Gr., § 258.

[11] Edfou VII, 317, 13.

[12] Siehe oben, § 44.

[13] Siehe dazu auch ITE I/2 (Edfou VII), 605, n. 1; EP 1, § 32.3 e. Im Lichte der hier versammelten Materialien neige ich aber heute eher der Lesung *tw.ṯn* zu.

[14] Siehe zum Beispiel Junker, GdD, § 53 (*mj.n ṯn jrj*, kommet doch, ihr alle; hier handelt es sich um die Verstärkung des Imperativs); Edfou VI, 55, 9 (*rś ṯn*, erwachet doch, oder *rś.ṯn*, ihr möget erwachen?).

in Dendera zur Verstärkung des pluralischen Imperativs ein Wort [1], das ich mit starken Zweifeln *ṯww* lesen[2] und als Analogiebildung zum singularischen *ṯw* auffassen möchte.

§ 56

Das <u>Abhängige Personalpronomen der 3. Person Plural</u> lautet *śn* und *śt*.

Das Pronomen *śn*, das nur als Direktes Objekt verwendet wird[3], erscheint in den Formen [4], 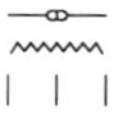[5], [6], 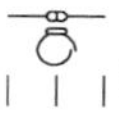[7], 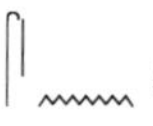[8], [9] und 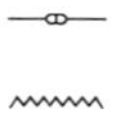[10].

Das Pronomen *śt* schreibt man

a) als Direktes Objekt selten 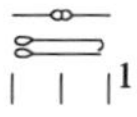[11], häufiger [12], besonders häufig [13] und nur vereinzelt [14], 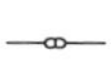 [15] oder sogar [16];

---

[1] Dendara X, 344, 15 - 345, 2 (mehrere Fälle).

[2] Cauville, Dend. Chap. Os. III, 616, las *tn*. Die Lesung *ṯwt* (cf. unten, § 63 und 68) halte ich für weniger wahrscheinlich, weil *ṯwt* zwar auch ohne auslautendes *t*, aber dennoch stets mit dem Determinativ der stehenden Mumie geschrieben wird.

[3] Cf. Erman, NG, § 94.

[4] Dendara X, 136, 3.

[5] Edfou VII, 4, 2.

[6] Edfou VI, 186, 16.

[7] Edfou V, 84, 2.

[8] Edfou VI, 121, 4.

[9] Edfou VI, 174, 12.

[10] Edfou VI, 129, 10.

[11] Edfou VIII, 77, 8.

[12] Edfou VI, 76, 10; 114, 7; VII, 4, 3.

[13] Edfou V, 3, 6 (am Infinitiv, der Subjekt im Adjektivischen Nominalsatz ist; für 32 Säulen, also Plural; *twt m33.śt r* ..., das sie Sehen/ihr Anblick gleicht ...); 6, 2 (ähnlich; *nḥr m33.śt r* ...); VI, 114, 8; VII, 27, 12; VIII, 119, 2.

[14] Edfou VIII, 64, 13.

[15] Edfou VII, 94, 10; VIII, 98, 14.

[16] Edfou VII, 153, 14 (kollationiert). Vergleichbares begegnet schon im Neuägyptischen, Erman, NG, § 97.

b) als Subjekt im Adverbiellen Nominalsatz[1] [2], [3], [4], [5] und [6], seltener [7] und [8];

c) als Subjekt im neuägyptischen Präsens [9], 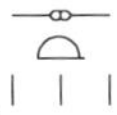[10] oder auch [11].

Bei den Schreibungen fällt auf, daß – im Unterschied zur Verwendung als Direktes Objekt und als Subjekt im Präsens – bei der Verwendung als Subjekt im Adverbiellen Nominalsatz die *w*-haltigen Schreibungen überwiegen. Letztere möchte ich mit Blick auf die diesbezüglich noch eindeutigere Differenzierung im Singular[12] als betonte Vollform interpretieren. Hier dürfte man demnach nicht von bloßen graphischen Varianten sprechen, sondern man müßte für *śt* zwei Formen ansetzen, eine bei nicht-enklitischer Stellung bevorzugte Vollform *śwt* und eine enttonte Form *śt*. Für beide sollte man aber aus praktischen Erwägungen die traditionelle Umschrift *śt* beibehalten.

All diese Pronomina stehen sowohl für Gegenstände und Feinde als auch für Götter. Dies sei erwähnt, weil man je nach Thema der Inschrift den Eindruck gewinnen kann, daß neben Gegenständen bevorzugt auch die Feinde pejorativ als *śt*, es, bezeichnet worden seien; zum Nachweis dieser Bevorzugung ist jedoch eine genauere Untersuchung nötig.

Das ältere *śn*, das als Direktes Objekt schon im Mittelägyptischen unüblich war,[13] wird im Neuägyptischen von *śt* noch weiter zurückgedrängt, und im Korpus der von Jansen-Winkeln untersuchten Texte der Dritten Zwischenzeit[14] begegnet nur *śt*. Demgegenüber ist das klassische *śn* im Ptolemäischen noch gut vertreten.[15]

---

[1] Seit der 18. Dynastie belegt, siehe Gardiner, EG, § 43, Obs. 1.
[2] Edfou VI, 320, 4.
[3] Edfou VII, 257, 5.
[4] Edfou VI, 276, 7; VII, 279, 14.
[5] Edfou V, 63, 16.
[6] Edfou V, 162, 6.
[7] Edfou V, 23, 5.
[8] Edfou VI, 108, 13; VII, 280, 7; 319, 16.
[9] Edfou VIII, 138, 11 (mit Pseudopartizip; *śt ḳ3b*).
[10] Edfou VII, 83, 14 (mit Pseudopartizip; *śt nḫt*).
[11] Edfou V, 293, 7 (mit Pseudopartizip; *śt mt*).
[12] Cf. oben, § 52 und 53.
[13] Gardiner, EG, § 44, 1, Obs.
[14] Jansen-Winkeln, Spätmitteläg. Gramm., § 223.
[15] Diese Aussage bezieht sich auf die Bände Edfou V - VIII. Für Dendera siehe Junker, GdD, § 53; cf. auch die Schreibungen in Dendara X, Cauville, Dend. Chap. Os. III, 498.

§ 57

Das Abhängige Personalpronomen Dual[1], das bereits im Mittelägyptischen verschwunden war,[2] wird nicht mehr gebildet; an seine Stelle ist der Plural getreten.

Als Direktes Objekt erscheinen [3], [4], 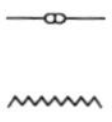[5], selten nur  [6] und 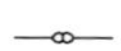 [7].

Als Subjekt im Adverbiellen Nominalsatz finden wir in Edfu meist [8], selten [9].

§ 58

Das Indefinite Pronomen beim neuägyptischen Präsens lautet *tw.tw*.

Als Schreibungen begegnen [10] und [11].

§ 59

Das Abhängige Personalpronomen Neutrum[12] lautet *śt*. Es wird nicht selten als selbstverständlich ausgelassen.[13]

Wird es geschrieben, dann

[1] Edel, Altäg. Gramm., § 166.
[2] Gardiner, EG, p. 45, n. 5b.
[3] Edfou VII, 327, 8 (Maskulin; *t3wj*, die Beiden Länder).
[4] Edfou V, 145, 2 (feminin); VI, 284, 1 (maskulin und feminin); VII, 283, 3 (feminin).
[5] Edfou VIII, 45, 13 (maskulin und feminin).
[6] Edfou VI, 55, 6 und 7 (für die Doppelfeder, die beiden Augen).
[7] Edfou VIII, 131, 14 (für die beiden Augen).
[8] Edfou VII, 104, 2; 256, 10; 261, 9; 276, 7; 277, 7; 278, 9; 291, 10.
[9] Edfou VII, 265, 6.
[10] Dendara X, 101, 2 (mit Infinitiv; *tw.tw ꜥḳ.śn*, man läßt sie eintreten).
[11] Dendara X, 297, 9 (mit Infinitiv; *tw.tw ꜥḳ.śn*, man läßt sie eintreten).
[12] Cf. Erman, NG, § 96.
[13] Edfou VI, 100, 10; 255, 9; 350, 5; VII, 68, 3; 83, 5 (allesamt in der Formel *šsp (śt) m-ꜥ.f*, nimm (es) aus seiner Hand entgegen; siehe dazu Kurth, Dekoration, 17, n. 35); andere Fälle: Edfou VI, 56, 11 (*jnj.n.f (śt)*, er hat (es) gebracht); 156, 1 (*B3śtt ... (r)dj(t śt) r ꜥḫ*, Bastet, ..., die (es) auf den Brandaltar legt).

a) als Direktes Objekt [1], [2] und [3];

b) als Subjekt beim neuägyptischen Präsens [4].

§ 60

Ein Blick auf die vorangehenden Paragraphen (52, 53, 56 - 58) läßt erkennen, daß das Abhängige Personalpronomen der 3. Person seine graphische Differenzierung nach Genus und Numerus weitgehend verloren hat, weil es nur noch indifferent s^e gesprochen wurde, abgesehen von einer Bevorzugung seiner Vollform als Subjekt im Adverbiellen Nominalsatz; für Maskulinum, Femininum und Neutrum sowie auch für Singular Dual und Plural muß man also mit allen oben aufgezeigten Schreibungen rechnen. Das zu beobachtende Bemühen um die graphische Differenzierung[5] einer Vollform und einer enttonten Form ändert nicht das Gesamtbild.[6]

1 Pronomen

1.1 Personalpronomen

1.1.3 Personalpronomen Unabhängig

§ 61

Das Unabhängige Personalpronomen dient vor allem als

- Subjekt in der *jn*-Konstruktion
- Subjekt im Nominalen Nominalsatz
- zur Besitzanzeige[7]

---

[1] Edfou VI, 98, 16 (für *jḫt nbt nfrt*); 153, 4 (für *śtpwt*, die Fleischstücke; anschließend geschrieben). – Manchmal ist nicht zu entscheiden, ob die 3. Person Plural oder das Neutrum gemeint ist.

[2] Edfou VIII, 165, 7 (für *kꜣw*, die Opferspeisen).

[3] Edfou VIII, 163, 14 (für *ḥtpw*, die Opferspeisen).

[4] Edfou VI, 153, 4 (mit Pseudopartizip).

[5] Siehe oben, § 52 a und b.

[6] Es scheint, als habe sich eine schon früher vorhandene Tendenz (cf. Gardiner, EG, § 300) weiter verstärkt, nämlich die „Neutrisierung" der 3. Person, vielleicht weil diese gegenüber der 1. und 2. Person als ferner stehend oder fremder empfunden wurde. Cf. auch Erman, NG, § 90 ff.; Junge, Neuäg. Gramm, 80.

[7] Selten (zum Beispiel Edfou VI, 189, 11: *ntk nḥḥ*, „du besitzt die Ewigkeit"; 308, 7: *ntf śt.k*, „ihm gehört dein Thron") und wie schon im Mittelägyptischen (Gardiner, EG, § 114.3), Neuägyptischen (Erman, NG, § 107 ff.) und Demotischen (Spiegelberg, Dem. Gr., § 7).

§ 62

Das Unabhängige Personalpronomen der 1. Person Singular lautet *jnk* und *nwj*[1].

Undifferenziert schreibt man *jnk* zumeist  [2], seltener  [3],  [4],  [5] oder  [6]. Die beiden letztgenannten Schreibungen, die ich nur aus Edfu kenne, sind vermutlich mit dem älteren *nnk* identisch; dagegen spricht nicht, daß *nnk* eine andere Bedeutung hat („mir gehört")[7], denn auch *jnk* kann zur Besitzanzeige verwendet werden. Die für das Ptolemäische gewählte Lesung *jnk* läßt sich begründen.[8]

Undifferenziert erscheint *nwj* als  [9],  [10], ,  und  [11]. Diese Schreibungen für *jnk* und *nwj* sind weitaus seltener als die folgenden.

Die Differenzierung richtet sich nach Rang und Geschlecht, so bei *jnk* zum Beispiel:[12]  [13] (für den König);  [14] (für den Gott);  [15] (für die Göttin)[16];  [17] (für die Göttin).

---

[1] Dieses Pronomen erscheint erst im Ptolemäischen. Zu seiner wahrscheinlichen Entstehung aus *jn wj* (die Partikel *jn* verbunden mit dem Abhängigen Personalpronomen *wj*) siehe Junker, GdD, § 55.

[2] Edfou IV, 287, 8; VI, 131, 8; Dendara X, 190, 10 (auch , Dendara X, 160, 13); Esna III, Nr. 305, 18.

[3] Edfou IV, 285, 17; Esna III, Nr. 305, 18.

[4] Edfou IV, 57, 14 (für den König); Deir el-Bahari III, 49, Nr. 54 (für die Göttin; zur Schreibung cf. Dendara X, 4, 8).

[5] Edfou I, 25, 11 (*jnk Ḏḥwtj*, „ich bin Thot"); VI, 235, 10 (*jnk n tn*, „ich existiere, ihr existiert nicht").

[6] Edfou II, 74, 7 (*jnk s3.k*, „ich bin dein Sohn").

[7] Gardiner, EG, § 114.3.

[8] Cf. Kurth, Teüris, 3, nota (a).

[9] Edfou V, 224, 13.

[10] Dendara V, 122, 12.

[11] Zu den drei letzten Schreibungen siehe Cauville, Dend. Chap. Os. III, 243.

[12] Zu weiteren Varianten siehe Edfou VI, 137, 8; 187, 11; Cauville, Dend. Chap. Os. III, 49.

[13] Edfou VI, 133, 5.

[14] Edfou VI, 181, 2.

[15] Edfou VI, 156, 2.

[16] Manchmal wird zusätzlich ein Ideogrammstrich geschrieben (Cauville, Dend. Chap. Os. III, 49; sehr selten).

[17] Dendara II, 158, 2.

Entsprechende Differenzierungen bei *nwj* sind zum Beispiel:[1] [2] (für den König); [3] (für den König); [4] (für die Göttin).

Das Pronomen *nwj* erscheint möglicherweise einmal auch nach einer Partikel in der Pseudoverbalkonstruktion,[5] also wie das Abhängige Personalpronomen *wj* in der mittelägyptischen Pseudoverbalkonstruktion[6] und wie *tw.j* im neuägyptischen Präsens.[7]

§ 63

Das Unabhängige Personalpronomen der 2. Person Singular Maskulin lautet *ntk* und *ṯwt*.[8] Das Pronomen *ntk* schreibt man häufig [9], [10] oder [11], seltener [12], [13] oder auch mit Determinativ [14]. Schreibungen, welche die Position des Tonvokals angeben, begegnen in mehreren Tempeln[15]: , , , .

---

[1] Zu weiteren Varianten siehe Cauville, Dend. Chap. Os. III, 243.

[2] Edfou VII, 44, 10; 84, 14; 86, 2.

[3] Edfou VIII, 19, 15; 61, 8; ungewöhnlich auch für den Gott: V, 195, 2. Für einen Priester: Dendara VIII, 89, 8.

[4] Edfou VI, 79, 12; 81, 4; Cauville, Temple d'Isis, 95, 16: .

[5] Dendara VIII, 89, 8 (*m.ṯ nwj jṯj-gśt ḫr-ḥ3t.ṯ*, „siehe, ich laufe vor dir her").

[6] Gardiner, EG, § 324.

[7] Erman, NG, § 482.

[8] Nicht zu verwechseln mit dem *twt* der *twt r.f*-Konstruktion (siehe unten, § 225).

[9] Edfou VI, 293, 4; VII, 86, 4.

[10] Edfou VIII, 24, 1.

[11] Edfou VI, 44, 14 (kollationiert; sonst im Umfeld an entsprechender Stelle: *ṯwt*).

[12] Edfou V, 268, 11; VI, 189, 11; Traunecker, Coptos, 62, Nr. 1, 9.

[13] Esna III, Nr. 377, 6.

[14] Edfou VIII, 140, 16.

[15] Zum Beispiel in Dendera, Edfu, Kom Ombo und Koptos. Siehe Junker, GdD, § 56; Cauville, Dend. Chap. Os. III, 289; EP 1, 474, § 6.3 a.

Das parallel zu *ntk* benutzte Pronomen *ṯwt*[1] begegnet zumeist in der Schreibung [2], seltener [3], [4], [5] oder in Edfu singulär [6].

§ 64

Das Unabhängige Personalpronomen der 2. Person Singular Feminin lautet *nṯt*, *mtw.ṯ* und *ṯwt*. Das Pronomen *nṯt* erscheint nur noch sehr selten mit dem klassischen Konsonantenbestand, also zum Beispiel in der Schreibung 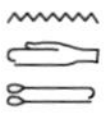[7]. Häufiger schreibt man [8], [9] oder [10], was wohl näher an der realen Aussprache der damaligen Zeit liegt.[11]

mtw.ṯ begegnet in der Schreibung [12].

Das Pronomen *ṯwt* schreibt sich wie das Maskulinum zumeist [13].

§ 65

Das Unabhängige Personalpronomen der 3. Person Singular Maskulin lautet *ntf*.

---

[1] Dieses Pronomen wurde wohl aus dem Altägyptischen übernommen; cf. Gardiner, EG, § 64; Wb V, 360, 5 ff.
[2] Edfou VI, 44, 11; VIII, 84, 8.
[3] Edfou VI, 38, 2; 161, 9.
[4] Edfou VIII, 103, 14.
[5] Edfou VI, 38, 5 ff. (öfters in diesem Text).
[6] Edfou VIII, 132, 1 (man vergleiche  in der symmetrisch zugeordneten Szene, 92, 5). Geht diese unetymologische Schreibung auf eine demotische Vorlage zurück, welche *ṯwt* durch eine Form des Wortes *tj* wiedergegeben hätte?
[7] Traunecker, Coptos, 71, Nr. 3, 6.
[8] Dendara II, 5, 6; die Hieroglyphe der Göttin möchte ich wegen der folgenden Schreibungen als Determinativ auffassen.
[9] Dendara VI, 14, 8; XIII, 43, 12 (mit Determinativ der Göttin); Chelouit III, Nr. 154, 3 (*mj nṯt pt*, „weil du der Himmel bist").
[10] Edfou VI, 303, 9 (*nṯt (r)dj šndt.f*, „du (die Uräusschlange) bist es, die den Respekt vor ihm erzeugt"); Esna III, Nr. 206, § 7 (p. 30, 1; *nṯt wꜥ(t) ḫpr m ḥꜣt*, „du (Neith) bist die Eine, die am Anfang entstand").
[11] Cf. ɴᴛᴏ. – Das im Demotischen noch geschriebene *t* (Spiegelberg, Dem. Gr., § 7; cf. 21 ff.) ist nur noch eine graphische Anzeige des Genus.
[12] Dendara XIII, 43, 10. – Bei *mtw.ṯ* handelt es sich um das Pronomen *nṯt*, das in der vorliegenden Form bereits im Neuägyptischen erscheint und im Demotischen üblich ist (Spiegelberg, Dem.Gr., § 7). Die entsprechenden anderen grammatischen Personen sind mir im Ptolemäischen nicht begegnet.
[13] Edfou VII, 307, 15; VIII, 104, 8 (⸢*ṯwt*⸣); Dendara XII, 67, 4; Esna III, Nr. 251, 21 ff. Cf. auch Junker, GdD, § 54.

Häufig schreibt man  [1],  [2] und  [3], seltener 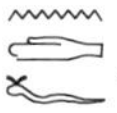 [4], 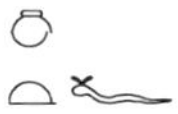 [5], 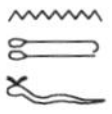 [6], 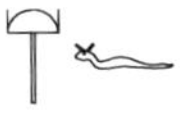 [7], 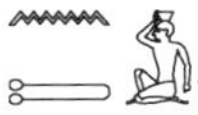 [8] oder  [9].

Mit diesen Schreibungen wird die Position des Tonvokals angegeben:  [10]  und  [11].

§ 66

Das Unabhängige Personalpronomen der 3. Person Singular Feminin lautet *ntś*.

Es findet sich noch die klassische Schreibung  [12] neben 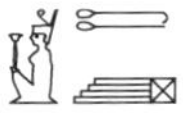 [13], 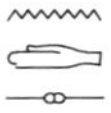 [14],  [15],  [16] oder  [17].

Die letztgenannte Schreibung könnte die Position des Tonvokals angeben[18], so wie es bei  [19] sicher der Fall ist.

---

[1] Edfou VI, 264, 7,
[2] Edfou VI, 59, 9.
[3] Edfou VI, 264, 2 (und öfters in diesem Text).
[4] Edfou VI, 97, 10; Deir el-Bahari III, 43, Nr. 45 (in der Publikation mißverstanden, lies: *mj ntf swnw nfr*, weil er der gute Arzt ist); 49, Nr. 57 (dito, lies *ntf Ḥr*; er ist Horus).
[5] Edfou VI, 155, 12.
[6] Tôd II, Nr. 286, 5.
[7] Esna III, Nr. 277, 23, § 7.
[8] Ermant I, Nr. 7.
[9] Tôd II, Nr. 286, 3.
[10] Edfou VI, 308, 7.
[11] Cauville, Dend. Chap. Os. III, 289; Junker, GdD, § 56; EP 1, 474, § 6.3 a.
[12] Dendara IV, 60, 14; Chelouit I, Nr. 7, 6 und 8.
[13] Dendara III, 149, 12.
[14] Chelouit I, Nr. 7, 13; Urk. VIII, 115, Nr. 143, Zeile 15 des Textes.
[15] Chelouit I, Nr. 7, 9.
[16] Chelouit I, Nr. 7, 11.
[17] Chelouit I, Nr. 7, 14.
[18] Siehe EP 1, 474, § 6.3 a.
[19] Dümichen, Baugeschichte, Tf. VII, 4.

§ 67

Das Unabhängige Personalpronomen der 1. Person Plural lautet im Neuägyptischen[1] und Demotischen[2] *jnn*; cf. das koptische ⲁⲛⲟⲛ.[3] Für das Ptolemäische kenne ich keine Belege.

§ 68

Das Unabhängige Personalpronomen der 2. Person Plural lautet *ṯwt*.

Die Schreibungen entsprechen denjenigen der 2. Person Singular Maskulin und Feminin: [4]. Einmal fand ich die Schreibung [5].

Das klassische *nttn* kann ich für das Ptolemäische nicht belegen, was aber am Fundzufall liegen dürfte.[6]

§ 69

Das Unabhängige Personalpronomen der 3. Person Plural lautet *ntśn*.

[7]; die folgende Schreibung[8] gibt wohl[9] die Position des Tonvokals an: .

[1] Erman, NG, § 102; cf. auch Jansen-Winkeln, Spätmitteläg. Gramm., § 227.
[2] Spiegelberg, Dem. Gr., § 7.
[3] Crum, CD, 11 b.
[4] Edfou VI, 311, 3; VII, 314, 5; VIII, 122, 13.
[5] Edfou VIII, 82, 11.
[6] Das Wort lebt nämlich noch im Neuägyptischen (Erman, NG, § 103), Demotischen (Spiegelberg, Dem. Gr., § 7) und Koptischen (Crum, CD, 11 b: ⲛⲧⲱⲧⲛ). Der eine bei Jansen-Winkeln, Spätmitteläg. Gramm., § 227, aufgeführte Beleg ist unsicher.
[7] Urk. VIII, 115, Nr. 143, 5.
[8] Edfou V, 127, 4 (... *ḫr ntśn ꜣ (r)dj.śn mn(t).śn*, ..., denn sie werden ja ihr Anpflocken besorgen).
[9] Der direkte Beweis ist nicht möglich, da *ntśn* im Koptischen offenbar nicht mehr weiterlebt; man vergleiche aber oben, § 63, 65 und 66.

1 Pronomen

1.2 Demonstrativpronomen[1]

1.2.1 *p3*, *t3*, *n3* und Ableitungen

§ 70

Die Reihe *p3*, *t3*, *n3* dient vor allem als

- Attribut (Bestimmter Artikel)[2]
- Attribut (Demonstrativum)[3]
- Attribut (Possessivartikel: *p3j*, *t3j*, *n3j* mit Suffixpronomen)
- Prädikat im Nominalen Nominalsatz
- Regens (Attributivartikel: *p3*, *t3*, *n3* mit Genitiv-Adjektiv *n*(*t*))
- Subjekt im Adjektivischen Nominalsatz
- Subjekt im Nominalen Nominalsatz
- Vokativ

§ 71

Das singularisch maskuline *p3* schreibt man[4]

a) als Attribut (Bestimmter Artikel) meistens □ [5] oder 𓅮 [6], seltener 𓅮𓄿 [7], □ [8] oder □\\ [9], und man verwendet es in dieser Funktion seltener vor beliebigen Wörtern außer in

---

[1] Cf. auch § 158, zu den Ortsadverbien *ˁf* und *dj*.
[2] Zum Unbestimmten Artikel siehe unten bei der Behandlung des Zahlwortes unten, § 134.
[3] Nur in einigen festen Wortverbindungen hat dieses Pronomen seine volle demonstrative Kraft bewahrt; siehe Spiegelberg, Dem. Gr., § 43; Junker, GdD, § 63.2.
[4] Die meisten Belege stammen aus Edfou V - VIII. Zu Dendera siehe generell Junker, GdD, § 81.
[5] Edfou V, 354, 3 (*šm3 p*(*3*) *m3-ḥḏ*, die Antilope töten); VI, 74, 1; VII, 6, 8; 149, 18; VIII, 52, 8.
[6] Edfou V, 352, 9; VI, 56, 8; VII, 106, 11; VIII, 136, 1. Siehe auch die Belege bei Cauville, Dend. Chap. Os. III, 163; Esna III, Nr. 356, 367 und 368, wo □ und 𓅮 wechseln.
[7] Edfou VI, 68, 5.
[8] Edfou V, 107, 4 (cf. IV, 172, 11). Siehe dazu Erman, NG, § 172; Wolf, in: ZÄS 69, 1933, 108; Spiegelberg, Dem. Gr., § 41.
[9] Edfou V, 107, 8 und 9 (cf. Gauthier, DG II, 40).

bestimmten Texten,[1] aber besonders oft vor den Eigennamen und Epitheta der Gottheiten[2] und Könige[3], vor geographischen Namen[4] und Nomina Sacra[5], also immer dann, wenn es sich um etwas handelt, das bekannt ist oder zu dem eine wie auch immer geartete emotionale Beziehung besteht;[6]

b) als Attribut (Demonstrativum)  oder 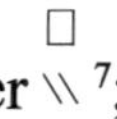[7];

c) als Prädikat im Nominalen Nominalsatz [8] oder 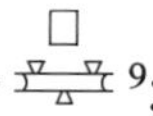[9];

d) als Subjekt im Adjektivischen Nominalsatz [10] oder [11];

e) als Subjekt im Nominalen Nominalsatz [12];

---

[1] Edfou V, 352, 9 (*pꜣ šmw*, das Gehen); VI, 68, 5f. (*pꜣ thw nbw*, jeder Frevler; hier ist die demonstrative Kraft durch das folgende *nb* aufgehoben; dasselbe findet sich auch im Neuägyptischen und Demotischen, Spiegelberg, Dem. Gr., § 42); VII, 216, 9 ff. (sehr oft innerhalb dieses langen demotisch gefärbten Textes; siehe ITE I/2 (Edfou VII), 392 ff.); VIII, 15, 5 (*pꜣ ḥr*, das Gesicht); 33, 7 (*pꜣ tꜣ*, die Erde – wenn nicht speziell Ägypten gemeint ist).

[2] Edfou VI, 94, 15 - 99, 12; VIII, 52, 8 und 9; 52, 16 (*pꜣ nb-Wṯst*, der Herr von Edfu; so auch VII, 106, 11 und ähnlich VI, 56, 8; 73, 5; 74, 1); 84, 14 (Harsomtus *pꜣ ẖrd*, das Kind); 136, 1 (*pꜣ njk*, der Bösewicht (die feindliche Schlange, Apophis)); 161, 11 (*pꜣ nb nṯrw*, der Herr der Götter).

[3] Edfou VIII, 58, 10 (*pꜣ nṯr ntj nḥm*, der Gott, der rettet, im Namen Ptolemäus XII.; ähnlich VII, 6, 8 und 7, 2; 28, 13).

[4] Edfou V, 107, 4 (vor dem Namen eines bestimmten Gewässers; ähnlich 8 und 9); VI, 22, 7 (*tꜣ jꜣt n(t) pꜣ nwn*, die Stätte des Urwassers, eine geographische Angabe); 79, 5 (*pꜣ Š-n-Ḥr*, Der See-des-Horus). – Auch vor Ausländern: Edfou VII, 149, 18 (*pꜣ nḥšj ẖsj*, der elende Nubier).

[5] Edfou VI, 122, 2 (*pꜣ wjꜣ n Ḥr Bḥdtj*, die Barke des Horus Behedeti); 133, 1 (*pꜣ ḫprr n ktmt*, der Skarabäus aus Gold); 134, 3 (*pꜣ wdn ꜥꜣ n pꜣ Rꜥ*, das große Opfer für Re); VII, 93, 6 (*pꜣ mnw*, der Menu-Krug).

[6] Die Denderatexte verwenden *pꜣ* in sehr ähnlicher Weise, siehe Junker, GdD, § 81.

[7] Edfou VI, 221, 10 (*n pꜣ hrw*, an diesem Tage, heute); Junker, GdD, § 63.2 (*n pꜣ hrw*, an diesem Tage, heute). – Diese Form entspricht eigentlich dem Demonstrativpronomen *pꜣj* (siehe Erman, NG, 122 ff.; Spiegelberg, Dem. Gr., § 13). Während *pꜣj* im Neuägyptischen und Demotischen meist in der Schrift vom Artikel *pꜣ* getrennt wird, wird diese Trennung im Ptolemäischen, so weit ich sehen kann, nicht konsequent durchgeführt (cf. die Schreibungen bei Junker, GdD, § 63 und 81). Da nun bei fehlender graphischer Differenzierung an vielen Stellen eine sichere Entscheidung zwischen Artikel und Demonstrativum schwierig ist, transkribiere ich in allen Zweifelsfällen *pꜣ*. – Cf. auch die nur wenigen sicheren Belege für *pꜣj* bei Jansen-Winkeln, Spätmitteläg. Gramm., § 240.

[8] Edfou V, 9, 4 (*pꜣ pw ḳmꜣ jḫt nbt*, er (der Gott) ist Dieser, der alles erschuf). Zu „Dieser" als Bezeichnung des Gottes siehe ITE I/2 (Edfou VII), 38, n. 7.

[9] Urk. VIII, 13, Nr. 14 h (*pꜣ pw prj jm.k*, „er ist Dieser (der König), der aus dir hervorging"). Zu „Dieser" als Bezeichnung des Königs siehe ITE I/2 (Edfou VII), 38, n. 7.

[10] Edfou VII, 22, 3 f. (*ꜥꜣ pꜣ wrt sp 2*, groß ist Dieser gar sehr; cf. V, 320, 11 f.; zu „Dieser" siehe ITE I/2 (Edfou VII), p. 38, n. 7). Zur Transkription siehe oben, die Anm. zu b.

[11] Dendara II, 99, 7 (*hn wj pꜣ hnn.f n rn.ṯ*, wie angesehen ist doch der, der sich vor deinem Namen verbeugt; ähnlich Edfou V, 336, 6: *nfr wj pꜣ hnn. f ...*). Zur Transkription siehe oben, die Anm. zu b.

[12] Edfou V, 134, 7 (*jr nꜣ ... bꜣw ḫftjw pꜣj*, was die ... anbelangt, es sind die Bas der Feinde). Schreibung, Position und Funktion entsprechen der neuägyptischen Form *pꜣj* (Erman, NG, § 125; zur neutrischen Verwendung cf., auch *pꜣw*, unten, § 120); zur hier gewählten Transkription vergleiche man oben, Anm. zu b.

f) als Vokativ [1] oder □ [2].

Die Determinierung mit, die auch bei *pf* und *pn* begegnet (siehe unten), kennzeichnet offenbar gerne die Verwendung als Substantiv.[3]

§ 72

Das singularisch-feminine *tꜣ* schreibt man

a) als Attribut (Bestimmter Artikel) zumeist [4] oder [5], selten [6], [7] oder [8], nicht oft vor beliebigen Wörtern[9], aber häufig vor Eigennamen[10] (cf. oben, § 71 a und unten, § 73 a);

b) als Attribut (Demonstrativum) [11];

c) als Vokativ [12].

---

[1] Edfou V, 31, 10 (*pꜣ ḥḳꜣ*); VII, 86, 2 (*pꜣ nb nṯrw*); VIII, 15, 6 (*pꜣ ḏrtj ḥḳꜣ ḏrtjw*).

[2] Edfou VI, 89, 7 (*pꜣ Nḏ-jt.f*); VII, 130, 17 (*pꜣ nb nṯrw*); VIII, 15, 5 (*pꜣ nb jtrtj*, öfters in diesem Text).

[3] In einigen Fällen hat dann eine Lexikalisierung stattgefunden (*pꜣ*, *pf* und *pn*, „Dieser", als Bezeichnung des Gottes oder Königs; *nf* neben *nn*, „dieses (alles)", als Bezeichnung der Schöpfung). Ausgangspunkt für das Determinativ ist vielleicht die Verwendung von Ortsadverbien als Demonstrativpronomen (die Sache hier = diese Sache); siehe Kurth, Den Himmel stützen, 47; cf. auch Wb I, 508, 4. Die Schreibung mit soll wohl größere Nähe vermitteln, soll etwas präsent und konkret machen und wäre demnach wörtlich mit „dieser hier/dieses hier" zu übersetzen.

[4] Edfou VI, 22, 7; VII, 217, 4; VIII, 80, 5.

[5] Edfou VII, 266, 1; VIII, 104, 10.

[6] Esna III, Nr. 206, 4 (p. 30, § 9; *j tꜣ mśjt tw.n*, „o, du, die du uns geboren hast"). – Nach Erman, NG, § 123, könnte man hier auch *tꜣj* lesen; cf. oben, § 71, Anm. zu b.

[7] Willems, Shanhûr, Tf. 42, Nr. 32.

[8] Esna III, Nr. 206, 4 (p. 30, § 9; ⌜*j*⌝ *tꜣ pri(t).n jm.ś*, „o, du, aus der wir hervorkamen"). – Nach Erman, NG, § 123, könnte man hier auch *tꜣj* lesen; cf. oben, § 71, Anm. zu b.

[9] Edfou VII, 240 13 (viele Fälle in diesem demotisch gefärbten Text); VIII, 138, 11.

[10] Zum Beispiel Edfou VIII, 101, 13 (Hathor ..., *tꜣ mnjt*, ..., das Menit). So auch in Dendera, siehe Junker, GdD, § 81 und Cauville, Dend. Chap. Os. III, 597 f.

[11] Dendara X, 368, 5 (ob Artikel?).

[12] Edfou V, 369, 2 (*tꜣ ḥḳꜣt*).

§ 73

Das <u>pluralische *n3*</u> schreibt man

a) als Attribut (Bestimmter Artikel) zumeist [1], ( )[2], [3] oder [4], selten [5] oder [6], nicht oft vor beliebigen Wörtern[7], aber häufig vor Eigennamen[8] (cf. oben § 71 a; 72 a);

b) als Attribut (Demonstrativum) [9] und [10];

c) als Subjekt im Nominalen Nominalsatz oder [11];

d) als Vokativ [12].

§ 74

Der <u>Attributivartikel (Artikel der Zuordnung, „der von ..., die von ...").</u>[13]

Entstanden aus *p3 n*, *t3 nt*, *n3 (n)*, erfuhr der Attributivartikel eine fortschreitende Enttonung[14] und endete koptisch als **ⲡⲁ-, ⲧⲁ-, ⲛⲁ-**.

---

[1] Edfou VI, 59, 1; VII, 216, 8; VIII, 78, 2.

[2] Edfou V, 135, 1; VI, 114, 8.

[3] Edfou V, 353, 5; VII, 227, 1.

[4] Dendara III, 54, 7 f.

[5] Esna III, Nr. 358, 39.

[6] Edfou VII, 237, 8 (*n n(3) 3ḫw*).

[7] Edfou VII, 217, 11 (und öfters in diesem demotisch gefärbten Text); VIII, 138, 8 und 12.

[8] Edfou V, 135, 1 (heilige Bäume); VI, 59, 1 (*n3 nbw f3w*, die Herren des Ansehens, Bezeichnung der Hauptgottheiten Edfus); 134, 5 (Feinde, Ausländer); VII, 238, 1 (eine bestimmte Sorte Feld; ähnlich 244, 9); Esna III, Nr. 358, 39 (bestimmte Riten). Siehe auch Cauville, Dend. Chap. Os. III, 240.

[9] Edfou VI, 162, 14 und 16 (wahrscheinlich; cf. oben, Anm zu § 71 b).

[10] Edfou V, 134, 6 (wahrscheinlich; cf. oben, Anm. zu § 71 b).

[11] Edfou V, 134, 6 (zwei Fälle) und 8 (jeweils: *jr* ..., ... *n3*, was ... anbelangt, sie sind ...); Dendara X, 104, 6 (*sm3jw Śtš n3*, sie sind die Genossen des Seth). Schreibung, Position und Funktion entsprechen der neuägyptischen Form *n3j* (Erman, NG, § 125; 459 f.).

[12] Edfou VI, 77, 7 (*nḏrj.ṯn mḥ.ṯn n3 nbw nḫt*, ihr möget packen, ihr möget ergreifen, o ihr Herren der Kraft).

[13] Die sonst benutzten Termini „Possessivartikel" (Erman, NG, § 127; Spiegelberg, Dem. Gr., § 11) und „Possessivpräfix" (Till, Kopt. Gramm., § 203, n. 3) treffen meines Erachtens den Sachverhalt nicht, da es sich in der Regel um eine Zuordnung handelt, die mit Hilfe der Reihe *p3*, *t3*, *n3* elliptisch formuliert wird (zum Beispiel: „die von Theben" steht für „die Leute von Theben, die Thebaner") und deren Zweck es ist, Personen oder Dinge zu kennzeichnen.

[14] Gardiner, EG, § 111, Obs.; Erman, NG, 127; Spiegelberg, Dem. Gr., § 11.

Das maskuline *p3 n*[1] schreibt man  [2],  [3] und  [4],

das feminine *t3* (*nt*)  [5],

das pluralische *n3* (*n*) 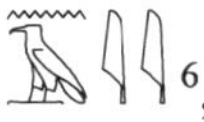 [6],  [7],  [8] oder  [9].

§ 75

Zu den § 71 - 74 ist folgendes anzumerken:

Nur Pluraldeterminativ – und nicht lautlich zu werten – ist wohl das bei *n3* (*n*) manchmal hinzugefügte .

Das angehängte oder anstelle von *3* geschriebene  oder  erscheint bei *p3*, *t3*, *n3* viel seltener als in den Reihen *pw*, *tw*, *nw* (siehe unten § 78 ff.) und *pf*, *tf*, *nf* (§ 82 ff.); es wurde deshalb nicht als eigene (abgeleitete) Form aufgenommen.[10]

Inkonsequent und promiscue verwendete Schreibungen können die verschiedenen Formen verschleiern und die Bestimmung der Funktionen erschweren. Darum ist die Beachtung der Wortstellung[11] und des Kontextes hier besonders wichtig.

---

[1] Auch im Falle der Kurzschreibungen ist es wegen der leichteren Lesbarkeit der Transkription günstig, in der historischen Form zu umschreiben, also zum Beispiel *p*(*3*) *n* oder *p3* (*n*).

[2] Edfou VI, 119, 6 und 7 (*p*(*3*) *n r3w nḥ3ḥ3*(*w*), der mit den furchtbar wilden Worten (Seth)).

[3] Edfou V, 112, 8 und 9 (*p*(*3*) *n T3-wr*, der vom Abydos-Gau (ein Kanal); ähnlich 122, 15 und 16 sowie VII, 248, 14); VII, 225, 6 (*p*(*3*) *n Prm*, der aus Primis? (eine Person)).

[4] Edfou VII, 245, 12 (*p3* (*n*) *ḥrj-ḥmw*, das des Oberhandwerkers (ein Stück Land)).

[5] Edfou VI, 23, 6 f. (*t3* (*nt*) *jnt*, die vom Wüstental (eine Göttin)). – Cf. auch die merkwürdige Schreibung , Derchain, Elkab I, 41, n. 29 (4*, 11 b; 12 b).

[6] Edfou VI, 86, 8 (*n3 Ḏb3*, die von Edfu, (die Bewohner)); VII, 221, 1 und 226, 16 (*n3 njwt*, die von Theben, (die Bewohner)).

[7] Edfou V, 32, 10 und 16 (*n3 ḥ3t n3 pḥwj*, die am Bug und die am Heck (Matrosen)); VIII, 33, 7 (*n3 t3wj*, die der Beiden Länder (die Bewohner Ägyptens)).

[8] Edfou VII, 246, 3 (*n3 ṯṯw*, die der Schwalben? (Felder)).

[9] Edfou VI, 197, 5 (*n3 Jšr*, die von Assyrien (die Bewohner Assyriens)).

[10] Es könnte fallweise den Wandel *3* > *j* anzeigen oder vielleicht den Vokal.

[11] Siehe oben, § 71 e und 73 c.

§ 76

Der Possessivartikel.[1]

Entstanden (am Beispiel der 3. Person Singular Maskulin) als *pꜣj.f*, *tꜣj.f*, *nꜣj.f*, erfuhr der Possessivartikel einen allmählichen Tonverlust[2] und endete koptisch als ⲡⲉϥ-, ⲧⲉϥ-, ⲛⲉϥ-. Der erste Bestandteil *pꜣj*, *tꜣj*, *nꜣj* richtet sich nach Genus und Numerus des nachfolgenden Bezugswortes, der zweite gibt die Person an.

Bei maskulinem Bezugswort schreibt man

[3] oder [4], *p(ꜣj).k*[5] ..., dein ...;

[6], [7], [8] oder [9], *p(ꜣj).f* ..., sein ...;

[10], 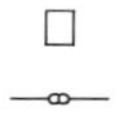[11], *p(ꜣj).ś* ..., ihr ...;

[12], [13], [14] und [15], *pꜣ(j).w* ..., ihr (Plural) ... .

Bei femininem Bezugswort finden wir

[16], [17], [18] und [19], *tꜣj.f* ..., seine ... ;

[20], 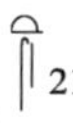[21], *tꜣ(j).ś* ..., ihre ... .

---

[1] Wörtlich: **pꜣj.f pr*, „das seine Haus"; cf. italienisch: la sua casa.
[2] Gardiner, EG, § 113; Erman, NG, § 179 ff.; Spiegelberg, Dem. Gr., § 9; Till, Kopt. Gramm. § 205.
[3] Edfou VI, 84, 15 (*p(ꜣj).k ḫꜣb wr*); VII, 241, 5.
[4] Edfou VII, 232, 3.
[5] Diese Wiedergabe empfiehlt sich wegen der leichteren Lesbarkeit der Transkription.
[6] Dendara X, 27, 13 (*pꜣj.⌜f⌝*).
[7] Edfou VI, 79, 6; VII, 218, 5; auch in Dendera, siehe Junker, in: SPAW 1905, 786 (Dendara X, 42, 14).
[8] Edfou VI, 164, 4; VII, 237, 8.
[9] Junker, in: SPAW 1905, 786 (Dendara X, 27, 14).
[10] Dendara X, 175, 4.
[11] Edfou VII, 216, 8.
[12] Edfou VII, 248, 3 (kollationiert).
[13] Edfou VII, 216, 12 (und öfters in diesem Text).
[14] Edfou V, 349, 7; VII, 217, 1 (und öfters in diesem Text).
[15] Edfou VII, 223, 6.
[16] Edfou VII, 243, 9; ähnlich auch in Dendera, siehe Junker, in: SPAW 1905, 786 (Dendara X, 48, 7).
[17] Dendara X, 43, 11.
[18] Edfou V, 356, 1.
[19] Edfou V, 355, 5; 395, 5 und 6.
[20] Edfou V, 348, 7.
[21] Dendara X, 175, 5.

 [1], *t3j.n* ..., unsere ... .

Bei pluralischem Bezugswort begegnen die Schreibungen

 [2], *n3j.ṯ* ..., deine (Feminin) ... .

 [3], *n3j.f* ..., seine ...;

 [4],  [5] und 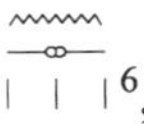 [6], *n3j.ś* ..., ihre ...;

 [7],  [8],  () [9] und  [10], *n3(j).w* ..., ihre (Plural) ... .

Anhand dieses Materials läßt sich folgendes beobachten:

Neben dem gut bezeugten *n3j.w* fand ich keinen Beleg für das ältere *n3j.śn.*[11]

Zwar entspricht  dem koptischen ⲡⲉⲕ-, *p3j.w* in einigen seiner Schreibungen sehr deutlich dem ⲡⲟⲩ- und *n3j.w* dem ⲛⲟⲩ-, insgesamt gesehen erlaubt aber die Vielfalt der unterschiedlichen Schreibungen keine sicheren Rückschlüsse auf die Lautgestalt dieser Wörter in der akademischen Kunstsprache des Ptolemäischen,[12] zumal Schreibungen wie etwa  schon ab dem Ende des Neuen Reiches erscheinen.

Wie es von Hermann Junker bereits für Dendera beobachtet wurde,[13] so finden wir auch in Edfu den Possessivartikel von wenigen Ausnahmen abgesehen nur in bestimmten Texten, zum Beispiel in der großen Schenkungsurkunde (dem Katastertext) oder den Festkalendern, in Texten also, die auf eine zeitgenössische Redaktion zurückgehen.

---

[1] Dendara III, 53, 6, 10 und 14; hier offenbar als Vokativ verwendet (ob elliptisch, etwa: „o unsere Herrin (‚die du da bist‘), indem du ...“?). An den parallelen Stellen 54, 1, 2 und 5, möchte man zu den entsprechenden Suffixpronomina verbessern. Weitere Stellen: Dendara XIII, 21, 7 und 9.

[2] Dendara III, 53, 16.

[3] Edfou VII, 237, 7; ähnlich auch in Dendera, siehe Junker, in: SPAW 1905, 786 (Dendara X, 48, 7).

[4] Edfou VII, 216, 7; 226, 16.

[5] Edfou VII, 238, 3 (mit Endstellung der Pluralstriche, die dadurch wie ein Gesamtdeterminativ wirken).

[6] Dendara X, 175, 3 (mit Endstellung der Pluralstriche, die dadurch wie ein Gesamtdeterminativ wirken).

[7] Edfou VII, 217, 3 (und öfters in diesem Text).

[8] Edfou VII, 250, 7.

[9] Edfou VII, 244, 4; VIII, 136, 3 (drei Fälle).

[10] Edfou VII, 235, 7; 246, 1.

[11] Erman, NG, § 180 f.

[12] Es ist die Frage, wie weit hier eine Normierung reichte.

[13] Sprachliche Verschiedenheiten in den Inschriften von Dendera, in: SPAW 1905, 786 f.

§ 77

Der Absolute Possessivartikel.

Der Possessivartikel ohne Bezugswort[1] begegnet in den mir bekannten Texten nur sehr selten. Man schreibt ihn:

 [2], *nꜣ(j).k*, die Deinigen (entspricht ⲛⲟⲩⲕ);

 [3], *pꜣj.f*, das Seinige (entspricht ⲡⲱϥ).

1 Pronomen

1.2 Demonstrativpronomen

1.2.2 *pw*, *tw*, *nw* und Ableitungen

§ 78

Die Reihe *pw*, *tw*, *nw* dient vor allem als

- Attribut
- Substantiv in der Adverbgruppe
- Objekt
- Subjekt im Nominalsatz
- Vokativ

[1] Erman, NG, § 179; Spiegelberg, Dem. Gr., § 8 (nur römisch belegt); Till, Kopt. Gramm., § 204. – Cf. auch unten, § 81.

[2] Edfou VIII, 84, 3 (Zeit Ptolemäus XII.).

[3] Edfou VIII, 31, 11 (Zeit Ptolemäus XII.).

§ 79

Das singularisch-maskuline *pw* schreibt man[1]

a) als Attribut (Demonstrativum)[2] 𓊪𓏲[3], seltener 𓊪𓅱[4], oder in einer bestimmten Textgruppe auch 𓇋𓊪[5], was dem altägyptischen 𓊪𓇋[6] entsprechen wird;

b) als Subjekt im Nominalsatz meist 𓊪𓏲[7], seltener 𓊪𓅱[8] oder vereinzelt auch 𓏲𓊪[9], 𓏭[10] oder 𓇋𓊪𓏲[11];

c) als Vokativ 𓊪𓏲[12].

Die schon älter belegte Form [13] *pwj* erscheint

als Attribut (Demonstrativum) in der Schreibung 𓊪𓏲𓇋𓇋[14] sowie in der Nebenform 𓊪𓏲𓇋𓇋𓇒𓇒, *pwjnn*[15].

---

[1] Natürlich ist jede der beiden unter „a)" folgenden Schreibungen, und vielleicht noch andere (siehe Wb I, 505, 2 ff.), für jede Funktion des Wortes zu erwarten.

[2] Dieser Gebrauch war schon im Mittel- und Neuägyptischen obsolet geworden, Gardiner, EG, § 112; Erman, NG, § 115.

[3] Edfou VI, 116, 4; 119, 1; 121, 4; 121, 6; 121, 8; 124, 2 und 4 (alle diese Beispiele stammen aus demselben Text und haben als Bezugswort *mw*, das Wasser/Gewässer); 126, 4; 130, 5; 200, 4; 260, 11; an der Stelle VIII, 35, 3, könnte es sich wegen des falschen Genus um einen antiken Fehler handeln (ITE I/1, 67, n. 2, leider nicht angemerkt; der betreffende Text enthält einige antike Fehler).

[4] Derchain, Elkab I, 20*, Zeile 9; 13 f. (cf. die parallelen Aussagen am Ort, Zeile 11 und 13, welche *pwj* schreiben).

[5] Junker , Stundenwachen, 27.

[6] Edel, Altäg. Gramm., § 182.

[7] Edfou IV, 244, 13; VIII, 67, 16; Dendara X, 3, 14.

[8] Edfou VII, 29, 17; Dendara VIII, 97, 2 (invariabel: *jrt.f wrt pw*, ..., die sein großes Auge ist); X, 35, 3.

[9] Derchain, Elkab I, 12*, Zeile 11; 13*, Zeile 7.

[10] Urk. VIII, 115, Nr. 143, 5.

[11] Junker, Stundenwachen, 27; Derchain, Elkab I, 13*, Zeile 4; 14*, Zeile 4 (die Palallelen am Ort schreiben *pw*).

[12] Edfou VI, 64, 3; 130, 10; Dendara X, 268, 14.

[13] Gardiner, EG, § 112.

[14] Edfou I, 209, 14; V, 184, 12. – Die bei Junker (GdD, § 61) für den Vokativ angegebene Stelle (Mariette, Dendérah IV, Pl. 64, Mitte, Zeile 5 = Dendara X, 239, 7 f.) ist nicht richtig, weil das Determinativ übersehen wurde (mit Determinativ ergibt sich *pꜣj*, begatten). Dennoch ist der Vokativ zu erwarten, cf. § 80. – Statt *pwj* schreiben direkte Parallelen *pw* und *pfj*; siehe Derchain, Elkab I, 18*, Zeile 11 – 15.

[15] Junker, Stundenwachen, 27; eine besondere Betonung?

§ 80

Das <u>singularisch-feminine *tw*</u>

ist mir als Demonstrativpronomen nicht begegnet.[1]

Die schon älter belegte Form[2] *twj* erscheint

a) als Attribut (Demonstrativum) in den Schreibungen 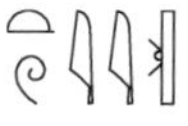 [3] und  [4] sowie in der Nebenform , *twjnn*[5];

b) als Subjekt im Nominalen Nominalsatz [6];

c) als Vokativ [7].

§ 81

Das <u>neutrisch-pluralische *nw*</u> schreibt man

a) als Attribut (Demonstrativum) häufiger  [8] und seltener  [9];

b) als Substantiv in der Adverbgruppe  [10];

c) als Objekt 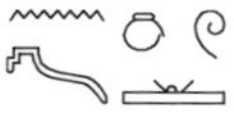 [11] und  [12];

---

[1] Die eine von Junker (GdD, § 260) zitierte Stelle (Dümichen, Kalenderinschriften, Tf. 111, 19) wird Dendara VIII, 97, 2, als *pw* wiedergegeben.

[2] Gardiner, EG, § 112; Wb V, 244, 9 ff.

[3] Edfou VI, 149, 8.

[4] Edfou VIII, 101, 6; 120, 16; Dendara X, 128, 6 f (*jḫt nb*(*t*) wurde singularisch konstruiert); 372, 15.

[5] Junker, Stundenwachen, 27; eine besondere Betonung?

[6] Dendara II, 12, 8 (*ḏt.ṯ twj śjʿr.n.j m-b3ḥ.ṯ m3ʿt pw k3.tw r ḥm.ṯ*, „dein Abbild ist sie, die ich da vor dir erhoben habe, denn „es ist Maat" sagt man über Deine Majestät"); IV, 259, 11; Esna II, Nr. 25, 2. Fallweise ist es schwierig, *twj* als Attribut von *twj* als Subjekt zu unterscheiden; an der oben zitierten Stelle Dendara II, 12, 8, ist *twj* aber sicher das Subjekt des Satzes, weil bei dieser Rede des Königs jede Kolumne mit einer neuen Aussage beginnt und weil die vorangehende Aussage mit *rʿ nb* endet. – Cf. Erman, NG, § 125; 459 f.

[7] Dendara X, 363, 13 (*j j3t twj ntt 3ḫw jm.ś*, „o du Stätte, an der die Verklärten sind").

[8] Edfou VI, 121, 3; VII, 73, 12; 94, 2 (nach Flüssigkeit); 145, 15; 158, 2 (nach Singular, dann aber pluralisch fortgeführt: *mʿr.k nw śmʿr.śn* ...).

[9] Edfou VI, 146, 6; 147, 4; 248, 16.

[10] Edfou VII, 73, 8; 124, 14; 160, 9; alle Belege in der Formel „du mögest essen von jenem (*nfj*), du mögest speisen von diesem (*nw*)".

[11] Edfou VI, 16, 5 (mit eigenem Attribut: *nw jrj*, dieses alles).

[12] Edfou VII, 50, 3; 70, 15 (mit eigenem Präpositionalen Attribut); 86, 4; Dendara V, 20, 6 (Objekt beim Infinitiv mit eigenem Genitivattribut); 153, 13 (Objekt beim Infinitiv).

d) als Subjekt im Nominalsatz [1] oder selten [2].

Die schon älter belegte[3] Form *nwj* schreibt man

a) als Absolutes Possessivpronomen in der Adverbgruppe [4];

b) als Subjekt im Nominalsatz [5] und [6].

Die alte Pluralform *jpw*[7] ist in Dendera[8] und den anderen Tempeln[9] seltener zu finden, in Edfu jedoch begegnet sie öfters;[10] folgende Schreibungen kann ich belegen:

a) als Attribut ( ) [11], [12] und [13], singulär auch [14].

b) als Vokativ [15] und [16].

---

[1] Edfou VII, 3, 6 (und werden oft miteinander verwechselt).

[2] Edfou I, 556, 1 (*nw jśw ḥr.f*, zur Aussage cf. VI, 9, 11).

[3] Wb II, 216, 19.

[4] Edfou V, 23, 5 (und werden oft miteinander verwechselt); der König bringt eine personifizierte Gaulandschaft *ẖr nwj.ś*, mit dem Ihren (ihren landwirtschaftlichen Produkten).

[5] Edfou VI, 121, 13 (vorangestelltes Subjekt mit eigenem Attribut, pluralisch fortgeführt: *jw grt nwj jrj ḫpr.śn jw...*, all dies geschah aber, als ...).

[6] Edfou VI, 151, 9.

[7] Edel, Altäg. Gramm., § 182.

[8] Junker, GdD, § 60.

[9] Kalabchah, 158 (*mw jpw* dieses Wasser); Ermant I, Nr. 6 (*wpwtjw jpw*).

[10] In den Bänden Edfou V - VIII, sind es 19 Fälle.

[11] Edfou V, 11, 4; VI, 146, 9; VII, 269, 14; Dendara X, 43, 14 (*wj3 34 jpw*, diese 34 Barken); Esna VII, Nr. 580, 16. Zum Wechsel von *jpw* und *jpn* siehe Junker, Sprachliche Verschiedenheiten in den Inschriften von Dendera, in: SPAW 1905, 803 f. (§ 48).

[12] Edfou VI, 276, 4.

[13] Edfou IV, 52, 6 (*m mw jpw*, mit diesem Wasser). In dieser Schreibung auch auf einem Privatdenkmal: Sarg Berlin 12442 (Kurth, Teüris, 22, n. 275; 2. Jh. n. Chr.).

[14] Derchain, Elkab I, 12*, Zeile 8 (die Parallelen am Ort schreiben *jpw*).

[15] Edfou VI, 133, 4; 151, 2; VII, 190, 16.

[16] Dendara X, 170, 13 (*jnḏ ḥr.ṯn nṯrw jpw*, seid gegrüßt, o ihr Götter).

1 Pronomen

1.2 Demonstrativpronomen

1.2.3 *pf*, *tf*, *nf* und Ableitungen

§ 82

Die Reihe *pf*, *tf*, *nf* dient vor allem als

- Attribut
- Substantiv in der Adverbgruppe
- Objekt
- Subjekt im Nominalsatz
- Vokativ

Dieses Demonstrativpronomen wird auffallend oft, wenn auch nicht durchgängig, in verächtlichem Sinne (pejorativ) verwendet.[1]

§ 83

Das <u>singularisch-maskuline *pf*</u> schreibt man

als Attribut selten  [2] oder  [3], in einer bestimmten Textgruppe auch 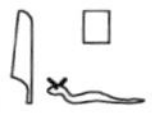 [4].

Die in Edfu übliche und in Dendera fast ausschließliche[5] Form ist *pfj*, und zwar in den Schreibungen

a) als Attribut meist  [6], selten  [7];

b) als Substantiv in der Adverbialgruppe  [8];

[1] In Edfu wie auch in Dendera (Junker, GdD, § 62; Cauville, Dend. Chap. Os. III, 168).

[2] Edfou VI, 62, 5 (*ḥmtj pf*, dieser Feigling (Seth)); VIII, 101, 7 (pejorativ).

[3] Edfou VI, 80, 3 (in positivem Sinne verwendet)

[4] Junker, Stundenwachen, 27.

[5] Anders (ohne \\ ) zum Beispiel: Dendara X, 337, 4.

[6] Edfou VI, 67, 5 (pejorativ); 96, 10 (wohl nicht pejorativ); 222, 7 (Genitivattribut); VII, 18, 8 (in positivem Sinne verwendet); 134, 6 (in positivem Sinne verwendet); VIII, 75, 1; Bresciani, Assuan, 102 (rechts, Mitte, unten; in positivem Sinne verwendet).

[7] Edfou VI, 88, 4. Beide Schreibungen nebeneinander: Ewa Laskowska-Kusztal, Elephantine XV, AV 73, 1996, Tf. 42, 110.

[8] Edfou VII, 18, 7 (*ḥr pf pn*, auf dieser und auf jener (Seite)).

c) als Objekt [1];

d) als Vokativ [2].

§ 84

Das singularisch-feminine *tf* schreibt man

als Attribut selten [3].

Die in Edfu übliche und in Dendera ausschließliche Form[4] ist *tfj*, und zwar als Attribut in der Schreibung [5].

§ 85

Das neutrisch-pluralische Pendant erscheint nur[6] in der Form *nfj*[7] und wird geschrieben

a) als Attribut [8], [9], [10], [11], [12] und [13];

b) als Substantiv in der Adverbgruppe [14], [15] oder selten [16];

---

[1] Edfou VI 65, 11 (lexikalisiert: *pfj*, Jener, der Feind; die Schreibungen weisen nicht auf die Lesung *pfj ḫftj*, jener Feind, anders als es bei *nfj* der Fall ist, siehe unten).

[2] Dendara X, 372, 14.

[3] Edfou VI, 148, 2; VIII, 80, 11. An der Stelle Edfou VII, 114, 5 wurde für ein antiker Fehler angesetzt (ITE I/2, 202); die Lesung *š3š3jt tf* ist aber nicht auszuschließen (cf. 80, 5).

[4] Junker, GdD, § 62.

[5] Edfou VI, 118, 3 und 7 (pejorativ); 248, 13 (positiv); VII, 80, 5 (positiv); 309, 1; Dendara X, 297, 12 (pejorativ); Willems, Shanhûr, Pl. 91, Nr. 59 (positiv).

[6] Abgesehen von einer Stelle in den Stundenwachen, Junker, Stundenwachen, 73, E XIII, 102.

[7] Siehe Wb II, 251, 9 ff. Das auslautende *j* gibt den Wandel eines älteren *3* zu *j* wieder.

[8] Edfou VII, 143, 15 f. (zur Lesung *nfj śbjw*, diese Feinde, statt *nfj*, jene (die Feinde) siehe ITE I/2, 176, n. 3). – Ähnliche Schreibungen begegnen schon im Neuen Reich (Erman, NG, § 117).

[9] Edfou VII, 208, 2 (*nb nfj mj nn*, der Herr von diesem wie jenem).

[10] Edfou VII, 164, 14 (zur Lesung *nfj śbjw*, diese Feinde, statt *nfj*, jene (die Feinde) siehe ITE I/2, 176, n. 3).

[11] Edfou VI, 121, 7 (zur Lesung *nfj śbjw*, diese Feinde, statt *nfj*, jene (die Feinde) siehe ITE I/2, 176, n. 3); VII, 269, 4.

[12] Edfou VI, 127, 10 (zur Lesung *nfj śbjw*, diese Feinde, statt *nfj*, jene (die Feinde) siehe ITE I/2, 176, n. 3).

[13] Edfou V, 117, 13; VI, 128, 7 (zur Lesung *nfj śbjw*, diese Feinde, statt *nfj*, jene (die Feinde) siehe ITE I/2, 176, n. 3).

[14] Dendara X, 40, 3; ähnlich: 41, 5.

[15] Edfou V, 50, 15; VII, 73, 7 f.

[16] Edfou VI, 151, 6.

c) als Objekt [1] oder [2];

d) als Subjekt im Nominalsatz [3].

Während die Denderatexte *nfj* eher eingeschränkt benutzen[4], ist dieses Pronomen in Edfu in allgemeinem Gebrauch.

1 Pronomen

1.2 Demonstrativpronomen

1.2.4 *pn*, *tn*, *nn* und Ableitungen

§ 86

Die Reihe *pn*, *tn*, *nn* dient vor allem als

- Attribut
- Substantiv in der Adverbialgruppe
- Objekt
- Subjekt im Nominalsatz und in der Pseudoverbalkonstruktion
- Vokativ

Im Unterschied zum Neuägyptischen[5] und Demotischen[6] sind *pn*, *tn* und *nn* im Ptolemäischen die meistbenutzten Demonstrativpronomina.

---

[1] Edfou VII, 50, 3.
[2] Edfou V, 50, 15; VII, 162, 16 f.
[3] Edfou VIII, 76, 10 (*mk śbjw nfj nt(j) ʿpj*, denn jene sind die Feinde des Api; zur Korrektur siehe ITE I/1, 379).
[4] Junker, GdD, § 65 („nur in den neuägyptisch gefärbten Texten“).
[5] Erman, NG, § 114 - 117.
[6] Spiegelberg, Dem. Gr., § 12.

§ 87

Das singularisch-maskuline *pn* schreibt man

a) als Attribut meistens  [1] oder  [2] (letzteres weitaus am häufigsten),[3] seltener  [4],  [5]  [6],  [7] und  [8] sowie in einer bestimmten Textgruppe auch 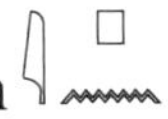 [9];

b) als Substantiv in der Adverbialgruppe 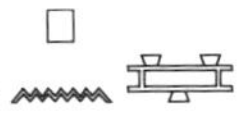 [10];

c) als Vokativ  [11].

§ 88

Das singularisch-feminine *tn* schreibt man

als Attribut  [12], 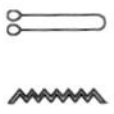 [13] und 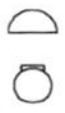 [14] (dieses in Edfu und Dendera[15] am häufigsten).

[1] Edfou Edfou VI, 12, 9; VII, 59, 15.
[2] Edfou VI, 10, 9; VII, 7, 3; VIII, 57, 1.
[3] In Edfu und ebenso auch in Dendera (für Dendera siehe Cauville, Dend. Chap. Os. III, 168).
[4] Edfou VII, 5, 7.
[5] Edfou VIII, 110, 15.
[6] Edfou VII, 3, 4.
[7] Edfou VIII, 67, 6.
[8] Dendara X, 426, 2.
[9] Junker, Stundenwachen, 27; cf. idem, GdD, § 58. Selten auch sonst in Edfu, zum Beispiel VI, 148, 1 (*npꜣ jpn* diese Nabelschnur). Gehören hierher auch  und  (Derchain, Elkab I, 22*, Zeile 7 f.)?
[10] Edfou VII, 18, 7.
[11] Edfou VI, 299, 2.
[12] Edfou VI, 15, 5; 88, 2; VII, 10, 6.
[13] Edfou VI, 15, 7; VII, 17, 4; VIII, 67, 14.
[14] Edfou VI, 6, 4; VII, 3, 2; VIII, 95, 4.
[15] Zu Dendera siehe Cauville, Dend. Chap. Os. III, 616.

§ 89

Das neutrisch-pluralische *nn* schreibt man

a) als Attribut[1] 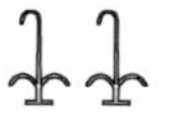[2], 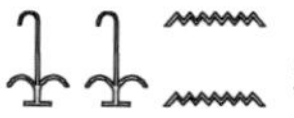[3], [4], [5] und [6]; das attributive *nn* erscheint zumeist bei pluralischem Bezugswort oder wenn ein pluralischer Sinn vorliegt, seltener bei singularischem Bezugswort und dann fast ausschließlich, wenn dieses feminin ist, was dem neutrischen Charakter des *nn* entspricht; die klassische Konstruktion des Plurals, *nn n*, findet man innerhalb der Bände Edfou V - VIII nur noch an zwei Stellen: [7] und [8];

b) als Substantiv in der Adverbgruppe [9], [10] und [11];

c) als Objekt [12], [13] und [14];

[1] Die Verwendung des nachgestellten *nn* als Attribut (cf. Wb II, 274, 3 f.) ist manchmal von der Verwendung als Subjekt nicht sicher zu scheiden. Eindeutig sind aber diejenigen Belege, bei denen innerhalb ein und desselben Satzbaus *nn* und *pn* wechseln, weil ja *pn* nicht als Subjekt auftritt; siehe zum Beispiel Edfou V, 281, 6 f.; VI, 165, 3; VII, 78, 7; 122, 10; 146, 7; 166, 17; 173, 7. Sicher attributiv ist die Verwendung auch an der Stelle Edfou VI, 173, 4 (cf. das vorangehende *jpn* und das Subjekt *pw* in der übernächsten Zeile).

[2] Edfou VI, 5, 7 (Bezugswort: Plural Maskulin); 99, 2 (Bezugswort: Plural Maskulin); 122, 6 (Bezugswort: Plural Maskulin); 145, 6 (Bezugswort: Plural Maskulin: *nn nṯrw*, diese Götter); 187, 11 (Bezugswort: Singular Feminin: *tp(t).f nn*, diese seine Weiße Krone); 246, 2 (Bezugswort: Plural Maskulin); VIII, 52, 5 (Bezugswort: *jst*, die Mannschaft, grammatikalisch Singular Feminin, semantisch ein Kollektivum).

[3] Edfou VI, 17, 11 (Bezugswort: Singular Feminin, dem Sinn nach aber pluralisch: *ḥs(t)-Rꜥ*, Lobpreis des Re).

[4] Edfou V, 71, 7 (Singular Feminin: *Kꜣš nn*, dieses Land Kusch); 227, 8 (Plural Feminin: *šsp.n.j rnpwt nn nfr(wt)*, „ich habe diese vollkommenen Jahre angenommen"); VI, 10, 6 (Bezugswort: Plural Maskulin); 302, 2 (Bezugswort: Plural Maskulin); VII, 135, 8 (Bezugswort: Singular Feminin: *kꜣt nn*, dieses Werk); 208, 2 (Genitivattribut).

[5] Edfou V, 6, 3 (Bezugswort: Plural Feminin: *jḫt nn*, diese Dinge).

[6] Edfou V, 305, 3 (Bezugswort: Dual Maskulin: *ꜥnḫwj nn*, diese beiden Türflügel); VIII, 36, 13 (Bezugswort: Singular Feminin: <*ꜥt*> *nn*, dieses <Glied>).

[7] Edfou V, 280, 10 (*ḫꜣw nn n jḫt*, tausend von diesen Speisen).

[8] Edfou VI, 329, 10 (*nn n sꜣ 4*, diese vier Schutztruppen).

[9] Edfou V, 97, 11; VI, 119, 6.

[10] Edfou VII, 17, 11; VIII, 167, 1.

[11] Edfou VI, 214, 8 und 10.

[12] Edfou V, 186, 2 (*śdwḫ.k nn šm ḥr mw.k*, „du balsamierst diejenigen, die dir ergeben sind").

[13] Edfou VI, 319, 13 f. (*śpḫr.n.j nn ḏd Ḏꜣjśw ḫr Rꜥ*, „ich habe das aufgeschrieben, was die Djaisu zu Re gesagt haben").

[14] Edfou VIII, 59, 4 (*ntk Km-ꜣt.f jrj nn r ꜣw*, „du bist Kematef, der dies alles erschuf").

d) als Subjekt im Nominalsatz[1] oder in der Pseudoverbalkonstruktion[2] in gleicher Weise;

e) als Vokativ[3] in gleicherWeise.

Die sehr alte und schon im Mitteländischen obsolete Pluralform *jpn*[4] ist in den Texten der Tempel von Edfu und Dendera keineswegs selten; man schreibt sie im Maskulinum und Femininum

a) als Attribut 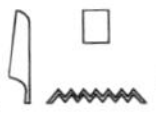[5], [6], [7], [8], [9] oder [10];

b) als Vokativ [11].

Nur einmal findet sich das alte Femininum 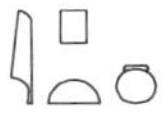[12], *jptn*, was aber nur dann korrekt wäre, wenn man nicht *ḳbḥw*, sondern *ḳbbt* liest[13].

---

[1] Edfou VI, 8, 9 (Nominaler Nominalsatz: *św t nn*, dies sind die Orte); 122, 2 f. (Adverbieller Nominalsatz: *jw ꜣ nn ⸢jrj⸣ m śt tn*, es ist aber all dies an dieser Stätte; ähnlich: 117, 4); 317, 17 (Nominaler Nominalsatz; man beachte die mit *pw* gebildeten Sätze im Kontext); VII, 11, 8 (Nominaler Nominalsatz: *mnw nn jrj ḥm f*, dies sind die Monumente, die Seine Majestät geschaffen hat; zur Bestimmung der Satzgrenzen cf. 12, 6 f.); 17, 7 f. (Adverbieller Nominalsatz: *nn r ꜣw ḥr jꜣbj.ś*, dies alles liegt auf ihrer linken Seite); 80, 11 (Nominaler Nominalsatz); 85, 16 (Nominaler Nominalsatz: *hjn.k nn*, dies sind deine Grenzen).

[2] Edfou V, 31, 6 (Pseudoverbalkonstruktion: *jw nn r ꜣw mn.tj*, all dies ist dauerhaft; ähnlich: Dendara IV, 107, 7).

[3] Edfou VII, 9, 9; 318, 13; VIII, 122, 13 (*śḫmw nn*, o ihr Machtwesen).

[4] Edel, Altäg. Gramm., § 182. – Zu den Schreibungen in Dendera siehe Cauville, Dend. Chap. Os. III, 34.

[5] Edfou V, 304, 12 (Dual Feminin: *ʿrtj jpn*, diese Türflügel); Bresciani, Assuan, 104 (links, 1. Zeile, unten: *mw jpn*, dieses Wasser – *mw* wird pluralisch konstruiert); Ermant I, Nr. 5 (p. 52, 11. Zeile von rechts: *nṯrw jpn*).

[6] Edfou V, 4, 3; 6, 4; VI, 15, 11; VII, 9,9; VIII, 25, 12; Kôm Ombo (Gutbub), Nr. 292, 13 (Gutbub, Textes fond., 12, nota ao).

[7] Dendara X, 181, 9.

[8] Edfou IV, 358, 9.

[9] Edfou VI, 8, 4; Dendara X, 426, 9.

[10] Dendara VI, 163, 5.

[11] So wiedergegeben nach Mariette, Dendérah IV, Pl. 46, unten, und mit Junker, GdD, § 59; Dendara X, 131, 9 f., gibt  (das Photo erlaubt keine Entscheidung); *rś.ṯn m ḥtp nṯrw jpn*, ihr möget in Frieden erwachen, o ihr Götter.

[12] Dendara X, 128, 6.

[13] Wb V, 25, 10 f.; 26, 5.

2 Substantiv[1]

2.1 Genus

§ 90

Unterschieden werden wie in klassischer Zeit Maskulinum und Femininum. Die Endung ***t*** des Femininum wird allerdings häufig nicht geschrieben, so daß wir in diesen Fällen zur Bestimmung des Genus auf die Pronomina angewiesen sind, welche die betreffenden Wörter aufgreifen.

Im Vergleich zum Mittelägyptischen begegnen etliche scheinbare sowie auch reale Änderungen des Genus; dazu siehe unten, § 95.

§ 91

Das <u>Maskulinum</u> hat keine Endung. Als Beispiele folgen einige Wörter, die mit allen Konsonanten geschrieben wurden:
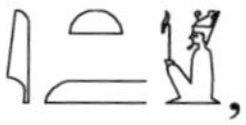, *Jtmw*, Atum[2]; , *wj3*, die Barke[3]; , *bhd*, der Duft[4], , *nḫn*, das Kind[5]; 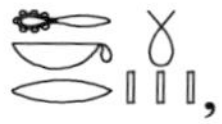, *ḫkr*, der Schmuck[6]; 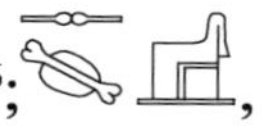, *św*ʿ, der Thron[7]; , *špt*, der Ärger[8]; , *tḫn*, der Ibis[9].

Ohne Endung bleiben auch die substantivierten Verbal-Adjektive, die meist lexikalisiert und mit einem passenden Determinativ versehen werden: , *ʿ3*, der Große[10].

---

[1] Siehe auch Junker, GdD, § 67 ff.; Jansen-Winkeln, Spätmitteläg. Gramm., § 123 ff.

[2] Edfou VI, 290, 9; Dendara X, 163, 11.

[3] Edfou IV, 37, 2.

[4] Edfou VII, 270, 8.

[5] Edfou VI, 24, 7; Dendara X, 18, 2.

[6] Edfou VII, 16, 2; Dendara X, 416, 13.

[7] Budde und Kurth, in: Edfu Begleitheft 4, 1994, 18, Nr. 82.

[8] Edfou IV, 283, 2.

[9] Edfou I, 508, 1.

[10] Edfou V, 225, 19.

§ 92

Das Femininum hat die Endung *t*. Diese wird nicht konsequent geschrieben;[1] in Edfu zum Beispiel halten sich Setzen und Auslassen der Endung in etwa die Waage. Darüber entscheiden vermutlich mehrere Faktoren, so vor allem unterschiedliche Vorlagen und Schreibertraditionen, aber auch der Status des Wortes sowie kalligraphische Anliegen, denen zufolge das *t* gerne dann ausgelassen wird, wenn es die Bildung eines formal ausgewogenen Zeichenquadrates erschwert hätte, oder umgekehrt geschrieben wird, wenn es sie ermöglicht.

Wird die Endung geschrieben, erscheint sie bei femininen Substantiven und auch bei den zumeist lexikalisierten substantivierten Verbal-Adjektiven

- als ⌒ (weitaus am häufigsten): ⌒, *wꜣt*, der Weg[2]; *ḥnwt*, die Gebieterin[3]; *ḥḏt*, die Weiße Krone[4]; substantivierte Verbal-Adjektive: *ꜥꜣt*, die Große[5]; *ꜥꜣt*, die Große[6];

- als ⌒○ (bei Göttinnen und deren Epitheta)[7]: *bjkt*, das Falkenweibchen[8]; *jtjt*, die Herrscherin[9]; *Nbt-ḥt*, Nephthys[10]; ⌒○, *ꜥꜣt*, die Große[11];

---

[1] Sie fehlt zum Beispiel Edfou VIII, 136, 10 (*ꜣḫt*), auch wenn das zugehörige Suffixpronomen feminin ist.
[2] Edfou V, 125, 3.
[3] Edfou VII, 106, 12.
[4] Edfou VII, 144, 10.
[5] Edfou VII, 147, 1.
[6] Edfou VI, 268, 8.
[7] Es ist eine Kombination aus Femininendung und Determinativ ○.
[8] Edfou VII, 85, 8.
[9] Edfou VII, 67, 7.
[10] Edfou VIII, 137, 9.
[11] Edfou V, 225, 1; bei *špst*, die Vornehme: Edfou I, 168, 1; bei *jkrt*, die Treffliche: Edfou I, 129, 15.

- als , oder (bei Göttinnen und deren Epitheta[1]), und zwar die erste Schreibung allgemein[2], die zweite spezifisch (hier zum Beispiel für Neith[3]), die dritte vor allem bei der Uräusschlange[4], aber auch allgemein bei Göttinnen[5];
- als (in Edfu nicht allzu selten)[6]: , *ḥrjt-tp*, die Oberste[7]; , *šfjt*, das Ansehen[8]; , *k3t*, die Arbeit[9]; , *tpt*, die Uräusschlange[10]; , *ˁ3t*. die Große[11];
- als [12], [13], [14] (jeweils selten), oder (nicht allzu selten)[15].

§ 93

Die Femininendung wird öfters vor dem Suffixpronomen geschrieben, und zwar gerne bei bestimmten Wörtern, zum Beispiel *ḥ3t*, der Anfang, *šfjt*, das Ansehen oder *k3t*, die Arbeit, ohne daß hier eine Regel zu erkennen ist.

---

[1] Zum Beispiel bei *špśt*, die Vornehme: Edfou I, 57, 8. – Es ist eine Kombination aus Femininendung und zwei Determinativen, deren letztes sich nach der Erscheinung der jeweiligen Göttin richten kann (siehe zum Beispiel Edfou VII, 230, 6; 264, 2).

[2] Edfou VI, 81, 9; VII, 60, 9; 85, 9; 125, 9; 145, 11; 170, 7.

[3] Edfou VI, 49, 8. – Die Gruppe begegnet auch nach dem Determinativ: Edfou VI, 278, 4; 302, 6; VII, 106, 12; 230, 3 (cf. 230, 6).

[4] Edfou VII, 88, 2; 113, 9 und 10; 125, 14 und 15; 239, 11; 256, 8; 276, 6.

[5] Edfou VI, 54, 11; 251, 2; cf. auch Dusch, 44, 6.

[6] Anscheinend steht auch anstelle von ; siehe ITE I/2 (Edfou VII), 468, n. 7.

[7] Edfou VI, 267, 5.

[8] Edfou V, 234, 3; zur Stellung des *t* nach dem Determinativ siehe im folgenden.

[9] Edfou V, 251, 16.

[10] Edfou V, 307, 14.

[11] Edfou V, 302, 15.

[12] Edfou V, 294, 16 (*Bḥdt(j)*).

[13] Edfou V, 301, 6 (*Mnt*, die löwengestaltige Göttin Menet); Esna II, Nr. 17, 43 (*k3t*; ein spezieller Fall, auf den Kontext zugeschnitten, weil *(r)dj* auch „gebären" bedeutet).

[14] Edfou V, 304, 12 (*ṯḥśt*).

[15] Siehe EP 1, 472, § 5.13; 474 ff., § 6.3 b.

Als Femininendung vor dem Suffixpronomen erscheinen ebenfalls nicht regelhaft , oder : , *jḫt.k*, deine Sache[1]; , *jrjt.f*, seine Pflicht[2]; , *ḥ3t.ś*, ihr Anfang[3]; , *wḏt.ś*, ihr Befehl[4]; , *śt.f*, sein Platz[5].

Die Schreibungen mit , , und vor dem Suffixpronomen orientieren sich offensichtlich an der realen Aussprache, weil sie das *t* der Femininendung anzeigen, das ja im Status Absolutus früh verstummt war, aber vor Suffixpronomen wieder auflebte.[6]

§ 94

Das der Femininendung wird abweichend von der normalen Zeichenfolge[7] ziemlich oft hinter das Determinativ gesetzt: , *ꜥnḫt*, das Auge[8]; , *šfjt*, das Ansehen[9]; , *nśwjt*, das Königtum[10]; , *fdt*, der Schweiß[11]. Das entspricht demotischem Usus[12] und zeigt den Einfluß der zeitgenössischen Alltagsschrift.

§ 95

Änderungen des Genus, am Mittelägyptischen gemessen, finden wir nicht selten, und zwar aus verschiedenen Gründen:

---

[1] Edfou VII, 304, 11.
[2] Edfou V, 288, 12.
[3] Edfou VIII, 18, 13. – Ähnlich: Dendara XII, 199, 4; das gilt aber nur dann, wenn das nach Wb IV, 223, 7, bloß einmal belegte Wort *śḥtp*, der Opferaltar (Edfou I, 282, 14), (auch) als Femininum angesetzt werden darf.
[4] Edfou V, 362, 11.
[5] Edfou V, 197, 5 (cf. IV, 91, 8).
[6] Siehe Kurth, in: Edfu Begleitheft 1, 1990, 62 ff. – Cf. unten, § 138 (Infinitiv im Status Pronominalis).
[7] Edfou VII, 91, 16; 109, 7; 114, 5; 115, 12; 138, 13; 152, 10.
[8] Edfou VII, 133, 3.
[9] Edfou VII, 193, 4; cf. auch 100, 4.
[10] Edfou VI, 57, 8.
[11] Edfou V, 154, 1.
[12] Spiegelberg, Dem. Gr., § 21 - 22.

- Constructio ad Sensum: Auf das maskuline Wort *bśk*, das Herz, wird mit dem femininen Suffixpronomen *ś* verwiesen, wohl vor allem deshalb[1] weil „Herz“ im Kontext die Maat (feminin) bezeichnet;[2] bei den Trägerfiguren und Personifikationen der Nils, der Gefilde, der Gaue u.ä., gilt manchmal das Genus der Personifikation und nicht das Genus des Personifizierten: so bringt eine männliche Figur *ḥbbt*, das Urwasser (feminin), und dieses Urwasser breitet seine (*f*, maskulin) Arme aus.[3]
- Geographische Namen werden traditionell feminin konstruiert, wenn auch nicht ohne Ausnahmen;[4] dementsprechend haben auch im Ptolemäischen viele geographische Namen sowie Eigennamen und Kultnamen der Tempel feminines Genus:[5] *Jw-nšnj*, Insel-des-Wütens (Edfu)[6]; *P-wr*, der-große Sitz (Edfu)[7]; *Mśn*, Mesen[8]; *T3-mrj*, Ägypten[9]; *Ḏb3*, Edfu[10]. Daneben jedoch finden wir zahlreiche Belege für die maskuline Konstruktion geographischer Namen, teils auch bei denjenigen Namen, die an anderer Stelle feminin behandelt werden:[11] *B3ḳt*, Ägypten[12]; *Pwnt*, Punt[13]; *Kmt*, Ägypten[14]; *Ḏb3*, Edfu[15].

Auf Übergänge in beide Richtungen[16] treffen wir hier und da auch bei Substantiven, die nicht geographische Namen sind.[17] So gehen vom Femininum zum Maskulinum *3ḥt*, der

---

1 Wegen einer alternativen Erklärung siehe unten, § 95, in fine (die Endung *t* bei Körperteilen).
2 Edfou V, 218, 1 f.
3 ITE, I/1 (Edfou VIII), 48, n. 9; es folgen weitere Fälle. Das gilt aber keineswegs für alle Gauprozessionen, siehe Edfou VI, 19, 5 ff. und 193, 13 ff., wo diesbezüglich keine Konsequenz festzustellen ist; eine genauere Untersuchung könnte vielleicht mehr erbringen. – Cf. für die ältere Zeit Edel, in: NAWG 1961, 210, n. 2: hier deckt sich das Geschlecht der Personifikation mit dem grammatischen Geschlecht des Wortes, welches das Personifizierte bezeichnet.
4 Gardiner, EG, § 92, 1.
5 Sämtliche Fälle sind durch Pronomina nachgewiesen.
6 Edfou VII, 188, 3.
7 Edfou VII, 1, 14.
8 Edfou VII, 105, 14.
9 Edfou VIII, 16, 17.
10 Edfou VII, 25, 13.
11 Dasselbe zeigt sich in Dendera, siehe Kockelmann, Toponymen- und Kultnamenlisten, 46.
12 Edfou VII, 251, 6.
13 Edfou VIII, 140, 9; so auch: VI, 166, 6 und 10; VII, 292, 4; 304, 12; VIII, 141, 6 f.
14 Edfou VI, 199, 9.
15 Edfou VI, 13, 3.
16 Sämtliche Fälle sind durch Pronomina nachgewiesen.
17 Das ist schon im Neuägyptischen zu beobachten, Erman, NG, § 131.

Acker[1]; *mꜣḫt*, das Tor[2]; *mꜥt*, das Boot[3]; *ś.t*, der Sitz?[4]; *śbḫt-tꜣ-pn*, der Palast[5]. Vom Maskulinum zum Femininum gehen *ꜥḥ*, der Palast[6]; *ḥḏ*, die Kapelle[7].

Neben der Genusänderung besteht fallweise das herkömmliche Genus der betreffenden Wörter. In einigen Fällen stimmen die Änderungen mit älteren Tendenzen und dem Befund im Demotischen und Koptischen überein, in anderen nicht und in wieder anderen lassen die vorhandenen Quellen keine Beurteilung zu.

Feminin geschrieben, und zwar in auffälliger Häufigkeit, werden Wörter, die Körperteile bezeichnen. Diese Tendenz setzt schon im Neuen Reich ein und ist vielleicht teils nur graphisch zu werten,[8] da ich sie nur mit Hilfe der am Wortende auftretenden Zeichengruppe  und nicht mit den entsprechenden Pronomina belegen kann. Bei folgenden Wörtern läßt sich die Erscheinung beobachten: *ꜥnꜥn*, der Nacken[9]; *rꜣ*, der Mund[10]; *ḫngg*, der Schlund[11]; *śꜣ*, der Rücken[12]; *śnw*, die Zunge[13]; *śtj*, das Bein[14]; *tp*, der Kopf (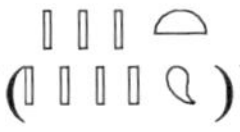)[15].

[1] Edfou 237, 2 und öfters im folgenden; der Übergang zum Maskulinum setzt schon im Neuen Reich ein (Meeks, Texte des donations, 103, n. 170), und das Wort ist auch im Demotischen und Koptischen maskulin (Erichsen, DG, 9; Westendorf, KoptHWb, 54).
[2] Edfou VI, 348, 13.
[3] Edfou V, 34, 9.
[4] Edfou VI, 30, 14 (*śt ḥtp Wśjr jm.f*; die Textabschrift ist leider unzuverlässig, siehe Chassinats Anmerkung 6); cf. Erichsen, DG, 400 f. (feminin konstruiert).
[5] Edfou VIII, 134, 14.
[6] Edfou VI, 68, 4 f.; V, 359, 3. Siehe schon Wb I, 214, 10 ff. („spät auch als fem.").
[7] Edfou VI, 348, 7. – Nicht durch ein entsprechendes Pronomen zu belegen ist der Fall *śspt*? (*śsp*?), das Abbild, Dendara XI, 107, 15; 109, 14.
[8] Zu weiteren Einzelheiten siehe EP 1, 340 f., § 32.3 b.
[9] Edfou VIII, 7, 5.
[10] Edfou V, 277, 7; VII, 212, 2; Esna III, Nr. 206, 12 (§ 18).
[11] Edfou VII, 327, 15; siehe schon Wb III, 121, 10 f. („Sp. anscheinend fem.").
[12] Edfou VII, 324, 10; Dendara I, 9, 15.
[13] Edfou VII, 322, 4.
[14] Edfou V, 179, 4; VI, 223, 14.
[15] Edfou I, 442, 12.

§ 96

Von den verbleibenden Sonderfällen seien nur die häufigsten aufgezählt:

-  oder , *s3t*, die Tochter, wird, wenn auch nicht immer, so doch sehr oft mit zwei *t* geschrieben;[1]
- 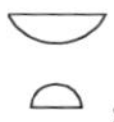, *nb*, der Herr, eine Schreibung, die bereits seit dem Neuen Reich auftritt, und wahrscheinlich auf eine Ligatur der Kursive zurückgeht;[2]
- ,  oder 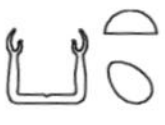 – in diesen Fällen wird manchmal dem von Hause aus maskulinen Wort die Gruppe  beigefügt, wenn es sich, wie bei den genannten Beispielen, um den Namen, das Gesicht oder den Ka einer Person weiblichen Geschlechts handelt;[3]
- einige Wörter, ursprünglich Dual Femininum, werden im Ptolemäischen als Singular Maskulinum behandelt[4], zum Beispiel *šḫmtj*, die Doppelkrone[5]; *šwtj*, die Doppelfederkrone.[6]

2 Substantiv

2.2 Numerus

§ 97

Neben dem soeben behandelten Singular markiert das Ptolemäische den Plural sowie auch den Dual, der bei paarweise auftretenden Wesen und Gegenständen benutzt wird. Dualische Schreibungen begegnen nicht selten, obwohl der Dual in der lebenden Sprache ausgestorben war. Plural und Dual erscheinen sowohl in einer maskulinen als auch in einer femininen Form.

[1] Junker, GdD, § 67; Kurth, in: Edfu Begleitheft 1, 1990, 63; Cauville, Dend. Chap. Os. III, 457. Zwei *t* findet man seltener auch bei anderen femininen Wörtern, zum Beispiel Edfou VII, 311, 13 (*wrt*, das Große (Auge)). – Der Grund dafür mag teils sein, daß das erste *t* mit dem vorangehenden Zeichen graphisch eine derartig feste Verbindung eingegangen war, daß es nicht mehr als selbständiges Zeichen empfunden und deshalb ein zweites *t* gesetzt wurde; teils könnte es aber sein, daß das zweite *t* auf den „akademischen Betrieb" zurückgeht, wo es die ungeschwächte Aussprache der Femininendung anzeigen sollte. Siehe auch EP 1, § 32.3 a (siehe unten den Nachtrag zu EP 1, S. 539, Anm. zu *ṯwt*, die Speisetische).

[2] Cauville, Dend. Chap. Os. III, 247; Vittmann, in: GM 83, 1984, 77.

[3] Junker, GdD, § 69.

[4] Siehe unten § 106.

[5] Wb IV, 250, 10 ff.

[6] Wb IV, 425, 4.

Pluralisch geschrieben werden Substantive, die folgendes bezeichnen:[1]

- Konkretes, , *śbjw*, die Feinde;[2]
- Abstraktes, , *jsf*(*t*), das Unrecht;[3]
- Kollektives, , *ʿwt*, das Kleinvieh;[4]
- Komplexes, , *pẖrt*, der Umgang;[5]
- Flüssigkeiten, Mineralien und andere Substanzen, , *ḳn*, der Fettdunst.[6]

Das Pluraldeterminativ steht auch bei substantivierten Verbal-Adjektiven: , *jkrw*, die seligen Verstorbenen[7].

Die Vielfalt der graphischen Varianten ist recht groß, und bei der Verwendung des Plurals und Duals gibt es manche Besonderheit.[8]

§ 98

Der maskuline Plural hat die Endung *w*. Sie wird angegeben durch

- ; dieses Pluraldeterminativ[9] steht

a) alleine: , *jtw*, die Väter;[10] , *rnw*, die Namen;[11] 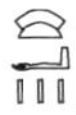, *ḫʿw*, die Kronen;[12]

---

[1] Für die Inschriften von Dendera siehe Junker, GdD, § 78 – 80; für das Mittelägyptische cf. Gardiner, EG, § 72 - 77.

[2] Edfou V, 208, 3; ähnlich: V, 214, 8 (*ḫ3św*t, die Fremdländer).

[3] Edfou VII, 127, 7; ähnlich: I, 84, 6 (*nšnj*, die Wut); IV, 19, 7 (*nfrw*, die Vollkommenheit).

[4] Edfou VII, 323, 6; ähnlich: I, 420, 5 (*ẖkrw*, der Schmuck). Siehe auch unten, § 107 d.

[5] Edfou VI, 2, 18; ähnlich: III, 233, 4 (*jdḥw*, die Pflanze(nsäule); cf. III, 238, 12: ohne Pluraldeterminativ); VIII, 95, 10 (wohl Plural für Dual wegen der beiden Pylontürme). Siehe auch unten, § 107 c und e.

[6] Edfou VII, 323, 3; ähnlich: VII, 90, 2 (*bnr*, die Milch); VII, 171, 13 (*rḏw*, der Ausfluß). Siehe auch unten, § 107 a und b.

[7] Edfou III, 50, 17.

[8] Darüber hinaus gibt es bei den mit Pluraldeterminativ versehenen Substantiven, die Abstraktes, Kollektives oder Komplexes bezeichnen, manchmal Zweifel, ob der Singular oder der Plural gemeint ist, zum Beispiel *mnw*, das Denkmal oder die Denkmäler; *mnmnt*, die Herde oder die Herden.

[9] Selten erscheint statt dessen , zum Beispiel Dakke, 261.

[10] Edfou VII, 92, 7.

[11] Edfou VII, 256, 2.

[12] Edfou VII, 109, 13.

b) hinter dem Determinativ: , *ꜥḥꜥw*, die Ahau-Schlangen;[1] , *ḫkrw*, der Schmuck;[2] , *śprw*, die Bitten;[3]

c) vor dem Determinativ: , *nfrw*, die Vollkommenheit (eine Bezeichnung des Sonnenlichtes);[4] , *śḫmw*, die Machtvollen (eine Bezeichnung der Götterbilder);[5] diese Umstellung hat kalligraphische Gründe, und sie findet sich gerne vor dem Suffixpronomen;

d) selten sowohl vor als auch hinter dem Determinativ: , *bꜣw*, die (feindlichen) Bas;[6]

e) nicht allzu selten nach dem Suffixpronomen: , *ḫꜣkw-jb.k*, deine Feinde;[7] , *nfrw.ś*, ihre Vollkommenheit (das Licht);[8]

- ; Phonogramm und Pluraldeterminativ stehen

a) alleine: , *nbw*, die Herren;[9] , *rꜣw*, die Teile;[10]

b) selten zugleich mit Determinativ: , *ḥkꜣww*, die Zauberer;[11]

- dreifaches Phonogramm (öfters): , *ḏfꜣw*, die Opferspeisen;[12] , *tꜣw*, die Länder[13]; , *ꜣḫw*, die wirkmächtigen Sprüche;[14]

---

[1] Edfou VII, 107, 16.
[2] Edfou VIII, 131, 6.
[3] Edfou VII, 114, 9.
[4] Edfou V, 370, 6.
[5] Edfou VII, 299, 14 f.
[6] Edfou VIII, 7, 7; auch: 17, 14 (*mśw*); VII, 12, 5 (*śśrw*).
[7] Edfou VII, 292, 13.
[8] Edfou VIII, 4, 9; weitere Fälle: 72, 7 (*jrw.ś*); 136, 8 (*dbḥw.ś*).
[9] Edfou VI, 14, 10; Junker, GdD, § 76.
[10] Edfou VII, 311, 3; Junker; GdD; § 76.
[11] Edfou VI, 235, 8.
[12] Edfou V, 250, 11; Derchain, Zwei Kapellen, Textteil, 6, XVII.
[13] Edfou VII, 80, 13.
[14] Edfou VI, 10, 6.

- dreifaches Phonogramm und Determinativ (selten): , *nfrw*, die Vollkommenheit (das Licht);[1]
- dreifaches Phonogramm, Determinativ und (selten): , *ḥḏw*, die Weiße (Milch);[2]
- dreifaches Phonogramm und (selten): , *nfrw*, die Vollkommenheit;[3]
- dreifaches Ideogramm (häufig): , *sꜣbw*, die Schakale;[4] , *rnw*, die Namen;[5] , *ḥrw*, die Gesichter;[6]
- dreifaches Determinativ (selten)[7]: , *ḥꜣtjw*, die Herzen;[8] , *rmnw*, die Träger;[9] , *ẖkrw*, der Kronenschmuck;[10]
- zweifaches Phonogramm und Determinativ(e), selten: , *ꜥnḫw*, die Lebenden;[11] , *śnw*, die Brüder;[12]

wegen der Vermischung von Plural und Dual (siehe unten) ist in einigen Fällen kaum zu entscheiden, ob es sich um Fehler oder bewußte Schreibungen handelt; beim letzten Beispiel jedoch wird schon wegen der relativ zahlreichen Belege eine bewußte Schreibung vorliegen, die das Phonogramm wegen der dualischen Konnotation des Begriffes „Bruder“ zweifach setzt.[13]

---

[1] Edfou V, 342, 17.
[2] Edfou VIII, 105, 9; ähnlich: V, 364, 13; VII, 124, 6.
[3] Edfou V, 315, 15.
[4] Edfou VI, 94, 10 f.
[5] Edfou VII, 92, 16.
[6] Edfou VII, 21, 5. Esna VII, Nr. 583, 17: (*tpw*). – Siehe auch (Edfou VI, 328, 9), mit der Bedeutung „schriftlich niederlegen“ und unsicherer Lesung.
[7] Von mir nicht mehr weiter differenziert, da bereits die folgenden drei Beispiele die Vielfalt der Möglichkeiten aufzeigen.
[8] Edfou VI, 72, 1.
[9] Edfou VI, 94, 9.
[10] Edfou VI, 304, 3; weitere Fälle: Edfou V, 161, 5 f. (*ḫrdw*; *nḫnw*); Dendara V, 53, 3 und 5 (*ḏrtjw*).
[11] Edfou VI, 256, 10; weitere Fälle: VII, 28, 10 (ohne Determinativ, siehe ITE I/2, 813); VIII, 140, 9.
[12] Edfou IV, 353, 2 f. und 4 f.; 358, 12 und 18; 390, 5; VI, 150, 10; 173, 6.
[13] Cf. auch Jansen-Winkeln, Spätmitteläg. Gramm., § 149.

§ 99

Der feminine Plural hat die Endung *wt*. Sie wird angegeben durch

- , (selten): , *rnpwt*, die jungen Pflanzen;[1]
- die Femininendung , Determinativ(e) und das Pluraldeterminativ: , *ꜥgꜣwt*, die Krallen;[2]
- Determinativ und Pluraldeterminativ , ohne : , *ꜣḫw(t)*, die Kühe;[3]
- dreifaches Phonogramm jeweils mit Femininendung (selten): , *ḥmwt*, die Frauen[4]; das ist eine geradezu archaische Schreibung;
- dreifaches Phonogramm, Determinativ und Pluraldeterminativ (selten): , *ḥmwt*, die Frauen[5]; , *dšrwt*, die Fremdländer;[6]
- dreifaches Phonogramm: , *ḥmwt*, die Frauen;[7]
- dreifaches Phonogramm und dreifaches Determinativ (selten): , *ꜥnḫ(t)*, das Getreide;[8]
- Ideogramm, Femininendung und Pluraldeterminativ: , *wꜣwt*, die Wege;[9]
- dreifaches Ideogramm (ohne Femininendung), nicht allzu selten: , *ẖwt*, die Körperschaft, die Gruppe;[10] , *njwwt śpwt*, die Städte und Gaue;[11] , *ḫꜣśwt*, die Fremdländer.[12]

---

[1] Edfou VII, 82, 13.
[2] Edfou VII, 323, 9; ähnlich: 124, 12.
[3] Edfou VII, 66, 1; diese Schreibung ist nicht selten.
[4] Edfou VI, 67, 1; VII, 88, 3.
[5] Edfou VIII, 65, 8; ähnlich: VII, 299, 3 (*mḏꜣwt*).
[6] Edfou VI, 75, 6; VII, 165, 10, 13 und 14.
[7] Edfou VII, 85, 9.
[8] Edfou V, 195, 8.
[9] Edfou VII, 88, 2; auch: 106, 14 (*śpwt*).
[10] Edfou VI, 77, 9 f.
[11] Edfou VII, 46, 3.
[12] Edfou VIII, 141, 4.

Die substantivierten und meist lexikalisierten Verbal-Adjektive zeigen bei den Epitheta der Göttinnen unter anderem die Endung, so zum Beispiel, *špśwt*, die Vornehmen[1].

§ 100

<u>Plural, besondere Schreibungen</u>. Dazu möchte ich drei Fälle anführen. Beim ersten handelt es sich um die Schreibung, *ḥꜥw*, die Glieder, der Leib (O. ⲁϩⲟ=)[2]. Der zweite begegnet in bestimmten Pluralschreibungen des Wortes *nṯr*:, *nṯrw*, die Götter (O. ⲛⲧⲉⲣ; S. ⲛⲧⲁⲓⲣⲉ, ⲉⲛⲧⲁⲓⲣ, ⲉⲛⲧⲏⲣ)[3];, *nṯrwt*, die Göttinnen[4].

Diese besonderen Schreibungen erscheinen relativ selten neben den normalen Pluralschreibungen. Sie orientieren sich offenbar an der realen Aussprache der Wörter in griechisch-römischer Zeit, weil sie den koptischen Formen des Plurals[5] ungefähr entsprechen. So wurde meines Erachtens auch die Wahl des Zeichens (*tꜣ*; S. ⲧⲟ, ⲧⲉ-) – zur Wiedergabe des *ṯ* in *nṯrw* – von der zeitgenössischen Silbenstruktur und Vokalisation inspiriert,[6] die ihrerseits der Koptischen nicht mehr allzu fernstand.

Die beiden soeben vorgestellten Formen gehen auf eine bei der Pluralbildung erfolgte Änderung der Lautgestalt zurück, die allerdings im ersten Falle vor allem, wenn nicht gar ausschließlich[7] durch den Status des Wortes (Pronominalis oder Constructus) bewirkt wurde.

Für das Epitheton Horus der Horusgötter begegnet in Edfu neben der normalen Schreibung [8] auch die Schreibung, *Ḥr Ḥrw*, Horus der Horusgötter.[9]

---

[1] Edfou I, 390, 14.

[2] Dendara VII, 182, 8. Weitere Belege und die nähere Erörterung dieses Falles findet man EP 1, 464, § 4.3 b.

[3] Esna II, Nr. 19, 20. – Cf. Crum, CD, 230 b; KoptHWb, 127.

[4] Es-Saghir und Valbelle, in: BIFAO 83, 1983, Fig. 9, Zeile 3.

[5] Zu besonderen Pluralformen im Koptischen siehe Till, Kopt. Gramm., § 82 - 85.

[6] In griechisch-römischer Zeit vielleicht *^{e}n|tä|r^{e}(w) neben *^{e}n|tér.

[7] Siehe die in § 4.3 b angeführten Beispiele (EP 1, 464).

[8] Wb III, 123, 11.

[9] Edfou VI, 57, 13; 187, 4; 260, 5; 263, 12; 297, 8; VII, 312, 1; VIII, 41, 9; 117, 14. Hinter dieser besonderen Schreibung steht vermutlich die Vorstellung, daß die drei Horusfalken den Herrn aller Horusfalken (Horus) bereits inkorporieren.

§ 101

Der <u>maskuline Dual</u> hat die Endung *wj*. Diese wird oder selten auch geschrieben. Oft jedoch fehlt die Endung, und man setzt nur ein zweifaches Phonogramm, Ideogramm oder Determinativ. Dabei können die genannten phonetischen und ideographischen Elemente auf verschiedene Art kombiniert werden. All dies differenziert darzustellen lohnt nicht, einige Beispiele genügen:

, *ṯbwj*, die beiden Sandalen;[1] , *ṯḫnwj*, zwei Obelisken;[2] , *ʿwj*, die beiden Arme;[3] , *ʿwj*, die beiden Arme;[4] , *ḏnḥwj*, die beiden Flügel;[5] , *ʿnḫwj*, die beiden Ohren;[6] , *rḥwj*, die beiden Streitenden (Horus und Seth)[7].

§ 102

Der <u>feminine Dual</u> hat die Endung *tj*, die , , , oder selten auch geschrieben wird; das ebenfalls zu erwartende ist mir nicht begegnet. Zur Vielfalt der Schreibungen cf. oben, § 101. Einige Beispiele: , *ḏrtj*, die beiden Hände;[8] , *wḏꜣtj*, die beiden Udjat-Augen;[9] , *wꜣḏtj*, die beiden Uräen;[10] , *wḏꜣtj*, die beiden Uräen;[11] , *šwtj*, die Doppelfederkrone;[12] , *šwtj*, die Doppelfederkrone;[13] ,

---

[1] Edfou VIII, 118, 13.
[2] Edfou VII, 19, 8.
[3] Edfou VII, 25, 15. Hier kann auch nur ein einziger Ideogrammstrich auftreten: , *ʿwj*, die beiden Arme (Edfou VII, 99, 1).
[4] Edfou VI, 244, 4; ähnlich: 106, 13.
[5] Edfou VI, 103, 8.
[6] Edfou VII, 174, 6; ähnlich VIII, 58, 14 (*ʿnḫwj*, die beiden Türflügel).
[7] Edfou VI, 298, 6.
[8] Edfou VIII, 139, 7.
[9] Edfou VII, 102, 14.
[10] Edfou VIII, 145, 14.
[11] Edfou VIII, 81, 6 (die beiden Udjataugen galten als Uräen).
[12] Edfou VII, 116, 11; ähnlich I, 425, 17.
[13] Edfou VI, 308, 13.

wrtj, die beiden Uräen;[1] , *pšštj*, die beiden Hälften[2] (diese und die vorangehende Schreibung begegnen oft); , *ꜣḫtj*, die beiden Augen[3] (hier steht für ; diese spielerische Schreibung ist keineswegs selten[4]); , *jḥtj*, der Schoß;[5] , *dmꜣtj*, die beiden Flügel;[6] , *mntj*, die beiden Brüste;[7] , *dmꜣtj*, die beiden Flügel[8].

§ 103

Der Dual mit Pluraldeterminativ. Häufig wird der dualischen Schreibung das Pluraldeterminativ hinzugefügt:

, *jtnwj*, die beiden Scheiben (Sonne und Mond)[9]; , *śntj*, die beiden Schwestern (Isis und Nephthys)[10]; , *rḥwj*, die beiden Genossen (Horus und Seth)[11]; , *gꜣbtj*, die beiden Arme[12]; , *šrtj*, die Nasen(löcher)[13]; , *wrtj-ḥkꜣw*, die beiden Zauberreichen (Uräen)[14].

---

[1] Edfou VII, 304, 17.
[2] Edfou VII, 96, 3.
[3] Edfou VIII, 42, 16.
[4] Weitere Fälle: Edfou VI, 74, 4 (*mꜣštj*); 138, 6 (*jḥtj*); VII, 91, 8 (*ḥnwtj*); 122, 6 (*wꜣḏtj*); 211, 13 (*mntj*); VIII, 67, 15 (*śntj*).
[5] Edfou VI, 152, 8.
[6] Edfou VII, 10, 10; ähnlich: V, 197, 13 (*ẖnmtj*).
[7] Edfou VII, 103, 3.
[8] Edfou VII, 92, 5. – Doppelsetzung der Phonogramme: Edfou VIII, 67, 14 (*śntj*, die beiden Flaggenmasten).
[9] Esna II, Nr. 71, 13; ähnlich: Edfou VII, 281, 12 (*ꜥwj*).
[10] Edfou VIII, 145, 5; ähnlich: VII, 191, 4 (*nbwj*; cf. 190, 8:).
[11] Edfou VII, 170, 4. Cf. VII, 198, 8 (ebenso, allerdings mit nur einem Determinativ); VIII, 31, 10 (ebenso, allerdings mit nur einem).
[12] Edfou III, 283, 11.
[13] Edfou VI, 217, 1.
[14] Edfou VII, 196, 11. (das Szenenbild zeigt zwei Uräen, und im Umfeld der Stelle gibt es etliche klar ausgeschriebene Duale); ähnlich: Edfou V, 343, 6 (*jꜥrtj*).

Schreibungen in der Art von  (die beiden Zauberreichen) oder  (*nbwj*, die beiden Herren)[1] zeigen, daß, wie schon im Neuägyptischen[2] und Demotischen[3], der Dual aus der gesprochenen Alltagssprache verschwunden war und daß an seiner Stelle der Plural verwendet wurde. Wenn nun öfters das Pluraldeterminativ noch zusätzlich hinter die klassischen Dualendungen gesetzt wird, dann entstehen Historische Schreibungen, welche die abgestorbenen Morpheme mitschleppen. Eine Ursache solch heterogener Schreibungen war vielleicht die ausgeprägte Neigung der alten Ägypter, Althergebrachtes zu bewahren.

§ 104

Der Abstrakte Singular (der Generalisierende Singular). Abgesehen von der gewöhnlichen Verwendung des Singulars bei Einzahligem finden wir öfters diesen Numerus auch bei Zweizahligem und Mehrzahligem[4]:

- (Menehit ist die Göttin mit den festlich geschmückten) 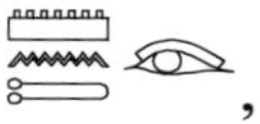, *mnḏt*, Augen;[5]
- (Hathor schützt die Götter mit) 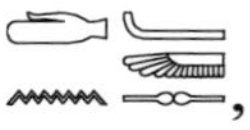, *ḏnḥ.ś*, ihren Flügeln;[6]
- (Hathor ist) die Herrin der *Untertanen* ();[7]
- (Ihi ist) der Schai Ägyptens, die Wadjedj-Schlange *desjenigen, der darin* ist (in Ägypten; 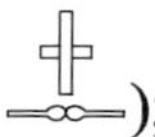);[8]
- (der König) ist der mit großer Kraft, der den *Feind* () tötet im Großen-Sitz (Edfu);[9]
- (Horus gibt), daß *die Bäume* (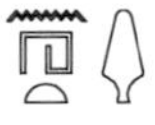) des Gotteslandes ⌜gebeugt⌝ sind unter ... ;[10]

---

[1] Edfou VII, 254, 8 (genauer: Herr und Herrin, Horus und Hathor); ähnlich: V, 158, 3 (*ḥḳꜣwj*).
[2] Erman, NG, § 155 f.
[3] Spiegelberg, Dem. Gr., § 36.
[4] Vergleichbares begegnet auch in der klassischen Sprache, zum Beispiel Pap. Prisse (Ptahhotep), 5, 1: der Knochen ist (für: die Knochen sind) leidend geworden. – Siehe allgemein die Literaturangaben bei Gardiner, EG, p. 58, n. 3; cf. auch Edel, Altäg. Gramm., § 268 (genereller Singular); Erman, NG, § 158.
[5] Esna VII, Nr. 578, 12; sonst formelhaft im Dual, cf. Wb II, 93, 13; IV, 214, 10, aber auch 11.
[6] Edfou VII, 307, 3 (cf. VI, 175, 6: Dual); ähnlich: VIII, 37, 5 (cf. Edfou IV, 229, 16 und VI, 103, 8: Dual).
[7] Edfou VIII, 46, 1; ähnlich: Dendara X, 207, 14. Zu pluralischen Schreibungen des Wortes *rḫjt* siehe Wb II, 233, 17 ff.; 447, 9 ff.
[8] Edfou VIII, 142, 18; ähnlich: I, 488, 12; ähnlich im Plural *jmjw.ś*: I, 472, 5.
[9] Edfou VII, 40, 14, f.; ähnlich: VI, 253, 11 f.
[10] Edfou VIII, 61, 15.

- (Hathor ist diejenige), die *den Feind* ( ) vertreibt;[1]
- (Horus gibt dem König), daß *die Schiffe* ([2]) Ober- und Unterägyptens stromauf und <⌜stromab⌝>* fahren zu dem Ort, an dem du dich aufhältst;[3]
- (die Macht des Horus) ist manifest bei *den Erdenbewohnern* ( )[4].

Für den Dual steht der Singular gelegentlich bei zweifach vorhandenen Körperteilen, vielleicht um - vor dem Hintergrund des Selbstverständlichen – deutlicher hervortreten zu lassen, daß das Gesagte im gleichen Umfang für jeden der beiden Körperteile gilt.[5]

Für den Plural wird in einigen Fällen der Singular verwendet, um in eindringlicher Weise zu generalisieren. In anderen Fällen benutzt man den Singular vielleicht deshalb, um zu betonen, daß jemand oder etwas in all seinen bekannten und noch unbekannten Erscheinungsformen gemeint ist; in dieser Hinsicht würde der Abstrakte Singular mehr einschließen als der Plural, weil der Singular nicht zum Beispiel *die (bestimmten, bekannten) Feinde*, sondern *den Feind schlechthin* oder *Feindliches* bezeichnet. In anderen Fällen überwiegt offenbar eine distributive Bedeutung,[6] indem *derjenige, der darin (in Ägypten) ist*, alle Ägypter wie sie da sind bezeichnet, also jeden einzelnen Ägypter.[7]

Beim Abstrakten Singular handelt es sich meines Erachtens um ein stilistisches Mittel zur Steigerung der Pluralität oder zur Hervorhebung bestimmter Aspekte der Pluralität; er erscheint nämlich in ein und demselben Text neben dem Plural, und zwischen beiden ist kein wesentlicher inhaltlicher Unterschied zu erkennen.[8] Ebenfalls in den Bereich der Stilistik gehört, wenn der Singular anstelle des Duals verwendet wird.

---

[1] Edfou VIII, 29, 2 (der Text dieser Ritualszene verweist an anderer Stelle auf die Feinde im Plural: *šbjw*, VIII, 28, 14; in einer Passage einer Nachbarszene, Edfou VIII, 28, 8, findet man beide Numeri nebeneinander: *ḥr dr šbjw ḥr ḫbḫb ḫftj*).

[2] Das Zeichen des Schiffes ist eine Variante des Originals.

[3] Edfou VIII, 22, 1.

[4] Edfou VIII, 28, 8 (cf. VIII, 170, 6: ⌜*tpjw-tꜣ*⌝).

[5] Die Stellen Edfou VIII, 145, 16 (*jtn ḫr ḏnḥ.f*) und VIII, 152, 13 (*jtn ḫr ḏnḥ*) möchte man mit „geflügelte Sonnenscheibe" übersetzen und in den vorliegenden Zusammenhang stellen. Es gibt jedoch eine konkurrierende Auffassung, derzufolge auch der Singular sinnvoll sein könnte; siehe dazu ITE I/1 (Edfou VIII), 265, n. 8 mit der Literaturangabe.

[6] Cf. unten, § 105.

[7] Vielleicht auch noch abstrakter: *alles, was in Ägypten lebt.*

[8] Man vergleiche zum Beispiel Edfou III, 7, 4 f. (*bw-bḥn-ḫftj*) mit VI, 182 f. (*bw-bḥn-ḫftjw*); beide Aussagen sind in denselben Kontext eingebettet. – Vergleichbares findet man auch im Deutschen, siehe Der Große Duden, Band 4 Grammatik, 1966², 168 (1650).

§ 105

Der Distributive Singular. Dieser Singular erscheint

a) beim Pronomen nach pluralischem Bezugswort:[1]

- , *śbjw.k sbj n wnn.f*, „Deine Feinde sind zugrundegegangen, es wird sie nicht mehr geben;"[2]

- 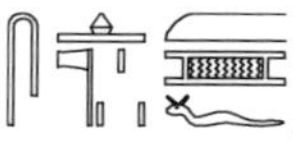, *śḥtp nṯrw m mrj(t).f*, der die Götter zufriedenstellt mit dem, was sie lieben.[3]

b) beim Regens vor pluralischem[4] Rectum[5] (oder in anderer, dem entsprechender Formulierung):

- (Dreißig Götter sagen, nachdem zuvor Neith jedem einzelnen von ihnen einen Namen gegeben hatte) , *jrj.ṯ rn.n*, „Du hast unsere Namen geschaffen;"[6]

- (Der König ist wie Endotes) , *śḥtp jb n nṯrw nṯrwt*, der die Herzen der Götter und Göttinnen erfreut.[7]

- (Horus ist derjenige, der) den Fremdlandbewohnern ⸢Zelte⸣ (*jm3ww*, Plural), dem Kleinvieh die Hürde (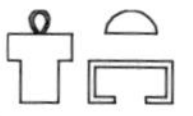) und den Vögeln das Nest () gab;[8]

obwohl es sachlich kein Nest der Vögel gibt, kann man hier auch im Deutschen singularisch übersetzen.

---

[1] Für das Mittelägyptische siehe Gardiner, EG, § 510 und darüber hinaus zum Beispiel die Fälle: *hnw nb r śt.f*, alle Besitztümer an ihrem Platz (Möller, Hier. Lesestücke, 17, B 4); *ḏ3mw nḏm ḥr šmś jb.f*, junge Leute, die vergnügt ihren Wünschen nachleben (Merikare, E 58); *ḏd.jn.śn n.f nb.j* ..., Da sagten sie (jeweils): „O mein Herr, ..." (Bauer, R 90; cf. B1, 43 f.).

[2] Edfou VII, 168, 2; ähnlich: 266, 9 f.; 327, 15; VI, 86, 4; 89, 3; 139, 8; 142, 16; es ließen sich viele weitere Beispiele anführen.

[3] Edfou VI, 254, 2. – Einen Wechsel zwischen Singular und Plural findet man an den Stellen VI, 259, 3 (*m śt.f*) und 6 (*m śt.śn*). – Siehe auch Esna III, Nr. 206, 3 (§ 7); Saunerons Kommentar (Esna V, 257 mit nota b) erklärt das singularische Pronomen als Schreibung für den Plural, doch die im vorliegenden Paragraphen versammelten Beispiele machen klar, daß auch dort der Singular durchaus am Platz ist.

[4] Es gibt auch Beispiele für das dualische Rectum: Edfou VI, 120, 5 (*m3bᶜ.śn*: jede der beiden Personen besitzt eine eigene Waffe); VII, 263, 18 (*śt.śn*: jedes Auge hat einen eigenen Sitz).

[5] Dieses kann Nomen oder Suffixpronomen sein.

[6] Esna III, Nr. 206, 3 (§ 7). Es gibt sehr viele ähnliche Fälle, zum Beispiel Edfou III, 85, 5 und 7 (*jb*); VI, 59, 8 (*nśt*); 112, 4 (*tp*); 235, 5 (*šnbt*).

[7] Edfou VI, 289, 2.

[8] Edfou VII, 50, 1 f.

Im gleichen syntaktischen Zusammenhang finden wir neben dem Singular auch den Plural.[1] Dazu ergab eine Stichprobe[2] mit dem Wort *jb* zur Frage nach dem *Numerus des Regens vor pluralischem Rectum* folgendes:

- *jb* erscheint wesentlich häufiger als *jbw* (5:1);
- *jbw* begegnet deutlich häufiger vor dem Substantiv als vor dem Pronomen (4:1).

Zweifellos finden wir in den aufgezeigten Beispielen des Falles a) den Singular dort, wo im Deutschen der Plural verwendet wird. Fraglich ist allerdings der Grund dafür. Wurde der Singular benutzt, um bewußt *jeden einzelnen* in den Blick zu nehmen, also distributiv? Dafür spricht folgende Stelle[3], die zugleich den Bestimmten Artikel Singular und das pluralische *nbw* verwendet:

- (Ein Schutzgott des Horus sagt, er bekämpfe) , *p3 thw nbw n śp3t.k*, einen jeden Frevler deines Gaues.

Die Verwendung des Distributiven Singulars begegnet im Falle b) vor allem dort, wo das vom Regens Bezeichnete bei jedem einzelnen der vom pluralischen Rectum Bezeichneten aufgrund natürlicher Gegebenheiten nur einmal vorhanden ist, also zum Beispiel der Kopf, das Herz und der Mund beim Menschen oder das Nest beim Vogel.

Genau betrachtet ist es für das Verständnis ohne Bedeutung, ob beim Beispiel *Herz* der Singular oder der Plural verwendet wird, weil der Sachverhalt die Mehrdeutigkeit ausschließt. Beim Beispiel *Name* würde auch der Plural des Regens nicht klären, ob jede einzelne Person entweder einen oder mehrere Namen besitzt; denn das würde voraussetzen, daß entweder konsequent differenziert oder ein *Plural des Plurals gebildet würde, was beides nicht gegeben ist.[4] Ebenso ist beim Beispiel *Name* der Singular mehrdeutig, weil ja auch ein Kollektiv mit nur einem einzigen Namen vorstellbar ist.

---

[1] Zu Fall a): Edfou VI, 318, 2 (*śḥtp nṯrw m mrj*(*t*)*.śn*); VII, 148, 13 (*nn wnn.śn*). – Zu Fall b): Edfou VI, 202, 9 (*rtḥ jbw ḫftjw.k*); 303, 10 (*m jbw nṯrw*); VII, 60, 10 (*m jbw nṯrw*); 126, 6 f.(*jm3 n.k jbw n*(*w*) *bw-nb*).

[2] Es handelt sich dabei um ca. 200 Textstellen der Bände Edfou V - VIII.

[3] Edfou VI, 68, 5 f. (kollationiert).

[4] Hier ist anzumerken, daß auch meine Übersetzung dieses Beispiels mehrdeutig und nur im Kontext vertretbar ist. Eindeutig wäre: „Du hast den Namen (eines jeden von) uns geschaffen".

§ 106

Der Singular ad Sensum. Auf manche pluralisch geschriebene Wörter wird mit singularischem Pronomen verwiesen:[1]

- 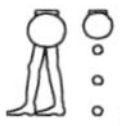, *jnw*, die Gabe, wird vom Suffixpronomen *f* aufgegriffen; das Szenenbild zeigt als Gabe nur eine einzige Lotusblüte.[2]
- , *jdḥw*, das Papyrusdickicht; das Wort wird vom Suffixpronomen *f* aufgegriffen;[3]
- 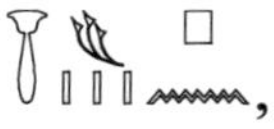, *w3ḏ pn*, dieser Papyrus; das Szenenbild zeigt zwei einzelne Papyrusstengel – der zweite von ihnen wird 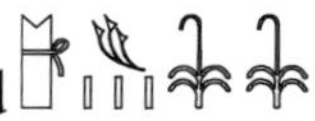, *ḥn nn*, dieser Hen-Papyrus, genannt;[4]
- 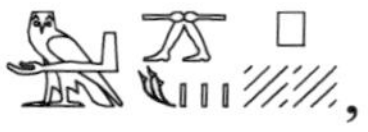, *ms* ⸢*pn*⸣, dieser Stabstrauß; das Szenenbild zeigt einen großen Stabstrauß;[5]
- , *t3 ḳ3j(t)*, der Hochacker;[6]
- , *p3 ṯt*, die Mannschaft, das Kollegium;[7]
- 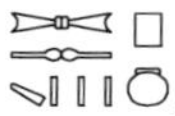, *ṯs pn*, diese Sandbank[8].

Gelegentlich - und keinesfalls konsequent - finden wir den Singular ad Sensum dort, wo ein Gegenstand aufgrund seiner komplexen Struktur das Pluraldeterminativ erhält, aber dennoch als Einzelstück gesehen wird.

Selten betrachtet man auch dualisch geschriebene oder von Hause aus dualisch behandelte Wörter als ein Ganzes und verweist auf sie mit dem Singular.[9]

---

[1] In anderen Fällen erscheint das Pluraldeterminativ, obwohl nach dem Kontext nur ein einziger Gegenstand gemeint ist: Edfou VI, 140, 7 (*wśḫt*, der Hof); VIII, 6, 14 (*nmjt*, die Bahre; cf. Wb II, 266, 2, Belegstellen); VIII, 8, 3 (*ḥtjt*, die Kehle). Bei diesen relativ klaren Beispielen gibt es allerdings kein Personalpronomen, das den Singular eindeutig bestätigt.

[2] Edfou VI, 340, 3.

[3] Edfou VII, 174, 2 f.

[4] Edfou VII, 173, 7 f. (zu *nn* siehe oben, § 89). – Generell werden gerne die Namen der Pflanzen mit dem Pluraldeterminativ versehen; cf. Junker, GdD, § 79.

[5] Edfou VII, 63, 1.

[6] Edfou VII, 244, 7 und 14. Ähnlich: VII, 219, 5 (*p(3) ꜥḥꜥ*; cf. VII, 218, 10 f.: ohne Pluraldeterminativ); VII, 223, 9 (*p(3j).ś trꜥ*; cf. VII, 224, 8 f.: ohne Pluraldeterminativ).

[7] Edfou VI, 222, 6.

[8] Edfou VI, 127, 12.

[9] Beispiele: *t3wj pn*, dieses Doppelland (Edfou VIII, 3, 3; die Parallele 4, 13, hat *t3 pn*); *śwtj*, die Doppelfeder(krone), wird maskulin-singularisch behandelt (Edfou VIII, 142, 3 f.; Dendara II, 181, 1 f.; IX, 100, 16; Wb IV, 425, 4); *śḫmtj*, die Doppelkrone (Wb IV, 250, 10 ff.). – Cf. auch Wb V, 219, 4 ff., wo ich mich allerdings frage, ob das Urteil „ungenau" in jedem Falle zutrifft.

§ 107

Der Plural ad Sensum. Auf einige singularisch oder mit einem speziellen Pluraldeterminativ geschriebene Wörter wird häufig mit pluralischem Pronomen verwiesen. Diese Wörter bezeichnen[1]

a) Flüssigkeiten:

- , *jrp jw.w wꜥb*, reiner Wein;[2]
- 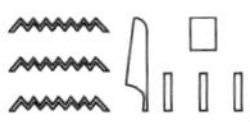, *mw jpw*, dieses Wasser;[3]
- , *ḳbḥw*, die Wasserspende; auf sie wird anschließend mit dem Suffixpronomen *śn* (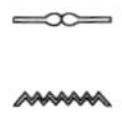 und 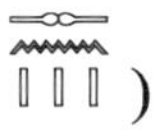) verwiesen;[4]

außer bei Wasser und Wein[5] begegnet der Plural ad Sensum bei anderen Füssigkeiten,[6] zum Beispiel bei Bier[7] und Milch[8];

b) Mineralien, Räucherwerk und andere Substanzen:

- , *mśdm(t)*, Bleiglanz[9]; dafür steht anschließend das Suffixpronomen , *śn*;
- , *ḥḏw nn jw.śn m Wtnt*, (du mögest dich freuen über den Duft) dieses Hedju-Räucherwerks, weil es aus dem Land Utenet kommt;[10]
- 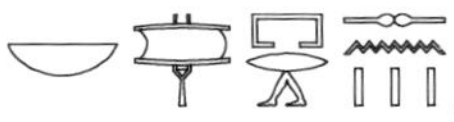, *nb ṯ3w prj.śn ...*, der Herr der Luft, die hervorkommt ... ;[11]

[1] Cf. oben, § 97.

[2] Edfou V, 367, 3; zum Suffixpronomen *w* siehe oben, § 45.

[3] Edfou IV, 52, 6; zum pluralischen Demonstrativpronomen siehe oben, § 81. – Nota bene: Wasser als Stoff wurde meist pluralisch konstruiert, ein bestimmtes Gewässer jedoch erhält den Bestimmten Artikel Singular *p3:* Edfou VII, 232, 12 (ITE I/2, 428); 249, 1 (ITE I/2, 461 f.), *jw p3 mw ntj jw.w ḏd n.f...*, indem der Kanal, den man ... nennt, ...

[4] Edfou VII, 165, 18 - 166, 3.

[5] Edfou VII, 166, 16 - 167, 2.

[6] Wenn im nachfolgenden Text andere Bezeichnungen der betreffenden Flüssigkeit erscheinen, können diese das Pluraldeterminativ erhalten.

[7] Edfou VII, 93, 7 f.

[8] Edfou V, 83, 18 - 84, 3; VII, 123, 10 - 12.

[9] Edfou VIII, 74, 11 - 75, 1.

[10] Edfou VII, 130, 16 f.

[11] Edfou V, 308, 1.

c) komplexe Bauwerke[1]:

- , *mnw nn* ..., dies sind die Monumente[2], (welche) ...; die pluralische Übersetzung des Wortes *mnw* ist nötig, weil nachfolgend darauf mit dem Suffixpronomen Plural verwiesen wird;[3]
- 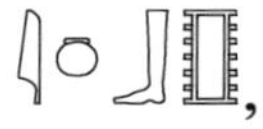, *jnb*, die Mauer;[4] anstelle des Wortes steht nachfolgend teils , teils 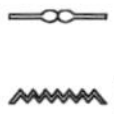;
- , (*ḥtś.n.f*) *ḥt-nṯr tn r jfdw.śn*, (er hat fertiggestellt) diesen Tempel an seinen vier Seiten[5];

d) Kollektiva:

- 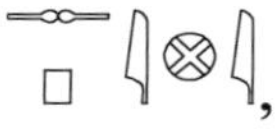, <*sp*, der Rest>; das Wort wird nachfolgend vom Suffixpronomen , *śn*, aufgegriffen;[6]
- 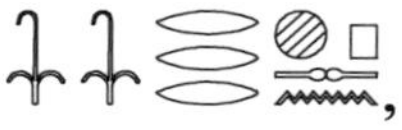, *nn jrj ḫpr.śn*, all dies geschah;[7]
- , *jrt-Ḥr*, das Horusauge; auf diese kollektive Bezeichnung der Opfergaben wird anschließend mit *śn* verwiesen;[8]

e) größere Bereiche der Welt:

- , *šnw nb nw t3*, der ganze Umkreis der Erde;[9] der Rückverweis erfolgt mit dem Suffixpronomen *śn*;

---

[1] Siehe auch Edfou VIII, 134, 9: (der König erbaute) ⌜*bḫnt*⌝ *n š3b-šwt n śnnw.śn*, einen ⌜Pylonen⌝ für den Buntgefiederten, dessengleichen es nicht gibt; der Plural beim Suffixpronomen steht für den Dual. Wurden die beiden Pylontürme als ein Ganzes gesehen, so VIII, 134, 6, dann verwies man mit dem Singular (*ś*) auf das Gebäude. – Ähnlich: Edfou VIII, 127, 12 (*ś*) und 13 (*śn*).

[2] Gemeint ist der große Tempel von Edfu in seiner komplexen Gesamtheit. – Cf. auch Edfou VI, 12, 12 - 13, 2, wo für die Stadt (den Tempel von Edfu) teils das singularische, teils das pluralische Suffixpronomen steht.

[3] Edfou VII, 11, 8 f.; ähnlich: VII, 45, 4.

[4] Edfou VI, 326, 2 f. Siehe auch Edfou VII, 304, 11: das Aufrichten der Rundhütte des Min wird zunächst als *deine (des Königs) Sache* (, *jḫt.k*) bezeichnet und anschließend mit wieder aufgegriffen.

[5] Dendara VI, 110, 6.

[6] Edfou VI, 90, 1 f.

[7] Edfou VI, 121, 7.

[8] Edfou VII, 301, 6.

[9] Edfou VI, 288, 4.

- , (*Ḥr Bḥdtj* ...) *rtḥ n.f hj ꜣpdw.śn bḥś mrw ꜥwt.śn n kꜣ.f*, (Horus Behedeti ...), für den der Himmel seine Vögel fängt, für dessen Ka die Wüste ihr Wild jagt;[1]
- 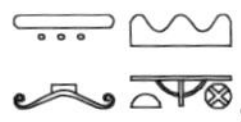, *Tꜣ-śtj*, Nubien; das Land bringt seine (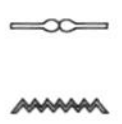) Abgaben.[2]

Der Plural ad Sensum ist in den meisten seiner Ausprägungen seit dem Beginn der uns greifbaren ägyptischen Sprachgeschichte ununterbrochen zu belegen.[3] Hinter dieser Art der Behandlung des Plurals steht eine bestimmte Sichtweise: Stoffe wie zum Beipiel Flüssigkeiten und Mineralien wurden wegen ihrer unbestimmten Menge pluralisch gewertet; in den anderen Fällen nennt man jeweils ein komplexes Ganzes und nimmt anschließend die Vielzahl der zugehörigen Elemente in den Blick, was an die Badal-Apposition erinnert.

§ 108

Der Wechsel zwischen Singular, Plural und Dual (Änderung der Perspektive). In den Bänden Edfou V - VIII begegnet dieser Wechsel einige Male, und zwar bei der ersten, zweiten und dritten Person.[4]

Erste Person:

„Komme in Frieden, der du Maat ausübst im Land .... *Wir* haben dein Ansehen (Maat) entgegengenommen, denn *wir* leben von ihrem Anblick, und Ihre Majestät (Maat) möge sich nicht (mehr) von *uns* entfernen. *Ich* gebe dir, daß ... ."[5] - Offenbar hat der Verfasser die Perspektive geändert: Nachdem zunächst alle mit Maat beschenkten Gottheiten ihre Zufriedenheit äußern, ist für die Gegengabe nur der Hauptgott der Szene zuständig, Re Behedeti.

Zweite Person:

„Nimm *dir* das Göttliche-Gewand, ..., das Djeba-Gewand der Renenet, das *euren* Leib ausstattet, das Mar-Gewand, das *eure* Kas bekleidet, o *ihr* beiden göttlichsten Götter ... ."[6] – Mit

---

[1] Edfou VII, 209, 1.

[2] Edfou V, 106, 4; ähnlich: VIII, 112, 14; 141, 7. – Cf. aber IV, 172, 3 und VIII, 33, 8, wo wir das singularische Suffixpronomen *f* vorfinden, wo also grammatikalisch konstruiert wurde.

[3] Edel, Altäg. Gramm., § 286; Gardiner, EG, § 77.2 und p. 536, Sign-list, Z 2; Erman, NG, § 154 und 157; Jansen-Winkeln, Spätmitteläg. Gramm., § 146; Spiegelberg, Dem. Gr., § 40; Junker, GdD, § 78 f.

[4] Die Stellen findet man ITE I/2 (Edfou VII), 474, n. 6.

[5] Edfou VIII, 124, 1 f.

[6] Edfou VII, 306, 7 - 11.

dem Singular wendet sich der König an Horus, die Hauptgottheit der Ritualszene, mit dem Plural (nach der Schreibung) an Horus und Hathor (Dual). Eine Erklärung für den Wechsel wäre, daß es Horus ist, der den Stoff für sich und Hathor entgegennimmt. Erneut hätte der Verfasser die Perspektive geändert.

Dritte Person:

- „(Der König ... ist) zu dir (gekommen)[1], Horus ⸢Behedeti⸣ [großer Gott, Herr des Himmels], damit *er (der König)* die <⸢Groß-an-Gunst (Königin)⸣>* zu dir führe mit *ihren (Plural)* Speisen, um deinen Altar aufs beste zu versorgen, täglich, indem Kostbarkeiten in *ihrer (Singular)* Hand sind ... .“[2] – Hier wurde die Perspektive sogar zweimal geändert: Hatte der Verfasser am Anfang den König im Blick, der den Zug der Gabenbringer anführt und letztlich für das ganze Geschehen verantwortlich ist, so sieht er nach der Nennung der Königin beide, den König und die Königin als Gabenbringer, um sich anschließend wieder der Königin zuzuwenden, zu deren Darstellung die Beischrift ja gehört.

Antike Fehler sind nicht auszuschließen, aber die Anzahl der Fälle sollte den modernen Textbearbeiter zur Vorsicht mahnen. Wenn sich zur Begründung des jeweiligen Falles eine nachvollziehbare Änderung der Perspektive aufzeigen läßt, so wie es bei den drei obigen Beispielen möglich ist, dann sollte man keine antiken Fehler ansetzen.

2 Substantiv

2.3 Bildung

§ 109

Auf dem Gebiet der Nominalbildung[3] liefert das Ptolemäische nur wenig Neues; man findet vor allem neue Realisierungen der seit klassischer Zeit bekannten Bildungstypen mit Präfix und Affix.

---

[1] Die Beischriften des Königs, der Königin und der nachfolgenden zwanzig Gottheiten werden von einer dritten Person gesprochen.

[2] Edfou VIII, 69, 10 f.

[3] Für die klassischen Epochen siehe generell Osing, Nominalbildung. – Einer Untersuchung der Nominalbildung in Texten der Spätzeit und der griechisch-römischen Epoche sind aus mehreren Gründen enge Grenzen gesetzt; cf. Jansen-Winkeln, Spätmitteläg. Gramm., § 124. – Zum Präfix *n(j)t* siehe unten, § 123 c.

Was völlig fehlt, sind die seit dem Neuen Reich belegten Bildungen mit den Affixen *f* und *ś*.[1] Im Ptolemäischen kaum zu belegen sind die im Demotischen und Koptischen häufigen jüngeren Präfixbildungen, beispielsweise diejenigen mit *mdt*.[2]

Neubildungen nach dem Prinzip der Reduplikation sind nicht sicher nachzuweisen. Das Wort 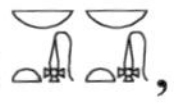, *nbjtnbjt*, die Doppelflamme, mag eine graphische Variante des älteren  sein, ist allerdings anders als letzteres nicht nur in einem Beinamen der Sachmet[3], sondern auch als Beiname des Horus[4] belegt. – 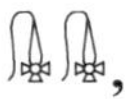, *nśrśr*, die große Feuerglut[5], wurde wohl von *Jw-nśrśr*, die Flammeninsel[6], abgeleitet und ist deshalb nicht als Neubildung **nśrnśr* anzusetzen.[7]

Die Nominalisierung mehrgliedriger Ausdrücke oder ganzer Sätze[8] läßt sich mit einigen Beispielen belegen:

- , *jw ḫr jm.śn r jm jw ꜣ ḫr jm.śn r ḏww*, indem einige von ihnen sich in den See stürzten, wohingegen andere sich auf die Hügel stürzten;[9]
- *n rḫ*, das Unbekanntsein (in: *m n-rḫ*, unbekannt);[10]
- , *n.ṯ jmj*, dein Besitz;[11]
- *rd(t)-mśnj.f*, der Messerkampf;[12]
- *sꜣw.n.śn*, die Schutzgötter;[13]

---

[1] Osing, Nominalbildung, 326 ff. Osing erkärt diese Bildungen damit, daß man das Genus der betreffenden Wörter wieder deutlich kennzeichnen wollte. – Zum problematischen *ḏ*-Präfix siehe Wessetzky, in: ZÄS 82, 1958, 152 ff.

[2] Spiegelberg. Dem. Gr., § 27 - 35. Zu den wenigen Beispielen für Bildungen mit *mdt* siehe unten, § 113.

[3] Wb II, 244, 14; Edfou VI, 265, 3.

[4] Edfou VI, 297, 9.

[5] Belege bei Budde und Kurth, in: Edfu Begleitheft 4, 1994, 14, Nr. 59.

[6] Wb II, 336, 8 ff.

[7] Zu 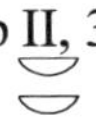 in der Bedeutung „der Herr (Doppelherr)", siehe EP 1, 156, n. 319, Zeichenliste, 1 (Menschen und Gottheiten), Nr. 42 b; cf. auch Nr. 42 a.

[8] Cf. Gardiner, EG, § 194.

[9] Edfou VI, 127, 10 (in § 159 in anderem Zusammenhang zitiert); nominalisiert und als Subjekt erscheint *jm.śn*, von ihnen. – Die disjunktive Aussage wird durch das zweimalige *jm.śn* vermittelt.

[10] Edfou VI, 15, 3; ähnlich: I, 265, 11 f., Dendara X, 41, 12. Cf. Wb II, 444, 6; Jansen-Winkeln, Spätmitteläg. Gramm., § 125.

[11] Edfou VIII, 55, 1: *n.ṯ-jmj* <*ḥkꜣ(t)*>*.f jm.ṯ*, „über deinen Besitz <verfügst> du". – Zur Nisbe *jmj* siehe unten § 122, zum Satzbau siehe § 270 A. Die Nominalisierung des sonst meist attributiv oder prädikativ verwendeten *n.f jmj* (wörtlich: für ihn dort befindlich = er hat) findet man schon in der klassischen Sprache: Bauer, B1, 103 f. = R. B. Parkinson, The Tale of the Eloquent Peasant, Oxford 1991, p. 23, 12: *n.k jmj*, „deine Habe, dein Besitz".

[12] Eine Art des Nahkampfes (wörtlich: sein-Messer-stoßen); siehe Budde und Kurth, in: Edfu Begleitfeft 4, 1994, 15 (Nr. 64).

[13] Die ausführlichste Form ist *sꜣw.n.śn-nṯr*, verkürzt finden wir *sꜣw.n.śn-św* und weiter verkürzt *sꜣw.n.śn*, die Schutzgötter (wörtlich: Sie-schützen-den-Gott oder Sie-schützen-ihn oder Sie-schützen). Der ... > S. 656

- *tp-(ḥr)-mȝśt*, die Trauer;[1]
- (Anubis sagt: „Ich habe dem Seth ein Massaker bereitet) 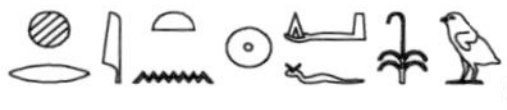, *ḫr jtn-(r)dj.f-św*, bei Sonnenaufgang;“[2]
- 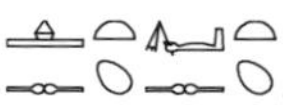, *ḥtp.ś-ḫwj.ś*, Sie-ist-zufrieden-und-sie-schützt (Epitheton der Hathor).[3]

§ 110

Bildungen mit dem Präfix *bw*[4]. Wenn in klassischer Sprache *bw* einem Eigenschaftsverbum vorangestellt wird, entsteht ein Abstraktum des Verbalinhalts.

a) Die schon seit älterer Zeit belegten Realisierungen bei den Eigenschaftsverben leben weiter, also bei

jḳr, vorzüglich sein; *bjn*, böse sein;

mȝꜥ, gerecht sein; *mnḫ*, trefflich sein;

nfr, vollendet sein, schön sein; *ḥwrw*, arm sein;

ḏw, schlecht sein[5].

Drei Beispiele für das Weiterleben mögen genügen:

- , *bw-nfr*, Schönes;[6]
- , *bw-ḏw*, Schlechtes;[7]
- 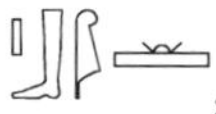, *bw-mȝꜥ*, Gerechtigkeit[8].

... < S. 655 geschützte Gott ist jeweils der lokale Schöpfergott der Schöpfungsmythen. Das Suffixpronomen wird teils *śn*, teils *ś(n)* geschrieben. Zu beachten ist auch, daß die Verben des Wortfeldes „schützen“ häufig im *śḏm.n.f* verwendet werden, wobei die Begriffsbildung von „er hat in Obhut genommen“ zu „er schützt fortan“ verläuft (das gilt auch für *ḫwj.n.śn*, die Schutzgötter). Eine Interpretation dieser Götter sowie eine umfassende Sammlung der Belege bietet Goyon, Gardiens, 447 ff.; 450 - 453 (mit teils abweichender Lesung und Erklärung); 489. – Ob hierhin auch *ḫm.śn*, die Ignoranten (Bezeichnung der Feinde; Edfou VI, 88, 1) gehört?

[1] Edfou V, 99, 11: *tp-(ḥr)-mȝśt ḥrj r ḥm.k*, „die Trauer ist fern von Deiner Majestät“. Die wörtliche Bedeutung des Ausdrucks ist „Kopf (auf) Knie“, eine Haltung der Trauer (der Traurige hockt auf dem Boden und senkt den Kopf auf seine Knie); siehe Wb II, 32, 10 (anders Gardiner, Onomastica II, 242*, Nr. 588, der *mȝśt* mit „Oberschenkel“ übersetzt, wogegen aber doch die Anatomie des Menschen spricht).

[2] Dendara X, 226, 5. Wörtlich: bei die-Sonne-zeigt-sich. Zur Bedeutung der Präposition *ḫr* siehe WB III, 316, D.

[3] Dendara XIII, 57, 9 f.; cf. *jw.ś-ꜥȝ.ś* (Wb I, 45, 6). – Zum Alter des Epithetons siehe Leitz, LGG V, 579, a.

[4] Das Wort *bw*, der Ort, hat innerhalb dieser Bildungen seine konkrete Bedeutung abgelegt.

[5] Wb I, 452, nach 4.

[6] Edfou V, 51, 11; 116, 5; Chelouit III, Nr. 135, 10 (*r jr(t) bw-nfr m tȝ*).

[7] Edfou VIII, 62, 17.

[8] Edfou V, 393, 1.

b) Relativ selten begegnen neue Realisierungen, aber diese werden jetzt nicht mehr nur mit Eigenschaftsverben gebildet, sondern selten auch mit Intransitiven und Transitiven Verben:

- , *bw-wr*, Vielzahl, Menge;[1]
- , *bw-wꜥb*, Reines;[2]
- , *bw-nḥm*, Jubel;[3]
- 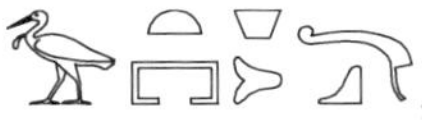, *bw-ꜥrḳ*, Vollendung[4].

Mit Blick auf die hier angeführten Fälle vermute ich, ohne es durch entsprechende Formen beweisen zu können, daß die beteiligten Verben Infinitive und jeweils Rectum zum Regens *bw* sind.[5]

§ 111

Bildungen mit dem Präfix *p* (?). Diesen vor einigen Jahren erstmals vorgestellten[6] Bildungstyp halte ich aus mehreren Gründen für problematisch, und das betrifft auch das ptolemäerzeitliche Beispiel 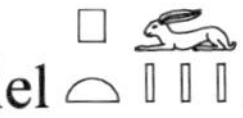, *pṯwn*, die Kraft[7].

---

[1] Edfou VI, 56, 11.

[2] Dümichen, GI IV, Tf. 116, 2. von rechts (leicht beschädigt und deshalb unsicher).

[3] Edfou IV, 54, 7 f. (kollationiert); ähnlich Clère, Porte d'Évergète, Pl. 35, oben, 9. von links; Cauville, Temple d'Isis, 72, 17; 328, 17.

[4] Edfou V, 305, 3.

[5] So würde ich zum Beispiel den sprachgeschichtlich weit zurückliegenden Ursprung des Begriffes *bw-nfr* wörtlich als „Ort-des-Schönseins" verstehen, also als Ort, an dem das Schönsein zu Hause ist, woraus sich der Begriff „Schönes" entwickelt hätte.

[6] Cauville, in: RdE 38, 1987, 183 f.; Wilson, Ptol. Lex., 382.

[7] Bereits Cauville hatte im betreffenden Artikel (RdE 38, 1987, 183 f.) das *p*-Präfix mit einem Fragezeichen eingeführt und zudem eingeräumt, daß diese Bildung keine Bedeutungsklasse(n) erzeugt.
Darüber hinaus nährt auch das hier vorgestellte Beispiel gewisse Zweifel:
- es gibt nur zwei Belegstellen, Edfou I, 178, 1 und II, 64, 14, die inhaltlich identisch und nicht leicht zu verstehen sind;
- an der Stelle Edfou II, 64, 14 finden wir außer den Pluralstrichen kein Determinativ, und der Punktkreis um den Kopf des Stieres an der Stelle Edfou I, 178, 1, weist auf eine spezielle Bedeutung dieser Hieroglyphe, die sich nicht ohne weiteres bestimmen läßt (die Lesung *twn*, *ṯwn* oder *dwn* ist aber sicher);
- die Bedeutung „Kraft" ist nach der Schreibung (kein Determinativ ) und nach dem Kontext keinesfalls sicher („ich habe dir den  meines Sohnes Horus gegeben, den ich ihm in Chemmis gegeben habe"), und ich frage mich, ob für die Bedeutung des Wortes nicht auch Ableitungen der Wurzel *dwn* in Frage kommen (zum Beispiel „das sich-Hochrecken", die Siegerpose als Haltung des Triumphs; man vergleiche Wb V, 433, 5 - 8 und beachte das *mꜣꜥ-ḫrw* der vorangehenden Aussage);
- das erste Zeichen könnte auch als Artikel *p(ꜣ)* gelesen werden.

§ 112

Bildungen mit dem Präfix *m*. Seit alter Zeit, und wie auch in den semitischen Sprachen gut belegt, können bestimmte Bedeutungsklassen des Substantivs auch dadurch gebildet werden, daß man vor ein Verbum (seltener vor ein Substantiv) das Präfix *m* setzt. Dadurch entstehen zumeist[1] Nomina Loci, Nomina Instrumenti oder substantivierte Partizipien Aktiv oder Passiv:[2]

- 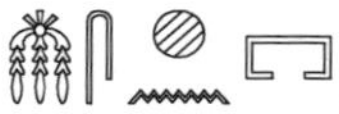, *mśḫn*, der Ruheplatz (zu *śḫnj*, sich niederlassen);[3]
- , *mḫ3t*, die Waage (zu *ḫ3j*, messen);[4]
- , *mḏ3jw*, der Widersacher (zu *ḏ3j*, sich widersetzen);[5]
- , *mḥnk*, der Beschenkte (zu *ḥnk*, schenken);[6] , *m3r*, der Unterdrückte (zu *3r*, verdrängen)[7].

Die auf diese Weise entstandenen Substantive leben zumeist im Ptolemäischen weiter, und zugleich generiert besagter Bildungstyp auch in dieser Zeit[8] noch neue Substantive[9]:

- Nomina Loci:

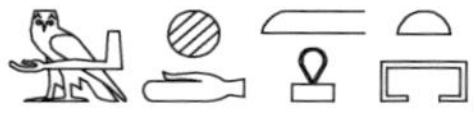, *mḫtmt*, die Viehhürde (zu *ḫtm*, schließen)[10]; , *mśprt*, Ankunftsort (zu *śpr*, ankommen, erreichen);[11]

- Nomina Instrumenti:

---

[1] Zu Zeitangaben siehe H.S. Smith, in: Fs. Fairman, 161; 162: *mnḥp*, der Morgen (Wb II, 83, 1).
[2] Siehe Edel, Altäg. Gramm., § 253 - 255; Osing, Nominalbildung, 283; 321 - 323.
[3] Wb II, 148, 1 ff.
[4] Wb II, 130, 8 ff.
[5] Edel, Altäg. Gramm., § 256.
[6] Wb II, 129, 7 f.; Edel, Altäg. Gramm., § 256.
[7] Edel, Altäg. Gramm., § 256.
[8] Teils schon in der Spätzeit zu belegen.
[9] Siehe Junker, GdD, § 72; H.S. Smith, in Fs. Fairman, 161 ff. – Die von Smith geäußerte Alternative (o. c., 162 f.), daß es sich bei den erst im Ptolemäischen belegten Wörtern mit *m*-Präfix nicht um Neubildungen, sondern um Übernahmen aus uralten, heute verlorenen Quellen handeln könne, ist meiner Ansicht nach wegen der Anzahl der betreffenden Wörter unwahrscheinlich.
[10] Wb II, 133, 2 (cf. auch 133, 3); Edfou VII, 226, 1 f.; Dendara VI, 13, 1.
[11] Edfou VI, 320, 11; cf. auch III, 7, 4; VI, 11, 2; 36, 2; 196, 11; das Wort begegnet innerhalb der Schöpfungsmythen des Tempels von Edfu und bezeichnet die erste Insel/das erste Land, worauf der Urgott sich niederläßt.

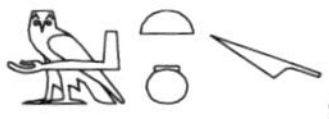, *mdn*, das Messer (zu *dn*, schneiden)[1]; 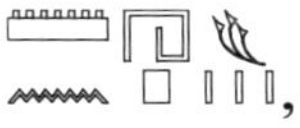, *mnhp*, Aphrodisiakum (zu *nhp*, bespringen/begatten);[2]

- Partizip Aktiv:

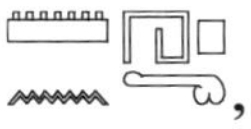, *mnhp*, der Begatter (zu *nhp*, bespringen);[3] 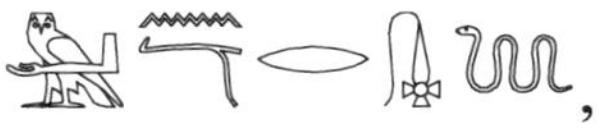, *mnśr*, der (die Feinde) Verbrennende (zu *nśr*, verbrennen);[4]

- Partizip Passiv:

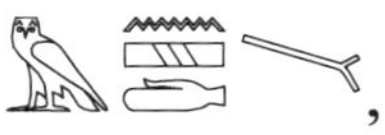, *mnšd*, der Zerfleischte? (zu *nšd*, zerfleischen);[5]

- das *m*-Präfix vor Substantiv:

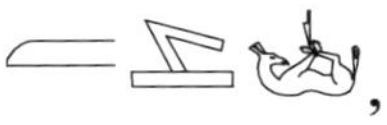, *mgrg*, der Lügner (zu *grg*, die Lüge)[6].

§ 113

Bildungen mit dem Präfix *mdt*. Dem Substantiv oder Adjektiv vorangestellt, erzeugt das *mdt*-Präfix einen abstrakten Begriff[7]. Für das Ptolemäische kenne ich nur zwei Beispiele aus den Dekreten von Kanopus und Rosette:

- , *mdt-pḥtj*, Ansehen (τιμή);[8]
- 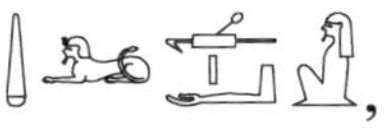, *mdt-nb-wꜥ*, Herrschaft (βασιλεία)[9].

---

[1] Wb II, 182, 10; Edfou VIII, 118, 9; cf. Dendara X, 118, 2.
[2] Wb II, 82, 18; Edfou I, 398, 5; cf. Kurth, Dekoration, 152 f. mit n. 2 - 4.
[3] Edfou III, 256, 7; IV, 34, 11; Dendara X, 89, 8.
[4] Edfou I, 344, 2 (cf. Wb II, 89, 1 und 335, 11).
[5] pBremner-Rhind, 32, 14; eine schmähende Bezeichnung des Apophis (Wb II, 89, 15). Wohl kein Partizip Aktiv, weil das Zerfleischen nicht zum üblichen Tun des Apophis gehört.
[6] Wb II, 164, 13 (Belegstellen); Edfou I, 556, 10 (der zuvor genannte *ꜥm-ḥḥw*, bezeichnet Apophis, siehe pBremner-Rhind, 32, 22).
[7] Spiegelberg, Dem. Gr., § 31.
[8] Urk. II, 128, 3; 145, 8 (andere Schreibung).
[9] Urk. II, 175, 3 (wörtlich: Sache-des-einzigen-Herrn).

§ 114

Bildungen mit den <u>Präfixen *r3-ᶜ*, *r3* und *ᶜ*</u>. In einer neueren Untersuchung[1] wurden diese drei Präfixe aus gutem Grund gemeinsam behandelt, weil sie hinsichtlich ihrer Bedeutung und Entstehungsgeschichte manche Überschneidungen und Berührungspunkte[2] aufweisen. Einige ihrer Prägungen existieren weiter bis in die griechisch-römische Zeit,[3] und auch dann noch können diese Präfixe, vor das Substantiv oder den Infinitiv des Verbs[4] gesetzt, neue Begriffe erzeugen:

a) mit dem Präfix *r3-ᶜ*:[5]

- , *r3-ᶜ-nśr,* der Zustand des Brennens, das Verbrennen;[6]

b) mit dem Präfix *r3*:[7]

- , *r3-pḏt*, der Bogenkampf;[8] , *r3-pḏt*, der Ort des Bogenkampfes, das Schlachtfeld;[9]
- 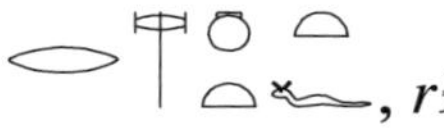, *r3-nḏ-jt.f*, das Vaterschützen;[10] *nḏ jt.f*, seinen Vater zu schützen, war die Aufgabe des Horus (Harendotes);
- , *r3-ḏbt*, das Bauen mit Ziegeln (die Ziegelbauweise);[11]

---

[1] Pantalacci, in: OLP 16, 1985, 5 ff. (zuvor: Junker, in: ZÄS 77, 1941, 3 ff.). Die Untersuchung konzentriert sich auf die Zeit vom AR - NR. Für die spätere Zeit siehe auch Spiegelberg, Dem. Gr., § 33; Till, Kopt. Gramm., § 134; Crum, CD, 287.

[2] So wurde zum Beispiel das ältere *r3* später im NR teils von *r3-ᶜ* abgelöst; Bildungen mit *r3* und *r3-ᶜ* haben durativen, diejenigen mit *ᶜ* punktuellen Charakter.

[3] Zum Beispiel *r3-ᶜ-ḫt*, der Kampf; Wb II, 394, 12; Edfou V, 43, 4 f.; VI, 215, 4 f.

[4] Dabei ist zu beachten, daß der Infinitiv in Bezug auf die Genera Verbi neutral ist, so daß sowohl die aktivische als auch die passivische Bedeutung des betreffenden Verbs der neuen Bildung zugrundeliegen kann.

[5] Konkreter Ausgangspunkt war meiner Ansicht nach *r3-ᶜ*, das Armstück, die Tätigkeit des Armes, das Tun; das Präfix substantiviert einen temporär aktivierten Verbalinhalt.

[6] Dendara X, 106, 10; cf. 100, 9; 200, 12; 335, 2 (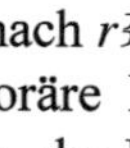). Diese Beispiele erscheinen in der Formel: (die Feinde) *m r3-ᶜ-nśr*, sind im Verbrennen; man möchte übersetzen: (die Feinde) brennen im Feuer.

[7] Konkreter Ausgangspunkt war meiner Ansicht nach *r3*, das Teil, das Stück, womit die temporäre Verwendung eines bestimmten Gegenstandes oder das temporäre Handeln einer bestimmten Person substantiviert wird. Demnach bedeutete beispielsweise *r3-pḏt* wörtlich „das Bogenstück"; cf. im Deutschen „das Husarenstück".

[8] Edfou III, 256, 13.

[9] Edfou V, 265, 5; ähnlich: V, 283, 18. Siehe auch Kurth, Dekoration, 64, n. 5. – Ich frage mich, ob hier eine Nisbe-Bildung vorliegt?

[10] Edfou VI, 70, 9.

[11] Edfou VII, 49, 13.

c) mit dem Präfix ꜥ:

- , (ihre Hände schlagen das Tamburin, indem ihre Finger machen) ꜥ-(*n*)-*śwꜣ*, das Darübergleiten[1].

§ 115

Bildungen mit dem Präfix *śt* (?). Es gibt zahlreiche mittelägyptische Belege für die Bildung abstrakter Substantive mit Hilfe des Wortes *śt*, der Sitz, welches einem Substantiv vorangestellt wird.[2] Für das Ptolemäische ist mir nur ein Wort bekannt, für dessen Bildung man das Präfix *śt* erwägen könnte:

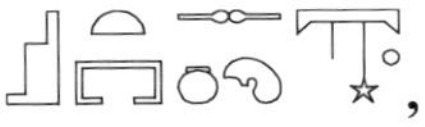, *śt-śnkt*, die Dunkelheit? (oder konkret: die Stätte der Dunkelheit?).[3]

§ 116

Bildungen mit dem Affix *tj*. Dieses Affix[4] wird dem Substantiv oder dem Verbum angehängt und bildet im letzteren Falle Nomina Agentis: In den Schreibungen[5]  [6],  (Varianten:  und ) [7],  [8],  [9],  [10],  [11],  [12],  [13],  [14], [15] steht es

[1] Edfou III, 207, 11 (nicht kollationiert). Siehe Wb I, 158, 1 - 3. – Eine Übersetzung des Textes findet man bei Kurth, Treffpunkt der Götter, 130.

[2] Faulkner, CD, 206 f.

[3] Edfou VIII, 137, 15; ähnlich: VIII, 82, 14 (siehe ITE I/1, 148, n. 7).

[4] Das Affix begegnet seit dem Alten Reich, siehe Edel, Altäg. Gramm., § 247; Gardiner, EG, § 364; Michel Valloggia, Recherche sur les „messagers“ (*wpwtjw*) dans les sources égyptiennes profanes, Genève-Paris 1976, 8 f.; Osing Nominalbildung, 333 ff. – Das Affix *tj*, dessen Funktionen meines Erachtens noch nicht umfassend geklärt sind, scheint letztlich Gewohnheit oder Erwartetes zu markieren. Cf. auch unten, § 139 A und Zonhoven, *śḏm.t=f*, 97 ff.

[5] Etliche verschiedene Schreibungen findet man bei Goyon, Gardiens, 58 - 108 (n. b.: in einigen Fällen ist der Falke zum *tjw*-Vogel zu verbessern).

[6] Edfou VI, 17, 12 (*hmhmtj*, der Brüller).

[7] Edfou VI, 329, 12 (*rmnwtj*, der Träger).

[8] Edfou VIII, 126, 6 (*jwhtj*, der Emporhebende).

[9] Edfou VI, 329, 12 (*jwhtj*, der Emporhebende).

[10] Edfou VI, 330, 2 (*ẖtjtj*, der Zurücktreiber).

[11] Dendara X, 99, 13; cf. 297, 4.

[12] Edfou VI, 330, 2 (*wḏnftj*, der Beauftragte).

[13] Edfou VIII, 7, 6.

[14] Edfou VI, 308, 13 (*ḏwtj*, der Böse).

[15] Edfou VII, 62, 5 (*ḥmtj*, der Wüstling).

a) am Substantiv (im Ptolemäischen selten):

- 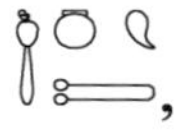, *wḏnftj*, der Beauftragte;[1]
- , *<nb>-(r)-ḏrtj*, der Allherr;[2]

b) am Verbum:

- , *ʿrtj*, das Flutwasser (wörtl.: das Aufsteigende);[3]
- 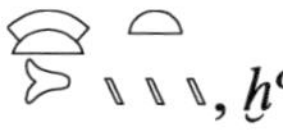, *ḫʿrtj*, der Wüterich (Seth);[4]
- , *š3tj*, der Lästerer (Apophis);[5]
- , *swrtj*, der Trinker;[6]
- , *šm3tj*, der Krieger;[7]
- , *gmgmtj*, der Zerbrecher.[8]

§ 117

Bildungen mit dem Präfix *tp*. Zusammen mit dem folgenden Substantiv oder Verb im Infinitiv bildet das Präfix *tp* abstrakte Begriffe.[9] Einige davon sind

a) seit dem Alten Reich in Gebrauch wie zum Beispiel:

---

[1] Edfou VI, 330, 2. Das Affix *tj* tritt in diesem besonderen Fall an die Relativform Passiv (§ 145; 252, C c) *wḏ n.f*, dem befohlen wird, der Beauftragte (der Sendbote); Goyon, Gardiens, 89, gibt eine andere Erklärung.

[2] Dendara VII, 187, 10; Wb II, 230, 15 ff. Eine Mischschreibung mit *ḏrtj*, der Falke, ist allerdings nicht auszuschließen.

[3] Edfou V, 108, 10 (die Ziege trägt im Original kein Halsband); cf. I, 325, 17; VI, 33, 9.

[4] Edfou VIII, 7, 6 (kollationiert und berichtigt, siehe ITE I/1, 364); cf. Wb III, 244, 2 ff.

[5] Edfou VI, 159, 7 (in der Verbindung *š3tj ḏw*, übler Lästerer); cf. Wb IV, 27, 5.

[6] Edfou VI, 331, 8; es ist der Name eines Schutzgottes, der wohl das Blut des Feindes trinkt.

[7] Edfou VI, 329, 4 und 5; ähnlich: VI, 17, 14; cf. Wb IV, 122, 7 ff. – Goyon, Gardiens, 12, n. 8, versteht „Schlachtfeld", was aber weder dem Determinativ noch dem Bildungselement *tj* gerecht wird.

[8] Edfou VI, 330, 16; weitere Belege bei Goyon, Gardiens, 72; cf. Wb V, 172, 8 ff.

[9] Ausgehend vom Kopf als dem entscheidenden Kennzeichen eines Wesens entwickelt das Wort *tp* die Bedeutung „Art"; cf. Wb V, 267, H. Vergleichbar ist arabisches وجه, das Gesicht; die Art und Weise. Vor einiger Zeit bereits hatte Caminos (JEA 58, 1972, 220, n. 3) darauf hingewiesen, daß *tp* in einigen Verbindungen möglicherweise „a generalizing force" habe. – Die denkbare alternative Ableitung von *tp*, der Kopf, die Spitze, was zu einem Superlativ führen würde, ist meines Erachtens nicht auszuschließen, aber wegen des jeweiligen Kontextes der betreffenden Wörter weit weniger wahrscheinlich (cf. etwa *tp-rd*, die Vorschrift <„Art des Beines/Art des Vorgehens"; *tp-r3*, Ausspruch <„Art des Mundes/Art der Rede").

- , *tp-nfr*, die Richtigkeit;[1]
- , *tp-św*, Auslassung;[2]

b) Andere werden neu gebildet:

- , *tp-bjꜣ* Vorbildliches;[3]
- 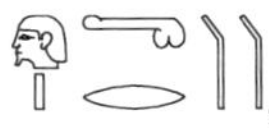, *tp-mtr*, die Richtigkeit, die Genauigkeit;[4]
- 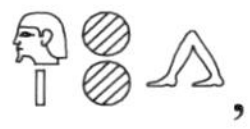, *tp-ḫꜣḫ*, die Schnelligkeit;[5]
- 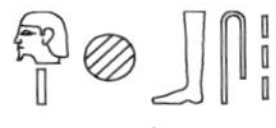, *tp-ḫbśw*, Untaten, Zerstörung, Gewalttätigkeit (κακά)[6].

3 Adjektiv

§ 118

Über das Verhältnis von Adjektiv und Adjektiv-Verbum[7] im Ägyptischen sowie über das Verhältnis von Adjektiv und Partizip[8] ist schon manches geschrieben worden, wobei auch die Frage behandelt wurde, ob es überhaupt eine Wortart „Adjektiv" im Ägyptischen gegeben habe.

---

[1] Wb V, 285, 13 ff.; Edfou V, 59, 5; VII, 2, 5. – Das Wort wird in griechisch-römischer Zeit wie ein Synonym zu *mꜣꜥt* verwendet.

[2] Edfou I, 513, 12; die Aussage „ohne Auslassung" bezieht sich nicht auf die erst nachher genannten Priester, sondern auf die 83 Figuren, welche auf den Wänden abgebildet sind.
Ausgehend von der Grundbedeutung „die Leere < die Art des Leerseins" übernimmt die Bildung *tp-św* je nach Kontext spezielle Bedeutungen, die sich problemlos von den Angaben Wb IV, 426, 6 ff., ableiten lassen, zum Beispiel: Verfall (eines Gebäudes durch Aufgabe; Wb V, 292, 2; Meeks, Ann.Lex., 79.3395); Ratlosigkeit (Pierre Lacau et Henri Chevrier, Une chapelle d'Hatshepsout à Karnak I, Kairo 1977, 98; 100; 102, nota k); Untätigkeit? (die Stelle Urk. II, 222, 6, Philensis II, ist leider durch Zerstörungen beeinträchtigt, aber die Reste des Kontextes scheinen zur Bedeutung „Untätigkeit" < „Leere" zu passen).

[3] Edfou VII, 91, 15; ähnlich: IV, 76, 5; 243, 9; Cauville, Dend. Trad. V-VI, Vol. II, 516 (zahlreiche Belege aus Dendera); siehe generell Graefe, in: Wolfhart Westendorf (Hg.), Aspekte der spätägyptischen Religion, GOF 9, 1979, 47 ff.

[4] Wb II, 285, 9 ff.; Edfou IV, 5, 8; Dendara III, 152, 10.

[5] Edfou I, 74, 12; II, 245, 16; IV, 130, 10; Bénédite, Philae, 81, 15; siehe Massart, in: MDAIK, 15, 1957, 179, n. 14; Borghouts, in: JEA 59, 1973, 136, n. 6. – So weit ich sehen kann, begegnet diese Bildung nicht in Dendera.

[6] Wb V, 291, 13 f.; Urk. II, 181, 1; Daumas, Moyens d'expression, 231.

[7] Sethe, Nominalsatz, § 34; Heckel, in: ZÄS 81, 1956, 76 ff.; 82, 1957, 19 ff.

[8] Edel, Altäg. Gramm., § 332; Gardiner, EG, § 135; Westendorf, Gramm. MT, § 153. Cf. auch Jansen-Winkeln, Spätmitteläg. Gramm., § 67, n. 4, mit einer recht eigenwilligen Sicht der Dinge.

Von dieser Frage einmal abgesehen, für das Verhältnis von Adjektiv und Partizip bleibt bestehen, daß es zwischen beiden einerseits im Bereich der Vokalisation[1] und Syntax[2] große Übereinstimmungen gibt, daß aber andererseits im Bereich der Morphologie ein gewichtiger Unterschied zu erkennen ist (siehe unten, § 119).

Zwei Arten von Adjektiven sind zu unterscheiden:

- die soeben angesprochenen Verbal-Adjektive, die in nicht sicher bestimmbarer Art und Weise dem Verbum nahestehen;
- die Nisbe-Adjektive, welche sich von Substantiven oder Präpositionen ableiteten.

Beide Arten des Adjektivs können substantiviert werden.

3 Adjektiv

3.1 Verbal-Adjektiv

§ 119

Die Verbal-Adjektive bezeichnen Eigenschaften und Zustände. Sie bilden eigene Formen für Singular und Plural[3] und unterscheiden dabei Maskulinum und Femininum. Bei attributiver Verwendung des Verbal-Adjektivs gibt es einen deutlichen Unterschied zu den Partizipien transitiver Verben und zu den Relativformen:[4] Während letztere regelhaft keine Endung aufweisen, zeigt das attributiv verwendete Verbal-Adjektiv

- eine **endungslose** Form beim Singular Maskulin;
- eine Endung ***t*** beim Singular Feminin (geschrieben 𓏏, seltener 𓊃 oder 𓏏𓏭);
- eine Endung ***w*** beim Plural Maskulin (geschrieben 𓏥[5], sehr selten 𓏲𓏥[6]);
- eine Endung ***w*(*t*)** beim Plural Feminin (geschrieben 𓏥, sehr selten 𓏏𓏥 [7]).

---

[1] Osing, Nominalbildung, 6; 120 ff.

[2] Das Prädikat des Adjektivischen Nominalsatzes kann ein Adjektiv oder ein Partizip sein (§ 221 ff.).

[3] Der Dual des Adjektivs zeigt keine Endung oder diejenigen des Plurals, siehe zum Beispiel Edfou VII, 19, 8 (*wr* mit Pluralendung, *rwḏ* ohne Endung); VII, 58, 12 (*šps* mit Pluralendung – für Horus und Hathor).

[4] Vergleichbares beobachtete Jansen-Winkeln, Spätmitteläg. Gramm., § 123, 3. Absatz.

[5] Chelouit III, Nr. 127, 26 (auch das Bezugswort hat die Pluralendung: *j3kbw nḏmw*, wohlklingende Klagelieder); Nr. 124, 10 (*ḳbḥw nḏmw*, eine erquickende Libation).

[6] Esna VII, Nr. 552, 5 (*mw wrw*); zum Inhalt cf. Edfou V, 120, 11.

[7] Edfou V, 180, 9; VIII, 64, 5.

Es handelt sich also um die Endungen der klassischen Sprache, die allerdings, der Art des Ptolemäischen Schriftsystems entsprechend, neue graphische Realisierungen zeigen.

Die Endungen richten sich nach Numerus und Genus des zugehörigen Substantivs. Sie werden in den Inschriften des Tempels von Edfu nahezu regelhaft geschrieben, wie folgende Zahlen verdeutlichen: In den Bänden Edfou V - VIII sind es bei attributiver Verwendung nicht weniger als ca. 250 Fälle, denen nur knapp 20 ohne Endung gegenüberstehen.[1]

Einige Beispiele:

- , *ẖ nfr*, das schöne Kind;[2]
- , *śt tn nfrt*, diese vollkommene Stätte;[3] , *tmꜣt nfrt*, die vollkommene Mutter;[4] , *kꜣt.k nfrt*, dein vollkommenes Tun;[5]
- , *ꜥḥꜥw nfrw*, die vollkommenen Ahau-Schlangen;[6]
- , *nwwt wrw(t)*, die großen Städte;[7] , *ḥnbw(t) ꜥšꜣwt*, zahlreiche Äcker.[8]

Der Plural wird auch durch das dreifach gesetzte Zeichen angegeben: , *mnw nw nfrw mnḫw*, Dies sind die vollkommenen und trefflichen Denkmäler;[9] gelegentlich kommt noch hinzu:[10] .

Besagte Endungen werden in den Bänden Edfou V - VIII von folgenden Verbal-Adjektiven übernommen:[11]

---

[1] Ähnlich sind die Verhältnisse in Dendera, siehe Junker, GdD, § 89. – Wegen weiterer Einzelheiten zu den Edfutexten siehe EP 1, 476, § 6.3 b, n. 8.

[2] Edfou VIII, 80, 8.

[3] Edfou VII, 1, 13.

[4] Dendara X, 57, 4. Diese Schreibung findet man auch in anderen Tempeln, zum Beispiel Edfou VI, 311, 13 (*wrt*); Bresciani, Assuan, 80, Zeile 4, Mitte (*mnḫt*); Ewa Laskowska-Kusztal, Elephantine XV, AV 73, 1996, Tf. 39, 76 (*jḳrt*).

[5] Edfou V, 239, 15; zu dieser Schreibung siehe EP 1, 476, § 6.3 b, n. 8.

[6] Edfou VII, 107, 16.

[7] Edfou VII, 23, 10.

[8] Edfou V, 180, 9.

[9] Edfou VII, 3, 6 f.

[10] Edfou VI, 206, 17.

[11] Teils mit Endung ***t***, teils mit Endung ***w***.

ꜣḫ, herrlich	*wśḫ* weit[1]	*nḏm*, angenehm	*ḳnj*, stark
jḳr, vorzüglich	*bnr*, süß	*ḥḏ*, weiß[2]	*ktt*, klein
ꜥꜣ, groß	*bšṯ*, aufrührerisch	*ḫpp*, fremd[3]	*tnj*, alt
ꜥšꜣ, zahlreich[4]	*mnḫ*, trefflich	*śnp*, froh	*ḏꜣḏꜣ*, feindlich
wꜣḏ, grün[5]	*nb*, alle[6]	*šw*, trocken	*ḏśr*, heilig
wꜥb, rein	*nfr*, vollkommen	*špś*, vornehm	*ḏdꜣ*, fett
wr, groß	*nḫt*, stark	*šrj*, klein	
wśr, mächtig	*nḏś*, klein	*štꜣ*, geheim	

Es sind demnach nur 30 Adjektive, auf die sich die ca. 250 Belege verteilen. Hierzu ist anzumerken, daß manche Adjektive, wie beispielsweise *jnd*, traurig, die zu erwartenden Endungen nie aufweisen.[7]

Zum Plural ist noch zu sagen, daß bei *ꜥšꜣ*, zahlreich und *nb*, alle, das zugehörige Substantiv öfters im Singular steht:[8] , *ḫntš ꜥšꜣ*, zahlreiche Felder[9]. In diesen Fällen liefert der Plural des Attributs die vom Kontext geforderte pluralische Bedeutung; diese wird aber auch dann geliefert, wenn *ꜥšꜣ* und *nb* kein Pluraldeterminativ haben, und zwar wegen der pluralischen Semantik beider Wörter: , *bw-nb*, jedermann[10].

---

[1] Edfou VIII, 46, 4 (*wśḫt nmtt*).

[2] Wenn nicht Schreibung für das auslautende *ḏ*.

[3] Edfou VI, 96, 3; zum Wort siehe Wb III, 258, 3 ff. – Das Jahr ist noch fremd und unbekannt, hat aber die Möglichkeit, sich positiv zu entwickeln (siehe das folgende *ḫpr*). Zu Germonds Lesung *ḫp(r) pꜣ(w)t* (Invocations, 23) siehe meine Rezension, in: BiOr 46, 1987, 408.

[4] Es ist ein Sonderfall, da man wegen der Semantik des Wortes als Determinativ auffassen könnte. Dagegen steht aber die Endung nach einem Bezugswort im Plural Feminin (Edfou V, 180, 9); allerdings begegnet diese Endung auch nach einem Bezugswort im Singular Maskulin (Edfou VII, 19, 4).

[5] Es handelt sich bei nicht um eine Schreibung für das auslautende *ḏ*, cf. Esna VI/1, Nr. 508, 5 (eine Parallele: VII, Nr. 610, 6).

[6] Es handelt sich um einen besonderen Fall, da *nb* schon früh invariabel geworden ist (Gardiner, EG, 48.1). Andererseits wird die Pluralendung (, , oder selten auch) nach singularischem wie auch nach pluralischem Bezugswort sehr oft geschrieben (Edfou V, 225, 1, Plural F.; 232, 3, Pl. F. – hier können die Pluralstriche für Bezugswort und Adjektiv zugleich gelten; V, 304, 10, Plural M./F.; VI, 142, 2, Plural F.; Junker, GdD, § 89). Dem stehen aber andere Fälle gegenüber, welche keine Endung haben oder die Numerus- und Genuskongruenz mißachten: Edfou V, 390, 10; VI, 48, 8 (beide endungslos nach Pl. F.); Cauville, Porte d'Isis, 63, 13 (nach Pl. M.); Dendara X, 246, 4 (nach S. M.). – Im Demotischen erscheint invariabel , Spiegelberg, Dem. Gr., § 71.

[7] Jedenfalls nicht in Edfu; siehe die bei Wilson, Ptol. Lex., 88, zitierten Stellen (in Verbindung mit *jbw*, die Herzen).

[8] Cf. Gardiner, EG, § 510.

[9] Edfou VIII, 64, 3. – Mit pluralisch geschriebenem Substantiv: V, 195, 17; VII, 163, 2.

[10] Edfou VI, 15, 17; ähnlich: 241, 7. Zu *ꜥšꜣ* siehe IV, 15, 5.

Zu den substantivierten Verbal-Adjektiven, die man zumeist an ihren besonderen Determinativen erkennen kann, siehe oben, § 91 und 92.

§ 120

Interessant ist nun, daß die Endungen ***t*** und ***w*** auch den Partizipien einiger intransitiver und transitiver Verben angehängt werden:

- 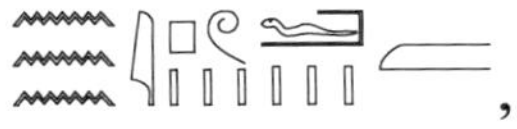, *mw jpw prjw m* ..., dieses Wasser, das aus ... hervorkommt;[1]
- , *ḳbḥw* ... *ḫprw m* ..., die Wasserspende ..., die in ... entsteht;[2]
- , *ḏ3jśw.f śtpw*, seine erlesenen Schöpfersprüche;[3]
- 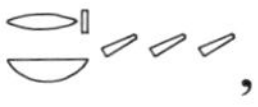, *r3 nb ḳḳw*, jeder essende Mund;[4]
- , *j rnpt hn(n)t*, o, (freundlich) zuneigendes Jahr;[5]
- , *j rnpt ʿnḫt*, o, lebendes Jahr.[6]

Von diesen bezeichnen

- eine Herkunft: *prj m*; *ḫpr m*;
- eine Eigenschaft, angegeben durch das Partizip Passiv eines transitiven Verbs:[7] *śtp*;
- eine spezifische Tätigkeit, angegeben durch das Partizip Aktiv eines transitiven Verbs: *ḳḳ*;
- eine Verhaltensweise: *hnn*;
- einen Zustand: *ʿnḫ*.

Diese Partizipien haben Folgendes gemeinsam:

---

[1] Edfou VI, 243, 18 f.; zur pluralischen Konstruktion von *mw* siehe oben, § 107. Ähnlich: VI, 244, 7: *nṯr 4 prjw ḥ3* ... – Die Auffassung als *śḏm.f* – Umstandssatz (*śḏm.w*) ist ausgeschlossen, und zwar wegen der Determinierung des Bezugswortes und wegen der Parallelen ohne  (zum Beispiel Edfou V, 37, 6).

[2] Edfou VI, 253, 15; zur pluralischen Konstruktion von *ḳbḥw* siehe oben, § 107.

[3] Edfou VI, 300, 9 f.

[4] Edfou VIII, 9, 8 (die dreifache Setzung des Zahn-Ideogramms vermittelt den Plural). – Innerhalb derselben Formel begegnet das Partizip auch im Singular: Edfou VII, 208, 3.

[5] Edfou VI, 96, 5.

[6] Edfou VI, 95, 13; ähnlich: Edfou VII, 107, 17 (*b3w ʿnḫw*); 221, 2 (*bjkw ʿnḫw*); zur vorliegenden Bedeutung des Wortes *ʿnḫ* siehe Wb I, 195, 8 ff.

[7] Cf. unten, § 139 B.

1. Sie geben an, welche Eigenschaften, Zustände und Gewohnheiten dem betreffenden Substantiv im jeweiligen Sinnzusammenhang zugeschrieben werden; als Eigenschaft gilt dabei auch die Angabe einer Herkunft, wenn diese Herkunft als besonders qualifizierend empfunden wird.

2. Ihnen fehlt ein Direktes Objekt. Wenn dieses jedoch als selbstverständlich angesehen und unterdrückt wird, können die Endungen ausgelassen werden, so wie es bei den transitiven Verben mit Direktem Objekt die Regel ist; siehe zum Beispiel

- *Śḫmt* ... *śḫr*(*t*), Sachmet ..., welche (die Feinde) niederwirft.[1]

Demnach ist die Grenzlinie zwischen Adjektiv und Partizip nicht scharf gezogen. Zum einen wird sie durch Syntax markiert, zum anderen durch Semantik.[2] Beide entscheiden darüber, ob ein Partizip die dem Adjektiv entsprechenden Endungen annehmen kann. Solche mit Endungen versehenen Partizipien der Nicht-Eigenschaftsverben sind in den Texten des Tempels von Edfu relativ selten, und die Endungen werden keinesfalls konsequent geschrieben.[3]

Da nun die Verhältnisse im Demotischen zum Teil, und im Koptischen gänzlich anders sind,[4] möchte ich die Besonderheiten des Ptolemäischen dem akademischen Unterricht zuschreiben. Dabei hätten sich die Schriftgelehrten durchaus an der klassischen Sprache orientiert,[5] was sich auch weiter unten bei der Behandlung des Adjektivischen Nominalsatzes zeigen wird.[6]

---

[1] Edfou VI, 268, 1; es folgt ein mehrgliedriges Adverb.

[2] Grundsätzlich wirken syntaktische, semantische und phonetische Kriterien miteinander, denn man kann zum Beispiel argumentieren, daß einerseits das Partizip Aktiv eines transitiven Verbs ohne Objekt dem Bezugswort inhaltlich enger verbunden ist als ein solches Partizip mit Objekt, da letzteres den Sinn vom Bezugswort zum Objekt hin ablenkt, und daß sich andererseits bei der Verbindung von Partizip und direktem Objekt die Lautgestalt des Partizips durch Akzentverlagerung ändert.
Im Falle des Partizip Passiv ist das Bezugswort das ehemalige Objekt des zugehörigen transitiven Verbs, welches das Bezugswort in einer bestimmten Weise behandelt hat, deren Resultat ihm danach als Eigenschaft anhaftet (*ḏ3jśw.f śtpw*).
Das trifft auch für das Partizip Passiv eines kausativ-intransitiven Verbs zu: *śḫtj śḳnj*, der starke Fänger; wörtlich: der stark gemachte Fänger = der starke Fänger; eine Parallele (Edfou VI, 57, 5) hat *śḫtj ḳnj*.
Cf. auch unten, § 175 a, δ.

[3] Man vergleiche zum Beispiel *prj*, hervorkommend, an den Stellen Edfou VI, 243, 18 f. (mit Pluralendung) und V, 37, 6 (endungslos); *ḥrj*, fernliegend, an den Stellen Edfou VII, 303, 4 (mit Pluralendung) und VII, 171, 9 (endungslos).

[4] Spiegelberg, Dem. Gr., § 67 – 71.

[5] Cf. Gardiner, EG, § 74 und § 354.

[6] Auch dort finden wir ja neben dem Adjektiv das Partizip; siehe Gardiner, EG, § 137; § 374 B (mit den Ergänzungen auf Seite 425).

Des weiteren vermute ich, daß diese Endungen nicht nur graphisch zu werten sind, sondern im Unterricht gesprochen wurden. Darauf könnten einige Stellen hinweisen, die eine von der Konstruktion des Wortes abhängende Differenzierung erkennen lassen. So schreibt man in ein und derselben Passage die Pluralendung aus, wenn das Adjektiv alleine steht (*nṯrw jpw ꜥꜣw wrw*, diese großen und mächtigen Götter), läßt sie aber aus, wenn das Adjektiv durch ein Substantiv näher bestimmt wird (*ꜥꜣ(w) šfjt*, mit hohem Ansehen; *wr(w) ḳfꜣt*, mit großem Ruhm);[1] das wirkt so, als wäre im letzteren Fall, aufgrund der engen Verbindung mit dem folgenden Wort und der daraus folgenden Enttonung, die Endung nicht gesprochen worden.

Einen weiteren Hinweis auf die akademische Aussprache ergibt vielleicht, wenn kein antiker Fehler vorliegt,[2] die Schreibung , *sꜣ śpd*, trefflicher Sohn, die das Ende einer Formel bildet;[3] denn an anderen Stellen[4], die mit dem Indirekten Genitiv fortfahren (also zum Beispiel *sꜣ śpd n Nb-r-ḏr*), erscheint die Endung  nicht. Hier könnte  anzeigen, daß das auslautende *d* (*t*) ungeschwächt gesprochen wurde, wenn *śpd* am Ende einer Sinneinheit steht.[5] – Diese Beobachtungen sind sehr unsicher, da sie auf zu geringer Textbasis beruhen.

3 Adjektiv

3.2 Nisbe-Adjektiv

§ 121

Die Nisbe-Adjektive werden wie in klassischer Zeit von Substantiven und Präpositionen abgeleitet und bezeichnen eine Zugehörigkeit:

- *nṯr*, der Gott, *nṯrj*, zum Gott gehörend, göttlich;
- *ẖr*, unter, *ẖrj*, nach unten gehörend, unterer.

---

[1] Edfou VI, 237, 6; 7; 10.
[2] Die Stelle wurde kollationiert.
[3] Edfou VII, 308, 14; cf. Wb IV, 109, 7.
[4] Edfou IV, 218, 10 f.; VI, 77, 1 f.; VII, 48, 11.
[5] Im anderen Falle wäre dann vielleicht **sꜣ śpᵉn* ... gesprochen worden.

Als Endungen erscheinen[1]

a) Singular Maskulin:

- von maskulinem Substantiv abgeleitet: in der Regel **endungslos** (, *mwj nṯrj*, göttlicher Same);[2]
- von femininem Substantiv abgeleitet: *(t)j* (in den Schreibungen[3] [4], [5], [6]);
- von einer Präposition abgeleitet: in der Regel **endungslos**;

b) Singular Feminin:

- von maskulinem Substantiv abgeleitet: *(j)t* (in den Schreibungen[7] [8]; selten [9]; vereinzelt [10]);
- von femininem Substantiv abgeleitet: *(tj)t* (in der Schreibung [11]);
- von einer Präposition abgeleitet: *(j)t* (in den Schreibungen[12] [13], [14], [15]);

[1] Cf. Junker, GdD, § 92 ff.

[2] Dendara X, 200, 10; ähnlich: Edfou VII, 280, 16 (*bnw nṯrj*). Cf. aber auch die Schreibungen Wb I, 470, 9 f. (*Bḥdtj*), wo für das auslautende *dt* steht, zugleich aber auch *tj* vermittelt (cf. oben, § 102).

[3] Auch endungslos: Edfou VI, 55, 13 (*Ḥr-d3tj*; das zweite gehört wohl wie üblich zum Hausgrundriß und ist demnach keine Endung).

[4] Edfou VII, 114, 9 (*m3ꜥtj*, zur Maat gehörig).

[5] Edfou VII, 138, 4 (*m3ꜥtj*, zur Maat gehörig).

[6] Edfou VII, 313, 3 (*m3ꜥtj*, zur Maat gehörig).

[7] Auch endungslos: , *(j3t) nṯrjt*, die göttliche (Stätte); Edfou VI, 124, 6.

[8] Edfou V, 205, 13 (*nṯrjt*).

[9] Edfou VII, 325, 9 (*nṯrjt*); diese Endung wird sonst meist beim substantivierten Adjektiv verwendet (siehe unten, § 124).

[10] Edfou VIII, 58, 1 (*nṯrjt*).

[11] Edfou VII, 237, 2 (*k3jt jmntjt*); ohne Endung: VII, 236, 10.

[12] Auch endungslos; so wird zum Beispiel die Femininendung der Nisbe *jmj* regelhaft nicht geschrieben.

[13] Bresciani, Assuan, 44, rechte Randzeile (*ḥmt-nświt tpjt*); Deir al-Médina, Nr. 45, 9 (*ḥmt-nświt tpjt*).

[14] Edfou VI, 163, 7 (*ẖt tpjt*).

[15] Edfou VI, 213, 10 (*ḥmt-nświt tpjt*); selten.

c) Plural Maskulin:

- von maskulinem Substantiv abgeleitet: ***(j)w*** (in der Schreibung 𓏥[1]);
- von femininem Substantiv abgeleitet: (zu erwarten ist ***(tj)w***)[2];
- von einer Präposition abgeleitet: ***(j)w*** (in den Schreibungen 𓏥[3], 𓅱𓏥[4]);

d) Plural Feminin:

- von maskulinem Substantiv abgeleitet: ***(j)w(t)*** (in der Schreibung 𓏥[5]);
- von femininem Substantiv abgeleitet: (zu erwarten ist ***(tj)w(t)***)[6];
- von einer Präposition abgeleitet: ***(j)w(t)*** (in den Schreibungen 𓏥[7], 𓅱𓏥[8]).

§ 122

Besondere Formen und Schreibungen bildet man wie in der klassischen Sprache bei folgenden Nisbe-Adjektiven, die sich von einer Präposition ableiten:

a) Das Nisbe-Adjektiv zu *m* lautet ***jmj***, innen befindlich, was geschrieben wird [Hieroglyphe], [Hieroglyphe], [Hieroglyphe], [Hieroglyphe] oder [Hieroglyphe], wobei die Phonetischen Komplemente [Hieroglyphe] oder [Hieroglyphe] sowie die Pluraldeterminative 𓏥 oder 𓅱𓏥 hinzukommen können, und zwar in vielerlei Kombinationen; bemerkenswert ist die altägyptisch anmutende Schreibung [Hieroglyphe][9]; die Femininendung 𓏏 wird in der Regel nicht geschrieben, wohl aber die Pluralendung 𓏥 oder 𓅱𓏥, die für beide Genera sowie für das Neutrum (Femininum) steht; Kurzschreibungen

---

[1] Edfou V, 10, 5; V, 38, 10; V, 158, 3 (in allen Fällen: *nṯrjw*).

[2] Ich kenne kein attributives Beispiel; cf. die von einer Präposition abgeleiteten und die substantivierten Beispiele.

[3] Edfou VIII, 83, 2 (*ẖrjw ẖt Nwt*).

[4] Edfou V, 85, 8 (*ḥrjw tꜣ*); VI, 46, 2 (*prw ḥrjw Jwnw*); VII, 12, 1 (*prw ḥrjw.śn*); VIII, 83, 3 (*ḥrjw śꜣ Gbb*).

[5] Edfou V, 29, 11 (*jꜣwt nṯrjwt*); VIII, 100, 10 (*ꜥꜣwt nṯrjwt*).

[6] Ich kenne kein attributives Beispiel; cf. die von einer Präposition abgeleiteten und die substantivierten Beispiele.

[7] Edfou VI, 126, 2 (*jꜣwt ḥrjwt-jb*).

[8] Edfou VI, 234, 12 (*jꜣwt ḥrjwt-jb*).

[9] Wegen der Belege siehe EP 1, 228, Zeichenliste, 4 (Teile von Säugetieren), Nr. 88; dazu: Edfou VI, 28, 14 (*jmj-tꜣ*, eine Brotsorte).

begegnen für beide Numeri und Genera, siehe zum Beispiel den Pl. F. , *jmjwt*, die im (Horizont) befindlichen (Hathoren);[1]

In spezieller Verwendung finden wir *n.f jmj*, wörtlich „für ihn dort befindlich“[2]. Der Ausdruck wird vor allem prädikativ[3] und attributiv verwendet, selten substantiviert.[4] Bei attributivem und prädikativem Gebrauch erscheint *jmj* unter anderem in den Schreibungen [5], 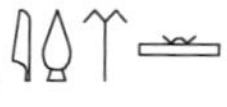[6], [7], [8], [9], [10], [11], [12].

Ein Beispiel für den attributiven Gebrauch: , *Ḥr Bḥdtj šmśw n.f jmj*, Horus Behedeti und seine Gefolgsleute[13].

b) Das Nisbe-Adjektiv zu *r* lautet *jrj*, zugehörig; man schreibt es zumeist , seltener [14]. Die Femininendung  wird regelhaft unterdrückt, und die Pluralendung  gilt für beide Genera und für das Neutrum; siehe zum Beispiel den Pl. M. , *jrjw-pt*, die Vögel[15].

---

[1] Edfou VI, 302, 6 (hier folgen einander etliche unterschiedliche Schreibungen des Plurals).

[2] Zur Bestimmung des *jmj* siehe Gardiner, EG, § 113, 3, obs., der darin ein ursprüngliches Adverb erkennt und auf eine vergleichbare Konstruktion im Koptischen verweist. Da aber das Adverb sonst stets ohne den Auslaut *j* geschrieben wird, liegt für mich eine andere Erklärung näher: Es gibt Belege der Sargtexte für *jmjt* nach femininem Bezugswort (Gardiner, EG, p. 88, n. 7), wonach das attributiv verwendete Nisbe-Adjektiv *jmj* als ursprünglich anzusetzen wäre. Dieses wäre früh invariabel (auch nominalisiert ohne feminin-neutrisches *t*) und damit auch zur prädikativen Verwendung tauglich geworden.

[3] Dazu siehe unten, § 214.

[4] Dazu siehe oben, § 109.

[5] Edfou V, 44, 13; VI, 125, 1 (sehr betont, da zusätzlich zum Suffixpronomen); Dümichen, GI III, Tf. 77 (Mitte).

[6] Edfou VI, 125, 1 (sehr betont, da zusätzlich zum Suffixpronomen); 125, 5; 169, 8.

[7] Dümichen, Baugeschichte, Tf. 39, 6 (prädikativ).

[8] Edfou VII, 197, 13 (die Bestimmung als attributiv ist unsicher, weil der vorangehende Text beschädigt ist; vielleicht eher prädikativ).

[9] Esna II, Nr. 105, 5 (prädikativ).

[10] Urk. II, 50, 8.

[11] Edfou V, 286, 17; dieselbe Schreibung findet man auch Urk. VIII, Nr. 8 c (prädikativ).

[12] Dendara X, 81, 12; 201, 4 (bereits zitiert EP 1, 500, § 10.4).

[13] Edfou VI, 125, 5. Weitere Beispiele: V, 44, 13; VI, 169, 8; Urk. II, 42, 9; 50, 8; Dümichen, GI III, Tf. 77.

[14] Edfou V, 31, 16 (*jrj-pḥwj*, der (Mann) am Heck).

[15] Edfou VI, 89, 11 (wörtl.: die zum Himmel Gehörenden).

Das hiervon abgeleitete, invariable und attributiv sowie adverbiell verwendete *jrj*, alle, insgesamt[1], finden wir bevorzugt 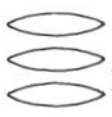[2] und [3] geschrieben, seltener 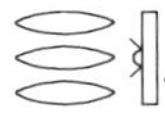[4], 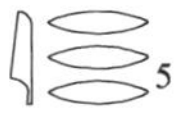[5] oder 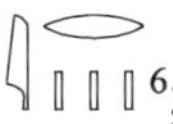[6]; dieses *jrj* wird öfters zur Umschreibung der 3. Person des Possessivpronomens verwendet:[7] , *14 m-ḫt.f wṯs dś jrj*, 14 (Krieger) sind hinter ihm, die ihre Messer erheben.

Zur Stellung ist zu beachten, daß *jrj* im Adjektivischen Nominalsatz nach der Partikel *wj* und vor dem Subjekt stehen kann:

- *ˁ3 wj* ⸢*jrj śtpw*⸣*.śn*, O wie großartig sind ⸢all⸣ ihre (der Rinder) ⸢Fleischstücke⸣.[8]

Ausgehend von seiner Bedeutung „zugehörig“, bildet das Wort *jrj* mit dem nachfolgenden Substantiv jeweils einen neuen Begriff, bei dem es sich meist um Berufsbezeichnungen handelt, aber auch um Bezeichnungen von Wesen und Dingen, die an einen bestimmten Ort gebunden sind. Es lassen sich unterscheiden

α) seit älterer Zeit bekannte Bildungen, die weiterleben:

- 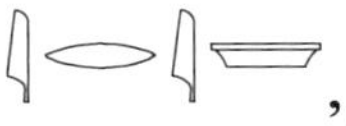, *jrj-ˁ3*, der Türwächter (ältere Zeit);[9] , *jrj-ˁ3*, der Türwächter (Edfu);[10]
- , *jrjw-pt*; die Vögel (ältere Zeit);[11] , *jrjw-pt*, die Vögel (Edfu).[12]

β) neue Bildungen:

- , *jrj-ˁ*, der Räucherer;[13]

---

[1] Cf. Junker, GdD, § 97; Wb I, 104, 19 - 105, 4. Einen Hinweis auf die Aussprache gibt koptisches ϵρΗγ (Westendorf, KoptHWb, 39 f.).

[2] Edfou IV, 5, 9 (*śb3w.śn jrj*, alle ihre Türen).

[3] Edfou IV, 17, 8 (*nḫn.śn jrj*, alle ihre Kinder).

[4] Dendara X, 34, 11 (*śśr jrj*, die zugehörige Auflistung; cf. *rḫt jrj*, Wb II, 448, 18).

[5] Edfou VI, 72, 8 (*m ḥ3t jrj*, an der Spitze davon, an ihrer Spitze).

[6] Edfou I, 553, 16; Dümichen, GI IV, Tf. 126, 2. von links.

[7] Edfou VI, 329, 11; siehe auch einige der vorangehenden Beispiele sowie Edfou VI, 22, 1 (*3w jrj*, ihre Höhe) und VII, 153, 14 (cf. V, 183, 7).

[8] Edfou VII, 73, 7; ähnlich: 70, 5.

[9] Pyr. 1201 a.

[10] Edfou VII, 13, 6; in anderer Schreibung: Dendara X, 347, 13.

[11] pAnast. VII, 4, 1 (wörtl.: die zum Himmel Gehörenden).

[12] Edfou VII, 150, 3.

[13] Edfou III, 182, 1; VIII, 57, 10. Es handelt sich um einen Priestertitel, den auch der König tragen kann (Edfou III, 181, 15).

- , *jrj(t)-tp*, der Kopfschmuck[1].

c) ***ḥrj***, das Nisbe-Adjektiv zu *ḥr*, erscheint meist in den Schreibungen , ,

oder in festen Verbindungen[2] auch [3].

§ 123

In <u>speziellen Verwendungen</u> finden wir ***nj***, das Nisbe-Adjektiv zur Präposition *n*.

a) Die **Konstruktion *nj św*** ..., er gehört zu ...[4].

Als Schreibungen verwendet man wie in klassischer Zeit[5] bei der 3. Person Singular und Plural zumeist [6], bei anderen Personen *und Abhängiges Personalpronomen*;[7]

b) Das **Genitiv-Adjektiv *nj*** innerhalb der Konstruktion des Indirekten Genitivs.[8]

Bezogen auf Genus und Numerus des Nomen Regens begegnen folgende Schreibungen:

- Singular Maskulin, ***n***: [9], [10], [11], [12], [13], [14], [15], [16], [17];

---

[1] Dendara X, 321, 5 (wörtl.: das zum Kopf Gehörende); Edfou VI, 295, 6 f.

[2] Zum Beispiel *ḥrj-jb*, *ḥrj-tp*. – Selten auch , siehe zum Beispiel Clère, Porte d'Évergète, Pl. 34, unten (*ḥrj-j3btt*, der über den Osten gebietet, der Mond).

[3] Für die Endungen des Numerus und Genus gilt das zu a) und b) Gesagte; allerdings findet man in festen Verbindungen und bestimmten lautlichen Konstellationen manchmal die ausgeschriebene Femininendung: , *ḥrt-ᶜ*, der Mangel, das Übel (Edfou II, 50, 2).

[4] Siehe unten, § 224.

[5] Edel, Altäg. Gramm., § 366 f.; Gardiner, EG, § 114, 2.

[6] Edfou V, 11, 11 und 14; 12, 1; 104, 17; 105, 2 (, *nj śt* ..., sie gehören zu ...; an der Stelle V, 11, 9: , kollationiert, vielleicht ein antiker Fehler); VII, 250, 4 und 11 (*Nś-Ptḥ* < *Nj-św-Ptḥ*, ein Eigenname); Dendara X, 347, 12 (*nj śj ḫt <300>*[?] *m pḫr.ś*, es (das Tor, *śbḫt*,) hat <30.000>[?] Ellen in seinem Umfang; zur Konjektur: die vorliegende Schreibung ist vielleicht ein bei der Umsetzung aus dem Kursivhieroglyphischen entstandener antiker Fehler und am ehesten so zu verbessern; die in den verschiedenen Textzeugen zu Totenbuch Kap. 145 angegebenen Zahlen weichen beträchtlich voneinander ab); Edfou III, 86, 1: .

[7] Edfou VI, 77, 9 f. (*nj ṯn...*, ihr gehört zu ...).

[8] Dazu siehe unten, § 161 - 163.

[9] Edfou VII, 136, 2.

[10] Edfou VIII, 110, 1.

[11] Edfou VIII, 132, 12.

[12] Edfou VIII, 155, 13.

[13] Edfou VII, 26, 3 (*r tr.ś n rnpt*).

[14] Edfou VIII, 54, 11.

[15] Edfou V, 92, 13 (kollationiert; ein sehr seltener Fall).

[16] Edfou VIII, 93, 1 (sehr selten).

[17] Edfou VII, 66, 2; 82, 15.

- Singular Feminin, *nt*: [hieroglyphs] 1, [hieroglyphs] 2, [hieroglyphs] 3, [hieroglyphs] 4, [hieroglyphs] 5, [hieroglyphs] 6, [hieroglyphs] 7, [hieroglyphs] 8, [hieroglyphs] 9, [hieroglyphs] 10, [hieroglyphs] 11, [hieroglyphs] 12;

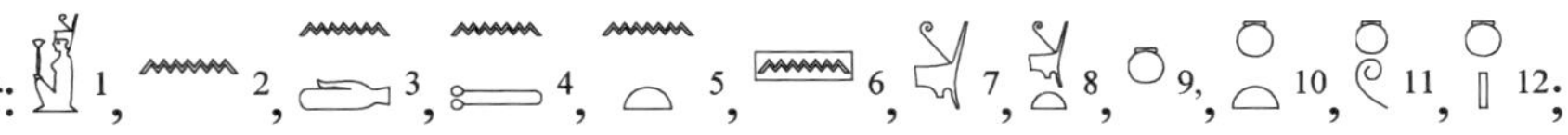

- Plural Maskulin, *nw*: [hieroglyphs] 13, [hieroglyphs] 14, [hieroglyphs] 15, [hieroglyphs] 16, [hieroglyphs] 17;

- Plural Feminin, *n(w)t*: [hieroglyphs] 18, [hieroglyphs] 19, [hieroglyphs] 20, [hieroglyphs] 21, [hieroglyphs] 22, [hieroglyphs] 23;

Die soeben aufgelisteten Schreibungen ergeben ein recht unklares Bild.[24] Dieses nimmt jedoch wesentlich schärfere Konturen an, wenn man die Schreibungen sowohl quantitativ als auch mit Blick auf die wortsyntaktischen Gegebenheiten der Genitivverbindung auswertet. Dann zeigt sich nämlich folgendes:[25]

---

[1] Edfou VIII, 67, 14.
[2] Edfou VII, 42, 11.
[3] Edfou VI, 94, 7.
[4] Edfou VIII, 21, 9 f.
[5] Edfou VII, 139, 8.
[6] Edfou VIII, 93, 6.
[7] Edfou VII, 254, 14.
[8] Edfou VII, 3, 6.
[9] Edfou VIII, 83, 2.
[10] Edfou VII, 5, 1.
[11] Edfou V, 214, 12 (sehr selten).
[12] Edfou V, 37, 2; VI, 52, 2.
[13] Edfou VII, 30, 9 f.
[14] Edfou VII, 63, 15.
[15] Edfou VIII, 76, 7 (*šbjw nw jt.f*).
[16] Edfou VII, 151, 4.
[17] Edfou VII, 171, 5.
[18] Edfou VII, 30, 16.
[19] Edfou VI, 87, 13.
[20] Edfou VII, 62, 5.
[21] Edfou VII, 49, 10 f.
[22] Edfou VI, 92, 14.
[23] Edfou VII, 76, 15; 77, 4.
[24] Erwähnenswert ist, daß einige der selteneren Schreibungen nur an einem Ort begegnen und auf eine bestimmte Redaktion weisen, so zum Beispiel [hieroglyph] (alle fünf Belege stammen aus dem Band Edfou VI).
[25] Die folgenden Angaben beziehen sich ausschließlich auf die Bände Edfou V - VIII. Innerhalb dieser Bände, so hat eine breit angelegte Stichprobe ergeben, gibt es bezüglich der Verwendung der einzelnen Schreibungen keine regelhaften Differenzierungen, wohl aber deutliche Bevorzugungen, die sich an der klassischen Sprache orientieren.

Dominanz des Singular Maskulin:

- verteilt sich hinsichtlich Singular Maskulinum und Femininum im Verhältnis 191 zu 65, hinsichtlich Plural Maskulinum und Femininum 30 zu 16;
- verteilt sich hinsichtlich Singular und Plural im Verhältnis 256 zu 46;

- verteilt sich hinsichtlich Singular Maskulinum und Femininum im Verhältnis 126 zu 38, hinsichtlich Plural Maskulinum und Femininum 11 zu 6;
- verteilt sich hinsichtlich Singular und Plural im Verhältnis 164 zu 17;

- verteilt sich hinsichtlich Singular Maskulinum und Femininum im Verhältnis 95 zu 43, hinsichtlich Plural Maskulinum und Femininum 13 zu 7;
- verteilt sich hinsichtlich Singular und Plural im Verhältnis 122 zu 36;

- verteilt sich hinsichtlich Singular Maskulinum und Femininum im Verhältnis 4 zu 1;
- verteilt sich hinsichtlich Singular und Plural im Verhältnis 5 zu 0.

Dominanz des Feminium:

 und 

erscheinen fast ausschließlich nach einem Nomen Regens im Singular oder Plural Femininum (96 Fälle); die 8 Fälle nach maskulinem Nomen Regens erfüllen zumeist die Bedingungen für die Verwendung von *nt(j)* in der Genitivverbindung,[1] und das gilt auch für 12 Fälle mit  nach singularisch-femininem Nomen Regens.[2]

[1] Siehe unten,§ 164.

[2] Die Interpretation als Genitiv-Adjektiv *nt* ist nicht mehr möglich, wenn man die wortsyntaktischen Gegebenheiten beachtet, die ausnahmslos auf *ntj* weisen.

Dominanz des Plural Maskulin:

𓏌𓏤 und 𓏌𓏲

verteilen sich auf pluralisches und singularisches Nomen Regens im Verhältnis 204 zu 50; in der Zahl 204 sind enthalten 54 singularische Fälle, denen aber sämtlich ein pluralischer Sinn anhaftet (Flüssigkeiten, Düfte, komplexe Gegenstände[1] und Abstracta)[2]; innerhalb der verbliebenen 50 singularischen Fälle überrascht die häufige Verwendung von 𓏌𓏤 nach Wörtern, die den Herrscher bezeichnen (*jtj*, *ḥḳ3*, *ḥrj-tp*), was geradezu an eine Art Pluralis Majestatis denken läßt.[3]
Unter den 160 Fällen des Nomen Regens im „zählbaren Plural" (also nicht Flüssigkeiten, Abstracta etc.) dominiert das Maskulinum (135 zu 25).

Zusammenfassung: Die Formen des Genitiv-Adjektivs in den Bänden Edfou V - VIII orientieren sich in weit überwiegender Mehrzahl an der klassischen Sprache.[4]
c) Das **Genitiv-Adjektiv** ***n(j)t*** (in feminin-neutrischer Form). Es dient als Präfix zur Bildung einiger Substantive. Ptolemäische Neubildungen sind mir nicht bekannt, aber alte Bildungen leben weiter, wie zum Beispsiel , *nt ꜥ*, das Ritual[5].

[1] Öfters zum Beispiel nach *rn wr*, der große Name, die Königstitulatur. – Das trifft auch für die beiden Fälle mit 𓏌𓏲 zu (Edfou V, 214, 12: *k3t.k wrt*, „dein großes Werk"; VIII, 93, 1: *s3ṯw*, der Erdboden).
[2] Siehe oben, § 107.
[3] Alternativ ließen sich einige Fälle kalligraphisch erklären, aber längst nicht alle. – Siehe auch Dendara XIII, 284, 5 (*ḥḳ3* 𓏌𓏲 *b3kt*).
[4] Für Dendera siehe Junker, GdD, § 87 f. Auch hier orientieren sich die Schreiber an der klassischen Sprache, in welchem Umfang jedoch, das läßt sich Junkers Angaben nicht entnehmen. Ich habe nur den Eindruck, daß die Texte Denderas in dieser Hinsicht weniger klassisch geschrieben wurden als die Texte des Tempels von Edfu.
[5] Edfou V, 124, 8. Zu einigen Bildungen siehe Wb I, 146, 14; II, 197, nach 8 ff.; Osing, Nominalbildung, 324 mit der Anmerkung. – Junker, GdD, § 96, ist teils überholt; zum 6. Monatstag und der entsprechenden Bezeichnung Ägyptens – nach Junkers Belegen nicht Denderas – siehe Wb IV, 153, 4 ff.; Wilson, Ptol. Lex., 857 f.

3 Adjektiv

3.3 Substantivierung des Adjektivs

§ 124

Die substantivierten Verbal-Adjektive und Nisbe-Adjektive sind wesentlich zahlreicher als die attributiv verwendeten.[1] Sie zeigen häufig eine Endung und/oder ein zur Wortbedeutung passendes Determinativ; viele von ihnen sind lexikalisiert.

Keine Endung hat in aller Regel bei den Nisbe-Adjektiven der Singular Maskulin, wenn er von einem maskulinen Substantiv oder von einer Präposition abgeleitet wurde. Die folgenden Beispiele belegen nicht alle möglichen Fälle:

a) Verbal-Adjektive:

- , *wr*, der Große;[2]
- , *jḳrw*, die Trefflichen (Verstorbenen);[3] , *wrw*, die Großen;[4] , *šrjw*, die Kleinen;[5]
- [6], [7], [8], *špśt*, die Herrliche;
- [9], ,[10] *špśwt*, die Herrlichen; , *Špśwt*, die Schepeset-Göttinnen;[11]

b) Nisbe-Adjektive:

- , *nṯrj*, das Herz (des Schöpfergottes);[12]

[1] Cf. Junker, GdD, § 95.
[2] Edfou VI, 10, 10.
[3] Edfou III, 50, 17.
[4] Edfou VI, 97, 6.
[5] Edfou VI, 311, 8; ähnlich: VII, 88, 7.
[6] Edfou V, 57, 10.
[7] Edfou V, 65, 4.
[8] Edfou V, 275, 13.
[9] Edfou V, 117, 14.
[10] Edfou V, 156, 4.
[11] Edfou VI, 145, 1f. – Im Falle der Singular- und Pluralendung des Femininum ist der Bestandteil ⌓ wohl eher Teil der Determinierung als Phonogramm.
[12] Edfou I, 289, 4.

- , *ꜣḫtj*, der Horizontische;[1] dasselbe Wort, jeweils mit und Determinativ geschrieben, begegnet auch mit folgenden Endungen[2]: [3], [4], [5], [6], [7], [8];
- , *mꜣʿtj*, Der-zur-Maat-Gehörende;[9]
- , *Bḥdtjt*, Die-von-Behedet;[10]
- [11], [12], *ꜣḫtjt*, die Horizontische;
- , *njwtjw*, die Bürger;[13]
- , *dꜣtjw*, die Unterweltlichen;[14]
- , *ḫftj*, der Feind;[15]
- , *ḫftjw*, die Feinde;[16]
- , *ḥrjw ḫrjw*, die Oberen und die Unteren (Vögel und Fische)[17].

---

[1] Edfou VIII, 89, 15; Dendara X, 103, 9.

[2] Auch endungslos: , Edfou VI, 140, 1 (*ꜣḫtj*, der Horizontische).

[3] Edfou VIII, 41, 7.

[4] Edfou V, 302, 13.

[5] Edfou VI, 153, 8 (öfters in diesem Text); Junker, GdD, § 92.

[6] Edfou IV, 6, 9.

[7] Edfou V, 181, 2 (kollationiert).

[8] Edfou VI, 239, 16.

[9] Edfou V, 187, 13.

[10] Edfou V, 29, 5.

[11] Dendara VIII, 191, 7.

[12] Dendara VII, 191, 15.

[13] Dendara VII, 190, 12; steht für .

[14] Edfou VIII, 92, 5; steht für .

[15] Edfou IV, 50, 17.

[16] Dendara X, 98, 9 f. – Vielleicht wurde im akademischen Unterricht *ḫftj* etwa wie **ḫ*$^{\acute{v}}$*f|t*^{e} ausgesprochen und *ḫftjw* wie **ḫ*^{v}*f|t*$^{\acute{v}}$*|j*^{e}*w*.

[17] Edfou V, 114, 10 f. Ohne Determinativ: (V, 52, 8).

3 Adjektiv

3.4 Relativ-Adjektiv

§ 125

Es gibt ein positives und eine negatives Relativ-Adjektiv, die entsprechend ihrer Herkunft[1] die Endungen der Nisbe-Adjektive zeigen. Diese Endungen richten sich bei attributiver Verwendung nach Numerus und Genus des voranstehenden Bezugswortes. Allerdings gibt es, wie schon ab dem Mittelägyptischen zu beobachten, eine sehr starke Tendenz, das Relativ-Adjektiv in allen Numeri und Genera auf eine einzige invariable Form zu beschränken.
Das Relativ-Adjektiv kann als Attribut einem Nomen beigefügt werden oder als Substantiv selbständig erscheinen.

§ 126

Das Positive Relativ-Adjektiv *ntj* zeigt folgende Formen:

a) attributiv

- Singular Maskulin: ***ntj*** in den Schreibungen  [2],  [3],  [4],  [5],  [6],  [7],  [8],  [9];

[1] Siehe Edel, Altäg. Gramm., § 1053; Gardiner, EG, § 199.
[2] Edfou VII, 18, 8 (*jnb ntj m šnw m nn r ꜣw*).
[3] Edfou VII, 173, 3 (*šśmw.j ntj ḥr ꜥwj.k*).
[4] Edfou VI, 166, 8 (*jrj ḥꜥpj n mw ntj jm.f*).
[5] Edfou VI, 255, 10 (*sꜣ.k ntj mꜣꜥ ḫr kꜣ.k*).
[6] Esna VI/1, Nr. 516, 3 (Name des Kaisers in der Kartusche: ... *ntj ḫwj*).
[7] Edfou VI, 118, 4 (*nṯr ꜥꜣ ntj m wjꜣ.f*).
[8] Edfou VI, 15, 9 (*tp jꜣwt ntj ḫr Pꜣwtjw*).
[9] Edfou VI, 21, 6 (*šwtj ntj jtn m-ḫnw.f*). Das Bezugswort *šwtj*, eigentlich ein Dual Femininum, wird im Ptolemäischen als Singular Maskulinum behandelt; siehe Wb IV, 425, 4 (zum Beispiel Edfou II, 67, 12). – Die Schreibung ist ungewöhnlich, läßt sich aber leicht von *nt*, die Rote Krone, herleiten. – Ein weiteres Beispiel findet man vielleicht an der Stelle Edfou VI, 72, 13 (*dwꜣ nṯr nt(j) ḫnt ꜥḥꜣ(t).f*); alternativ könnte man allenfalls *n* für *m* und zugleich ein Präpositionales Attribut (*m-ḫnt*) ansetzen.

- Singular Feminin: ***ntt*** in den Schreibungen [1], [2], [3], [4];
- Plural Maskulin: ***ntj(w)*** in den Schreibungen [5], [6];
- Plural Feminin: ***nt(t)***, in der Schreibung [7].

Beim Singular fand ich für beide Genera relativ viele verschiedene Schreibungen, beim Plural nur wenige. Letzterer ist aber in Edfu nur relativ selten zu belegen; innerhalb der Inschriften aller Tempel würde ich für den Plural dieselben graphischen Varianten erwarten wie für den Singular.

Mit Blick auf die Gesamtheit der Belege ist in den Bänden Edfou V - VIII ein deutliches Übergewicht der Schreibung festzustellen. Demzufolge gibt es bei attributivem Gebrauch nur noch ein invariables *ntj* mit etlichen Allographen. Ein gutes Beispiel dafür ist

- , *j p(ꜣ) ntj wbn.f m nwn*, „o (du Gott), der da ist, indem er aus dem Urozean aufgeht."[8]

b) substantiviert

Das letzte Textbeispiel gehört bereits in den Bereich der selbständigen Verwendung. Nur hier finden wir neben der singularischen auch eine durch markierte pluralische Form. Außerdem wirken die meisten substantivierten Relativ-Adjektive wie lexikalisiert, da sie öfters ein Determinativ erhalten.

- Singular Maskulin:

, *p(ꜣ) ntj*, der, der (da) ist;[9]

---

[1] Edfou VII, 225, 7 (*Tꜣ-mꜣwt-šrjt ... ntt jw.w ḏd n.š*); 232, 12 (*Tꜣ-mꜣwt- ... ntt pꜣ mw ḳd n.š*).
[2] Edfou VII, 318, 14 (*šndt-n(t)-Šḫmt ntt m* ⸢*ʿ*⸣*.j*).
[3] Edfou VI, 17, 10 (*pʿjt ntt ḫr.f*).
[4] Edfou V, 383, 4 (*jrt.f wrt ntt m Jwnt*).
[5] Edfou III, 85, 4 f. (*nṯrw ntj bꜣ.šn m-ḫt ḥm.f*); V, 126, 7 f. (*nꜣj.w ʿḥʿw ntj.šn ḥr ḫn(t) nṯr pn*); VI, 196, 12 (*nḥšjw ... ntj jw ʿnḫ.šn m ...*; kollationiert; ähnliche Fälle im näheren Kontext: 196, 6 f.; 196, 8; 197, 5).
[6] Edfou VI, 197, 10; 198, 2; 198, 6 (alle drei Fälle: Land NN *ntj ʿnḫ.šn nlm ...*).
[7] Dendara X, 28, 15 (*jḫwt nt(t) jm*).
[8] Edfou III, 10, 15; zur Konstruktion siehe § 262 H.
[9] Edfou III, 10, 14.

- Singular Feminin:

, *ntt*, das, was ist[1]; dieses in bestimmten Formeln auftauchende *ntt* wird auch geschrieben: [2], [3], [4];

- Plural:

, *ntjw*, die Seienden (die Menschen)[5], selten auch geschrieben: [6].

§ 127

Das Negative Relativ-Adjektiv *jwtj* begegnet in diesen Formen:

a) attributiv

- Singular Maskulin: *jwtj* in den Schreibungen ?[7], [8], [9], [10], [11], [12], [13], [14], [15], [16]

---

[1] Esna II, Nr. 6, 14 (auch: Nr. 19, 17; Nr. 28, 10; VI/1, Nr. 511, 8, ohne Pluraldeterminativ; Nr. 533, 8). – Die Schreibung für klassisches (feminin-neutrisch; cf. § 6.10) ist innerhalb der vorliegenden Formeln im Ptolemäischen die Regel, und nur selten findet man noch einen schwachen Hinweis auf das Femininum (siehe zum Beispiel , Esna VI/1, Nr. 495, 13). – Es fällt auf, daß sich die Determinative der Texte aus Esna und Edfu/Dendera (siehe im folgenden) unterscheiden.

[2] Edfou VI, 251, 3 (ähnlich IV, 376, 5; VI, 255, 12).

[3] Dendara II, 15, 14 f.

[4] Edfou VIII, 45, 4 (ähnlich: 56, 12).

[5] Edfou VIII, 93, 7; Edfou Mam., 150, 8.

[6] Edfou VIII, 162, 16. – An zwei weiteren, teilweise zerstörten Stellen ist vielleicht das substantivische *ntjw* zu ergänzen: Edfou VI, 26, 4 (⌜*ntjw*⌝-[*jm*]; eventuell mit dem *tjw*-Vogel geschrieben); VI, 79, 7 (⌜*ntjw*⌝ [*m*] *Ḏbꜣ*).

[7] Edfou VI, 19, 6 (kollationiert); cf. VI, 335, 6; VII, 255, 7; Dendara III, 180, 8 (sämtliche Parallelen: *jwtj* ausgeschrieben); dem stehen aber weitere Stellen mit gegenüber (Dendara IV, 87, 5; 169, 6; VI, 153, 7), so daß die Lesung keineswegs gesichert ist. Siehe auch unten, § 263. – Wenn er richtig wäre, ließe sich der Lautwert *jwtj* direkt vom hieroglyphischen Bild herleiten, das ja eine Geste der Verneinung darstellt.

[8] Edfou V, 119, 8.

[9] Edfou VII, 91, 4; 201, 11.

[10] Edfou VI, 73, 5; 252, 3; Dendara X, 4, 4.

[11] Edfou IV, 22, 12; V, 114, 7; 117, 4; VI, 133, 8 und 9; 175, 3; 265, 6; VII, 127, 7; 195, 10; 291, 2.

[12] Dendara X, 37, 3.

[13] Esna VI/1, Nr. 518, 15.

[14] Dendara IX, 188, 2.

[15] Dendara Mam., 100, 10 (siehe Kurth, in: Gs. Quaegebeur II, 877).

[16] Edfou VII, 61, 9. Die Ergänzung der beiden teilzerstörten unteren Zeichen ist nach Edfu-Photo 295 sicher (ITE I/2, 104, ist entsprechend zu ergänzen).

- Singular Feminin: ***jwtt*** in den Schreibungen 

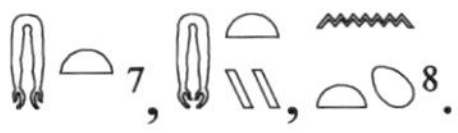

- Plural Maskulin und Feminin: keine Belege gefunden.

Das attributiv verwendete Negative Relativ-Adjektiv wird im Maskulinum und Femininum nahezu gleich geschrieben, von wenigen Ausnahmen abgesehen. Mit Blick auf *ntj* (siehe oben, § 126) könnte man beim Negativen Relativ-Adjektiv im attributiven Gebrauch eine invariable Form *jwtj* für alle Genera und Numeri ansetzen.[9] Das  in einigen Schreibungen findet sich zu oft, als daß man darin eine Verschreibung für  oder  sehen könnte; vielleicht soll  einen Nebensinn vermitteln.[10]

b) substantiviert

Nur bei der Verwendung des Negativen Relativ-Adjektivs mit implizitem Bezugswort treffen wir neben der singularischen auch auf eine durch  gekennzeichnete pluralische Form. Beide begegnen in festen Verbindungen, haben meistens ein Determinativ und sind wohl zum Teil lexikalisiert.

- Singular Maskulin:

 *ꜥwj.f* ⌜*jwtj*⌝ *rdwj.f*, der, der keine Arme und Beine hat (die Schlange Apophis);[11]

---

[1] Edfou VIII, 55, 12; 65, 7.

[2] Dendara X, 415, 11; Esna II, Nr. 6, 11.

[3] Edfou V, 4, 5; VII, 291, 8.

[4] Dendara XIV, 20, 4.

[5] Edfou VI, 252, 5; VII, 255, 7.

[6] Esna VI/1, Nr. 518, 12.

[7] Edfou IV, 101, 15 (kollationiert).

[8] Dendara VI, 4, 11. Ob fehlerhaft? Cf. aber Junkers Lesung *njwtj* (GdD, § 291 f.) und unten, § 263, Bh.

[9] Cf. Spiegelberg, Dem. Gr., § 30 (koptisch: ⲁⲧ-). In Zusammensetzungen mit *jwtj* muß nicht in jedem Falle ein Suffixpronomen verwendet werden (anders als Wb I, 46, 1 ff., angibt): *jwtj ꜥꜥw*, der nicht schläft (Edfou IV, 269, 6; ähnlich: V, 119, 8 f.: *jwtj ḳdt*).

[10] Etwa: Was nicht ist, ist (noch) im Ei verborgen (?). – Die Schreibungen mit  und  zeigen eine negative Wertung des Nichtseins.

[11] Edfou VI, 159, 3. Ob zum Inhalt Pap. Brooklyn 47.218.50, XX, 23 (Goyon, Confirmation, 81) zu vergleichen ist?

- Singular Feminin (Neutrum):

, *jwtt*, das, was nicht ist[1]; , *jwtt*, das Nichtsein;[2]

- Plural:[3]

, *jwtjw*, die Nichtseienden[4], auch geschrieben [5]; , *ntjw jwtjw*, die Seienden und die Nichtseienden (alle);[6] , *jwtjw*, die Habenichtse (Besitzlose, Schwache)[7].

Einen Hinweis auf die Aussprache im 3. Jh. n. Chr. gibt die in einem magischen Papyrus über das Wort *jwtj* geschriebene phonetische Wiedergabe ⲁⲓ̈ⲧ[8].

3 Adjektiv

3.5 Zahlwort[9]

§ 128

Es werden Bruch-, Kardinal- und Ordinalzahlen gebildet[10]. Kardinal- und Ordinalzahlen zeigen eine maskuline Form und eine feminine Form, deren Endung man, teils analog zum Demotischen,[11] im Bereich 1 - 9 sehr oft ausschreibt.[12]

---

[1] Esna VI/1, Nr. 503, 16.

[2] Edfou III, 340, 11: *jw śbjw.k m jwtt m tꜣ pn*, deine Feinde sind vernichtet (wörtlich: im Nichtsein) in diesem Lande.

[3] An der Stelle Edfou V, 213, 15, ist nicht *jwtjw* zu lesen, wie man auf den ersten Blick meinen könnte, sondern *ndśtjw* (cf. Kurth, in: Edfu Begleitheft 1, 1990, 74; zum Inhalt cf. Edfou II, 16, 9). An den Stellen Edfou IV, 240, 4 und 309, 11, habe ich wegen Schreibung und Kontext gewisse Zweifel, ob *jwtjw*, die Nichtseienden, zu verstehen ist (ob vielleicht besser „die Verwesenden" als Bezeichnung verstorbener Götter? Cf. dazu Wb I, 48, 15 f.).

[4] Edfou VIII, 93, 7.

[5] Edfou VIII, 162, 16.

[6] Edfou VIII, 123, 11 (eine monographische Schreibung; kollationiert).

[7] Dendara VIII, 44, 10 (*šd jwtjw m-ꜥ nḫtw*).

[8] Zitiert bei Spiegelberg, Dem. Gr., § 30, n. 1. Siehe auch Westendorf, KoptHWb, 13 (ⲁⲓⲧ).

[9] Obwohl man die Zahlwörter als selbständige Kategorie ansehen kann, habe ich sie den Adjektiven zugeordnet, zum einen deshalb, weil sie mit dem Genus des Bezugswortes kongruieren können, zum anderen, weil Quantität in vielen Fällen ein Teil der Qualität ist.

[10] Zur Konstruktion der Zahlwörter siehe unten, § 187.

[11] Spiegelberg, Dem. Gr., § 82.

[12] In dieser Grammatik *1.t*; *2.t*; *3.t* etc. transkribiert.

Die Zahlzeichen im Bereich der Einer und Zehner können im Ptolemäischen auf verschiedenste Weise geschrieben werden. Im Vergleich mit der klassischen Zeit ist die Zunahme der graphischen Varianten beträchtlich, und vor allem bei Datumsangaben treffen wir auf recht ungewöhnliche Schreibungen, bei denen die gemeinte Zahl als Ergebnis einer Rechenaufgabe herausspringt.[1]

Die Zahlwörter der natürlichen ganzen Zahlen sind nur in begrenzter Anzahl in hieroglyphischer Schreibung belegt. Die anderen lassen sich teils rekonstruieren, und zwar mit Hilfe des Koptischen, dem Vergleich mit anderen Sprachen sowie mit Hilfe der Einbeziehung von Wortspielen, die auf Zahlwörtern beruhen.[2]

Die Zahlen können sowohl adjektivisch verwendet werden als auch substantiviert in verschiedenen syntaktischen Funktionen.

§ 129

Bruchzahlen[3]

Bis auf wenige Ausnahmen werden alle Brüche als Summe von Stammbrüchen ausgedrückt, zum Beispiel: $^1/_2 + {}^1/_{12} = {}^7/_{12}$).

$^1/_{20}$ [4]	$^1/_{10}$ [5]	$^{15}/_{120}$ [6]	$^1/_3$ [7]
$^1/_2$ [8], *gś*	$^7/_{12}$ [9]	$^2/_3$ [10], *r3wj*	$^3/_4$ [11]

Anstelle des Bruchindikators kann auch erscheinen, siehe beispielsweise[12], $^1/_6$.

[1] Für Edfu siehe De Wit, in: CdE 37, 1962, 272 ff., für Dendera siehe Junker, Schriftsystem, 31. Cf. auch Kurth, in: Fs. Junge, 406 f. (errechnete Zahlen außerhalb von Datumsangaben).

[2] Siehe Loprieno, in: LÄ VI, 1306 ff. – Zum Wortspiel mit Zahlwörtern in den Texten des Tempels von Edfu siehe vor allem Barguet, in: BSFE 72, 1975, 23 ff.

[3] Siehe auch die Belege bei Cauville, Dend. Chap. Os. III, 307 ff.

[4] Edfou VI, 162, 12.

[5] Edfou VI, 162, 14.

[6] Edfou VI, 162, 15 ($^1/_{10} + {}^1/_{60} + {}^1/_{120} = {}^{15}/_{120}$); dieser Bruch ist Teil einer gemischten Zahl.

[7] Edfou VI, 162, 10.

[8] Dendara X, 42, 5.

[9] Edfou V, 305, 1.

[10] Edfou VI, 162, 14.

[11] Edfou VI, 163, 15.

[12] Edfou V, 305, 1 (Teil einer gemischten Zahl); cf. die andere Schreibung derselben Zahl Edfou VIII, 49, 13.

§ 130

Kardinalzahlen

Nachfolgend nicht aufgeführt werden die Schreibungen der Zahlwörter[1] sowie solche Schreibungen, die eine Zahl dadurch darstellen, daß sie das Gezählte mehrfach setzen, zum Beispiel:

- , *sp ḫmt(w)*, dreimal;[2]
- , *Jnpw fdw*, die vier Anubis-Götter;[3]
- , *ḥrw fdw*, die vier Gesichter (der Hathor);[4]

Ebenfalls nicht behandelt werden feminine Zahlabstrakta[5] sowie die Symbolik der Zahlen.[6]

Das Wort , *jwtt*, nichts[7], entspricht nicht der 0 (Null) im System unserer Mathematik, sondern gibt in den betreffenden Textpassagen an, daß von den meist vier Seitenlängen[8] eines Feldes eine nicht vorhanden ist, so daß es sich um ein Dreieck handelt.

Es folgt eine Auswahl von Zahlzeichen für natürliche ganze Zahlen:

1 *wꜥw*

maskulin: [9], [10], 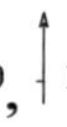[11], [12]

---

[1] Dazu siehe Wb, sub voce. – Die einzelnen Zahlwörter werden in attributiver Verwendung unterschiedlich oft ausgeschrieben, öfters zum Beispiel die Zahlwörter 1 (Dendara X, 28, 12; 42, 15 f., feminin) und 4 (Edfou V, 122, 2).

[2] Edfou VII, 84, 2.

[3] Edfou VII, 13, 6.

[4] Cauville, in: BIFAO 90, 1990, 104.

[5] Beispielsweise *jfdt*, die Vierheit (Wb I, 71, 5 ff.); *pśḏt*, die Neunheit (Wb I, 559, 2 ff.); *mꜥbꜣjt*, die Dreißig (ein Kollegium; Wb II, 46, 16 f.). Cf. dazu auch Spiegelberg, Dem. Gr., § 87.

[6] Goedicke, in: LÄ VI, 128 f. Dazu ergänzend siehe jetzt: Matthias Rochholz, Schöpfung, Feindvernichtung, Regeneration, ÄAT 56, 2002 (zur Zahl sieben); Konrad, in: ZÄS 130, 2003, 81 ff. (zur Zahl dreißig); Budde, in: Fs. Kurth, 17 ff. (bisher am umfassendsten zur Zahl dreißig).

[7] Belegt im großen Katastertext von Edfu, beispielsweise Edfou VII, 216, 12; 218, 7; 223, 1 und öfters, auch mit Varianten; siehe Meeks, Texte des donations, 159.

[8] Das sind wahrscheinlich die Grenzlängen; zur Problematik der Flächenberechnung im großen Katastertext von Edfu siehe Girndt, in: GM 149, 1995, 41 ff.

[9] De Wit, in: CdE 37, 1962, 273; Edfou VI, 24, 2 (cf. auch 21, 7; 22, 1 und 3; 25, 3); Junker, Schriftsystem, 31 (als Teilmenge anderer Zahlen); Herbin, in: BIFAO 84, 1984, 259, D 16; 272, nota aj.

[10] Dendara X, 227, 7.

[11] Edfou VI, 118, 5.

[12] Dendara X, 28, 8. – Als Teil einer gemischten Zahl: , 1 1/8 (Edfou VI, 164, 1).

feminin: 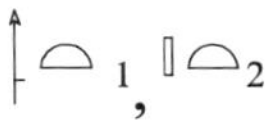 [1], [2]

2 *śnwj*

maskulin[3]: 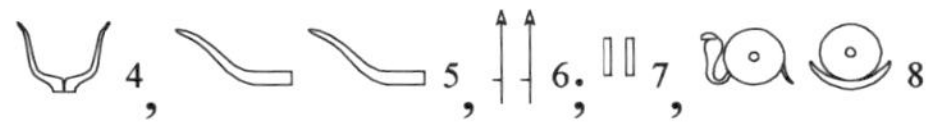 [4], [5], [6], [7], [8]

feminin: 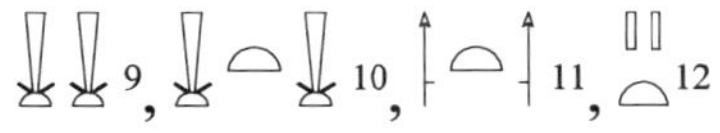 [9], [10], [11], [12]

3 *ḫmt(w)*

maskulin: 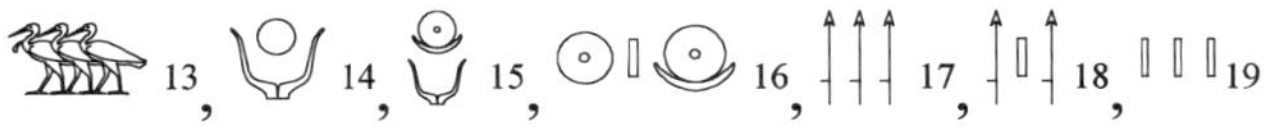 [13], [14], [15], [16], [17], [18], [19]

feminin:  [20], [21]

4 *fdw*

maskulin:  [22], [23]

feminin: 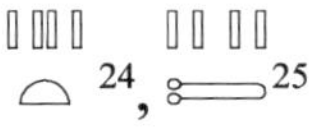 [24], [25]

---

[1] Edfou VII, 218, 9.

[2] Edfou VI, 166, 4; Dendara X, 400, 3.

[3] Die Schreibung  (angegeben bei Cauville, Dend. Chap. Os. III, 498 = Dendara X, 267, 12) ist nicht richtig, cf. Dendara X, 35, 13.

[4] Cauville, in: BIFAO 90, 1990, 98; 104; diese Schreibung findet sich offenbar nur in Dendera (Fairman, in: BIFAO 43, 1945, 114, n. 3).

[5] Edfou VI, 170, 4.

[6] Edfou VII, 23, 4 (gegenständig angeordnet); V, 4, 2.

[7] Edfou VII, 9, 2.

[8] Cauville, in: BIFAO 90, 1990, 97; 98.

[9] Dendara X, 34, 13; mir sind nur Beispiele aus Dendera bekannt.

[10] Dendara X, 35, 15; mir sind nur Beispiele aus Dendera bekannt.

[11] Edfou V, 56, 5.

[12] Edfou VI, 16, 13; 80, 3.

[13] Edfou VI, 22, 3. Mit einer Variante der drei Vögel auch auf einem römerzeitlichen Privatdenkmal: Christina Riggs, The Beautiful Burial in Roman Egypt, Oxford 2005, 183 (waagerechter hieroglyphischer Text); 282 (Nr. 79 mit Literaturangaben); der Text lautet: *rnpt.ś n(t) ꜥnḫ śjśw jbd ḫmt(w) Ḥt-ḥr ḥwnt T3-ḥf3t mśj(t).n Śrpwt*, ihre Lebensjahre waren sechs und die Monate drei, nämlich die des (zu) Hathor (gewordenen) Mädchens Tphûs, geboren von Sarapûs.

[14] Cauville, in: BIFAO 90, 1990, 104.

[15] Cauville, in: BIFAO 90, 1990, 104.

[16] Cauville, in: BIFAO 90, 1990, 105.

[17] Edfou IV, 358, 16.

[18] Edfou VI, 15, 2.

[19] Edfou VII, 216, 8.

[20] Edfou VII, 23, 10.

[21] Edfou VII, 249, 3.

[22] Edfou V, 192, 9 (*fdw t3w*). Es gibt etliche Varianten, z. B. Edfou V, 268, 3; 312, 4; 357, 4.

[23] Edfou VIII, 16, 1.

[24] Edfou VI, 17, 1; VII, 248, 6.

[25] Dendara X, 292, 7.

5 *djw*

maskulin:  [1], [2], [3]

feminin[4]

6 *śjśw*

maskulin: 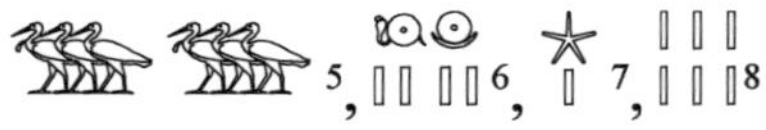 [5], [6], [7], [8]

feminin: 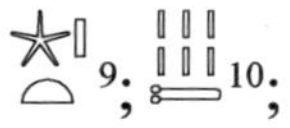 [9]; [10];

7 *śfḫw*

maskulin:  [11], [12], [13]

feminin:  [14], [15]

8 *ḫmnw*

maskulin:  [16], [17], [18], [19], [20], [21], [22]

feminin: 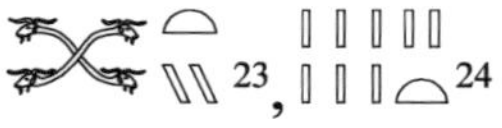 [23], [24]

---

[1] Edfou V, 353, 3.

[2] Edfou VII, 11, 8.

[3] Edfou VII, 26, 10.

[4] Cf. , *5.t*, 5 (Aruren); Edfou VII, 233, 6. Cf. Meeks, Texte des donations, 163 f.

[5] Dendara II, 101, 3.

[6] Cauville, in: BIFAO 90, 1990, 98.

[7] Edfou VII, 19, 5.

[8] Edfou VI, 122, 14.

[9] Edfou VII, 242, 6.

[10] Edfou VII, 228, 7 (Teil einer gemischten Zahl).

[11] Rochholz, Schöpfung, 15 f.

[12] Edfou VI, 20, 4.

[13] Edfou VI, 214, 6.

[14] Edfou V, 352, 2.

[15] Dendara XIII, 44, 3.

[16] Edfou VI, 61, 8.

[17] Cauville, in: BIFAO 90, 1990, 101.

[18] Cauville, in: BIFAO 90, 1990, 97.

[19] Edfou VII, 13, 2 (als Teil der gemischten Zahl 8 $^{1}/_{3}$).

[20] Edfou VII, 13, 4.

[21] Junker, Schriftsystem, 31.

[22] Siehe Kurth, in: Fs. Junge II, 406: „die acht (Götter)" als Bezeichnung der Achtheit von Hermopolis.

[23] Edfou VI, 195, 3; zur Schreibung cf. EP 1, 474 ff., § 6.3 b.

[24] Edfou VI, 195, 1.

9 *pśḏw*

maskulin: [1], [2], [3], [4]

feminin: [5], 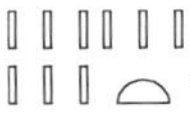[6]

10 *mḏw*

maskulin: [7], [8]

feminin: [9]

20 *****_ḏwtj_

maskulin[10]: [11], [12]

30 *mꜥbꜣ*

maskulin: [13], ([14])

feminin: [15]

40 **ḥm* [16]

50 [17]

---

[1] Dendara VIII, 83, 12.
[2] Edfou VII, 8, 8; Dendara VIII, 83, 12.
[3] Edfou VII, 15, 9.
[4] Edfou VI, 223, 2.
[5] Dendara X, 318, 7.
[6] Edfou I, 280, 11; VII, 326, 15; Traunecker, Coptos, 222, Nr. 42, 9.
[7] Edfou V, 6, 5; VIII, 113, 3 (in beiden Fällen als Teilmenge der Zahl 14).
[8] Edfou VII, 9, 2.
[9] Dendara X, 318, 8.
[10] Bei den folgenden Zahlen ist das ⌓ der Femininendung nur noch selten zu finden, siehe zum Beispiel Edfou VII, 240, 13; 243, 11; 244, 6; 248, 1: *13209.t* $^{1}/_{16}$ (Aruren).
[11] Edfou VII, 11, 8.
[12] Edfou VI, 61, 8.
[13] Edfou VII, 17, 12.
[14] Siehe EP 1, 442, Zeichenliste, 23 (Geometrische Figuren), Nr, 12. Nur als Zahlabstraktum belegt (Wb II, 46, 16 f.; cf. auch Wb II, 47, 1 - 3).
[15] Edfou VII, 219, 1.
[16] Edfou VII, 19, 6 (cf. VI, 324, 2 mit Hinweis auf die Lesung).
[17] Edfou VI, 323, 9 (mit Hinweis auf die Lesung).

60 *š3(w)*[1]  [2],  [3]

70  [4]

80  [5],  [6]

90  [7]

100 *šnt*

maskulin:  [8],  [9]

feminin[10]

1.000 *ḫ3* 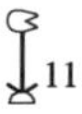 [11]

7000 *sfḫw ḫ3*  [12], 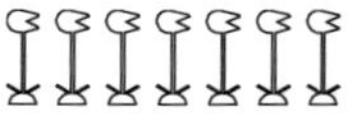 [13],  [14]

8000 *ḫmnw ḫ3*  [15]

10.000 *ḏbᶜ*  oder  [16]

100.000, *ḥfn*  oder  [17]

---

[1] Zur Lesung siehe Grimm, in: GM 71, 1984, 27 ff.

[2] Edfou VII, 248, 2; 248, 9 (Teilmenge einer größeren Zahl). Siehe Fairman, in: JEA 49, 1963, 179 f.

[3] Edfou VI, 61, 9.

[4] Edfou VII, 248, 9 (Teilmenge einer größeren Zahl).

[5] Edfou VII, 248, 8 (zwei Fälle, jeweils Teilmenge einer größeren Zahl). Zur Erklärung der Schreibung siehe Kurth, in: Edfu Begleitheft 5, 1999, 81.

[6] Edfou VII, 18, 7.

[7] Edfou VII, 18, 7.

[8] Edfou VII, 18, 2 (Teilmenge einer größeren Zahl).

[9] Edfou VII, 12, 7 (Teilmenge einer größeren Zahl).

[10] Cf. , *100.t*, 100 (Aruren); Edfou VII, 243, 11. Cf. Meeks, Texte des donations, 163 f.

[11] Edfou VII, 217, 3 (Teilmenge einer größeren Zahl).

[12] Edfou III, 246, 14. – Schreibungen dieser Art (siehe auch die folgende Zahl 8000), welche, „ökonomisch" motiviert, mit hinzugefügten Einern eine diesen entsprechende Anzahl der Tausender angeben, erinnern sehr an ältere hieratische Schreibungen (Möller, Paläographie II, Nr. 614 – 655) sowie auch an koptische Zahlwortbildungen (Till, Kopt. Gramm., § 156 - 168; idem, Kopt. Dialektgrammatik, § 94 - 105). Man vergleiche auch unten die Schreibweise der Zahlen, die eine Million übersteigen.

[13] Edfou VII, 147, 13.

[14] Edfou III, 246, 3 (die vier Blätter stehen im Original unter den drei Pflanzen).

[15] Edfou IV, 241, 14 (Teilmenge der Zahl 18.027; im Original steht die 8 unter der 1000, und zwar in einer Anordnung, die alternativ an eine Lesung 17.028 denken läßt). Zum Inhalt cf. ITE I/2 (Edfou VII), 527, n. 2.

[16] Edfou VII, 248, 1 (Teilmenge einer größeren Zahl).

[17] Edfou VI, 200, 7 (Teilmenge einer größeren Zahl).

1.000.000 *ḥḥ* [1].

Mengen, die größer als eine Million sind, werden als Vielfache von 10.000 oder 100.000 ausgedrückt, wobei das Zeichen für 10.000 oder 100.000 als Multiplikand voransteht, gefolgt von dem jeweiligen Multiplikator;[2] siehe beispielsweise

2.400.000 [3]

6.600.000 [4]

27.000.000 [5]

Zur Schreibung der Zahlen können sämtliche Zahlzeichen beliebig miteinander kombiniert werden, siehe zum Beispiel:

[6] **3 $^{2}/_{3}$ $^{1}/_{6}$**

[7] **5**

[8] **26**

[9] **27 $^{1}/_{6}$** an anderer Stelle[10] so geschrieben:

[11] **240**.

Manchmal stehen die Kardinalzahlen anstelle der Ordinalzahlen:[12] [13], *bjꜣ 6*, Lanze 6 (gemeint ist die sechste von zehn Lanzen).[14] Jedoch verwendet man innerhalb solcher Aufzählungen bei der ersten Zahl meist die Ordinalzahl und nur bei allen folgenden die

---

1 Das Zeichen wird nur selten als Zahlwort für die genaue Menge einer Million verwendet (cf. Wb III, 153, 1), zumeist bezeichnet es eine unbestimmte sehr große Menge (Wb III, 153, 3 ff.; Edfou VIII, 163, 14).
2 Cf. oben die Anmerkung zur Zahl 7.000 sowie Wb III, 153, 2.
3 Edfou VI, 200, 3.
4 Edfou VI, 200, 4.
5 Edfou VI, 200, 7.
6 Edfou VII, 15, 2.
7 Edfou VII, 11, 8.
8 Cauville, in: BIFAO 90, 1990, 104.
9 Edfou V, 305, 1.
10 Edfou VIII, 49, 13.
11 Edfou VII, 11, 7.
12 Das begegnet auch in klassischer Zeit und im Demotischen, Gardiner, EG, § 264 und Spiegelberg, Dem. Gr., § 91.
13 Edfou VI, 72, 3.
14 Cf. etwa im Deutschen: „Das steht in Band sieben dieser Reihe", was ja den siebten Band der Reihe meint.

Kardinalzahl; das ist auch im vorliegenden Beispiel der Fall, denn die Aufzählung der zehn Lanzen beginnt mit 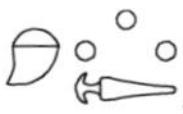, *bj3 tpj*, die erste Lanze[1].

Die Zahlen werden singularisch behandelt: *p(3) 5 bj3-nṯr*, die 5 Gotteserze (heilige Stäbe)[2].

§ 131

Ordinalzahlen[3]

Die Ordinalzahlen werden entweder durch angehängtes *nw* oder durch vorangestelltes *mḥ* gebildet,[4] und zwar in der Regel von 2 an.[5] Beide Bildungsweisen finden wir in Edfu und Dendera nebeneinander.[6] Oberhalb der Zahl 10 kenne ich nur wenige Belege.

1. *tpj* und (selten) *mḥ.1*

maskulin: 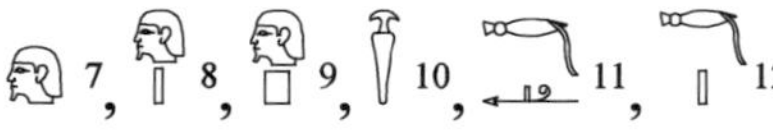 [7], [8], [9], [10], [11], [12]

feminin 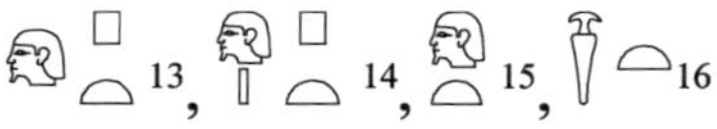 [13], [14], [15], [16]

2. *śn.nw* und *mḥ.2*

maskulin: 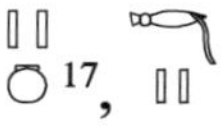 [17], [18]

---

[1] Edfou VI, 64, 11. Ähnlich: Edfou VI, 165, 10 (*hrw tpj* ... *hrw 2* ... *hrw 3* ... etc.); Dendara X, 317, 5 - 318, 11. – Nicht innerhalb einer Aufzählung: Edfou VI, 109, 9 (Regierungsjahr 363). – An der Stelle Edfou IV, 309, 17 f., finden wir innerhalb der Folge 1 - 4 nur die Kardinalzahlen statt der Ordinalzahlen (also nicht *tpj* für die erste Position).

[2] Edfou V, 35, 1. Ein weiterer Beleg: Edfou VII, 224, 8. – Bereits im Neuägyptischen, siehe Erman, NG, § 249 (ergänzend: Wolf, in: ZÄS 69, 1933, 109).

[3] Siehe Junker, GdD, § 102 f.

[4] Letzteres ist die sprachgeschichtlich jüngere Bildungsweise. Die semantische Basis ist „die Zahl x voll machen"; siehe Spiegelberg, Dem. Gr., § 88.

[5] Die Bildung *mḥ.1*, der erste (anstelle des üblichen *tpj*), ist recht selten.

[6] In Dendera allerdings „nur in den neuäg. Texten" (Junker GdD, § 102).

[7] Edfou VI, 103, 4.

[8] Edfou VIII, 83, 2.

[9] Edfou VI, 268, 7.

[10] Edfou V, 131, 4.

[11] Edfou VII, 217, 5; 218, 6; 219, 2 et passim in diesem Text; das entspricht dem Demotischen, siehe Erichsen, DG, 694.

[12] Wb II, 118, 5 (Belege nur aus der Rosettana und dem Kanopusdekret); Edfou VII, 231, 4; 237, 2.

[13] Edfou VII, 21, 7 ( ist größtenteils zerstört, aber nach den Parallelen sicher).

[14] Dendara X, 364, 7.

[15] Edfou VII, 115, 11.

[16] Dendara X, 354, 12.

[17] Edfou V, 131, 1.

[18] Edfou VII, 238, 4. – Beide Formen an einem Ort: Edfou V, 131, 1 und 4.

feminin:  [1], 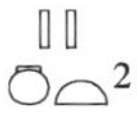 [2]

3. *ḫmt.nw* und *mḥ.3*

maskulin:  [3],  [4]

feminin:  [5], 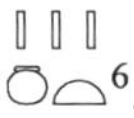 [6].

Regelhafte Bildungen dieser Art kann ich durchgängig bis **21.** belegen[7]. Eine Begrenzung bezüglich der Größe der Zahl, wie in der klassischen Sprache festzustellen,[8] kennt das Ptolemäische weder bei der Bildung mit *nw*, noch bei derjenigen mit *mḥ*.

Es folgen noch einige ausgewählte Beispiele:

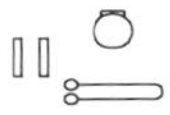 [9] *śn.nw.t* **2.** (feminin)

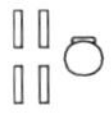 [10] *fdw.nw(.t)* **4.** (feminin)

 [11] *śfḫw.nw* **7.**

 [12] *19.nw.t* **19.** (feminin)

§ 132

Zahlen im Datum

Beim Datieren benutzt man teils die Kardinalzahlen, teils die Ordinalzahlen. Weiterhin umschreibt man nicht selten den betreffenden Tag oder Monat durch eine ihm anhaftende Besonderheit, in der Regel durch den Namen eines mit ihm verbundenen Festes.[13] Eine

[1] Edfou VI, 164, 1 (*mḥ.2.t*).
[2] Dendara X, 354, 8.
[3] Edfou VI, 268, 11.
[4] Edfou VII, 237, 6.
[5] Edfou VI, 164, 4.
[6] Dendara X, 354, 5; 364, 3.
[7] Edfou V, 135, 10 - 136, 4 (*mḥ hrw 3 – mḥ hrw 14*); VI, 268, 7 - 269, 4 (*tpj* bis *7.nw*); VII, 237, 7 (*mḥ.4*); Dendara X, 350, 14 - 354, 12 (*tpjt* bis *21.nw.t*); 363, 9 - 364, 7 (*tpjt* bis *7.nw.t*).
[8] Gardiner, EG, § 263.
[9] Dendara X, 364, 5.
[10] Edfou V, 135, 11; 136, 1.
[11] Edfou VI, 269, 4.
[12] Dendara X, 351, 7.
[13] Sehr viele Schreibungen findet man bei Grimm, Festkalender, 18 - 265.

überraschende, aber durchaus geläufige Art der Umschreibung ist die Angabe der Datumszahl durch einen oder mehrere auf 30 bezogene[1] Stammbrüche, die zu addieren sind. Beispiele:

a) Tage

1

kardinal: [2] , umschrieben als [3] [4]

ordinal: [5]

2

kardinal: [6] , umschrieben als 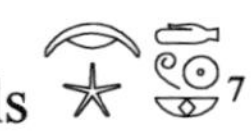[7]

ordinal: [8]

3

kardinal: [9]

ordinal: [10]

4

kardinal: [11], 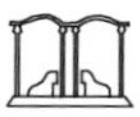[12], [13], umschrieben als 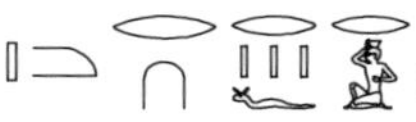[14]

---

[1] In einem Falle (siehe unten, bei 4 kardinal) auf 5 bezogen und durch eine kompliziertere Rechnung zu ermitteln.

[2] Edfou V, 305, 4. Verkürzt auch als  (Edfou VIII, 58, 14).

[3] Edfou VII, 7, 1; ähnlich: Edfou V, 304, 11; VIII, 67, 6. Es ist eine Rechenaufgabe: $^1/_{30}$ der 30 Tage des Monats = 1. – Cf. Edfou VII, 9, 1, wo der Bezug der Bruchzahlen auf die Monatstage deutlich ausgesprochen wird: *$^1/_2$ $^1/_{10}$ pw ntj jbd*, das sind $^1/_2$ $^1/_{10}$ des Monats.

[4] Edfou V, 352, 9 (Fest des Neumondstages, der als erster Tag des Monats galt).

[5] Edfou V, 131, 4.

[6] Edfou V, 394, 14.

[7] Edfou V, 352, 7 (es ist das Fest am zweiten Tag des Monats, wenn der neue Mond als Sichel wieder erscheint; cf. Wb I, 65, 10).

[8] Edfou V, 351, 2. – Die Lesung ist ganz offensichtlich *mḥ hrw 2* (dazu siehe Wb II, 117, 21 f.; Edfou V, 34, 2; V, 135, 10 - 136, 4). Mit Blick auf die völlig anderen Konstruktionen im Demotischen (Spiegelberg, Dem. Gr., § 88) und Koptischen (Till, Kopt. Gramm., § 171; idem, Koptische Dialektgrammatik, § 107) könnte man fragen, ob diese Trennung des Präfixes *mḥ* vom zugehörigen Zahlzeichen nicht bloß graphischer Natur ist. Dagegen sprechen aber die eingangs zitierten Stellen, vor allem Edfou V, 34, 2. Deshalb ist anzunehmen, daß man folgendermaßen konstruiert hat: „Füllen des Tages 2“ = 2. Tag.

[9] Edfou V, 358, 6.

[10] Edfou V, 350, 8.

[11] Edfou V, 352, 7.

[12] Edfou V, 397, 6 (Variante; nach der Position des Zeichens und nach der Textstruktur gehört das folgende  nicht zum Zeichen, es ist ein eigenes Wort).

[13] Edfou VIII, 159, 9 (zwei Fälle, jeweils Teilmenge einer größeren Zahl).

[14] Zur Erklärung siehe Kurth und Waitkus, in: GM 140, 1994, 49 ff. Diese in Dendera belegte Schreibung ist, so weit ich sehen kann, singulär.

ordinal: [1]

Es folgen noch einige bemerkenswerte Schreibungen:

[2] Umschreibung für den **7.** Tag

[3] Pleneschreibung, die es nahelegt, auch die kürzere Schreibung [4] *mḥ hrw 14*, **14.** Tag, zu lesen.

[5] *śmdt*? (*15-nt*?)[6], Umschreibung für den **15.** Tag

[7] Umschreibung für den **18.** Tag

 und [8] Umschreibung für den **30.** Tag

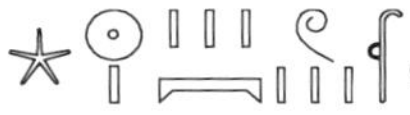[9],*djw hrw ḥrjw rnpt*, die fünf Tage über dem Jahre (die Epagomenentage)

b) Monate

- Kardinalzahlen:

[10] (Monat) **2**; direkte Repräsentation: [11]

- Ordinalzahlen:

[12], **1.** (Monat); [13], **4.** (Monat)

- Umschreibung:

[14], *ḥb-jp*(*t*) Paophi, **2.** (Monat der Achet-Jahreszeit)[15]

c) Regierungsjahre

---

[1] Edfou V, 358, 2.

[2] Edfou VII, 6, 3 f.; ähnlich: Edfou I, 327, 7; IV, 7, 1; IV, 7, 7; VII, 5, 7. Es ist eine Rechenaufgabe: $^1/_5$ und $^1/_{30}$ der 30 Tage des Monats ergeben 6 + 1 = 7.

[3] Edfou V, 34, 2.

[4] Edfou V, 355, 3.

[5] Dendara X, 252, 7; ähnlich: Edfou V, 354, 2 (konjiziert); VIII, 138, 7.

[6] Zur Lesung siehe Wb II, 198, 2; IV, 147, 1.

[7] Edfou VII, 7, 6; 9, 1.

[8] Edfou V, 350, 5; 351, 2. Wörtlich: „das Vollenden (der Monatstage), der letzte (Tag)“.

[9] Edfou V, 395, 6; ähnliche Schreibungen: V, 359, 1, 2 und 5; 360, 2; 395, 2, 3 und 4.

[10] Edfou VI, 214, 1.

[11] Edfou VIII, 23, 10.

[12] Edfou V, 349, 3.

[13] Edfou V, 305, 4; VII, 7, 7; 9, 1.

[14] Edfou VII, 26, 10.

[15] Weitere Umschreibungen dieser Art für verschiedene Monate: Edfou V, 304, 11; 312, 1 f.; 352, 1; 371, 7; VII, 38, 3 f.; VIII, 110, 15.

In der Regel[1] benutzt man hier die Kardinalzahlen:[2]

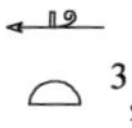[3], *(rnpt) 1.t*, (Jahr) **1**; [4], *(rnpt) 10.t*, (Jahr) **10**; [5], *(rnpt) 28(.t)*, (Jahr) **28**; [6], *(rnpt) 48(.t)*, (Jahr) **48**.

§ 133

<u>Zahlen bei Maßangaben</u>[7]

a) In Verbindung mit Hohlmaßen und Gewichten benutzte man die oben (§ 129 f.) für Bruchzahlen und ganze natürliche Zahlen vorgestellten Zahlzeichen; bei 1 erscheint auch das Zahlwort *wꜥ*.

Beispiele: für Hohlmaße[8] :

[9] $^{1}/_{15}$, $\mathbf{^{1}/_{15}}$ (Hin); 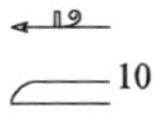[10] $1\,^{1}/_{2}$, $\mathbf{1^{1}/_{2}}$ (Hin)

Beispiele für Gewichte:

[11] *ḳdt 2.t* $^{1}/_{2}$, $\mathbf{2^{1}/_{2}}$ Kite; neben dieser Schreibung begegnet eine andere, bei der das Maß die ganze Zahl von der Bruchzahl trennt: [12] *3.t ḳdt* $^{1}/_{3}$, $\mathbf{3^{1}/_{3}}$ Kite. Werden zwei Maßeinheiten kombiniert, schreibt man 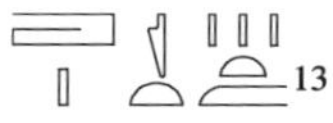[13] *dbn 1 ḳdt 3.t* $^{1}/_{2}$, **1** Deben $\mathbf{3^{1}/_{2}}$ Kite, oder man stellt um: 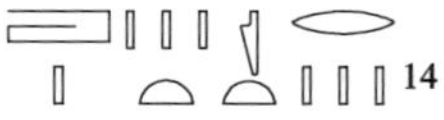[14] *dbn 1 3.t ḳdt* $^{1}/_{3}$, **1** Deben $\mathbf{3^{1}/_{3}}$ Kite.

---

[1] Eine Ausnahme ist vielleicht , (Jahr) 11 (Edfou VIII, 67, 6); ich frage mich jedoch, ob  nicht in diesem einen Falle für die Kardinalzahl 1 steht.

[2] Die nach *rnpt* geforderte Femininendung wird meistens geschrieben; die Endung fehlt zum Beispiel an der Stelle Edfou VII, 6, 6 – und generell öfters nach Zahlen über 10.

[3] Edfou VII, 240, 3.

[4] Edfou VII, 5, 7.

[5] Edfou VII, 7, 6.

[6] Edfou VII, 9, 3.

[7] Zu Maßen und Gewichten siehe generell Helck, in: LÄ III, 1199 ff. und Vleeming, in: LÄ III, 1209 ff.

[8] Die alten Spezialzeichen für die Untereinheiten des Hekat, gebildet aus den Teilen des Udjatauges (Helck, in: LÄ III, 1201), sind m. W. in den Tempelinschriften griechisch-römischer Zeit nicht mehr im Gebrauch.

[9] Edfou VI, 167, 6.

[10] Edfou VI, 166, 3.

[11] Edfou VI, 167, 2.

[12] Edfou VI, 163, 11. Weitere Beispiele für diese Anordnung der Zeichen: Edfou VI, 162, 11; 163, 16 f.

[13] Edfou VI, 162, 13.

[14] Edfou VI, 162, 10.

b) In Verbindung mit Längen- und Flächenmaßen verwendete man bei natürlichen ganzen Zahlen die obengenannten Zahlzeichen (siehe oben, § 130). Für die Unterteilung dieser Maße hatte man eigene Zeichen entwickelt,[1] so auch für die Untereinheiten des Flächenmaßes Arure (*śṯ3t*):[2]

, *rmn*, $^1/_2$ Arure;

, *ḥśp* (< *ḥśb*), $^1/_4$ Arure;

, *s3*, $^1/_8$ Arure;

, *św*, $^1/_{16}$ Arure;

, *r3-m3*, $^1/_{32}$ Arure.

§ 134

Das <u>Zahlwort *wꜥ*</u> dient auch als Unbestimmter Artikel. Für diesen gibt es allerdings nur sehr wenige Belege, die sich, soweit ich sehe, auf den Singular beschränken:

a) Maskulinum

- mit folgendem *n*: *wꜥ n*, (je) einer (dieser Bestandteile von Getreide);[3]
- ohne folgendes *n*[4] [5], *wꜥ mw*, ein Wasserlauf[6].

b) Femininum

wꜥt ꜥfḏ(*t*), eine Kiste;[7] , *wꜥt* (*ẖtt*), eine (Parzelle)[8].

[1] Für die späteren Epochen siehe Vleeming, in: LÄ VI, 1209 ff.

[2] Siehe Meeks, Texte des donations, 160 ff.

[3] Junker, in: SPAW 1905, 787 (= Dendara X, 42, 9 f.). Dieses einzige Beispiel aus Dendera (GdD, § 82) wurde von Junker als Unbestimmter Artikel aufgefaßt; sollte „eins im Gegensatz zu zwei und mehr" gemeint sein, hätten wir das Zahlwort vor uns.

[4] Cf. Spiegelberg, Dem. Gr., § 44.

[5] Junker, in: SPAW 1905, 787.

[6] Edfou VII, 239, 12 (siehe auch ITE I/2, 443, n. 4).

[7] Junker, in: SPAW 1905, 787; ähnlich: Dendara X, 49, 9.

[8] Edfou VII, 250, 1; es folgt: *kt* (*ẖtt*), eine andere (Parzelle). Ebenso: VII, 240, 5.

4 Präposition

§ 135

Zwar begegnen die seit klassischer Zeit belegten Präpositionen im Ptolemäischen zumeist in ihrer vertrauten Lautgestalt, doch zugleich können sie sich auf der Basis eines phonetischen Wandels in ungewohnter Weise präsentieren. So ist zum Beispiel bei den zusammengesetzten Präpositionen generell zu beobachten, daß deren erster Bestandteil[1] nicht selten ausgelassen wird, daß man also *jwd* anstelle von *r-jwd* oder *ḥ3w* statt *m-ḥ3w* schreibt; das betrifft vor allem *m* und *r*, aber auch andere Präpositionen.[2]

Die folgenden Beispiele sollen derartige Veränderungen lediglich demonstrieren, und sie umfassen deshalb nicht den gesamten Bestand der Präpositionen.[3] Entsprechend dem Thema des vorliegenden Kapitels (Morphologie), wird nicht danach differenziert, ob die betreffenden Wörter als Präpositionen oder Konjunktionen fungieren.

Aus praktischen Erwägungen enthält die anschließende kleine Liste auch diejenigen Präpositionen, welche nur im Ptolemäischen belegt sind, unabhängig davon, ob bei ihnen morphologische Besonderheiten vorliegen.

jwd, zwischen

Diese Präposition steht anstelle des älteren *r-jwd*, zwischen (ⲟⲩⲧⲉ)[4], unter anderem in der Schreibung [5].

Man findet *jwd* auch zweifach gesetzt:[6]

- (Sachmet sagt: „Ich erzeuge ein Feuer von einer Million Ellen) , *jwd Wśjr jwd ḫrwjw.f*, zwischen Osiris und seinen Feinden."

---

[1] Manchmal auch der letzte Bestandteil: *wpw* statt *wpw r* (Dendara V, 108, 6). Auch das *n* des Indirekten Genitivs bei den mit einem Substantiv zusammengesetzten Präpositionen kann ausgelassen werden; siehe beispielsweise *m-ḏb3-(n)*, als Lohn für, wegen (mit *n*): Edfou I, 91, 8 f.; 180, 8 f. (links); Philä, Photo 126 (ohne *n*; kollationiert, Rede des Königs).

[2] Für Dendera siehe Junker, GdD, § 204 - 209.

[3] Dazu siehe die Wörterbücher.

[4] Westendorf, KoptHWb, 278.

[5] Dendara X, 357, 2; weitere Stellen: Meeks, Texte des donations, 169, sub voce.

[6] Dendara X, 357, 2; ähnlich zu ergänzen wohl auch an der Stelle Dendara X, 224, 8 f. – Diese Konstruktion findet man auch im Koptischen, zum Beispiel ⲟⲩⲧⲉⲧⲡⲉ ⲟⲩⲧⲉⲡⲕⲁϩ (Crum, CD, 494 b).

An einer Stelle[1] begegnet *jwd n* A *ḥnꜥ* B:

- (Seth, der zu Horus gelangen will, erzeugt Wasser?) , *jwd n ꜥḥꜣt.f ḥnꜥ sꜣ.ś Ḥr*, zwischen seinem Kampfschiff und ihrem Sohn Horus.[2]

ꜥb, zusammen mit

Im Ptolemäischen erscheint diese Präposition gelegentlich anstelle des älteren *m-ꜥb*, zumeist in der Schreibung [3].

bꜥḥ, vor

Der erste Bestandteil der zusammengesetzten Präposition *m-bꜣḥ* wird selten ausgelassen, indem man beispielsweise nur 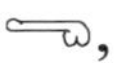, *bꜥḥ* schreibt.[4]

m, an, aus, bei, durch, in, mit, von, zusammen mit

Die Präposition *m* kann in bestimmten lautlichen Konstellationen, teils als Ergebnis einer Assimilation oder Dissimilation, anstelle der Präposition *n* stehen.[5]

Vor Suffixpronomen erscheint die Form *jm*, und zwar in Edfu in den Schreibungen[6]

---

[1] Edfou VI, 74, 1.

[2] Wegen des folgenden *n* müßte *jwd* ein Substantiv sein; zu *ḥnꜥ* cf. Crum, CD, 494 b (ⲙⲛ-, ⲛⲉⲙ-) und Erichsen, DG, 26 (*jrm*).

Leider ist der vorangehende Text beschädigt (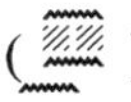), woraus sich gewisse Probleme für das Verständnis der Passage ergeben; die hier gebotene Lösung (zu  ergänzt) läßt sich aber vertreten, obwohl *jwd* an den anderen Stellen (Meeks, Texte des donations, 169) in der üblichen Weise konstruiert wird. – Wilson, Ptol. Lex., 58, konjiziert anders (*ir.n.s*) und mißachtet dabei die Zeichen und ○.

An der Stelle Edfou III, 33, 14, gehören die vier Idiogrammstriche keineswegs zur Schreibung des Wortes *jwd* (so Wilson, l. c.); es ist nämlich die Rede von der Aufteilung der Schutztruppen in vier Kompanien (cf. Goyon, Gardiens, 4 ff.).

[3] Edfou V, 6, 5; Dendara IV, 9, 5.

[4] Dendara X, 42, 3.

[5] Siehe EP 1, 513, § 16.5.

[6] Für Dendera siehe Junker, GdD, § 190. – Verschiedene Schreibungen nebeneinander: Edfou I, 312, 13 - 16.

〖hieroglyphs〗 1, 〖hieroglyphs〗 2, 〖hieroglyphs〗 3, 〖hieroglyphs〗 4, 〖hieroglyphs〗 5, 〖hieroglyphs〗 6, 〖hieroglyphs〗 7, 〖hieroglyphs〗 8, 〖hieroglyphs〗 9, 〖hieroglyphs〗 10, 〖hieroglyphs〗 11, 〖hieroglyphs〗 12, 〖hieroglyphs〗 13, 〖hieroglyphs〗 14, 〖hieroglyphs〗 15, 〖hieroglyphs〗 16.

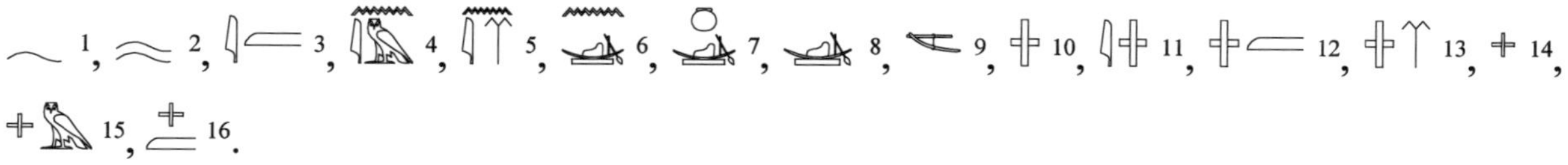

Die Schreibungen 〖hieroglyphs〗, 〖hieroglyphs〗, 〖hieroglyphs〗 und 〖hieroglyphs〗 haben Vorläufer im jüngeren Neuägyptischen[17] und entsprechen dem späteren koptischen ⲛ̄ⲙⲟ= (ⲙ̄ⲙⲟ=)[18].

m-bꜣḥ, vor

Meines Wissens erst in römerzeitlichen Inschriften stoßen wir auf Schreibungen wie zum Beispiel 〖hieroglyphs〗[19] (*m-mḥ* < *m-bꜣḥ*)[20], die eine Assimilation des *b* an das vorangehende *m* zeigen.[21] Derartige Schreibungen sind auch im römischen Demotischen zu belegen und entsprechen dem koptischen ⲙ̄ⲙⲁϩ.[22]

m-prw-r, mehr als

Nur aus dem Ptolemäischen bekannt ist mir die zusammengesetzte Präposition *m-prw-r*, welche vor allem in einer bestimmten Formel benutzt wird.[23]

m-rwt, außerhalb von, außen vor, ohne

---

[1] Edfou VI, 20, 8.
[2] Edfou VII, 292, 4.
[3] Edfou VII, 145, 6.
[4] Edfou I, 312, 15.
[5] Edfou VI, 215, 1.
[6] Edfou V, 332, 16 (*śwḥt tf prj(t).ś jm.ś m rn.ś pfj n Štꜣt*).
[7] Edfou V, 160, 13 (ʿ*nšp fnd*ʾ.*tn jm.f*).
[8] Edfou V, 381, 12.
[9] Edfou V, 13, 3 (cf. 106, 1). Diese Schreibung ist singulär; ob ein Fehler vorliegt?
[10] Edfou VII, 34, 12.
[11] Edfou VII, 44, 2.
[12] Edfou VII, 315, 8.
[13] Edfou VI, 124, 6.
[14] Edfou VI, 21, 2.
[15] Edfou VII, 15, 9.
[16] Edfou VII, 19, 4.
[17] Cf. auch Spiegelberg, Dem. Gr., § 269.
[18] Cf. Erman, NG, § 604; Crum, CD, 215a.
[19] Dendara VIII, 85, 1.
[20] Wegen der Belegstellen siehe EP 1, 255, Zeichenliste, 5 (Vögel), Nr. 108; EP 1, 376, 16 (Kronen, Kleidung, Schmuck und Insignien), Nr. 20.
[21] Zur generellen Nähe von *b* und *m* siehe EP 1, 508, § 13.6; EP 1, 512, 16.4.
[22] Spiegelberg, Dem. Gr., § 326; Westendorf, KoptHWb, 93.
[23] Edfou V, 321, 14; VI, 175, 2; VII, 49, 9; Dendara V, 100, 4. – Früher belegt ist *m-prw-ḥr*, siehe Wb I, 527, 1.

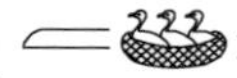

Im Ptolemäischen findet man den Bestandteil *rwt* häufig in der kurzen Schreibung[1] [2], seltener [3].

m-ḫt, in

Wegen der Bedeutung dieser Präposition im Demotischen[4] und Koptischen (Ⲛ̄ϨⲎⲦ)[5] ist wohl auch für das Ptolemäische die Grundbedeutung „in“ anzusetzen, auch wenn das einzige mir bekannte Beispiel in seinem Kontext offenbar die Übertragung „aus“ oder „von“ verlangt.[6]

m-ḏr, seit, weil, wenn (temporal); innerhalb von (lokal)

a) Die zusammengesetzte Präposition *m-ḏr*, in ihrer Funktion als temporale Konjunktion, kann auch in der Form  erscheinen,[7] was demotischen Schreibungen entspricht.[8]

b) Selten finden wir *m-ḏr* auch als lokale Präposition, und zwar in den Schreibungen 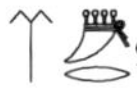[9] und 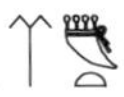[10].

m-ḏrt(-n), durch, seitens (zur Einführung des Handelnden beim Passiv), von her, vor (etwas oder jemandem retten/schützen)

Die zusammengesetzte Präposition erscheint in bestimmten Textkompositionen auch in den Schreibungen  [11],  [12],  [13] und [14], wozu es Entsprechungen im Demotischen und Koptischen gibt.[15]

n, für, wegen

Es gibt eine ausgeprägte Neigung, vor (und seltener nach) den Lauten *w*, *b*, *p*, *f* und *m* anstelle der Präposition *m* die Präposition *n* zu schreiben, also zum Beispiel , aus dem Himmel,[16]

---

[1] Zu ausführlichen Schreibungen siehe Junker, GdD, § 228; Edfou I, 115, 3; 395, 9; Wb II, 404 f.
[2] Edfou VII, 5, 3; 11, 7; 16, 5; 18, 6; 19, 8; Variante: Edfou II, 11, 14.
[3] Edfou VII, 3, 6.
[4] Spiegelberg, Dem. Gr., § 348 c; Erichsen, DG, 374.
[5] Westendorf, KoptHWb, 350.
[6] Dendara VII, 80, Nr. 27 und 28.
[7] Edfou VI, 61, 11.
[8] Siehe § 18.8 b. – Zum neuägyptischen Vorläufer siehe Johnson, DVS, 233, n. 17.
[9] Clère, Porte d'Évergète, Pl. 4 (Rede des Königs).
[10] Chelouit III, Nr. 135, 6.
[11] Edfou VI, 184, 6 (schützen vor).
[12] Edfou I, 206, 2 (durch die Myrrhe).
[13] Edfou VI, 88, 8 (durch den König).
[14] Edfou VI, 216, 6 (seitens Isis).
[15] Siehe EP 1, 523, § 18.8 b.
[16] Edfou VIII, 68, 9.

statt mittelägyptisch *, *m pt*. Diese Dissimilation geht vermutlich auf die Ausbildung des Priesternachwuchses zurück, für den man sich in akademischer Weise um eine deutliche Aussprache des bereits toten Mittelägyptisch bemüht hätte.[1]

Nicht allzu selten wird diese Präposition *nn* geschrieben, beispielsweise  oder . Das ist im Rahmen einer allgemeinen Tendenz zu sehen, den Konsonanten *n* doppelt zu schreiben, vielleicht weil dieser in bestimmter lautlicher Konstellation geschwächt war.[2]

(n)-ꜥꜣ(t)-n, wegen der Größe des ...

Der eine mir bekannte Fall ist unsicher.[3]

(n)-wš-(n), ohne ...

Das seit dem Neuen Reich belegte *m-wš-r*[4] lebt im Demotischen[5] und Koptischen (ⲛ̄ⲟⲩⲉϣⲛ̄) weiter und begegnet auch in dem demotisch gefärbten, großen Katastertext von Edfu.[6] Ein Beispiel: , *n-wš-(n) ꜣḫt*, ohne einen Acker.[7]

n-mrwt, damit[8] ...

n-ṯꜣ-n, von ... bis ...

Die zusammengesetzte Präposition  begegnet in dieser oder ähnlicher Schreibung im Ptolemäischen nur selten,[9] sie ist aber im Demotischen geläufig[10] und entspricht koptischem ⲛ̄ϫⲓⲛ.[11]

nfrjt-r, bis zu ...

---

[1] Siehe EP 1, 519, § 17.4.

[2] Siehe EP 1, 516 ff., § 17.3 (cf. 514 ff., 17.2).

[3] Edfou II, 280, 1: (Das Amulett schützt) (*n*)-*ꜥꜣt-n nḏ(t) nt ḫr nṯrw tm ḫnt.ś*, wegen der Größe der Schutz(kraft) seitens der Götter, die vollständig darin ist (?). Zu *nt ḫr* cf. Gardiner, EG, § 158.

[4] Wb I, 368, 13 f.

[5] Spiegelberg, Dem. Gr., § 389.

[6] Zu den Belegen siehe Meeks, Texte des donations, 96, n. 144; 171.

[7] Edfou VII, 241, 5.

[8] Dendara X, 372, 9 (*n-mrwt*[sic] *tm tkn jm.ś*; cf. Gardiner, EG, § 181).

[9] LD IV, Blatt 27 b, Zeile 3 (Ptolemäus VI.); Philä I, 175, 3 (Ptolemäus IX.); Winter, in: Jahrbuch Preußischer Kulturbesitz XIV, 1978, 67, Tf. 13 (Augustus). Diese Stellen belegen nur die lokale Bedeutung der Präposition, wohingegen im Demotischen auch die temporale und die übertragene Bedeutung gut bezeugt sind. – Zu einem weiteren Beleg der Spätzeit siehe Pap. Vandier (Posener), 2, 15; dazu: Fischer-Elfert, in: BiOr 44, 1987, 6.

[10] Spiegelberg, Dem. Gr., § 387; Erichsen, DG, 667.

[11] Westendorf, KoptHWb, 137 mit n. 6.

In der klassischen Schreibung [1], aber auch in den Schreibungen [2] oder selten , begegnet die zusammengesetzte Präposition *nfrjt-r* in späten Papyri und im Ptolemäischen, meines Wissens aber nicht im Demotischen.

r, gegen, zu ... hin

Diese Präposition erscheint sehr oft in der Gestalt (entspricht koptischem ⲉ), seltener und ebenfalls selten vor Suffixpronomen (koptisch ⲉⲣⲟ=), wobei die beiden letzteren, jedenfalls innerhalb der Inschriften Edfus und Denderas, an bestimmte Texte und Redaktionen gebunden sind.[3]

r-rwt, außerhalb von, aus ... hinaus, vor

Neben den ausführlichen Schreibungen des zweiten Bestandteils[4] begegnen auch kürzere wie zum Beispiel [5], [6] oder [7].

r-h3w-ḥr, vor (jemandes Angesicht)

Diese zusammengesetzte Präposition ist, anders als das gleichbedeutende *m-h3w-ḥr*, offenbar nur im Ptolemäischen belegt.[8]

r-ḥr, hinauf

Wegen der entsprechenden demotischen Präposition[9] möchte ich auch für die Schreibung , die wohl auf den Kontext anspielen will,[10] die Lesung *r-ḥr* ansetzen.[11]

rwt, außen vor

---

[1] Pap. Bremner-Rhind, 26, 5; Dendara IX, 203, 7 (mit dem Determinativ der Sonne bei *nfrjt*).

[2] Edfou V, 350, 4 und 9; 352, 8; 355, 8.

[3] Siehe EP 1, 467, § 4.9; EP 1, 487, 7.2 a. – Zu einer ungewöhnlichen Schreibung des vor Suffixpronomen verdoppelten *r* ( ) siehe Herbin, in: BIFAO 84, 1984, 256, n. 9 (die dortige Erklärung halte ich für nicht richtig).

[4] Wb II, 405; Dendara X, 160, 6 f.

[5] Edfou VI, 6, 2.

[6] Cauville, in: BIFAO 90, 1990, 98; Variante: o. c., 101.

[7] Dümichen, Baugeschichte, Tf. 13, 13 (andere Wiedergabe des Zeichens – etwa – bei Cauville, in: BIFAO 90, 1990, 104).

[8] Wb II, 477, 8 und 11 (Belegstellen); Edfou VII, 138, 6. Anstelle von *m/r-h3w-ḥr* begegnet auch *h3w-ḥr*: Edfou V, 86, 17; VII, 146, 7.

[9] Spiegelberg, Dem. Gr., § 344; cf. Wb III, 129, 13 (= Dendara X, 49, 3).

[10] *<mj> r-ḥr hj*, Komme hinauf an den Himmel.

[11] Esna VII, Nr. 554, 5 f. – Gegen die Lesung *r-ḥrw* spricht, daß diese Verbindung, ebenso wie das koptische ⲉϩⲣⲁⲓ, nur als Adverb belegt ist (Wb III, 143, 2 ff.). Dennoch, eine selbständige „tempelägyptische" Bildung *r-ḥrt und Nomen* kann man nicht ausschließen.

Die Präposition erscheint selten ohne den ersten Bestandteil *m*, *r* oder *ḥr* in der abgekürzten Schreibung [1].

h3w, an, bei, in, vor; gegenüber

Nur im Ptolemäischen erscheint diese Präposition ohne vorangehendes *m* oder *r*,[2] und zwar öfters in der Kurzschreibung [3].

ḥ3, hinter; um ... herum[4]; im (Herzen)[5]

ḥ3t, vor, an der Spitze von

Wahrscheinlich steht diese Präposition () zumeist für klassisches *r-ḥ3t*; mit dem Ausfall des *r* entspricht *ḥ3t* bereits dem koptischen ϩⲏⲧ=[6].

ḥnᶜ, zusammen mit

Die häufige Schreibung  sowie auch die selteneren  und  (*ḫnj*) zeigen, daß der klassische Lautbestand *hnᶜ* sich zu **ḥn*, **ḥr* oder **ḥl* verändert hatte.[7]

ḥnᶜ 3, und[8].

ḥnᶜ jśk, und[9].

ḥr, auf, über, von ... her, wegen

Diese Präposition fällt vor Infinitiv nicht selten aus, und zwar zum einen in neuägyptisch-demotisch gefärbten Texten in Kontaktstellung zu beliebigen Lauten und zum anderen in den übrigen Texten öfters vor *j* und *w*, aber besonders oft vor *h*/*ḥ*, *s*/*ś* und *š*.[10] Die gewandelte

[1] Dümichen, Baugeschichte, Tf. 39, unterste Zeile (Variante); Edfou II, 11, 13 (Variante).
[2] Junker, GdD, § 209.
[3] Edfou I, 563, 10; Dendara I, 33, 1; Esna VII, Nr. 603, 11.
[4] Dendara X, 25, 12; 145, 4; 286, 6.
[5] Dendara XV, 271, 8 (*ḥsj<.ś> Rᶜ r njwt.ś ḥ3 jb.ś*); cf. Meeks, Ann.Lex., 79.1867. Ähnlich: Dendara XV, 337, 6 f.
[6] Edfou VII, 27, 9. Siehe Wb III, 24, 10 ff.; cf. auch Spiegelberg, Dem. Gr., § 305 - 308.
[7] Siehe EP 1, 170, Zeichenliste, 2 (Teile des menschlichen Körpers), Nr. 39 sowie EP 1, 490, § 8.2 und EP 1, 528, § 22.2.
[8] Kôm Ombo (Gutbub) I, Nr. 292, 17 und 19; Urk. II, 176, 1 (koordinierende Konjunktion, entspricht demotisch *ỉrm*, griechisch και).
[9] Urk. II, 229, 6 (koordinierende Konjunktion; siehe die Belegstellen zu Wb III, 111, 7).
[10] Kurth, in: Edfu, Begleitheft 1, 1990, 49 ff. Seit Erscheinen dieses Begleitheftes sind viele neue Belege hinzugekommen, so beispielsweise vor *ś* und *š*: Edfou VI, 255, 11 (vor *świr*; cf. VI, 261, 5 mit *ḥr*); VI, 312, 6 (vor *šm*; Fälle mit *m* bzw. *ḥr*: VI, 318, 13; V, 383, 5); VII, 86, 11 (vor *šḥḏ*; cf. VII, 92, 6 mit *ḥr*); VII, 283, 12 (*ḥr šḫj.f*; zwingend, denn wegen des Suffixpronomens scheidet ein Partizip aus); VII, 316, 10 (zur ... > S. 705

Lautgestalt der Präposition *ḥr* zeigt sich in den hieroglyphischen Schreibungen  und [1] sowie im koptischen ϩⲓ-.

ḥr-ꜥ, zur Zeit, wenn

Die angegebene Bedeutung ist nach dem Kontext recht sicher, doch bei nur einem einzigen Beleg[2] sind Zweifel angebracht.[3]

ḥr-rwt, außen vor

Der zweite Bestandteil dieser seltenen zusammengesetzten Präposition erscheint auch in der Schreibung .[4]

ḥr-ḫt, wegen

Bei nur einem Beleg[5] verbleibt eine gewisse Unsicherheit, es läßt sich aber unterstützend darauf verweisen, daß auch *m-ḫt*, „nach, hinter", eine vergleichbare semantische Entwicklung durchgemacht hat.[6]

ḫft

Vor dem *śḏm.n.f* kann diese Präposition auch einen temporalen Nebensatz der Vergangenheit einleiten.[7]

ḫr, zu einer Person, bei ihr, von ihr ausgehend

Neben der klassischen Schreibung 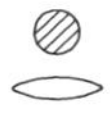 begegnen auch 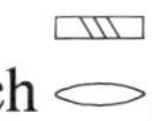, , , [8], die bereits koptisches ϣⲁ, ϩⲁ oder ϩ (Ak.) ankündigen.[9] Nach dem Infinitiv führt *ḫr* den Handelnden ein.[10]

... < S. 704 Struktur der Aussage cf. VII, 262, 3).

[1] Möller, Totenp. Rhind, Glossar, 7, Nr. 38; Spiegelberg, Dem. Gr., § 285; Dakke, 323; 326 (vor dem Substantiv).

[2] Agoûz, 99, 8. Es ist außerdem die Frage, ob die mir vorliegende Textkopie (Mallet) durch die angekündigte Publikation (Traunecker) bestätigt wird.

[3] Cf. aber Wb I, 156, 24.

[4] Edfou VII, 15, 7; 17, 3.

[5] Edfou VII, 230, 7 (kollationiert). Siehe Wb III, 347, 13 (nach, hinter; diese Bedeutung auch: Dendara VIII, 99, 7).

[6] Meeks, Ann.Lex., 77.3199 (Caminos, Tale).

[7] Edfou VI, 82, 6; VIII, 145, 8. Diese beiden Stellen werden auch zitiert in § 181 a und § 260 B. – Ein weiteres Beispiel findet sich in der Rosettana, 9 (Urk. II, 192, 7). – Gardiner, EG, § 169, 7, belegt nur „according as".

[8] Naville, Saft el-Henneh, Pl. 3, Zeile 1.

[9] Westendorf, KoptHWb, 324; 348; 563.

[10] Edfou VI, 102, 6; 188, 7; 346, 5.

ḫr-m-m, in, aus

Die Schreibungen dieser zusammengesetzten Präposition sind recht verschieden[1] und erschweren die Bestimmung der Lautgestalt. Junker[2] las *ḫr-m-ʿ*, Fairman[3] las *ḫr-m-dj* und Meeks[4] schließlich las mit Zweifeln *ḫr-jm(j)*. Die Lesung *ḫr-m-m* ist jedoch klar vorzuziehen, worauf die zahlreichen ausführlichen Schreibungen hinweisen, zum Beispiel [5], [6] oder [7]. Wenn daneben [8], 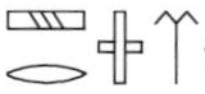[9] oder 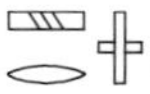[10] geschrieben wird, dann entspricht im ersten Fall das  einer späten Schreibung der Präposition *m-m*[11]; die letzten beiden Schreibungen weisen zwar auf die Lesung *jm*, doch sie sind selten und wirken wie eine defektive Schreibung oder wie eine Nebenform.

Was die Herkunft des *ḫr-m-m* anbelangt, so dürfte es sich um eine Neubildung des Ptolemäischen handeln, denn der von Meeks angeführte Beleg aus den Sargtexten[12] ist ziemlich unsicher.[13] Die wörtliche Bedeutung könnte sein „bei dem, was (schon) da ist".[14] Wenn richtig, wäre *ḫr-m-m* kein bloßes Synonym zu *m*, sondern enthielte eine semantische Nuance, der man fallweise vielleicht mit der Übersetzung „auch ... (ist/sind) darin" gerecht werden könnte.

Die eine, für den adverbiellen Gebrauch zitierte Stelle[15] ist epigraphisch nicht richtig und entfällt.[16]

---

[1] Zu den Belegen siehe Wilson, Ptol. Lex., 744. Weitere Belege zitiert Meeks, Ann.Lex., 78.3096. Dazu: Dendara V, 53, 5.

[2] GdD, § 238.

[3] BIFAO 43, 1945, 106; 115.

[4] Ann.Lex., 78.3096.

[5] Edfou VII, 2, 6.

[6] Edfou VII, 20, 1 f.

[7] Dendara VII, 190, 6.

[8] Edfou VII, 10, 7; vor Nomen: III, 202, 15; 205, 15.

[9] Edfou VI, 348, 11.

[10] Edfou VI, 248, 7.

[11] Siehe Cauville, Dend. Chap. Os. III, 195.

[12] CT VI, 377 h.

[13] Cf. Faulkner, Coffin Texts II, 285; Barguet, Textes des Sarcophages, 585.

[14] Siehe Wb III, 135, 1 (*ḫr*, „altertümlich auch von Sachen").

[15] Wilson, Ptol. Lex., 744.

[16] ITE I/2 (Edfou VII), 36; 812.

ẖnw, in[1]

Der erste Bestandteil der zusammengesetzten Präposition *m-ẖnw* wird relativ selten unterdrückt. Wenn es geschieht, zum Beispiel in der Schreibung [2], *ẖn*, dann entspricht es dem Demotischen[3] sowie dem späteren koptischen ϩⲛ̄.

ḏr, seit; weil; von ... her[4]; innerhalb von[5]

Wenn *ḏr* als Präposition geschrieben wird[6] und als kausale Konjunktion [7], dann fußt dies auf dem schon seit klassischer Zeit greifbaren Wandel des auslautenden *r* zu *ꜣ*, der auch im Demotischen zu entsprechenden Schreibungen geführt hat.[8]

5 Verbum

§ 136

Nahezu alle mittelägyptischen Formen des Verbs leben im Ptolemäischen weiter. Außerdem finden wir in neuägyptisch-demotisch gefärbten Texten einige spezielle Formen dieser Sprachstufen, beispielsweise den Konjunktiv oder die mit *j* anlautende Relativform.

Femininer Infinitiv und Gemination wurden aufgegeben, abgesehen von einigen speziellen Fällen. Ebenso verloren, bis auf wenige Besonderheiten, ist die Genus- und Numerus-Kongruenz der Partizipien und Relativformen mit ihrem Bezugswort.

---

[1] Cf. Junker, GdD, § 206.
[2] Dendara X, 47, 7; 49, 9 ( ); 83, 10. – Zur Schreibung siehe auch EP 1, 428, Zeichenliste, 20 (Gefäße aus Stein und Ton), Nr. 37.
[3] Erichsen, DG, 381, f.
[4] Räumlich; Dendara XIII, 66, 9 ff.
[5] Edfou III, 202, 14 f. (*n wn mjtt.f ḏr śpwt nṯrw*); *ḏr* ist wohl aus *m-ḏr*(*w*) entstanden (WB V, 586, 9 f.).
[6] Edfou V, 216, 10.
[7] Edfou VI, 160, 10.
[8] Siehe EP 1, 462, § 3.7.

5 Verbum

5.1 Verbalklassen

§ 137

Die Klassifizierung der Verben nach Anzahl und Art ihrer Konsonanten hat für die Morphologie des Ptolemäischen einen weitaus geringeren Wert als für diejenige des Mittelägyptischen, worin ja die Zugehörigkeit zu einer bestimmten Verbalklasse bei einigen Verbalformen regelhafte Veränderungen der Wortgestalt hervorrief; im Ptolemäischen sind nämlich diese Veränderungen nur noch selten anzutreffen, und sie sind nicht mehr regelhaft.
Zu den kausativen und zu den durch Reduplikation entstandenen Verben sowie zu den Hypostasen siehe unten, § 157.

Einradikalige:

Hier ist lediglich das Wort *j*, sagen, zu nennen, das häufig in der Textgruppe der Schöpfungsmythen Edfus auftritt.[1] Wir finden es im Infinitiv[2], *śḏm.f*[3], *śḏm.n.f*[4], in der *śḏm.n.f*-Relativform[5] sowie als Partizip Aktiv[6].

Zweiradikalige:

Gelegentliche Schreibungen wie , *ḏd*, sagen, könnten vielleicht anzeigen, daß dieses Verb als einradikalig empfunden wurde[7]. Vergleichbares läßt sich für *śm*, gehen, anführen.[8]

---

[1] Zur Lesung *j* (nicht *jn*, wie Wb I, 89, 7 - 11) siehe Faulkner, in: JEA 21, 1935, 177 ff.; Edel, Altäg. Gramm., § 746 ff.; Meeks, Ann.Lex, 77.0110; 79.0070. Cf. auch Chetveruchin, in: GM 104, 1988, 75 ff., der das in der Tat ungewöhnliche Verbum auf deiktische Elemente einer ältesten Schicht der Sprachentwicklung zurückführt, und zwar auf der Basis einer interessanten linguistischen Analyse. – Zum Auftreten dieses Verbs in Dendera siehe Cauville, Dend. Chap. Os. III, 16 (meines Erachtens ist aber an einigen der dort zitierten Stellen eher *njś jn* zu lesen).

[2] Edfou VI, 169, 9 (*j jn Ḥr*, sagen seitens Horus; oder *śḏm.jn.f*-Form?, dann: da sagte Horus).

[3] Edfou VI, 328, 7 f. (*j Jr*, der Macher sagt).

[4] Edfou VI, 324, 5 (... *j.n Rꜥ j.n.tw* ..., ..., sagte Re, und man sagte ...); zur Doppelschreibung des *n* siehe § 17.3 a.

[5] Edfou VI, 337, 14 (*mk ḏbꜥw.j ḥr nḫb gnwt.k m sš(t) m ḏbꜥw.j ḏś.j j(t).n Rꜥ ḏd.f m rꜣ.f*, „Siehe, meine Finger setzen deine Annalen fest als etwas, das mit meinen eigenen Fingern geschrieben wurde, das Re gesagt hat, indem er mit seinem Munde sprach.“).

[6] Edfou VI, 329, 2: *njś jn Jr j jḫt*, Ausrufen seitens des Machers, der die Dinge ausspricht (und dadurch ins Leben ruft).

[7] Edfou VI, 124, 2; cf. Erman, NG, 257. – Für das künstliche Idiom des Ptolemäischen sind aber Zweifel angebracht, weil das zitierte Beispiel *ḏd.tw* lautet und weil man sonst in aller Regel schreibt, abgesehen von der Formel *ḏd mdw jn* (Edfou IV, 20, 13 et passim), die schon früher aufgrund ihrer Häufigkeit wohl **ḏmd jn* o. ä. gesprochen wurde.

[8] Siehe EP 1, 512, § 16.2.

Dreiradikalige:

Einige Verben dieser Klasse erscheinen aufgrund phonetischer Veränderungen fast regelhaft als zweiradikalige.[1]

Vier- und mehrradikalige:

Verben mit mehr als drei Radikalen sind durch das Kausativ-Präfix *ś* und durch partielle oder vollständige Reduplikation entstanden. In diesem Bereich hat auch das Ptolemäische einige Neubildungen geschaffen, beispielsweise[2] *śẖbn*, schmälern[3]; *śnꜥš*, stärken[4]; *mꜣꜥmꜣꜥ*, töten[5]; *śnbnb*, verbrennen[6].

Secundae Geminatae:

Die traditionellen Verben dieser Klasse (beispielsweise *ꜣmm*, *mꜣꜣ*, *śmm*, *tkk*) zeigen im Infinitiv, *śḏm.f* und *śḏm.n.f* keine Verdopplung des zweiten Konsonanten, jedoch fallweise beim Partizip Aktiv (zum Beispiel *bꜣ tkk*, der angreifende Ba)[7].

Verben wie *rnn*, (ein Kind) warten, aufziehen[8] oder *ḫnn*, stören[9], weisen die Verdopplung auch im *śḏm.f* und *śḏm.n.f* auf; das könnte aber damit zusammenhängen, daß auslautendes *n* auch sonst gerne verdoppelt wird.[10]

Das Verb ***wnn*** erscheint sowohl in der geminierenden Gestalt *wnn* als auch in der nicht-geminierenden Gestalt *wn*. Beide werden zumeist regelhaft spezifisch verwendet,[11] und zwar in Abhängigkeit von der Verbalform,[12] der Art des Subjekts (Nomen oder Pronomen) und der Zeitlage. Im einzelnen gilt:

- Ausdruck: , *ntt wn*, das, was ist;[13]

---

[1] Siehe dazu Junker, GdD, § 106; cf. in der vorliegenden Grammatik EP 1, 490; § 8.2; EP 1, 520 f., § 18.2; EP 1, 539, § 32.2.

[2] Weitere Fälle und Belege: Budde und Kurth, in: Edfu Begleitheft 4, 1994, 1 ff., Nr. 29; 37; 70.

[3] Edfou VI, 275, 14; Edfou Mam., 160, 15 f.

[4] Edfou VIII, 106, 5 f.

[5] Edfou VII, 113, 2.

[6] Edfou V, 27, 7.

[7] Edfou VI, 107, 5. Cf. auch V, 218, 14 (*wnp.n.f tkk św*, Er hat den erstochen, der ihn angriff).

[8] Edfou II, 54, 6 f.

[9] Edfou VI, 151, 7.

[10] Siehe EP 1, 516 ff., § 17.3.

[11] Das hier herangezogene Material stammt weit überwiegend aus Edfu und Dendera. – Nach Paulet, in: CdE 81, 2006, 93, gibt es diese Differenzierungen im Opettempel (Karnak) anscheinend nicht.

[12] Also Infinitiv, Partizip, Pseudopartizip; *śḏm.f* etc.

[13] Edfou VI, 265, 16; *wn* ist vermutlich ein Pseudopartizip.

- Infinitiv: ; negiert:  (*tm wn*);[1]
- Negation und *wn(n)*:  bei nominalem Subjekt,  pronominalem Subjekt;[2]
- Partizip vor Präposition und Nomen oder vor Pseudopartizip:[3] ;[4]
- Präsens, zeitlose Gültigkeit und Futur: ;[5]
- Pseudopartizip: ;[6]
- Verbindung mit *jn*: ;[7]
- Vergangenheit und punktuelles Geschehen: [8].

Tertiae Infirmae:

Die Verben dieser Klasse zeigen in der Regel lediglich die beiden starken Konsonanten, nicht das auslautende *j* oder *w*.[9]

Ausnahmen bilden , *jrj*, tun[10],  , *rdj*, geben (selten)[11] sowie *hbw*, betreten, und *śrj*, verkünden[12], welche ebenfalls die Endung  aufweisen können; von diesen begegnet *jrj* in der angegebenen Schreibung in Edfu und Dendera relativ häufig.

---

[1] Siehe § 138.

[2] Siehe zum Beispiel Edfou VI, 79, 12 (*n wn śnḏ*); VII, 263, 4 (*n wn rn.f*); 263, 11 (*nn wnn.f*); 266, 9 f. (*n wnn.f*); Dendara X, 4, 14 (*n wn rn.f*); 10, 5 (*n wn ḫftjw.k*); 52, 2 (*n wnn.f*); 79, 6 (*n wnn.śn*); die Regel habe ich für den Band Dendara X an vielen Stellen erprobt und fast überall Bestätigung gefunden (nach den Stellenangaben bei Cauville, Dend. Chap. Os. III, 238; eine Ausnahme: Dendara X, 314, 5).
Begründen läßt sich diese Differenzierung vielleicht mit einer Akzentverlagerung bei der Aussprache im akademischen Unterricht. Ob so: *ᵉn/wᵉn/chéftᵉj (*n wn ḫftj*), beziehungsweise *ᵉn/wᵉ/nê/nᵉf (*n wnn.f*) oder *ᵉn/wᵉ/nén/sᵉn (*n wnn.śn*)?
Interessant ist, daß De Cenival (RdE 29, 1978, 26) für das Verbum *m33* in der klassischen Sprache das Gegenteil beobachtete: *m3* und Pronomen versus *m33* und Nomen.

[3] Vergangenheit.

[4] Siehe unten, § 139 A und B.

[5] Siehe unten § 148 (*śḏm.f*); unten, § 220 C (als Hilfsverb vor dem Adverbiellen Nominalsatz); unten, § 226 (als Hilfsverb vor dem Adjektivischen Nominalsatz).

[6] Edfou VI, 296, 6; VII, 234, 13.

[7] Siehe § 220 D (auch: § 238 J) und die dort verzeichneten wenigen Ausnahmen.

[8] Siehe § 220 C (als Hilfsverb vor dem Adverbiellen Nominalsatz). – An der Stelle Edfou III, 85, 8, steht  nach dem Relativ-Adjektiv (*ḥt-nṯr nt(j) wn.j m-ḫnt.ś*) und ist im Präsens zu übersetzen. Das Wort ist hier nicht Hilfsverb, sondern Vollverb mit der Bedeutung „sein/existieren/sich befinden" (cf. unten, § 262 H). Die Form *wn* entspricht der vorliegenden Situation, insofern als sie nicht ein dauerhaftes Sein, sondern das momentane Sich-befinden des Sprechers bezeichnet; der Gott hat ja den Tempel soeben bezogen (siehe Kurth, Treffpunkt der Götter, 123). Anders ist die Situation an der Stelle Edfou VI, 185, 12: *bw wnn.k im.f* ... , „der Ort, an dem du sein/bleiben wirst ..."; der Kontext spricht von der ewigen Dauer des göttlichen Aufenthalts im Tempel.

[9] Cf. Spiegelberg, Dem. Gr., § 177, Anm.

[10] Wegen der Belege siehe EP 1, 482 f., § 6.8.

[11] Dendara XIII, 37, 8; 48, 12 und 14 (*mj.t spj.ṯ ś(w) rdj.ṯ ꜥnḫ wḏ3 śnb* ..., „komme und verschone ihn, indem du Leben, Heil und Gesundheit gibst ..."; zum Inhalt cf. Edfou VI, 265, 16 f.).

[12] Zum Ansatz der beiden letzten Verben als IIIae inf. und wegen der Belege siehe EP 1, 482 f., § 6.8.

Bei *mrj*, lieben, findet man gelegentlich die Endung  beim Partizip Aktiv[1] und bei der *śḏm.f*-Relativform[2].

Die Gemination erscheint nur in festen Verbindungen oder in Formeln: , *ꜥnḫ-mrr-ḫpr*, der Käfer-der-das-Werden-liebt[3].

Das Verbum *ḥꜥj*, jubeln, zeigt im *śḏm.f* teils eine Gemination[4], teils nicht;[5] doch dieser Fall ist unsicher.[6]

Auf den Femininen Infinitiv treffen wir nur noch bei einigen Verben, und zwar im Status Pronominalis (siehe unten, § 138).

Zweiradikalige Kausativ:

Kein Fall mit Femininem Infinitiv ist mir bekannt.

Tertiae Geminatae:

Kein Fall mit ausgeschriebener Verdoppelung des dritten Konsonanten[7] ist mir bekannt.

Tertiae Infirmae Kausativ:

Kein Fall mit Femininem Infinitiv oder mit ausgeschriebener Endung  ist mir bekannt.[8]

Quartae Infirmae:

Der Auslaut des Verbs *šmśj*, folgen, kann mit  angegeben werden.[9]

Quartae Infirmae Kausativ:

Der Auslaut des Verbs *śmꜣwj*, erneuern, kann mit  angegeben werden.[10]

---

[1] Edfou VI, 339, 6: in der Verbindung *mrj mwt.f*, der seine Mutter liebt (ähnlich: Esna II, Nr. 31, 4; 38, 5). Diese Schreibungen () erinnern an das koptische Participium Conjunctum ⲘⲀⲒ; cf. Wb II, 101, 11 ff.; Spiegelberg, Dem. Gr., § 244; Till, Kopt. Gramm., § 80.

[2] Edfou III, 245, 12 und öfters am Orte; V, 315, 11; Junker, GdD, § 182. – Diese Relativform wird auch als Partizip Perfekt Passiv angesprochen (Wb II, 100, 12 ff.; cf. auch Erman, NG, § 387; Gardiner, EG, § 379 f.).

[3] Edfou VII, 140, 10; zu diesem Amulett und seiner Lesung siehe ITE I/2, 252, n. 6. Das vorliegende Beispiel belegt die Gemination beim Partizip Aktiv, ein anderes Beispiel belegt sie bei der *śḏm.f*-Relativform (Derchain, Elkab I, 12*, Zeile 9). In beiden Fällen enthält die Aussage zweifelsfrei den Aspekt der Dauer und Gewohnheit. Zum allmählichen Verschwinden der Gemination beim Partizip und bei den Relativformen im Neuägyptischen siehe Erman, NG, § 366; 390 f. Die geminierende *śḏm.f*-Relativform findet man auch noch in ramessidischen Tempelinschriften, siehe zum Beispiel Nelson, Hypostyle Hall, 218, links, Zeile 7:  ...  , *prr ... jm.f*, aus dem ... immer wieder hervorkommt.

[4] Edfou VI, 229, 10; 340, 3; VII, 141, 13.

[5] Edfou VI, 307, 9; VII, 122, 15.

[6] Siehe dazu Wb III, 40, 2 ff.; Gardiner, EG, § 287.

[7] Zum Beispiel bei *śpdd*.

[8] Siehe zum Beispiel Edfou VIII, 31, 7; 59, 10 (*śmśj*, gebären lassen). – Zu *śḥꜥj* und *śḥꜥꜥ*, ein besonderer Fall, siehe Wb IV, 211, 1 - 11; die dortigen Angaben werden von den Belegen der Bände Edfou V - VIII bestätigt.

[9] Zur Klasse des Verbs und zu den Belegen siehe EP 1, 482 f., § 6.8.

[10] Dendara VII, 188, 8.

Unregelmäßige:

Das Verbum *rdj*, geben,[1] läßt insgesamt gesehen keine an die Formen des Verbs gebundene spezielle Distribution der Schreibungen[2] [3], [4], [5], [6], [7], [8], [9] erkennen,[10] wohl aber deutliche Bevorzugungen; so findet man meines Wissens nicht im Infinitiv, und sowie dominieren im *śḏm.f*. Gemination und Femininer Infinitiv begegnen nur noch äußerst selten.[11] Der Imperativ lautet wie in klassischer Zeit *jmj*; bei dem einzigen mir bekannten Beleg aus Edfu[12] mit dem möglicherweise stammhaften Imperativ *rdj*[13] könnte es sich um einen antiken Fehler handeln.

Die Verben *jj* und *jw*, kommen,[14] haben ihren Femininen Infinitiv verloren. Der zugehörige Imperativ lautet wie in klassischer Zeit *mj*; jedoch bildet das Ptolemäische, anders als das Mittelägyptische aber wie bereits das Neuägyptische[15] und das Demotische[16], eine maskuline und eine feminine Form (*mjt*).[17]

---

[1] Die folgenden Feststellungen gelten für Edfu. Zu Dendera siehe Junker, GdD, § 118, der zu einem ähnlichen Ergebnis gelangte.

[2] Das in einigen der folgenden Schreibungen markiert wohl die Aussprache der Zeit (cf. koptisch ϯ) und erzeugt, weil die traditionelle Schreibung beibehalten wird, eine sogenannte Historische Schreibung.

[3] Edfou IV, 243, 16 (Infinitiv); 258, 12 (*śḏm.n.f*); Dendara III, 125, 6 (Infinitiv); 128, 14 (*śḏm.n.f*).

[4] Edfou IV, 139, 13 (*śḏm.f*); 243, 16 (Infinitiv); VII, 92, 12 (Infinitiv); 265, 16 (Partizip Aktiv); 285, 5 (Infinitiv; im Band Edfou VII sehr oft in der Verbindung *ḥr* und Infinitiv).

[5] Edfou III, 3, 16 (*śḏm.n.f*); 196, 14 (Infinitiv). – Nach Paulet, in: CdE 81, 2006, 93, findet man im Opettempel (Karnak) diese Schreibung anscheinend nicht bei denjenigen *śḏm.n.f*, welche die Autorin „performatif" nennt.

[6] Edfou V, 293, 6 (Infinitiv); VI, 193, 14 und 16; 194, 1 (alle: *śḏm.f*).

[7] Edfou VI, 156, 7 (*śḏm.f*); VII, 104, 16 (Infinitiv); Dendara III, 101, 12 (Infinitiv); Esna II, Nr. 23, 12 (*śḏm.f*).

[8] Edfou VI, 265, 12 (*śḏm.f*).

[9] Edfou I, 130, 16 (Infinitiv); VI, 274, 4 (*śḏm.f*); Dendara III, 125, 7 (Infinitiv); Dendara III, 126, 13 (Partizip Aktiv); Esna II, Nr. 6, 13 (*śḏm.f*).

[10] Als bestimmende Faktoren für die Wahl der einen oder anderen Schreibung kämen in Frage die verschiedenen Redaktionen, der verfügbare Platz sowie ästhetische Vorlieben bei der Anordnung der Zeichen. Eine genauere Untersuchung könnte mehr erbringen, zum Beipiel, ob und wie sehr die Form des Verbs und das phonetische Umfeld einwirken.

[11] Zum seltenen Fall der Gemination beim Partizip Aktiv siehe unten, § 139 A.

[12] Edfou V, 377, 3 (kollationiert). Eine alternative Erklärung wäre, daß man den Ausdruck *rdj m ḫt* als Einheit sah, die man nicht durch **jm m ḫt* verunklaren wollte. – Aus Dendera kenne ich nur eine einzige Stelle mit dem Imperativ Plural (Dendara X, 298, 11); ob es sich dabei um eine Schreibung für *dj.tw* handelt?

[13] Gardiner, EG, § 336.

[14] Beide Verben haben offenbar dieselbe Bedeutung, ohne erkennbare semantische Nuancen; cf. Edfou V, 233, 6: *ḏd jj(t) n jw(t).ś*, der sagt, was kommt, bevor es noch gekommen ist.

[15] Erman, NG, § 354.

[16] Spiegelberg, Dem. Gr., § 216, 4.

[17] Zum stammhaften Imperativ von *jj*, kommen, in der klassischen Sprache siehe Quack, in: LingAeg, 12, 2004, 133 ff. (ablehnend).

Von den Formen des Verbs *jnj*, bringen,[1] läßt sich nur noch der Feminine Infinitiv im Status Pronominalis nachweisen.[2]

5 Verbum

5.2 Infinitiv

§ 138

Der Infinitiv des Verbs *wnn* zeigt, ebenso wie im Mittelägyptischen,[3] in aller Regel die Gemination: ;[4] diese fehlt bei der Verneinung mit *tm* (siehe unten, § 154):

- (Feinde sind) , *m tm wn*, vernichtet[5].

Die Endung *t* der Verba Tertiae Infirmae[6] ist für den Infinitiv im Status Absolutus und im Status Constructus nicht sicher nachzuweisen. Zwar lassen sich einige Fälle anführen, doch von denen sind die meisten mit einer gewissen Unsicherheit behaftet:

- , *hꜣt*, hinabsteigen;[7] das könnte als antiker Fehler für das Determinativ stehen: .

[1] Gardiner, EG, § 290, 3.

[2] Edfou VI, 214, 6.

[3] Gardiner, EG, § 299.

[4] Edfou VI, 77, 3 f.: *śḫꜣ.n.k wnn.n m mḥw*, „Erinnerst du dich an unseren Aufenthalt in Unterägypten?" (Der Infinitiv ist Direktes Objekt).
Edfou VII, 12, 6: *nt-ꜥ nb r śt wnn.f*, alle Rituale sind an dem Ort, wo sie hingehören (zum Singular bei *wnn.f* siehe oben, § 105); ähnlich: VII, 163, 5 f. Zur Auffassung als Infinitiv und zur gerundivischen Bedeutung cf. Spiegelberg, Dem. Gr., § 224.
Ebenso als Infinitiv aufzufassen (und nicht als Relativform, so Wb I, 451, 7) ist *wnn* auch in der sinnverwandten Wendung *bw wnn* und Suffixpronomen (beispielsweise Edfou VI, 202, 4; VII, 139, 15; VIII, 111, 4 mit spielender Schreibung, die nun gegen ITE I/1, 199, *wnn* zu lesen ist).
Zweifelsfrei im Infinitiv erscheint *wnn* an der Stelle Edfou VII, 175, 7 (ITE I/2, 316, n. 2).
Einmal begegnet *wnn* in der sonst mit *wn* konstruierten Formel *m wn-mꜣꜥ*: Edfou VII, 170, 7 (kollationiert); cf. dagegen Wb I, 310, 10 f.; Edfou VI, 133, 8 und 9.

[5] Edfou VIII, 21, 5.

[6] Sowie der anderen Verbalklassen, die einen „Femininen Infinitiv" besitzen.

[7] Edfou V, 125, 7 (kollationiert).

- , *rdt*, geben;[1] gegen die Wertung des als formales Kennzeichen des femininen Infinitivs spricht, daß in räumlicher Nähe dieser Belegstelle dieselbe Schreibung für die *śḏm.f*-Relativform nach maskulinem Bezugswort erscheint.[2]
- , *ḏ3t*, durchkreuzen[3].

Im Status Pronominalis des Infinitivs erscheint bei einigen Verba Tertiae Infirmae vor dem Suffixpronomen nicht allzu selten ein Morphem, welches das in den anderen Status geschwundene, auslautende *t* der Infinitive wieder aufleben läßt und so geschrieben wird:  , oder [4]. Beispiele:

- , ... *ḥr ḫwt.k*, ... schützt dich;[5]
- , *r tht.ś*, um ihn (den Tempel) anzugreifen;[6]
- 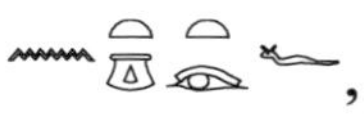, *n dgt.f*, wegen seines Anblicks.[7]

Belege kenne ich für die Verben

jnj, bringen[8]	*mśj*, gebären[9]	*nbj*, erschaffen[10]
rmj, weinen	*ḥ3j*, betrauern	*ḫwj*, schützen
ḫmj, nicht wissen[11]	*thj*, schädigen	*dgj*, sehen[12]

Auch beim Infinitiv eines Verbs mit stammhaftem *t*-Auslaut kann dieses *tj* (*tw*, *t*) vor dem Suffixpronomen erscheinen, weil fallweise das stammhafte auslautende *t* zu einem Murmelvokal verkümmert, der nur vor dem Suffixpronomen wieder als *t* auflebt:

---

[1] Edfou V, 293, 6. – Weitere Beispiele: Edfou V, 349, 9 (zwei Fälle).

[2] Edfou V, 296, 4. Cf. auch VI, 272, 13: das *t* steht bei *ḫwj* im *śḏm.f*. – Zu weiteren Schreibungen des Infinitivs siehe unten, § 154.

[3] Edfou IV, 273, 12 (in einer festen Formel, cf. Wb V, 515, 5; Edfou IV, 226, 6).

[4] Kurth, in: Edfu Begleitheft 1, 1990, 63 f. – Cf. oben, § 93.

[5] Edfou VIII, 48, 1. Cf. im Gegensatz dazu Edfou VI, 186, 5: 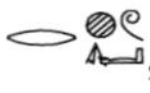, *r ḫw*(*t*), um zu schützen (damit endet der Satz). - Ein weiteres Beispiel: Dendara XII, 199, 4.

[6] Edfou VII, 41, 10.

[7] Edfou VIII, 80, 8. – Wenn man das Element nur schreibt, wird es vor das Determinativ gesetzt, was ja entsprechend auch beim *śḏm.tw.f*-Passiv, Pseudopartizip (*tj*) und *śḏm.tj.fj* geschieht. Entsprechendes war schon in klassischer Zeit üblich.

[8] Edfou VI, 214, 6.

[9] LD, Abth. IV, Bl. 54 a, Beischrift des Harsomtus von Chadi (= Dendara XII, 14, 6 f.); Esna VI/1, Nr. 518, 15. Zur Konstruktion siehe unten, § 263, B c.

[10] Kôm Ombo (Gutbub) I, Nr. 264, 2.

[11] Dendara XIII, 72, 12 (*m ḫmt.ś*, ohne ihr Wissen).

[12] Für die fehlenden Belegstellen (teils aus Edfu, teils aus Dendera) siehe Kurth, in: Edfu Begleitheft 1, 1990, 63 f.

, *r ḥpt.k*, um dich zu empfangen.[1]

Verneint wird der Infinitiv mit *tm* (siehe unten, § 154):

- (Seth soll in der Erde eingesperrt bleiben) 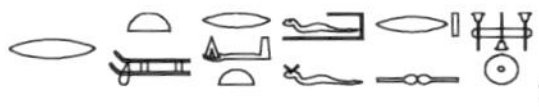, *r tm rdt prj.f rśj*, um zu verhindern, daß er jemals wieder herauskomme;[2]

- (Eine Ermahnung an die Priester: „Wenn ihr wünscht) , *tm śkj m-ḫnw ḥt-nṯr.f* ..., nicht zu verschwinden aus seinem Tempel, (dann) ... .“[3]

5 Verbum

5.3 Partizip

§ 139

A Partizip Aktiv

Die nach mittelägyptischer Art gebildeten Partizipien transitiver und intransitiver Verben, die so häufig in den Epitheta-Ketten der Ritualszenentexte begegnen, zeigen in aller Regel keine Endung.[4] Allerdings kann sich in festen Verbindungen, die seit alter Zeit belegt sind, die Femininendung erhalten:

- , *m33t Ḥr*, Die-den-Horus-sehen-darf (ein Titel der Königin).[5]

Darüber hinaus zeigen pronominale Rückverweise, daß das feminine Genus auch ohne ausgeschriebene Femininendung beachtet wurde:

- , *śr jw(t) nn jw(t).ś*, der das Kommende vorhersagt, bevor es gekommen ist.[6]

---

[1] Edfou VII, 192, 2; das ist bereits im Neuägyptischen zu beobachten, siehe Erman, NG, § 405.

[2] Edfou VI, 121, 11. Ein weiteres Beispiel: Dendara X, 372, 9 (*n-mrwt*^sic^ *tm tkn jm.ś*; cf. Gardiner, EG, § 181). – Der Infinitiv ist bezüglich der Genera Verbi neutral, kann also auch passivische Bedeutung haben: ... *r tm jṯ(t) jḫt.f*, ..., damit sein Besitz nicht gestohlen werde (Deir el-Bahari III, p. 40, Nr. 38). – Ein weiteres Beispiel: Kôm Ombo (Gutbub) I, Nr. 6, 5 (*ḫntj r nw.f r tm rd(t) ˁm ś(w) w3ḏ-wr*; die Nilflut wird gedeutet als ein Stromauffahren des Nils, als eine Umkehr des Flusses, damit ihn nicht das Mittelmeer verschlinge).

[3] Edfou V, 392, 14. Der Infinitiv ist Direktes Objekt zu *mrj*, wünschen. Ein weiteres Beispiel: *tm 3b m šmś pr.f ˁnḫ pw 3w*, Unaufhörlich seinem Hause zu dienen bedeutet Leben (in) Fülle (Edfou V, 344, 7 f.); der verneinte Infinitiv ist Subjekt. – Viele weitere Belegstellen findet man unten, § 154.

[4] Für das Fehlen der Endung *t* des Singular Feminin in den Epitheta-Ketten der Göttinnen siehe zum Beispiel Edfou VII, 133, 4 (*śḥḏ(t)*); 145, 15 (*š3ˁ(t)*); 147, 1 (*ḫwj(t)*); Dendara III, 148, 18 (*pśḏ(t)*); 166, 8 (*prj(t)*). - Zu Ausnahmen und den Endungen der Verbal-Adjektive siehe § 118 - 120, zu substantivierten Verbal-Adjektiven siehe oben, § 92; 97; 99.

[5] Edfou VIII, 113, 5. Cf. Wb II, 7, 13; Edfou III, 97, 7 und 153, 2.

[6] Edfou VII, 133, 18; cf. auch unten, § 146, Anm. zu „Singular Feminin“.

Mit *j* anlautende Partizipien sind nur selten zu belegen:[1]

- , *n jt j.mśj śn*, es gibt keinen Vater, der sie (die Urgötter) erzeugt hat;[2]
- , *ḥḳ3 Pwnt j.jnj ꜥntjw*, Der Herrscher von Punt, der Myrrhe herbeigebracht hat.[3]

Partizipien mit dem Präfix *j* weisen vielleicht auf einen neuägyptischen Einfluß;[4] man findet diese Bildung auch im Spätmittelägyptischen[5] und im älteren Demotischen[6] nur sehr selten.

Für die Bildung mit dem Hilfsverbum *jrj und Infinitiv*[7] kenne ich aus Edfu nur einen Beleg, der allerdings nicht ganz zweifelsfrei ist:

- (Horus wird aufgefordert, wie andere Gottheiten auch, sich einen Körperteil des erlegten Nilpferdes zu nehmen, das als Erscheinungsform des Seth galt) *jtj n.k tp.f jrj wṯs ḥḏt j3wt nt jt.k Wśjr*, Nimm dir den Kopf von ihm, der sich die Weiße Krone aufgesetzt (und damit) das Amt deines Vaters Osiris (angemaßt) hat.[8]

In Esna finden sich etliche Belege, so beispielsweise in einer Hymne an Chnum von Esna:

- , *j p3 jrj śnḏm ḥr śrḫ.f*, O du, der du dich auf deinem Thron niedergelassen hast.[9]

Partizipien mit dem Affix *tj*[10] begegnen nur selten im Neuägyptischen[11], im Ptolemäischen hingegen finden wir sie öfters bei den Verba Tertiae Infirmae. Das Affix schreibt man  [12],

---

[1] Der in den folgenden Beispielen vielleicht theoretisch mögliche Ansatz als *r* und Infinitiv ist meines Erachtens unwahrscheinlich, weil sich mit den entsprechenden Übersetzungen kein zufriedenstellender Sinn ergibt.

[2] Edfou IV, 140, 13. Der Text setzt sich fort: *n wn* <*śwḥt*> *śḫpr śn*, es existiert kein <Ei>, das sie hat entstehen lassen; zur Konjektur cf. Edfou I, 313, 14.

[3] Tôd II, Nr. 228, 5.

[4] Erman, NG, § 368.

[5] Jansen-Winkeln, Spätmitteläg. Gramm., § 187.

[6] Spiegelberg, Dem. Gr., § 236, Anm.

[7] Spiegelberg, Dem. Gr., § 241. Dabei ist das Hilfsverb ein Partizip Aktiv, das bedeutungstragende Verb folgt im Infinitiv und bezeichnet eine aktive Handlung der Vergangenheit.

[8] Edfou VI, 90, 1 (). - Folgende alternative Übersetzung ist nicht ganz auszuschließen: „Nimm dir seinen Kopf, setze die Weiße Krone auf (und damit) das Amt deines Vaters Osiris“. Der sich dabei ergebende Sinnzusammenhang befriedigt aber nicht sehr; außerdem wäre die Constructio Periphrastica bei *wṯs* ungewöhnlich. Für die hier bevorzugte Übersetzung spricht überdies, daß auch die vorangehende Passage der Isis eine Begründung enthält („Mir aber gehört sein ..., denn ich bin deine Mutter, die er (Seth) bedrängte“).

[9] Esna III, Nr. 356, 9. Zum Text cf. Quack, in: Fs. Schenkel, 107 ff. Ähnlich: Esna III, Nr. 356, 10; 356, 12 und 13; 356, 15 und 16 und öfters.

[10] Die Schreibungen schwanken zwischen *tj* und *tw*, nicht anders als zum Beispiel bei der entsprechenden Endung des Pseudopartizips (siehe unten, § 140; cf. auch EP 1, 552, § 36). Die in dieser Grammatik für alle Fälle gewählte Transkription *tj* ist willkürlich. – N. b.: Das Affix wird bei der Transkription nicht berücksichtigt, um deren Lesbarkeit nicht zu beeinträchtigen.

[11] Nelson, Hypostyle Hall, Pl. 193, 4: (*Jmn-Rꜥ K3-mwt.f*) 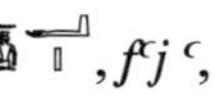, *fꜥj ꜥ*, der den Arm hebt.

[12] Edfou VII, 323, 10.

[1], [2], [3], [4], und zwar ebenso vor pronominalem wie vor nominalem Direkten Objekt und auch unabhängig davon, ob es sich um ein attributiv verwendetes oder um ein substantiviertes Partizip handelt:

- (der König) , *ḫwj tꜣ pn*, der dieses Land schützt,[5]
- (demjenigen ein Ende bereiten) , *thj św*, der ihn angreift,[6]
- (die Göttin Menehit, die den tötet) , *thj ś(j)*, der sie angreift,[7]
- (der König) , *ḫwsj jnb*, der eine Mauer baute.[8]

Bei folgenden Verba Tertiae Infirmae fand ich das Partizip Aktiv mit dem Affix *tj*:

wnj, eilen[9]
mśj, gebären[10]
mkj, schützen[11]
nbj, bilden[12]
ḫwj, schützen[13]
ḫwsj, bauen[14]
thj, schädigen[15]

Mir sind nur wenige Fälle bekannt, in denen das Affix an ein Verb angehängt wird, das nicht zur Klasse der Tertiae Infirmae gehört:[16]

- *jn Nb-ḫmnw nḫb ś(j)* ( ) *n kꜣ.k*, es ist der Herr-von-Hermopolis (Thot), der es (das Erbe) für deinen Ka festgesetzt hat,[17]

---

[1] Edfou VI, 89, 2.
[2] Esna VII, Nr. 570, 31.
[3] Dendara X, 245, 12; hier wird das Affix *tj* ausnahmsweise einmal vor dem Determinativ geschrieben.
[4] Edfou VII, 164, 8.
[5] Urk. VIII, Nr. 180 a.
[6] Edfou VI, 89, 2.
[7] Esna VII, Nr. 570, 31 (das letzte Zeichen sieht in der Publikation ein wenig anders aus). Das *t* kann wegen der zahlreichen Parallelen dieser Formel nicht die Femininendung sein. – Ein weiteres Beispiel: Kôm Ombo (Gutbub) I, Nr. 14, 14.
[8] Edfou VI, 12, 10.
[9] Edfou V, 118, 14. Cf. dieselbe Formel Edfou Mam., 61, 17 (Schreibung des Affix:); De Wit, Temple d'Opet, 298, links (ohne Affix).
[10] Edfou II, 32, 8 f.; V, 125, 9; VII, 59, 3 (feminines Bezugswort; die hier zusammengestellten Fälle verbieten es aber, das als Femininendung aufzufassen).
[11] Edfou VIII, 21, 5; Dendara VI, 60, 2.
[12] Edfou V, 55, 9; 247, 14; VII, 68, 12; VIII, 15, 11; 131, 2.
[13] Urk. VIII, Nr. 180 a.
[14] Edfou VI, 12, 10; VIII, 16, 3 (unsicher wegen der nachfolgenden Zerstörung des Textes).
[15] Edfou VI, 64, 13; 180, 4; VII, 164, 8; 200, 5 f.; 323, 10. Cf. VI, 178, 3 f. und 10 (ohne Affix); Wb V, 320, 1 ff. (ohne Affix).
[16] Siehe auch das Affix *tj* bei der maskulinen *śḏm.n.f*-Relativform des reduplizierten Verbs *pʿpʿ*, gebären (Edfou VII, 252, 2; ITE I/2, 469, n. 2), dessen Simplex *pʿj* (IIIae inf.) sein könnte (cf. Osing, Nominalbildung, 195; 727, Anm. 866; Wilson, Ptol. Lex., 346 f.). – Siehe auch unten, § 143 (zur Möglichkeit, für diesen Fall einen Fehler anzusetzen).
[17] Edfou VII, 197, 8. Die vorliegende *jn*-Konstruktion verlangt das Partizip. Die Auffassung als Abhängiges Pronomen **tw.ś* der Reihe *tw.j*, *tw.k* etc. (siehe oben, § 49 ff.) ist mit Blick auf das Demotische

- (der König) , *śwr m3ˁt*, der die Maat groß sein läßt,[1]
- (Horus ersticht) , *tkk ś(w)*, den, der ihn angreift.[2]
- (Erhebe dich auf dem Bett) 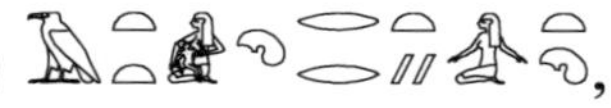, *3tjt.k rr(t) t(w).k*, deiner Amme, die dich nährt.[3]

Fragt man nach der Herkunft des Affixes *tj* beim Partizip Aktiv, dann sind einige ähnliche Bildungselemente in die Betrachtung einzubeziehen. Dabei zeigt sich, daß

a) das *tj* der Nominalbildung (siehe oben, § 116) keine Verbalklasse bevorzugt und sich insgesamt in seinen Schreibungen von den folgenden Fällen (b und c) abhebt;

b) das *t(j)* am Infinitiv der Verba Tertiae Infirmae nur vor dem pronominalen und nicht vor nominalen Objekt wieder auflebt und dabei nicht auf die dritte Person beschränkt ist;

c) das *tj* beim Partizip Aktiv nicht auf Verba Tertiae Infirmae beschränkt ist und vor nominalem Objekt erscheint wie auch vor pronominalem, letzteres aber ausschließlich bei der 3. Person.

Den drei Vorkommen des *tj* ist gemeinsam, daß das Bildungselement jeweils nur fakultativ verwendet wird.

Die festzustellenden Unterschiede und Gemeinsamkeiten ergeben für mich kein klares Bild. Das *tj* der Nominalbildung ist anscheinend von den beiden anderen Vorkommen zu trennen.[4] Zwischen dem *tj* am Partizip Aktiv und dem *tj* am Infinitiv gibt es gewisse Beziehungen, die teils alt sind[5] und vermuten lassen, daß ersteres analog zu letzterem gebildet wurde.[6]

Es bleibt also noch manche Frage offen, doch man kann festhalten, daß im Ptolemäischen das Partizip Aktiv mit einem Affix *tj* gebildet werden kann, und zwar vor nominalem wie auch vor pronominalem Objekt, jedoch nur in der 3. Person.[7]

... < S. 717 unwahrscheinlich, cf. Spiegelberg, Dem. Gr., § 258. – Zwei weitere mögliche Fälle (*nḫb* und *wˁf*) sind wegen der vorangehenden Textzerstörung sehr unsicher; siehe aber ITE I/2 (Edfou VII), 359, n. 3.

[1] Dendara VII, 118, 17 f.

[2] Edfou VII, 308, 14. Cf. Edfou VIII, 63, 2 und Wb V, 336, 3 (ohne Affix).

[3] Dendara X, 245, 12; die Femininendung ⌓ dürfte ausscheiden, da diese in der Regel nur beim Verbal-Adjektiv geschrieben wird, und nicht beim Partizip Aktiv der transitiven Verben, siehe § 119.

[4] Vielleicht besteht eine Beziehung zum *śḏmt.tj.fj* (§ 146); cf. dazu auch Zonhoven, *śḏm.t=f*, 97 ff.

[5] Cf. Erman, NG, § 82 f.; 91, Anm.; 373.

[6] Dazu vergleiche man zum Beispiel Edfou VII, 41, 10 (der Infinitiv von *thj* vor pronominalem Objekt der 3. Person Singular Feminin) und 164, 8 (das Partizip Aktiv von *thj* vor pronominalem Objekt der 3. Person Singular Maskulin), die völlig gleich geschrieben sind.

Das Auftreten des nominalen Objekts nach *tj* beim Partizip Aktiv und sein Fehlen beim Infinitiv sind wohl auf eine andere Silbenstruktur und einen anderen Akzent der jeweiligen Verbindung zurückzuführen.

[7] Allerdings sind mir nur Beispiele für den Singular bekannt.

Die Endung kann bei den substantivierten[1] Partizipien in bestimmten Verbalklassen auftreten:[2] , *Śšwj*, Der sich Erhebende (ein Schutzgott)[3]; , *nḏrj*, der Zupackende[4]; , *rmnj*, der Träger[5]. – Zu *mrj*, lieben, mit Endung siehe oben, § 137.

Die Endung *w* beim substantivierten Partizip fand ich nur ein einziges Mal: , *ꜥꜣ*, der Große[6].

Ein Determinativ (Pluraldeterminativ) beim substantivierten Partizip begegnet nicht selten in der Wendung

- , *šbjw ḥr jt.f*, die gegen seinen Vater rebellieren.[7]

Manchmal stehen Femininendung und Determinativ bei einem Partizip, das wir zwar als attributiv empfinden, das aber vom Ägypter substantiviert[8] und wie eine Apposititon angeschlossen wird; öfters handelt es sich dabei um den Komparativ:

- (die Göttin ...) , *ꜣḫt r ꜣḫwt*, die herrlicher als die Herrlichen ist,[9]
- (die Göttin ...) , *šꜣꜥt*, die begonnen hat (das Schützen),[10]
- (die Göttin ...) , *ꜥnt*, die schön ist (in ihrer Gestalt).[11]

Auch das folgende Beispiel (maskulin) wurde wohl substantivisch aufgefaßt:

- (Horus ist) , *wꜥ r nṯrw*, der Einzigartige unter den Göttern.[12]

---

[1] Das attributiv verwendete Partizip von *nḫ*, schützen (, Edfou VIII, 43, 18) gehört nicht hierhin, weil das Verb dieselbe Endung auch im Infinitiv (Edfou II, 47, 9) und *śḏm.n.f* (Dümichen, GI III, Tf. 91, rechts) aufweist.

[2] Cf. Junker, GdD, § 166. – Auch das Partizip eines Verbum Tertiae Infirmae kann als Prädikat im Adjektivischen Nominalsatz (siehe unten, § 223) die Endung erhalten (Edfou VI, 224, 8: *šfj* anschwellen).

[3] Edfou III, 33, 7, Nr. 9 (Goyon, Gardiens, 57). Ein Verb der Klasse Tertiae Infirmae Kausativ.

[4] Edfou VIII, 27, 11. Ein Verb der Klasse Quartae Infirmae.

[5] Dendara V, 94, 7 f. Ein Verb der Klasse Quartae Infirmae. – Im Plural auch mit der Endung : Dendara XII, 244, 10 (*wnnjw*).

[6] E VI, 186, 2 (eine in den Schöpfungsmythen Edfus auftretende Gottheit); kollationiert. Die Parallelen schreiben die Endung *w* nicht (cf. Leitz, LGG, II, 9 c).

[7] Edfou VIII, 47, 10; 48, 6 f.; 63, 2; 81, 4; VII, 201, 7 f.

[8] Determiniert wird ja in der Regel das substantivierte Partizip. – Beispiel für substantivierte Partizipien ohne Determinativ: Edfou VI, 68, 4 (*jj r kśm*); 150, 1 (*jj r ḫśf*).

[9] Edfou V, 205, 13; ähnlich: 325, 11; VI, 251, 1; 266, 5; VII, 86, 14 f.; 281, 15. – Cf. unten, § 171.

[10] Edfou VII, 155, 8 (ITE I/2, 281 mit n. 1).

[11] Edfou VII, 170, 7. Man könnte auch übertragen „die Schöngestaltige“ oder „die Schöne in ihrer Gestalt“.

[12] Edfou VII, 132, 1. Syntaktisch wäre *wꜥ r nṯrw* ein Nomen mit zugehörigem präpositionalen Attribut (cf. *nb r ḏr*); wörtlich: der Eine in Bezug auf die Götter.

Den soeben aufgezeigten Fällen ist gemeinsam, daß das determinierte Partizip ein nominales Objekt oder einen adverbiellen Ausdruck regiert.

Die Gemination findet man beim Partizip nur noch sehr selten, und zwar

a) attributiv:

- (Sachmet ... die Herrin des Lebens) , *dd(t)*, die gibt (nach ihrem Belieben),[1]
- , *ꜥnḫ-mrr-ḫpr*, der Käfer,-der-das-Werden-liebt (ein Amulett),[2]
- (ich gebe dir alle Dinge) , *wnnw(t)*, die existieren (in diesem Lande),[3]

in den genannten Fällen vermittelt das geminierende Partizip den Aspekt der Dauer und Gewohnheit;

b) substantiviert:

- , *wnnt*, das Seiende,[4]
- (geschenkt wird ein Land mit allen Dingen und Lebewesen) , *ḥnꜥ wnn(t) r prt jm.w*, sowie das, was (an Produkten) daraus hervorgehen wird,[5]

die Zeitlage ist das Futur.

Das Partizip von *wnn* geminiert in Edfu regelhaft nicht, wenn ein adverbieller Ausdruck folgt:[6]

- (Horus gibt alle Dinge) , *wn ḥr sꜣ tꜣ*, die auf dem Rücken der Erde sind,[7]
- (gebracht werden alle Dinge) , *wn m šnꜥw*, die im Speicher sind,[8]
- (der Thronfolger) , *wn tp tꜣ*, der auf Erden ist,[9]
- (ein Schutzgott vertreibt den Feind) , *r bw nb wn ḫr ḥm.k*, von jedem Ort, an dem sich Deine Majestät befindet.[10]

---

[1] Edfou VI, 268, 3 (kollationiert).

[2] Edfou VII, 301, 17 (cf. Dendara VI, 28, 15, nicht geminierend; 29, 6, geminierend).

[3] Edfou VI, 19, 9. Die Gemination ist innerhalb der Konstruktion *wnn* und Präposition und Nomen eine sehr seltene Ausnahme, siehe im folgenden.

[4] Edfou VI, 28, 7; VII, 48, 15; 69, 12 f.; VIII, 46, 12 et passim; auch in Dendera (Junker, GdD, § 166). Ausnahmsweise einmal nicht geminierend: Edfou VII, 80, 8.

[5] Dakke, 251.

[6] Dem entspricht *wn* und Pseudopartizip, da das PsP dem adverbiellen Ausdruck syntaktisch gleichwertig ist; siehe unten, § 139 B. – Nach Paulet, in: CdE 81, 2006, 93, gibt es diese Differenzierung im Opettempel (Karnak) anscheinend nicht.

[7] Edfou VI, 19, 5.

[8] Edfou VI, 207, 9.

[9] Edfou VI, 245, 8.

[10] Edfou VII, 269, 9. – Zusätzliche Belege: Edfou V, 13, 11; 101, 3; 136, 16; 139, 18 f.; VI, 12, 6 f.; 194, 6; 201, 6; 228, 5; 310, 10; 317, 16; VII, 27, 6; 167, 12; 181, 15; 189, 14; 258, 11; 279, 6; 311, 9; VIII, 145, 3 et passim.

Auch das substantivierte Partizip geminiert nicht, wenn ein adverbieller Ausdruck folgt:

- (der Gott gibt Leben) , *n wn ḥr w3t.f*, dem, der auf seinem (des Gottes) Wege ist.[1]

B Partizip Passiv

In der Regel zeigt das Partizip Passiv keine Endung, weder in attributiver Verwendung noch als Substantiv:

- *ḥ3p m33(t)*, das Gesehene ( ) verbergen[2].

Folgende Fälle verdienen aber eine nähere Betrachtung:

- *ḏ3jśw śtpw*, erlesene Sprüche: hier schreibt man bei *śtp* stets das Pluraldeterminativ ( ), wenn kein Adverbium folgt, bei folgendem Adverbium jedoch schreibt man in einem Falle kein Pluraldeterminativ.[3]

- *ḥ*ʿ*pj ḫ3j*, der Nil, der gemessen wird:

bei diesem Verbum Tertiae Infirmae erscheint die Endung ( )[4]; die Parallele[5] schreibt .[6]

- *nwwt śpwt ḫtj*, die Städte und Gaue, die beschriftet wurden ( );[7] das Zeichen ist wahrscheinlich nicht Phonetisches Komplement *t*, sondern Femininendung.[8]

- *jrjw m* oder *jrjw n*, ergibt, macht, entspricht (unpersönlicher Gebrauch des Partizip Passiv).[9]

---

[1] Edfou VII, 87, 6; ähnlich: Edfou V, 3, 6; VII, 183, 9; 318, 4; Dendara X, 76, 9.

[2] Edfou VI, 59, 11; ähnlich VII, 56, 16 (*gmj(t)*, das Gefundene).

[3] ITE I/2 (Edfou VII), 567, n. 1. Es ist aber sehr fraglich, ob die Auslassung des Pluraldeterminativs bei vorhandenem Adverbium regelhaft ist; dagegen spricht nämlich die Stelle Edfou VIII, 61, 2, wo bei singularisch maskulinem Bezugswort und bei vorhandenem Adverbium das Pluraldeterminativ steht (*śḫkr*, schmücken). – Cf. auch Edfou VII, 269, 1; VIII, 93, 8 (beide: *ḏdw(t).f*, sein Gesagtes, seine Worte).

[4] ITE I/1 (Edfou VIII), 94, n. 5. – Zu *mrj*, lieben, siehe oben, § 137.

[5] Clère, Porte d'Évergète, Pl. 38, unten rechts.

[6] Wegen eines besonderen Falles siehe auch unten, § 223, letzte Anmerkung.

[7] Edfou VIII, 33, 13. Das Verbum *ḫtj* gehört zur Klasse der Tertiae Infirmae.

[8] Cf. die üblichen Schreibungen dieses Monogramms, Wb III, 347, 16 ff.; Cauville, Dend. Chap. Os. III, 438. Dieser Fall ist aber isoliert und deshalb unsicher.

[9] Gardiner, EG, § 422, besonders 422, 3; Jansen-Winkeln, Spätmitteläg. Gramm., § 271 A i; Meeks, Texte des donations, 170.

Nicht allzu selten schreibt man in Edfu die Endung *w*: [1] oder [2], wobei im gleichen Kontext auch [3] und [4] erscheinen sowie [5] und sehr selten [6]; die Schreibung schließlich[7] weist auf die zeitgenössische Aussprache.[8]

In Dendera wird im selben Kontext die Endung *w* in der Regel nicht geschrieben, statt dessen findet man  und .[9] In Edfu fällt auf, daß die Endung *w* nur dann erscheint, wenn kein *n* oder *m* folgt.[10]

Die Bildung mit dem Hilfsverbum *wnn* und Pseudopartizip[11] ist gut bezeugt. Diese Art der Umschreibung des Partizips existiert seit dem Alten Reich,[12] wird aber seit dem Neuägyptischen[13] fast ausschließlich für die präteritale Zeitlage verwendet. Bei den transitiven Verben hat das Pseudopartizip passivische Bedeutung, bei den intransitiven gibt es einen in der Vergangenheit eingetretenen Zustand an.

Das hier als Partizip erscheinende Hilfsverbum *wnn* wird immer *wn* geschrieben, also  oder Allographen:[14]

- (der König hat die beiden Landesteile zusammengefügt) , *wn(t) wpj*, die getrennt waren,[15]
- (der König bringt das Auge) 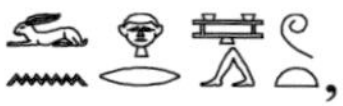, *wn(t) ḥrj.tj*, das sich entfernt hatte,[16]

---

[1] Edfou VII, 216, 8.
[2] Edfou VII, 231, 6.
[3] Edfou VII, 163, 12.
[4] Edfou VI, 162, 10.
[5] Edfou VI, 163, 8; VII, 218, 2.
[6] Edfou VII, 250, 9.
[7] Edfou VI, 163, 14; VII, 217, 10.
[8] Erichsen, DG, 36; 238.
[9] Dendara X, 35, 8 und 9.
[10] Davon abgesehen, lehrt ein Blick auf die Gesamtheit der Belege, in denen die einzelnen Schreibungen vorkommen, daß hier keine Regel waltet, sondern die Gewohnheit des jeweiligen Schreibers.
[11] Spiegelberg, Dem. Gr., § 238. Dabei ist das Hilfsverb ein Partizip, das die Bedeutung tragende Verb folgt im Pseudopartizip.
[12] Edel, Altäg. Gramm., § 650, 2; Gardiner, EG, § 396, 2, Beleg 8 (dazu: Beni Hasan I, Pl. 26, Zeile 215; siehe die Korrekturen Montets, in: Kêmi III, 112 ff.).
[13] Erman, NG, § 377; 514 (dazu: Nelson, Hypostyle Hall, Pl. 137, Zeile 23 f.: *wn w3ḥ*); Spiegelberg, Dem. Gr., § 238 (*j/r.wn-n3.w*).
[14] Das trifft auch zu, wenn eine Adverbialgruppe folgt, die ja syntaktisch dem Pseudopartizip entspricht (siehe oben, § 139 A): (Horus) *śḥd t3 wn m kkw*, der das Land erhellt, das in Dunkelheit war (Edfou VII, 113, 8).
[15] Edfou VIII, 34, 2; ähnlich: VII, 96, 6; 126, 8 (ergänzt).
[16] Edfou VII, 311, 13; ähnlich: V, 281, 11.

- (zum König wird gesagt) , *jꜥb.n.k wn(t) tꜣš.t(j)*, „du hast vereint, was geteilt war.“[1]
- (der König) , *ḥr ḥḥj wn(t) sbj*, sucht was geschwunden ist.[2]

Die beiden letzten Beispiele zeigen, daß die Regel auch dann gilt, wenn das Partizip kein explizites Bezugswort hat und deshalb substantiviert ist.

Verneint wird das Partizip mit *tm* (siehe unten, § 154):

- (Die stets wachsamen Wächter) , *tm ꜥꜥw ḥr śḫrj śbjw*, die beim Vertreiben der Feinde keinen Schlaf kennen,[3]
- (O Sachmet, Sehvermögen von jedermann) , *tm(t) ḫpr b(j)d(j)*, die keine Sehschwäche entstehen läßt![4]

---

[1] Edfou VI, 228, 5 f.; ähnlich: VI, 48, 14.

[2] Edfou VI, 289, 1 f.

[3] Edfou VIII, 82, 1; ähnlich: V, 19, 10; 119, 9; Dendara X, 340, 12; XI, 152, 3 (*tm prj ḥr ptr(t).n.f*).

[4] Edfou VI, 264, 13. – Zu diesem öfters belegten Epitheton der Sachmet siehe Germond, Sekhmet, 90, n. 18. Die Bedeutung „Sehvermögen“ wird von der Parallele Dendara VII, 107, 16, bestätigt: *j mꜣꜣ(t) jrt nbt jm.ś*, „o du, durch die jedes Auge sieht“. Die Übersetzung bei Wilson, Ptol. Lex., 339, kann ich nicht nachvollziehen. Zum Wort *ḫpr* in kausativer Bedeutung siehe unten, § 157, Unmarkiertes Kausativ. – Ein weiteres Beispiel: Dendara XIV, 40, 5 (Name einer Uräusschlange).

5 Verbum

5.4 Pseudopartizip[1]

§ 140

Als Endungen des Pseudopartizips erscheinen im Ptolemäischen:

1. Person Singular Maskulin

a) – *kwj*:, [2], [3], [4], [5]

b) – *tj*[6]: [7]

1. Person Singular Feminin

a) – *kwj*:, [8], [9]

b) – *tj*: [10]

2. Person Singular Maskulin

a) – *w*: [11]

b) – *tj*:  [12], [13], [14], [15], [16]

c) ohne Endung[17]

---

[1] Zu den syntaktischen Funktionen des Pseudopartizips siehe unten, § 158 (attributiv; abverbiell); unten, § 216 (prädikativ); unten § 277 A (beim Wunsch).

[2] Edfou VI, 240, 9 (*wꜥb.kwj*; König).

[3] Edfou VI, 240, 16 (*wꜥb.kwj*; König).

[4] Edfou VI, 235, 10 (*ꜥḥꜥ.kwj*; ein Magier?); VII, 192, 17 (*wꜥb.kwj*; König).

[5] Edfou VI, 61, 9 (*ꜥḥꜥ.kwj*; Gott).

[6] Zu ,  und  cf. Depuydt, in: OLP 26, 1995, 21 ff.

[7] Dendara X, 352, 2 (*wꜥb.tj*; Horus). Schon im späten Neuen Reich, Erman, NG, § 330.

[8] Edfou VI, 87, 3 (*jj.kwj*; Isis).

[9] Edfou VI, 74, 2 (*jj.kwj*; Isis; kollationiert).

[10] Edfou VI, 214, 1 (*jwr.tj*; Isis). Schon im späten Neuen Reich, Erman, NG, § 330.

[11] Edfou I, 234, 5 (*ḫꜥj.w*); anders als bei der 3. Person begegnet diese Endung bei der 2. Person so selten, daß man Fehler nicht ausschließen kann.

[12] Edfou V, 231, 5 (*jw.tj*); Chelouit III, Nr. 124, 5 (*ꜥnḫ.tj*; Osiris). Schon im Neuen Reich, Erman, NG, § 331.

[13] Edfou VI, 51, 12 (*ꜥnḫ.tj*); VIII, 148, 9 (*rnpj.tj*).

[14] Edfou VI, 101, 7 (*ḳꜣj.tj*); 189, 2 (*ḫꜥj.tj*).

[15] Edfou VI, 51, 8 (*rnpj.tj*); VIII, 123, 12 (*mn.tj*).

[16] Esna VII, Nr. 574, 16 (*ꜥnḫ.tj*).

[17] Edfou VI, 101, 4 (*mꜣꜥ*). Die endungslose Form ist seltener als diejenige mit der Endung *tj*, in Edfu wie auch in Dendera (Junker, GdD, § 143). – Selten findet man die endungslose Form bereits im Neuägyptischen (Erman, NG, § 331, Anm.).

2. Person Singular Feminin

a) – *tj*: [1]

b) ohne Endung[2]

3. Person Singular Maskulin

a) – *w*[3]:  [4], [5], [6], [7], [8], [9]

b) – *tj*: 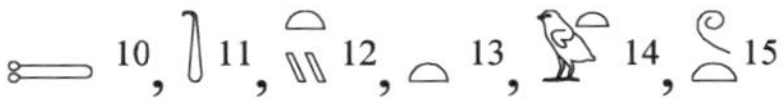 [10], [11], [12], [13], [14], [15]

c) ohne Endung[16]

---

[1] Edfou VI, 95, 16 (*ḏdj.tj*); siehe die Parallelen bei Germond, Invocations, 20); 96, 7 (*wʿb.tj*); 262, 7 (*jj.tj*; *ḫʿj.tj*); Junker, GdD, § 145 (*ḫʿj.tj*).

[2] Selten, siehe Junker, GdD, § 143.

[3] Diese Endung ist vom Altägyptischen durchgehend bis ins Ptolemäische belegt, siehe Edel, Altäg. Gramm., § 572; Gardiner, EG, § 309; Erman, NG, § 332; Jansen-Winkeln, Spätmitteläg. Gramm., § 120; Spiegelberg, Dem. Gr., § 96.
Die Belege des Ptolemäischen zeigen, daß die Endung *w* bevorzugt bei Verben auftritt, die auf einen schwachen oder schwach gewordenen Konsonanten enden; siehe dazu EP 1, 500 f., § 10.5 und cf. Spiegelberg, Dem. Gr., § 107.

[4] Edfou VI, 220, 3 (*ʿꜣ.w*).

[5] Edfou VI, 90, 3 (*mꜣʿ.w*).

[6] Edfou VI, 220, 4 (*ḥtp.w*).

[7] Edfou IV, 77, 15 (*hꜣj.w*).

[8] Edfou VI, 286, 1 (*bꜣ.w*; kollationiert); Parallelen haben die Endung  (Edfou VII, 101, 4; 270, 16).

[9] Edfou VII, 169, 14 (*mꜣʿ.w*); VIII, 76, 9 (*prj.w*); Dendara V, 134, 14 (*nḏm.w*); Herbin, in: BIFAO 82, 1982, 252 (*ḫʿj.w*; die Parallele hat).

[10] Edfou VI, 220, 4 (*pḥ.tj*).

[11] Edfou VI, 35, 4 (*ʿꜣ.tj*); VII, 110, 10 (*wbn.tj*); VIII, 101, 1 (*kꜣj.tj*). – Diese Endung begegnet bei prädikativer Verwendung des PsP am zweithäufigsten.

[12] Edfou VIII, 8, 10 (*mn.tj*).

[13] Edfou VII, 300, 10 (*wr.tj*); VIII, 123, 9 (*šw.tj*; zur Konjektur siehe ITE I/1, 389).

[14] Edfou IV, 113, 9 (*kśj.tj*); VII, 50, 16 (*mkj.tj*); 101, 17 (*wꜣḏ.tj*); VIII, 139, 10 (*wbn.tj*).

[15] Edfou V, 29, 10 (*prj.tj*); VI, 35, 4 (*wr.tj*); VII, 306, 8 f. (*śśp.tj*; *ꜣḫ.tj*); VIII, 130, 8 (*ḫʿj.tj*); Esna II, Nr. 14, 15 (*prj.tj*). – Diese Endung begegnet bei prädikativer Verwendung des PsP am häufigsten.

[16] Die Endung des PsP wird gerne dann ausgelassen, wenn das betreffende Verbum auf *t*, *ṯ*, *d* oder *ḏ* endet, siehe zum Beispiel Edfou VI, 153, 9; 153, 11 f.; 154, 3 f. (jeweils *śpd*; ausnahmsweise mit Endung: 154, 11); 257, 11 (*npḏ*; *wbd*); VII, 41, 13 (*rwḏ*); 78, 16 (*ḫwd*); 79, 7 (*twt*); 106, 14 (*pśḏ*); 159, 3 f. (*šʿd*); offenbar gilt das auch für Verben mit den Auslauten *s*, *ś* und *š*, siehe Edfou VI, 114, 5 und 116, 2 (*bdš*); VII, 21, 8 (*ḫntš*); 35, 11 (*mdś*); 159, 4 f. (*ḥms*). Die voranstehenden Beispiele sind jeweils mehrfach zu belegen, und im engeren Kontext erscheinen sehr oft anders auslautende Verben mit der Endung *tj*. Cf. auch unten bei der 3. Person Singular Feminin.
Zwar findet man auch ca. 200 anders auslautende Wörter ohne Endung (Edfou V - VIII; siehe beispielsweise VII, 207, 8: *ʿpr*), was auf Zufall und nicht auf Regelhaftigkeit deutet, aber für eine gewisse Regelhaftigkeit lassen sich doch die anders auslautenden Verben des engeren Kontextes anführen, welche die Endung *tj* zeigen. Hier erkenne ich ein weiteres Indiz dafür, daß die Texte im akademischen Unterricht gesprochen wurden, denn der Ausfall der häufigsten Endung *tj* ist gewiß darauf zurückzuführen, daß diese mit einem ähnlichen Laut zusammenfiel und sich dadurch nicht mehr abhob (cf. schon Gardiner, EG, p. 235, 2. Absatz).
Schreibungen ohne Endung und solche mit Endung halten sich in Edfu ungefähr die Waage, in Dendera jedoch überwiegen erstere (Junker, GdD, § 143).

3. Person Singular Feminin

a) – *w*: 〈hierogl.〉[1]

b) – *tj*[2]: 〈hierogl.〉[3], 〈hierogl.〉[4], 〈hierogl.〉[5], 〈hierogl.〉[6], 〈hierogl.〉[7], 〈hierogl.〉[8], 〈hierogl.〉[9], 〈hierogl.〉[10]

c) ohne Endung[11]

1. Person Plural

nicht belegt[12]

2. Person Plural

- *tj*: 〈hierogl.〉[13]

3. Person Plural Maskulin

a) – *w*: 〈hierogl.〉[14], 〈hierogl.〉[15]

b) – *kwj*: 〈hierogl.〉[16]

---

[1] Edfou V, 310, 17 f. (*ḥꜥj.w*).
[2] Singulär begegnet 〈hierogl.〉 (Edfou VI, 336, 13: *ꜣḫ.tj*); das 〈hierogl.〉 steht innerhalb der Verbindung 〈hierogl.〉 und entstand vielleicht aus der demotischen Ligatur 〈hierogl.〉.
[3] Edfou VII, 188, 17 (*ḥkn.tj*).
[4] Edfou VI, 22, 1 (*rḫ.tj*); VII, 19, 6 (*sš.tj*); VIII, 93, 7 (*ḥꜥj.tj*). – Diese Schreibung ist in Edfu die zweithäufigste.
[5] Edfou VIII, 8, 16 (*ꜣḫ.tj*).
[6] Edfou VII, 37, 2 (*wr.tj*; zur Konjektur siehe ITE I/2, 815); Esna III, 276, 14, § 12 (*wꜣḏ.tj*).
[7] Edfou VI, 139, 10 (*wḏꜣ.tj*); VII, 112, 5 f. (*mn.tj*).
[8] Dendara XII, 242, 12 (*ꜣḫ.tj*).
[9] Edfou VIII, 134, 6 (*wsḫ.tj*); siehe ITE I/1, 242, n. 5.
[10] Edfou V, 168, 1 (*wr.tj*); VI, 14, 12 f. (*sphr.tj*); VII, 188, 10 (*sdfꜣ.tj*); VIII, 99, 17 (*twr.tj*). – Diese Schreibung begegnet in Edfu am häufigsten.
[11] Edfou VII, 77, 16 (*ꜥḏ*); 181, 17 (*mn*). – Der Ausfall der Endung erfolgt öfters bei denjenigen Verben, die auch bei der 3. Person Singular Maskulin keine Endung aufweisen (s. o.).
In Edfu wie auch in Dendara (Junker, GdD, § 143) wird die Endung der 3. Person Singular Feminin wesentlich häufiger geschrieben als ausgelassen. Betrachtet man beide Genera der 3. Person Singular, dann ist festzustellen, daß die mittelägyptische Verteilung der Formen (Gardiner, EG, § 309) im Ptolemäischen zumindest statistisch noch etwas durchscheint.
[12] Nicht belegt auch bei Jansen-Winkeln, Spätmitteläg. Gramm., § 120. Zu den neuägyptischen Formen siehe Gardiner, EG, § 309; Erman, NG, § 334.
[13] Edfou VI, 348, 12; 349, 5 (beide Fälle: *hrj.tj*, hütet euch). Anstelle der alten Endung *tjwnj* (siehe Edel, Altäg. Gramm., § 574 bb; Gardiner, EG, § 309) findet man schon im Neuägyptischen *tj* (Erman, NG, § 334). – Die Endung 〈hierogl.〉 (Edfou I, 208, 9) ist, entgegen dem äußeren Anschein, als Suffixpronomen 2. Person Plural aufzufassen (siehe Junker, Stundenwachen, 26; 67, 15 und die Parallele Dendara X, 127, 4).
[14] Edfou V, 30, 9 (*ḥꜥj.w*).
[15] Edfou VI, 269, 8 (*ḥꜥj.w*).
[16] Edfou V, 119, 8 (*mꜣwḏ.<kwj>*). Der Fall ist in Edfu singulär und wegen der notwendigen Textverbesserung (lies 〈hierogl.〉) ein wenig verdächtig. Andererseits ist die Korrektur keinesfalls schwerwiegend, da die betreffenden Verschreibungen öfters vorkommen und weil auch im jüngeren Demotischen die Endung *kwj* nicht mehr an die 1. Person Singular gebunden ist (siehe zum Beispiel Spiegelberg, Mythus, Glossar, 276, Nr. 847).

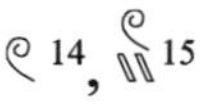

c) – *tj*: [1], [2], [3]

d) ohne Endung[4]

<u>3. Person Plural Feminin</u>

a) – *tj*: [5], [6]

b) ohne Endung[7]

<u>Dual Maskulin</u>

a) – *tj*: [8], [9]

b) ohne Endung[10]

<u>Dual Feminin</u>

a) – *tj*: [11], [12], [13]

b) ohne Endung[14]

Bezüglich der Verbalklassen ist anzumerken, daß bei den Secundae Geminatae *wnn* keine Gemination zeigt.[15]

Zusammenfassend läßt sich feststellen, daß

- ***kwj*** ziemlich oft wie in klassischer Zeit für die 1. Person Singular verwendet wird,
- die Endung ***w*** nicht allzu selten bei der 3. Person erscheint, allerdings vor allem bei schwachem oder schwach gewordenem Auslaut,

[1] Edfou VII, 6, 3 (*ḥkn.tj*).
[2] Edfou VI, 14, 10 (*grg.tj*).
[3] Edfou VII, 161, 11 (*nṯṯ.tj*); VIII, 120, 9 (*ḏdj.tj*).
[4] Edfou VI, 228, 13 (*wnp*); VII, 88, 8 (*ẖ3b*); VIII, 15, 10 (*ḫtm*). – In Edfu, ebenso wie in Dendera (Junker, GdD, § 143), überwiegt bei der 3. Person Plural Maskulin die endungslose Form.
[5] Edfou VII, 118, 15 (*mn.tj*); VII, 226, 8 (*ḥrj.tj*).
[6] Edfou VIII, 148, 2 (*mn.tj*).
[7] Edfou VII, 53, 12 (*bꜥḥ*).
[8] Edfou VII, 265, 5 (*wbn.tj*).
[9] Edfou VIII, 139, 10 (*km.tj*).
[10] Edfou VII, 42, 10 (*3mm*).
[11] Edfou VII, 133, 1 (*mn.tj*); 145, 3 (*mn.tj*); 311, 12 (*śnb.tj*).
[12] Edfou VIII, 142, 5 (*ṯsj.tj*).
[13] Edfou VI, 16, 6 (*pẖr.tj*); VIII, 141, 13 (*ṯs.tj*).
[14] Edfou VII, 266, 8 (*ꜥpr*).
[15] Edfou I, 339, 18; VI, 170, 1 (): *T3-ṯnn Ḫmnjw Rꜥ wn jm*, Tatenen, die Acht Urgötter und Re sind dort; 259, 7 (*wnnt wn.tj m-ḥ3w.k*, „Die Opferspeisen sind bei dir.“).

- die Endung ***tj*** bei allen Personen verwendet werden kann[1] und daß daneben
- die **endungslose** Form recht häufig begegnet, allerdings nicht bei der 1. Person Singular.

5 Verbum

5.5 Relativform

§ 141

Konvention: Nicht als Partizip Passiv, sondern als Relativform werden alle fraglichen Fälle mit zugehörigem Subjekt angesprochen, die ein vorangehendes Bezugswort näher bestimmen, unabhängig davon, ob dieses bei attributiver Verwendung explizit oder bei substantivischer Verwendung implizit ist.[2]

Formal lassen sich drei Arten der Relativform unterscheiden:

a) die *śḏm.f*-Relativform

b) die *śḏm.n.f*-Relativform

c) die mit *j* anlautende Relativform.

Die beiden ersteren, deren Endungen sich in klassischer Zeit in Numerus und Genus nach ihrem Bezugswort richteten, haben sowohl in Dendera[3] als auch in Edfu ihre Veränderlichkeit fast völlig verloren.

Für die geminierende, imperfektische *śḏm.f*-Relativform konnte ich im Ptolemäischen bis auf eine Ausnahme[4] keine sicheren Belege finden.

---

[1] Dasselbe hatte Junker (GdD, § 143) für Dendera festgestellt. – Statt *tw* habe ich die Transkription *tj* gewählt, weil diese der klassischen Sprache entspricht, der sich die antiken Schreiber in den meisten Texten anzunähern versuchten.

[2] Zur Diskussion siehe Jansen-Winkeln, Spätmitteläg. Gramm., § 198. – Das relativ endungsarm gewordene Ptolemäische läßt in der Regel keine formale Entscheidung zu, und auch vom Sinn der Aussage ist keine Hilfe zu erhoffen, da dieser nicht betroffen ist.

[3] Junker, GdD, § 181 f.

[4] Derchain, Elkab I, 12*, Zeile 9.

§ 142

Die *śdm.f*-Relativform erhält sehr selten

im Singular Maskulin[1] die Endung

a) – *wj*: [2]

b) – *j*: [3]

im Singular Feminin[4] die Endung

a) – *t*: [5], [6]

b) – *wj*: [7]

Zusammenfassend läßt sich sagen, daß regelhaft keine Endung geschrieben wird.[8] Die wenigen, teils unsicheren Ausnahmen beschränken sich auf bestimmte Wörter, und es kommt hinzu, daß die betreffenden Endungen mit jenen kleinen Hieroglyphen geschrieben werden, bei denen man mit antiken Fehlern rechnen muß.[9] Andererseits legt aber die Anzahl der Belege nahe, nicht grundsätzlich auszuschließen, daß hier und da eine Endung geschrieben werden kann.

Die wenigen oben aufgezeigten Endungen geben, insgesamt betrachtet, offenbar einen Laut wieder, der dem späteren ϵ ähnlich war.[10]

---

[1] An den Stellen Edfou V, 60, 8; 61, 13 und VI, 276, 18 erscheint *m/n mrj(t).f* (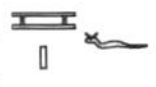): mit dem, was er liebt, beziehungsweise dem, den er liebt. Hier handelt es sich wohl nicht um eine Endung der maskulinen Relativform, sondern um eine graphische Anzeige der Substantivierung, die keine Entscheidung zwischen Partizip Passiv und Relativform zuläßt.

[2] Edfou VIII, 114, 5 (*jj*, kommen). Der Fall ist unsicher, weil das Umfeld des Textes zahlreiche antike Fehler enthält und weil *wj* für auslautenden *j* stehen kann (§ 10.4 und Dendara XV, 208, 3).

[3] Edfou V, 379, 4 (*ḫntš*); VIII, 33, 4 (*ḫntš*).

[4] Hinzugenommen wurden feminin-neutrische Fälle.

[5] LD, Abth. IV, Bl. 27, b, Zeile 6 (Philä): *ḥnk.w n.ś* $^{1}/_{10}$ *n ntt nb(t) jnjt.w m T3-śtj*, Sie (König und Königin) schenken ihr (Isis) den zehnten Teil von allem, was aus Unternubien gebracht wird. Zur 3. Person Plural als Umschreibung des Passivs siehe oben, § 45, in fine. – An der Stelle Žabkar, Philae, 117, 5 (118, 15; 119, 16), handelt es sich sehr wahrscheinlich nicht um eine Relativform mit der Femininendung , sondern um ein *śdm.f* (ich verstehe: *jw k3.ṯ m ḥtp ... śḥtp.ṯ nṯrw m-ḫt nšnj*, „Dein Ka ist ⟨wieder⟩ friedlich, ..., so daß du die Götter froh stimmst nach dem Wüten“).

[6] Edfou VIII, 58, 1 (*ḫntš*; dieser Beleg hat allerdings nur einen geringen Wert, weil das textliche Umfeld etliche antike Fehler enthält); Derchain, Elkab I, 3*, 8d (*mrj*).

[7] Edfou VI, 280, 5 (*ꜥ3*). Siehe auch EP 1, 500, § 10.5.

[8] Die Situation in der unmittelbar vorangehenden Epoche ist bereits ähnlich, cf. Jansen-Winkeln, Spätmitteläg. Gramm., § 206 f.

[9] Cf. Kurth, in: Edfu Begleitheft 5, 1999, 90 ff.

[10] Cf. EP 1, 484, § 6.10; EP 1, 501, § 10.7.

Auch die substantivierte *śdm.f*-Relativform erhält in der Regel[1] keine Endung:

- (Der Gott äußert sich über die Opfergabe): , *ḫntš.j n ḥnk(t).k n.j*, „Ich freue mich über das, was du mir darbringst."[2]

§ 143

Die *śdm.n.f*-Relativform zeigt keine Endung. Singulär erscheint  in der Formel *pꜥpꜥ.n*, (der König), geboren von (der Göttin NN).[3] Dabei könnte es sich um einen antiken Fehler handeln, der auf eine falsche Übertragung von der Kursive ins Hieroglyphische zurückginge; denn der einmaligen Endung  stehen innerhalb der Formel 14 Fälle ohne Endung gegenüber.[4] Zu beachten ist, daß, wenn unmittelbar auf das *n* der *śdm.n.f*-Relativform die Präposition *n* und ein Suffixpronomen folgen, eines der beiden *n* gerne ausgelassen wird (Haplographie), so daß rein formal, trotz präteritaler Zeitlage, die *śdm.f*-Relativform erscheint:[5]

- (Sein Dekret ist in seiner Hand) 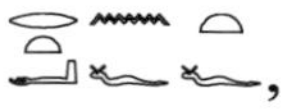, *rdj.(n) n.f jt.f*, das ihm sein Vater gegeben hat.[6]
- („Seht, wie herrlich doch die vollkommenen Monumente sind) , *rdj.(n) n.j ḥm.f*, die mir Seine Majetät übergeben hat;"[7]

bei Trennung der beiden *n* durch ein anderes Wort[8] werden beide geschrieben:

- („Ich habe deine Libation angenommen) 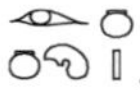, *jrj.n.k n.j*, die du mir bereitet hast."[9]

Entsprechendes gilt, wenn das Suffixpronomen der 1. Person Plural als Subjekt der *śdm.n.f*-Relativform auftritt:

- („Dir wurde Edfu gegeben und seine Stätten) 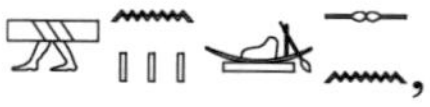, *šm.(n).n jm.śn*, an denen wir (gegen den Feind) gezogen sind."[10]

---

[1] Nur selten findet man die Endung  oder  bei *mrj*: Edfou V, 193, 7; VII, 141, 14.
[2] Edfou VIII, 124, 17. Beispiele für die substantivierte *śdm.f*-Relativform nach Präposition: Edfou VIII, 55, 8 (*śḥtp špśt m mrj(t).ś*); 109, 2 (*śmꜣ śꜥnḫ ḫft ḏd(t) ḥmt.ś*).
[3] Edfou VII, 252, 2.
[4] Das bezieht sich auf die Bände Edfou V - VIII.
[5] Einige Belege, zusätzlich zu den folgenden: Edfou V, 380, 2 (*jj.(n) n.j*); VI, 5, 8 (*jrj.(n) n.j*); 10, 7 (*jrj.(n) n.j*); 275, 10 (*ṯsj.(n) n.ṯn*); VIII, 43, 2 (*wpj.(n) n.f*).
[6] Edfou VI, 16, 4.
[7] Edfou VI, 9, 9.
[8] Meistens ein Suffixpronomen.
[9] Edfou V, 83, 4.
[10] Edfou VI, 134, 4.

Etwas weiter im Text finden wir zur Bestätigung:

- (... die Stätten) , *šm.n Ḥr Bḥdtj* ⌜*ḥr*⌝ *r.śn*, die Horus Behedeti durchzogen hat ⌜auf der Suche⌝ nach ihnen (den Feinden).[1]

Dieser Fall von Haplographie ist bei der Frage nach den Zeitlagen des *śḏm.f* und des *śḏm.n.f* zu berücksichtigen.[2]

Die substantivierte *śḏm.n.f*-Relativform zeigt ebenfalls keine Endung:

- , *(r)dj.f bšj štw ᶜm(t).n.f*, Er läßt die Schildkröte das ausspeien, was sie verschluckt hat.[3]

§ 144

Die mit *j* anlautende Relativform,[4] die in Edfu nur selten vorkommt, schreibt den Anlaut[5]

a) : ..., (die Geburt) *j.jrj* ..., die ... vollbracht hat[6]

b) : ..., *j.ḥnk* ..., (die Felder), die ... geschenkt hat;[7] , *j.sš.w*, was sie eingetragen haben.[8]

Außer bei *jrj*, *ḥnk*[9] und *sš* finden wir diese Relativform in Edfu[10] nur noch bei *wḥm*[11] und *ḥtp*[12], und zwar in Texten, die neuägyptisch-demotisch gefärbt sind. – Das Bezugswort ist stets determiniert und die Zeitlage präterital.[13]

---

[1] Edfou VI, 134, 7. Wörtlich: ..., das Gesicht auf sie (die Feinde) gerichtet; zur transitiven Bedeutung des Wortes *šm* siehe Meeks, Ann.Lex., 78.4108.

[2] Cf. in diesem Sinne auch Engsheden, Reconstitution du verbe, 160.

[3] Tôd I, Nr. 120 B; die vorliegende substantivierte feminin-neutrische *śḏm.n.f*-Relativform ist Objekt zu *bšj*. – Hinter dieser Aussage steht die Vorstellung, daß die dem Sonnengott feindliche Schildkröte das Wasser des himmlischen Nil ausschlürft, um das Sonnenboot auf den Sandbänken stranden zu lassen. – Beispiele für die substantivierte *śḏm.n.f*-Relativform nach Präpositionen: Edfou VI, 6, 4 (*mj šȝᶜ(t).n tpjw-ᶜ r.śn*); VII, 178, 8 (*m ḏd(t).n Rᶜ ḏś.f*); VIII, 92, 9 (*ḥᶜj.j n jr(t).n.k n.j*).

[4] Sie begegnet im Altägyptischen (Edel, Altäg. Gramm., § 665), äußerst selten im Mittelägyptischen (Gardiner, EG, p. 209, n. 2), im Neuägyptischen (Erman, NG, § 392 ff.), sehr selten im Spätmittelägyptischen (Jansen-Winkeln, Spätmitteläg. Gramm., § 204), und sie ist im Demotischen üblich (Spiegelberg, Dem. Gr., § 549 f.).

[5] Auch genannt: „Aleph Prostheticum", „prothetic *j*", „*j*-Augment" oder „*j*-Präfix".

[6] Edfou VI, 219, 5; ähnlich: 220, 1 f.>; das dem *j* folgende Verbum ist ergänzt.

[7] Edfou VII, 244, 8.

[8] Edfou VII, 229, 10 f.

[9] Weitere Belege: Edfou VII, 219, 9; 238, 6; 241, 11; 244, 6; 249, 12 f.

[10] Bezogen auf die Bände Edfou V - VIII.

[11] Edfou VII, 248, 12.

[12] Edfou VII, 248, 12.

[13] Zu *j* vor der *śḏm.n.f*-Relativform siehe Engsheden, Reconstitution du verbe, 46 f.; für diese in der klassischen Sprache nicht mögliche Konstruktion fand ich im Ptolemäischen kein Beispiel.

In Esna begegnen als Schreibungen des *j*-Augments:

c)  (selten)[1].

d) [2].

§ 145

Beim Passiv der Relativform[3] wird das Subjekt entweder direkt angeschlossen oder mit Hilfe von *tw*, man, umschrieben. Die mit dem Bezugswort kongruierenden Endungen der älteren Sprache sind im Ptolemäischen nicht mehr vorhanden:[4]

- (Horus Behedeti) , *jrj njwśwt ḫft ḏd(t).f*, nach dessen Bestimmung die Könige eingesetzt werden.[5]
- (Die Göttin Chentet-iabtet) , *jrj(t).tw nśwt ḫft wḏ(t).ś*, auf deren Befehl hin der König eingesetzt wird.[6]

---

[1] Esna III, Nr. 356, 14. – An der Stelle Nr. 368, 30, gehört das vermeintliche *j*-Augment (so Quack, in: Fs. Schenkel, 113) zur Schreibung des Wortes *ꜣḫꜣḫ* (cf. Cauville, Dend. Chap. Os. III, 11 f.; Edfou V, 26, 11).

[2] Esna III, Nr. 368, 33 (*j p(ꜣ) j.rśw Rꜥ n mꜣꜣ.f; j p(ꜣ) j.jrj n.f Nb-(r)-ḏr jmjt-pr*).

[3] Junker, GdD, § 185; zu Junkers erstem Beispiel vergleiche man auch Dendara II, 108, 5: *śt pꜥpꜥ(t).t(w).ś jn mwt.ś m-ẖnt.ś*, die Stätte, an der sie von ihrer Mutter geboren wurde. – Weitere Beispiele findet man unten, § 252, C c.
Diese Konstruktion wurde von Gardiner, EG, § 376 f. und p. 425 (Addendum), nicht ohne Zweifel unter „extended use of the passive participles" eingeordnet (Brunner, AMG, § 59 e: „Erweiterter Gebrauch der passiven Partizipien"); ausführliche Darstellung und Behandlung der Problematik bei Westendorf, Passiv, 114 ff. (siehe auch Vorwort, 1. Absatz); cf. Erman, NG, § 387. – Formale Erscheinung und Verwendung der fraglichen Konstruktion im Ptolemäischen lassen es praktikabel erscheinen, für diese Zeit ein Passiv der Relativform anzusetzen, worin das Subjekt – analog zur Aussage in Form eines ganzen passivischen Satzes – ein Behandelter ist.

[4] Sie werden aber in Klammern angezeigt, um das Verständnis der Umschrift zu fördern.

[5] Edfou VIII, 110, 5 f. – Weitere Beispiele: VI, 13, 13 (..., *rdj n.f ḥb śd ꜥšꜣw wrw jn Ptḥ jt nṯrw*, ..., dem sehr zahlreiche Sedfeste gegeben wurden von Ptah(-Tatenen), dem Vater der Götter); VI, 144, 2 (..., *śḫꜥj nśwt ḥr śt rꜣ.f*, ..., auf dessen Ausspruch hin der König gekrönt wird); VIII, 166, 9 f. (..., *rdj n.f ꜥnḫ wꜣś jn Wśjr*, ..., dem von Osiris Leben und Herrschaft gegeben wurden); VI, 235, 5 (*ḫftjw 4 sš rn.śn ḥr šnbt.śn*, vier Feinde, deren Namen auf ihre Brust geschrieben wurden); VII, 1, 14 f. (*śt šdj(t) ḥꜥf jm.ś*, die Stätte, an der sein Leib genährt wird); siehe auch unten, § 252, C c.

[6] Edfou VIII, 84, 13. – Weitere Beispiele: VI, 57, 7 (..., *pꜣ.tw nḫb ḥr rn.f*, ..., auf dessen Namen die Titulatur festgesetzt wurde); VII, 212, 12 f. (..., *šꜣꜥ.tw n.ś tḫ(t)*, ..., für die die Trunkenheit begonnen wurde); Dendara XII, 30, 7 f. (*jrj(t).tw śn.ś m Wꜣśt*, deren Bruder in Theben geboren wurde); 202, 17 (... *jrj.tw n.ś ḥbw m jtrtj*, ... für die in den Tempeln Ägyptens Feste gefeiert werden); siehe auch unten, § 252, C c.

5 Verbum

5.6 *śḏm.tj.fj*

§ 146

Das *śḏm.tj.fj*, nach seiner Funktion ein futurisches Partizip Aktiv,[1] begegnet zwar nur relativ selten,[2] ist aber vor allem in bestimmten festen Wendungen durchaus noch im Gebrauch. Die charakteristischen Endungen werden folgendermaßen geschrieben:[3]

Singular Maskulin (*śḏm.tj.fj*):

[4], 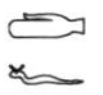[5], 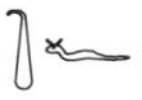[6], [7], [8], [9], [10]

Singular Feminin (*śḏm.tj.śj*):

[11]

[1] Andere Bezeichnungen: „Verbaladjektiv“, „Adjektiv(um) verbale“, „futurisches Verbaladjektiv“ (Jansen-Winkeln, in: SAK 21, 1994, 107 ff. und 128 f.) oder „future active participle“ (Gardiner, EG, § 363, mit Vorbehalt). Die Form gehört meines Erachtens nicht zu den Adjektiven, sondern eher zu den Partizipien, da sie wie diese in klassischer Zeit mit *tm* verneint wurde und weil sie nicht wie das Adjektiv eine abgeschlossen ruhende, sondern wie das Partizip Aktiv eine fortdauernd wirksame Eigenschaft des Bezugswortes angibt. – Die Zeitlage ist futurisch, selten auch mit dem Nebensinn des Wollens.

[2] Miriam Lichtheim, Maat in Egyptian Autobiographies and Related Sudies, OBO 120, 1992, 155 - 190, hatte das Vorkommen des *śḏm.tj.fj* noch weiter reduziert, indem sie die ohne das Morphem *tj* geschriebenen Formen als *śḏm.f* auffaßte. Diese These wurde von Jansen-Winkeln, in: SAK 21, 1994, 107 ff., überzeugend widerlegt, und ihr widersprechen auch die Belege des Ptolemäischen.

[3] Cf. auch Jansen-Winkeln, Spätmitteläg. Gramm., § 211.

[4] LD, Abth. IV, Bl. 77 b (*wḥm.tj.fj*, einer, der wiederholen wird; aus Dendera = Dendara XIII, 247, 10). Weitere Belege für diese Formel: Junker, GdD, § 186.

[5] Edfou VIII, 30, 1; 124, 7 (beide: *wḥm.tj.fj*, einer, der wiederholen wird); in beiden Fällen wird das Determinativ nach der Endung geschrieben, was ich als Erweiterung der schon in klassischer Zeit möglichen Schreibweise des Determinativs nach ⌓ (cf. Gardiner, EG, § 364) werten möchte.

[6] Edfou VII, 277, 3 (*thj.tj.fj*, einer, der angreifen will).

[7] Edfou VI, 214, 7 (*kśj.tj.fj św*, ..., der ihn unterwerfen will); 266, 10 (*wnn.tj.fj*, ..., der existieren wird; dieselbe Endung hat auch das vorangehende <*s*>*pj.tj.fj*, ..., der übrigbleiben wird); Dendara V, 85, 3 (*wḥm.tj.fj*, einer, der wiederholen wird); XII, 68, 16 (*ḏꜣj.tj.fj św*); Bresciani, Assuan, 80, Zeile 3 (*wḥm.tj.fj*, einer, der wiederholen wird).

[8] Edfou VI, 84, 5 (*wḥm.tj.fj*, einer, der wiederholen wird).

[9] Dendara, Mam., 100, 10 (*wḥm.tj.fj*, einer, der wiederholen wird).

[10] Edfou IV, 181, 5 (*ḏꜣj.tj.fj św*, der ihn durchfahren wird/will; die Parallele Dümichen, GI III, Tf. 77, rechts, hat ; die Stelle Edfou V, 114, 1, paraphrasiert).

[11] Edfou V, 209, 16 (*jw.*(*tj*)*.śj*, was kommen wird; kollationiert); zum Ausfall des *t*(*j*), wenn kein Fehler, cf. Jansen-Winkeln, in: GM 117/118, 1990, 179. Cf. Edfou V, 233, 6 und VII, 133, 18, wo statt *jw.*(*tj*)*.śj* in derselben Formel *jj*(*t*) bzw. *jw*(*t*) steht, also das feminin-neutrische Partizip („das Kommende“).

Plural: (*śḏm.tj.śn*):

[1].

Das Verbum *wnn*, existieren, zeigt im *śḏm.tj.fj* die Gemination.[2]

5 Verbum

5.7 *śḏm.f*

§ 147

Das *śḏm.f* zeigt im Aktiv und im Passiv nur den reinen Wortstamm, besitzt also keine formale Kennzeichnung der Zeitlage und des Aspekts, die das „Wann“ und das „Wie“ einer verbalen Aussage angeben. Nur aus dem Kontext und der syntaktischen Position ist zu erschließen, ob eine vom *śḏm.f* vermittelte Aussage etwa aktivisch oder passivisch, präterital, präsentisch, futurisch, zeitlos gültig oder optativisch zu verstehen ist.[3] – Gleichwohl ist noch auf einige Besonderheiten hinzuweisen.

§ 148

Im Aktiv des *śḏm.f* sind die geminierenden Formen der veränderlichen Verben verschwunden, ebenso wie die auf *t* endenden Formen der Verben *jw*, kommen und *jnj*, bringen.[4]

Bei *wnn*, sein, existieren, erscheint die Gemination im *śḏm.f*, wenn es sich um eine zeitlos gültige oder futurische Aussage handelt.[5]

---

[1] Edfou IV, 358, 14 (*śḏd.tj.śn*, ..., die festigen werden). – Zum möglichen Ausfall des *t(j)* im Plural cf. Jansen-Winkeln, Spätmitteläg. Gramm., § 211; bestätigend kann man dazu auf Tôd II, Nr. 187 A, 3, verweisen: *ḥr dn* ⌜*tpw*⌝ *n(w) tš.(tj).śn mw.f*, und schneidet die ⌜Köpfe⌝ derer ab, die ihm untreu werden wollen. Cf. dazu auch unten, § 150 e (Ausfall des *n* im *śḏm.n.f*, wenn das Suffixpronomen der 3. Pluralis als Subjekt auftritt).

[2] Edfou VI, 266, 10; ich kenne nur diesen einen Fall.

[3] Cf. Engsheden, Reconstitution du verbe, 87 ff.

[4] Gardiner, EG, § 289, 2 und 3; 459.

[5] Siehe zum Beispiel Edfou VI, 302, 11 und 12; 303, 9; 308, 4; VII, 34, 10 und 12. – Cf. auch oben, § 137.

Einige Verben erscheinen sowohl in ihrer klassischen Schreibung als auch sehr oft oder sogar fast ausschließlich in einer weiteren, die sich am Ergebnis eines Lautwandels orientiert. Siehe zum Beispiel:

- , *ḫpr*, werden[1], cf. koptisch **ϣⲱⲡⲉ**;
- , *ptr*, sehen[2] cf. koptisch **ⲡⲱϣⲣⲉ**.

§ 149

Das eigentliche Passiv des *śḏm.f* zeigt keine Endung.[3] Neben der Umschreibung des Passivs durch das *śḏm.tw.f* (§ 151) gibt es noch die Möglichkeit der Umschreibung durch die 3. Person Plural, die allerdings relativ selten genutzt wird:

- , *ḫnp.w śtpt.śn*, Ihre Fleischstücke werden entnommen.[4]

5 Verbum

5.8 *śḏm.n.f* und *śḏm.n.tw.f*

§ 150

Beim *śḏm.n.f* ist zu beobachten, daß das Suffixpronomen der 1. Person Singular nicht selten ausgelassen wird, und zwar (a – c),

a) wenn die Präposition *n* folgt:

- , *(r)dj.n.(j) n.k*, „Ich habe dir gegeben.“[5]

---

[1] Siehe EP 1, 520 f., § 18.2.

[2] Siehe EP 1, 539 f., § 32.2.

[3] Die Schreibung an der Stelle Dendara XI, 132, 13, könnte vielleicht eine Endung *jw* aufweisen, wenn es sich tatsächlich um ein Passiv handeln sollte: (Eine an die Priester gerichtete Ermahnung) *jn mrj.ṯn djw pḥ r s3.ṯn ḫr-ś3.ṯn twr r tr jmj-wtj š*, „wenn ihr wollt, daß Erfolg euren Söhnen beschieden sei, die nach euch kommen, dann reinigt euch zur (festgesetzten) Zeit im (Tempel)see.“ – Zu *pḥ* cf. Edfou VI, 220, 3 f.; Erichsen, DG, 137.

[4] Edfou VII, 323, 2; cf. 164, 5, wo in vergleichbarem Zusammenhang das *śḏm.tw.f* verwendet wird. Weitere Beispiele: siehe oben, § 45, in fine.

[5] Edfou VII, 88, 7 und 8; cf. Edfou I, 73, 13 et passim. – Dasselbe begegnet schon in klassischer Zeit, cf. Gardiner, EG, § 414, 5.

b) wenn das Abhängige Personalpronomen *wj* im reflexiven Gebrauch folgt:

- , *rdj.n.(j) wj ḥr ẖt.j*, „Ich habe mich auf meinen Bauch gelegt.“[1]

c) ohne erkennbare Bedingungen:

- 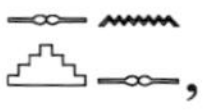, *śjꜥr.n.(j) ś(t)*, „Ich habe sie hochgehoben.“[2]

Weiterhin ist sehr wichtig, daß man folgende morphologische Besonderheiten kennt und beachtet (d – f):

d) Es ist nicht immer leicht zu entscheiden, ob ein *śḏm.n.f* oder ein *śḏm.jn.f* (siehe unten, § 153) vorliegt.[3] Letzteres ist jedoch unbedingt anzusetzen, wenn der Kontext an den entsprechenden Stellen überwiegend eindeutig geschriebenes *śḏm.jn.f* aufweist, so wie es zum Beispiel im großen Horusmythus von Edfu der Fall ist:

- , *ḏd.jn Rꜥ n Ḏḥwtj*, Da sagte Re zu Thot;[4]
- 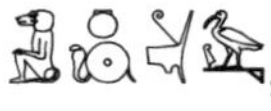, *ḏd.(j)n Rꜥ n Ḏḥwtj*, Da sagte Re zu Thot;[5]
- , *ḏd.(j)n Rꜥ n Ḏḥwtj*, Da sagte Re zu Thot.[6]

An anderen Stellen ist die Entscheidung allerdings nicht so einfach.[7]

---

[1] Edfou VII, 192, 15; cf. Edfou V, 141, 1 f., wo der Ideogrammstrich seiner Position nach sowohl zu *n.j* als auch zu *wj* gehören könnte. – Dasselbe begegnet schon in klassischer Zeit, cf. Gardiner, EG, § 412. Der Grund für die Auslassung des Suffixpronomens ist offensichtlich das Zusammentreffen gleicher Laute; cf. dazu Edfou VII, 104, 5: *rdj.(j) jꜣw*, „Ich gebe Lobpreis“.

[2] Edfou VII, 153, 4; ähnlich: Edfou VI, 315, 1 (*rdj.n.(j) ś(w)*). Cf. auch Edfou VI, 321, 1: *jrj.n.(j) Pr-ḫꜥjt*, „Ich habe das Haus-des-Erscheinens (Edfu) geschaffen“.

[3] Wegen der vergleichbaren Auslassung des *j* bei *wn jn* vor der Pseudoverbalkonstruktion siehe unten, § 220 D, b.

[4] Edfou VI, 112, 5.

[5] Edfou VI, 114, 7 f.

[6] Edfou VI, 115, 6.

[7] Siehe zum Beispiel Edfou V, 133, 9: *(j)śk jnj.k*, *(j)śk jnj.n.k* oder *(j)śk jnj.(j)n.k*? Für letzteres spricht, daß zum einen das *śḏm.f* des Wortes *jnj* in der Regel nicht mit Phonetischem Komplement geschrieben wird und daß zum anderen ein *śḏm.n.f* wegen der Zeitlage ausscheidet; möglich wäre allerdings noch der Imperativ mit Verstärkung (*jnj n.k*).

e) Auffällig ist außerdem, daß man das Suffixpronomen der 3. Pluralis *śn* nur selten mit der *śḏm.n.f*-Form verbindet[1] und statt dessen die *śḏm.f*-Form schreibt;[2] dafür müßte es meines Erachtens eine phonetische Erklärung geben.[3]

f) Wie auch bei der *śḏm.n.f*-Relativform zu beobachten,[4] wird gerne ein *n* unterdrückt, wenn das Morphem *n* des *śḏm.n.f* mit der unmittelbar nachfolgenden Präposition *n* zusammentrifft,[5] mit der Folge, daß wir rein formal ein *śḏm.f* vor uns haben, obwohl der Kontext ein *śḏm.n.f* verlangt.

Für die Aussprache des *śḏm.n.f* im akademischen Unterricht ist folgende Textstelle des Tempels von Esna bedeutsam:

- , *bḫ.n.f ḥmt jw ẖt r dmḏjt.ś*, Er (Chnum) ließ die Frau(en) gebären, wenn der Leib den richtigen Moment erreicht hatte.[6]

Demnach endete die Form mit einer geschlossenen Silbe, deren Vokal deutlich hörbar war und den Akzent trug (Tonsilbe).[7]

---

[1] In Edfu beispielsweise an den Stellen Edfou VI, 118, 2 (*rdj.n.śn*); VIII, 67, 10 (*śpr*$^{?}$*.n śn*); die Göttergruppen der *S3w.n.śn* und der *Ḫwj.n.śn* (Goyon, Gardiens, 489 ff.) – zu deren Vokalisation siehe auch die relevanten folgenden Anmerkungen.

[2] Edfou VI, 116, 3 f. (*jw n gmḥ.śn*); 128, 6 (*jw n gmḥ.śn; śpr pw jrj.śn*); demgegenüber vergleiche man VI, 118, 5 f. (*jw n gmḥ.n.f*); 122, 14 (*jw n gmḥ.n.f; ꜥḥꜥ.n gmḥ.n.f*). Hierhin gehört auch VI, 127, 9 (*ꜥḥꜥ.n wdj.śn*), denn direkt anschließend folgt *ꜥḥꜥ.n gmḥ.n.f*.
Einige weitere Belege: Edfou VI, 112, 8 (*śm.(n).śn*); VI, 114, 5; 115, 3; 115, 9 f. (allesamt: *ꜥḥꜥ.n nfj śbjw rhn.śn*); VI, 118, 7 (*dmj.śn*; cf. 64, 7: *dmj.n.f*); Esna III, Nr. 206, 4 (*ꜥḥꜥ.n ḏd.śn*; man beachte das in § 8 vorangehende *ꜥḥꜥ.n ḏd.n.ś* sowie generell die Formen *ꜥḥꜥ.n.śḏm.n.f* innerhalb dieses narrativen Textes). – Für das von ihm untersuchte Korpus beobachtete Engsheden dasselbe Phänomen (Reconstitution du verbe, 160 ff.).
Im weiteren Sinne vergleichbar ist auch oben, § 146 (Ausfall des *tj* im Plural des *śḏm.tj.fj*).

[3] Vielleicht hat die Assimilation des silbenschließenden *n* an das folgende *ś* eine Rolle gespielt: **ś*^{v}*ḏ|m*^{v}*n|ś*^{v}*n* > *ś*^{v}*ḏ|m*^{v}*ś|ś*^{v}*n*; dabei wäre, vergleichbar dem II. und V. Stamm des arabischen Verbs, nur ein *ś* geschrieben worden, obwohl man die Assimilation der beiden Konsonanten durch eine verlängerte Aussprache (*śś*) zum Ausdruck gebracht hätte. Wenn richtig, wäre dies ein weiterer Hinweis auf die Aussprache des Ptolemäischen im akademischen Unterricht.
Daß dabei natürlich auch die für die Spätzeit anzusetzende Silbenstruktur des Wortes eine Rolle spielt, belegt folgende Schreibung der bereits oben zitierten Wörter *S3w.n.śn* und der *Ḫwj.n.śn*, Sie-haben-in-Obhut-genommen (oder: Sie-schützen; Esna III, Nr. 368, 33; cf. auch IV, Nr. 423 A, 3 f. und VI/1, Nr. 531, 20), eine Bezeichnung der Schutzgötter: . Das Verbum *s3w* wird im Koptischen **cⲱ** (Ak.) oder **cⲟ** (Westendorf, KoptHWb, 174), weshalb man für die Aussprache des Wortes *S3w.n.śn* im akademischen Unterricht des Ptolemäischen eine Vokalisation **s*^{v}*w|n*^{v}*j|ś*^{v}*n* ansetzen könnte, vielleicht auch schon **s*^{v}*|nî/â|ś*^{v}*n*. Zu *Ḫwj.n.śn* cf. KoptHWb, 564. – Eine gründliche Untersuchung dieser Frage könnte weiteren Aufschluß geben.

[4] Siehe oben, § 143.

[5] Siehe zum Beispiel Edfou V, 66, 3 (*sš.(n) n.k Gbb ꜥ3wj t3*); VI, 189, 3 (*rdj.(n) n.k Rꜥ jwꜥt.f*). Engsheden, Reconstitution du verbe, 160.

[6] Esna III, Nr. 250, 8; Sauneron, Esna V, 95; 97, nota (n). Der Ideogrammstrich nach *bḫ.n.f* geht wohl auf eine demotische Vorlage zurück (cf. Erichsen, DG, 143).

[7] Cf. EP 1, 473 f., § 6.3 a (*n.f*), sowie auch die relevanten Anmerkungen des vorangehenden Abschnitts e. – Cf. auch Edel, Altäg. Gramm., § 532; Zeidler. in: LingAeg 2, 1992, 214 f.; Engsheden, Reconstitution du verbe, 129, n. 539; Osing, in: Enchoria 26, 2000, 108 f. (die koptische Wiedergabe des *n.f* (in: *ḏd.n.f*/*ḏd.jn.f*) ... > S. 738

Die Form *śdm.n.tw.f*, das umschriebene Passiv (cf. unten, § 151) des *śḏm.n.f*, finden wir in den Inschriften des Tempels von Edfu nur selten[1]. Als Schreibungen des Morphems *tw* sind mir in Edfu begegnet , und :

- , *jrj.n.tw mj ḏd(t).f nb(t)*, Man handelte gemäß all dem, was er gesagt hatte.[2]
- , *j.n.tw*, Man sagte.[3]
- , *n śj3.n.t(w).f*, Man kennt ihn nicht.[4]

5 Verbum

5.9 *śḏm.tw.f*

§ 151

Das Passiv des *śḏm.f* kann mit Hilfe des Indefiniten Suffixpronomens *tw*, man, aktivisch umschrieben werden.[5] Das Morphem *tw* fand ich in Edfu in den Schreibungen und , in Dendera begegnen seltener auch und .[6]

- , *tḥś.tw.w*, Sie werden geschlachtet.[7]
- , *wḥm.tw jr(t) k3t*, Die Arbeit wurde wieder aufgenommen.[8]
- , *dw3.tw nfrw.ś jn Pśḏt ḥmt.ś*, Ihre Schönheit wird gepriesen von der Neunheit ihrer Majestät.[9]

... < S. 737 ist ⲛϥ (in: ϫⲓⲛϥ).

[1] Relativ selten begegnete diese Form bereits im Mittelägyptischen, siehe Gardiner, EG, § 412; 414.

[2] Edfou VI, 122, 5; ähnlich: 118, 9 f..

[3] Edfou VI, 324, 5; zur Doppelschreibung des *n* siehe EP 1, 516, § 17.3.

[4] Edfou VII, 295, 11; ähnlich: Dendara I, 33, 10; 43, 2.

[5] Zur Auffassung als Passiv cf. Gardiner, EG, § 39, obs.; 410. – Im Deutschen ist teils mit dem Präsens, teils mit dem Präteritum zu übersetzen.

[6] Zu den verschiedenen Schreibungen siehe auch EP 1, 552, § 36 c; cf. auch Engsheden, Reconstitution du verbe, 323 ff.

[7] Edfou VII, 164, 5. Weitere Beispiele: Edfou V, 350, 5; VI, 15, 2; VIII, 131, 15.

[8] Edfou VIII, 84, 13. Weitere Beispiele: Edfou VII, 9, 2 f.; VIII, 58, 14.

[9] Junker, GdD, § 129.

5 Verbum

5.10 *śḏmt.f*

§ 152

Diese Form des Verbs begegnet noch in ihrem klassischen Gebrauch,[1] wenn auch relativ selten und nur noch nach der Negation. Das Morphem 𓏏 wird manchmal geschrieben, was das Fortleben des *śḏmt.f* bezeugt und es nahelegt, auch nicht mit 𓏏 gekennzeichnete Fälle als *śḏmt.f* aufzufassen, sofern sie im relevanten Sinnzusammenhang erscheinen.[2] Einige Beispiele:

- (Ptah, ..., der aus dem Nun hervorkam ...) , *n ḫprt pt t3 m nwn*, bevor noch Himmel und Erde aus dem Nun entstanden waren;[3]
- , *n ḫpr(t) pt t3 d3t*, bevor noch Himmel, Erde und Unterwelt entstanden waren;[4]
- (die Stadt Edfu ist seine Tochter) , *ḫpr(t) n ḫpr(t) ḫpr*, die entstand, bevor noch das Entstehen entstanden war;[5]
- (du bist der, der den Urhügel hervorkommen ließ) , *n wn(t) s3ṯw*, als es noch nicht den Erdboden gab;[6]
- (der König, ..., der Weise schon im Mutterleib) , *n prj(t).f m śwḥ(t)*, noch bevor er aus dem Ei hervorkam;[7]
- (Harsomtus ...) , *ḏd jj(t) n jw(t).ś*, der sagt, was kommt, bevor es noch gekommen ist.[8]

---

[1] Zur Bedeutung der Form siehe Zonhoven, *śḏm.t=f*, 40 ff.
[2] Ähnlich argumentierte bereits Jansen-Winkeln, in: SAK 21, 1994, 127 f.
[3] Edfou I, 574, 11 f.
[4] Aufrère, Propylône, 112; ähnlich: Edfou V, 52, 9; Esna II, Nr. 17, 13.
[5] Edfou VIII, 146, 6; ähnlich: Edfou V, 157, 4.
[6] Edfu V, 118, 12. Zur Frage, ob *wnn* aufgrund seiner Semantik ein *śḏmt.f* bilden könne, siehe Zonhoven, *śḏm.t=f*, 52 f.; mit Blick auf den vorliegenden Fall, auch wenn dieser nicht zwingend ist, möchte man die Frage bejahen.
[7] Edfou V, 144, 16; Dendara II, 117, 2; III, 38, 5; IV, 151, 2. – Derselbe Inhalt kann auch durch adverbielles *nn* und *śḏm.n.f* ausgedrückt werden: Edfou VII, 153, 4 (... *ḥk3 nn prj.n.f m* ⌜*ḫt*⌝, ..., ein Herrscher, noch bevor er aus dem ⌜Leib⌝ kam); ähnlich: Dendara IV, 199, 13.
[8] Edfou V, 233, 6; ähnlich: Edfou V, 209, 16.

In all diesen Beispielen wird die Negation  geschrieben. Wenn nun hier und da innerhalb derselben Formel  auftritt,[1] dann kann man sich fragen, ob dort eine andere Konstruktion vorliegt, und zwar *nn und Infinitiv* als Umstandssatz (*nn jw(t).ś*, wörtlich: „nicht gibt es sein Kommen"; im Kontext: „..., wenn noch nicht gekommen ist"). Doch ist es meiner Ansicht nach wahrscheinlicher, daß wir auch dann, wenn die Negation  geschrieben wird, ein *śḏmt.f* vor uns haben.[2]

5 Verbum

5.11 *śḏm.jn.f*, *śḏm.ḫr.f*, *śḏm.k3.f*

§ 153

Die Form *śḏm.jn.f* ist im Ptolemäischen möglicherweise noch recht lebendig.[3] Ihr Morphem *jn* würde geschrieben: [4], [5], [6], [7], 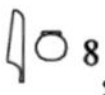[8], [9], [10], [11].

Zweifel bestehen deshalb, weil die Existenz dieser Form nur in den wenigen Fällen sicher nachzuweisen ist, in denen das Subjekt ein Pronomen ist;[12] denn in den anderen könnte theoretisch das narrativ verwendete Satzbaumuster *Infinitiv und jn und Subjekt* vorliegen.[13]

---

[1] Edfou V, 85, 14; VII, 133, 18 (zur letztgenannten Stelle cf. Edfou V, 209, 16 und 233, 6, wo in beiden Fällen *n* geschrieben wurde).

[2] Zur Aufgabe der Differenzierung zwischen *n* und *nn* sowie zur verlorenen Gültigkeit der Gunn'schen Regel siehe § 159, s.v. *n* und *nn*.

[3] Siehe auch die Beispiele oben, § 150 und Junker, GdD, § 139.

[4] Esna II, Nr. 127, 4 (*ḏd.jn Rꜥ n mwt.f*).

[5] Dümichen, Baugeschichte, Tf. 19, b 4 (*ꜥḳ.jn nśwt*).

[6] Edfou VI, 112, 4 (*ḏd.jn Rꜥ n Ḥr Bḥdtj*).

[7] Edfou VI, 111, 6 (*jj.jn Ḥr Bḥdtj*); 214, 1 (*ḏd.jn 3śt n Ḏḥwtj*). Diese Schreibung finden wir im großen Horusmythus von Edfu besonders oft.

[8] Edfou VI, 124, 2 (*ḏd.jn Rꜥ*); 330, 5 (*jrj.jn.f*). Diese Schreibung ist in Edfu selten; für Dendera zitiert Junker zwei Beispiele (GdD, § 139).

[9] Edfou VI, 115, 8 (*ḏd.(j)n Ḏḥwtj*); 214, 2 (*ḏd.(j)n Ḏḥwtj n 3śt*). Zur Frage der Abgrenzung dieser und der folgenden Schreibungen gegen das *n* des *śḏm.f* siehe § 150 d.

[10] Edfou VI, 127, 7 (*ḏd.(j)n Rꜥ n Ḥr Bḥdtj*).

[11] Edfou VI, 117, 1 (*ḏd.(j)n Rꜥ n Ḏḥwtj*).

[12] Cf. Jansen-Winkeln, Spätmitteläg. Gramm., § 524.

[13] Siehe Gardiner, EG, § 306, 2, mit der Anmerkung; siehe unten, § 275, A b der vorliegenden Grammatik; cf. auch Edel, in: GM 44, 1981, 15 f. – Ein formaler Nachweis der *śḏm.jn.f*-Form ist im Ptolemäischen auch nicht bei den Verben mit femininem Infinitiv möglich, da deren Endung *t*, abgesehen vom Status Pronominalis, regelhaft nicht mehr geschrieben wird (siehe oben, § 138).

Jedoch kann man das *śḏm.jn.f* mit einiger Berechtigung in denjenigen narrativen Texten ansetzen, in denen es mehrfach begegnet und jeweils eine als bedeutsam empfundene Folgehandlung einleitet,[1] so zum Beispiel im großen Horusmythus von Edfu oder in einem Mythus, der von den Kämpfen und Siegen des Chnum-Re von Esna berichtet:

- , *ḏd.jn Rꜥ n mwt.f*, Daraufhin (dann) sagte Re zu seiner Mutter.[2]

Das *śḏm.ḫr.f* ist relativ ungebräuchlich.[3] Als Schreibungen des Morphems *ḫr* findet man [4], [5], [6]; siehe beispielsweise

- , *ḏd.ḫr nśwt ḏś.f*, Dann soll der König selbst sagen.[7]

Auch für *śḏm.ḫr.tw.f*, das umschriebene Passiv des *śḏm.ḫr.f*, gibt es hier und da Belege:

- , *jrj.ḫr.tw ꜥbb n sš*, Ein geflügelter Skarabäus soll gezeichnet werden.[8]

Die Form *śḏm.kꜣ.f* begegnet nur äußerst selten:

- 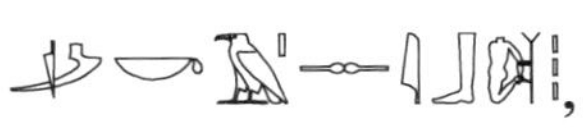, *śmꜣ.kꜣ.j śbjw*, „Ich werde die Feinde töten."[9]

In einem Fall[10] wird das Element *kꜣ* mit Determinativ geschrieben: .

5 Verbum

5.12 Hilfsverb

§ 154

Als Hilfsverben werden solche Verben verstanden, die einem anderen Verb oder einem Satz vorangestellt werden, um deren Bedeutung zu modifizieren. Dabei kann das Hilfsverb finit

---

[1] Siehe Gardiner, EG, § 429.

[2] Esna II, Nr. 127, 4.

[3] Zu dessen Bedeutung in der klassischen Sprache siehe Gardiner, EG, § 431; cf. auch Junge, in: JEA 58, 1972, 133 ff. – Das *śḏm.ḫr.f* gibt an, was folgt oder als nächstes zu tun ist. Man findet diese Form oft in wissenschaftlichen Texten und Handlungsanleitungen.

[4] Edfou VI, 16, 8 (*sš.ḫr jrf ꜥꜥw nt(j) nḫb*).

[5] Edfou VI, 131, 7 f. (*ḏd.ḫr nśwt ḏś.f*); 165, 17 (*śꜣp.ḫr.k ḫt jm.ś*); Dendara X, 126, 6 (*ꜥḥꜥ.ḫr.śn*); Junker, GdD, § 140.

[6] Edfou V, 132, 4 (*jnj.ḫr.tw ꜥnḫ dšr*); 399, 2 (*jnj.ḫr.tw ꜥꜣ*).

[7] Edfou VI, 131, 7 f.; Dendara XIII, 67, 8 (*jrj.ḫr.f śnṯr n Rꜥ n Ḥt-ḥr*); 79, 5 (*ḏd.ḫr.śn*). In der Apodosis: Edfou II, 215, 7 f. (zwei Fälle).

[8] Edfou VI, 131, 3. Weitere Beispiele: Edfou V, 132, 4 (*jnj.ḫr.tw ꜥnḫ dšr jḫ dšr*); 399, 2 (*jnj.ḫr.tw ꜥꜣ*); Junker, GdD, § 140.

[9] Junker, GdD, § 141.

[10] Edfou VI, 55, 14 f. (*ḥwj.kꜣ śbj.śn r pr Ḥr Bḥdtj*). Die Textstelle ist durch Beschädigungen ein wenig unklar, aber offenbar handelt es sich nicht um einen Hauptsatz (cf. dagegen Gardiner, EG, § 435).

oder infinit (mit oder ohne grammatische Endungen) verwendet werden. Innnerhalb der Verbindung ist das Hilfsverb meist auf einen bestimmten Teil seiner sonstigen Bedeutungsbreite beschränkt, es wird dadurch zu einem Grammatischen Wort. Die Modifizierungen betreffen teils Zeitlage und Aspekt des Verbs, teils die Syntax.

Das Hilfsverb ***jw*** erscheint zumeist in seinen traditionellen Schreibungen [1] oder [2], in Esna auch [3]. Sehr selten nur finden wir die Schreibungen [4], [5] oder  [6]. Letztere Schreibung beruht auf der schon nach dem Neuen Reich belegten lautlichen Angleichung von und , und sie läßt erkennen, daß die akademische Aussprache des *jw* dem koptischen Vokal ⲉ entsprach.

Das Hilfsverb ***jmj***, steht im optativischen *śḏm.f* vor dem Infinitiv[7] und vermittelt den Wunsch oder die Aufforderung, daß etwas nicht geschehen möge. Als Schreibungen findet man [8], [9], [10], [11], 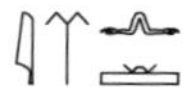[12], [13], [14]. Diese orientieren sich am Mittelägyptischen und sind ganz und gar akademisch, weil *jmj* bereits im Neuägyptischen nur noch vereinzelt in gehobener Sprache benutzt wurde[15] und im Demotischen lediglich im Vetitiv (*m-ỉr*) weiterlebte.[16] - Ein Beispiel:

- , *jm.ṯn śḫm jm.f*, „Ihr möget euch seiner nicht bemächtigen.“[17]

---

[1] Edfou VI, 117, 3.
[2] Edfou VI, 117, 2.
[3] Esna III, Nr. 206, 5 (p. 30, 9: *jw.j r rdj(t) rḫ.ṯn*). Zur Schreibung siehe EP 1, 491, § 8.4.
[4] Edfou VIII, 4, 1; 159, 8 (beide vor einem Substantiv); Sauneron, Porte de Mout, Pl. XII, Text 14, 22 (*j nṯrw jmjw* ⌜*t3*⌝ *mjw m33.ṯn ś(j) j(w).ś ḥtp.tj ḥr śt.ś*, o ihr Götter auf der ⌜Erde⌝, kommt und betrachtet sie, wie sie da ruht auf ihrem Throne; die vorliegende Schreibung entspricht bereits dem ⲉⲥ im koptischen Umstandssatz des Präsens).
[5] Edfou VI, 242, 10 (vor einem Suffixpronomen).
[6] Edfou II, 255, 9: ... *jw ḫpr tr n jw(t).f n.śn*, ..., wenn die Zeit da ist, in der er zu ihnen kommt; Esna II, Nr. 17, 12 f. (V, 321): *š3ʿ.f ḫʿw ḥr-tp 3ḫwt nt 3bw jw t3 3bḫ m sm3wj*; III, Nr. 206, 6 (§ 10; V, 261): *jw nṯr špś r ḫpr mjn* (selbständiger Satz).
[7] Im Mittelägyptischen vor dem Negativkomplement.
[8] Dendara VIII, 131, 8 (*jmj.k rd(t) ʿḳ s nb*, lasse niemanden eintreten). Ähnlich, aber nachfolgend zerstört: Dendara X, 389, 7.
[9] Edfou I, 56, 1 (*jmj.k wʿw*). Der Auslaut  bei *wʿw* läßt an die klassische Endung des Negativkomplements denken, doch man muß bei diesem singulären Beleg mit einem antiken Fehler rechnen.
[10] Edfou VI, 73, 5 f. (*jmj.k gnn*); Dendara X, 152, 7 (*jmj.k wrḏ*).
[11] Edfou VI, 133, 3 (*jmj.ṯn śḫm jm.f*).
[12] Edfou VI, 265, 14 (*jmj.ṯ h3b*).
[13] Edfou II, 215, 11 (*jmj.k jʿr*); ähnlich: Dendara X, 104, 4 (*jmj.k ḫn*).
[14] Dendara X, 250, 10; Pl. 143, oben (nicht eindeutig zu erkennen, aber doch gut möglich).
[15] Erman, NG, § 786.
[16] Spiegelberg, Dem. Gr., § 219.
[17] Edfou VI, 133, 3 f.

Bei der Schreibung  kann man fragen, ob *w* für *m* steht[1] oder ob es sich um einen antiken Fehler handelt. Es liegt aber näher,  als Mater Lectionis (ⲉ/ⲓ) zu aufzufassen, weil mehr als einen Lautwert trägt;[2] die akademische Aussprache wäre demnach etwa ⲉⲙ oder ⲓⲙ gewesen, worauf ja auch sämliche Schreibungen deuten.

Das Hilfsverb *jrj*, das man in der Constructio Periphrastica verwendet,[3] wird regelhaft  geschrieben.

Das Hilfsverb *ꜥḥꜥ*, das mir nur in den Inschriften der Tempel von Armant[4], Dendera[5], Edfu[6], Esna[7] und Kom Ombo[8] begegnete, wird stets traditionell geschrieben[9] und läßt somit

---

[1] Cf. EP 1, 496, § 9.8.

[2] Siehe EP 1, 172, Zeichenliste, 2 (Teile des menschlichen Körpers), Nr. 51.

[3] Bei dieser umschreibenden Konstruktion übernimmt das Hilfsverb *jrj* die grammatikalische Form, während das die Bedeutung tragende Verb im Infinitiv folgt. Im Mittel- und Neuägyptischen beschränkt sich die Constructio Periphrastica auf Wörter mit mehr als drei Konsonanten und auf Verben der Bewegung, später greift ihr Gebrauch auch auf andere Verben über; siehe Gardiner, EG, § 485; Erman, NG, § 543 f.; Spiegelberg, Dem. Gr., § 177 f. Einige Beispiele:
im *śḏm.f*: Esna III, Nr. 355, 3 (§ 28; ... *jrj.śn njś n.f*, ..., so daß sie nach ihm rufen; wörtlich: ..., indem sie machen ein Rufen nach ihm);
in der PvK: Edfou VIII, 136, 4 (*jw.w* (*ḥr*) *jrt ḫb*(*t*), sie tanzen);
im Imperativ: Edfou VI, 77, 7 f. (*jrj bꜥbꜥ.ṯn m* ..., trinkt von ...; wörtlich: macht euer Trinken von ...); 185, 1 (*jrj nḏm nb.n*, „laß dich nieder, unser Herr“);
die Konstruktion *śḏm pw jrj.n.f* wird weiter unten behandelt, § 207;
zur Umschreibung des Kausativs (cf. Wb I, 111, 9; Erman, NG, § 556, Anm.): Tôd II, Nr. 283 bis*, 1 und Pl. 191 (*ḏd*(*t*) *jr*(*t*) *ḫpr.*(*ś*) *ḥr-ꜥ n ꜥn prj*(*t*) *m* ⌜*rꜣ*⌝.<*ś*>, die (etwas) ausspricht und (es) sofort entstehen läßt, ohne daß man abwenden kann was aus <ihrem> ⌜Mund⌝ kommt; zum zweiten Teil der Aussage cf. zum Beispiel Edfou I, 56, 5; VIII, 93, 7; Dendara VI, 151, 7); Edfou III, 322, 11 (im Vetitiv, cf. Gardiner, EG, § 340, 3: *m jrj ḫpr nśwt bjt* ... *n ḥr-n-ḥr*, lasse nicht zu, daß der König von Ober- und Unterägypten ... in ein Unglück gerät).
Cf. auch Junker, GdD, § 115, der viele Komposita belegt, die aus *jrj* und Nomen oder lexikalisiertem Infinitv bestehen; deren Anzahl weist auf eine zunehmende Tendenz zur Umschreibung mit *jrj*, machen.
Zur Umschreibung des Partizip Aktiv siehe oben, § 139 A.

[4] Ermant I, Nr. 38 (p. 60; der einzige Fall in diesem Band).

[5] Dendara XIII, 78, 5.

[6] Viele Belege lassen sich im großen Horusmythus finden (siehe unten, § 238, F – J). Ältere Beispiele (26. Dynastie) erscheinen im Text eines in Edfu gefundenen Blockes (siehe Sauneron und Yoyotte, in: BIFAO 50, 1952, 201, n. 3; Habachi, in: SASAE 23, 1981, 168); der Stil dieses leider nur fragmentarisch erhaltenen Textes erinnert an denjenigen des Horusmythus.

[7] Wegen der Belegstellen siehe die folgenden Fußnoten zu den Schreibungen.

[8] Kôm Ombo (Gutbub) I, Nr. 292, 18.

[9] Wb I, 218, 3 ff.

keine Änderung seines Konsonantenbestandes erkennen. Es tritt nur in der Form *ꜥḥꜥ.n* auf[1], und zwar unter anderem in den Schreibungen 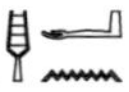[2], [3], [4], [5], [6]

Das Hilfsverb ***wnn*** zeigt eine geminierende (, *wnn*) und eine nicht geminierende Form (, *wn*), die beide spezifisch verwendet werden.[7]

Das Hilfsverb ***pꜣ(j)*** zeigt sich in den Schreibungen [8], [9], [10], [11]; es hat die Grundbedeutung „in der Vergangenheit oder Urzeit (zuerst) getan haben" und bildet nahezu alle grammatischen Formen. Das die Bedeutung tragende Verb folgt im Infinitiv.[12]

---

[1] Die mittelägyptischen Bildungen mit bloßem *ꜥḥꜥ* (Gardiner, EG, § 477) sind, soweit ich sehe, nicht mehr im Gebrauch.

[2] Ermant I, Nr. 38 (p. 60).

[3] Edfou VI, 115, 3.

[4] Esna III, Nr. 206, 2 (p. 29, 7).

[5] Esna III, Nr. 206, 2 (p. 30, 4); Dendara XIII, 78, 5.

[6] Kôm Ombo (Gutbub) I, 292, 18.

[7] Siehe zum Beispiel die Konstruktion *wnn* und Adverbieller Nominalsatz oder Pseudoverbalkonstruktion (Edfou VII, 29, 17 ff.; 92, 11 ff. und 255, 19 ff.; Winter, Tempelreliefs, 47 ff.) und oben, § 139.

[8] Edfou I, 18, Nr. 41; VI, 57, 7; 104, 6.

[9] Dies ist die häufigste Schreibung, siehe zum Beispiel Edfou I, 428, 6 f.; II, 62, 8 f.; III, 45, 13; IV, 244, 13 f.; 389, 18; VI, 297, 4; VII, 191, 7.

[10] Edfou III, 22, 17; VII, 203, 7; zur Schreibung cf. Winter, in: ÄA 46, 1987, 68 f.

[11] Edfou V, 289, 2.

[12] Folgende Abweichungen vom klassischen Gebrauch sind zu beobachten:
a) Auf *pꜣ* kann auch ein Nomen oder Pronomen als Objekt folgen: Edfou IV, 244, 13 f. (*pꜣ.tw.f n ḥmt.ṯ*, er (der Menu-Krug) wurde für Deine Majestät in der Urzeit geschaffen); VI, 104, 6 (..., *pꜣ.n.f nśwjt*, ..., der das Königtum in der Urzeit begonnen hat); damit hat sich die Semantik des Verbs *pꜣ(j)* derjenigen des Verbs *šꜣꜥ* angeglichen (Wb IV, 406 f. A und B), neben dem es ja so oft begegnet.
b) Der attributive Gebrauch überwiegt bei weitem; nicht attributiv finden wir *pꜣ* zum Beispiel an der bereits oben zitierten Stelle Edfou IV, 244, 13 f. (Spruch beim Darbringen des Menu-Kruges): *nfr wj św m jḫt.f nb(t) n.ṯ jmj pw pꜣ.tw.f n ḥmt.ṯ*, „Ach wie vollendet ist er doch mit all seinen Zutaten! Dir gehört er, denn er wurde in der Urzeit für Deine Majestät geschaffen".
c) Die Bildung des *śḏm.n.f* von *pꜣ(j)* an der Stelle Edfou VI, 104, 6, wirkt wegen der Semantik des Wortes pleonastisch, man sollte sie jedoch als Eigenart des Ptolemäischen anerkennen; denn die Auffassung des *n.f* als Dativ muß ausscheiden, da ja zum einen bei vergleichbarer Aussage das *śḏm.f* benutzt wird (Edfou III, 45, 12 f.) und andererseits die passiven Relativformen (zum Beispiel Edfou V, 289, 2: *pꜣ.tw n.f smꜣ-tꜣ*; Edfou VI, 57, 7: *pꜣ.tw nḫbt ḥr rn.f*) nicht als Gegenargument dienen können, weil sie in der Tat nur einen Sachverhalt nennen, der die Bezugsperson betrifft, den diese aber nicht initiiert hat.

Das Hilfsverb ***rdj*** wird im *śḏm.f* stets [1] oder seltener [2] geschrieben,[3] ebenso wie als Partizip Aktiv;[4] im Infinitiv findet man meistens [5], [6] und [7]. Dem Hilfsverb *rdj* folgt wie in klassischer Zeit ein *śḏm.f* als Objektsatz: **rdt śḏm.f*, veranlassen, daß er hört, ihn hören lassen.[8] Anders als es im Demotischen der Fall ist,[9] hat *rdj*, veranlassen, im Ptolemäischen die Kausativbildung mit *ś* nicht zurückgedrängt.[10] Dem Ptolemäischen und dem Demotischen ist aber gemeinsam, daß die Verbindung von Hilfsverb und Verb noch nicht so eng wie im Koptischen ist, obwohl es Fälle gibt, welche die spätere enge Verbindung anzukündigen scheinen:[11]

a) *rdj śḏm.f* und Kausativbildung mit *ś* stehen in ähnlichen Aussagen:

- , *(r)dt ḫꜥj Ḥkꜣ*, (den Gott) Heka erscheinen lassen;[12]
  , *śḫꜥj nṯr pn*, diesen Gott erscheinen lassen;[13]
- *(r)dj.j mꜣꜥ-ḫrw.k m hrw wpt*, „Ich lasse dich triumphieren am Tage des Gerichts.“[14]
- *śꜥšꜣ.n mr(wt).k ḫr mꜥbꜣ(jt)*, „Wir vergrößern deine Beliebtheit beim Gerichtshof-der-Dreißig“.[15]
- *(r)dj.j rnpj ḥꜥ.k m rnpwt*, „Ich lasse deine Glieder sich verjüngen mit den frischen Pflanzen, ...“[16]

---

[1] Zum Beispiel Edfou VI, 63, 1; VII, 133, 14.
[2] Zum Beipiel Edfou VII, 54, 3; VIII, 118, 15.
[3] Beide nebeneinander: Edfou VI, 95, 13 und 15.
[4] Edfou VI, 187, 2.
[5] Edfou VI, 163, 15; 165, 12.
[6] Edfou VI, 121, 11 (*r tm rdt prj.f*, um zu verhindern, daß er hervorkomme).
[7] Edfou V, 133, 5 (*rdt rḫ.k*, „dich wissen lassen“); VI, 166, 2.
[8] Nach Negation, Edfou VII, 197, 11 f.: ... *nn rdt jꜥr b r Bꜣḳt*, ohne zuzulassen, daß Be (Seth) sich (feindlich) gegen Ägypten erhebt.
[9] Spiegelberg, Dem. Gr., § 112 - 115.
[10] Siehe zum Beispiel *śḫpr*, entstehen lassen (Edfou V, 10, 11); *śhꜣj*, hinabsteigen lassen (Dendara X, 99, 13; 297, 4; im Namen eines Dämonen; zur Endung *tj* siehe oben, § 116). – Speziell für Dendera siehe Junker, in: SPAW 1905, 788 (§ 13), mit n. 2. – Zum Thema, auch diachron und unter spezieller Fragestellung betrachtet, vergleiche man auch Schenkel, in: SAK 27, 1999, 313 ff.
[11] Siehe dazu auch die Beispiele bei Junker, in: SPAW 1905, 788 f. (§ 13). – In einer kleinen Studie und auf der Basis nur einer Formel und ihrer Varianten wirft Leahy (GM 48, 1981, 35 ff.) die Frage auf, ob die ab der Spätzeit nebeneinander auftretenden Kausativbildungen mit *ś* oder mit *dj* von regionalen Sprachtraditionen abhängen könnten.
[12] Esna II, Nr. 77, 12 (römerzeitlich). Für eine enge Verbindung spricht auch, daß der Infinitiv in diesem Falle geschrieben wird.
[13] Esna II, Nr. 77, 12, in fine.
[14] Edfou VIII, 78, 2 f.
[15] Edfou VIII, 78, 3.
[16] Edfou VII, 210, 4.

- ... *św3ḏ.j ḏt.k m k3t ḳm3(t).[n].k*, „und ich lasse deinen Leib gedeihen mit dem Werk, das du geschaffen [hast].“[1]
- , *ntś ḫpr śm(t)*, Sie (Hathor) läßt das Fieber entstehen.[2]

  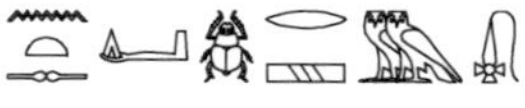, *ntś dj ḫpr śmm(t)*, Sie (Mut) läßt das Fieber entstehen.[3]

b) *rdj* und das folgende Verbum sind im Koptischen zu einem einzigen Wort verschmolzen:

- hierhin gehört bereits das vorangehende Beispiel[4] 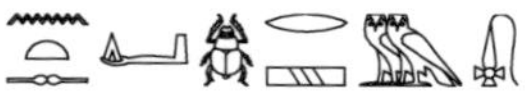; cf. koptisch **ϫⲡⲟ**[5].
- 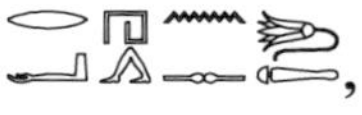, *rd(t) h3j n.ś sśn tpj*, beste Lotusessenz hineingeben;[6] cf. koptisch **ⲧϩⲓⲟ**[7];
- 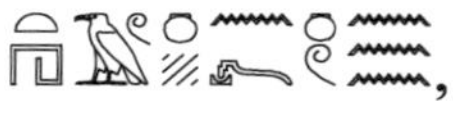, *(r)dj(t) h3j*? *n.[..] nwj*, (Hathor, die Herrin der Techu-Pflanze[8]), die für [..] die Flut hinabsteigen läßt?;[9] cf. koptisch **ⲧϩⲓⲟ**[10].
- , *(r)dj* ⌜*ꜥḳ*⌝ *ḥꜥpj r nw.f*, (Osiris), der die Nilflut[11] zu ihrer Zeit ⌜eintreten⌝ läßt;[12] vielleicht handelt es sich hier um den Vorläufer des koptischen Wortes **ⲧⲱⲕ**[13].

Des weiteren kann *(r)dj*, wie *jrj*, in einer Art Constructio Periphrastica verwendet werden (selten): , *(r)dj.k sḫn.k*, „Du läßt dich nieder.“[14]

Das Hilfsverb ***ḫpr*** erscheint einige Male vor der Pseudoverbalkonstruktion:[15]

---

[1] Edfou VII, 210, 4.

[2] Dendara VIII, 56, 12. Statt *ntś ḫpr* könnte man auch eine Haplographie des *ś* ansetzen: *ntś (ś)ḫpr*.

[3] Sauneron, Porte de Mout, Pl. XII, Text 14, 11 (cf. Vers 15: *ntś śḫpr*).

[4] Cf. auch das zweite Beispiel unter „Hilfsverb *ḫpr*“.

[5] Westendorf, KoptHWb, 429.

[6] Edfou VI, 166, 2.; cf. Chassinat, Khoiak II, 612, n. 2. Wörtlich: geben, daß für es (das Salböl) beste Lotusessenz hinabsteigt.

[7] Crum, CD, 457 a.

[8] Cf. Germer, Arzneimittelpflanzen, 247.

[9] Dendara I, 80, 6; Cauville, Dend. Trad. I, 126 f., las – nicht ohne guten Grund – das Wort *thm*, ist aber dann zu einer Konjektur gewungen. – In Dendera findet man übrigens für *h3j* beide Arten der Kausativbildung: Dendara X, 94, 13 (*(r)dj.j h3j Śtś*); 99, 13 (*śh3j*).

N. b.: Auch wenn Hathor als Bringerin der Nilflut belegt ist (zum Beispiel Dendara Mam., 44, 16), so ist dennoch der hier in Rede stehende Fall wegen der Beschädigung des Textes ziemlich unsicher.

[10] Crum, CD, 457 a.

[11] In der Publikation hält der Nilgott kein Gefäß in Händen.

[12] Debod, 86, Zeile 1. Trotz der partiellen Beschädigung ist die Lesung einigermaßen sicher, da sie gut in den Kontext paßt.

[13] Crum, CD, 403 b - 404 a. – Zur Verwendung des Verbs *ꜥḳ* im Zusammenhang mit der Flut cf. unter anderem Edfou I, 325, 17: *ꜥḳ.f m t3 r* ⌜*śjwr*⌝ *śḫt.k*, „es (das Flutwasser) dringt auf das Land, um dein Feld zu ⌜befruchten⌝“.

[14] Edfou VI, 101, 3 (wörtlich: „du veranlaßt dein Niederlassen“). Cf. Wb IV, 253, 11; der besondere Sinn dieser Wendung ist vielleicht, daß ein Wesen seine eigene Erscheinungsform zu einem bestimmten Tun veranlaßt.

[15] So schon im Neuägyptischen belegt, siehe Erman, NG, § 569 f. – Zu *ḫpr.n* siehe Uljas, in: SAK 35, 2006, 327 ff.

- , *ḫpr pt šsp.tj*, Der Himmel ist hell geworden, (wenn die Zeit der Geburt (der Sonne) kommt).[1]
- , *(r)dj.j ḫpr štj.<k>* (ḥr) 3bḫ m ḥrw*, „Ich bewirke, daß <dein>* Duft zu den Gesichtern (der Menschen) zieht.“[2]

Das Hilfsverb ***ḫm*** schreibt man meist [3], [4], [5]. Es verneint häufig ein Partizip Aktiv, indem es dessen Form übernimmt und das die Bedeutung tragende Verbum im Infinitiv folgen läßt. Im Vergleich zur Verneinung *tm* (siehe unten) liefert *ḫm* mit seiner Grundbedeutung „nicht kennen“ eine gewisse Steigerung, in etwa vergleichbar unserem *nicht* und *niemals*:

- (Schu als Träger des Himmels) , *ḫm šk(t) ḥr ṯst ṯst*, der niemals vergeht[6] beim Erheben des Himmels;[7]
- (Hathor) , *ḫm(t) špt*, die niemals ärgerlich ist.[8]

In bestimmten, relativ seltenen Ausdrücken mit doppelter Verneinung begegnet *ḫm* auch zur Verneinung des Infinitivs. Dabei steht *ḫm* im Infinitiv vor dem verneinten Infinitiv des Wortes, das die Bedeutung trägt:

- (Schutzgötter) , *bwt k3.šn ḫm tm ʿʿw*, deren Ka Abscheu das Fehlen der Wachsamkeit ist.[9]

---

[1] Sauneron, Porte de Mout; Pl. IX, 29 (*ḫpr pt šsp.tj jw jw nw n dj(t) r t3*); in derselben Zeile folgt ein weiteres Beispiel: *ḫpr šbjw ḫr*, die Feinde sind nun zu Boden gefallen. – Zum Hellwerden des Himmels vor dem Sonnenaufgang siehe Kurth, in: GM 108, 1989, 34 f.

[2] Edfou VII, 211, 10. – Nach *rdj*, veranlassen, steht *ḫpr* im *šḏm.f*, und die folgende Pseudoverbalkonstruktion hat syntaktisch die Funktion eines Subjekts; denn es geht ja nicht primär darum, den Duft entstehen zu lassen (der ist ja schon da: *štj.k*!), sondern darum, das „Mischen des Duftes mit den Gesichtern“ geschehen zu lassen (zum Inhalt siehe ITE I/2, 384, n. 1). – Das vorangehende Beispiel ist demnach analog aufzufassen, und nicht als *šḏm.f* (*ḫpr pt*) mit folgendem Pseudopartizip (das wäre wörtlich: der Himmel wurde, indem er hell war, oder besser: der Himmel wurde hell).

[3] Edfou VII, 108, 2; Dendara VIII, 34, 2.

[4] Edfou VIII, 39, 11.

[5] Edfou VII, 129, 14.

[6] Wörtlich: ..., der kein Vergehen kennt.

[7] Edfou VII, 129, 14.

[8] Dendara V, 58, 1 f.; VII, 199, 10. – Substantiviert: *ḫm-m33*, Der-nicht-sehen-kann (Seth; Dendara X, 107, 9; cf. Wb III, 280, 9; Wilson, Ptol. Lex., 727); *jḫm-šk* und *jḫm-wrḏ* (Sternbezeichnungen; Wb I, 125, 14 ff.).

[9] Dendara VIII, 34, 2; wörtlicher: deren Ka Abscheu das Nicht-Kennen des Nicht-Schlafens ist. Die Negation *tm* verneint den Infinitiv von *ʿʿw*.

Es ist fraglich, ob die Stelle Dendara V, 51, 6, hierhin gehört. Das wäre nur möglich, wenn Junkers Lesung *gmḥ*, schauen, richtig sein sollte (GdD, § 290, 2, gestützt auf Mariette, Dendérah III, 14 b: die nicht nicht schaut (immer schaut). Jedoch gibt Dendara V, 51, 6, nicht *gmḥ*, sondern *jḥ* wieder, mit dem Determinativ des Auges (so auch Dümichen, Kalenderinschriften, Tf. 56 a). Cauville, Dend. Trad. V, 136 f., versteht *jḥ*, schlafen, was aber wegen des Sinnes der Stelle nur dann möglich ist, wenn *tm* als antiker Fehler eliminiert wird; zur

Das Hilfsverb *šꜣꜥ*, findet man nur sehr selten:

-  ..., *šꜣꜥ šm.tw jm.f r* ..., Man geht seit Anbeginn durch sie (eine Türe) nach ... .[1]

Das Hilfsverb ***tm***, das wie in der klassischen Sprache zur Verneinung nominal verwendeter Verbalformen und Satztypen dient,[2] begegnet für gewöhnlich in folgenden Schreibungen:

Neben den im Ptolemäischen vertrauten Schreibungen findet man selten auch [10]. Diese Schreibung, die sich problemlos vom hieroglyphischen Bild herleiten läßt, begegnet fast nur in der festen Formel *m tm wn*, dort also, wo andere Lesungen ausgeschlossen sind.[11]

Die übrigen von Gardiner[12] aufgeführten Hilfsverben, *jj, jw, prj, šdr* und *ḏr*, kommen, soweit ich sehe, im Ptolemäischen nicht mehr vor. Anders konstruierte enge Verbindungen zweier Verben (beispielsweise *prj.f ḫj.f*[13]; *jj.n.j śmn.n.j*[14]), werden weiter unten behandelt[15].

... < S. 747 Entscheidung benötigte man ein Photo. – Zum Wort *jḥ* siehe Vernus, in: RdE 32, 1980, 131; Jansen Winkeln, in: SAK 22, 1995, 185, 33). An der Stelle Edfou IV, 111, 7, ist das Wort *jḥ* in der Bedeutung „schlafen" sicher belegt (ITE I/1, (Edfou VIII), 75, n. 2, ist entsprechend anzupassen).

[1] Edfou VI, 8, 1 f. (die drei Kügelchen sind wohl von *šꜥ*, der Sand, übernommen worden). Cf. auch Wb IV, 406, 8 (Dendara II, 133, 2; allerdings ist die Übersetzung dieser Stelle meines Erachtens problematisch). – Cf. ferner Erichsen, DG, 489, 2 (*ỉr šꜥ ḫpr* zeigt ein Zusammenwachsen der beiden Wörter).
Wegen seiner Bedeutung (ein gewohnheitsmäßiges Tun) frage ich mich bei dem oben zitierten Beispiel aus Edfu (VI, 8, 1 f.), ob das *šꜣꜥ* nicht einem *ḫr* entspricht (cf. Westendorf, KoptHWb, 299; Erman, NG, §, 306, in fine; Spiegelberg, Dem. Gr., § 129 und 133; Johnson, DVS, 142 – 145).

[2] Infinitiv (§ oben, 138), Partizip, Relativform, *śḏm.tj.fj* und *śḏmt.f* sowie in einigen Typen des Haupt- und Nebensatzes; im Ptolemäischen auch zur Bildung des Vetitivs (siehe unten, § 156). – Siehe auch die von Junker zitierten Beispiele, GdD, § 288.

[3] Esna VII, Nr. 582, 4.

[4] Edfou VII, 128, 9; Esna VII, Nr. 598 (p. 133, Zeile 4 des Textes); Nr. 619, 27.

[5] Dendara X, 372, 9.

[6] Edfou VI, 264, 13; VII, 62, 10; Esna IV/1, Nr. 400, Zeile 6 des Textes.

[7] Edfou VI, 180, 3.

[8] Esna VII, Nr. 620 A, Zeile 3 des Textes.

[9] Edfou V, 119, 9; VIII, 21, 5.

[10] Edfou III, 286, 12; Dendara IV, 62, 14; 81, 14; Esna II, Nr. 17, 16; Deir el-Bahari III, 40, Nr. 38. – Cf. die bei Edel, Altäg. Gramm., § 1113, aufgeführten Schreibungen.

[11] Wegen der oben zitierten eindeutigen Fälle ist das Zeichen auch an den beiden von Junker, GdD, § 285, zitierten Stellen vermutlich *tm* zu lesen (verneinte substantivierte Relativformen). – Die Stellen findet man jetzt: Dendara VIII, 131, 4; VIII, 62, 10.

[12] Gardiner, EG, § 483.

[13] Edfou VI, 18, 4 (er kommt hervor und steigt auf).

[14] Edfou VI, 187, 12 („ich bin gekommen und habe gefestigt").

[15] § 184 – Hier findet man unter anderem auch jene enge Verbindung, die aus finitem Verb und Infinitiv als Objekt besteht, bei der manchmal das finite Verb den Inhalt des im Infinitiv folgenden Verbs wie ein Adverb näher bestimmt (siehe zum Beispiel Edfou VI, 199, 7: *mrj.f (r)dt*, er liebt das Geben, er gibt gerne).

5 Verbum

5.13 Konjunktiv

§ 155

Der Konjunktiv wird gebildet mit dem Präfix *mtw* und Suffixpronomen oder Nomen als Subjekt, dem der Infinitiv folgt (*mtw.f sḏm*). Diese ab dem Neuägyptischen auftretende Form[1] findet man in den Inschriften Edfus und Denderas relativ selten und nur in bestimmten Texten, so in Edfu im Festkalender[2] und in Dendera im Choiak-Text.[3] Als Subjekt am Präfix *mtw* erscheinen an den mir bekannten Stellen das Indefinite Personalpronomen ***tw***, das ebenfalls indefinit verwendete Suffixpronomen der 3. Person Plural ***w***[4] und ein **Nomen**; bei keinem der Belege geht dem Infinitiv ein *ḥr* voran.[5]

Präfix und Suffixpronomen schreibt man

, *mtw.tw* [6], 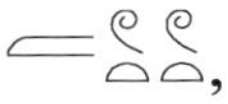, *mtw.tw*[7], , *mtw.tw*[8]

, *mtw.w*[9] , , *mtw.w*[10] , , *mtw.w*[11]

, *mtw und Nomen*[12].

Die wohl fehlerhaften Schreibungen 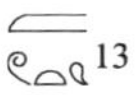[13] und [14] sind zu *mtw.tw* beziehungsweise *mtw.w* zu verbessern.[15]

---

[1] Erman, NG, § 575 ff.; Junge, Neuäg. Gramm., 246 ff.; Spiegelberg, Dem. Gr., § 140 ff.

[2] Edfou V, 350, 2 und 3; 356, 3.

[3] Junker, in: SPAW 1905, 790 (§ 17); Cauville, Dend. Chap. Os. III, 230 f. (sämtliche Belegstellen).

[4] In fast allen Beispielen dienen *w* und *tw* zur Umschreibung des Passivs.

[5] Im Neuägyptischen erscheint gelegentlich *ḥr* vor dem Infinitiv, obwohl das nicht zur angenommenen Entstehung des Konjunktivs paßt (cf. Erman, NG, § 575).

[6] Edfou V, 356, 3.

[7] Dendara X, 43, 3.

[8] Dendara X, 43, 15.

[9] Dendara X, 46, 11 und 12 (ähnlich); 47, 14 und 15 f.; 48, 1.

[10] Dendara X, 47, 14.

[11] Dendara X, 47, 7 und 8; 49, 2.

[12] Dendara X, 48, 1.

[13] Edfou V, 350, 2 und 3.

[14] Dendara X, 49, 2 und 3.

[15] Cf. Grimm, Festkalender, 185.

Ein Beispiel:

- (Lösen ihrer Papyrusrollen durch diese Göttin) , *mtw.tw ṯ3(t) mnjwt jn ḥmwt*, während die Menit von den Frauen ergriffen werden.[1]

5 Verbum

5.14 Imperativ und Vetitiv

§ 156

A Imperativ

Beim Imperativ sind formal zwei Kategorien zu unterscheiden. Die Vertreter der ersten sind nicht gekennzeichnet, zeigen die bloße Grundform des Verbs. Bei den Vertretern der zweiten Kategorie finden wir besondere Formen, die sich von der Grundform abheben.

a) Bei der Grundform handelt es sich, anders als im Neuägyptischen, Demotischen und Koptischen,[2] in der Regel nicht um den Infinitiv, sondern um die gänzlich endungslos gewordene Form des Imperativs der klassischen Sprache.[3] Das geht aus dem pronominalen Direkten Objekt des Imperativs hervor, das in allen mir bekannten Fällen nicht als Suffixpronomen, sondern als Abhängiges Personalpronomen erscheint:

- , *ḫfꜥ n.k św*, Nimm ihn dir![4]

[1] Edfou V, 356, 2 f. Der Konjunktiv setzt einen Infiniv fort.

[2] Erman, NG, § 347; Spiegelberg, Dem. Gr., § 213; Till, Kopt. Gramm., § 297.

[3] Die einst vorhandenen Endungen des Imperativs wurden schon in klassischer Zeit nur noch selten geschrieben; siehe Edel, Altäg. Gramm., § 597 f.; Gardiner, EG, § 335; zur Endungslosigkeit des Imperativs in Dendera siehe Junker, GdD, § 160.

Relativ selten zeigt das Determinativ ııı den Plural an, zum Beispiel Dendara X, 151, 8, wo man sich allerdings fragen kann, ob wirklich *mjw* ... *dmḏw* ... *ꜥḳw* gelesen wurde oder nur die endungslose Grundform; in letzterem Falle wäre der Plural nur graphisch markiert worden. Allerdings läßt sich im älteren Demotisch selten eine Endung *w* nachweisen (Spiegelberg, Dem. Gr., § 213: *tms.w*, begrabt); dies und auch die pluralischen Schreibungen *mjw*, kommet! (siehe unten), lassen vermuten, daß im akademischen Unterricht, vielleicht nur je nach Schule, eine Pluralendung *w* gesprochen wurde.

[4] Edfou VII, 116, 2 (das Bezugswort ist *ꜥbw*, der Lattich). Weitere Beispiele: Edfou I, 55, 19 (*śsp (j)r.k ś(j)*); VI, 79, 10 (*ṯw*); 115, 1 (*wj* oder *twj*); 186, 13 (*wj*); VII, 103, 5 (*św*); VIII, 130, 15 (*ś(w)*).

Allerdings weist die gelegentliche Verwendung der Negation *tm* beim Vetitiv[1] darauf hin, daß zumindest fallweise der Imperativ als Infinitiv empfunden wurde;[2] denn *tm* dient ja regelhaft zur Verneinung des Infinitivs. Die mir bekannten Fälle sind eingebettet in viele andere mit der üblichen Negation *m* zur Bildung des Vetitivs, und sie stammen aus den Ermahnungen an die Priesterschaft:[3]

- 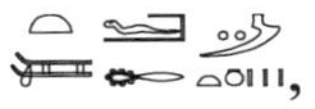, *tm pr(t) ẖr m33(t).ṯn*, Sagt draußen nichts von dem, was ihr (im Tempel) seht![4]

Der Imperativ kann auch mit dem Hilfsverb *jrj* umschrieben werden, siehe oben, § 154 mit der Anmerkung.

Verstärken kann man den Imperativ mit dem Abhängigen Personalpronomen[5] oder mit den Präpositionen *n*[6] und *r*[7] Suffixpronomen.

b) Besondere Formen des Imperativs findet man bei folgenden Verben:[8]

- *jj* und *jw*:

Anders als in der klassischen Sprache, die nur Singular und Plural unterschied, differenzierte man seit dem Neuägyptischen[9] beim Imperativ von *jj/jw* Singular Maskulinum (*mj*, komme; cf. koptisch ⲁⲙⲟⲩ), Singular Femininum (*mjt*, komme; cf. ⲁⲙⲏ) und Plural (*mj.n*; cf. ⲁⲙⲱⲓⲛⲉ).[10] Das Ptolemäische hat die neuägyptischen Differenzierungen nach Maskulinum und Femininum Singular übernommen, verwendet aber darüber hinaus im Plural Communis zwei verschiedene Formen.

---

[1] Das finden wir auch im Demotischen, siehe Spiegelberg, Dem. Gr., § 478 δ.

[2] An der Stelle Edfou VI, 165, 17 und 18 (*rdt* innerhalb einer Vorschrift) könnte es sich um den Infinitiv mit imperativischer Bedeutung handeln; alternativ käme ein optativisches unpersönliches Partizip Passiv in Frage (cf. Gardiner, EG, § 422, 2).

[3] Cf. Kurth, Treffpunkt der Götter, 147 ff.

[4] Edfou V, 344, 10 (wörtlich: kommt nicht hervor mit dem, was ihr seht). Weitere Beispiele: Edfou III, 362, 2; V, 392, 17.

[5] Die Verstärkung mit dem Abhängigen Personalpronomen (Gardiner, EG, § 337, 1) ist selten sicher nachzuweisen. Mögliche Beispiele: Edfou V, 132, 11 (*sbj ṯw*[?]*;* die Parallelen 133, 1 - 3 haben *jsj*); VI, 85, 1: *tkn ṯw* (cf. auch oben, § 55); Dendara X, 297, 14: *nhsj ṯw* ..., Erwache doch, o ...

[6] Edfou VII, 235, 1 (*tẖj n.ṯ šp̌st ḥnwt tẖ*). Kôm Ombo (Gutbub) I, Nr. 262, 1: *mn n.k ... rdj n.k św r...*

[7] Edfou VII, 274, 9 (*ḥꜥj r.k Ḥr ṯm3-ꜥ*); Dendara XIII, 49, 10.

[8] Entsprechendes zeigt sich im Demotischen, siehe Spiegelberg, Dem. Gr., § 214 - 216; Spiegelbergs Interpretation des Präfixes (§ 214) wird von den ptolemäischen Schreibungen bestätigt. – Cf. auch auch die ähnlichen Schreibungen der Königsstelen, Priesterdekrete und biographischen Inschriften; Engsheden, Reconstitution du verbe, 84.

[9] Erman, NG, § 354; Spiegelberg, Dem. Gr., § 216.

[10] Erman, NG, § 354; 362; Crum, CD, 7 b.

Geschrieben wird der Singular Maskulin [1], [2], [3], [4], [5], [6], [7], [8]; singulär begegnet [9], eine Schreibung, die mit dem Imperativ *jmj* (siehe nachfolgend) verwechselt werden kann.

Den Singular Feminin schreibt man [10], [11], [12], [13], [14], [15].

Der Plural in der Form *mjw* zeigt die Schreibungen [16] [17] [18]. Die seit dem Neuägyptischen belegte Form *mj.n* (mit angehängtem Abhängigen Personalpronomen 1. Person Plural[19]) schreibt man [20], [21], [22], [23], [24].

Die Form *mj.n* bezieht den Sprecher mit ein und setzt sich entweder mit der 1. Person[25] oder

---

1 Edfou VI, 245, 5; 341, 10; Dendara X, 340, 13.

2 Edfou V, 66, 4 f.; VII, 56, 11 (Diese Schreibung ist in Edfu die häufigste: Es finden sich 17 Fälle in den Bänden Edfou V - VIII); Esna II, Nr. 5, 2; 91, 11.

3 Edfou V, 152, 12; Dendara X, 152, 7.

4 Edfou VIII, 95, 7 (ähnlich: VII, 147, 10).

5 Dendara X, 285, 3.

6 Edfou VI, 214, 12 (kollationiert).

7 Edfou VI, 321, 14.

8 Dendara X, 154, 4. In Dendera wird das Monogramm bevorzugt geschrieben (Junker, GdD, § 161; Cauville, Dend. Chap. Os. III, 202).

Cauville, l. c., nennt auch die Schreibung (Dendara X, 374, 11). Dort ist aber wegen der Struktur des Kontextes weit eher folgendes zu lesen: *mꜣʿtjw m <hj> ʿḳ.f*, die Gerechfertigten <jubeln>, wenn er eintritt (nach Pl. 229 gäbe es für ein in der Antike vergessenes genügend Platz).

9 Edfou V, 32, 9.

10 Edfou VI, 264, 1 (cf. 264, 8) und öfters in diesem Text. Cf. Germond, Sekhmet, 20, nota c, der die weibliche Endung als Suffixpronomen auffaßt; anders und m. E. richtig urteilt Junge, Neuäg. Gramm., 81, der die Schreibung als graphische Kennzeichnung des Femininum interpretiert. Eine theoretisch mögliche phontetische Herleitung über **mj ṯn > mjt* halte ich für unwahrscheinlich.

11 Edfou VI, 266, 3 und öfters in diesem Text.

12 Edfou VI, 303, 1; ähnlich: V, 383, 4; VI, 269, 1; Dendara VIII, 89, 8. Diese Schreibung ist die häufigste.

13 Edfou V, 143, 1; ähnlich: VI, 216, 7.

14 Dendara XIII, 48, 14; 49, 7.

15 Dendara XIII, 49, 10.

16 Edfou VI, 240, 13.

17 Dendara X, 314, 14.

18 Dendara X, 314, 13.

19 Erman, NG, § 362.

20 Edfou VII, 42, 11; Kôm Ombo I (Gutbub), Nr. 235, 1.

21 Edfou VI, 77, 6.

22 Edfou VIII, 25, 11.

23 Junker, GdD, § 161; dort werden auch Varianten mit dem Monogramm zitiert.

24 Dendara VII, 204, 5.

25 Edfou VI, 79, 5 (*mjn ḥn.n r p(ꜣ) š-n-Ḥr*, kommt, laßt uns zum See-des-Horus gehen).

mit der 2. Person Plural[1] fort; manchmal ist der Imperativ zu einem allgemeinen Aufruf abgeschwächt[2].

Nur relativ selten steht die maskuline Form für das Femininum[3] und die feminine für das Maskulinum[4].

- *jrj*:

Außer der Grundform begegnet selten [5] oder [6], *j.jrj*, mache (cf. koptisch ⲁⲣⲓ):

- (daraufhin sagte Re Harachte zu Thot) , *j.jrj n.k ʿpj pn m ś t nb(t)*, „erzeuge doch diesen Api (die Sonnenscheibe mit den beiden Uräen) an jedem Ort."[7]

- *rdj*:

Der Imperativ zu *rdj*, geben, unterscheidet weder Genus noch Numerus und lautet wie in klassischer Zeit *jmj*. Als Schreibungen begegnen [8], [9], [10], [11], [12], [13], [14], [15], [16], [17]. Die ersten drei Schreibungen entsprechen bereits dem koptischen ⲙⲁ-[18], die restlichen wollen das alte *jmj* wiedergeben, teils (die drei letzten) in akademischer, überdeutlicher Weise.[19]

---

[1] Edfou VI, 187, 6 f. (*mjn śḏm.ṯn*, kommt und hört).

[2] Wb II, 35, 16 (ob so auch an der Stelle Edfou VI, 214, 7?); Die Stellen Dendara X, 340, 13 und XIII, 48, 14 (*mj spj.ṯ ś(w)*) stehen dem neuägptisch-demotischen Optativ nahe; cf. Erman, NG, § 291; Spiegelberg, Dem.Gr., § 184.

[3] Edfou VI, 303, 11.

[4] Edfou V, 39, 10.

[5] Edfou V, 32, 4; VI, 129, 8.

[6] Edfou I, 442, 11 (cf. die Parallelen mit bloßem : 443, 2 und 4); Sauneron, Porte de Mout, Pl. XII, Text 14, 3 (cf. Dendara VIII, 56, 7; der Ideogrammstrich ist wohl ein antiker Fehler).

[7] Edfou VI, 129, 8.

[8] Edfou VI, 120, 9 (*jmj (r)dj.tw*).

[9] Dendara VIII, 56, 6 (*jmj j3w*); Sauneron, Porte de Mout, Pl. XII, 14, 1; 6; 7.

[10] Dendara VIII, 56, 8 (*jmj n.ś j3w*).

[11] Edfou VI, 85, 2; Junker, GdD, § 160 (mit).

[12] Edfou VI, 85, 1.

[13] Edfou VI, 85, 8.

[14] Edfou VI, 151, 11.

[15] Edfou VI, 215, 2; ähnlich: V, 31, 16.

[16] Dendara VIII, 56, 9.

[17] Edfou VI, 85, 6.

[18] Crum, CD, 155 b. Entsprechende Schreibungen gibt es auch im Demotischen, siehe Spiegelberg, Dem. Gr., § 216.

[19] Cf. Erman, NG, § 355, Anm. (Verweis auf die Bentreschstele). – Man vergleiche auch die sehr ähnlichen Schreibungen der Königsstelen, Priesterdekrete und biographischen Inschriften; Engsheden, Reconstitution du verbe, 84.

- *sj*/*sbj*:

Den Imperativ *jsj*, gehe[1], schreibt man im Ptolemäischen [2], [3], [4], [5].

B Vetitiv

Gebildet mit *m* (dem Imperativ zu *jmj*) *und Infinitiv*, schreibt man den Vetitiv  [6], [7] oder selten auch :

- , *m ḏ3(t) m r3-w3t.j*, Kreuzt nicht (feindlich) meinen Weg.[8]

Die Lesung *m* des Zeichens  läßt sich direkt von der hieroglyphischen Bildaussage ableiten.[9]

In Dendera, und nur sehr selten, läßt sich die neuägyptische Umschreibung des Vetitivs mit *jrj*[10] belegen (koptisch ⲙ̄ⲡⲣ̄), bei der das bedeutungstragende Verbum als Objekt im Infinitiv folgt:

- , *m jrj th(t) dmḏjt.ś*, Überschreitet nicht den für sie (festgesetzten) Zeitpunkt;[11]
- , *m jrj dj(t) jb.w*, Laßt sie nicht dürsten![12]

---

[1] Das Grundwort ist nicht sicher zu ermitteln (*sj* oder *sbj*). Siehe Gardiner, EG, § 336.

[2] Edfou VI, 139, 3 f.

[3] Edfou I, 563, 9.

[4] Edfou VI, 160, 10.

[5] Edfou V, 37, 8 (wegen der vorangehenden Textzerstörungen ist die Stelle etwas unsicher).

[6] Edfou VI, 79, 10; Dendara X, 297, 13. – Die Schreibung  fand ich nicht; siehe aber Jansen-Winkeln, Spätmitteläg. Gramm., § 341, der für das von ihm untersuchte Textkorpus sieben Belege angibt.

[7] Edfou V, 392, 16.

[8] Edfou VII, 42, 13 f.; zur Lesung cf. Edfou IV, 49, 14; 69, 3.

[9] Dasselbe gilt für die Lesung *tm*; cf. oben, § 154, in fine.

[10] Gardiner, EG, § 340, 2; Erman, NG, § 788 f.; Spiegelberg, Dem. Gr., § 219; Jansen-Winkeln, Spätmitteläg. Gramm., § 341 (nur zwei Belege).

[11] Junker, GdD, § 287 a (die Form wurde nach Junker „wohl aus Versehen" benutzt).

[12] Dendara XIII, 78, 6. Gut vergleichbar ist hier das Demotische; siehe Spiegelberg, Dem. Gr., § 219.

5 Verbum

5.15 Bildung

§ 157

Im Bereich der Wortbildung beim Verb hat das Ptolemäische teils alte Bildungsprinzipien reaktiviert, teils neue geschaffen und damit insgesamt eine nicht unbeträchtliche Anzahl früher nicht belegter Bildungen produziert.

a) Denominierte Verben

Hier sind zu nennen:

- *ꜥb*, durchbohren (von *ꜥb*, das Horn)[1];
- *bjkbjk*, fliegen (von *bjk*, der Falke): 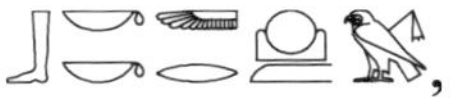, *bjkbjk r ꜣḫt m bjk*, der zum Horizont auffliegt als Falke;[2]
- *bḥd*, sich niederlassen (von *bḥdw*, der Thron): , *bḥd.n.f św jm*, er hat sich dort niedergelassen;[3]
- *mnḫ*, verjüngen (von *mnḫ*, der Jüngling);[4]
- *mrk*[?], opfern (von *brk*/*mrk*, das Geschenk): , *jnk sꜣ.k Ḥr mrk.n.j m ḥr.k nfr*, „ich bin dein Sohn Horus, ich habe geopfert vor deinem schönen Angesicht.“[5]
- *nwd*, einwickeln (der Mumie; ob von *nwdt*, die Windel[?]),[6]

[1] Edfou IV, 370, 15; VI, 257, 12.

[2] Edfou V, 120, 8; Edfou Mam., 62, 5; siehe auch De Wit, Temple d'Opet, 302, 1. Kolumne von links, wo wahrscheinlich ebenso zu ergänzen ist. Alle Stellen gehören zu ein und derselben Formel. – Zur Lesung *bjkbjk* siehe EP 1, 99, Nr. 17 (gespaltene Kolumne); dieser Fall gehört zugleich zum Thema „Reduplikation“ (siehe unten, e). Die Lesung *bkk* (so Wilson, Ptol. Lex., 336) ist nicht auszuschließen, aber wegen der hier versammelten analogen Bildungen weniger wahrscheinlich.

[3] Edfou VII, 37, 5; 179, 9.

[4] Edfou III, 159, 18; 193, 3; V, 263, 4; VII, 43, 17; 173, 9 f.

[5] Edfou V, 120, 8. Dieser Fall ist ein wenig unsicher, weil das Wort kein Determinatv hat und weil ich keine weiteren Belege finden konnte. Jedoch läßt sich die Lesung wegen der formelhaften Wendung vertreten (cf. zum Beispiel Edfou V, 66, 5; 89, 9; 95, 7 f.; VII, 67, 14; VIII, 163, 14); man vergleiche auch *brk*, schenken (Wb I, 466, 9). – Bei *brk*/*mrk*, das Geschenk, handelt es sich um ein semitisches Fremdwort (Wurzel b-r-k), das im Neuen Reich nach Ägypten gelangte; siehe Hoch, Semitic Words, 104 ff. (Nr. 129).

[6] Edfou V, 164, 6; Dendara X, 214, 14; 224, 1. Zu einer alternativen Ableitung (dann: *nwt*) cf. Wb II, 217, 3 - 8.

- *śwḥt*, bilden, erzeugen (von *śwḥt*, das Ei): 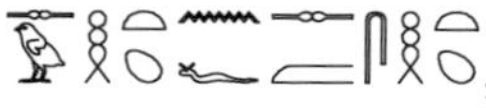, *śwḥ.n.f ś(w) m śwḥt*, er hat sich im Ei gebildet.[1]

b) Hypostasen[2]

Für die Entstehung eines Verbs aus mehreren Wörtern teils anderer Wortart lassen sich nur wenige Fälle anführen.

- *bn-św* (*bnś*), vernichten (meines Erachtens am ehesten von neuägyptischem *bn św*, er ist nicht[3]): , *bṯnw.k bn-św* (*bnś*) *m tꜣ*, deine Feinde sind vernichtet auf Erden;[4]
- , *(r)dj-ꜥ.n.j m ḫꜣḫ*, „Ich bin schnell gekommen."[5]
- *hꜣ-śnḏ* (*hꜣśnḏ*), verehren (von *hꜣ śnḏ*, o (heiliger) Schrecken!);[6]
- *ḥrj-tp* (*ḥrjtp*), beherrschen (von *ḥrj-tp*, das Oberhaupt);[7]
- *sꜣw.n.śn-św*, schützen? (von *sꜣw.n.śn-św* und Determinativ, die Schutzgötter).[8]

c) Kausativa mit *ś*-Präfix[9]

Nur sehr wenige neue Bildungen sind hier zu nennen. Weit häufiger hingegen ist der Übergang zum Kausativum ohne das Präfix *ś* (siehe im folgenden).

- *śjnḥ*, umgeben (von *jnḥ*, umgeben);[10]

---

[1] Edfou VI, 154, 1; eine weitere Stelle: Philä Photo 450 (Wb IV, 72, 8; kollationiert).

[2] Siehe auch unten, § 159, sub voce *jḥ*.

[3] Cf. Erman, NG, § 758 - 762.

[4] Edfou VII, 148, 13 f. Für diese Erklärung (anders und meines Erachtens nicht überzeugend: Wilson, Ptol. Lex., 319 f.) sprechen die zahlreichen Schreibungen mit 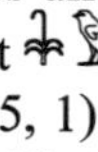 oder 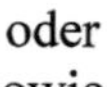 (zum Beispiel Edfou V, 152, 2; 214, 10; 218, 10; 234, 4; VII, 41, 15; 113, 6; 159, 15; Esna II, Nr. 5, 1) sowie das meist fehlende Determinativ (Edfou V, 152, 2; 214, 10; 218, 10; 234, 4; VI, 50, 8; VII, 41, 15; 113, 6; 159, 15; Esna II, Nr. 5, 1; mit passendem Determinativ: Edfou V, 207, 18; Wb I, 264, 1 f.). – Das Wort begegnet überwiegend in der Verbindung mit *bṯnw*, die Rebellen. – Ein Nomen (substantiviertes Partizip Aktiv) dürfte vorliegen an den Stellen Edfou VII, 113, 6 (ITE I/2, 201, n. 1) und Esna II, Nr. 5, 1.

[5] Cauville, Temple d'Isis, 104, 4.

[6] Edfou VIII, 23, 1 (schon im Neuen Reich belegt). Zur Herleitung siehe Kurth, in: Fs. Junge, 406, n. 42. – Cf. unten, § 277, A b.

[7] Wb III, 141, 12 f.; Edfou V, 174, 13; VI, 289, 9; VII, 115, 6; VIII, 34, 2; 61, 11; Dendara VIII, 67, 15. – Hierhin gehört wohl auch *gś-dp*, schützen (WB V, 201, 4; Edfou VI, 65, 4).

[8] Edfou I, 336, 13 f. (*nṯrw.(śn) nṯrwt.sn ḥr sꜣw.n.śn-św*). Zur Bestätigung kann man auf die Parallele Edfou I, 329, 7, verweisen (*nṯrw.(śn) nṯrwt.sn jm ḥr ḫw(t).śn*), doch – bei nur einem einzigen Beleg – könnte es sich um einen antiken Fehler handeln. – Zu den Schutzgöttern siehe oben, § 109.

[9] Auch von ihnen wird ein Pseudopartizip gebildet, siehe beispielsweise Edfou VI, 21, 5 (*śmn*); VII, 39, 7 (*śḏfꜣ*); 134, 1 (*stwt*).

[10] Edfou V, 19, 15; zur Bestimmung des Wortes cf. Edfou IV, 31, 1 f. und siehe unten bei „g)".

- *śnᶜš*, stärken (von *nᶜš*, stark sein): , *śnᶜš.j pḥtj.k r šbjw.k*, „ich lasse stark sein deine Kraft gegen deine Feinde;“[1]
- *śḫbn*, unterliegen lassen (von *ḫbn*, schmälern, bestrafen).[2]

d) Kausativa mit den Hilfsverben *jrj* und *rdj*

Dazu siehe oben, § 154, jeweils sub voce.

e) Reduplizierte Verben

Hier sind einige ptolemäische Neubildungen zu verzeichnen.[3] Der iterative Charakter der Reduplikation bewirkt eine Intensivierung der Grundbedeutung.

- , *w3św3ś* zugrunde richten;[4]
- , *m3ᶜm3ᶜ*, schlachten, töten;[5]
- , *ḥd̠ḥd̠*, vernichten;[6]
- , *śnbnb*, verbrennen.[7]

f) Übergang intransitiv → kausativ

Es ist ein Charakteristikum des Ptolemäischen, daß nicht wenige intransitive Verben eine kausative Bedeutung übernehmen, und zwar ohne das Präfix *ś*. Junker[8] hat diese Erscheinung mit gewissen Zweifeln als „Piᶜelbildungen (?)“ bezeichnet. Der Begriff Piᶜēl wurde der hebräischen Grammatik entlehnt, wo er eine Stammform bezeichnet, deren mittlerer Radikal verdoppelt ist, wodurch die Grundbedeutung des Verbs entweder intensiviert oder kausativ wird.[9] Meines Erachtens ist dieser Begriff zur Bezeichnung des hier behandelten Phänomens

---

[1] Edfou VIII, 106, 5 f.

[2] Edfou VI, 275, 14; Edfou Mam., 160, 15 f.; Dendara X, 336, 9 f. Alle Belege erscheinen nur in ein und derselben Formel (die Stimme des Feindes schmälern, ihn bei Gericht unterliegen lassen). Das Ausgangswort *ḫbn* kann dieselbe Bedeutung (Wb III, 254, 4) übernehmen.

[3] Zu *bjkbjk* siehe oben, a.

[4] Budde und Kurth, Edfu Begleitheft 4, 1994, 8 (Nr. 29).

[5] O. c., 12 (Nr. 47); zum möglichen Simplex *m3ᶜ* (Wb II, 22, 5 ff.) cf. auch das Determinativ des Messers an der Stelle Edfou I, 77, 12. – Ibrahim, in: ASAE 62, 1977, 209, n. 1, liest *mᶜmᶜ*, was aber nicht richtig sein dürfte, da es dazu kein Simplex gibt.

[6] O. c., 16 (Nr. 70).

[7] O. c., 19 (Nr. 87; dazu: Edfou IV, 39, 11; zur Lesung siehe EP 1, 99, Nr. 17, gespaltene Kolumne). – Ein weiteres Beispiel ist vermutlich *šfšf*, einsinken, einbrechen (siehe Westendorf, KoptHWb, 340, sub voce ϣⲟϥϣϥ): Edfou VI, 71, 2 f. (*nfr wj šm(t) ẖr mrjt n jntj ś(j) nt n šfšf.n šᶜj ẖr rdwj.k n tbś ś(n) śrt*, Wie schön ist es, auf einem Uferdamm zu gehen, den die Flut nicht angreift, so daß der Sand nicht einbricht unter deinen Füßen und kein Dorn sie sticht.). Cf. auch Černý, CED, 262, der ebenfalls sub voce ϣⲟϥϣϥ auf das reduplizierte Verbum *ḫfḫf* (ausgießen) hinweist, das vermutlich vom Simplex *šfj*, anschwellen abgeleitet sei (dazu: Edfou V, 114, 2).

[8] GdD, § 117.

[9] Hollenberg-Budde, Hebräisches Schulbuch, herausgegeben von W. Baumgartner, Basel und Stuttgart 1971, 25 (§ 16 b).

nicht gut geeignet,[1] da sich die Konsonantenverdopplung im Ptolemäischen nicht nachweisen läßt. Neutraler und näher am Gegenstand ist wohl der Terminus „Unmarkiertes Kausativ".

Die folgenden Beispiele lassen sich unterteilen in solche, die zusätzlich zu einem älteren, mit *ś* gebildeten Kausativum erscheinen, und solche, für die das nicht gilt; erstere sind bei weitem in der Überzahl.[2]

Unmarkiertes Kausativ zusätzlich zum *ś*–Kausativ:

- 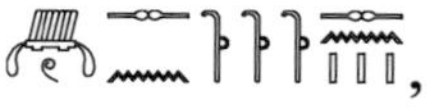, *ꜣw.śn rnpwt.śn*, Sie lassen lang sein ihre Lebensjahre;[3] (cf. *ꜣwj*, lang sein und *śꜣwj*, lang sein lassen[4])
- (Horus) , *jwr ḥmwt*, der die Kühe schwanger werden läßt;[5] (cf. *jwr*, schwanger sein und *śjwr*, schwängern[6])
- (Gottheiten) , *jḳr Mśn*, die Mesen (Edfu) bestens versorgen;[7] (cf. *jḳr*, vorzüglich und *śjḳr*, auszeichnen[8])
- (der König) 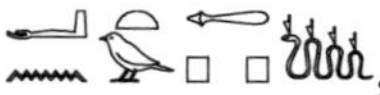, *ꜥnḏ ꜥꜣpp*, der den Apophis schwächt;[9] (cf. *ꜥnḏ*, wenig sein und *śꜥnḏ*, verkleinern[10])

Weitere Beispiele:

jmꜣ, freundlich stimmen;[11]	*ꜥḳ*, eintreten lassen;[12]
wbn, aufgehen lassen; erleuchten;[13]	*wśr*, stärken;[14]
wḏꜣ, wohlbehalten sein lassen;[15]	*bꜣḳ*, bewahren, schützen;[16]

---

[1] Gardiner, EG, § 269, Obs, diskutierte den Vergleich mit Piꜥēl im Zusammenhang mit den Geminierenden Verben des Mittelägyptischen, nicht ohne auf den hypothetischen Charakter des Vergleichs hinzuweisen.

[2] Damit erweist sich das Unmarkierte Kausativ als Produkt einer innerägyptischen Entwicklung, was ebenfalls sehr gegen eine Neubildung nach Art des hebräischen Piꜥēl spricht, und damit auch gegen die Verwendung dieses Begriffes.

[3] Edfou VI, 15, 14 f.

[4] Wb I, 3, 12 ff.; IV, 17, 2 ff.

[5] Edfou V, 49, 5. Die Parallele bei Clère, Porte d'Évergète, Pl. 12, Randzeile des Gottes, hat *śjwr*.

[6] Wb I, 56, 1 ff.; IV, 34, 9 ff.

[7] Edfou VII, 269, 4.

[8] Wb I, 137, 1 ff.; IV, 40, 12 ff.

[9] Edfou VII, 200, 18; ähnlich: VI, 333, 3; VII, 269, 5; VIII, 52, 12.

[10] Wb I, 207, 7 f.; IV, 48, 1 ff.

[11] Auch: aufsuchen, sich vereinigen mit. Belegstellen: Budde und Kurth, Edfu Begleitheft 4, 1994, 5 (Nr. 11); Wilson, Ptol. Lex., 67. Cf. Wb I, 79, 10 ff.; IV, 37, 7 ff.

[12] Edfou VII, 18, 10; ein Beispiel aus Dendera: Junker, GdD, p. 93. Cf. Wb I, 230, 3 ff.; IV, 55, 21 ff.

[13] Edfou VII, 16, 6. Cf. Wb I, 292, 9 ff. und 294, 3; IV, 89, 14.

[14] Edfou IV, 243, 17; VII, 80, 11. Cf. Wb I, 360, 7 ff.; Wb IV, 74, 11 ff.

[15] Edfou VI, 302, 6; Dendara X, 331, 11. Cf. Wb I, 399, 14 ff.; IV, 78, unten ff.

[16] Edfou VIII, 16, 3. Cf. Wb I, 424, 12 ff.; IV, 86, 16 ff.

prj, hervorkommen lassen;[1] *pśḏ*, leuchten lassen;[2]
mꜥr, makellos sein lassen;[3] *mn*, festigen;[4]
nḏm, (sich) niederlassen;[5] *rnpj*, verjüngen;[6]
ḥtp, untergehen lassen;[7] *ḥḏ*?, erhellen;[8]
ḫꜥj, erscheinen lassen;[9] *ḫpr*, entstehen lassen;[10]
ḫntš, erfreuen[11].

Speziell für Dendera belegt Junker[12] eine große Anzahl weiterer intransitiver Verben in kausativer Bedeutung:[13]

ꜣw, erfreuen; *ꜣmś-jb*, erfreuen;
ꜣḫ, herrlich machen; *ꜥn*, schön machen;
wꜣḏ, gedeihen lassen; *wśḫ*, weit machen;
mfk, erfreuen; *mnj*, sterben lassen[14];
mnḫ, trefflich machen; *mt*, töten?[15];
rwḏ, gedeihen lassen; *ḥꜥj*, erfreuen;
śnb, gesund sein lassen; *špś*, herrlich machen;
ṯḥn, erfreuen; *ḏdj*, fest sein lassen.

[1] Edfou VI, 339, 2; VII, 18, 10. Cf. Wb I, 518, unten ff.; IV, 105, 3 ff. (Belege aus MR und NR).
[2] Edfou VIII, 117, 1. Cf. Wb I, 546, 14 ff.; IV, 107, 16.
[3] Edfou VI, 319, 6. Cf. Wb II, 9 und 10 ff.; IV, 130, 15 ff.
[4] Edfou I, 245, 6. Cf. Wb II, 60, 7 ff.; IV, 131, unten ff.
[5] Edfou VI, 17, 9 und 14. Cf. Wb II, 378, 9 ff.; IV, 186, 19 ff.; Kurth, in: Fs. Derchain, 194.
[6] Edfou Mam., 92, 2; Dendara IV, 236, 2. Cf. Wb II, 432, 11 ff. und 433, 29 ff.; IV, 198, 6 ff.
[7] Edfou VII, 16, 6. Cf. Wb III, 188, 2 ff. und 192, 8 f.; IV, 221, 10 ff. – Auch: zufriedenstellen, Edfou VI, 204, 6; die theoretisch mögliche Alternative *r und śḏm.f* (§ 257 a) ist wegen der parallelen Konstruktionen des textlichen Umfeldes nicht wahrscheinlich.
[8] Edfou VIII, 153, 12 (etwas unsicher, da der nachfolgende Text teils zerstört ist). Cf. Wb III, 206, 14; IV, 224, 16.
[9] Edfou VI, 102, 1; 237, 8; Dendara X, 82, 5 (erscheinen lassen, nach Kontext und Determinativ: gebären). Cf. Wb III, 239, 4 ff.; IV, 236, 12 ff.
[10] Dendara IV, 251, 4; cf. Wb III, 264, 17; IV, 240, 11 ff.
[11] Edfou VIII, 37, 2. Cf. Wb I, 311, 11 ff. und 312, 1; IV, 256, 17 ff. – Ein weiteres Beispiel: Edfou VI, 266, 6: *snj*, vorbeigehen lassen an, bewahren vor (*m-ꜥ*).
[12] GdD, § 117.
[13] Wegen des Arbeitsaufwandes wurden nur zwei der Belegstellen Junkers in den neueren Publikationen überprüft; das ist vertretbar, weil Junkers Angaben in aller Regel richtig sind und weil das Unmarkierte Kausativ durch die Anzahl der Belege unstrittig ist. – Die entsprechenden Stellen in den neueren Publikationen lassen sich über Ryhiner, Concordance, auffinden.
[14] Dendara X, 298, 15.
[15] Dendara X, 298, 7 f. Ob richtig? Alternative: *wḏ Rꜥ jw mt.k*, „Re hat befohlen, daß du stirbst".

Unmarkiertes Kausativ, nicht zusätzlich zum *ś*–Kausativ:

- (Hathor) 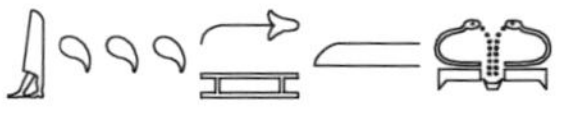 *jj(t) Ḥʿpj m ḳrtj*, welche die Nilflut aus den Quellöchern kommen läßt[1];

- , *tjś*, sitzen lassen, setzen[2].

g) Übergang kausativ → intransitiv

Dieser schon früher belegten Erscheinung[3] lassen sich weitere Beispiele des Ptolemäischen hinzufügen.[4]

- 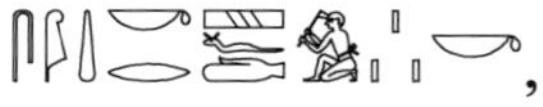, *śmꜣʿ-ḫrw.k r ḫftjw.k*, „Du triumphierst über deine Feinde;“[5]
- , *śjʿr.k r ẖnw pt*, „Du steigst auf in das Innere des Himmels;“[6]
- , *śḫʿj*, erscheinen;[7]
- (Nimm dir die Maat) , *sʿnḫ(t).<k>* jm.ś*, von der <du>* lebst.[8]

h) Übergang transitiv → kausativ

- (Horus) , *pꜣj kꜣw*, der die Stiere begatten läßt;[9]
- , *ḥśmn.k nṯr nb r mr(wt).k*, „Du läßt jeden Gott essen nach deinem Belieben.“[10]

i) Übergang intransitiv → transitiv

In diesen Fällen wird dem Verb nicht ein Adverbieller Ausdruck angeschlossen, sondern ein Direktes Objekt, wodurch sich die Bedeutung des Verbs ändert:

---

[1] Dendara III, 104, 16; XII, 154, 12; ähnlich: Edfou V, 380, 2 (... *jj(.n) n.j Rnnt*, ..., „die Renenet für mich hat kommen lassen“; zur Problematik der Belege, die *n* und Suffixpronomen enthalten, siehe ITE I/2 (Edfou VII), 664 f.). – Cf. aber Wb IV, 32, 8 mit dem fraglichen *śjj*.

[2] Edfou VIII, 122, 19 (siehe ITE I/1, 221). Cf. Wb V, 242, 12 ff.

[3] Cf. zum Beispiel *śmn*, Wb IV, 134, 8 ff.; Edfou VI, 24, 2. Cf. auch Gardiner, EG, § 275.

[4] Die mögliche alternative Erklärung als *śḏm.f*-Passiv ist, wenn auch nicht auszuschließen, so doch meines Erachtens bei den ersten drei der folgenden Beispiele weniger wahrscheinlich.
Das vierte Beispiel (*śḏm.f-Relativform*) weist jedoch in diese Richtung, ebenso wie einige weitere Fälle: Edfou VI, 161, 18 (*śwśḫ*); 165, 4 (*śnḏm*); 245, 9 (*śḫntś*); cf. auch ITE I/1 (Edfou VIII), 62, n. 1 (*śʿšꜣ*) sowie oben, § 120 (2., Anm. zu „Semantik“); unten, § 175 a δ.

[5] Edfou VII, 313, 10; ähnlich: VI, 7 und 8; VII, 157, 5. Cf. Wb IV, 125, 10 ff.

[6] Edfou VI, 307, 10; ähnlich: II, 153, 15. Cf. Wb IV, 32, 9 ff.

[7] Edfou V, 34, 11. cf. Wb IV, 236, 12 ff. und 18 ff.

[8] Edfou VI, 317, 15 (kollationiert: im Stein steht ; zur Formel cf. zum Beispiel Edfou VII, 90, 15 f.; 322, 8; VIII, 3, 3; 4, 13). Cf. Wb IV, 46, 4 ff.

[9] Edfou V, 49, 5 (die Parallele bei Clère, Porte d'Évergète, Pl. 12, Randzeile des Gottes, hat *śpꜣj*).

[10] Edfou VII, 281, 14 (zum Wort siehe Budde und Kurth, in: Edfu Begleitheft 4, 1994, 15, Nr. 67; Wilson, Ptol. Lex., 679). Zwar wird das Wort zumeist mit *m* (von einem Nahrungsmittel essen; partitiv) konstruiert, doch gibt es auch Belege für den transitiven Gebrauch (Edfou VII, 128, 11).

Bei Verben der Bewegung (zum Beispiel: *nmt*, schreiten):[1]

- (Von Hathor gesagt), *nmt.ś św m ꜣwt-jb*, Sie durchschreitet ihn (den Weg) in Herzensfreude.[2]

Andere Intransitive Verben (zum Beispiel: *mdś*, gewalttätig sein; *hṯt*, jubeln):

- (Der König), *mdś śbjw*, der die Feinde niedermetzelt;[3]
- (Von den Bas des Westens gesagt, bezogen auf den Sonnengott), *hṯt kꜣ.f*, die seinem Ka zujubeln.[4]

Fallweise könnte eine Präposition ausgefallen sein, aber die Menge der Belege sowie Fälle, in denen ein Ausfall der Präposition nicht möglich ist,[5] zeigen klar, daß es sich hier um eine Eigenheit des Ptolemäischen handelt.

j) Verben mit *n*-Präfix[6]

Zur Gruppe dieser intransitiven Verben, bei denen zumeist das Präfix *n* vor eine reduplizierte zweiradikalige Wurzel gesetzt wird, kann ich nur eine sichere Neubildung hinzufügen.

- , *nrḥrḥ*, entbrennen, sich erregen, höher schlagen (vom Herzen);[7]
- , *nmꜥmꜥ?*, eine Art, Freude auszudrücken[8].

---

[1] Viele weitere Beispiele findet man bei Junker, GdD, § 117, 1.

[2] Dendara VII, 144, 9; ähnlich: Edfou I, 290, 2 (*nmt tꜣ*). Es gibt viele weitere Beispiele für den transitiven Gebrauch im Ptolemäischen, vereinzelt aber auch bereits in den Pyramidentexten (Wb II, 270, 15 ff., Belegstellen).

[3] Edfou VIII, 37, 1.

[4] Edfou VIII, 22, 12; ähnlich: VIII, 13, 16; 25, 11. – Mit *n* angeschlossen: III, 209, 1.

[5] Siehe beispielsweise im Vorangehenden das Beispiel mit *nmt*.

[6] Siehe Edel, Altäg. Gramm., § 427; 437; 445; Gardiner, EG, § 276.

[7] Edfou VI, 306, 2; ähnlich, teils ohne, teils mit anderem Determinativ: Edfou III, 40, 12; V, 68, 8; VII, 59, 16; VIII, 52, 13. Zum Wort siehe auch ITE I/1 (Edfou VIII), 97, n. 1.

[8] Urk. VIII, Nr. 55 k, Zeile 15. Lesung und Bedeutung sind unklar, weil sich kein passendes Simplex finden ließ. Die Unsicherheit wird noch dadurch verstärkt, daß Clère, Porte d'Évergète, Pl. 35, unten, 3. von links, das erste Zeichen nicht als , sondern als wiedergibt.

6 Adverb

§ 158

Eine scharfe Trennung zwischen Adverb und Partikel (siehe unten, § 159) ist nicht nur im Ägyptischen kaum möglich.[1]

Primäre Adverbien sind – wie in der klassischen Sprache[2] – ziemlich selten. Einige Beispiele:

- , *ꜥf*, hier[3];
- , *mjn*, heute[4];
- , *dj*, hier; da; hierher (S.B. ⲧⲁⲓ; B. ⲧⲏ)[5].

Sekundäre Adverbien sind

abgeleitet

- von Präpositionen, zum Beispiel , *jm*, dort[6]; , *ḫnt*(*w*), früher[7];
- von Verbal-Adjektiven, beispielsweise , *jḳr*, vorzüglich[8]; , *wr*, sehr[9];

zusammengesetzt aus

- Partikel, Präposition (und Nomen), , *jr m-ḫt*, anschließend, dann (vorangestellt)[10]; , und anschließend[11].

Wenn, wie soeben gesagt, Verbal-Adjektive adverbiell verwendet werden,[12] dann erscheinen sie als Pseudopartizipien. Überhaupt dient das Pseudopartizip nicht selten als Adverbium,

---

[1] Siehe Gardiner, EG, § 226 und 244; Jansen-Winkeln, Spätmitteläg. Gramm., § 70 f.

[2] Gardiner, EG, § 205.

[3] Edfou III, 16, 4 f. Siehe Wb I, 182, 3. Das seltene Wort findet sich sonst nur noch in den Unterweltsbüchern und in den Sargtexten; siehe Erik Hornung, Das Buch der Anbetung des Re im Westen, AH 3, 1976, Teil II, 132, Anm. 334.

[4] Edfou VI, 181, 3; 188, 1.

[5] Edfou I, 443, 8 (*św dj m* ..., Er ist hier als ...); III, 233, 15; VI, 115, 6. – Die Ortsadverbien *ꜥf* und *dj* scheinen teils wie Demonstrativpronomina verwendet zu werden; siehe Kurth, Den Himmel stützen, 46 f., n. 1 f.

[6] Edfou VI, 15, 9.

[7] Edfou VI, 59, 10; ähnlich: IV, 5, 7. Die Endung *w* wird nicht mehr geschrieben.

[8] Edfou VIII, 17, 10.

[9] Edfou VII, 22, 4; Dendara VIII, 131, 12.

[10] Edfou VI, 102, 9; 163, 8 und 18; 173, 3; 320, 6.

[11] Edfou V, 134, 8 (es folgt ein Infinitiv, der angibt, was zu tun ist: *ir*(*t*) *pꜣ wḥꜥ*, die Auflösung geben).

[12] Siehe als weitere Beispiele *gmj wš*, leer vorfinden (Edfou VII, 56, 16); *śḏr ḥḳr*, hungrig schlafen (VII, 209, 5); *ḫꜥj kꜣj.tj*, hoch (vor dem ...) erglänzen (dieses Beispiel wird unten, § 185 b zitiert).

sowohl in seiner eigentlichen Funktion einem Verbum beigefügt[1], als auch in attributiver Funktion einem Substantiv[2] zugeordnet. Außerdem ist das Pseudopartizip eines Intransitiven Verbs nicht selten der Kopf einer Adverbial-Gruppe:

- (Osiris, ...), , *prj m ḫt wbn.tj m ꜣḫt*, der aus dem Leib kam (geboren wurde), leuchtend mit der Uräusschlange.[3]

Selten findet man das Pseudopartizip eines Transitiven Verbs in der Funktion eines übersetzungsprachlichen Adverbialsatzes.[4]

<u>Substantive in der Funktion eines Adverbs</u> sind eher noch zahlreicher geworden als in der klassischen Sprache.[5] Sie gehen meines Erachtens zu einem Teil auf Adverbielle Ausdrücke zurück, die aus Präposition und Substantiv bestehen, deren Präposition jedoch aus stilistischen Gründen ausgelassen werden kann, wenn die Klarheit der Aussage dadurch nicht leidet. Ein anderer Teil gehört zur Eigenheit der ägyptischen Sprache. Substantive im adverbiellen Gebrauch findet man

a) nach dem Verbal-Adjektiv, dem Partizip Aktiv und Passiv sowie nach dem Pseudopartizip, und zwar jeweils zu deren näherer Bestimmung (dazu siehe unten, § 175 - 177; 179).

b) bei bestimmten Angaben der Zeit, des Ortes und der Art und Weise sowie bei Angaben der Menge:

- <pśḏ>*.tj nhpw, <aufgeleuchtet>* am Morgen[6];
- *mjtt*, in gleicher Weise[7];
- *rśj*, im Süden[8];
- *hrw*, am Tage (des ...)[9];
- *grḥ pf*, in jener Nacht[10];

---

[1] Edfou I, 32, 13 f.: *jj.śn dmḏ*, sie kommen vereint; ähnlich III, 85, 6. – Ein Pseudopartizip kann einem Pseudopartizip beigefügt werden, teils als dessen Adverb, teils koordiniert: Edfou I, 117, 7; VI, 141, 3 (*jtj wn ḫwj*, der Herrscher ist geschützt; cf. Gardiner, EG, p. 250, 2. Beispiel); VII, 234, 13.

[2] Zum Beispiel *nṯrw dmḏ*, alle Götter; Edfou V, 45, 4; VI, 77, 5; cf. Wb V, 458, 16 ff. Zum Adverbium in attributiver Funktion vergleiche man das Präpositionale Attribut (siehe unten, § 173).

[3] Dendara I, 71, 3 f.

[4] Siehe unten, § 264 A, drittes Beispiel.

[5] Dazu siehe Gardiner, EG, § 88.

[6] Edfou VII, 162, 2. – Mit Präposition: V, 293, 1 (*pśḏ m nhpw*).

[7] Edfou I, 536, 9.

[8] Edfou VII, 218, 9; nachfolgend weitere Belege auch für die anderen Himmelsrichtungen. – Mit Präposition: VI, 117, 4 (*m rśj*).

[9] Edfou VII, 16, 8. – Mit Präposition: V, 124, 9 (*m hrw pn*); 348, 5 (*m hrw tpj n ...*).

[10] Edfou VI, 149, 12. – Mit Präposition V, 278, 14 (*m grḥ nḥn m [sš].f*).

- (Feinde werden vernichtet) , *ḫfnw m ḫfnw*, zu Hunderttausenden und Hunderttausenden[1].

7 Partikel

§ 159

Als Partikeln werden in dieser Grammatik[2] jene zumeist kurzen und invariablen Wörter bezeichnet, mit denen sich der Sprecher über eine Sache oder einen Sachverhalt unmittelbar äußert, und zwar entweder emotional, beurteilend oder gliedernd.[3]

Mit den emotionalen Partikeln werden Aufforderungen, Gefühlsregungen, Wünsche oder Hinweise geäußert (Interjektionen). Die beurteilenden Partikeln bekunden Unwissen und Unsicherheit (Interrogativa), Zustimmung (Affirmativa) oder Ablehnung (Negationen). Die gliedernden Partikeln verbinden oder verteilen (Konjunktionen, Disjunktionen).[4]

Im folgenden wird jeweils auch die Position der Partikel angegeben, ob sie also am Satzanfang steht (nicht-enklitisch ist) oder ob sie sich einem anderen Wort anschließt (enklitisch ist).

---

[1] Edfou VI, 55, 13.

[2] Zur allgemeinen Problematik siehe Gardiner, EG, § 226 und 244; Jansen-Winkeln, Spätmitteläg. Gramm., § 70 f. – Für das Mittelägyptische sind etliche dieser Partikeln jüngst untersucht worden: Mahmoud El-Hamrawi, Die vorderen Erweiterungen des Satzkerns im Mittelägyptischen, GOF IV/43, 2003.

[3] Die Partikeln lassen sich manchmal von Substantiven, Präpositionen oder Verben ableiten (siehe Gardiner, EG, § 226 ff.); die Frage der Ableitungen wird aber hier nicht behandelt.

[4] Es liegt in der Natur dieser semantisch relativ undifferenzierten „Urwörter", daß sie fallweise in mehr als nur eine der genannten Kategorien fallen. Deshalb und um dem Benutzer das Auffinden der Partikeln zu erleichtern, wurden diese nicht systematisch nach ihrer Funktion, sondern alphabetisch angeordnet. Diese undifferenzierte Behandlung schien mir auch deshalb erlaubt zu sein, weil allen hier subsumierten Partikeln die fehlende morphologische Bindung an die jeweils zugehörige Aussage gemeinsam ist.

ꜣ (*ꜣj*)

Die Enklitische Partikel *ꜣ* begegnet relativ häufig, und zwar in den Schreibungen[1]  [2],  [3],  [4],  [5],  [6],  (in: ) [7],  (in: ) [8],  [9],  (in: )[10]  (in: ) [11],  [12],  [13].

Man findet sie an vielen verschiedenen Positionen, zum Beispiel

- nach dem Hilfsverb *jw* im Adverbiellen Nominalsatz[14] und im *śḏm.f*[15];
- nach Objekt und vor Adverbiellem Ausdruck[16];
- nach der Partikel *jś* und vor *śḏm.n.f*[17];
- nach Partizip Aktiv und vor Objekt[18];
- nach Prädikat (*n wn*, es gibt nicht) und vor Subjekt[19];
- nach der Präposition im Adverbiellen Ausdruck[20];
- nach Subjekt (vorangestelltes Unabhängiges Personalpronomen) und vor *śḏm.f*[21];

---

[1] Siehe die Literaturangaben bei Sauneron, Esna V, 265, § 14, Anm. a; Wilson, Ptol. Lex., 1 (mit vielen Stellen- und Literaturangaben, aber teils unklar in der Darstellung).

[2] Edfou VI, 61, 13 (kollationiert). Eventuell noch Esna III, Nr. 207, 15 (p. 35, 4 (*njś ꜣ nt-ꜥ*, und dann das Ritual rezitieren; wenn richtig, stünde *ꜣ* vor dem Determinativ).

[3] Edfou V, 344, 3; VI, 117, 4; 121, 7; 239, 2.

[4] Edfou VI, 21, 3; 56, 12; 127, 7. – Eine ähnliche Form, bei der die beiden Federn jedoch direkt auf dem Kopf aufsitzen, findet man öfters in Esna, beispielsweise III, Nr, 206, § 15 (p. 32, 13: *jś ꜣ*); weitere Belege, auch aus Kom Ombo, zitiert Sauneron, Esna V, 265, § 14, Anm. a.

[5] Edfou VI, 122, 2; 127, 10; 128, 1. – Diese Schreibung begegnet nur nach vorangehendem Hilfsverb *jw*; sie ist am ehesten graphisch zu erklären (kleine Zeichen werden gerne zwischen zwei große Zeichen gesetzt; cf. auch Gardiner, EG, § 56).

[6] Edfou V, 127, 4.

[7] Edfou I, 582, 5 f.

[8] Edfou V, 85, 11.

[9] Edfou I, 556, 1.

[10] Edfou III, 355, 3. Die beiden Kopffedern sitzen nach der Publikation weiter vorne, und zwar in der Form .

[11] Edfou III, 332, 3 und 4. Im Original ist  kleiner und sitzt näher am Kopf des Vogels. – Statt lies .

[12] Edfou VIII, 46, 8.

[13] Tôd I, Nr, 140, 2 (die Federn auf dem Kopf stehen nicht parallel, sondern laufen unten spitz zusammen).

[14] Edfou VI, 117, 4; 122, 2.

[15] Edfou VI, 21, 3; 127, 7; 127, 10; 127, 14 f. (*śḏm.f* Passiv); Esna II, Nr. 58, 3 und 4; VI/1, Nr. 474, Zeile 6 des Textes; Kom Ombo, Nr. 194, 3.

[16] Edfou VI, 56, 12.

[17] Esna III, Nr. 206, § 15 (p. 32, 13).

[18] Edfou V, 85, 11 (*ꜣ jś*).

[19] Edfou VI, 239, 2; Esna III, Nr. 200, 9 (Prädikat ist *n*, es gibt nicht; Chnum ist *ḳmꜣ n ꜣ ḳmꜣ n.f ꜥꜣ ꜥꜣw śḏm ꜥš n.f*, der Schöpfer, der wahrlich keinen Schöpfer hat, der Große der Großen, der den hört, der nach ihm ruft).

[20] Edfou VI, 61, 13.

[21] Edfou V, 127, 4.

- nach Subjekt im Adverbiellen Nominalsatz[1];
- nach Subjekt im Nominalen Nominalsatz[2];
- nach Subjekt im *śḏm.f*[3].
- zwischen Nomen Regens und Nomen Rectum[4].

Die Anzahl der möglichen Positionen ist relativ groß, was auf eine recht diffuse Bedeutung schließen läßt. Mir scheint, daß die Partikel *ꜣ* den Blick auf Vorangehendes lenkt, bevor dieses entweder zusammenfaßt oder bevor Neues oder Anderes mitgeteilt wird. Von daher ist *ꜣ* eine gliedernde Partikel mit folgender Bedeutungsbreite: *wahrlich* --- *und dann* --- *und auch* --- *wohingegen* --- *nun aber* --- *auch nicht* (wenn verneint).[5] Einige Beispiele:

- Am Ende einer Episode des Horusmythus von Edfu lesen wir: , *jw ꜣ nn ḥr W n Ḥbnw*, und wahrlich, dies (geschah) im Gebiet von Hebenu;[6]
- Am Beginn einer neuen Episode des Horusmythus weist Re den Horus Behedeti darauf hin, daß sich die Situation weiterentwickelt hat: , *jw ꜣ nn śbjw ẖntj.śn r jꜣbtt*, „Es segeln aber diese Feinde jetzt nach Osten;“[7]
- Horus erblickte die Feinde , *jw ḫr jm.śn r jm jw ꜣ ḫr jm.śn r ḏww*, indem einige von ihnen sich in den See stürzten, wohingegen andere sich auf die Hügel stürzten;[8]
- Der Nil kommt zu Horus 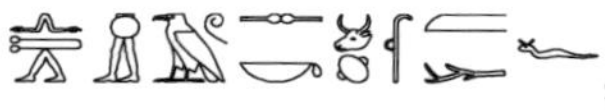, *n jṯj jnj ꜣ śk ḳn rnpt m-ḫt.f*, wobei er keine Schwankung und auch keinen Mangel des Jahres mit sich (bringt).[9]

---

[1] Edfou V, 344, 3; Edfou I, 556, 1 (negiert; *ꜣ jś*); 582, 5 f. (negiert; *ꜣ śk*).
[2] Tôd I, Nr. 140, 2.
[3] Edfou III, 332, 3 und 4 (*ꜣ śk*; nach *rdj*, veranlassen). – Statt lies .
[4] Edfou VIII, 46, 7 f.
[5] Natürlich sind diese Bedeutungen je nach Kontext zu modifizieren.
[6] Edfou VI, 117, 4; ähnlich: V, 127, 4 (..., denn sie werden ja ...); VI, 122, 2 f.; 239, 2 f.
[7] Edfou VI, 127, 7; ähnlich: Edfou III, 332, 3 und 4; VI, 21, 3; 127, 14 f. (*śḏm.f* Passiv); Esna II, Nr. 58, 3 und 4; VI/1, Nr. 474, Zeile 6 des Textes; Kom Ombo, Nr. 194, 3.
[8] Edfou VI, 127, 10; ähnlich: V, 85, 11; 344, 3 (*ḫw(t).f r pt mkt.f r tꜣ sꜣ.f ꜣ r nṯrw nbw*, sein Schutz gilt dem Himmel, seine Sorge gilt der Erde und seine Obhut gilt auch allen Göttern); VI, 56, 12; 61, 12 f. (vor einem zweiten Vergleich); VIII, 46, 7 f. (weitere Weinsorten werden genannt).
[9] Edfou I, 582, 5 f.; ähnlich: I, 556, 1.

Den Rückweis auf das Vorangehende teilt *ꜣ* mit der Partikel *jś* (*jśk*, *śk*), die ja auch auf eine vorangehende Aussage hinweist.[1] Das erklärt, warum beide gerne nebeneinander auftreten, und zwar meist in der Abfolge *ꜣ jś* oder *ꜣ śk*[2], aber auch *jś ꜣ*[3].

Die Lesung *ꜣ* des Berliner Wörterbuchs[4] habe ich aus praktischen Erwägungen beibehalten, obwohl die weit überwiegende Mehrzahl der Schreibungen auf eine Lesung *ꜣj*, *ꜣjw* oder *ꜣwj* weist. Diese Schreibungen dürften nicht direkt dem koptischen ⲉⲓⲉ entsprechen, da dieses mit guten Gründen von der neuägyptischen Partikel *jꜣ* abgeleitet wird;[5] näher bei den zahlreichen *w*-haltigen Schreibungen liegt wohl das demotische *jwy*.[6] – Angesichts dieser Unsicherheiten kann ich lediglich vermuten, daß im Ptolemäischen die alte Partikel *ꜣ* „wiederbelebt" wurde, mit einer akademischen Aussprache und nachfolgender Orthographie, die sich an der zeitgenössischen Aussprache der Partikel *jꜣ* orientierte, die später ⲉⲓⲉ wurde.

j

Die Nicht-enklitische Partikel *j* (Interjektion: o!) steht vor dem Vokativ. Sie zeigt sich in den Schreibungen [7] und [8].

Auf Vokalisation und Aussprache (im Deutschen etwa *ei oder *äi) weisen spätdemotische und altkoptische Wiedergaben[9]: *ꜣj*, *ỉj* und ⲏⲓ.

Ein Beispiel mag genügen: , *j rnpt nfrt nfr.ṯ n Ḥr Bḥdtj*, O du vollkommenes Jahr, du mögest vollkommen sein für Horus Behedeti.[10]

---

[1] Depuydt, in: GM 136, 1993, 11 ff.; 17.

[2] Edfou I, 582, 5 f.; III, 332, 3 und 4; 355, 3; V, 85, 11; Tôd I, Nr. 140, 2 (hier einmal durch andere Wörter getrennt: *ntk ꜣ nb.śn śk*).

[3] Esna III, Nr. 206, § 15 (p. 32, 13).

[4] Wb I, 1, 2 – 7 (dort nur vom AR - NR belegt; cf. aber den einen Beleg bei Jansen-Winkeln, Spätmitteläg. Gramm., § 366).

[5] Siehe Westendorf, KoptHWb, 48 (mit der dort zitierten Literatur).

[6] Zitiert bei Černý, CED, 45.

[7] Edfou VI, 86, 8; 88, 5; 94, 15 ff. (viele Fälle); 349, 4; VIII, 33, 7; Dendara X, 11, 2.

[8] Edfou V, 32, 10; 32, 15; VI, 302, 5; 302, 10; 303, 1.

[9] Westendorf, KoptHWb, 46.

[10] Edfou VI, 94, 15.

jn

Diese nicht-enklitisch verwendete Partikel begegnet in den Schreibungen [1], [2], [3], [4], [5], [6], [7],  [8], [9], 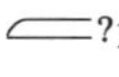?[10].

Die Partikel *jn* dient

a) zur Einführung des Handelnden (Agenselement), und zwar

- beim Infinitiv[11];
- beim Konjunktiv[12];
- beim Partizip Passiv[13];
- beim Pseudopartizip[14];
- beim Passiv der Relativform[15];
- beim *śḏm.tw.f*[16].

b) Vor dem Subjekt in der *jn*-Konstruktion.[17]

c) Vor einem Fragesatz:[18]

- (Re sagte zu Horus Behedeti:) , *jn jw ḥḫj.n.k mw pw ḥr śbjw*, „Hast du dieses Gewässer nach den Feinden durchsucht?"[19]

---

[1] Edfou VII, 12, 2.
[2] Edfou V, 4, 5.
[3] Edfou V, 34, 7.
[4] Edfou IV, 14, 7.
[5] Edfou IV, 19, 14.
[6] Edfou V, 35, 1; 129, 8.
[7] Edfou V, 133, 4; 324, 12.
[8] Edfou VII, 203, 6; 207, 1; 211, 9; 246, 6.
[9] Edfou V, 349, 8 (cf. 350, 1). Etwas unsicher, da man ja statt *ḫ*ʿ*(t) jn* ..., Ausziehen seitens ..., auch *ḫ*ʿ*w n* ..., Auszug der ..., verstehen könnte.
[10] Edfou V, 367, 10 (wegen der folgenden Aussage möglich, aber wegen der Textzerstörung unsicher); VI, 323, 7 (wegen des schwierigen Textes unsicher). Cf. Pap. Jumilhac, XVI, 17; Erman, NG, § 701 f. (dazu: Wolf, in: ZÄS 69, 1933, 111).
[11] Edfou VII, 7, 9.
[12] Edfou V, 356, 3. Siehe oben, § 155.
[13] Edfou, VI, 248, 16 f. (zwei Fälle).
[14] Edfou V, 4, 5; VI, 79, 9; VII, 12, 2. – Zur Einführung des Handelnden in der Pseudoverbalkonstruktion siehe bereits Schiffbrüchiger, 39 f.
[15] Edfou II, 288, 9 f.: (Horus, ...), *tw*ȝ *pt jn s*ȝ*.f ẖr b*ȝ*.f*, durch dessen Sohn der Himmel unter seinem Ba getragen wird; ähnlich: VIII, 122, 16 f. Bei intransitivem Verb im *śḏm.tw.f*: VI, 348, 13; 349, 6. – Siehe oben, § 145.
[16] Edfou VI, 15, 2.
[17] Edfou VI, 83, 12 (*jn Śkr nbj ḫ*ʿ*w.k*, es ist Sokar, der deine Waffe gebildet hat). – Siehe generell unten, § 227 ff.
[18] Hier kenne ich nur Fälle mit *jn jw*; alleine stehendes *jn* kommt meines Wissens im Ptolemäischen nicht mehr vor.
[19] Edfou VI, 124, 1 f.; ähnlich: 128, 5.

d) Vor einem Bedingungssatz (bei möglicher Bedingung):

- , *jn jw mrj.ṯn św m nrt ... twr n <ḥm>*.f*, „Wenn ihr es liebt, frei von Furcht zu sein ..., dann seid rein für Seine <Majestät>*.“[1]

e) Vor einem Nomen, um ein Thema oder einen Gegenstand des Denkens in den Blickpunkt zu rücken („Was ... anbelangt, so ...“)[2]:

- 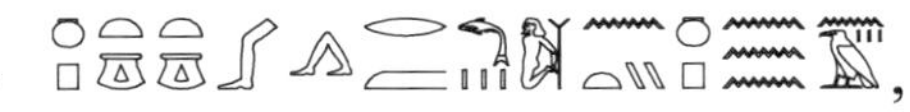, *jn p(ꜣ) dgdg rmw śbj ntj n p(ꜣ) mw nꜣ*, Was das Zertreten der Fische anbelangt, sie sind die Feinde[3], die im Wasser sind;[4]
- 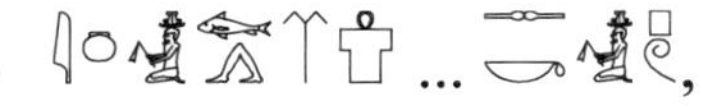, *jn ṯnj bsj m śjꜣ ... śk Tꜣ-ṯnn pw*, Was den Erheber anbelangt, der hervorgebracht wird als Schöpfergedanke ... das nämlich ist Tatenen;[5]

die direkte Parallele[6] hat

- .

Da der Wechsel zwischen den Lauten *n* und *r* nur sehr selten belegt ist,[7] läßt sich die Verwendung des *jn* für *jr* am ehesten damit erklären, daß beide Partikeln eine jeweils besondere deiktische (hinweisende) Funktion besitzen.[8]

Fragt man nach einer Grundbedeutung der Partikel *jn*, die sich in allen obengenannten Gebrauchsweisen wiedererkennen läßt, dann findet man folgendes: Die Partikel *jn* zeigt auf eines von vielen; das erklärt zwanglos auch ihre Verwendung im Fragesatz und im Bedingungssatz.

---

[1] Edfou V, 344, 6 f. (es handelt sich um Ermahnungen an die Priesterschaft; siehe Kurth, Treffpunkt der Götter, 147 ff.); ähnlich: V, 392, 13 f.; Dendara X, 282, 3 ff. – Diese Einleitung des Bedingungssatzes findet sich auch im Neuägyptischen (Erman, NG, § 818), im Demotischen (Spiegelberg, Dem. Gr., § 497 f.) und Koptischen (ⲉⲛⲉ; Westendorf, KoptHWb, 37).

[2] In dieser Konstruktion wird sonst meist *jr* verwendet.

[3] Zum Singular siehe oben, § 104.

[4] Edfou V, 134, 5 f. (cf. die parallelen Aussagen im Kontext, die *jr* verwenden); zu *nꜣ* siehe oben, § 73 c; zu *n pꜣ* statt *m pꜣ* siehe EP 1, 519, § 17.4. – Ein weiteres Beispiel: Edfou VI, 200, 1 (*jn mw nw wꜣḏ wr*).

[5] Edfou III, 7, 10 f.

[6] Edfou VI, 183, 3. – Weitere Stellen mit direkten Parallelen *jn* - *jr*: Edfou III, 7, 9 (zwei Stellen; VI, 183, 1 f.); III, 31, 12 (VI, 181, 15).

[7] Siehe EP 1, 519, § 17.5.

[8] Cf. auch den vorangehenden Fall d (*jn* vor dem Bedingungssatz). – Cf. auch unten, § 230.

jr

Die Nicht-enklitische Partikel *jr* wird in der Regel  geschrieben[1], seltener [2], [3] oder [4] oder sogar [5]. Sie erscheint

a) vor dem Nomen, um ein Thema oder einen Gegenstand des Denkens in den Blickpunkt zu rücken („Was ... anbelangt, so ..."):

- im Nominalsatz: 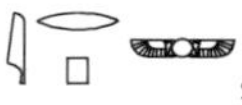, ... 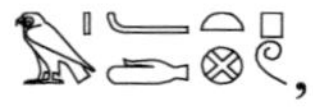, *jr p(3) ʿpj ... Ḥr Bḥdtj pw*, Was die geflügelte Sonnenscheibe angeht ..., das ist Horus Behedeti;[6]

- im Verbalsatz:  ...  ..., *jr n3 jt ... 3sḫ.śn m jbd* ..., Was die Gerste anbelangt, ... sie wurde geerntet im Monat ... .[7]

b) vor dem *śḏm.f* zur Bildung eines voranstehenden konditionalen oder temporalen Nebensatzes:[8]

-  ... , *jr dhn.tw r p(3) ʿḫm ʿnḫ ... dhn.tw r.ṯn*, „Wenn man sich gegen den Lebenden Achem-Falken wendet, ..., dann wendet man sich gegen euch;"[9]

- 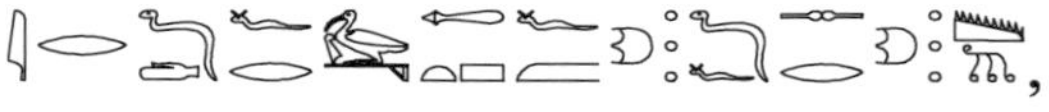, *jr ḏd.f r nṯr ʿ3t.f m bj3 ḏd.f ś(j) r bj3 km*, Wenn er (der König) über das Gottes(bild)[10] sagt, daß sein Material Bronze[11] sei, dann sagt er (Thot), daß es Schwarzbronze[12] sein solle.[13]

---

[1] Edfou VI, 133, 1; Dendara X, 26, 10.

[2] Edfou VI, 173, 3.– Einmal, vielleicht fehlerhaft, begegnet  (Dendara X, 30, 11).

[3] Siehe Junker, Sprachliche Verschiedenheiten in den Inschriften von Dendera, in: SPAW 1905, 787, § 24, der nebeneinander die Schreibungen 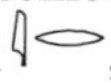, , und  belegt.

[4] Esna II, Nr. 64, 1; 81, 1; Tôd I, Nr. 35, 1; 38, 1.

[5] Edfou VIII, 136, 3 (ITE I/1, 246); Spiegelberg, Dem. Gr., § 469 α.

[6] Edfou VI, 129, 10 f.

[7] Dendara X, 268, 3. – Vor einer substantivierten feminin-neutrischen *sḏm.f*-Relativform Passiv: *jr jrj(t).tw jm ... jrj.tw.f m jbd 4 3ḫt św 12* ..., Was das anbelangt, was dort getan wird ..., es wird getan im 4. Monat der Achet-Jahreszeit, Tag 12 ... (Dendara X, 29, 1 ff.; es folgen weitere Sätze dieser Art).

[8] Gardiner, EG, § 150; Erman, NG, § 813. Der demotische Konditionalsatz wird anders gebildet (Spiegelberg, Dem. Gr., § 493 – 499. Wenn im Ptolemäischen Konditionalsätze relativ selten sind, so liegt das meines Erachtens an den hier dominierenden Textsorten. – Siehe auch unten, § 259; 260 (vor dem temporalen Nebensatz).

[9] Edfou VI, 302, 7. Weitere Beispiele: Edfou II, 215, 7 f. (zwei Fälle der Art: *jr gmj.k ... š3k.ḫr.k*; mit anderer Apodosis: Edfou VI, 165, 17 f.); VI, 84, 15 f. (mit Imperativ in der Apodosis).

[10] Die Statuette des Gottes wird „Gott" genannt.

[11] Es ist das gewöhnliche Gebrauchsmaterial, weniger wertvoll als die nachfolgend genannte Schwarzbronze.

[12] Sie ist wertvoller als die zuvor genannte gewöhnliche Bronze.

[13] Dendara VIII, 140, 13 f. (bei Junker, GdD, § 297, wird ein anderer Satz dieses Textabschnitts zitiert, aber nicht richtig aufgefaßt).

c) vor Infinitiv, Substantiv oder substantivierter Präposition, um eine Zeitangabe[1] als Blickfang am Satzbeginn herauszustellen:

- , *jr śrd m bw šꜣḫ jn ꜥꜣ*, Wenn es (das Schilf) am Orte wächst, dann landet der Große.[2]

- 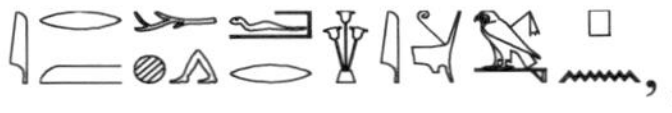, *jr m-ḫt pr(t) r-ḫꜣ jn nṯr pn*, Danach Hinausziehen seitens dieses Gottes (in Prozession).[3]

- , *jr ꜥnt ꜣḫ jb j.n Rꜥ*, Einen Augenblick später sagte Re: „Froh ist das Herz;“[4]

- , *jr pḏ šś jn Śšꜣt Ḫnmw ḏd jfd*, Während Seschat den Strick spannte, festigten die Chnumgötter die vier (Seiten des Gebäudes).[5]

Sucht man eine Bedeutung der Partikel *jr*, welche die soeben genannten Gebrauchsweisen umfaßt, dann findet man: Die Partikel *jr* lenkt den Blick auf einen Gegenstand des Denkens. In dieser Funktion entspricht sie der Partikel *jn*; siehe dort unter d) und e).

... < S. 770 Siehe jetzt die umfassende und gute Textbearbeitung von Derchain, in: CdE 65, 1990, 219 ff. Allerdings handelt es sich meines Erachtens nicht um das Zitat aus einem verschollenen Buch (so Derchain, o. c., 222 f.). Das erste *ḏd.f* geht auf den König, der in der zugehörigen Szene dem Thot die Schreibpalette bringt, damit dieser anordne (*wḏ mdw*; Dendara VIII, 139, 7 f.), was im Goldhaus geschehen soll; wie in Ritualszenen üblich, eröffnet der König den Dialog, der Gott antwortet (do ut des). Das zweite *ḏd.f* geht auf den Gott Thot, der die Verwendung besseren Materials befiehlt (*ś(j) r* ...), nachdem zuvor der König das Material genannt hatte (*ꜥꜣt.f m* ...). – An der Stelle Dendara VIII, 133, 2, wird lediglich festgestellt, daß der König grundsätzlich einen Goldbelag verwendet, der die Dicke eines Ibis-Eies besitzt.

[1] Temporalsatz und Konditionalsatz berühren sich (cf. Erman, NG, § 811). – Meist werden mit *jr* die einzelnen Schritte einer zeitlich gegliederten Handlungsfolge eingeleitet.

[2] Edfou VI, 181, 15; wörtlich: was das Wachsen am Orte anbelangt; siehe Kurth, in: Fs. Derchain, 193 (Edfou VI, 181, 15 f., enthält drei Sätze dieser Struktur). Weitere Beispiele: Edfou VI, 329, 1; Kanopus, 33 (*jr jś*, griechisch mit και ὅταν wiedergegeben; siehe Daumas, Moyens d'expression, 90).
An der Stelle Edfou VI, 222, 1, findet man nach *jr* ein substantiviertes feminin-neutrisches Partizip: *jr wn(t) Ḥr (ḥr)*[?] *mšꜥ r wḫꜣ* ... *jw.w ḏd n.f* ..., Als Horus auszog, um zu suchen ..., da sagte man ihm, ... Das wäre wörtlich, wenn ich richtig verstehe: Was das, was ist, anbelangt, nämlich, daß Horus auszog (Pseudoverbalkonstruktion), um ...; mit Pseudopartizip statt *ḥr* und Infinitiv bei *šm* könnte man auch im Plusquamperfekt übersetzen (als Horus ausgezogen war, hatte man ...). Zur Konstruktion cf. Gardiner, EG, § 329.

[3] Edfou VI, 102, 11 (wörtlich: was das Nachher anbelangt); ähnlich: VI, 102, 9; 163, 8; 163, 18; 173, 3; 320, 6. Im Neuägyptischen würde man hier *ḫr jr m-ḫt* erwarten (Erman, NG, § 593; 705); siehe aber unten, *ḫr*. – Siehe auch VI, 163, 11: (Innerhalb einer Rezeptur) *jr m-ḫt hrw 20 šd(t)*, Nach 20 Tagen herausnehmen.

[4] Edfou VI, 323, 8 f. (wörtlich: was einen Augenblick anbelangt: froh ist das Herz, sagte Re). Alternativ könnte man verstehen: Zu einem Zeitpunkt sagte Re: ... .

[5] Edfou VI, 170, 1 f. (wörtlich: was das Strickspannen seitens Seschat angeht, die Chnumgötter sind die, welche festigen ...).

jrf und *r.f*

Die Enklitischen Partikeln *jrf* und *r.f* sind direkt miteinander verwandt. Ihre üblichen Schreibungen  und  sind im Mittelägyptischen nur graphische Varianten, wobei  die jüngere ist.[1] Im Ptolemäischen jedoch liegt die Sache anders, insofern als  und  meistens spezifisch verwendet werden. Die folgende Darstellung zieht fast ausschließlich Material der Edfutexte heran, in denen die Partikeln häufig anzutreffen sind, wohingegen ihre Verwendung in Dendera[2] oder Esna selten ist.

Für beide gilt, daß sich alle ihre semantischen Nuancen von der Grundbedeutung ableiten lassen: *r und Suffix*, „was ... anbelangt". Die Grundbedeutung kann so umschrieben werden: *jrf* und *r.f* heben – mit Blick auf den vorangehenden Kontext – etwas als bedeutsam hervor, teils mit emotionaler Färbung. Für die Übertragung ins Deutsche ergeben sich unter anderem folgende Möglichkeiten: *und auch* --- *und sogar* --- *daraufhin* --- *nämlich* --- *(weil) ja* --- *aber (auch)*; im verneinten Satz *gar nicht* --- *keinesfalls*; bei Fragen *(wer) etwa?* oder *(wer) ... wohl?*; nach Imperativ oder Interjektion *doch*.

Nun zur Differenzierung: Während sich das invariable *jrf* auf eine vorangehende Aussage bezieht (A), bezieht sich das variable *r.f* (*r.j*, *r.k*, etc.)[3] auf ein vorangehendes Wort (B).

A Die invariable Partikel  (seltener [4], [5] oder [6] geschrieben) wirkt im genannten Sinne rückverweisend und zugleich hervorhebend unter anderem[7] bei einer

<u>Aufzählung/Folgehandlung:</u>

- (Durch die Opfergabe wird der Gott gestärkt ebenso wie sein Hofstaat) , *ḫntš jrf jmjw-ḫt.k*, „und es freut sich auch dein Gefolge."[8]

---

[1] Gardiner, EG, § 252.

[2] Junker, GdD, § 273.

[3] Deshalb wird, abweichend von ITE I/1 (Edfou VIII) und I/2 (Edfou VII), hier nicht mehr *(j)r.f*, sondern *r.f* transkribiert.

[4] Edfou VI, 12, 12; ähnlich: V, 257, 2.

[5] Edfou VI, 168, 4; VIII, 36, 14.

[6] Öfters in Kom Ombo, zum Beispiel Kôm Ombo (Gutbub) I, Nr. 220, 2.

[7] So zum Beispiel auch nach einer Interjektion: *ḥ3 jrf* ..., Könnte doch ...; Vernus, Athribis, 209; 211, nota h; Pl. 39 (ptolemäerzeitliches Privatdenkmal).

[8] Edfou VII, 117, 6; ähnlich: V, 7, 10 (und auch); 10, 4 (und auch); VI, 16, 8 (und dann); 310, 5 f. (und auch); VII, 199, 12 f.; 205, 8 f. (und dann); Dendara IX, 167, 13 (als letztes Glied einer dreiteiligen Aussage: „und auch"); X, 133, 13 (emotional gefärbt: und dann); 297, 11 (emotional gefärbt: *jśk jrf h3j św*, und mehr noch, wirf ihn nieder!).

Begründung:

- (Die Stadt Edfu wird „Erhobener-(Thronsitz)-des-Horus“ genannt) , *wṯs jrf Ḥr wṯst m-ḫnt.ś*, weil ja Horus den Erhobenen (Himmel) darin erhob.[1]

Bestimmung (in der *jn*-Konstruktion):

- (Horus wird aufgefordert, Seth zu bekämpfen, und zur Steigerung seines Kampfgeistes wird ihm vor Augen gehalten) , *jn jrf śn mśḏj śn.f wr r.f nm mrj.n.f ś(w)*, Es war ja ein Bruder (Seth), der seinen älteren Bruder (Osiris) haßte. Wer kann ihn lieben?[2]

Kontrastbildung:

- (Der Wissende wird gelobt) , *<mśḏj> jrf ḫm*, <verhaßt> aber ist der Unwissende.[3]

Reaktion:

- (Apophis will Horus besiegen, und deshalb verwandelt er sich in eine geflügelte Schlange) 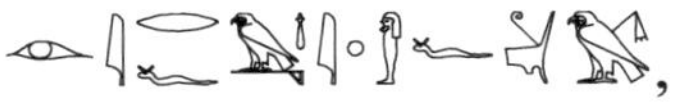, *jrj jrf nṯr ˁ3 jrw.f n bjk*, Daraufhin nahm der große Gott (Horus) seine Falkengestalt an.[4]

Rhetorische Frage:

- (Das Haus-des-Falken ist so beschaffen, daß sein Herr stark ist) , *sj jrf jw.f r tht.ś*, Wer etwa wagt es zu kommen, um es (das Haus-des-Falken) anzugreifen.[5]

Verneinung:

- (Der König bringt Horus die weibliche Personifikation des 17. oäg. Gaues, welche die Produkte und Gaben des Gaues auf ihren Armen trägt) , *n jrf g3w m ˁ.ś*, und es gibt keinerlei Mangel auf ihrem Arm.[6]

---

[1] Edfou VII, 22, 6 f.

[2] Edfou VI, 77, 2 f.

[3] Edfou V, 392, 17 f.; ähnlich: V, 257, 2 (aber auch; lies *m-ḫt* <*mnj*>*, nach dem <Sterben>*).

[4] Edfou VII, 21, 13.

[5] Edfou VII, 41, 10 (zur Rhetorischen Frage siehe ITE I/2, 70, n. 3; zu *tht.ś* siehe oben, § 138); ähnlich: Edfou IV, 112, 18; 118, 5 (hier  geschrieben; ob richtig? nicht kollationiert); VI, 12, 12.

[6] Edfou V, 119, 11; cf. die Parallelen Edfou IV, 187, 2; Edfou Mam., 62, 1 f. (); Dümichen, GI III, Tf. 91; Dendara I, 95, 10 f.; De Wit, Temple d'Opet, 300.

Zeitangabe:

- (Im 365. Regierunsjahre des Sonnengottes) , *wnn jn jrf ḥm.f m T3-stj*, da war nämlich Seine Majestät in Nubien.[1]

Was die Position der Partikel angeht, so steht *jrf* in der Nähe derjenigen Satzteile, die zur Hervorhebung des Bedeutsamen das meiste beitragen. Da aber alles Geschehen sich in Raum und Zeit sowie unter bestimmten Umständen abspielt, steht *jrf*, anders es als in den obigen Beispielen der Fall ist, besonders oft vor einem Adverbiellen Ausdruck:

- (Der König bringt Hathor das böse Auge des Apophis) 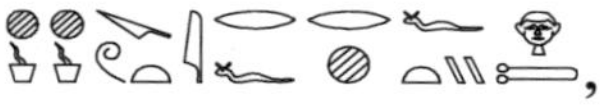, *ḫbḫb.tj jrf r-ḫft-ḥr.ṯ*, „das zerhackt wurde wohl vor deinen Augen."[2]

B Die variable Partikel [3] folgt einem Personalpronomen, um herauszustellen, daß die angesprochene Person in besonderem Maße zuständig, geeignet oder betroffen ist. Als mögliche Übertragungen ins Deutsche kommen in Frage *denn er ... (ja/doch)*; nach dem Imperativ ... *dich doch!*.

Im Indikativ:

- (Vor den Augen des Horus wird Seth getötet. Der König sagt, um die Wahl seiner Opfergabe zu begründen) , *ṯwt r.k jnj pḥwj n thj ś(w) dr ḫftj r-ḫnt Ḫtm*, „denn du bist ja der, der seinem Angreifer ein Ende bereitet, der den Feind aus Ägypten vertreibt;"[4]

- (Nechbet erhält ein Fleischopfer, und der König begründet) , *ṯwt r.ṯ ḥtp(t) ś(j) ḥr 3šr(t)*, „denn du bist ja diejenige, die sich an dem Grillklein sättigt;"[5]

- (Horus und Hathor erhalten Myrrhe, und der König begründet) 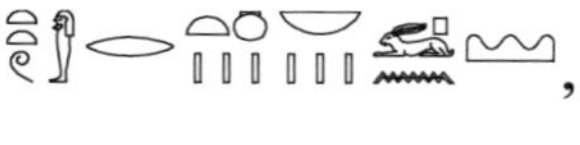, *ṯwt r.ṯn nbw Pwn(t)*, „denn ihr seid ja die Herren des (Weihrauchlandes) Punt."[6]

---

[1] Edfou VI, 109, 9 f. (zum Inhalt siehe Kurth, in: RdE 34, 1982/83, 71 ff.).

[2] Edfou VI, 313, 12.

[3] Diese spezielle Verbindung der Wortarten Präposition und Pronomen wird wegen ihrer Funktion und wegen ihrer Verwandtschaft mit dem invariablen *jrf* als Partikel eingeordnet. – Zum Adverbiellen Nominalsatz des Typs „*Nomen und r.j/k/ṯ* etc." siehe § 215. – Siehe auch den äußerst seltenen Fall eines initialen , *r.ṯ*, unter § 270 A, in fine.

[4] Edfou VIII, 144, 2 f.; ähnlich: VI, 48, 14; VII, 296, 16 et passim.

[5] Edfou VII, 301, 9; ähnlich: 305, 17; 307, 15.

[6] Edfou VII, 317, 13.

Die vorangehenden Beispiele wurden nicht der Konstruktion *twt r.f* (siehe unten, § 225) zugeordnet, weil *r.k*, *r.ṯ* und *r.ṯn* in den direkten Parallelen teils verwendet werden, teils nicht[1].

Im Imperativ:

- , *ḥꜥj r.k sꜣ.k ḥr nś.t.k*, Freue dich doch, dein Sohn ist auf deinem Thron![2]
- 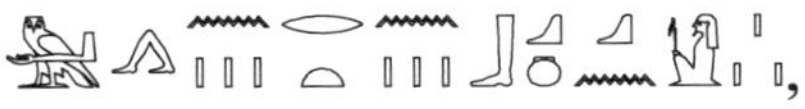, *mj.n r.ṯn bḵnḵnw*, Kommt doch, ihr Standartengötter![3]

jḥ

Die Nicht-enklitische Partikel *jḥ* (eine Interjektion) begegnet im Ptolemäischen nicht so selten, wie es die Belege des Berliner Wörterbuchs[4] erwarten lassen. Als Schreibungen findet man [5], [6], [7], [8], [9], [10], [11].

- Die Bedeutung wird zum einen durch die Determinative ,  oder  festgelegt, die ja gerne bei Wörtern des Wortfeldes „Freude“ stehen;[12] zum anderen finden wir in einem Text nebeneinander:
- *bnr wj dpt.f nḏm wj śtj.f jḥ sp 2 m ḫnmw.f*, Wie süß ist sein (des Trankes) Geschmack, wie lieblich ist sein Duft und wie erfreulich (ist er) in seinem Wohlgeruch![13]

Man wird diese Determinative nicht mit dem Hinweis darauf erklären können, daß das Wort besonders häufig im Zusammenhang des Weihrauchopfers erscheint; denn dagegen spricht, daß sie bereits in den frühen Belegen erscheinen, und zwar in anderem Kontext.[14]

---

[1] Siehe zum Beispiel Edfou VII, 136, 14 ff.; 296, 16 ff.

[2] Edfou VII, 309, 3; ähnlich: V, 64, 16 f. (feminin: *r.ṯ*).

[3] Edfou VII, 42, 11 f.

[4] Wb I, 120, 14 f. Etliche weitere Stellen nennt Wilson, Ptol. Lex., 103 (cf. ITE I/2 (Edfou VII), 604, n. 6).

[5] Edfou I, 267, 6 (links).

[6] Edfou VII, 91, 2 (kollationiert und korrigiert, siehe ITE I/2, 824); ähnlich (ohne das zweite Determinativ):VII, 317, 9 (kollationiert und korrigiert, siehe ITE I/2, 856).

[7] Edfou IV, 151, 12.

[8] Edfou IV, 238, 5 (*śrtj nb śnśn śtj.ś n ḫnmw.ś ḥr (ḏd) jḥ sp (2) śtj wrt*, Alle Nasenlöcher (= Menschen), die ihren Duft einatmen wegen ihres Wohlgeruchs, sagen: „Ach wie angenehm ist der Duft der Großen!“); Edfou Mam., 149, 3 (*ḫnm.n ś(w) jdt.ṯ jḥ sp 2 śtj ḥm.f*, „Wenn sich dein Duft mit ihm verbunden hat, ach wie angenehm ist dann der Wohlgeruch Seiner Majestät.“).

[9] Dendara II, 42, 6; 80, 9.

[10] Dendara V, 75, 10.

[11] Brugsch, Thesaurus IV, 753, Nr. 18 (Philä Photo 880).

[12] Zum Beispiel *rš* oder *tfn* (Wb II, 454, 1 ff.; V 299, 8 ff.).

[13] Dendara V, 75, 10.

[14] Gardiner, Admonitions, 101, n. 9.

Die ursprüngliche Bedeutung dieser Interjektion ist ein Ausruf der Erleichterung und dann vor allem der Freude[1], etwa „oh (wie schön)". Als solcher begegnet er auch noch später:

- (Beim Opfer der Maat ist der König jemand) <*ḏd.*⌜*tw*⌝ *n.f*>* <*jḥ*>*, über den <⌜man bewundernd spricht⌝>*.[2]

Zumeist jedoch wird der Ausruf wie ein Verbal-Adjektiv verwendet[3] und bedeutet dann *erfreulich*, *angenehm* oder auch im Zusammenhang mit Räucherwerk und Getränken *duftend* (hier manchmal mit dem Determinativ oder).[4]

- ‚I einer Ritualszene, in der Hathor als Opfergabe Myrrhe erhält, ist sie (die Herrin des Salböls) , *jḥ sp 2 m ḫnmw.ś*, sehr angenehm in ihrem Duft.[5]

Das Wort besaß wohl nur zwei Konsonanten, weil die Schreibung (siehe oben)[6] singulär ist.

jḫ

Die Nicht-enklitische Partikel *jḫ*[7] begegnet in den Schreibungen [8], [9], [10], [11]. Sie dient zur Bildung von Fragesätzen (A) und zur Einleitung einer erwünschten Konsequenz.

A Für die im Alt- und Mittelägyptischen ziemlich seltene[12], aber im Neuägyptischen und Demotischen geläufige[13] Fragepartikel *jḫ* kann ich nur ein Beispiel aus Edfu anführen, das aus einem neuägyptisch-demotisch gefärbten Text stammt[14]:

- , *jḫ p3 ntj jw.w ḏd njm.f*, Was ist das, worüber sie reden?[15]

---

[1] Cf. Gardiner, Admonitions, 101, n. 9; Hannig, ÄgWb I, 199.

[2] Edfou VII, 91, 2; ähnlich: I, 267, 6. Wörtlich: ..., zu dem man „oh!" sagt.

[3] Cf. § oben, 157 b (Hypostase). – Ich fand keinen Beleg für **jḥ wj*, sondern nur *jḥ sp 2*, was vielleicht darauf hinweist, daß das Wort anfangs nur eine Interjektion war.

[4] Zu den Belegstellen siehe im Vorangehenden.

[5] Dendara II, 80, 9.

[6] Eine Lesung *jḥ w(j)* ist meines Erachtens wegen der Position des unwahrscheinlich. Die Lautgestalt wäre also **jʿḥ*.

[7] Zur möglichen Verwandtschaft der Partikel mit dem Wort *jḫt*, die Sache, siehe Gardiner, EG, § 228; Satzinger, Neg. Konstr., 47 (§ 73).

[8] Edfou VI, 215, 1; Dendara X, 3, 5 und 8 (cf. auch die graphische Variante oder den Fehler X, 56, 2 - 4).

[9] Dendara X, 61, 3 und 5.

[10] Edfou IV, 352, 13.

[11] Edfou VI, 320, 13.

[12] Hannig, ÄgWb I, 200. Gardiner, EG, § 501. – Siehe auch Jansen-Winkeln, Spätmitteläg. Gramm., § 247, in dessen Textkorpus sich kein einziger Beleg findet.

[13] Erman, EG, § 740 - 742; Spiegelberg, Dem. Gr., § 16 und 156 (koptisch ⲁϣ).

[14] Siehe Kurth, in: Fs. Kákosy, 373 ff.; 381 ff.

[15] Edfou VI, 215, 1; zur Konstruktion cf. Erman, NG, § 740; Spiegelberg, Dem. Gr., § 16.

B Die Partikel *jẖ* steht nicht selten vor einem Satz, der angibt, was als Folge des vorherigen geschehen wird oder soll:[1]

- (Zur ersten Tagesstunde wird das Gefolge des Sonnengottes geweckt) , *jẖ jrj.ṯn rśw ḥr nṯr pn*, Ihr sollt nun Wache halten für diesen Gott.[2]

Im Unterschied zur klassischen Sprache zeigt die Verwendung im Ptolemäischen jedoch einige Besonderheiten:

a) Die Partikel hat manchmal eine kausale Konnotation:[3]

- (Die Breite des Tempels von Edfu beträgt 90 Ellen) , *jẖ pśḏ dj*, und folglich ist Lichtglanz darin.[4]

Zwei der Parallelen schreiben anstelle von *jẖ* die Präposition/Konjunktion *ḏr*, weshalb man übersetzen möchte: „..., weil Lichtglanz darin ist". Allerdings, und das warnt vor einer simplen Gleichsetzung, sind beide Verknüpfungen sinnvoll, sowohl die kausale mit *ḏr* als auch diejenige mit *jẖ* in konsekutiver Bedeutung.[5]

b) Nach *jẖ* findet man, abweichend vom klassischen Gebrauch,[6] nicht nur das *śḏm.f*:

- (Die Länge des Tempels von Edfu beträgt 400 Ellen) , *jẖ fj dr*, und deshalb ist die (feindliche) Schlange vertrieben.[7]

Außer der Pseudoverbalkonstruktion, wie im vorliegenden Beispiel, findet man nach *jẖ* den Adverbiellen Nominalsatz,[8] den absolut gebrauchten Infinitiv[9], das *śḏm.f*[10] sowie das Unabhängige Personalpronomen und *śḏm.f* in futurischer Bedeutung.[11]

---

[1] Optativisch bereits im Altägyptischen (Edel, Altäg. Gramm., § 863; Hannig, ÄgWb I, 200), wenn auch nur relativ selten zu belegen.

[2] Dendara X, 3, 5; ähnlich 3, 8. Siehe auch X, 56, 1 - 4; 61, 3 f. und 5 f.; 98, 7 (optativisch; Passiv); 108, 3 (dito); 298, 14 (dito).

[3] Dies wurde auch beobachtet von Jansen-Winkeln, Spätmitteläg. Gramm., § 351.

[4] Edfou VI, 323, 6 f. – Hier werden die Maße des Tempels von Edfu ausgedeutet, und zwar ausgehend von Zahlwörtern, die jeweils ähnlich klangen wie eine positive Aussage über den Tempel und seine Gottheiten. Siehe dazu Barguet, in: BSFE 72, 1975, 23 ff.

[5] Barguet (o. c., 25) übersetzt mit „ainsi".

[6] Gardiner, EG, § 228; Erman, NG, § 298.

[7] Edfou VI, 320, 13. Zum Sinn solcher Aussagen siehe Barguet, o. c.

[8] Edfou VI, 323, 6 f.

[9] Edfou VI, 7, 3.

[10] Edfou VI, 303, 11; 323, 9.

[11] Edfou VI, 181, 1: *jẖ nwj njś jn R^{c} nḏm(.j)*, „Ich werde also, rief Re, mich niederlassen". – Zum Text siehe Kurth, in: Fs. Derchain, 195.

jś, *jśk* und *śk*

Die Formen ,  und  () lassen keine funktionalen Unterschiede erkennen[1], denn es gibt viele Parallelen, in denen sie sich gegenseitig ersetzen.[2] Die Form  findet man in Edfu wesentlich seltener als die anderen[3], in Dendera hingegen scheint  zu überwiegen.[4]

Die Partikel erscheint nicht-enklitisch (A) und enklitisch (B), wobei die Grundbedeutung in beiden Fällen gleich ist. Diese läßt sich folgendermaßen umschreiben:
jś, *jśk* und *śk* stehen in einem nachfolgenden Textteil, um dort auf eine logische Verknüpfung mit dem vorangehenden Textteil hinzuweisen. Bei dem Textteil kann es sich um Wörter, mehrgliedrige Epitheta[5], Sätze, Satzgefüge oder längere Abschnitte handeln; hinsichtlich der Art der logischen Verknüpfung gibt es eine Palette von Möglichkeiten.

A Beispiele für die nicht-enklitische Verwendung:

- (Die Göttin Seschat schreibt im Auftrag des Re für den König eine allumfassende, gesicherte Herrschaft fest). , *śk jw.j* (*ḥr*) *sš m ḏbꜥw.j*, „Siehe, ich schreibe (das) mit meinen Fingern.“[6]

Die Partikel steht hier initial, denn mit diesem Textteil beginnt die Randzeile der Seschat; was die Göttin sagt, nimmt Bezug auf alles Vorangehende und leitet zugleich Neues ein[7].

- (Die Urgötternekropole von Behedet und der Kult der dortigen Götter wird beschrieben). , *śk jw* <*nn*> *r ꜣw ḏdj.tj r nḥḥ*, Und all <dieses> dort ist dauerhaft bis in Ewigkeit.[8]

---

[1] Dazu und generell zu dieser Partikel siehe Depuydt, in: GM, 136, 11 ff. Die dort gewonnenen, überzeugenden Ergebnisse sind im großen und ganzen auch für das Ptolemäische gültig, verlangen aber einige Ergänzungen.

[2] Siehe zum Beispiel Edfou II, 158, 9 (*jś*) und III, 309, 9 (*śk*). – III, 129, 6 (*jś*) und VII, 115, 2 (*śk*). – IV, 182, 8 (*jś*) und V, 115, 1 (*śk*). - VI, 85, 5 (*śk*) und 89, 10 (*jś*).

[3] Edfou VI, 29, 10; 214, 5; VII, 19, 4; 79, 11 (kollationiert); 85, 4; 195, 4; 277, 13. Das sind die einzigen Fälle innerhalb der Bände Edfou V - VIII; ihnen gegenüber stehen ca. 150 Fälle mit *jś* oder *śk*.

[4] Im Band Dendara X stehen 24 *jśk* nur 6 *jś* gegenüber. Auffälligerweise fehlt hier die Form *śk* (siehe Cauville, Dend. Chap. Os. III, 62 f.; 531); auch Junker, GdD, § 241 - 244, nennt für *śk* nur zwei Beispiele (Dendara IV, 241, 2; VII, 186, 14), neben etlichen für *jśk*.

[5] Vor dem letzten Glied einer dreiteiligen Epitheta-Kette: Esna II, Nr. 14, 9 (*Nt ... jtjt nṯrw pt ḥkꜣt nṯrw tꜣ nb ḏrt jś nṯrw dꜣt*). Auch sonst gerne koordinierend vor dem letzten Glied einer Aufzählung: Edfou II, 32, 9 (siehe unten, § 165).

[6] Edfou VI, 338, 2 (kollationiert).

[7] „Siehe, ich schreibe (das) mit meinen Fingern. Darum sei standhaft ...“.

[8] Edfou V, 63, 2. – Was auch immer an der beschädigten Stelle im Stein stand, wegen der festen Wendung müssen wir *nn r ꜣw* lesen.

- (Horus hat die Feinde des Re niedergeworfen, was den Anlaß zu einigen Ätiologien gibt, welche die Namen lokaler Kulteinrichtungen begründen. Anschließend wird die Handlung fortgeführt). 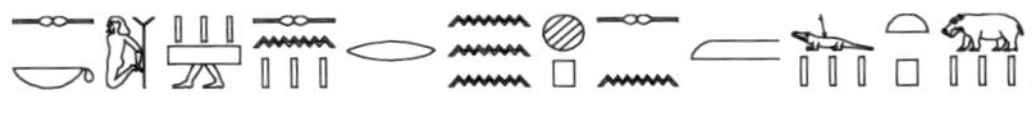, *śk śbjw šm.śn r mw ḫpr.śn m mśḥw dbw*, Nun aber gingen die Feinde ins Wasser und verwandelten sich in Krokodile und Nilpferde.[1]

Hier weist die Partikel auf den narrativen Teil des Textes zurück, der durch die Ätiologien unterbrochen wurde, und zugleich leitet sie die Fortsetzung des narrativen Teiles ein.

B Beispiele für die enklitische Verwendung:

Nach einem Imperativ:

- (Die Schutztruppen werden aufgefordert): , *ʿḳ bw-tjtj śk mn*, „Betretet das Schlachtfeld und zwar standhaft!"[2]

Nach *ḥr* und Infinitiv:

- (Edfu, genannt „Stätte-des-Erstechens", ersticht den Apophis) , *ḥr npḏ nbḏ jś m-⌜ḫnt⌝.ś*, und zerfleischt auch den Bösen (Seth) in sich.[3]

Hier dient die Partikel zur Koordinierung eng zusammengehörender Aussagen. Diese Funktion begegnet relativ oft.[4]

Nach einer Negation:

- (Die seligen Verstorbenen sollen völlige Bewegungsfreiheit haben) , *n śk ḏbʿ n ḥm-nṯr r.śn*, ohne daß ihnen jemals das Siegel eines Gottesdieners entgegensteht.[5]

Nach Nomen am Satzende:

- , *s3 št3-ḥr pf m ḥt-ʿ3t Nb-(r)-ḏr jrj rnpwt śk*, Der Schutz dieses (Gottes)-mit-dem-verborgenem-Gesicht im Großen Haus, das heißt des Allherrn, der die Jahre erzeugt.[6]

Hier steht die Partikel nach einer näheren Erläuterung, eine Verwendung, die relativ häufig vorkommt.[7]

---

[1] Edfou VI, 112, 8 f. Zu beachten ist, daß *šm.śn* für *šm.n.śn* steht; siehe dazu oben, § 150 e.

[2] Edfou VI, 329, 9.

[3] Edfou VII, 41, 8.

[4] Siehe zum Beispiel Edfou V, 102, 5 (*śk ḥnʿ*); 144, 12 (*śk m-ʿb*); VI, 13, 2 f.; 56, 9; VII, 16, 7; 85, 4; 85, 16 f.; 127, 1 f.; 201, 16. Siehe auch Junker, GdD, § 241 - 244; Traunecker, Coptos, Text Nr. 63, 4, p. 280, nota f. (und auch); Kôm Ombo (Gutbub), Nr. 134, 1 und 2 (und auch).

[5] Edfou VI, 99, 2. Zum Inhalt siehe Kurth, Treffpunkt der Götter, 233 ff.; 239; 375.

[6] Edfou VI, 150, 7.

[7] Siehe zum Beispiel Edfou VII, 64, 4 (erläuternd und koordinierend); 118, 14; 123, 12; VIII, 16, 15 f. (ITE I/1, 36). Siehe auch Junker, GdD, § 241 - 244.

Nach *tw* im *śdm.tw.f*:

- (Nach einem Namen des Horus folgt) 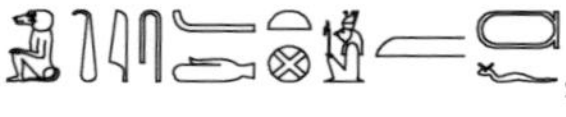, *ḏd.tw jś Bḥdtj m rn.f*, und man nennt ihn auch Behedeti.[1]

Die Partikel bedeutet an dieser Stelle „und auch“, „ebenso“, „in gleicher Weise“; es gibt Parallelen, die einmal *śk*, einmal *mjtt* verwenden.[2]

Nach der Fragepartikel in einer rhetorischen Frage:

- (Die große Kraft des Horus und die Wehrhaftigkeit seines Tempels werden beschrieben). , *ptr śk tkn jm.śn*, Wer wagt es da noch, ihn[3] anzugreifen?[4]

Nach der Prädikatgruppe im Nominalsatz mit *pw*:

- (Ein Körperteil des Nilpferdes soll der Göttin Uto gegeben werden) , *mwt.k wrt jś pw*, denn sie ist deine große Mutter.[5]

Hier wird die vorangehende Handlung erläutert und begründet.[6]

Nach vorangestelltem Satzteil:

- 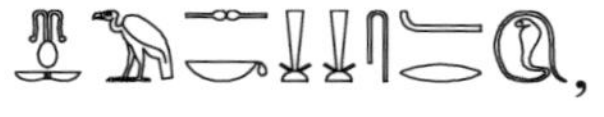, *dm3t-pḏwt śk śnśn.ś ḥnᶜ mḥnjt*, Die Demat-pedjut (Nechbet), sie gesellt sich zur Uräusschlange (Uto).[7]

In diesem Falle soll vielleicht betont werden, daß die Handlung von dem vorangestellten Subjekt ausgeht.[8]

Zwischen zwei *śdm.n.f*:

- , *h3j.n.f śk ᶜḳ.n.f ᶜ3jt.f*, Er war hinabgestiegen und hatte dann sein Gemach betreten.[9]

Hier unterstreicht die Partikel den Zusammenhang beider Handlungen.[10]

---

[1] Edfou VII, 21, 9 f.

[2] Edfou IV, 328, 8 und VII, 22, 10.

[3] Zum Plural siehe oben, § 107.

[4] Edfou VI, 13, 1; ähnlich: IV, 112, 6 f.

[5] Edfou VI, 89, 10; ähnlich: VI, 85, 5 und 7; 308, 6.

[6] Ähnlich im Nominalsatz *ṯwt* ...: Edfou VI, 189, 4, 6 und 8.

[7] Edfou VII, 121, 10.

[8] Andere Zusammenhänge verlangen andere Übertragungen: VII, 27, 7 (*śk* wird zweimal verwendet, anfangs in der Bedeutung „auch“, anschließend im Sinne von „ebenfalls“); 104, 5 f. (*śḏm.n.f*; *śk* leitet eine nähere Erläuterung ein); VIII, 103, 10 (als letztes Glied einer Beschreibung: „schließlich“).

[9] Edfou VII, 16, 8.

[10] An der Stelle Edfou VI, 57, 3 - 6, wird das letzte Glied einer dreiteiligen Aufzählung auf Satzebene mit *śk* angeknüpft: *śftw ḥr śfṯ ḫntjw ... ḥr śšm šbw.śn jw wnnjw śk ḥr wnm ...*, Die Schlachter schlachten, die Metzger ... legen ihre Fleischstücke vor, und dann essen die Menschen ... .

Manchmal verbindet sich die Partikel *jś*, *jśk*, *śk* mit der Partikel *jrf* oder mit der Partikel *ꜣ*:[1]

- (Um innerhalb des großen Horusmythus von Edfu die folgende und zugleich letzte Ätiologie eines Abschnitts einzuführen, sagt Re): 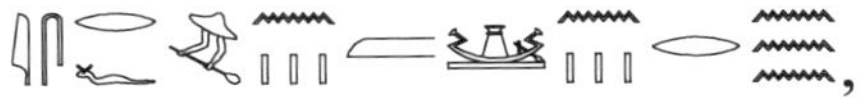, *jś (j)rf ḥnj.n m wjꜣ.n r mw*, „Nun laßt uns doch in unserer Barke auf das Wasser hinausrudern.“[2]
- , *dr.k ḏw nb nt(j) nhś pn jśk jrf h(ꜣj) św*, „Du mögest alles Böse beseitigen, das von diesem Übeltäter (Seth ausgeht), und darum wirf ihn nieder!“[3]

Die rückweisende Funktion der Partikel *jś*/*jśk* ist deutlich zu erkennen, ebenso wie ihre Fähigkeit, eine durch die vorangehende Handlung begründete Folgehandlung einzuleiten. Zusätzlich verleiht ein angefügtes *jrf* der Aussage eine emotionale Färbung.

In zwei aufeinanderfolgenden Sätzen verwendet, kann *jś*/*śk* einen Gegensatz ausdrücken:

-- , *(r)dj.j mrwt.k jś m ḥrw ḫftjw.k śk m šp*, „Ich gebe, daß die Liebe zu dir unter den (einsichtigen) Menschen ist, während deine Feinde mit Blindheit (geschlagen) sind.“[4]

Die Position der Partikel ist variabel. Ich fand sie in nahezu jeder denkbaren Stellung,[5] und dabei hat es den Anschein, daß sie in unmittelbarer Nähe desjenigen Textteils steht, der die logische Verknüpfung mit dem Vorangehenden inhaltlich am leichtesten erkennen läßt. – Zur Verbindung mit der Partikel *śwt* siehe unten.

In anderen Passagen markiert diese Partikel eine bloße Gegenüberstellung, die man auch mit „und“ übersetzen kann:

- *(r)dj.j n.k ṯꜣjw* ⌜*m*⌝ ... *mrwt.k jś ḫr ḥmwt*, „Ich gebe dir, daß die Männer ... und daß die Liebe zu Dir bei den Frauen ist.“[6]

Von *jś*, *jśk* und *śk* hat offenbar nur *jś* einen koptischen Nachfahren: ⲉⲓⲥ[7].

---

[1] Edfou V, 85, 11. Dazu siehe auch oben, s. v.
[2] Edfou VI, 112, 7.
[3] Dendara X, 297, 11.
[4] Dendara XIV, 133, 9 f.
[5] Es wäre wohl nicht lohnend gewesen, diese etwa 50 Positionen und Zwischenpositionen aufzuzählen.
[6] Dendara XV, 253, 8 f.; ähnlich: 283, 14 f. Cf. auch 284, 4 f. (ohne *jś*).
[7] Westendorf, KoptHWb, 52.

wj

Die Partikel *wj* (Admirativpartikel) wird wie in klassischer Zeit verwendet.[1] Sie verstärkt im Adjektivischen Nominalsatz die Aussagekraft des Prädikats:[2] *nfr wj ...*, Ach wie schön ist doch ... . Das gilt aber in der Regel[3] nur für denjenigen Adjektivischen Nominalsatz, der als Hauptsatz erscheint und dessen Aussage keinen Vergleich enthält:[4]

Es wird vermutet, daß diese Partikel mit der Endung *wj* des Dual Maskulin verwandt ist, was beim obigen Beispiel *nfr wj* zu einer wörtlichen Bedeutung „zweimal schön" führen würde. Zur Bestätigung kann man auf einen Fall hinweisen, in dem *wj* parallel zu *sp 2* verwendet wird:

- *bnr wj dpt.f nḏm wj šṯj.f jḥ sp 2 m ḫnmw.f*, Wie süß ist sein (des Trankes) Geschmack, wie lieblich ist sein Duft und wie erfreulich (ist er) in seinem Wohlgeruch![5]

Als Schreibungen findet man im Ptolemäischen in aller Regel [6] und nur äußerst selten [7] oder [8].

Beispiele:

- 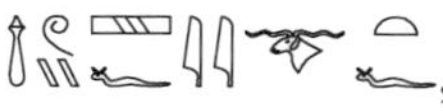, *ꜥ3 wj šfjt.f*, Ach wie groß ist doch sein Ansehen.[9]
- , *jrj wj s3.k wḥm wj mk.k*, „Wie gut bereitet ist doch deine Obhut, wie gefestigt ist doch dein Schutz."[10]

Die Partikel *wj* findet man unter anderem nach diesen Adjektiv-Verben (a) und Partizipien (b):

---

[1] Gardiner, EG, § 49.

[2] Dieses kann ein Verbal-Adjektiv oder ein Partizip sein. – Dafür, daß *wj* die Aussage des Adjektivs über das normale Maß hinaus steigert, sei auch auf § 222 A verwiesen (*wj* fehlt in der Regel beim Komparativ).

[3] Möglicherweise attributiv und nicht im Vergleich, aber mit : Dendara XIII, 283, 2; 358, 1; 445, 1 (*nḏm wj*); vielleicht ist dies aber nur ein Ausruf in Parenthese.

[4] Siehe unten, § 222 und 223.

[5] Dendara V, 75, 10. Cf. auch Edfou VI, 136, 11 (*jj wj sp 2*).

[6] Edfou VIII, 15, 1; 112, 15; Dendara X, 10, 6; Esna II, Nr. 95, 2 ff.; III, Nr. 276, 11 ff. (singulär und wohl fehlerhaft : Nr. 276, 13, § 8).

[7] Edfou VI, 71, 2; 82, 4.

[8] Derchain, Elkab I, 12*, Zeile 5. – Allerdings fragt man sich manchmal, ob *wj* nicht eine Schreibung des Wortauslautes ist. Siehe dazu die Textstelle Esna III, Nr. 277, 22, § 6: Hier will *wj* als Admirativpartikel nicht so recht passen, und zwar wegen der Textstruktur und wegen des Komparativs; es wird sich also in diesem Falle um den Auslaut des Wortes *ꜥ3*, groß sein, handeln (siehe EP 1, 498 f., § 10.3).

[9] Edfou VII, 43, 2.

[10] Edfou II, 280, 1. Wörtlich: Wie gemacht ist ..., wie wiederholt ist ...; es handelt sich also jeweils um ein Partizip Passiv. - Aufrère, Univers minéral 2, 757, läßt die betreffenden Zeichen unbeachtet.

a) *ꜣḫ*[1] *wꜣḏ*[2] *wr*[3] *bnr*[4] *nfr*[5] *nṯrj*[6] *nḏm*[7] *ršw*[8] *ḥtp*[9]

b) *jj*[10] *jrj*[11] *wḥm*[12]

bn

Diese neuägyptisch-demotische Form der Negation (<*nn*)[13] begegnet im Ptolemäischen nur selten.[14]

ptr

Diese ursprünglich zusammengesetzte[15] Nicht-enklitische Partikel ist im Ptolemäischen nur noch sehr selten zu finden, und zwar in den Schreibungen [16], [17], [18]. Die letzte der drei Schreibungen weist auf eine Schwächung des auslautenden *r*[19].

Wo ich diese Partikel fand, da leitete sie eine rhetorische Frage ein:

- (Die Wehrhaftigkeit des Tempels von Edfu wird beschrieben) , *ptr śk tkn jm.śn*, Wer wagt es da noch, ihn[20] anzugreifen?[21]
- (Innerhalb einer Beschreibung der Machtfülle der Urgötter heißt es) , *ptr mjtt.śn*, Wer kommt ihnen gleich?[22]

---

[1] Edfou VII, 12, 7; 72, 4.
[2] Edfou VII, 267, 7.
[3] Edfou VII, 43, 2.
[4] Edfou VII, 115, 1.
[5] Edfou VIII, 112, 15.
[6] Edfou VII, 270, 7.
[7] Edfou VII, 23, 12.
[8] Edfou V, 343, 13; 392, 4.
[9] Junker, Stundenwachen, 81, 32.
[10] Edfou VI, 136, 11.
[11] Edfou II, 280, 1.
[12] Edfou II, 280, 1.
[13] Erman, NG, § 757 ff.
[14] Edfou III, 341, 14 (cf. Kurth, in: SAK 19, 1992, 227); Dendara XIII, 78, 14 (parallel zu ).
[15] Gardiner, EG, § 256; 497.
[16] Edfou VI, 13, 1.
[17] Edfou IV, 118, 5.
[18] Edfou VI, 173, 6.
[19] Siehe EP 1, 520 f., § 18.2.
[20] Zum Plural siehe oben, § 107.
[21] Edfou VI, 13, 1. – Zu *śk* siehe oben, s.v. „*jś*, *jśk* und *śk*".
[22] Edfou VI, 173, 6 f. (zu den nachfolgend genannten dreißig Göttern siehe Budde, in: Fs. Kurth, 17 ff.

m

Die Nicht-enklitische Partikel *m* leitet Fragen ein (A), oder sie weist auf etwas Besonderes hin (B); beides läßt sich von ein und derselben Grundbedeutung ableiten.

A Bei der Fragepartikel ist zu unterscheiden zwischen *m* (a) und *(j)nm* (b).

a) *m*:

- (Mit Blick auf die großartige steinerne Umfassungsmauer des Tempels von Edfu wird die rhetorische Frage gestellt) , *m mnw mḏd n.f m nwwt*, Welches Monument gleicht ihr in den (anderen) Städten?[1]
- (Am Anfang der Schöpfung läßt sich Re auf dem ersten Land nieder und fragt seine Mannschaft): , *m pꜥjt*, Was ist das für ein Urland?[2]

Die Schreibung  könnte anzeigen, daß die Partikel im akademischen Unterricht fallweise **m*ᵛ*j* gesprochen wurde.

b) *nm*:

Als Schreibungen dieser aus *jn-m* entstandenen Partikel[3] finden wir 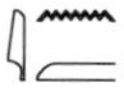[4], [5], [6], [7]. Die letzte Schreibung gibt bereits das koptische ɴɪᴍ wieder.[8]

- (Wegen der Wehrhaftigkeit Edfus wird die rhetorische Frage gestellt) 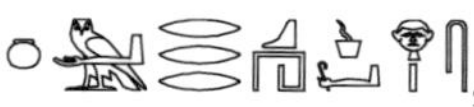, *nm pẖr r khb ḥr.ś*, Wer denn trachtet danach, ihn zu schädigen?[9]

Die mit *nm* gebildete Frage ist etwas emotionaler als die Frage mit *m*.

---

[1] Edfou VI, 16, 12. Wörtlich: Was ist das Monument, das ihr gleicht ...?

[2] Edfou VI, 181, 1. Wörtlich: Was ist das Urland? Die Mannschaft gibt die Antwort: „Djeba (Edfu)“. – Zum Text siehe Kurth, in: Fs. Derchain, 195.

[3] Gardiner, EG, § 227, 3; 496.

[4] Edfou VI, 329, 2.

[5] Edfou VI, 13, 1.

[6] Edfou VI, 13, 2.

[7] Edfou VI, 77, 3.

[8] Westendorf, KoptHWb, 122.

[9] Edfou VI, 13, 2. Wörtlich: Wer zieht umher, um ...?

B Die Partikel *m*[1] in ihrer hinweisenden Funktion schreibt man meist [2], seltener [3] und [4].

Auf die Partikel folgt ein Substantiv oder ein Abhängiges Personalpronomen[5], und zwar entweder als Subjekt eines Adverbiellen Nominalsatzes[6] oder einer Pseudoverbalkonstruktion, oder auch als vorangestelltes Subjekt eines *śḏm.f* oder eines *śḏm.n.f*:

- , *m św ḫꜥj m nśwt nḫt*, Seht, er ist als starker König erschienen.[7]
- , *m Ḏdw Ḏdt Jwnw ... m rśwt sp 2*, Seht, Busiris, Mendes, Heliopolis ... sind in großer Freude.[8]
- (Re sagte zu Thot): 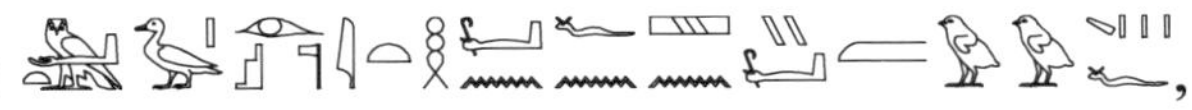, *m S3-Wśjr jtḥ.n.f nšnj m w.f*, „Siehe doch, der Sohn des Osiris hat den Tobsüchtigen (Seth) durch dessen Bezirk geschleift.“[9]

Mit  greift das Ptolemäische auf eine archaische Form zurück, die bereits im Alten Reich gegenüber *m.k*, *m.ṯ* und *m.ṯn* zunehmend seltener geworden war.[10] Das *t* der Form  (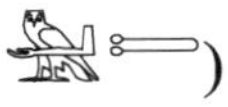) paßt gelegentlich zur angeredeten weiblichen Bezugsperson einer Aussage,[11] in der Mehrzahl der Fälle jedoch nicht;[12] deshalb kann auch  () als invariabel gelten. Diese Form mit *t* vermag ich nicht zu erklären.[13]

Die Partikel wird ähnlich verwendet wie das später invariable *mk* (siehe unten). Sie weist den Hörer oder Leser auf Besonderes hin, führt ihm etwas vor Augen oder sie lenkt seinen

---

1 Siehe Wb II, 5, 2 (in vorliegender Verwendung vor allem in den Pyramidentexten und im Ptolemäischen belegt).
2 Edfou III, 361, 4 (angeredet werden mehrere Personen); VI, 70, 3; 118, 6 (angeredet wird eine männliche Person); 120, 7; 123, 6; 240, 11; 320, 7; Dendara VIII, 89, 8; Dendara Mam., 129, 1; Bresciani, Assuan, 66, 3. Zeile von links (angeredet wird eine weibliche Person).
3 Edfou IV, 51, 5 (angeredet werden mehrere Personen).
4 Edfou VI, 73, 7 (angeredet werden mehrere Personen); 119, 6.
5 Selten folgt ein Unabhängiges Personalpronomen: Dendara VIII, 89, 8 (*m nwj* ..., Siehe, ich ...).
6 Vor dem Adjektivischen Nominalsatz: Edfou VI, 9, 8 f. (siehe unten, § 226).
7 Edfou VI, 73, 7 f. Der Satz ist zwar selbständig, enthält aber innerhalb des Gedankenflusses zugleich eine Begründung zum vorausgehenden Text.
8 Edfou VI, 70, 3 f.
9 Edfou VI, 120, 7 f.
10 Cf. Edel, Altäg. Gramm., § 612; Gardiner, EG, § 234.
11 Zum Beispiel: Dendara VIII, 89, 8; Bresciani, Assuan, 66, 3. Zeile von links.
12 Wie gelegentlich von mir in den Belegstellen angezeigt, können sowohl mehrere Personen angesprochen werden als auch eine einzelne männliche oder weibliche Person.
13 Ich frage mich allerdings, ob nicht zu *mk* (siehe unten) künstlich eine Form *mṯ* gebildet wurde, analog zu *jśk* und *iśṯ* (Gardiner, EG, § 230 f.). Wenn richtig, wäre die fragliche Form unter *mk* einzuordnen.

Sinn auf etwas, das den jeweiligen Sachverhalt oder die jeweilige Situation erhellt. In den meisten Fällen kann man mit „siehe/seht“ übersetzen.[1]

mj

Die seit dem Alten Reich enklitisch[2] und nur sehr selten nicht-enklitisch[3] verwendete Partikel *mj* steht auch im Ptolemäischen beim Imperativ, um diesem Nachdruck zu verleihen. Als Schreibungen findet man[4] [5], [6], [7], [8], [9].

Beispiele:

- , *mꜣꜣ mj Ḥr nṯrw rmṯw*, Seht doch den Horus, ihr Götter und Menschen![10]
- (Rede des Königs, wenn er Hathor einen Spiegel überreicht): , *mꜣꜣ mj ḥr.ṯ nfr ḥnwt*, Betrachte doch dein schönes Gesicht, o Gebieterin![11]
-  ..., *mj mꜣꜣ* ..., O siehe doch ...![12]

[1] Manchmal auch unter Hinzufügung von „denn“ oder „nämlich“.

[2] Edel, Altäg. Gramm., § 615; Gardiner, EG, § 250; Erman, NG, § 361; Spiegelberg, Dem. Gr., § 218; Junker, GdD, § 245.

[3] Junker, GdD, § 245 (= Dendara X, 243, 10). Cf. auch Spiegelberg, Dem. Gr., § 216 f.

[4] Auf eine unsichere Schreibung (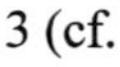) sei noch hingewiesen: Dendara X, 243, 13 (cf. Cauville, Dend. Chap. Os. I, 129 f.; als fraglich gekennzeichnet, doch kann man zur Bestätigung auf eine von Jansen-Winkeln, Spätmitteläg. Gramm., § 7, zitierte Stelle verweisen). Alternativer Vorschlag zur Lesung: *ṯs ṯw m ꜣḫt mꜣꜣ.f (ḥr) dj(t) ḥḏḏwt nnt tw.k mꜣꜣ.f (ḥr) dj(t) ḥꜥꜥwt śtwt.k m pt tꜣ*, „Erhebe dich im Horizont, (du), dessen Blick die Erhellung des unteren Himmels schafft, (erhebe) dich, (du), dessen Anblick Jubel auslöst, da deine Strahlen im Himmel und auf Erden sind“.

[5] Edfou I, 442, 11; III, 341, 6 - 8 (drei Fälle); V, 367, 6; VI, 5, 7 (zwei Fälle); 175, 5.

[6] Edfou VI, 117, 1.

[7] Edfou III, 113, 13; V, 275, 11; Dendara X, 243, 10 (vorangehend ein weiteres Mal, wo allerdings *mꜣꜣ* zu ergänzen ist, das wegen des folgenden *mꜣwt* ausgefallen ist – ein antiker Fehler).

[8] Edfou I, 443, 2 und 4. – Der Beleg Edfou I, 443, 7, bei Wilson, Ptol. Lex., 410, ist nicht richtig (lies *jmj*, siehe oben, § 156).

[9] Cauville, Temple d'Isis, 333, 4 (geschrieben wie der Imperativ *mj*, komme; § 156 b).

[10] Edfou I, 443, 4.

[11] Edfou V, 367, 6.

[12] Dendara X, 243, 10. – Cf. Spiegelberg, Dem. Gr., § 216 a.

mk

Die Nicht-enklitische Partikel *mk* schreibt man [1], [2], [3], [4], [5], [6], [7]. Sie begegnet in Edfu öfters, ist aber in Dendera anscheinend nicht sehr gebräuchlich.[8] Auf die Partikel folgt das Abhängige Personalpronomen oder ein Substantiv, und zwar entweder als Subjekt eines Adverbiellen Nominalsatzes, eines Nominalen Nominalsatzes oder einer Pseudoverbalkonstruktion; sie kann auch vor einem *śḏm.n.f* stehen.

- (Die Königin redet Horus Behedeti an und sagt über die ihm dargebrachten Opfertiere): ... , ... *mk śt m 3bwt śbjw.k*, ..., „Siehe, sie sind die Abbilder deiner Feinde.“[9]
- (Die Gottheiten der Tempel Ägyptens verehren Horus Behedeti) , *mk nb.śn pw ḏr-ᶜ*, weil er ihr Herr ist seit Anbeginn.[10]
- (Götter werden aufgefordert, den König zu schützen) , *mk ntf wᶜ jm.ṯn*, „denn er ist einer von euch.“[11]
- (Die Göttin Seschat spricht zum König): , *mk ḏbᶜw.j ḥr nḫb gnwt.k*, „Schau, meine Finger schreiben deine Annalen.“[12]
- (Isis sagt zu Horus): , *mk wj jj.kwj*, „Siehe, ich bin gekommen.“[13]
- (Re sagt zu Thot über Horus): , *mk ḥwj.n.f śt*, „Schau, er hat sie (die Feinde) geschlagen.“[14]

---

[1] Edfou VI, 307, 7; Dendara X, 135, 3 f.
[2] Edfou VI, 66, 11.
[3] Edfou VII, 319, 16; Tôd II, Nr. 318, 41.
[4] Edfou VIII, 76, 10.
[5] Edfou VIII, 81, 11.
[6] Dendara X, 135, 3 (ähnlich: 5).
[7] Edfou V, 344, 8.
[8] Siehe zum Beispiel Dendara X, 135, 3 - 5. – Auch in Tôd ist diese Partikel nur sehr selten anzutreffen (II, Nr. 318, 41).
[9] Edfou VII, 319, 16; ähnlich: VI, 69, 9 (*mk ṯw m* ...); 127, 13 (*mk Ḥr Bḥdtj mj* ...); VII, 26, 6 (angeredet wird eine weibliche Person; siehe ITE I/2, 46 f.); Dendara X, 135, 3 - 5 (*mk n r* ..., „Siehe, wir werden ...“).
[10] Edfou VIII, 81, 11.
[11] Edfou VI, 151, 11; bei der in der Publikation angegebenen kleinen Lücke vor dem Fuß der Eule handelt es sich wohl nur um eine Zerstörung (kollationiert).
[12] Edfou VI, 337, 13 f.
[13] Edfou VI, 74, 2.
[14] Edfou VI, 117, 2; ähnlich 73, 5.

Ähnlich wie es bei ⟨hieroglyph⟩/⟨hieroglyph⟩ der Fall ist (siehe oben), so weist auch *mk* auf Bedeutsames hin oder lenkt den Blick auf etwas, das den jeweiligen Sachverhalt oder die jeweilige Situation begründet. In den meisten Fällen kann man mit *siehe/seht* oder *denn/weil* übersetzen.

Das unveränderliche *mk* ist aus dem im Alt- und Mittelägyptischen geläufigen, in Genus und Numerus variablen *m.k*, *m.ṯ* und *m.ṯn* entstanden. Hier folgt das Ptolemäische dem neuägyptischen Gebrauch.[1]

n und *nn*

Die beiden Formen der Negationspartikel[2] finden wir in folgenden Schreibungen, wobei *n* insgesamt deutlich häufiger als *nn* benutzt wird:

- *n*: ⟨hieroglyph⟩[3], ⟨hieroglyph⟩[4], ⟨hieroglyph⟩[5], ⟨hieroglyph⟩[6]
- *nn*: ⟨hieroglyph⟩[7], ⟨hieroglyph⟩[8], ⟨hieroglyph⟩[9], ⟨hieroglyph⟩[10]

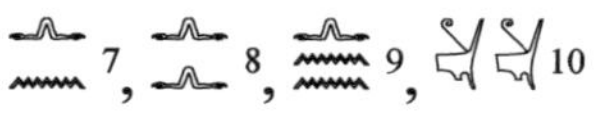

Wie aus etlichen Indizien hervorgeht, ist die im Mittelägyptischen übliche Differenzierung beim Gebrauch der Formen *n* und *nn* in den Edfutexten aufgegeben worden.[11] Siehe zum Beispiel:

- Anstelle des mittelägyptisch üblichen *nn und Infinitiv*[12] schreiben enge Parallelen einmal ⟨hieroglyph⟩, das andere Mal ⟨hieroglyph⟩.[13]

---

[1] Wb II, 5, 3; Erman, NG, § 363 (im Neuägyptischen nicht selten).

[2] Zur Diskussion ihres Gebrauchs in der klassischen Sprache siehe Satzinger, Neg. Konstr., 1 ff.

[3] Edfou VII, 3, 5 et passim.

[4] Edfou VII, 305, 3 et passim; es gibt Varianten des Zeichens.

[5] Edfou IV, 105, 7; Ermant I, Nr. 1 A; seltener als die beiden vorangehenden Schreibungen.

[6] Dendara X, 96, 5 (sehr selten). – Zur Negation, geschrieben mit *m*, siehe EP 1, 513, § 16.5; Dendara X, 98, 9; 338, 1.

[7] Edfou VI, 139, 10 et passim.

[8] Edfou I, 240, 5 (sehr selten).

[9] Edfou VI, 55, 18 (kollationiert); Esna VI/1, Nr. 494, 16; siehe generell EP 1, 517, § 17.3 a.

[10] Edfou VII, 3, 4 (selten).

[11] Dies hat auch Junker für die Texte Denderas festgestellt (GdD, § 283), ebenso wie Jansen-Winkeln für die spätmittelägyptischen Inschriften (Jansen-Winkeln, Spätmitteläg. Gramm., § 338) und auch Engsheden für die von ihm untersuchten Texte der Spätzeit (Engsheden, Reconstitution du verbe, 200). Schon das Neuägyptische verwendete nach Erman, NG, § 747, überwiegend nur eine der beiden Formen, und zwar *nn*; dabei liegt es wohl an den von Erman ausgewerteten, überwiegend hieratisch geschriebenen Texten, daß *nn* dominiert und nicht *n*. – Was für die Inschriften Edfus und Denderas gilt, würde ich, ohne es eingehend untersucht zu haben, auch für die Texte anderer Tempel erwarten. – Siehe auch oben, § 152.

[12] Gardiner, EG, § 307.

[13] Man vergleiche zum Beispiel Edfou VII, 72, 12 f. (*nn rḫ ṯnw*) und VIII, 73, 7 f. (*n rḫ ṯnw*). – VII, 238, 13 (*nn jr(t) ꜣbw*) und 282, 6 (*n jr(t) ꜣbw*). – VII, 147, 4 (*nn ḥr(t) r.k*) und 21, 7 (*n ḥr(t) r ḥm.f*).
Weitere Indizien für die Aufgabe der Differenzierung zwischen *n* und *nn* sind:
- der Wechsel zwischen *n śḏmt.f* und *nn śḏmt.f*, oben, § 152;

- Die Konstruktion *nn und śḏm.f* hat im Mittelägyptischen regelhaft futurische Bedeutung,[1] und so finden wir sie auch nicht selten im Ptolemäischen.[2] Daneben trifft man jedoch ebenso oft auf *n und śḏm.f*, das die Zukunft angibt.[3]

- (Seth suchte viele Jahre nach Horus) , *nn gmj.f św*, ohne daß er ihn fand.[4]

Dieser Text ist stark neuägyptisch gefärbt,[5] und der, der ihn für den ptolemäerzeitlichen Tempel von Edfu redaktionell umarbeitete, hatte keine Skrupel, gegen den mittelägyptischen Sprachgebrauch zu verstoßen, demzufolge ja *nn gmj.f św* futurisch sein müßte[6] – das hier geforderte Präteritum hätte mittelägyptisch in der Regel *n gmj.f św* lauten müssen.[7]

Abschließend hierzu sei darauf hingewiesen, daß die Beurteilung einer Konstruktion öfters recht schwierig ist, und zwar wegen der unterschiedlichen Herkunft der Texte, die von überarbeiteten Vorlagen klassischer Epochen bis zu zeitgenössischen Kompositionen reicht. So findet man beispielsweise die Konstruktion *nn und śḏm.n.f*:

- (Von den Planken eines Schiffes gesagt): 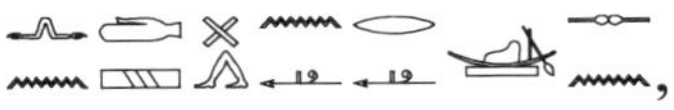, *nn tšj.n wʿ r wʿ jm.śn*, Nicht weicht bei ihnen die eine von der anderen.[8]

Diese auch im Mittelägyptischen seltene Konstruktion[9] verneint in manchen Fällen etwas mit Nachdruck, was auch beim vorliegenden Beispiel zutrifft.[10] Jedoch wurde *nn und śḏm.n.f* von Gardiner „obscure" gennannt,[11] auch unter Verweis darauf, daß  für 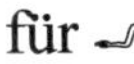 stehen könnte, wie

... < S. 788 - *und Infinitiv*, von den vielen Belegen siehe zum Beispiel Edfou VII, 91, 3 (*mr-nwt nfr n rd(t) ḥr gś*); 255, 5 (*wḏʿ rjt n ṯnj wrw r šrjw*);
- der Wechsel beim Ausdruck für Nichtexistenz (Gardiner, EG, § 108), zwischen *nn wn* (*nn wn mjtt.śn*; Edfou VI, 240, 1 f.) und *n wn* (*n wn mjtt.śn*; Edfou VI, 57, 12).

[1] Gardiner, EG, § 105; 457.

[2] Siehe beispielsweise Edfou V, 143, 1 f.; VII, 23, 8; 271, 7; für Dendera siehe die Beispiele bei Junker, GdD, § 283, 1.

[3] Siehe beispielsweise Edfou VI, 303, 3 (*n mt.f n j3dt-rnpt*, er wird/soll nicht sterben durch das Übel-des-Jahres; ähnlich: 302, 17); VII, 254, 11; VIII, 103, 10 f.

[4] Edfou VI, 220, 3.

[5] Kurth, in: Fs. Kákosy, 381 f. – Cf. auch Erman, NG, § 747; 754.

[6] Gardiner, EG, § 457.

[7] Eine Konstruktion **nn gmt.f św* (mit Infinitiv: ohne daß es sein ihn Finden gab) ist meines Erachtens unwahrscheinlich.

[8] Edfou VI, 80, 6 f.

[9] Gardiner, EG, § 418 A. – Vergleichbare Fälle, allerdings mit präteritaler Zeitlage, zitieren Jansen-Winkeln (Spätmitteläg. Gramm., § 514) und Engsheden (Reconstitution du verbe, 203); die Bedeutung „bevor noch", also wie ein *śḏmt.f*, hat diese Konstruktion an der Stelle Edfou VII, 153, 4: *ḥḳ3 nn prj.n.f m ⌜ḫt⌝*.

[10] Man beachte das vorangehende *sp 2*. – Die Konstruktion entspräche einem negativen Futurum Exactum: *Nicht wird sein, daß er getan hat → *Er wird niemals und unter keinen Umständen tun.

[11] Gardiner, EG, § 418 A.

es ja im Neuägyptischen üblich wird;[1] der betreffende Text dürfte tatsächlich auf Vorlagen des Neuen Reiches zurückgehen.[2]

Was die in diesem Kapitel berührte „Gunn'sche Regel" anbelangt,[3] so lassen sich zwar punktuell viele Fälle anführen, die ihr entsprechen, doch zeigt der Blick auf die Gesamtheit der Belege in den Bänden Edfou V - VIII, daß sie nicht mehr gültig war. Das betrifft, wie bereits oben dargestellt, die Differenzierung des *nn* und des *n*.

Auch bei der Verteilung von *n und śḏm.n.f* und *n und śḏm.f* hat die „Gunn'sche Regel" ihre Gültigkeit verloren. Zwar könnte man angesichts der vielen Fälle, in denen *n und śḏm.n.f* benutzt wird, wenn eine Handlung gewohnheitsmäßig geschieht, fortdauert oder auf die Zukunft gerichtet ist,[4] an einen Fortbestand dieses im Mittelägyptischen überwiegenden Gebrauchs[5] denken. Dem lassen sich jedoch Beispiele für *n und śḏm.f* mit derselben Zeitlage entgegenhalten.[6]

r3-pw

Diese Enklitische Partikel, die man  oder 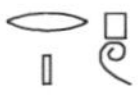 schreibt, hat disjunktive Bedeutung: „oder". Innerhalb des Ptolemäischen kenne ich nur zwei Belege aus dem Kanopus-Dekret.[7]

rśj

Die Enklitische Partikel *rśj* läßt sich im Ptolemäischen nur noch selten belegen. Sie steht am Satzende und bekräftigt die Aussage des ganzen Satzes:

- (Der Stier des Month ist der), , *wḥm ˁnḫ n nṯrw nbw rśj*, der das Leben aller Götter wiederholt (erneuert), fürwahr.[8]

---

[1] Erman, NG, § 747; 754.

[2] H.W. Fairman, The Triumph of Horus, London 1974, 34.

[3] Siehe auch Hannig, in: Fs. Westendorf I, 63 ff., dessen Modifikation der Regel aber nicht die Übersetzung, sondern nur die systematische Einordnung betrifft.

[4] Siehe beispielsweise Edfou IV, 359, 2 f.; V, 115, 2; VI, 61, 11 (*n mśj.n bk3w(t) n(t) dbw*); 131, 8; 266, 14 (*n rdj.n.ṯ śḫm śˁt.ṯ jm.f*); VIII, 97, 8. Auch die in der klassischen Sprache nicht seltene Bedeutung „kann nicht/konnte nicht" läßt sich belegen: Edfou VI, 135, 3 (*n gmj.n.j* ..., „Ich kann nicht ... finden").

[5] Gardiner, EG, §, 105; 418.

[6] Siehe zusätzlich zu den im Vorangehenden genannten Beispielen Edfou VI, 17, 1; 130, 7 (*n f3j.śn tp.śn r nḥḥ ḏt*); 160, 9; VII, 164, 11 f. (*n <⌜prj⌝>*.śn jm.ś ḏt*); 254, 1 f. – Für eine Gegenprobe zur Zeitlage der Vergangenheit fand ich im von mir herangezogenen Material nicht genügend Belege; siehe statt dessen zur Bestätigung die von Engsheden (Reconstitution du verbe, 201 – 203) bearbeiteten spätzeitlichen Texte. Allerdings könnte man geneigt sein, bei den Sätzen, die mit einem Ausdruck für „Ewigkeit" enden, ein Futurum Exactum anzusetzen (§ 236 E); dem wiederum lassen sich andere Fälle entgegenhalten, bei denen sich das Futurum Exactum nicht anbietet.

[7] Daumas, Moyens d'expression, 127.

[8] Urk. VIII, Nr. 30 c. – Zum Sinn der Aussage: Wenn ich richtig verstehe, verkörpert der Month-Stier aufgrund seiner Zeugungskraft die allen Göttern innewohnende Energie, die deren fortwährende Regeneration bewirkt.

Die Partikel kann auch eine negative Aussage verstärken:

- (Gegen Seth in Schlangengestalt wird etwas unternommen), , *r tm rdt prj.f rśj*, um nicht zuzulassen, daß er jemals wieder hervorkomme.[1]

hj (*h3*)[2]

Die Nicht-enklitische Partikel *hj* (Interjektion) findet man in Texten der griechisch-römischen Zeit nicht selten, allerdings überwiegend vor dem Namen des Osiris.[3] Ihre Schreibung zeigt einige Varianten:  [4],  [5],  [6],  [7],  [8],  [9]. Mit Blick auf die koptischen Nachfahren des Wortes sollte man, wie es ja auch bei einer Interjektion naheliegt, mit nebeneinander bestehenden, unterschiedlich stark pointierten Varianten rechnen, deren reale Aussprache im Ptolemäischen zwischen ϩⲁ(ⲉ)ⲓⲟ, ϩⲉⲓ und ϩⲉ angesiedelt war.[10]

Die Partikel eröffnet und verstärkt einen nachfolgenden Vokativ. Sie wirkt stärker als *j* („o“, siehe oben). Auch hat man an vielen Stellen den Eindruck, daß *j* eher eine Anrede bei bestehendem Kontakt einleitet, daß aber *hj* eher dazu aufruft, einen Kontakt (wieder)herzustellen. Zur Übertragung ins Deutsche eignet sich meist „he!“:

- (Der König opfert Weihrauch und spricht):  ... , *hj Ḥr Bḥdtj ... mj r śntr.k pn*, „He! Horus Behedeti ... komme zu diesem deinem Weihrauch!“[11]

Die reduplizierte Form [12] oder [13] steht meist nicht vor einem Vokativ, sondern vor einem Satz und weist den bereits Angeredeten auf etwas Bedeutsames hin:

[1] Edfou VI, 121, 11; ähnlich, aber wegen der vorangehenden Textzerstörung etwas unsicher: Edfou VI, 122, 4. – Das Determinativ der Sonne entspricht der zeitlichen Dimension der Aussage.

[2] Nach Wb II, 471, 1 ff. und 482, 12 ff., ist *h3* zum Teil wohl als die ältere Form von *hj* anzusehen; allerdings ist bei verkürzter Schreibung eine Unterscheidung beider oft nicht möglich. Dabei ist zu beachten, daß nach Ausweis des koptischen ϩⲁⲙⲟⲓ (Westendorf, KoptHWb, 372) *h3* nicht völlig von *hj* verdrängt wurde.

[3] Vor anderen Gottheiten zum Beispiel: Edfou I, 312, 13; VI, 305, 13.

[4] Dendara X, 142, 2; ähnlich: 407, 1; pBremner-Rhind, 11, 22.

[5] Grenier, in: BIFAO 83, 1983, 198.

[6] Dendara X, 200, 3; Parlasca, in: Ägypten, Dauer und Wandel, DAIK Sonderschrift 18, Mainz 1985, Tf. 4 a.

[7] Edfou V, 65, 8; VI, 305, 13; Dendara X, 130, 10; 250, 6; ähnlich: Edfou I, 312, 13; Dendara X, 260, 6.

[8] Edfou I, 182, unten; Junker, Stundenwachen, 61, 5 (Philä); Kurth, Teüris, 24, Text M (CG 33.129); Osing, Denkmäler, Tf. 66.

[9] Junker, Stundenwachen, 48, 23; 49, 40 (Edfu).

[10] Siehe Westendorf, KoptHWb, 357 und 349 (mit Nachtrag, 563).

[11] Edfou VI, 305, 13 f.

[12] Edfou I, 224, 15 (Junker, Stundenwachen, 55, 59).

[13] Edfou I, 221, 4 (Junker, Stundenwachen, 37, 73).

- („Du triumphierst, mein Herr, du triumphierst), , *hj hj ḫftjw.k ḫr*, He! he! Deine Feinde sind gefallen.“[1]

ḥ3

Die im Vergleich zur klassischen Sprache[2] selten gewordene Nicht-enklitische Partikel *ḥ3* leitet einen Wunsch ein. Sie steht in den mir bekannten Belegen vor dem Adverbiellen Nominalsatz und vor dem Verbalsatz:

- (Ein Gefilde im Bereich von Esna liefert einen sehr reichen Ertrag) , *n ḏd ḥ3 n.j m jḫt.ś*, ohne daß dabei etwas zu wünschen übrigbleibt.[3]
- (Über Horus gesagt, der sich in Not befindet): 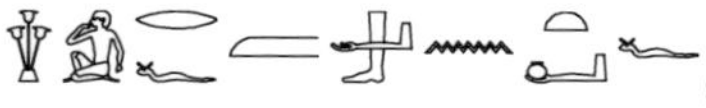, *ḥ3 r.f m-ʿb n mwt.f*, Ach wäre er doch bei seiner Mutter.[4]
- (Re sagt zu Horus Behedeti): 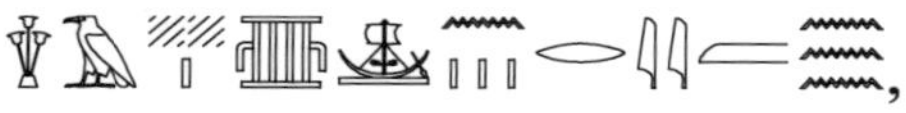, *ḥ3 ḫntj.n r jm*, „Laß uns doch zum Meer segeln.“[5]

ḥm

Die im Mittelägyptischen gerne benutzte[6] Enklitische Partikel *ḥm* ist im Ptolemäischen sehr selten.[7] Sie stellt etwas als gesichert dar und kann mit „wahrlich“ oder „in der Tat“ übersetzt werden:

- (Von Ptah, dem uranfänglichen und einzigen Schöpfer alles Seins, wird gesagt, er sei) , *ḳm3 n ḥm ḳm3.n.tw.f*, der Schöpfer, der wahrlich nicht geschaffen wurde.[8]

---

[1] Edfou I, 221, 4.

[2] Siehe Wb III, 11, 13 ff.; Gardiner, EG, § 238. Für die Spätzeit cf. Jansen-Winkeln, Spätmitteläg. Gramm., § 363. – Zur Aussprache cf. Westendorf, KoptHWb, 349.

[3] Esna VII, Nr. 587, 18 (wörtlich: ..., ohne daß es einen gibt, der sagt „ach hätte ich doch von seinen Dingen“); ähnlich: Nr. 634, 9 (*n ḏd ḥ3 n.j n prt.ṯ*);. – Zu dieser sprachlichen Wendung siehe Meeks, Ann.Lex., 78.2546 und die zahlreichen Belege bei Vernus, Athribis, 106, nota a.

[4] Sander-Hansen, Metternichstele, 216 (30. Dynastie); zur Schreibung cf. Jansen-Winkeln, Spätmitteläg. Gramm., § 363.

[5] Edfou VI, 128, 2 (zu ergänzen ist ; gemeint ist wahrscheinlich der Manzala-See); ähnlich: 122, 4 (). – Vor dem Verbalsatz und verstärkt durch *jrf*: Vernus, Athribis, 209; 211, nota h; Pl. 39 (ptolemäerzeitliches Privatdenkmal).

[6] Siehe Gardiner, EG, § 253.

[7] Das trifft bereits für die Zeit nach dem Neuen Reich zu, siehe Jansen-Winkeln, Spätmitteläg. Gramm., § 372.

[8] Edfou II, 37, 5. Ein weiteres Beispiel: Edfou I, 477, 7 f. (*nn ḥm ḥsj (wj) mrj wj*).

ḫr

Die nur selten nicht-enklitisch verwendete Partikel[1] *ḫr* leitet eine Folgehandlung ein:

a) vor einem Adverbiellen Ausdruck:

- , *ḫr jr ḥr-š3 jr(t) p3 wḥʿ swr m-b3ḥ nṯr pn m tr n rwh3*, Und anschließend nach dem Geben der Auflösung: Trinken vor diesem Gott zur Abendzeit.[2]

b) vor dem vorangestellten Subjekt eines *śḏm.f*:

- (Anubis sagt: „Ich habe Seth massakriert;) 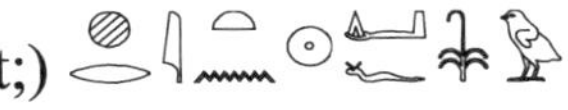, *ḫr jtn (r)dj.f św*, nun wird sich die Sonnenscheibe zeigen[3] (und die Herzen der Götterneunheit werden darüber froh sein. Ich habe gegen die ⸢Feinde⸣ gewütet, ihre[4] Leiber sind vernichtet.“)[5]

sj

Die Nicht-enklitische Partikel *sj* schreibt man zumeist .[6] Sie entspricht einem Interrogativpronomen[7] und leitet in allen mir bekannten Fällen eine Rhetorische Frage ein, die gerne mit der Partikel *jrf* verstärkt wird und in diesem Falle mit „wer ... denn ...?“ oder „wer etwa ...?“ übertragen werden kann. Damit hat sich die Verwendungsbreite der Partikel *sj* im Vergleich zum Mittelägyptischen[8] deutlich verringert.

Meist steht *sj* als Prädikat am Satzanfang vor einem Substantiv:

- 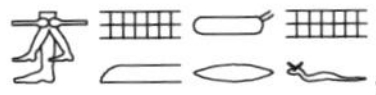, *sj śp3t m snt r śp3t.f*, Welcher Gau kommt seinem Gau gleich?[9]

Seltener steht *sj* als Prädikat vor einem *śḏm.f*[10]:

---

[1] Zur enklitischen Verwendung siehe oben, § 153 (*śḏm.ḫr.f*). – Siehe auch Gardiner, EG, § 239 und Erman, NG, § 667 (zur Verwandtschaft mit der Präposition *ḫr* und dem Verbum *ḫr*, fallen).

[2] Edfou V, 134, 8 f. (siehe Kurth, Treffpunkt der Götter, 171). Ähnlich: Edfou VI, 214, 8 (*ḫr jr m-ḫt jbdw hrww*..., Und nachdem Monate und Tage ...; siehe o. c., 257). – Cf. Erman, NG, § 593; 673.

[3] Meine Übersetzung im Futur unterstellt, daß der Verfasser sich am Mittelägyptischen orientierte (siehe Gardiner, EG, § 239).

[4] Zum singularischen Suffixpronomen siehe oben, § 105.

[5] Dendara X, 226, 4 - 6.

[6] Edfou III, 200, 2 (verstärkt mit *(j)rf*); 201, 15; IV, 167, 9 (verstärkt mit *jrf*); 170, 5 (verstärkt mit *jrf*); VI, 59, 4; VII, 10, 10; 25, 16; 41, 10 (verstärkt mit *jrf*). – An einer beschädigten Stelle (VI, 12, 12; verstärkt mit *jrf*) erscheint [hieroglyph] als Determinativ, an einer anderen (III, 199, 11; nicht kollationiert) geht vielleicht [hieroglyph] voran.

[7] Im Deutschen meist attributiv zu übersetzen.

[8] Cf. Gardiner, EG, § 499. Zur Lesung siehe auch Meeks, Ann.Lex., 88.3319.

[9] Edfou VII, 10, 10 f.; ähnlich: III, 199, 11; 200, 2; 201, 15; IV, 167, 9; 170, 5; VI, 59, 4; VII, 25, 16.

[10] Dieses *śḏm.f* ist syntaktisch ein Substantiv.

- , *sj jrf jw.f r tht.ś*, Wer etwa wagt es zu kommen, um es (das Haus-des-Falken) anzugreifen?[1]

ś*wt*, in der Verbindung ***jś-św*t** oder ***śk-św*t**

- (Re Harachte sagt): 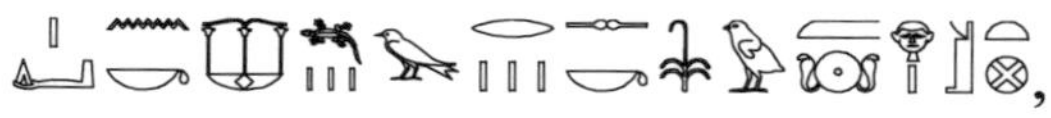, *(r)dj.j n.k ḥb-śd ˁš3 wrw śk św(t) m nśwt bjt ḥr wṯst*, „Ich gebe dir sehr zahlreiche Regierungsjubiläen, und zwar als König auf dem Thron.“[2]

Diese Partikelverbindung kenne ich nur aus den Inschriften Edfus, wo sie in drei Passagen innerhalb desselben Sinnzusammenhangs erscheint. Dort präzisiert sie die Gabe der Götter, indem sie herausstellt, daß es sich nicht etwa um die ewigen Regierungsjubiläen im Jenseits handelt, sondern um die Regierungsjubiläen des auf Erden regierenden Königs.

k3

Zu dieser Partikel siehe unten, § 237.

gr

Für das enklitische *gr* sind mir innerhalb des Ptolemäischen nur sehr wenige Beispiele bekannt. Deren Schreibungen  [3],  [4] und 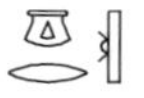 [5] könnten anzeigen, daß die im Alten Reich übliche Form der Partikel[6] benutzt wurde, aber es ist ebenso gut möglich, daß eine defektive Schreibung für *grt* vorliegt.[7]

Die Partikel *gr* leitet eine Aussage ein, die Vorangehendes zusammenfassend noch einmal bekräftigt[8] und sich im Deutschen mit dem verstärkenden „aber“ oder mit „wahrlich“ übertragen läßt:

- (Am Ende einer Episode des großen Horusmythus): , *jw gr nw jrj ḫpr.śn*, Es geschah aber all dies (als die Barke des Re [an] der Anlegestelle von Haus-des-Kampfes lag).[9]

[1] Edfou VII, 41, 10 (zu *tht.ś* siehe oben, § 138); ähnlich: Edfou VI, 12, 12.
[2] Edfou VI, 296, 3; ähnlich: VI, 292, 3; 294, 8. – Die Übersetzung bei Wilson, Ptol. Lex., 112, kann nicht richtig sein, weil sie den Wechsel der 1. zur 3. Person nicht beachtet.
[3] Edfou V, 68, 17.
[4] Edfou VI, 121, 13.
[5] Junker, GdD, § 246.
[6] Siehe Wb V, 177, unten ff.; Gardiner, EG, § 255.
[7] Cf. dazu auch Jansen-Winkeln, Spätmitteläg. Gramm., § 374, der nur Beispiele der Form *grt* anführt.
[8] Meines Erachtens wurde die Partikel vom Verbum *gr*, schweigen, abgeleitet und wollte ursprünglich ein kurzes Innehalten erreichen und damit auf das Folgende aufmerksam machen.
[9] Edfou VI, 121, 13.

- (Nach den Epitheta, die Ptah als den uranfänglichen Schöpfer der Welt herausstellen, heißt es): , *n gr ḫpr ẖr* [*ḥꜣt.f*], [vor dem] es wahrlich kein Werden gab.[1]

tj

Die Nicht-enklitische Partikel *tj* begegnet im Ptolemäischen nur selten.[2] Sie wird in den mir bekannten Fällen  geschrieben.[3]

Die Partikel steht vor Pronominalem oder Nominalem Subjekt im Adverbiellen Nominalsatz mit Pseudopartizip oder Präposition und Nomen als Prädikat, dabei teils in Konstruktionen, die das Subjekt doppelt setzen (siehe unten, § 272 a).

Die Funktion des *tj* ähnelt derjenigen der Partikel *jś*/*jśk*/*śk* (siehe oben), insofern als sie auf Vorangehendes weist und dieses

a) begründet:

- (Habt Ehrfurcht vor Haroëris, ...“), 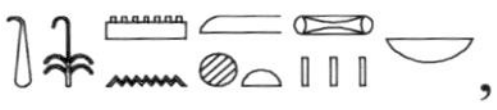, *tj św mn m jḫt nb*(*t*), denn er ist dauerhaft in allen Dingen.[4]

b) näher beschreibt:

- (Horus Behedeti ist erschienen) , *tj św m nśwt bjt ḥr wṯst-ḥr.f*, indem er als König von Ober- und Unterägypten auf seinem Horusthron sitzt.[5]

c) näher beschreibt mit Herausstellung des Subjekts:

- (... und im Tempel herrscht Freude) 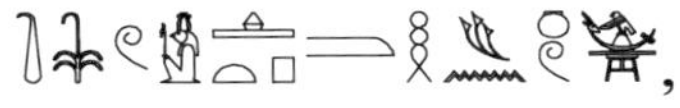, *tj św Śkr ḥtp m ḥnw*, während er, Sokar, zufrieden ruht in der Henu-Barke.[6]

---

[1] Edfou V, 68, 17. – Zur Ergänzung cf. Edfou VI, 181, 1.

[2] Zu ihrer möglichen Verwandtschaft mit *jśṯ* siehe Gardiner, EG, § 119, 4. Cf. dazu auch Jansen-Winkeln, Spätmitteläg. Gramm., § 357 f.

[3] Hibis III, Pl. 32 (mittleres Register, Urgötterlied, Zeile 27); Edfou VI, 93, 9; 137, 10; 262, 16; Dendara X, 328, 1; Kom Ombo II, Nr. 541, Zeile 6.

[4] Kom Ombo II, Nr. 541, Zeile 6; ähnlich: Hibis III, Pl. 31 (mittleres Register, Urgötterlied, Zeile 13); 32 (mittleres Register, Urgötterlied, Zeile 27: *jꜣbt.f m jbd tj św m jꜥḥ*, Sein linkes Auge ist der Monat, denn er ist Jah (der Mondgott)).

[5] Edfou VI, 262, 16; ähnlich 93, 9. An beiden Stellen könnte man zunächst das Verbum *tjś*, sich setzen, sitzen, in Erwägung ziehen; siehe Wb V, 242, 12 ff.; Edfou VIII, 122, 19 (); cf. inhaltlich Edfou I, 284, 12; 304, 11; II, 11, 16. Doch das in beiden Fällen fehlende Determinativ rät davon ab.

[6] Dendara X, 328, 1 f.; ähnlich: Edfou VI, 93, 9. Voranstellung des Nomen Rectum zum Nomen Rectum innerhalb eines adverbiellen Prädikats: Edfou VI, 137, 10 f. (*ḏꜣwt wrw*(*t*) *n*(*t*) *Pśḏt tj ḥm.k m* <*nb*> *śt.śn*); gegen die Lesung *Pśḏtj* (Dual) spricht die Schreibung (siehe oben, § 102).

ṯnj

Zu meinem Erstaunen konnte ich für dieses Fragewort, das im Demotischen und Koptischen (ⲧⲱⲛ) gut bezeugt weiterlebt,[1] im Ptolemäischen nur wenige Belege finden:

- (Horus fragt Seth): , *jw.k r ṯnj pꜣ whj n śn.f*, „Wohin willst du, du, der sich an seinem Bruder verging?“[2]

[1] Westendorf, KoptHWb, 236. – Auch bei Jansen-Winkeln, Spätmitteläg. Gramm., § 247, werden für dieses Fragepronomen keine Belege angegeben. – Zum mitteläg yptischen Gebrauch des Wortes siehe die zahlreichen Belege bei Gardiner, EG, § 503.

[2] Edfou VI, 216, 5 f. Ähnlich: Edfou I, 222, 14 (Junker, Stundenwachen, 46, 62 f.). Für die Dritte Zwischenzeit siehe Francis Breyer, Tanutamani, ÄAT 57, 2003, 185 f.; 487 (freundlicher Hinweis von Herrn Effland, Hamburg); Urk. III, 144, 10.

Übung 8

Zu transkribieren und zu übersetzen:

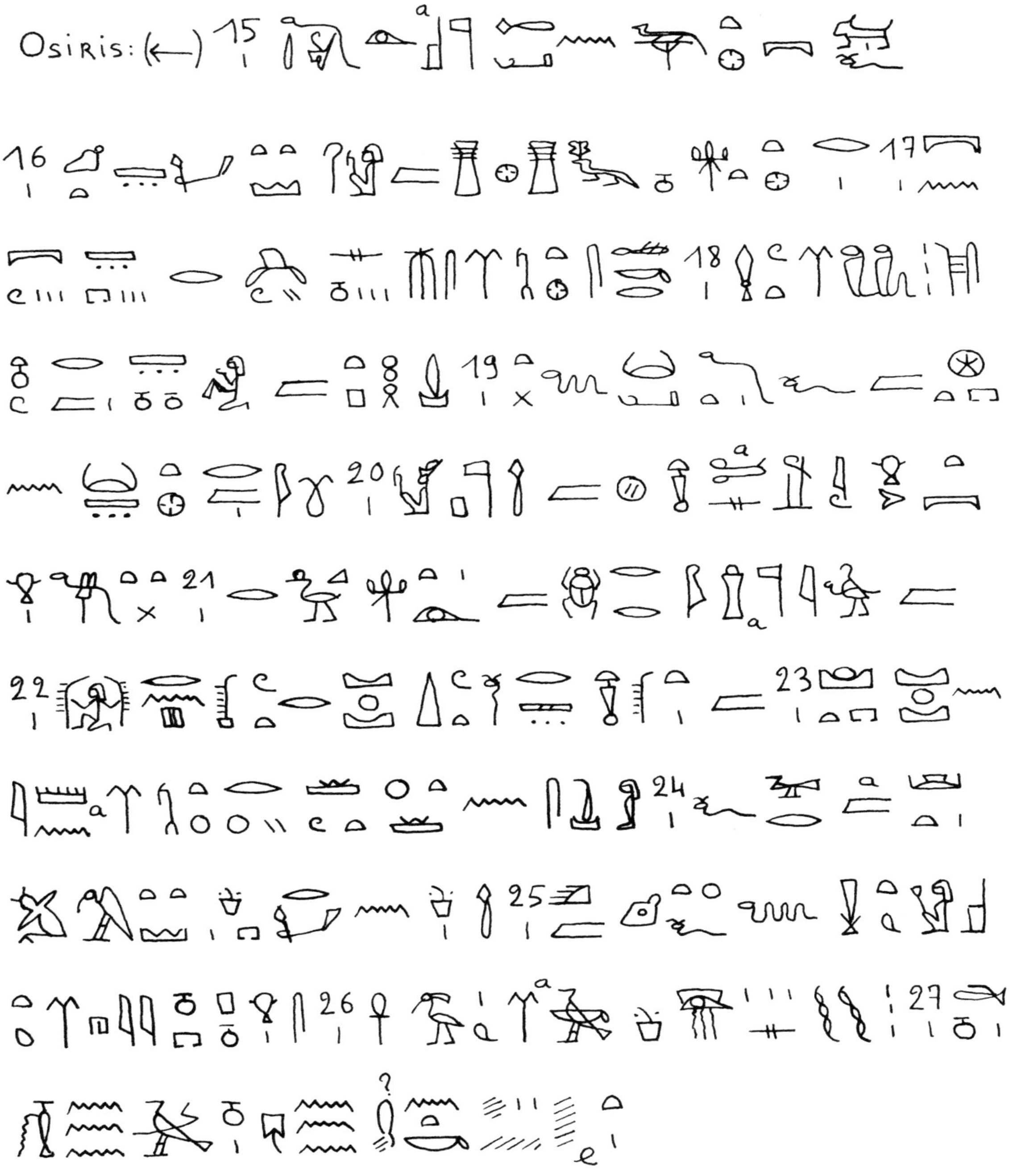

C Wort-Syntax

Die Wort-Syntax behandelt Wortverbindungen unterhalb der Satzebene, die noch keine selbständige Aussage ergeben. Gegliedert ist die folgende Darstellung zunächst nach den beteiligten Wortarten (linke Ziffern 1 – 10) und anschließend nach den Funktionen der jeweiligen Wortverbindung.
Nicht alle möglichen Kombinationen der verschiedenen Wortarten und deren Funktionen wurden aufgenommen, sondern nur solche, die häufig vorkommen oder Besonderheiten des Ptolemäischen erkennen lassen; teils gehören sie in den Bereich der Stilistik.

1 Nomen und Nomen

§ 160

Die Verbindung von Nomen und Nomen hat etliche Funktionen. Zur Entscheidung zwischen ihnen sind wir, da meist keine formale Kennzeichnung vorhanden ist, in der Regel auf die Analyse der Syntax und des Kontextes angewiesen. Auch der Infinitiv ist syntaktisch ein Nomen.

1 Nomen und Nomen
1.1 Genitivverbindung

§ 161

Das Nomen Regens wird vom Nomen Rectum in verschiedener Hinsicht näher bestimmt (definiert), wobei sich einige Fälle unterscheiden lassen. So wird unter anderem vom Nomen Rectum angegeben

a) der Besitzer des Regens (Genitivus Possessivus):[1] , *ḥwt n(t) nṯrw*, die Häuser der Götter;[2]

b) eine Eigenschaft des Regens (Genitivus Qualitatis): , *ḏrtj n pḥtj*, ein starker Falke;[3]

c) die Herkunft des Regens: , *jrp nw Šfjt*, Wein aus Schefit;[4]

d) das Maß des Regens: , *m3wt n(t) ꜥ 16*, ein (Harpunen)schaft von 16 Ellen (Länge);[5]

e) das Material des Regens: , *wḏ3t n(t) nb*, ein Udjat-Auge aus Gold;[6]

f) der Urheber des Regens (Genitivus Subjectivus): , *nht nt Śḫmt*, der Schutz der Sachmet;[7]

g) die Zielrichtung des Regens (Genitivus Objectivus): , *šꜥt nt ⌜ḫ3kw-jb⌝*, das Gemetzel an den ⌜Bösartigen⌝;[8]

h) die Zugehörigkeit des Regens: , *h3jw nw tjt nbḏ*, Zugvögel (Gänse), die zu den Abbildern (Erscheinungsformen) des Bösen gehören.[9]

Wie in der klassischen Sprache unterscheidet das Ptolemäische den Direkten und den Indirekten Genitiv; letzterer wird aus praktischen Erwägungen ebenfalls hier behandelt, obwohl er die Verbindung „Nomen und Nomen" unterbricht.

Beim Indirekten Genitiv sind zwei Arten zu unterscheiden. Bei der ersten tritt das Genitiv-Adjektiv *nj*[10] zwischen Regens und Rectum. Bei der zweiten erscheint an seiner Stelle *ntj*, und zwar so häufig, daß man hier von einer Besonderheit des Ptolemäischen sprechen kann.

---

[1] Bei *Nomen und Suffixpronomen* ist zu beachten, daß Körperteilen zumeist das auf den Besitzer weisende Suffixpronomen angefügt wird (**ꜥwj.f*, seine Arme), daß dieses aber fehlen kann, wenn es sich um feste Verbindungen handelt, bei denen eines der Elemente ein Körperteil ist: *pḏ ꜥwj*, die Arme ausbreiten (Edfou VII, 252, 10); *ḫr ḫr ṯbwj*, gefällt unter den Sohlen liegen (ITE I/2, (Edfou VII), 292, n. 1); *dwn ꜥwj*, die Arme ausstrecken (Edfou VI, 279, 9; VII, 120, 16 f.; ähnlich 260, 2: *wṯs ꜥwj*; mit Suffixpronomen: VII, 72, 9: *tw3 wꜥj.f*; 79, 13: *dwn ꜥwj.f*).

[2] Edfou VII, 48, 12; 85, 4 (*ḳn(t) n(t) ḥm.j*).

[3] Edfou VII, 181, 11; wörtlich: ein Falke, der zur Stärke gehört.

[4] Edfou VII, 8, 2 f.; ähnlich: VIII, 106, 6 (*m3 nb n ḫ3śt*).

[5] Edfou VI, 61, 9; ähnlich: VII, 19, 6 (*mḏw(t).ś nfr(t) nt mḥ 40*).

[6] Edfou VII, 95, 2; ähnlich: VIII, 136, 3 f.

[7] Edfou VII, 273, 11 (es ist der Schutz, den Sachmet gibt; siehe dazu ITE I/2, 514, mit n. 3).

[8] Edfou VII, 74, 1. – Siehe auch 17, 10 (Zweckbestimmung: *śt-nfrt pw nt nb ḥḏ ...*).

[9] Edfou VII, 82, 2 f. (ITE I/2, 140 mit n. 3); ähnlich: VI, 120, 5 (*nśnj n j3t tn*); VII, 84, 2 (*sp 3 n hrw*); Dendara X, 330, 6 (geographische Zugehörigkeit).

[10] Dazu siehe oben, § 123.

§ 162

Der Direkte Genitiv, der die beiden Nomina[1] unverbunden nebeneinandersetzt, ist auch im Ptolemäischen dann die Regel, wenn zwischen Nomen Regens und Nomen Rectum kein weiteres Wort tritt:

- , *nb k3w*, der Herr der Nahrung;[2]
- , *śt śn-t3*, die Stelle, wo man die Erde küßt;[3]
- , *ḥk3w jdbw*, die Herrscher der Uferländer.[4]

Ausnahmen zur obengenannten Regel finden sich gerne, wenn es sich beim Regens um eine feste Wortverbindung handelt, aber manchmal auch ohne dies:

- 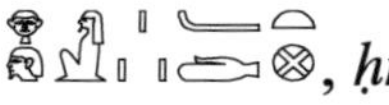, *ḥrj-tp nṯrw Bḥdt*, das Oberhaupt der Götter von Behedet;[5]
- , *ḥt-nṯr jt.f*, der Tempel seines Vaters;[6]
- , *mwt-nṯr Ḥr*, die Gottesmutter des Horus;[7]
- , ... *ḏrt jś nṯrw d3t*, ... und das Klageweib der Götter der Unterwelt.[8]

Es gibt aber auch Fälle, in denen der Indirekte Genitiv (siehe unten, § 163) benutzt wird, gleich ob es sich beim Regens um ein einzelnes Wort oder eine feste Wortverbindung handelt:

-  steht neben , *rn (n) njwt tn*, der Name dieser Stadt;[9]
- , *mwt-nṯr nt bjk n nb*, die Gottesmutter des Falken der Goldenen.[10]

Allerdings gibt es eine deutliche Tendenz, den Indirekten Genitiv dann zu setzen, wenn das Rectum zwei- oder mehrgliedrig ist:[11]

---

1 Das Nomen Rectum kann ein Infinitiv sein, siehe zum Beispiel Edfou VII, 18, 9 (*śt śḫr(t)* ..., Stätte des Niederwerfens ...); 19, 5 (*ḫnmt jwḥ*, der Brunnen des Benetzens); VIII, 95, 11 f. (*nb ḫwsj*, der Herr des Bauens).
2 Edfou VIII, 55, 15.
3 Edfou VIII, 14, 13.
4 Edfou VII, 277, 7.
5 Edfou VIII, 81, 2.
6 Edfou VI, 12, 5.
7 Edfou VI, 86, 3.
8 Esna II, Nr. 14, 9.
9 Edfou VI, 183, 12 f. und 15; ähnlich: Edfou VII, 244, 7 (*t3 ḳ3j(t) Pr-mrt*) und 13 f. (*t3 ḳ3jt n(t) Pr-mrt*).
10 Edfou V, 77, 16 (cf. VI, 86, 3: *mwt-nṯr Ḥr*); ähnlich: VI, 244, 17 (*ḥwt-nṯr nt jt.f*).
11 Cf. Gardiner, EG, p. 423, Nachtrag zu § 86.

- , *ḥḳ3w nw T3-mrj*, die Herrscher Ägyptens;[1]
- 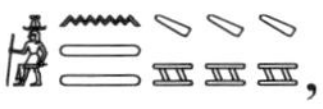, *jtj n t3wj jdbw*, der Herrscher der Beiden Länder und der Uferländer.[2]

§ 163

Der <u>Indirekte Genitiv</u> wird in aller Regel verwendet, wenn zwischen Regens und Rectum ein weiteres Wort steht.[3] Beispiele für die Regel und für Ausnahmen von der Regel werden oben, § 162 genannt. Zu den Formen und Schreibungen des Genitiv-Adjektivs siehe oben, § 123.

Der Indirekte Genitiv wird auch dann verwendet, wenn das Nomen Regens ein Infinitiv ist. Es kann sich dabei sowohl um einen Genitivus Objectivus[4] als auch um einen Genitivus Subjectivus[5] handeln.

§ 164

Statt des Genitiv-Adjektivs *nj* kann in der Genitivverbindung ***ntj*** auftreten. Dieses *ntj* schreibt man zumeist , selten aber auch 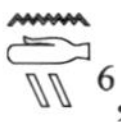[6], [7], [8] oder 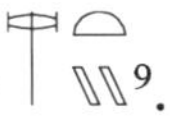[9]. Es wurde von Junker, der  nur nach dem singularisch-femininen Nomen Regens aufführt, als Allograph (andere Schreibung) des Genitiv-Adjektivs aufgefaßt.[10] Andere Autoren urteilten, daß es sich bei 

[1] Edfou V, 158, 3.
[2] Edfou V, 91, 4; ähnlich: 198, 8 (*jtj n nṯrw nbw*).
[3] Zum Beispiel: *tjt ḏśrt n*(*t*) *Ḥr* (Edfou II, 43, 9). – Das Nomen Rectum kann auch ein Infinitiv sein, siehe beispielsweise: Edfou VI, 90, 7 f. (*ḥmt.k n ḫbḫb* ..., deine Harpune zum Abwehren ...); VII, 19, 1 (*sm3tj.ś nfrt nt ʿḳ r pr.ś*, ihr vollkommener Weg zum Einzug in ihr Haus); 19, 3 (*tp*(*w*)*-rd nbw nw ḫśf* ..., alle Vorschriften zum Abwehren ...).
[4] Edfou VI, 9, 6: *nḏrj n bj3.f*, das Packen seiner Harpunen; ebendort: *śt*(*t*) *n m3wt.f*, das Werfen seines Schaftes (in beiden Fällen handelt Horus).
[5] Edfou VI, 61, 10 (*mj jr*(*t*) *n śḫtj ḳnj*, entsprechend dem Tun des tüchtigen Jägers → wie es der tüchtige Jäger macht); ähnlich: Edfou VI, 64, 9; 254, 10 (*n ʿḥʿ n nmt.f*, ohne Stillstand bei seinem Lauf).
[6] Edfou VI, 126, 8.
[7] Edfou VII, 25, 12.
[8] Edfou VI, 326, 1.
[9] Edfou VI, 278, 4.
[10] GdD, § 87 f.

innerhalb der Genitivverbindung um ein vom Genitiv-Adjektiv verschiedenes Wort handele und verwiesen dazu auf das koptische ⲛ̄ⲧⲉ.[1]

Zwar würde es gut ins ptolemäische Schriftsystem passen, wenn  für feminines  geschrieben würde. Gegen die grundsätzliche Interpretation als Allograph sprechen jedoch eindeutig die 64 Fälle der Bände Edfou V - VIII, die fast ausnahmslos nur dann  verwenden,

a) wenn zwischen Nomen Regens und Nomen Rectum ein weiterer Satzteil steht:

- *śtpw nw ntj 3bw(t)* ⌜*nbḏw*⌝, Dies sind die ausgewählten Fleischstücke der Abbilder ⌜der Feinde⌝.[2]

- *sp 3 ntj r*ᶜ*-nb*, dreimal an jedem Tage;[3]

b) wenn das Nomen Rectum definiert ist

- als Eigenname: *wḏt ntj Nb-(r)-ḏr*, der Befehl des Allherrn;[4]

- durch ein nachfolgendes Possessivpronomen oder Attribut: *jst ntj* ᶜ*ḥ3t.k*, die Mannschaft deines Kampfschiffes;[5]

- durch die Angabe eines Inhalts, eines Maßes oder eines Materials:

- , *nmśt ntj wḥm-*ᶜ*nḫ*, der Nemset-Krug mit Wasser;[6]

- , *wśḫ.śn pw ntj mḥ 21 ...*, es ist so, daß ihre Breite von 21 Ellen ... ;[7]

- durch den Kontext: *mj 3ḫt ntj pt ḥr jtn.f*, wie der Horizont des Himmels[8]; *kj śb3 ntj ḫndw*, eine weitere Türe des Treppenhauses;[9]

[1] Siehe die bei Kurth, Dekoration, 45, f. (n. 31) angegebene Literatur.
[2] Edfou VII, 61, 15 f.
[3] Edfou VII, 239, 4.
[4] Edfou VII, 197, 15.
[5] Edfou VI, 85, 6. – Auch wenn das Nomen Rectum ein Infinitiv mit eigenem Objekt ist, finden wir *ntj*: *mw ntj* ⌜*wg(t)*⌝ *j3rrt*, das Wasser des ⌜Beerenkauens⌝ (Edfou VII, 284, 4); *w*ᶜ*.k pw ntj wnp wrw*, dies ist deine Harpune zum Töten der Nilpferde (Edfou VI, 90, 6 f.; es folgt: *ḥmt.k n ḫbḫb ḫ*ᶜ*w*, deine Lanze zum Zerfleischen der Krokodile); Philä II, 419, 1 f.
[6] Edfou VII, 202, 12.
[7] Edfou VII, 19, 2 f. – Weitere Fälle findet man beispielsweise Edfou V, 391, 2 (ᶜ*t ntj ḫt*); VII, 203, 3 (*ḫnmt ntj nb*).
[8] Edfou VII, 183, 3.
[9] Edfou VII, 17, 8 (von diesem Treppenhaus war zuvor die Rede). Vergleichbar ist auch Edfou VI, 77, 9, wo es sich jeweils um bestimmte Tiere handelt.

c) wenn zwischen Nomen Regens und Nomen Rectum ein weiterer Satzteil steht <u>und zugleich</u> das Nomen Rectum definiert ist (sehr oft):

- , *njwwt wrw(t) ntj nb-jtrtj*, die großen Städte des Herrn-der-beiden-Reichsheiligtümer (Horus);[1]
- , *ḫndw wr ntj S3-3śt*, der große Thron des Siese.[2]

Die soeben aufgezeigten Bedingungen für die Verwendung des  im Ptolemäischen[3] entsprechen weitgehend dem Koptischen[4].

Dieses  steht häufig nach einem femininen Nomen Regens und vor einem Eigennamen. Innerhalb der Gesamtheit der 64 Fälle des Tempels von Edfu halten sich allerdings feminines und maskulines Nomen Regens in etwa die Waage.[5]

Es sei noch darauf hingewiesen, daß die Verwendung des  regelhaft an die obengenannten Bedingungen gebunden ist, daß aber unter denselben Bedingungen auch das Genitiv-Adjektiv  oder  benutzt wird, und zwar wesentlich häufiger; manchmal stehen sogar beide unmittelbar nebeneinander.[6]

Nun müssen noch diejenigen Fälle näher betrachtet werden, in denen ein *maskulines* Nomen Regens und sein Nomen Rectum nicht mit *nj*, sondern mit ***nt*** verknüpft werden, und zwar in den Schreibungen , , , ,  und , wobei  weitaus am häufigsten ist.[7]

---

[1] Edfou VII, 23, 10.

[2] Edfou VII, 182, 3 f. – Weitere Beispiele aus anderen Texten (zusätzlich zu Kurth, Dekoration, 46): Dendara X, 77, 9 (*wf3 pw ntj nṯr ꜥ3*); Esna II, Nr. 5, 6 (*s3 śpd ntj Nb-(r)-ḏr*); Traunecker, Coptos, 163, Nr. 30 (*<śbḫt> śpśt ntj nṯr pn*); Sauneron, Rituel, 10, (4.2/3: *ḥt-nṯr ntj Jmn*).

[3] An der Stelle Edfou VI, 103, 3 erscheint  nach maskulinem Bezugswort: *ḳ3w n pt*, die Höhe des Himmels; hier frage ich mich, ob nicht vielleicht *pt* als ein göttliches Wesen gesehen und wie ein Eigenname behandelt wurde.

[4] Siehe Georg Steindorff, Lehrbuch der koptischen Grammatik, Chicago 1951, § 150.

[5] Es gibt ein leichtes Übergewicht des Femininum.

[6] Zum Beispiel Esna VII, Nr. 553, 6 (*mn n.k wj3.k pn nfr n ktmt śktt ntj mfk3t*).

[7] Im Verhältnis 100 zu 30 (bezogen auf die Bände Edfou V - VIII).

Zwar wäre es im ptolemäischen Schriftsystem nicht allzu ungewöhnlich, wenn  für  stünde,[1] doch auch für die Verwendung von  nach maskulinem Nomen Regens gelten regelhaft dieselben Bedingungen[2] wie für .[3] Dazu nur noch zwei Beispiele:

- , *nḏtj mnḫ nt(j) ḥm Ḥr-3ḫtj*, der treffliche Schützer der Majestät des Harachte;[4]
- 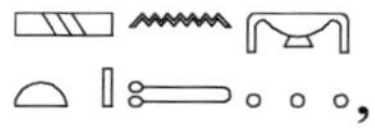, *š nt(j) nb*, ein Sockel aus Gold.[5]

Man sollte also in den Fällen, in denen unter den obengenannten Bedingungen (a – c) die Genitivverbindung nach maskulinem Nomen Regens mit *nt* verknüpft ist,[6] das *nt* als defektive Schreibung von *ntj* auffassen und *nt(j)* transkribieren.[7] In den entsprechenden Fällen nach femininem Nomen Regens ist keine Entscheidung möglich, und deshalb ist dort die Transkription *nt* vorzuziehen.[8]

Ein Blick auf die Gesamtheit der Bedingungen und Belege zeigt, daß nicht allzu viele Fälle verbleiben, bei denen man kein *ntj* erwarten würde, wie beispielsweise bei *m(3)ḥ n m3ʿ-ḫrw*, Kranz des Triumphes, oder *jfdw n t3*, die vier (Seiten) der Erde. Und dort, wo man nach den oben genannten Bedingungen *ntj* erwarten kann, wird dieses nur relativ selten verwendet.

---

[1] Cf. die ab Neuem Reich nicht seltene Schreibung  für maskulines *nb*, alle (Wb II, 234; Spiegelberg, Dem. Gr., § 71; Junker, GdD, § 89).

[2] Siehe oben, a - c.

[3] In 120 zu 8 Fällen; in einigen der verbliebenen 8 Fälle ist es überdies möglich, daß das Nomen Rectum als determiniert empfunden wurde.

[4] Edfou VI, 127, 2.

[5] Dendara V, 116, 12. Man beachte, daß das Wort *š* maskulin ist (siehe das folgende Suffixpronomen *f* sowie Wb IV, 399, 4 ff. – ich frage mich allerdings, ob das Wort nicht eher *št* transkribiert werden sollte, mit stammhaftem *t*).

[6] Das gilt auch für Fälle, in denen das Nomen Rectum ein Infinitiv mit zugehörigem Nomen ist, z. B. Edfou V, 287, 15 (*m3ḥ nt(j) św3ḏ ḥm.j*).

[7] Dafür sprechen auch direkte Parallelen, die dem maskulinen Regens teils 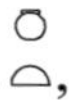, teils  folgen lassen: Edfou VII, 321, 11 und IV, 392, 16; Edfou VI, 238, 10 und VI, 90, 6 f.

[8] Daß aber auch nach femininem Nomen Regens fallweise die Transkription *ntj* nicht ausgeschlossen ist, belegt beispielsweise die Stelle Edfou VI, 77, 9 f., die innerhalb derselben syntaktischen Gegebenheiten zweimal *ntj* und einmal *nt* schreibt.

Es bleibt die Frage nach der Herkunft dieses . Borghouts[1] hat vorgeschlagen, das koptische ⲛ̄ⲧⲉ von der zusammengesetzten Präposition *m-dj* abzuleiten und nicht von jenem neuägyptischen *ntj*, das nur scheinbar anstelle des Genitiv-Adjektivs steht. Die Semantik spricht dafür, das ptolemäische  hier einzufügen, womit sich ergäbe: neuägyptisches *m-dj* > ptolemäisches *ntj* > koptisches ⲛ̄ⲧⲉ. Dann würde fallweise das klassische *nj*, „zugehörig", durch das semantisch sehr nahestehende *ntj*, „mit, bei, von" ersetzt, und man könnte zum Beispiel eine der oben zitierten Textstellen wörtlich so übersetzen:

- , *njwwt wrw(t) ntj nb-jtrtj*, die großen Städte beim/vom (= des) Herrn-der-beiden-Reichsheiligtümer (Horus) .[2]

Borghouts' Herleitung wird außerdem dadurch gestützt, daß es für *m-dj* in der Funktion des Genitiv-Adjektivs neuägyptische[3] und demotische Belege[4] gibt. Für das Ptolemäische kann ich dafür allerdings nur einen Fall anführen[5]:

- *rmṯw n(w) Kmt m-dj Śtš*, „die Ägypter des Seth", wörtlich „die Ägypter bei Seth (die bei Seth sind/zu Seth gehören)."[6]

1 Nomen und Nomen

1.2 Koordination

§ 165

Die unmarkierte (asyndetische) Koordination von zwei oder mehr Substantiven in gleicher syntaktischer Funktion begegnet sehr oft:

- 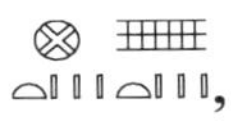, *njwwt śpwt*, Städte und Gaue[7];

---

[1] SAK 8, 1980, 65 ff. (hier werden eingangs auch die bisherigen Interpretationen vorgestellt).

[2] Edfou VII, 23, 10.

[3] Borghouts, o. c., 67 ff.

[4] Spiegelberg, Dem. Gr., § 376 (ⲛ̄ⲧⲁ=).

[5] Edfou VI, 215, 3.

[6] Einer wie auch immer gearteten Beziehung zwischen dem *ntj* der Genitivverbindung und dem Relativ-Adjektiv *ntj*, die aufgrund der gemeinsamen Herkunft von *nj* und *ntj* theoretisch möglich ist, steht entgegen, daß nach meinen Belegstellen nur das Relativ-Adjektiv *ntj* eine Scheibung  zeigt, das *ntj* der Genitivverbindung hingegen nicht.

[7] Edfou VIII, 29, 14.

- , *jtj nb*, der Herrscher und Herr[1];
- 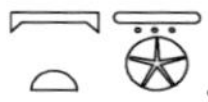, *pt tꜣ dꜣt*, Himmel, Erde und Unterwelt[2];
- 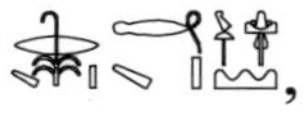, *rśj mḥtj jmntt jꜣbtt*, Süden, Norden, Westen und Osten[3].

Die einzelnen Glieder können voneinander getrennt sein:

- *rdj.j n.k* ***pḥtj*** *n ḥm.j r ḫpšwj.k* ***ḫpš*** *r ...*, „Ich gebe dir die Kraft Meiner Majestät in deine Arme und das Sichelschwert, um ... ."[4]

Zu diesen Textstellen mit unmarkierter Koordination gibt es Parallelen, welche die Koordination durch Präpositionen oder Partikeln markieren. Zwischen beiden Arten der Koordination ist hinsichtlich ihrer Bedeutung kein Unterschied zu erkennen; die Wahl der einen oder anderen Art fällt in den Bereich der Stilistik. Dazu vergleiche man die Aussagen in zwei Szenen des Opfers der Gründungsziegel:

- *nb ṯḥśt ḫśbḏ mfk(ꜣt) kt-ḫt m ꜥꜣwt ⸢špśw(t)⸣*, Gold, Kupfer, Lapislazuli, Türkis und andere prächtige Edelsteine;[5]
- *nb* ***ḥr*** *ꜥꜣwt ꜥrḳwr* ***ḥnꜥ*** *ṯḥśt kt-ḫt* ***śk*** *m ...*, Gold und Edelsteine, Silber sowie Kupfer und auch andere ... .[6]

1 Nomen und Nomen

1.3 Nomen und Apposition

§ 166

Es ist nützlich, zwei Arten der Apposition zu unterscheiden,[7] eine augmentierende (A) und eine definierende, die sogenannte Badal-Apposition (B).[8]

---

[1] Edfou VIII, 32, 7; 47, 1; 53, 1; ähnlich: 33, 11 (*ḥḳꜣ nb*, der Herrscher und Herr).

[2] Edfou V, 52, 9.

[3] Edfou VIII, 25, 6; ähnlich: 52, 17 (4 Städte). – Neungliedrig zum Beispiel: Edfou VIII, 76, 7 f. (Länder).

[4] Edfou VIII, 77, 6; ähnlich: VII, 56, 6 (*rdj.j n.k ḥꜥ.k ḥn.tj r ḥḏ.śn* ***mnt*** *nb(t) ḫr.śn*).

[5] Edfou VII, 47, 6 f.

[6] Edfou II, 32, 9; ähnlich: 32, 13 f. Zu *śk* siehe oben, § 159, s. v. *jś, jśk* und *śk*.

[7] Zur Apposition siehe jüngst El-Hamrawi, in: GM 183, 2001, 9 ff. Dieser interessante Artikel, der sich an der arabischen Nationalgrammatik orientiert, differenziert verschiedene Arten der Apposition. Leider sind die Definitionen etwas unklar, weniger durch sprachliche Unzulänglichkeit als vielmehr dadurch, daß die definierende Leistung des Kontextes nicht angemessen berücksichtigt wurde. Deshalb konnten die Ergebnisse des Artikels hier nicht übernommen werden.

[8] Der Begriff „Badal-Apposition" ist als unpassend kritisiert worden; siehe die Literaturangaben bei Jansen-Winkeln, in: ZÄS 121, 1994, 66, n. 149. Darin mag Richtiges liegen, doch bleibt der Begriff „Badal-Apposition" brauchbar, solange man ihn, auf die ägyptische Sprache bezogen, zutreffend definiert; ... > S. 807

A Die Augmentierende Apposition, also die häufigere und uns vertraute Apposition, bereichert die Aussage des Bezugswortes durch eine weitere Angabe, die entweder schmückenden Charakter hat (Epitheton Ornans) oder eine zusätzliche Information liefert, die als wichtig oder verständnisfördernd empfunden wurde.

Schmückende Angaben:

- , *Jmn pꜣ ꜥḏr*, Amun, der Retter;[1]
- , *Ḥt-ḥr wrt*, Hathor, die Große;[2]
- (Horus von Edfu wird innerhalb seiner Titulatur bezeichnet als) , *ḫprw nb jtn*, das gestaltgewordene Gold der Sonnenscheibe;[3]

hier wäre, wenn ich richtig verstehe, *ḫprw* Apposition zu *Ḥr* und *nb jtn* Apposition zu *ḫprw*, also wörtlich: „Horus ..., die Gestalt, das Gold der Sonnenscheibe" > „Horus ..., der die Gestalt ist, die das Gold der Sonnenscheibe ist."[4]

Zusatzinformationen:

- , *Wṯst śpt.f ḏśrt*, Der Thronsitz (Edfu), sein heiliger Gau;[5]
- , *ḥkꜣ sꜣ ḥkꜣ*, der Herrscher, Sohn eines Herrschers.[6]

Apposition und Bezugswort können erweitert und deshalb voneinander getrennt sein:

- (Die Große-Halle liegt davor) , *ḫr* ***wḫ 12 rmnw*** *wrw nḏm mꜣꜣ.śn*, mit zwölf Säulen, großen Stützen, herrlich anzuschauen;[7]
- ***Rꜥ*** *pw ḥnꜥ mśw.f nb(w) dmꜣtj.f pḏ ḥr.śꜣ.śn* ***ꜥpj*** *wr ḫwj nṯrw m gnḥwj.f*, Es ist Re mit all seinen Kindern, dessen Flügel (schützend) um sie ausgebreitet sind, Api, der Große, der die Götter mit seinen Flügeln schützt.[8]

... < S. 806 ihn beizubehalten ist gewiß besser, als etliche neue Termini einzuführen, zum Beispiel „progression diminuante" (Vernus); schließlich gibt es keinen Begriff, der alle Aspekte eines Sachverhalts wiedergibt.

[1] Edfou VII, 105, 12.

[2] Edfou V, 46, 2. Die Schreibung weist *wrt* als substantiviertes Adjektiv aus.

[3] Edfou III, 84, 13; V, 7, 7.

[4] Ein doppelter Direkter Genitiv erscheint alternativ möglich; dann wörtlich: die Erscheinungsform des Goldes der Sonne.

[5] Edfou VIII, 36, 6.

[6] Edfou VIII, 25, 9.

[7] Edfou VII, 17, 3.

[8] Edfou VII, 27, 7 f. Die Apposition steht zwischen Direktem Objekt und Adverb: Dendara XII, 286, 16 (*dś.k ꜥꜣpp śbj n wḏꜣt m tm wn*).

B Die Definierende Apposition („Badal-Apposition“) grenzt den nicht genügend definierten Inhalt des Bezugswortes weiter ein; sie ist zum Verständnis unbedingt notwendig, weil erst durch sie das eigentlich Gemeinte hervortreten kann.[1] Das Bezugswort kann sein

ein Material (der häufigste Fall):

- (Isis, gedacht als Schiff, verbirgt ihren Sohn Horus im) , *ḫt.ś kk mrwt*, dunklen Holz ihrer Planken;[2]
- (Zu sprechen über) , *ḥm3w tw(t) n ḫftj 4*, vier Feindfiguren aus Hemau-Holz.[3]

eine Maßeinheit[4] oder eine Zahl:

- , *s-ḫ3-tpj*, der Erste-von-Tausend (der Anführer im Kampf und bei der Jagd).[5]

eine Ortsangabe:

- , *nt s3ṯw*, das flutgeborene Land.[6]

---

[1] Siehe Edel, Altäg. Gramm., § 306 - 314; Gardiner, EG, § 90; zwei weitere Stellen der klassischen Sprache: Couyat-Montet, Inscr. du Ouâdi Hammâmât, Nr. 191, 2 (*jnr w3ḥ nb-ꜥnḫ*, der Sarkophag aus dauerhaftem Stein; wörtlich: der dauerhafte Stein, (genauer), der Sarkophag (daraus)); Merikare, E 81 (*T3-mḥw Ḥt-šnw r ...*, das Delta, und zwar von Hut-schenu bis ...).
Die Definierende Apposition könnte man allgemein so kennzeichnen: Die Sache A (Bezugswort), das heißt genauer B davon (Definierende Apposition).

[2] Edfou VI, 79, 12 (wörtlich: in ihrem dunklen Holz, (das heißt genauer) den Planken (daraus)); ähnlich: Edfou VI, 74, 8 (*ḫpn nḥbt*, der fette Nacken); VII, 7, 5 (*ꜥḏ jnrw.f ḥknw.f*, das Ausmeißeln der Steine für seine Türriegel);

[3] Edfou VI, 235, 5; wörtlich: Hemau-Holz, vier Feindfiguren (daraus). Ähnlich: Edfou V, 281, 5: *bd šbw*, Natron-Brote; wörtlich: Natron, Brote (daraus) (281, 6, vermittelt dieselbe Bedeutung über das Determinativ). – Cf. auch Esna III, Nr. 366, 7, wo ich etwas anders als Sauneron (Esna V, 165) verstehen würde: („Habt Ehrfurcht vor Chnum, ihr Würmer, ...), *wn.ṯn ḥr jnr nḥp ntj k3.f*, denn ihr befandet euch auf der steinernen Töpferscheibe seines Ka“; der Ka bezeichnet hier die personifizierte Schöpferkraft des Gottes. Wörtlich würde *jnr nḥp* bedeuten: „Stein, (genauer) die Töpferscheibe (daraus)“; ein alternativ vorstellbares Wort *jnr*, die Töpferscheibe, ist mir nicht bekannt.

[4] Edfou VI, 162, 13: *mw dbn 1 ḳdt 3.t ½*, Wasser, 1 Deben 3 ½ Kite.

[5] ITE I/2 (Edfou VII), 235, n. 3; wörtlich: tausend Mann, der Erste (davon).
Der Ausdruck *ḫ3-tpj* begegnet auch als Bezeichnung des Königs (Urk. VIII, Nr. 21 a), und zwar innerhalb einer Szene der Nilpferdtötung, die auch sonst deutliche Anklänge an den großen Horusmythus von Edfu enthält. Der erste Bestandteil (*s*) fehlt, doch dürfte der König auch hier als der „Erste von Tausend“, der Anführer im Kampf und bei der Jagd qualifiziert sein.
In älterer Zeit (Wb III, 220, 7; Hannig, ÄgWb I, 922; II, 1830) bezeichnet *ḫ3-tpj* anscheinend keine einzelne Person, sondern eine Elitetruppe (die ersten Tausend).
Mit Blick auf die Gesamtheit der Belege frage ich mich, ob „tausend“ nicht eher eine runde Zahl bezeichnet, im Sinne von „viele“. Wenn richtig, könnte man auch die älteren Belege als „von Tausend der Erste“ auffassen, womit dann *urspünglich* in einem allgemeineren Sinne herausragende Personen gemeint wären.

[6] ITE I/2 (Edfou VII), 330, n. 4.

<u>anderes</u>:

- (Erfreue deinen Ka mit) , *jrt-Ḥr ḥḳt*, dem Horusauge Bier.[1]

Ein besonderer Fall der Definierenden Apposition ist der, in dem ein Pronomen vorangeht und das Gemeinte als Apposition folgt.[2] Diese im Ptolemäischen keinesfalls seltene Konstruktion kommt bei allen nominalen Satzteilen zur Anwendung, zum Beispiel beim

<u>Subjekt</u>:

- 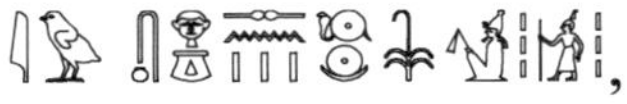, *jw.śn ḥr nśt.śn rꜥ-nb njwśwt wrw*, Sie sind jeden Tag auf ihren Thronen, die großen Könige.[3]
- , *ḫj.f ꜣḫt ꜣḫtj m-ḫnt.ś*, Er steigt empor zum Horizont, der Horizontische, aus ihm (dem Tempel) heraus.[4]
- , *n mꜣꜣ.tw.f nṯr pn*, Er wurde nicht gesehen, dieser Gott;[5]
- , *jnk pw jnk ḥm(t) Śšꜣt śmn(t) wḏwt*, „Ich, so ist es, ich bin die Majestät der Seschat, welche die Befehle (schriftlich) festhält."[6]

Dieses letzte Beispiel hebt sich von den anderen ab.

<u>Objekt</u>:

- , *nḏr.n.k ś(w) ḫftj pf n jt.k*, „Du hast ihn gepackt, jenen Feind deines Vaters."[7]

---

[1] Edfou VII, 281, 5; das Horusauge ist eine allgemeine Bezeichnung der Opfergabe. – So aufzufassen ist wohl auch Edfou VI, 85, 8 (*wrḏ-jb ḥꜣtj f*, das Herz des Herzensmüden). Als Belege ausscheiden müssen wahrscheinlich die Stellen Edfou VI, 197, 4; 197, 9; 198, 1; 198, 5; 198, 9; 199, 2 (die allgemeine Bezeichnung „Neunbogenvolk" geht voran, das jeweils gemeinte Volk wird präzisierend angefügt), weil der Direkte Genitiv ja auch nach einer festen Wortverbindung stehen kann (siehe oben, § 162).
Der appositionelle Zusatz „Frau" ist meiner Ansicht nach ebenfalls eine „Badal-Apposition": *nṯrwt ḥmwt*, Göttinnen (Edfou V, 83, 12; Dendara III, 91, 7; wörtlich: „Göttinnen, Frauen"). Zwar ist in diesem Falle die Apposition nicht zum Verständnis notwendig (anders als bei *nṯrw ḥmwt*, Wb III, 77, 2), sie wurde aber wohl als ein zur Betonung wichtiger Zusatz empfunden.

[2] Durchgängig belegt seit dem Altägyptischen, siehe Edel, Altäg. Gramm., § 874; Gardiner, EG, p. 68, Anm. 4; Erman, NG, § 702 (dort mit *m* angeschlossen, wobei es sich meines Erachtens um ein Präpositionales Attribut handelt; cf. auch Gardiner, in: JEA 5, 1918, 190, n. 4); Spiegelberg, Dem. Gr., § 468; Junker, GdD, § 268 - 270 (etliche Beispiele). – Siehe auch unten, § 272 a, wo die vorliegende Konstruktion unter stilistischem Aspekt betrachtet wird.

[3] Edfou VI, 59, 8.

[4] Edfou VIII, 152, 13.

[5] Edfou VI, 17, 6.

[6] Edfou I, 457 a, 11; ähnlich: 458 a, 1.

[7] Edfou VI, 73, 5.

Nomen Rectum:

- , *šsp m-ʿ.f s3.k mrj.k*, Nimm (es) entgegen aus seiner Hand, der deines geliebten Sohnes;[1]
- , *bnr wj dpt.šn jrt-Ḥr*, Wie süß ist doch sein Geschmack, der des Horusauges (Weines).[2]

Nomen im Adverbiellen Ausdruck:

- 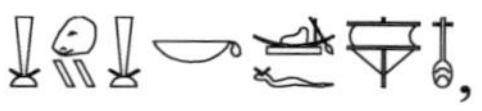, *šnšn.k jm.f ṯ3w nfr*, Du mögest von ihm einatmen, dem vollkommenen Windhauch.[3]

Weil das Pronomen das gemeinte Nomen nicht nennt, sondern nur ankündigt, baut diese Konstruktion einen kleinen Spannungsbogen auf. Dadurch wird das Nomen hervorgehoben oder betont, und zwar im Dienste verschiedener stilistischer Anliegen.[4] Diese wollen zumeist etwas als bedeutsam herausstellen;[5] manchmal auch sollen sie das Vorfeld des Satzes entlasten oder inhaltliche Bezüge klarer formulieren.[6]

1 Nomen und Nomen

1.4 Superlativ

§ 167

Das Altägyptische bildet für den Superlativ keine eigene Form, sondern vermittelt ihn mit Hilfe verschiedener Umschreibungen.[7] Eine davon ist die Verknüpfung zweier Nomina im Direkten Genitiv. Bei den Nomina handelt es sich entweder um nominalisierte Adjektive (a; teils b und c) oder um eigentliche Nomina (d).

a) Häufig bildet man eine Figur aus Singular und Plural derselben Wurzel:[8]

- , *ḳn ḳnw*, der Stärkste;[9]

---

[1] Edfou VII, 68, 3 f. (ITE I/2, 115, n. 4).

[2] Edfou VII, 115, 1; Flüssigkeiten werden pluralisch konstruiert; siehe oben, § 107.

[3] Edfou VII, 198, 16.

[4] Zum Thema der Stilistik im größeren Zusammenhang siehe unten, § 269 - 272.

[5] An der oben zitierten Stelle Edfou I, 457 a, 11, wird die Betonung durch die Wiederholung des Pronomens zusätzlich verstärkt.

[6] Siehe dazu das oben nur verkürzt wiedergegebene Beispiel Edfou VI, 59, 8, dem im Originaltext noch einige Attribute folgen.

[7] Siehe Gardiner, EG, § 97; 207.

[8] Cf. auch *nṯr nṯrj*, der göttlichste Gott; ITE I/1 (Edfou VIII), 44, n. 6.

- , *ḳ3j ḳ3jw*, der Höchste.[1]

b) Nicht selten wird ein semantisch geeignetes nominalisiertes Adjektiv oder Nomen als Regens verwendet,[2] vor allem *wr* und *śmśw*, aber auch andere:

- , *wr djw*, der größte (älteste) der Fünf[3];
- , *śmśw nṯrw*, der älteste der Urgötter[4];
- 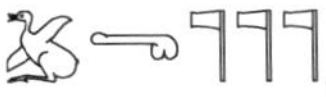, *ṯ3j nṯrw*, der männlichste der Götter[5].

c) Auch Umschreibungen auf der Basis derselben Wortwurzel kommen vor:

- (Der König wird genannt) , *wr wr św r wrw*, der Große, der größer ist als die Großen.[6]

d) Auch zwei eigentliche Nomina derselben Wurzel können als Genitivverbindung[7] auftreten. Sie bringen die Höchstform der Steigerung eines nominalen Wortinhalts zum Ausdruck:[8]

- , *ḥḳ3 ḥḳ3w*, der Herrscher der Herrscher[9];
- (Sokar-Osiris wird genannt) , *ḥḥ ḥḥw*, der Allerewigste[10];
- (Amun Kamutef wird genannt) , *k3 k3w*, der Stier der Stiere[11].

---

9 Edfou VIII, 106, 16; wörtlich: der Starke der Starken = der Allerstärkste. Ähnlich: 141, 6 (*wꜥ wꜥ(w)*, der Einzigste). – Auch die wörtliche Übersetzung ist in derartigen Fällen im Deutschen noch verständlich.

1 Edfou V, 117, 4; wörtlich: der Hohe der Hohen = der Allerhöchste. Ähnlich: VI, 190, 5 (*wr wrw*, der große der Großen = der Größte); Esna III, Nr. 200, 9 (*ꜥ3 ꜥ3w*, der große der Großen = der Größte).

2 Daß eine Genitivverbindung vorliegt, zeigen Fälle mit dem Indirekten Genitiv, beispielsweise Edfou V, 258, 11: *špśt nt ś3bwt*, die prächtigste der Sabut-Schlangen. – Allerdings könnte man argumentieren, die Fälle unter „a)" und teils auch „b)" seien als Adjektive auffassen, die durch ein Nomen näher bestimmt sind (siehe unten, § 175); dagegen sprechen jedoch die Schreibungen.

3 Edfou VII, 290, 3; ähnlich: VIII, 21, 5 (*wr nṯrw*, der größte der Götter).

4 Edfou IV, 21, 11.

5 Edfou VII, 116, 14; wörtlich: der männliche der Götter (unter den Göttern) oder der Mann der Götter (unter den Göttern).

6 Edfou V, 92, 12.

7 Auch hier zeigen Fälle mit dem Indirekten Genitiv, daß eine Genitivverbindung vorliegt; siehe beispielsweise V, 140, 7 (*śḫm śḫmw*) neben VII, 194, 1 (*śḫm n śḫmw*); V, 392, 2 (Der Gott Ihi ist *ḫj n ḫjw*, das Kind der Kinder; gemeint ist das vornehmste aller ägyptischen Kindgötter, „das Kind Ägyptens", wie es weiter im Text heißt).

8 Im Deutschen werden hier unter anderem Präfixe verwendet, beispielsweise „erz" (Erzfeind).

9 Edfou VII, 192, 10. Man könnte vielleicht auch mit „der oberste Herrscher" oder „der Großherrscher" übertragen.

10 Edfou V, 67, 2; wörtlich: die (personifizierte) Endlosigkeit der Endlosigkeiten.

11 Edfou VII, 116, 1; da im Kontext die Zeugungskraft des Stieres herausgestellt wird, könnte man vielleicht auch übertragen: „der Stierhafteste".

1 Nomen und Nomen

1.5 Iteration und Intensivierung

§ 168

Die Zweifachsetzung des Substantivs[1] kann auch eine gleichmäßige Abfolge (a), eine Intensivierung (b) oder eine Betonung der Exklusivität (c) zum Ausdruck bringen:

a) Iteration:

- (Der Gott läßt die Nilflut kommen) , *tp rnpt rnpt*, am Anfang eines jeden Jahres[2];
- (Neith von Esna erschafft 30 Götter und nennt deren Namen) 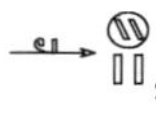, *wʿ sp 2* (= *wʿ wʿ*), einen nach dem anderen[3].

b) Intensivierung:

- , *ḫnmś sp 2* (= *ḫnmś ḫnmś*), enge Freunde[4].

c) Betonung der Exklusivität:

- , *nwj sp 2 ḥnwt mꜣwt*, „Ich, ich bin die Herrin des Lanzenschaftes."[5]

2 Nomen (und Nomen) und Präposition und Nomen

§ 169

Diese wortsyntaktische Fügung (Syntagma) begegnet häufig mit beliebigen Präpositionen als *Nomen und Präpositionales Attribut* (siehe unten, § 173). Durch die Verwendung bestimmter Präpositionen ergeben sich weitere Möglichkeiten, Koordination, Komparativ und Superlativ auszudrücken.

---

1 Cf. Edel, Altäg. Gramm., § 991. – Im Beispiel c (siehe unten) wird das Unabhängige Personalpronomen zweifach gesetzt.

2 Edfou VII, 115, 8; ähnlich: VII, 59, 9; VIII, 69, 9 (alljährlich). – Weitere Beispiele: VI, 102, 6 und 8; 103, 5; 300, 7; 309, 4; VIII, 148, 9. – Wahrscheinlich gehört hierhin auch die Stelle Edfou VI, 86, 2: *śbj r.k m dnjt sp 2* (*m dnjt dnjt*), „der wider dich frevelte ist zerstückelt" (wörtlich: in Zerstückelung; diese Aussage bezieht sich auf die rituelle Zerteilung des Nilpferdes).

3 Esna III, Nr. 206, 3 (p. 29, 14). Cf. Till, Kopt. Gramm., § 109. – Manchmal dient die Wiederholung zur besonderen Betonung (siehe oben, § 166: *jnk pw jnk* ...).

4 Edfou VI, 80, 6. Ähnlich: VI, 22, 9 (*śtꜣt sp 2*, ein großes Geheimnis); 69, 10 (*jʿnw sp 2*, großes Wehklagen); 86, 13 (*ʿwn sp 2*, großes Jammern).

5 Edfou VI, 81, 4. – Für eine vergleichbar starke Betonung mit anderen Mitteln cf. schon pWestcar, 7, 8 f.

2 Nomen (und Nomen) und Präposition und Nomen

2.1 Koordination

§ 170

Zur Koordination wird zumeist die Präposition *ḥnꜥ*[1] verwendet, aber auch (*m*)-*ꜥb*[2] begegnet nicht selten:

- 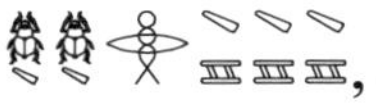, *tꜣwj ḥnꜥ jdbw*, die Beiden Länder und die Uferländer[3];
- , *Rꜥ ḥnꜥ bꜣ.f (m)-ꜥb kꜣ.f 14*, Re und sein Ba zusammen mit seinen 14 Ka[4].

Bei sehr enger Zusammengehörigkeit kann man statt dessen *mj* oder *ḥr* benutzen:

- , *ṯꜣjw mj ḥmwt*, Männer wie Frauen[5];
- , *nn ḥr nf*, dieses und jenes (d. h. alles)[6].

2 Nomen (und Nomen) und Präposition und Nomen

2.2 Komparativ

§ 171

Mit Hilfe der Präposition *r* kann auch zu einem Nomen oder zu einem Nomen mit folgendem Attribut ein Komparativ gebildet werden:[7]

[1] Siehe oben, § 135, s. v.
[2] Siehe oben, § 135, s. v.
[3] Edfou V, 59, 2.
[4] Edfou V, 6, 5.
[5] Edfou VIII, 41, 1.
[6] Edfou V, 50, 15; 82, 14 f.; 149, 13.
[7] Der Ansatz von *ꜣḫt* als Substantiv (im zweiten Beispiel) stützt sich auf die Determinative; cf. auch oben, § 139 A. Hier und auch in den Beispielen, in denen ein Partizip vor *r* steht (*tkk*), haben wir einen Komparativ vor uns, der demjenigen beim Adjektiv gleicht; dort, wo ein Substantiv vor *r* steht (*nb šfjt; nb nbw*), befinden wir uns in einem Grenzbereich zwischen Substantiv und Verbum, wie es ähnlich bei den Denominierten Verben (§ 157 a) der Fall ist.

- (Hathor ist), *ḥḳ3t r nṯrwt ḥmwt*, Herrscherin mehr als die (anderen) Göttinnen;[1]
- (Hathor ist), *3ḫt r 3ḫwt ḫnt nṯrwt nb(wt)*, die Prächtige mehr als die Prächtigen unter allen Göttinnen;[2]
- (Ein Gott ist), *b3-tkk r nṯrw*, angriffslustiger Ba mehr als die (anderen) Götter;[3]
- (Horus Behedeti ist), *nb šfjt r nṯrw nbw*, Herr des Ansehens mehr als alle Götter;[4]
- (Osiris ist), *nb nbw r nṯrw nbw*, Herr der Herren mehr als alle Götter.[5]

Dieser nominale Komparativ erscheint auch in Gestalt eines selbständigen Adverbiellen Nominalsatzes:

- (Über den König wird gesagt):, *šfjt.f r rmṯw nṯrw*, Sein Ansehen ist größer als das der Menschen und Götter.[6]

2 Nomen (und Nomen) und Präposition und Nomen

2.3 Superlativ

§ 172

Mit Hilfe der Präposition *ḫnt* wird der Superlativ umschrieben:

- (Hathor ist), *nfrt ḫnt nfrw(t)*, die Schönste unter den Schönen[7];

---

[1] Edfou V, 83, 12; zu *nṯrwt ḥmwt* siehe oben, § 166 B, (Fußnote).

[2] Edfou VI, 251, 1. – Ähnlich: Dendara XII, 34, 16 f. (*b3t r šḫmw*).

[3] Edfou VII, 283, 14; ähnlich: V, 94, 3.

[4] Edfou V, 59, 4; ähnlich: VII, 138, 7.

[5] De Wit, Temple d'Opet, 216.

[6] Edfou VI, 133, 3. Mit Verweis auf Hannig, ÄgWb II, 2443, könnte man ein Verbum *šfj* ansetzen; dagegen sprechen aber sowohl die angrenzenden Adverbiellen Nominalsätze als auch die wenigen Belege des Wortes, die ausschließlich aus dem Mittleren Reich stammen.

[7] Edfou VI, 251, 2.

- (Der König wird von der Göttin genannt) , *ṯnr ḫnt ḥḥ n ḥḥw*, Stärkster unter Millionen von Millionen.[1]

2 Nomen (und Nomen) und Präposition und Nomen

2.4 Nomen und Präpositionales Attribut

§ 173

Präposition und Nomen können einem Nomen als dessen Attribut angefügt werden.[2] Das Präpositionale Attribut ist ein verkürzter Relativsatz, ein Produkt sprachlicher Ökonomie. Es wird im Ptolemäischen sehr oft verwendet.

Einige parallele Aussagen[3] mögen die Rolle des Präpositionalen Attributes als verkürzter Relativsatz demonstrieren:

- *mw jm.f* ↔ *mw ntj jm.f*,

das Wasser in ihm ↔ das Wasser, das in ihm ist;[4]

- *jḫt nb(t) jm.ś* ↔ *jḫt nb(t) wn(t) jm.śn*

alle Dinge in ihm ↔ alle Dinge, die in ihm sind;[5]

- *wśr śk m-ꜥ.k* ↔ *wśr ntj m ꜥ-k*

die Kraft in deinem Arm ↔ die Kraft, die in deinem Arm ist.[6]

Es folgen Beispiele für den Gebrauch des Präpositionalen Attributs mit verschiedenen Präpositionen.[7]

m :

- , *nṯrw m pt*, die Götter im Himmel;[8]
- , *ꜥrtj m ꜥš*, Türflügel aus Koniferenholz;[9]

---

[1] Edfou V, 302, 17. Zur Schreibung von *ṯnr* siehe EP 1, 546, § 32.9 a.

[2] Cf. Gardiner, EG, § 80; 100; 158. Siehe auch oben, § 158 (zum attributiv verwendeten Pseudopartizip).

[3] Cf. dazu auch die bei Junker, GdD, § 303, zitierten Beispiele aus Dendera.

[4] Edfou V, 28, 1; VI, 224, 8 ↔ VI, 166, 8.

[5] Edfou VIII, 108, 2 ↔ VII, 212, 11.

[6] Edfou V, 44, 12 f. ↔ VII, 84, 14 f.

[7] Für die ältere Zeit siehe zum Beispiel *Nb-r-ḏr*, der Allherr (Wb II, 230, 15 ff.; seit Mittlerem Reich).

[8] Edfou VIII, 25, 11; ähnlich: VII, 15, 6; 167, 7 f. (*bw nb jm.ś*); VIII, 26, 1 (*nśwt m rsj bjtj m mḥtj*); 35, 4 f. (*bjkt m Bḥdt*); 64, 2 (*Ḥt-ḥr m śpt nb(t)*).

[9] Edfou VIII, 40, 1.

- 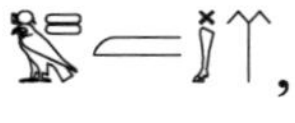, *Rᶜ Ḥr-3ḫtj m wḥm*, die Wiederholung des Re Harachte (oder: ein zweiter Re Harachte);[1]

mit Prädikativem *m*[2]:

- (Der Tempel von Edfu „enthält das Gemach des Falken, bei dem ⸢Ptah⸣ Tatenen ist“) , *m nṯrwj*, also der beiden Götter.[3]

***m-b3ḥ*:**

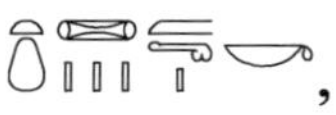, *tw m-b3ḥ.k*, die Brote, die vor dir liegen[4].

***m-ḫnt*:**

, *ḏmt.f m-ḫnt nwt*, sein Thronsitz im Himmel (Tempel).[5]

***n*:**

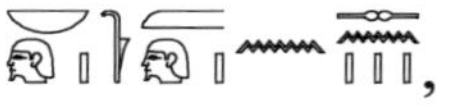, *nb(t) tp rnpt m tp n.śn*, Die Herrin der Jahresanfangs (Sothis) geht ihnen voraus.[6]

***r*:**

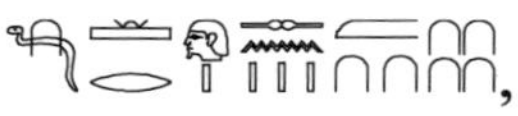, *mḏw(t) r tp.śn m 60*, Die Höhe bis zu ihrer Spitze beträgt 60 (Ellen).[7]

---

[1] Edfou VIII, 65, 10; ITE I/1, 121, 2 f.; wörtlich: Re Harachte in Wiederholung. Cf. auch Edfou VI, 179, 14 (*tw.k m śrf*, deine warmen Brote; wörtlich: „deine Brote in Wärme“ oder „deine Brote, die in Wärme sind“; cf. Wb IV, 196, 2); (Behedeti betrachtet) *śḥḏjt.f m tp-nfr*, seinen Tempel, der von vollkommener Art ist (Edfou VII, 296, 6).

[2] Cf. in der klassischen Sprache zum Beispiel Sethe, Lesestücke, 97, 11 f.: *mśk3 n jw3 m jḫt nfr(t)*, Rindsleder von guter Qualität (wörtlich: Rindsleder als gute Sache/als gutes).

[3] Edfou VII, 38, 15 (ITE I/2, 66, n. 4); wörtlich: als die beiden Götter/welche die beiden Götter sind. Ein weiteres Beispiel: Dendara XIII, 73, 13 (*Śpdt śḳd(t) ḫr śn.ś m Ś3ḥ*, Sothis, die bei ihrem Bruder, dem Orion, dahinzieht).

[4] Edfou VII, 289, 11.

[5] Edfou VII, 15, 6. Mit *(m)-ḫt*: 267, 8 (ITE I/2, 502, n. 6).

[6] Edfou V, 6, 10 f. (wörtlich: Die Herrin des Jahresanfangs ist der Anfang für sie/von ihnen); diese Verwendung der Präposition *n* erinnert an das arabische ل (zum Beispiel صديقة لى, “eine Freundin von mir”). Ähnlich: Edfou IV, 358, 13 (*śnnw jm.śn wn <m> tp n.śn*); 359, 1 (*jw.śn m ḫnt(t) n.śn*); ITE I/2 (Edfou VII), 104, n. 6.

[7] Edfou VII, 19, 2. – Weitere Beispiele: *r-hn-r* (VII, 217, 5); *ḥ3* (VII, 102, 11); *ḥr* (VIII, 93, 13); *ḫnt* (VIII, 27, 12); *ḫr* (VII, 56, 6); *ḫr* (VII, 83, 3); *tp* (VII, 43, 4); *ḏr-b3ḥ* (VII, 129, 4).

3 Adjektiv und Adjektiv

§ 174

Einige wenige Beispiele zeigen, daß die Zweifachsetzung eines Adjektivs eine Intensivierung des Wortinhaltes bewirken kann:[1]

- (Thot) , *ʿ3 ʿ3*, der sehr Große;[2]
- , *š3 nfr nfr*, besonders vorzüglicher Wein;[3]
- , *ʿpj nfr nfr*, der vollkommen vollkommene geflügelte Skarabäus;[4]
- 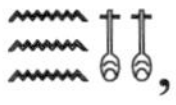, *mw nfr nfr*, Wasser bester Qualität.[5]

4 Adjektiv/Partizip und Nomen

§ 175

Vor dem Nomen können erscheinen das Verbal-Adjektiv und die Partizipien[6] (a), das von einem Substantiv abgeleitete Nisbe-Adjektiv (b), das von einer Präposition abgeleitete Nisbe-Adjektiv in seiner üblichen Verwendung (c) und schließlich das von einer Präposition abgeleitete Nisbe-Adjektiv in reziproker (umgekehrter) Verwendung (d).

a) In diesem Falle definiert das Nomen[7] in Art eines Adverbs, worauf sich der Wortinhalt des Adjektivs oder Partizips bezieht; *beides* wird einem Bezugswort attributiv angefügt, oder das Bezugswort ist implizit:[8]

---

[1] Im Bereich des Substantivs ist *nḏm* vergleichbar, das „Süßigkeit, Annehmlichkeit" bedeutet, aber redupliziert zu *nḏmnḏm* eine spezielle Bedeutung angenommen hat, die auf einer Intensivierung des Wortinhalts beruht: „Geschlechtslust" (siehe Wb II, 381, 14 ff.; ab 22. Dynastie). – Cf. Edel, Altäg. Gramm., § 991.

[2] Edfou VIII, 23, 7. – Zur Bedeutung und zu den Varianten dieses Epithetons siehe Quaegebeur, in: Homm. Daumas II, 525 ff.; dort (p. 537) wird die Übersetzung „toujours le (plus) grand" vorgeschlagen.

[3] Edfou VII, 169, 13; ähnlich: V, 232, 16; VI, 167, 2 (*jrp nfr nfr*). Cf. auch ITE I/2 (Edfou VII), 255, n. 1; Philä II, 255, n 4. – Nach Wb II, 253, 15 - 17 (Belegstellen) ist *nfr nfr* in dieser Bedeutung seit dem Neuen Reich belegt.

[4] Edfou VI, 10, 4.

[5] Edfou VI, 163, 3. Zu *wr sp 2*, gar sehr, siehe beispielsweise Edfou V, 351, 9; VI, 165, 16; 166, 4.

[6] Zum Verhältnis beider siehe oben, § 120.

[7] Manchmal auch der Infinitiv.

[8] Zu dieser Konstruktion siehe Jansen-Winkeln, in: ZÄS 121, 1994, 51 ff. Der interessante und anregende Artikel versucht, die Art der Verbindung genauer und richtiger zu bestimmen. Er bereichert gewiß die... > S. 818

- (Horus) , *jmn śšt3*, mit geheimem Abbild;[1]
- (Horus) , *ꜥ3-m3ꜥ-ḫrw*, der Große-Triumphator (der Triumphreiche);[2]
- (Horus) 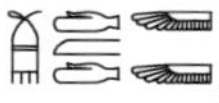, *ꜥpr dm3tj*, geflügelt;[3]
- (Der Blumen opfernde König) , *wr jdbw 3ḫ ꜥḫmw*, reich an Uferland, mit herrlichen Pflanzen;[4]
- (Der König) *ꜥš3 w3ḥjt*, reich an Ernteerträgen;[5]
- (Horus) *wśr ḫpš*, der mit dem starken Arm;[6]
- (Horus) *ḳnj śḏm*, der aufmerksam zuhört;[7]
- *wnn twt-ḳd twt m ḳd.f*, Der-mit-vollendetem-Leib (Ptah) ist vollendet an seinem Leib.[8]

Einige weitere Beispiele: *ꜥn ḥr*, schöngesichtig[9]; *ꜥnḫ mśwt*, lebend geboren[10]; *ꜥḳ3 ḏd*, mit richtiger Rede[11]; *wšr(t) jwḥ*, die Trockenstelle (im Acker)[12]; *bnr mrwt*, überaus beliebt[13]; *mꜥr hpw*, mit vorzüglichen Gesetzen[14]; *mfk jnm*, türkisfarben[15]; *nfr ḥr*, schöngesichtig[16]; *śḥb*

... < S. 817 bunte Palette der grammatikalischen Theorien, trägt aber nichts zum besseren Verständnis der Texte bei, zu dem also, was den Philologen vorrangig interessiert.

Überdies widerlegt dieser Artikel meines Erachtens nicht die traditionelle Bestimmung des Nomens als Adverb. Zum einen werden nämlich die dazu als Ausgangspunkt genommenen angeblich „widersinnigen" Fälle (p. 54) nur hinsichtlich ihrer Elemente betrachtet, wobei das Ganze der Fügung aus dem Blick gerät; wenn diese Betrachtungsweise richtig wäre, dann wäre der sogenannte „erweiterte Gebrauch des passivischen Partizips" (hier: das Passiv der Relativform, siehe oben, § 145) ebenso widersinnig. Zum anderen gibt es ja auch gleichbedeutende Aussagen mit Adjektiv und Präposition *m* und Nomen. – Man vergleiche auch unten, § 176; 177; 179.

Außerdem sind manche Aussagen nicht „banal bis Unsinn" (p. 55), wenn man ihren Inhalt und Kontext genauer betrachtet (zum angeführten Beispiel *ꜥpr dm3tj* siehe ITE I/2 (Edfou VII), 13, n. 7).

[1] Edfou VII, 92, 16.

[2] Edfou VIII, 27, 10; wörtlich: „der Groß-an-Triumph".

[3] ITE I/2 (Edfou VII), 13, mit n. 7.

[4] Edfou VII, 63, 7. – Mit Präposition: 266, 14 (*3ḫ m wnwt.f*, vortrefflich in seinem Dienst).

[5] Edfou VIII, 41, 15. – Mit Präposition: VIII, 18, 4: *ꜥš3 m npr*, reich an Getreide. – Cf. auch Wb IV, 426 B (*šwj*, leer sein, zumeist mit, seltener ohne *m* angeschlossen).

[6] Edfou VIII, 37, 5 (wörtlich: stark in Bezug auf den Arm). – Mit Präposition: VII, 124, 8: *wsr m pḥtj.f*.

[7] Edfou VII, 88, 9 (*śḏm* ist Infinitiv; wörtlich: stark bezüglich des Hörens).

[8] Edfou VII, 112, 10.

[9] Edfou VIII, 162, 4.

[10] Edfou V, 20, 6. Hinter dieser Aussage stand vielleicht die Furcht, daß der Sonnengott, wie ein Menschenkind, an einem Morgen tot geboren werden könnte, was einer kosmischen Katastrophe gleichkäme.

[11] Edfou VII, 87, 15.

[12] Edfou V, 108, 10; wörtlich: das, was Mangel hat bezüglich der Bewässerung.

[13] Edfou VIII, 49, 9.

[14] Edfou VII, 91, 3.

[15] Edfou VIII, 141, 8.

[16] Edfou VIII, 15, 6.

mnḏtj, mit festlich geschmückten Augenbrauen[1]; *śẖm dr*, der machtvoll vertreibt[2]; *śṯnj mśḫꜥ*, mit erhabenem Glanz[3]; *ḳnj gꜣbtj*, mit starken Armen[4]; *ḏdj nśwjt*, mit dauerhaftem Königtum[5].

Bei Durchsicht der obigen Beispiele fällt auf:

α) das definierende Nomen benennt oft einen Körperteil, ohne daß jedoch andere Nomina oder Infinitive selten wären;

β) dem definierenden Nomen wird kein Suffixpronomen oder anderes Attribut angefügt;

γ) wenn aber das definierende Nomen mit Hilfe der Präposition *m* angeschlossen wird, dann erhält es meistens, aber nicht immer, ein Suffixpronomen, das sich nach dem Nomen richtet, dem das Syntagma attributiv zugeordnet ist;[6]

δ) die Verbal-Adjektive sind in der Mehrzahl, aber man findet auch das Partizip intransitiver Verben (*ꜥnḫ*) sowie das Partizip Passiv transitiver (*jmn*) und kausativer Verben (*śḥb*; *śṯnj*).[7]

Die Konstruktionen mit oder ohne die Präposition *m* lassen hinsichtlich ihrer Bedeutung keinen wesentlichen Unterschied erkennen.[8] - Die Existenz beider hat aber vielleicht folgende Gründe: Die Konstruktion ohne *m* erzeugt eine sehr enge Verbindung mit dem Bezugswort, die einen erneuten Rückverweis entbehrlich macht; die Konstruktion mit *m* hingegen eröffnet über die Präposition und im Verbund mit dem folgenden Text die theoretische Möglichkeit, eine andere als die angestrebte Aussage zu erwarten, weshalb man gerne das Suffixpronomen einsetzte, um das attributive Syntagma deutlich mit seinem Bezugswort zu verklammern.

b) In der soeben beschriebenen Funktion findet man seltener ein vom Substantiv abgeleitetes Nisbe-Adjektiv:

- 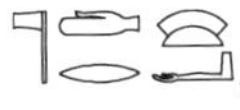, *nṯrj ḫꜥw*, mit göttlicher Erscheinung[9].

c) Die Konstruktion *Nisbe-Adjektiv von Präposition und Nomen* in ihrer üblichen Verwendung kann einem Bezugswort attributiv angefügt werden und bezeichnet dann in den meisten Fällen die Position des Bezugswortes, und zwar mit Blick auf das Nomen:

---

1 Edfou VIII, 15, 6.
2 Edfou V, 121, 3; wörlich: machtvoll beim Vertreiben (Infinitiv).
3 Edfou VII, 66, 6.
4 Edfou VIII, 97, 16. – Mit *m*: VII, 82, 2 (*ḳnj m kꜣt.f*); VIII, 169, 10 (*ḳnj ⸢m⸣ <gꜣbtj>**).
5 Edfou VIII, 23, 7.
6 Cf. auch unten, § 178.
7 Zur Schnittmenge von Adjektiv und Partizip cf. oben, § 120; siehe auch oben, § 157 g.
8 Dazu vergleiche man auch das bereits oben genannte Beispiel: *wnn twt-ḳd twt m ḳd.f*, Der-mit-vollendetem-Leib (Ptah) ist vollendet an seinem Leib.
9 Edfou VII, 311, 8. – Mit *m*: VI, 317, 2 (*nṯrj m ḏt.f*).

- , *Ḏꜣḏꜣ(t) nn jmjw sḫm.śn*, dieses Kollegium, das in seinen Kapellen ist;[1]
- , *nṯrw tpjw tꜣ*, die Götter, die auf Erden sind.[2]

d) Die sehr seltene Konstruktion *Nisbe-Adjektiv von Präposition und Nomen* in reziproker (umgekehrter) Verwendung[3] kann einem Bezugswort attributiv angefügt werden und bezeichnet dann in den meisten Fällen die Position des Nomens, und zwar mit Blick auf das Bezugswort:

- , *tpjw-ꜥḥ(t)*, Über-denen-das-Netz-ist.[4]

5 Adjektiv/Partizip und Nomen und Präposition und Nomen

§ 176

Diese Konstruktion ist die Erweiterung derjenigen, die oben in § 175 a, behandelt wurde. Sie wird hier deshalb herausgestellt, weil sie sehr oft in den Epitheta-Ketten der Ritualszenen vorkommt. Dort bildet sie eine Attributgruppe, die gelegentlich auch einen Komparativ zum Ausdruck bringt.

---

[1] Edfou VIII, 112, 4.

[2] Edfou VI, 201, 3.

[3] Siehe Erman, in: ZÄS 52, 1914, 107 f.; Osing, Nominalbildung, 309 ff.; Fischer-Elfert, in: GM 127, 1992, 40 f. – Zur Erklärung der Reziproken Nisbe: Ich vermute, es handelt sich bei *Nisbe und Nomen* um einen Direkten Genitiv. Dafür läßt sich die Existenz der entsprechenden Genitivverbindung im Indirekten Genitiv anführen: *jmjw nw* <*Wṯst*>, die Bewohner von <Edfu> (Edfou VIII, 144, 14, mit Personendeterminativ bei *jmjw*; cf. bereits Beni Hasan I, Pl. XXV, 9 f.: *jmjw nw pr.f*, seine Hausdienerschaft; wörtlich: die Innenbefindlichen seines Hauses – *jmjw nw pr* hat ein Gesamtdeterminativ). Sollte demnach die Auffassung als Direkter Genitiv richtig sein, könnte man bei der üblichen Nisbe einen Genitivus Objectivus und bei der Reziproken Nisbe einen Genitivus Subjectivus ansetzen.

[4] Edfou VIII, 34, 14 (das Determinativ sieht in der Publikation ein wenig anders aus; das Bezugswort ist implizit); der Ausdruck „Über-denen-das-Netz-ist" bezeichnet feindliche Wassertiere. – Ähnlich: Edfou VII, 152, 10 (siehe ITE I/2, 275, n. 2).

5 Adjektiv/Partizip und Nomen und Präposition und Nomen

5.1 Attributiver Ausdruck

§ 177

Das erste Nomen definiert das Adjektiv oder Partizip (siehe oben, § 175 a). Verwendet werden können alle Präpositionen (a); von diesen erscheint *ḥr* öfters in der syntaktisch gleichwertigen Verbindung *ḥr und Infinitiv* (b).

a) Beliebige Präpositionen:

- (Hathor als Uräusschlange) , *ꜥn(t) ḥr m wpt n(t) jt.ś*, mit schönem Gesicht am Scheitel ihres Vaters;[1]
- , *wr ḫpš ḥr-š3 ⸢ḫ3kw⸣-jb*, der machtvoll die ⸢Widersacher⸣ verfolgt;[2]
- , *ḫj ḥ3t ẖr ḫm(t)*, der hochaufgerichtet die Chemet-Harpune hält;[3]
- , *wr ḥswt ẖr bw-nb*, der von jedermann hoch Gelobte.[4]

b) *ḥr und Infinitiv*:

- (Der König) 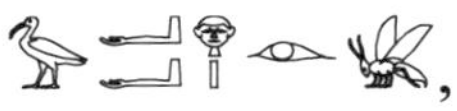, *jḳr ꜥwj ḥr jr(t) k3t*, mit geschickten Händen bei der Arbeit;[5]
- (Hathor) , *3mś(t)-jb ḥr śḏm śprw*, die den Bitten freundlich Gehör schenkt.[6]

5 Adjektiv/Partizip und Nomen und Präposition und Nomen

5.2 Komparativ

§ 178

Mit der im vorhergehenden Paragraphen behandelten Konstruktion wird manchmal der Komparativ umschrieben:

---

[1] Edfou VI, 108, 9; ähnlich: VI, 237, 4 f.; VIII, 99, 2 (*nfr(t) ḥr m ḏꜥm*).

[2] Edfou VII, 213, 9 f.; ähnlich: VII, 29, 21 f.

[3] Edfou VII, 152, 6; ähnlich: VI, 60, 7; 107, 9; 152, 12; VII, 202, 2; 321, 2; 324, 10.

[4] Edfou V, 170, 2 (substantiviert; cf. dazu auch V, 324, 2: *ꜥ3 šfjt ḫnt ḳbḥwj*, mit Determinativ nach *ꜥ3*).

[5] Edfou VIII, 134, 8.

[6] Edfou VII, 93, 2.

- (Behedeti ist), *wr bꜣw r nṯrw dmḏ*, machtvoller als die Götter insgesamt;[1]
- (Horus ist), *šṯꜣ jrw r nṯrw nb(w)*, der, dessen Gestalt verborgener ist als die aller Götter.[2]

Auch bei der vorliegenden Konstruktion (cf. oben, § 175 a) kann das dem Adjektiv oder Partizip folgende Nomen mit der Präposition *m* angeschlossen werden und mit einem Suffixpronomen auf das Bezugswort verweisen:

- (Ein Harpunierer), *wśr m ḏt.f r nṯrw nbw*, dessen Leib stärker ist als der aller Götter.[3]

6 Pseudopartizip und Nomen

§ 179

Analog zur Konstruktion, die oben in den Paragraphen 175 a, 177 und 178 behandelt wurde, definiert das Nomen in Art eines Adverbs, worauf sich der Wortinhalt eines Verbs bezieht, das in der Form des Pseudopartizips auftritt:[4]

- (Der Ausfluß des Udjat-Auges ist), *twt ꜥpr.tj dbḥw.ś*, vollkommen und versehen mit seinem Bedarf.[5]
- (Horus gewährt dem König), *⸢bw-nb⸣ ẖj ẖt*, daß jedermann gut genährt ist.[6]
- (Der König ist ein trefflicher Reinigungspriester), *twr.tj ḏt.f*, mit reinem Leibe.[7]
- (Das Land ist), *bꜥḥj ḏfꜣw*, überschwemmt mit Nahrung.[8]

---

[1] Edfou VIII, 35, 15 f.; ähnlich: VII, 84, 15 f.; 109, 10; 146, 13; 148, 15; 156, 4.

[2] Edfou V, 54, 5 (substantiviert).

[3] Edfou VII, 22, 2.

[4] Ein schönes Beispiel aus dem Papyrus Ebers zitiert Westendorf, Gramm.MT, § 154, ee.

[5] Edfou VII, 163, 6 (wörtlich: vollkommen und versehen in bezug auf seinen Bedarf); ähnlich: 139, 15. – Mit Präposition: zum Beispiel V, 34, 7: *ꜥpr.tj m dbḥw nbw*, versehen mit allem Bedarf.

[6] Edfou VII, 70, 12; zum Ausdruck *ẖj ẖt* siehe Budde und Kurth, in: Edfu Begleitheft 4, 1994, 16, Nr. 71.

[7] Edfou VII, 87, 14 (wörtlich: indem er rein ist bezüglich seines Leibes); ähnlich: VI, 115, 5 (*grg ḥr*); VII, 188, 3 (*<ḳb.tj rꜣ>*). – Offenbar gehört hierhin auch der Fall Dendara IX, 188, 2; wegen Umschrift und Übersetzung siehe EP 1, 211, Zeichenliste, 3 (Säugetiere), Nr. 35, n. 128.

[8] Edfou VII, 207, 2; ähnlich: 208, 16.

7 Präposition und Nomen

§ 180

Diese Verbindung erzeugt Adverbielle Ausdrücke in verschiedener Funktion, beispielsweise zur Bildung des Komparativs[1], des Präpositionalen Attributs (siehe oben, § 173) oder des Prädikats im Adverbiellen Nominalsatz, ganz so wie es in der klassischen Sprache der Fall ist. Nachfolgend werden nur noch zwei Besonderheiten des Ptolemäischen herausgestellt, und zwar der nun häufiger zu belegende Anschluß des Direkten Objekts mit einer Präposition (siehe unten, § 181) sowie überraschend lange Reihungen Adverbieller Ausdrücke (siehe unten, § 182).

7 Präposition und Nomen

7.1 Präposition und Direktes Objekt

§ 181

Zunehmend[2] finden wir *Präposition und Nomen* nach einem transitiven Verbum dort, wo in Parallelen das Direkte Objekt steht oder wo man dieses aufgrund der Hauptbedeutung der betreffenden Verben erwarten würde. Hier ist vor allem die Präposition *m* zu nennen (a); seltener begegnen *n* (b) und *r* (c).

a) Es zeigt sich, daß man ***m*** meist dann benutzt, wenn das Direkte Objekt einen Stoff bezeichnet, von dem nur eine unbestimmte Teilmenge angesprochen wird (**partitiv**):[3]

- (Ein Mineral lagert in der Schatzkammer, bis man es holt) 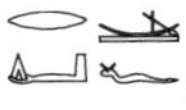, *r (r)dj(t) jm.f* ..., um davon zu geben ... ;[4]

---

[1] Beim *śḏm.f*: Edfou VII, 273, 6: *ḫwj.ś tw.k r Pśḏt*, „Sie (die Manchet-Troddel) schützt dich mehr als die Götterneunheit"; Edfou VIII, 103, 11: *ṯnj.ś k3.k r nṯrw nbw*, „Sie (die Maat) erhebt deinen Ka über alle Götter"; ähnlich: VIII, 142, 5.

[2] Cf. das Demotische und Koptische; Spiegelberg, Dem. Gr., § 249 - 251; Till, Kopt. Gramm., § 263.

[3] Für die klassische Sprache siehe zum Beispiel Hekanakhte Papers, I, 17 (*dd.k n.f m jt mḥw (ḥḳ3t) 8*, die Angabe der Menge als Badal-Apposition nachgestellt; anders: Loprieno, in: GM 102, 1988, 69, n. 32); Fischer Elfert, in: LingAeg 7, 2000, 264 (Merikare E 67), der von einem „emphatischen Objekt" spricht und weitere Literatur angibt; für das Spätmittelägyptische: Jansen-Winkeln, Spätmitteläg. Gramm., § 267, h (p. 166), der viele Beispiele anführt.

[4] Edfou VIII, 73, 4.

- (Hathor sagt zum König, der Wein opfert) , *śꜥm.j jrf m jẖt jb.j*, „und nun trinke ich von der Sache meines Herzens.“[1]

- (Maat ist die Kehle) , *śnśn(t).k m ṯꜣw jm.ś*, „durch die du Luft einatmest.“[2]

- (Vom Weinstock gesagt): 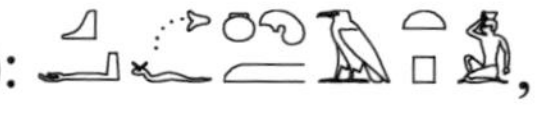, *kꜣꜥ.f n.k m ꜣtpw.f*, „Er speit für dich aus von seiner Last (den Trauben).“[3]

Seltener wird mit *m* ein **nicht-partitives** direktes Objekt angeschlossen:[4]

- („Dein Erbe gehört dir, ...) 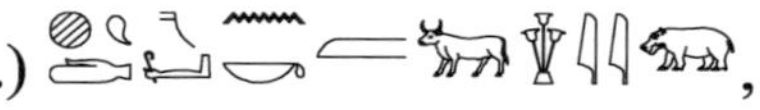, *ḫft ḥwj.n.k m kꜣ-mḥj*, nachdem du den Sumpfstier (das Nilpferd) geschlagen hast.“[5]

- , *śbḳ.n.j m mśẖtjw*, „Ich habe den Großen Bären betrachtet.“[6]

b) Den Anschluß mit der Präposition *n* kann ich innerhalb der Texte des Tempels von Edfu nur in zeitgenössischen Kompositionen belegen, in denen ein Einfluß der Alltagssprache zu beobachten ist:

- (Götter betrachten den jungen Horus) 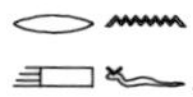, *r śjꜣ n.f*, um ihn kennenzulernen.[7]

---

[1] Edfou VII, 142, 5; ähnlich: 151, 8 f.

[2] Edfou VII, 271, 6. Dazu vergleiche man Wb IV, 172, 8 mit 10.

[3] Edfou VII, 278, 15. – Weitere Beispiele: Edfou III, 197, 5 (*ṯsj.j ḥr ẖꜣwt m ḥꜥ nw ḫftj.ṯ*); 251, 8 (Kurth, Dekoration, 130, n. 15); V, 30, 7 (*wdn.tw n kꜣ.śn m jẖt nfr(t) nb(t)*); 302, 18 (*ḥsmn.j m ḥꜣw(t)*); VI, 86, 2 (*rdj m wꜥb n nṯr nb*; ähnlich: VI, 138, 8); 305, 11 (*wdn ḥr ḫt m jnj(t) ḥr ꜥwj nṯrw*); 310, 5 f. (*śẖb.j m bšj(t)-ḥrt*); VII, 278, 15 f. (*ms.tw m-bꜣḥ.k m jẖt jm.f*); 316, 15 (*ꜣmm šꜣt.f m ⸢ḫftjw⸣.[f]*; ähnlich: III, 278, 11; VII, 319, 13; ohne *m*: VI, 142, 17; VIII, 169, 10; hier ist *ꜣmm* in beiden Fällen Partizip Aktiv); Esna II, Nr. 41, 8 (*dj.j ḳjś n.k tꜣ m rnpwt*); Kôm Ombo (Gutbub) I, Nr. 262, 10 (*ḳjś n.f jdbw m ḥrr(t)*).

[4] Beispiele der unmittelbar vorhergehenden Epochen zitiert Jansen-Winkeln, Spätmitteläg. Gramm., § 267, i (p. 166: „nota accusativi“).

[5] Edfou VI, 82, 6.

[6] Edfou VII, 44, 9 f. (gemeint ist: „Ich habe mich am Großen Bären orientiert.“; zum Inhalt cf. II, 31, 4 f.); mit Direktem Objekt: IV, 54, 16. – Dieses Beispiel zeigt, daß durch den Anschluß des Objekts mit der Präposition die Bedeutung des Verbs in einigen Fällen modifiziert wird; siehe dazu auch Edfou IV, 19, 9: *śbḳ r*, etwas (prüfend) betrachten.
Ebenso zu beurteilen sind auch die beiden Varianten folgender Formel (siehe Derchain, Hathor Quadrifrons, 8 f.):
- *ḥrw 4 jpw mrj Rꜥ mꜣꜣ.f śt*, die vier Gesichter (der Hathor), die Re zu sehen liebt/gerne sieht (Edfou III, 296, 4; IV, 73, 1 f.; VI, 262, 7; Elkab I, 12*, Zeile 9; Philä II, 423, 14 f.);
- *ḥrw 4 jpw mrj Rꜥ mꜣꜣ.f jm.śn*, die vier Gesichter (der Hathor), in die Re gerne schaut (Edfou IV, 380, 2 f; VII, 26, 13 – eine Variante mit *ḥꜥj*; cf. Edfou V, 379, 11, wo fehlerhaft? *rn* anstelle von *ḥr* steht).
So ist es denn in *Fällen dieser Art* eigentlich nicht richtig, vom Anschluß des Direkten Objekts mit Hilfe einer Präposition zu reden. Dies läßt sich allerdings damit rechtfertigen, daß es nützlich ist, auf den hier zu beobachtenden Wandel der Rektion deutlich hinzuweisen; außerdem gibt es ja in diesem Bereich noch die anderen Fälle, welche keine Modifikation der Bedeutung erkennen lassen.

[7] Edfou VI, 25, 1; cf. Wb IV, 30, 18 („mit *m* ... Sp.; Gr“). Auch hier modifiziert der Anschluß mit der Präposition die Bedeutung des Verbs.

- , *jw.w (ḥr) dw3 n Ḥr*, Man verehrte Horus.[1]

c)

- (Seth verwandelte sich in einen roten Esel), 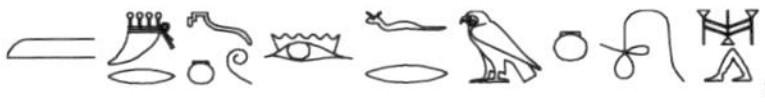, *m-ḏr nw.f r Ḥr n w3j*, sobald er Horus von ferne erblickte.[2]

7 Präposition und Nomen

7.2 Reihungen

§ 182

Nicht selten finden wir die Verbindung *Präposition und Nomen*[3] mehrfach hintereinandergereiht in adverbieller, attributiver oder prädikativer Verwendung. Dabei handelt es sich um eine stilistische Eigenheit, deren Kenntnis für die Arbeit des Übersetzens nicht ohne Nutzen ist. Einige Beispiele:

- (der König erfreut den Gott) , ***m** mnw nfr **m** ḥt-nṯr.f **m** ḏd(t).n Rʿ*, mit dem vollkommenen Denkmal an seinem Tempel[4] gemäß dem, was Re gesagt hat;[5]
- (Weihräuchern) , ***n** jʿrt **n** ḥḏ **n** 3mś*, für die Uräusschlange, für die Keule, für das Ames-Zepter;[6]
- („Ich gebe dir das große <⌜Amt⌝>*) , ***m** m3ʿ-ḫrw **ḥr** nśt.j **ḫnt** pr-ḥʿʿ(wt)*, in Triumph auf meinem Thron im Haus-des-Jubels (Palast).“[7]

---

[1] Edfou VI, 220, 4 f.; zum Einfluß der Alltagssprache in diesem Fall siehe Kurth, in: Fs. Kákosy, 381 f. – Die folgende Passage läßt sich aber wohl nicht als Beispiel anführen: *jw.w śwg3 n Śtš*, Man schmähte Seth. Dagegen spricht nämlich, daß *śwg3* „töricht (sein)“ bedeutet, und man verstehen könnte: „man war töricht wegen Seth“ (das hieße: „man machte sich über Seth lustig“ oder „man beleidigte Seth“). Zum Wort siehe Meeks, Ann.Lex., 78.3408; Osing, Nominalbildung, 696, Anm. 797; cf. auch Hannig, ÄgWb II, 2145.

[2] Edfou VI, 222, 4 (cf. Spiegelberg, Dem. Gr., § 250). – Cf. auch ITE I/2 (Edfou VII), 37, mit n. 1 f.: *k3.⌜tw mjtt⌝ r Ḏb3r*, ⌜Man⌝ sagt ⌜ebenso⌝ Djebar. Hier dient die Präposition *r* zum Anschluß des Direkten Ojekts; es ist ein besonderer Fall, für den ich keine Parallele kenne. Ein weiteres Beispiel für den Anschluß des Direkten Objekts mit der Präposition *r*: Edfou V, 30, 6 (*ḫm.śn jrj r śt(t) t3(t)*, sie alle verstehen es nicht mehr vorzuschnellen und zuzupacken); cf. Wb III, 279, 12 f. (seit 19. Dynastie).

[3] Hinzugenommen werden syntaktisch gleichwertige Formen des Verbs, wie beispielsweise der Infinitiv.

[4] Gemeint ist die Umfassungsmauer.

[5] Edfou VII, 39, 2; ähnlich VIII, 112, 2 f.

[6] Edfou VII, 190, 14.

[7] Edfou VII, 156, 6 f.

- (Der Gott) , *ꜥḥꜥ* ***m*** *nśwt* ***ḫnt*** *P-n-Rꜥ* ***m*** *nśwt bjt* ***r*** *km ḏt*, der als König herrscht im Thronsitz-des-Re, als König von Ober- und Unterägypten bis in alle Ewigkeit;[1]
- (Horus, der Herr-von-Mesen ist) , ***m*** *ḏrtj* ***m*** *k3 m3ꜥt* ***r*** *ḫw(t) nwt.f* ***r*** *ꜥḳ 3ḫt* ***m*** *ḏd(t).n Rꜥ*, der Falke, der Stier der Maat (Thot), um seine Stadt zu schützen, um in den Horizont (Tempel) einzutreten gemäß dem, was Re gesagt hat.[2]

8 Verbum und Verbum

§ 183

Die unmittelbare Verbindung derselben Verben[3] dient der Verstärkung des Verbalinhalts, oft beim Imperativ:

- (Thot sagt): 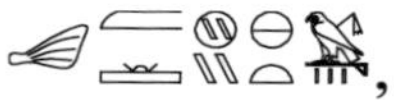, *śḏm śḏm Pśḏt*, „Höre, höre, Götterneunheit!"[4]
- (Die Göttin soll auf die Bitte des Königs sagen): , *jrwj jrwj*, „Es werde getan, es werde getan!"[5]

Die unmittelbare Verbindung verschiedener Verben finden wir dort, wo die Verbalinhalte ähnlich oder komplementär sind, sowie dort, wo sie einander in unterschiedlicher Weise bedingen; diese Koordinationen können also etliche Aufgaben erfüllen (siehe unten, § 184). Wenn das semantische Verhältnis der Verben so beschaffen ist, daß der Verbalinhalt des einen Verbs denjenigen des anderen näher bestimmt, haben wir der Funktion nach eine Verbindung von Verb und Adverb vor uns (siehe unten, § 185).

---

[1] Edfou VII, 70, 15 f.
[2] Edfou VII, 184, 13 f.
[3] Nicht auf eine bestimmte Form beschränkt, also zum Beispiel Infinitiv oder Pseudopartizip.
[4] Dendara Mam., 106, 13. Cf. Daumas, Mammisis, 482, der allerdings eines der beiden *sp 2* nicht recht berücksichtigt.
[5] Esna III, Nr. 380, 28. Die Transkription ist unsicher; cf. Osing, in: GM 97, 1987, 15 ff.

8 Verbum und Verbum

8.1 Koordination

§ 184

Die Koordination zweier Verben ähnlicher Bedeutung ist nicht selten. Sie hat die Funktion, eine Aussage zu verstärken:

- (von einem Feld gesagt) , *npr śjwr.tj ḏdȝ nfr jḳr sp 2*, Das Getreide trägt Frucht, ist reif, vollkommen und gar vorzüglich.[1]
- (Des Königs Körper ist) , *nfr.tj <śnb.tj>**, schön und <gesund>*.[2]

Häufig treffen wir auch auf die Koordination zweier Verben komplementärer Bedeutung, die zum Beispiel die beiden Phasen eines Zyklus umreißen:

- (Von der Nilflut) , *ẖj śẖd*, die hochsteigt und niedersinkt;[3]
- (Der Sonnengott ist am Himmel) , *ḥr wbn ḥtp*, indem er auf- und untergeht.[4]

Nicht allzu selten koordiniert man zwei Verben, deren Aussagen einander bedingen, und zwar in verschiedenen Zusammenhängen:

- (Der König sagt zum Gott): , *ʿḥʿ.k ḥmśj.k*, „Du mögest dich zum Mahle niederlassen."[5]
- (Horus will seinen Gegner von oben bekämpfen) 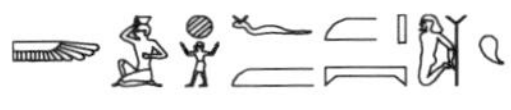, *prj.f ẖj.f m-gś-ḥrj śbj.f*, Er kommt hervor und steigt auf über seinen Feind.[6]

---

[1] Edfou VIII, 17, 9 f.; zum endungslosen Pseudopartizip bei Verben, die auf *t*, *ṯ*, *d* oder *ḏ* enden, siehe oben, § 140.

[2] Edfou VII, 146, 1; zur Konjektur siehe ITE I/2 (Edfou VII), 832. – Weitere Beispiele: Edfou VII, 177, 15 (*wḏȝ śnb*); 275, 12 f. (*ẖr śẖr*, gefallen und gefällt; siehe ITE I/2, 517 f., n. 1); 306, 8 f. (*śšp.tj ȝḫ.tj*); Dendara XV, 10, 6.

[3] Edfou VIII, 31, 13.

[4] Edfou VII, 22, 5. – Ein weiteres Beispiel: VI, 218, 3 (*ḫdj.k ḫntj.k*).

[5] Edfou VII, 153, 1. Zum Ausdruck siehe Wb III, 96, 15 f.; Hannig, ÄgWb II, 558. Wenn ich diese Bildung richtig verstehe, so bedeutet sie ursprünglich, daß man sich, wo auch immer man gerade ist, aufmacht (*ʿḥʿ*), um sich zum Essen niederzulassen.

[6] Edfou VI, 18, 4. – Weitere Beispiele: V, 30, 6 (*śtj ṯȝj*, vorschnellen und zupacken); VI, 79, 6 f. (drei Verben: *śtj.f jtḥ.f jnj.f pȝ ẖȝb*); 169, 8 f. (*j jrj*, sagen und handeln; zum Inhalt cf. Tôd II, Nr. 283 bis*, 1: *ḏd(t) jrj(t) ḫpr ḥr-ʿ*, die (etwas) ausspricht und sofort werden läßt); 187, 12 (*jj.nj śmn.n.j*, „ich bin gekommen und habe gefestigt"); 262, 7 (*jj.tj ẖʿj.tj*).

8 Verbum und Verbum

8.2 Verbum und Adverb

§ 185

In manchen Fällen ergibt sich aus der Bedeutung zweier koordinierter Verben, daß eines von ihnen die Funktion eines Adverbs übernommen hat:

a) Das erste Verbum fungiert als Adverb:

- (Horus erfreut die Herzen in seinem Landesteil) 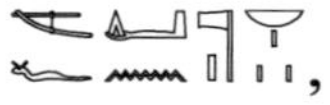, *mrj.f (r)dt n nṯr nbw*, da er es liebt, allen Göttern zu geben.[1]
- (Horus Behedeti) , *ꜣś jj n ꜥš n.f*, der eilends kommt zu dem, der nach ihm ruft.[2]

b) Das zweite Verbum fungiert als Adverb:

- , *śḫm ḫꜥj.tj ḳꜣj.tj hꜣw-ḥr.ṯ*, „Das Sistrum ist erglänzt, hoch vor deinem Angesicht."[3]
- (Über eine Göttin gesagt) 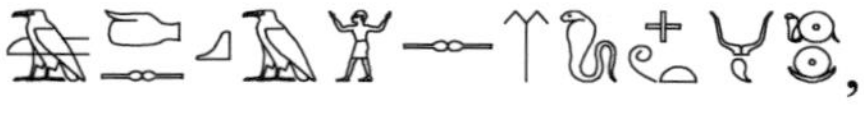, *ꜣmm.ś ḳꜣj.ś m jꜥrt jmj-wtj wpt.f rꜥ-nb*, Sie möge sich als Uräusschlange an seinem Scheitel hoch aufrichten, Tag für Tag.[4]

9 Transitives Verbum ohne Direktes Objekt

§ 186

Schon immer[5] konnte das Direkte Objekt transitiver Verben ausgelassen werden, wenn es im jeweiligen Kontext als selbstverständlich angesehen wurde oder wenn sich der Verbalinhalt

---

[1] Edfou VI, 199, 7; das entspricht etwa unserem „weil er allen Göttern gerne gibt". Wegen eines weiteren Beispiels dieser Art siehe oben, § 181 a, letzte Anmerkung.

[2] Edfou V, 211, 6; ebenso: VII, 256, 6. – Wörtlich vielleicht: ..., der eilt, der kommt; oder: *ꜣś (ḥr) jj(t)*, der eilt beim Kommen.

[3] Edfou VII, 307, 8 f.

[4] Esna III, Nr. 380, 28; das Zeichen der Schlange sieht in der Publikation etwas anders aus. – Wörtlich: Sie möge ergreifen, indem sie hoch ist als Uräusschlange an seinem Scheitel, Tag für Tag. – So aufzufassen ist wohl auch der Name der Göttin *Jw.ś-ꜥꜣ.ś*, Die-als-Große-kommt; wörtlich: Die kommt, indem sie groß ist.

[5] Bauer, B1, 301 f. = R.B. Parkinson, The Tale of the Eloquent Peasant, Oxford 1991, p. 42, 11 - 43, 2 (*rdj* und *jtj*). – Cf. auch Gardiner, EG, § 506, 5.

nicht konkret auf einen bestimmten Gegenstand, sondern abstrakt auf alle Gegenstände richtete, die im jeweiligen Sachzusammenhang in Frage kamen.

Auch im Ptolemäischen gibt es dafür viele Beispiele:

- (Vom Feld), *mśj.ś n.k r dmḏjt.ś*, „Es bringt für dich (Frucht) hervor zu seiner Zeit.“[1]
- (Der König), *ḥr ms n k3.k rᶜ-nb*, „opfert täglich deinem Ka.“[2]
- (Von der Königin zum Gott gesagt, den König betreffend):, *šsp m-ᶜ.f*, „Nimm (es) aus seiner Hand entgegen.“[3]
- (Der Maba-Speer taucht auf), *r ḫw(t)*, um zu schützen.[4]

Einige solcher Fälle sind, mit Blick auf die klassische Sprache, etwas überraschend und verlangen eine nähere Betrachtung:

- (Eine westliche und eine östliche Treppe hat der Tempel), *ḥr wbn ḥtp jm.śn*, über die „Aufgang“ und „Untergang“ ermöglicht werden.[5]
- (Thot schützt den König), *(ḥr) śḥr(t) m* ⌜*św3w*⌝*.f*, und vertreibt (die Feinde), die in seiner ⌜Nähe⌝ sind;[6]
- (Horus bringt den Nil hervor), *r śᶜnḫ r3 nb ḳḳ*, um jeden essenden Mund am Leben zu erhalten.[7]
- (Über eine Göttin gesagt), *3mm.ś ḳ3j.ś m jᶜrt jmj-wtj wpt.f rᶜ-nb*, Sie möge sich als Uräusschlange an seinem Scheitel hoch aufrichten, Tag für Tag.[8]

In diesem schon oben (§ 185) zitierten Beispiel wurde das Direkte Objekt zu *3mm* nicht ausgedrückt; man würde „ihren Platz“ o. ä. erwarten;

---

[1] Edfou VIII, 18, 2.

[2] Edfou VIII, 59, 4; wörtlich: „bringt täglich für deinen Ka herbei“. Ähnlich: VIII, 71, 5 (*ḥnk*).

[3] Edfou VII, 83, 5; siehe ITE I/2, 115, n. 4.

[4] Edfou VI, 186, 5; ähnlich: V, 163, 12 (*bs3*).

[5] Edfou VII, 16, 6. Wörtlich: ..., die aufgehen lassen und untergehen lassen über sich. Zur kausativen Bedeutung der beiden Verben siehe Wb I, 294, 3; III, 192, 8 f.; das nicht ausgedrückte Objekt ist entweder eine Bezeichnung der Priester oder eine Bezeichnung des Sonnengottes, dessen Abbild die Priester an bestimmten Festtagen auf das Tempeldach und wieder hinab ins Tempelinnere tragen.

[6] Edfou VII, 190, 9; ähnlich: VI, 268, 1 (*śḥr*).

[7] Edfou VII, 208, 3; ähnlich: I, 198, 10; VIII, 9, 8 f.; 11, 4; Dendara IV, 98, 9. Der Fall wurde schon oben § 120 zitiert; in dieser Weise absolut verwendete Partizipien Transitiver Verben sind selten.

[8] Esna III, Nr. 380, 28; wörtlich: Sie möge ergreifen, indem sie hoch ist als Uräusschlange an seinem Scheitel, Tag für Tag.

- (In einer Weinopferszene ist Horus der König der Götter?) , *śrd*, der wachsen läßt.[1]

10 Zahlwort[2] und Gezähltes

§ 187

A Kardinalzahlen:

a) Mehrheitlich wird das Gezählte im Singular vorangestellt, das Zahlwort folgt:[3]

- , *śb3 6*, 6 Türen[4];
- , ⌜*śḫt*⌝ *30*, 30 ⌜Felder⌝;[5]
  , *śbj 142*, 142 Feinde;[6]
- , *rnpt 7.000*, 7.000 Jahre.[7]

b) Seltener wird das Gezählte im Plural vorangestellt, das Zahlwort folgt:

- , *nṯrw 9*, 9 Götter;[8]
- , *rmnw nfr(w) 18*, 18 vollendete Säulen;[9]
- , *rnpwt nn 7.000*, diese 7.000 Jahre.[10]

c) Noch seltener geht das Zahlwort voraus, das Gezählte folgt im Plural: , *5 hrw ḥrjw rnpt*, die 5 Epagomenentage.[11]

---

[1] Edfou V, 389, 3; allerdings ist zu diesem Beispiel einschränkend anzumerken, daß die Publikation den Text mit *śrd* enden läßt, obwohl es in der zerstörten Fläche über der Figur des Gottes noch für eine kurze waagerechte Zeile Platz gibt, worin ein Objekt gestanden haben könnte.

[2] Zu den Schreibungen siehe oben, § 128.

[3] Das entspricht der Konstruktion der klassischen Sprache; siehe Edel, Altäg. Gramm., § 385 - 420 (siehe hier auch die Angaben zum Unterschied zwischen gesprochener und geschriebener Sprache bei Zahlwortkonstruktionen); Gardiner, EG, § 261.

[4] Edfou VII, 19, 5; ähnlich: VI, 118, 5 (**1**); V, 4, 2 (**2**); V, 3, 7 (**3**); V, 353, 3 (**5**); VI, 20, 4 und 214, 6 (**7**); VI, 195, 1 (**8**); Traunecker, Coptos, Nr. 42, 9 (**9**); Edfou V, 6, 5 (**14**); Junker, Sprachliche Verschiedenheiten in den Inschriften von Dendera, in: SPAW 1905, 787, § 11 (**16**); Edfou VII, 47, 4 (**17**). – In der Bedeutung „je 1" kann das Zahlwort **1** dem Gezählten vorangehen oder ihm folgen (Junker, GdD, § 101).

[5] Edfou VII, 219, 1.

[6] Edfou VI, 127, 11; ähnlich: VI, 119, 4 (**381**); VI, 113, 2 (**651**).

[7] Edfou III, 246, 14.

[8] Edfou VII, 120, 12.

[9] Edfou VII, 17, 12; ähnlich: VIII, 113, 3 (**14**); Junker, GdD, § 100 (**9**; **104**).

[10] Edfou VII, 147, 13.

[11] Edfou V, 359, 2; Cauville, Temple d'Isis, 56, 15.

d) Die Zahl 4 hebt sich von allen anderen ab, weil sich für sie sieben verschiedene Konstruktionen jeweils mehrfach belegen lassen:[1]

- Zahl geht voran, Gezähltes im Singular: 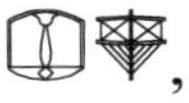, *fdw ṯ3w*, die 4 Winde;[2]
- Zahl geht voran, Gezähltes im Plural: 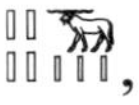, *4 b3w*, 4 Bas;[3]
  , *fdw ḥrw*, 4 Gesichter;[4]
- Zahl folgt, Gezähltes im Singular: , *śb3 4*, 4 Türen;[5]
- Zahl folgt, Gezähltes im Plural: 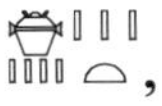, *nmśwt 4.t*, die 4 Nemset-Krüge;[6]
- Artikel, Zahl, Gezähltes im Singular: , *p3 4 śbn*, die 4 Binden;[7]
- Artikel, Zahl, Gezähltes im Plural: , *p3 4 nṯrw*, die 4 Götter;[8]
  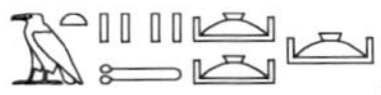, *t3 4.t j3wt*, die 4 Stätten;[9]
- Artikel, Gezähltes im Singular, Zahl: , *p(3j).w hjn 4*, ihre 4 Begrenzungen.[10]

Wie die letzten drei Konstruktionen mit Artikel zeigen, erscheint der Artikel stets im Singular, richtet sich aber nach dem Genus des Gezählten; das entspricht der klassischen Sprache.[11]

e) Die beiden zuletzt genannten Konstruktionen findet man nur sehr selten auch bei anderen Zahlen als bei der 4:

- 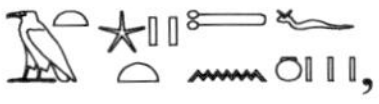, *t3 7.t ṯnfw(t)*, die 7 Gefäße;[12]
- , *p(3) hrw 8*, die 8 Tage;[13]

---

[1] Das gilt für Edfu und ähnlich auch für Dendera (zu letzterem siehe Junker, GdD, § 100).

[2] Edfou V, 268, 3; ähnlich: VII, 53, 10 (*4.t dšrt*).

[3] Edfou VII, 172, 4.

[4] Edfou V, 122, 2 (kollationiert; man würde vier Einerstriche erwarten); das Zahlwort „vier" wird gelegentlich mit allen Konsonanten ausgeschrieben.

[5] Edfou VII, 18, 2; ähnlich: V, 126, 5.

[6] Dendara VI, 21, 10 (das Gefäß sieht in der Publikation ein wenig anders aus).

[7] Junker, Sprachliche Verschiedenheiten in den Inschriften von Dendera, in: SPAW 1905, 788, § 11.

[8] Junker, Sprachliche Verschiedenheiten in den Inschriften von Dendera, in: SPAW 1905, 788, § 11; ähnlich Edfou V, 125, 3; 132, 11; Dendara XIII, 45, 5 (*p3 fdw śrw*).

[9] Edfou I, 359, 5. Ähnlich: Dendara VI, 154, 5: *t3 4 j3wt* (das Zahlwort wurde hier ohne die Femininendung geschrieben).

[10] Edfou VII, 224, 8.

[11] Gardiner, EG, p. 193, n. 1 ff. – Zur Verbindung mit dem Demonstrativpronomen im Altägyptischen siehe Edel, in: GM 22, 1976, 25.

[12] Dendara XIII, 44, 3.

[13] Junker, Sprachliche Verschiedenheiten in den Inschriften von Dendera, in: SPAW 1905, 788, § 11 c.

- , *p3 wj3 34*, die 34 Schiffe.[1]

f) Die neuägyptische Konstruktion als Indirekter Genitiv[2] kommt nur vereinzelt vor:

- , *rnw n(w) 30 nw jꜥḥ*, die Namen der 30 (Tage) des Mondes;[3]
- 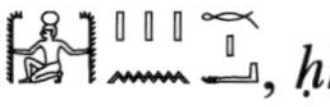, *ḥḥw n mḥ*, Millionen Ellen.[4]

B Kardinalzahlen bei Gewichten, Längen- und Flächenmaßen:

a) Voran geht in den allermeisten Fällen die Maßeinheit im Singular, das Zahlwort folgt:

- 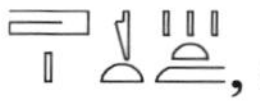, *dbn 1 ḳdt 3 ½*, 1 Deben, 3½ Kite;[5]
- , *mḥ 5*, 5 Ellen;[6]
- , *jtrw 106*, 106 Iteru;[7]
- 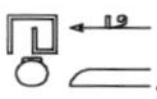, *hnw 1½*, 1½ Hin.[8]

b) Seltener findet man:

- , *3.t ḳdt ⅓*, 3⅓ Kite[9]; die Maßeinheit steht hier zwischen Ganzer Zahl und Bruchzahl (cf. die Normalschreibung [10]);
- , *6.600.000 n śt3t*, 6.600.000 Aruren[11]; hier folgt das Gezählte als Nomen Rectum dem Zahlwort im Indirekten Genitiv.

C Ordinalzahlen[12]:

Sie folgen in attributivem Gebrauch regelhaft ihrem Bezugswort und richten sich nach dessen Genus:

- , *hrw tpj n ḥb pn*, der erste Tag dieses Festes;[13]

---

[1] Junker, Sprachliche Verschiedenheiten in den Inschriften von Dendera, in: SPAW 1905, 788, § 11 c.

[2] Erman, NG, § 247.

[3] Junker, GdD, § 100 (= Dendara XV, 32, 6). – Zu dieser Konstruktion und ihrem nicht allzu seltenen Vorkommen in klassischer Zeit siehe Graefe, in: Fs. Edel, 174 ff.

[4] Dendara X, 357, 2. - Der Indirekte Genitiv ist nicht ganz sicher, weil das *n* in diesem demotisch gefärbten Text auf altes *m* zurückgehen könnte (siehe Edel, Altäg. Gramm., § 398 f.).

[5] Edfou VI, 162, 13.

[6] Edfou VII, 11, 8.

[7] Edfou VI, 200, 6.

[8] Edfou VI, 166, 3.

[9] Edfou VI, 163, 11.

[10] Edfou VI, 164, 2.

[11] Edfou VI, 200, 4. – Der Indirekte Genitiv ist nicht ganz sicher, weil das *n* in diesem demotisch gefärbten Text auf altes *m* zurückgehen könnte (siehe Edel, Altäg. Gramm., § 398 f.).

[12] Zu den Schreibungen siehe oben, § 131.

[13] Edfou VI, 103, 4; ähnlich: 165, 10.

- , *ḥmt nśwt tpt*, die erste Königsgemahlin;[1]
- , *p3 3ḥ mḥ-3*, das 3. Ackerstück;[2]
- , *t3 ḫt śwt mḥ-3.t*, die 3. Trockenmasse;[3]
- , *šśr 5.nw*, der 5. Pfeil;[4]
- , *j3t 4.nw.t*, die 4. Stätte.[5]

Zwei Besonderheiten sind noch anzusprechen:

- Die Verbindung , wurde von Junker[6], der dazu nur einen Fall[7] kannte, „*mḥ-śn-tpj*", „der zweite", gelesen. Jedoch erscheint diese Verbindung in Rezepten mehrfach und ist wohl anders aufzufassen: *mḥ-2 tp*, von zweiter Qualität.[8]
- Schreibungen der Art [9] lassen zunächst an eine kalligraphisch motivierte Umstellung für * , denken. Daß aber nicht **hrw mḥ 3* zu lesen ist, beweisen Schreibungen wie zum Beispiel , *mḥ hrw 14*, der 14. Tag[10]. Alle mir bekannten Fälle stammen aus dem Text des Festes von Behedet, und bei ihnen folgt stets *n ḥb Bḥdt* als Nomen Rectum, also beispielsweise
- , *mḥ hrw 14 n ḥb Bḥdt*, der 14. Tag des Festes von Behedet.

Diese Konstruktion ist offenbar vom Demotischen beeinflußt.[11]

---

[1] Edfou VII, 115, 11.
[2] Edfou VII, 237, 6.
[3] Edfou VI, 164, 4.
[4] Edfou VI, 268, 15.
[5] Dendara X, 364, 1.
[6] Sprachliche Verschiedenheiten in den Inschriften von Dendera, in: SPAW 1905, 788, § 12.
[7] Dendara IX, 126, 4.
[8] Wb II, 118, 1. Weitere Stellen: Edfou VI, 162, 3; Dendara X, 44, 9; 46, 13. – Ob die Verbindung wörtlich bedeutet: „zweite in bezug auf die Spitze"?
[9] Edfou V, 135, 10; ähnlich: 134, 9; 135, 11; 136, 1 - 4.
[10] Edfou V, 34, 2.
[11] Cf. Spiegelberg, Dem. Gr., § 88, in fine. Es gibt einige weitere Hinweise darauf, daß der Text auf eine zeitgenössische Redaktion zurückgeht, siehe Kurth, Treffpunkt der Götter, 360 - 362.

Übung 9

Zu transkribieren und zu übersetzen:

Photo: Edfu-Projekt D03_1812

D Satz-Syntax[1]

Definitionen

§ 188

Der auf dem Gebiet der ägyptischen Grammatik seit Jahrzehnten anhaltende terminologische Wildwuchs[2] macht es notwendig, diesem Kapitel einige Definitionen vorauszuschicken. Mit Blick auf die ägyptische Sprache definiere ich folgende Satzteile:

Das **Subjekt** ist ein
belebter oder unbelebter Gegenstand des Denkens, der entweder
- handelt,
- behandelt wird,
- etwas ist (mit anderem identifiziert wird),
- lokal, temporal oder modal befindlich ist,
- in irgendeiner Weise beschaffen ist.

Das **Prädikat** macht eine
Aussage über
- das Handeln,
- das Behandelt-werden,
- die Identität,

---

[1] Nota bene:
a) Zum hier verwendeten Satzbegriff siehe unten, § 268.
b) Für Kapitel D gilt, daß sich die Bestimmung der Satzteile sowie die Klassifizierung der Sätze als Haupt- oder Nebensätze in der Regel an der Sach-Logik der natürlichen Verhältnisse und Abläufe orientiert. Zusätzliche Erklärungen aus der eigenständigen Struktur der ägyptischen Sprache werden fallweise in den Fußnoten gegeben.
c) Die Terminologie orientiert sich, so weit es möglich ist, an der von der lateinischen Sprache geprägten klassischen Schulgrammatik. Davon nicht erfaßte Besonderheiten des Ägyptischen werden neutral bezeichnet (zum Beispiel die *jn*-Konstruktion oder das *šḏmt.f*) und mit Erklärungen versehen, die zur Funktionsbestimmung nötig sind, unter Verweis auf die Struktur der ägyptischen Sprache, deren Eigenart ja im wesentlichen auf der Art der Verwendung der Wortarten und ihrer Formen innerhalb der Syntax beruht.
d) Der Infinitiv in Konstruktionen, die Sätzen entsprechen, wird unten unter § 275 (Ellipsen) behandelt.

[2] Eines der vielen Beispiele für die um sich greifende Anarchie der Begriffe findet man bei Friedrich Junge, „Emphasis" and Sentential Meaning in Middle Egyptian, GOF IV/20, 1989, 79, n. 28. Cf. dazu auch Johnson, in: Crossroad, 401 f.

- die lokale, temporale oder modale Befindlichkeit,
- die Beschaffenheit des Subjekts.

Das **Direkte Objekt** ist ein

Gegenstand oder Wesen, an dem sich das Tun eines handelnden Subjekts vollzieht.

Das **Indirekte Objekt** ist ein

Wesen oder Gegenstand, dem etwas zugute kommt.

Das **Adverb** definiert

lokal, temporal oder modal ein Verb, eine Aussage oder ein Nomen (Präpositionales Attribut/verkürzter Attributsatz).

Das **Attribut** definiert einen

nominalen Satzteil.

Die **Partikel** äußert sich

unmittelbar über eine Aussage, und zwar emotional, beurteilend oder gliedernd.

Im Bereich des Satzes werden folgende Begriffe benutzt:

- *Minimalsatzbaumuster*: selbständige Aussage, die mindestens Subjekt und Prädikat besitzt, sei es explizit oder implizit.[1]
- Innerhalb des *Satzgefüges* spreche ich von *Hauptsatz* und *Nebensatz*.
- Nebensätze sind ausgelagerte Satzteile des Hauptsatzes, deren Verbindung mit dem Hauptsatz *syndetisch* (mit Konjunktion)[2] oder *asyndetisch* (ohne Konjunktion) sein kann:
    - *Adverbialsatz*: Nebensatz in der Funktion eines Adverbs;
    - *Attributsatz* (*Relativsatz*): Nebensatz in der Funktion eines Attributes;
    - *Objektsatz*: Nebensatz in Funktion eines Objekts;
    - *Subjektsatz und Prädikatsatz*: Nebensatz in Funktion eines Subjekts oder Prädikats.

---

[1] Implizites Subjekt und/oder Prädikat bezieht sich auf Ellipsen, emotionale Partikeln (Interjektionen) und Imperative.

[2] Das meint zumeist eine Präposition, die als Konjunktion dient.

- Das logische Verhältnis des Adverbialsatzes zum zugehörigen Hauptsatz wird mit folgenden Begriffen bezeichnet:
  - *adversativ*: Angabe eines Gegensatzes;
  - *final*: Angabe einer Absicht oder eines Zweckes;
  - *kausal*: Angabe eines Grundes;
  - *konsekutiv*: Angabe einer Folge („so daß“);
  - *konditional* (in einem Satzgefüge bestehend aus *Protasis* und *Apodosis*, Vordersatz und Nachsatz: „Wenn ..., dann ...“.): Angabe einer Bedingung;
  - *konzessiv*: Angabe eines abweichenden oder entgegenstehenden Umstandes;
  - *temporal*: Angabe einer Zeitlage;
    terminativ: Angabe eines Zieles („bis daß“);
  - *zirkumstanziell*: Angabe eines einwirkenden Nebenumstandes;
- *Hypotaxe* bezeichnet Satzgefüge aus Haupt- und Nebensatz, *Parataxe* die Reihung gleichrangiger Sätze.

Weitere Definitionen:

- Die Begriffe *Substantiv* und *Nomen* werden nicht differenziert.[1]
- *Adverbialgruppe*, *Attributgruppe*, *Objektgruppe*, *Partizipialgruppe* und *Subjektgruppe* werden fallweise als Begriffe verwendet, wenn ein Satzteil aus mehreren Wörtern besteht (Oberbegriff dazu: Syntagma).

Gelegentlich benutzte Abkürzungen:

- PvK: Pseudoverbalkonstruktion;
- PsP: Pseudopartizip;
- Adv. NS: Adverbieller Nominalsatz;
- Nom. NS: Nominaler Nominalsatz;
- Adj. NS: Adjektivischer Nominalsatz.

Bei den zitierten Textstellen dieses Kapitels ist zu beachten, daß nicht alle, aber doch viele von ihnen als Beispiele jeweils aus ihrem Kontext ausgelöst und als selbständige Sätze

[1] Schenkel, Einführung, 275, benutzt unter anderem in Anlehnung an Polotsky den Terminus „Nomen“ nur als Oberbegriff für Substantiv und Adjektiv. Das führt beispielsweise zu einem zunächst eher irritierenden Terminus „Relativ-pro-Substantiv“ statt des vertrauten „Relativpronomen“. Darin vermag ich für die Philologie keinen Nutzen zu erkennen.

behandelt werden, selbst wenn sie im syntaktischen Zusammenhang ihres Kontextes als Nebensätze auftreten. Dieses Vorgehen läßt sich – bei ökonomischer Darbietung des Stoffes – nicht vermeiden und ist außerdem gut zu vertreten, weil fast alle Minimalsatzbaumuster ohne äußere Differenzierung sowohl als selbständiger Satz als auch als asyndetischer Nebensatz erscheinen können.

In ihrer Verwendung als asyndetische Nebensätze werden diese Satzbaumuster in den Paragraphen oben, 245 - 254 behandelt. Auf ihre Verwendung als nicht durch Hilfsverb oder Partikel eingeleitete selbständige Sätze wird gegebenenfalls in den Paragraphen unten, 191 ff. jeweils in der ersten Fußnote hingewiesen; dabei setze ich als wichtigstes Kriterium für die Bestimmung als selbständiger Satz, daß das fragliche Satzbaumuster initial steht, und zwar am Beginn eines äußerlich-formal abgegrenzten Textteils.[1] Allerdings bedeuten diese insgesamt seltenen Belege in initialer Stellung nicht, daß die betreffenden Satzbaumuster in jeder nicht-initialen Stellung als selbständige Sätze auftreten können; es ist nämlich damit zu rechnen, daß sie ohne Hilfsverb und Partikel meist nur dort als selbständige Sätze benutzt werden, wo sie als solche eindeutig sind.

1 Satzbaumuster

§ 189

Der folgende Katalog listet die im Ptolemäischen belegten Minimalsatzbaumuster auf. Damit werden Sätze bezeichnet, die jeweils mindestens aus Subjekt und Prädikat bestehen und als selbständiger Satz auftreten können.

Die Satzbaumuster lassen sich unter anderem[2] danach einteilen, ob sie ein mit Hilfe der Suffix-Konjugation finit konstruiertes Verbum[3] aufweisen oder nicht. Hieraus ergeben sich zwei Haupt-Kategorien:

---

[1] Zur Unterscheidung von initial und nicht-initial verwendeten Satzbaumustern des Neuägyptischen auf der Basis anderer Kriterien siehe Groll, in: JEA 64, 1978, 172 ff.

[2] Andere Einteilungen sind natürlich möglich. Eine davon hat Friedrich Junge vorgelegt in seinem Werk: Syntax der mittelägyptischen Literatursprache. Grundlagen einer Strukturtheorie, Mainz 1978. Von einer höheren Warte aus schauend, eliminiert Junge den Verbalsatz. Junges Ansatz liefert unter anderem ein gutes Mittel zur Analyse von Satzgefügen, paßt aber nicht zur Zielsetzung der vorliegenden Grammatik.

[3] Dazu gehören also zum Beispiel nicht die Adjektiv-Verben, wenn sie im Adj. NS als Prädikat dienen.

- der Nominalsatz
- der Verbalsatz.

1.1 Nominalsatz

§ 190

Der Nominalsatz wird traditionell nach der Art des Prädikates unterteilt in den
- Nominalen Nominalsatz,
- Adverbiellen Nominalsatz,
- Adjektivischen Nominalsatz.

Jede dieser drei Kategorien läßt sich mehrfach weiter untergliedern, je nach den Wortarten, die als Subjekt und Prädikat dienen.

Auch derjenige Nominalsatz, an dessen Bildung kein Verbum beteiligt ist, kann ein eigenes Adverbium besitzen. Dieses steht in der Regel, wie es beim Verbalsatz der Fall ist, am Satzende[1]:

- (Über den Tempel gesagt): , *Ḥt-Ḥr-Ḥrw kꜣ.š ḏr-bꜣḥ*, Haus-des-Horus-der-Horusgötter ist sein Ka-Name seit Urbeginn,[2]
- , *Ḏḥwtj m-ḫt.f ḥr jr(t) mkt* ..., Thot ist hinter ihm und vollzieht den Schutz ... .[3]

1.1 Nominalsatz

1.1.1 Nominaler Nominalsatz[4]

§ 191

Der Nominale Nominalsatz ist im Ptolemäischen häufig anzutreffen. Bei seiner Bildung sind als Wortarten beteiligt das Nomen, das Unabhängige Personalpronomen (siehe oben, § 61 - 69), einige der verschiedenen Demonstrativpronomina (siehe oben, § 70 - 89), Nominale

[1] Cf. dazu auch Budde, Felber, Kurth und Waitkus, in: GM 136, 1993, 109 (5.).
[2] Edfou VII, 25, 9 f.
[3] Edfou VIII, 107, 12.
[4] Als selbständiger Satz: Edfou VI, 124, 6 (... *rn n* ...); VIII, 6, 6 ff. (*ntk* ...); 53, 16 (*ḏd.š Rʿ*).

Formen des Verbs (siehe unten, § 194) sowie schließlich auch ganze Sätze (siehe unten, § 198 - 206). Hieraus ergeben sich die Minimalsatzbaumuster des Nominalen Nominalsatzes.

Wie in der klassischen Sprache ist der Nominale Nominalsatz tempus-neutral; seine Zeitlage kann also je nach Zusammenhang des Textes Vergangenheit, Gegenwart oder Zukunft sein.

Obwohl der Nominale Nominalsatz kein Verbum besitzt, kann er ein Adverb zu sich nehmen.[1]

1.1 Nominalsatz

1.1.1 Nominaler Nominalsatz

1.1.1.1 Nomen und Nomen

§ 192

Es ist schon viel darüber geschrieben worden, welches der beiden Nomina Subjekt und welches Prädikat ist. Die Frage hat für das feinere Verständnis der Texte eine gewisse Bedeutung, konnte aber bisher noch nicht in allgemein anerkannter Weise gelöst werden.[2]

Ich denke, man sollte *Subjekt-Prädikat* als Grundstellung ansehen, weil normalerweise der in den Blick genommene Gegenstand des Denkens bekannt sein muß, bevor darüber eine Aussage gemacht werden kann.[3] Davon ausgenommen sind Demonstrativpronomina (siehe unten) und Rückverweise wie beispielsweise *... rn.f, ... ist sein Name*, die als Subjekt fallweise die zweite Position einnehmen können, weil sie Bekanntes aufgreifen und weil sie –

[1] Siehe zum Beispiel Edfou VII, 202, 15: *nwj ḥm-nṯr ḥr ḏśr tjt.k,* "Ich bin ein Gottesdiener und heilige dein Bild.“ Cf. auch oben, § 190.

[2] Sethe, Nominalsatz, § 22, erkennt als Grundstellung *Prädikat-Subjekt*. – Gardiner (EG, § 125 ff.), Junge (Syntax, 25 ff.) und Westendorf (NAWG, I Phil.-Hist. Klasse, Nr. 3, 1981, 77 ff.) erkennen als Grundstellung *Subjekt-Prädikat*. – Edel, Altäg. Gramm., § 947, hält eine Unterscheidung von grammatischem Subjekt und Prädikat für unmöglich und sieht gelegentlich Schwierigkeiten bei der Bestimmung des logischen Subjekts und Prädikats.

[3] Interessant ist in diesem Zusammenhang ein Blick auf Nominale Nominalsätze mit folgendem *ṯs-pẖr*, „und umgekehrt“: , *mkt.f mkt Gbb jt nṯrw ṯs-pẖr*, Sein Schutz (des Königs Geschütztsein) ist der Schutz (das Geschütztsein) des Geb, des Vaters der Götter, und umgekehrt (Edfou VI, 301, 10). Das „umgekehrt“ führt zu *mkt Gbb jt nṯrw mkt.f* (siehe Wb V, 404, 1 ff.), Der Schutz (das Geschütztsein) des Geb, des Vaters der Götter, ist sein Schutz (Geschütztsein). Vielleicht ist in beiden Sätzen das erste Nomen als Subjekt aufzufassen, da man andernfalls dieselbe Aussage erhielte. Vielleicht aber müssen wir in beiden Sätzen *mkt.f* als Subjekt erkennen und dieselbe Aussage ansetzen (cf. im Arabischen den Gruß *as-salam ᶜaleikum* und die Antwort *wa ᶜaleikum as-salam*); auch im letzteren Falle würde aufgezeigt, daß Subjekt und Prädikat im Nominalen Nominalsatz ihre Positionen tauschen können, je nach den semantischen Gegebenheiten.

sobald der hörende/lesende Verstand auf sie trifft – das voranstehende Nomen zum Prädikat machen. – Außerdem spielt die Semantik eine wichtige Rolle, wie folgendes Beispiel[1] verdeutlichen mag:

- *bjꜣjt pw dgt.śn*, Ihr Anblick ist wahrlich ein Wunder.

Der Begriff „Wunder“ dürfte im Nominalsatz fast immer[2] etwas Bekanntes beurteilen und wird, ohne daß Zweifel aufkommen, als Prädikat aufgefaßt werden; das gilt auch für andere Begriffe, die eine Beurteilung enthalten.

Das erste Nomen ist Subjekt:

- (Über den Tempel von Edfu gesagt) 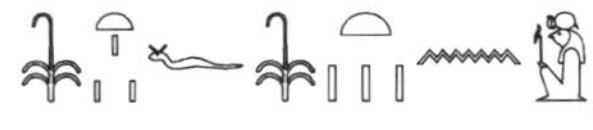, *nświt.f nświt n(t) Rꜥ*, Sein Königtum ist das Königtum des Re,[3]
- (Über eine Stätte gesagt) *nṯr jm.ś Ḥr Bḥdtj Rꜥ Mnw*, Der Gott darin[4] ist Horus Behedeti Re Min;[5]
- (Als Reaktion auf die Nilpferdjagd): , *ḫrw ḫꜣb ḫr m nwḥ.k jꜥnw sp 2 m Knmt*, „Das Gebrüll des Nilpferdes, das in deiner Fessel niedergeworfen ist, bewirkt großes Wehklagen in der großen Oase (Charga und Dachla).“[6]

Das zweite Nomen ist Subjekt:

- (Der König sagt: „Ich bin der ... Gott, der aus Behedet kommt“) 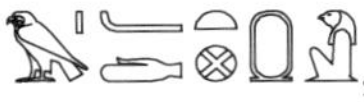, *Ḥr Bḥdtj rn.j*, „Horus Behedeti ist mein Name;“[7]
- (Die Anführer der Mannschaft wandeln ihre Gesichter): *bjk Nb-mꜥbꜣ pḥtj Wr-dś sꜣ-tꜣ ꜥꜣ-śnḏ kꜣ Wr-hmhm*, Ein Falke ist Der-Herr-des-Maba-Speeres, ein Löwe ist Der-mit-dem-großen-Messer, eine Schlange ist Der-überaus-Furchtbare und ein Stier ist Der-mit-großem-Gebrüll.[8]

---

[1] Edfou VII, 15, 5; mit hieroglyphischem Text zitiert: unten, § 198.

[2] Wenn es anders sein sollte, müßte vom Wunder im allgemeinen oder von einem zuvor genannten wunderbaren Ereignis die Rede sein; in diesem Falle würde der Kontext die Frage entscheiden.

[3] Edfou VII, 19, 9. Ein weiteres Beispiel: Edfou VI, 298, 5: *mkt.k mkt nṯrw*.

[4] Siehe oben, § 173.

[5] Edfou VI, 115, 2.

[6] Edfou VI, 69, 10. – Zum Inhalt: In diesen Oasen lagen Kultorte des in Nilpferdgestalt erscheinenden Seth.

[7] Edfou VI, 131, 8.

[8] Edfou VI, 17, 15. Der-Herr-des-Maba-Speeres, Der-mit-dem-großen-Messer etc. sind die Namen der zuvor genannten Anführer.

Nur ein Beispiel kenne ich, das man vielleicht für die altägyptische Konstruktion *jn und Nomen und Nomen*[1] in Anspruch nehmen könnte.[2]

1.1 Nominalsatz

1.1.1 Nominaler Nominalsatz

1.1.1.2 Personalpronomen und Nomen

§ 193

Das voranstehende Unabhängige Personalpronomen, von dem alle Arten (siehe oben, § 61 - 69) verwendet werden können, ist das Subjekt des Satzes.[3] Es folgt das nominale Prädikat, das angibt, womit das Subjekt gleichgesetzt und dadurch qualifiziert wird. Darüber hinaus dient diese Konstruktion selten auch zur Besitzanzeige.[4]

Gleichsetzung:

- , *nwj s3.t*, „Ich bin dein Sohn,“[5]
- , *<twt>* nṯr wr ⸢św⸣ r nṯrw*, „<Du>* bist der Gott, ⸢der⸣ größer ist als die (anderen) Götter,“[6]
- , *ntf Ḥr*, Er ist Horus (in seiner Jugend in seinem Nest in Chemmis).[7]

Besitzanzeige:

- , *jw n.k ꜥnḫ ntk nḥḥ*, „Du hast Leben, dir gehört die Ewigkeit,“[8]
- 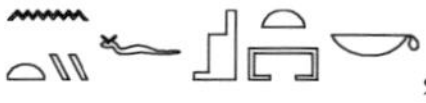, *ntf śt.k*, „Ihm[9] gehört dein Thron.“[10]

---

[1] Edel, Altäg. Gramm., § 952; Gardiner, EG, 227, 3.

[2] Edfou VI, 200, 1 - 3: *jn mw n w3ḏ wr ... 18.00<0.000> n śṯ3t*, Die Gewässer des Deltas ... sind 18.00<0.000> Aruren. Doch wegen der schon in alter Zeit großen Seltenheit dieser Konstruktion habe ich *jn* in der Funktion von *jr* angesetzt, was in den Inschriften Edfus einige Male belegt ist (siehe oben, § 159, s. v. *jn*: Was anbelangt die Gewässer des Deltas, ...).

[3] In der Literatur wurde zu einer Zeit das Unabhängige Personalpronomen als Prädikat aufgefaßt, was ich auf der Basis meiner oben gegebenen Definitionen (siehe oben, § 188) nicht akzeptieren kann. Zur Widerlegung dieser These siehe auch Loprieno, in: Sylvia Schoske (Hg.), Akten des 4. Internationalen Ägyptologenkongresses, SAK Beiheft 3, 1989, 85 ff. (§ 6 f.).

[4] Siehe oben, § 61 (Anm.).

[5] Edfou V, 224, 13.

[6] Edfou VII, 82, 14; zur Konjektur siehe ITE I/2, 822.

[7] Edfou VI, 301, 2.

[8] Edfou VI, 189, 11.

[9] Zur Schreibung siehe oben, § 65.

[10] Edfou VI, 308, 7.

1.1 Nominalsatz

1.1.1 Nominaler Nominalsatz

1.1.1.3 Nomen und Nominale Formen des Verbs

§ 194

Nicht nur Nomina und Pronomina können als Bestandteile des Nominalen Nominalsatzes auftreten, sondern auch substantivisch verwendete Formen des Verbs. Als solche begegnen der Infinitiv (A), das Partizip oder *sḏm.tj.fj* (B) und die Relativform (C); hierhin gehört auch die sehr seltene Konstruktion *Infinitiv und Infinitiv* (D).

A Infinitiv

- (Horus Behedeti als unvergänglicher Sonnengott) , *⌜bwt⌝.f mnj*, dessen Abscheu das Sterben ist.[1]

B Partizip

Die Konstruktion *Nomen und Partizip* begegnet ohne (a) und mit (b) voranstehender Partikel *jn*. Beide Satzbaumuster sind bereits seit klassischer Zeit belegt[2]. Zwischen ihnen gibt es zumeist nur einen stilistischen Unterschied; darüber hinaus macht die Verwendung der Partikel *jn* explizit klar, daß in dieser Konstruktion das Subjekt einen Denkgegenstand[3] unter vielen möglichen hervorhebt. – Der Ansatz als invariabel gewordenes Partizip stützt sich auf altägyptische Beispiele mit Genus-Kongruenz.[4]

a) Nomen und Partizip

Bei dieser Konstruktion[5] besteht die Möglichkeit, daß die Präposition *ḥr* unterdrückt wurde, so daß in jedem einzelnen Fall zu prüfen ist, ob nicht eine Pseudoverbalkonstruktion *ḥr und Infinitiv* oder ein neuägyptisches Präsens vorliegt. Entscheidungshilfen für den Ansatz der Konstruktion *Nomen und Partizip* waren mir (1) die Verwendung des Abhängigen Personal-

---

[1] Edfou VIII, 95, 15; ähnlich: V, 189, 3 (*bwt.f wrḏ*). Ein Beispiel der älteren Zeit (19. Dynastie; *Subjekt*: substantivierte *sḏm.n.f*-Relativform, *Prädikat*: Infinitiv): *pꜣ jrj(t).n<.ṯ pꜣ> djt <ḏrt> jm.j*. „Was du getan hast, ist, daß du Hand an mich gelegt hast (mir Leid zugefügt hast)"; Möller, Hieratische Lesestücke III, 13 (9.), 2 f. (Pap. Leiden I 371; H.D.Schneider, Een brief voor Anchiry, Zutphen 1981). – Cf. auch Kruchten, in: GM 93, 1986, 43 ff. (Nomen und Infinitiv).

[2] Gardiner, EG, § 373 A; Edel, Altäg. Gramm., § 950; Erman, NG, § 699; Roccati, in: GM 36, 1979, 43, n. 2.

[3] Das ist meistens eine Person.

[4] Gardiner, EG, § 373 A; Edel, Altäg. Gramm., § 634; 945; 950.

[5] Wörtlich: **NN sḏm*, NN ist derjenige, der hört.

pronomens als Direktes Objekt, (2) die fehlende neuägyptische Färbung des Kontextes und (3) die identifizierende Leistung des Subjekts.[1]

- , *śntj śnśn(t) ṯw*, „Die beiden Schwestern (Isis und Nephthys) gesellen sich zu dir;“[2]
- , *Nb-Mśn jnj ḫꜣb ... Ḥr-nfr hꜣj r dpt.f*, Der Herr-von-Mesen brachte das Nilpferd herbei ... Hornefer aber bestieg sein Schiff;[3]
- (Mehrere Gottheiten treten auf und handeln) , *ḳn ḳnw ḳnb ḳhb*, Der Stärkste der Starken (Horus) aber fesselt den Gewalttätigen (Seth);[4]
- (Die Qualität der Brote ist vorzüglich) , *Ḫnmtt ḳfn(t) śn m ḏrt.ś ḏś.ś*, (Die Göttin) Chenemtet hat sie eigenhändig gebacken.[5]

b) <u>*jn* und Nomen und Partizip</u>

Diese Konstruktion, obwohl sie unter sytematischem Blickwinkel hierhin gehört, wird aus praktischen Erwägungen unter der *jn*-Konstruktion behandelt, siehe unten, § 228.

c) <u>Nomen und *śdm.tj.fj*</u>

- , *rn.f wnn.tj.fj ḥr tp tꜣ*, und sein Name wird auf Erden fortbestehen.[6]

C Substantivierte Relativform

- , *Ḏdmt ḏd(t).tw [r] jꜣt tn*, Djedemet sagt man [zu] dieser Stätte.[7]

D Infinitiv und Infinitiv[8]

Diese Konstruktion ist selten und mir nur aus den Schöpfungsmythen des Tempels von Edfu bekannt, die auch sonst grammatikalische Besonderheiten aufweisen:

- , *nhp jr(t) jn śnw*, Schutz wird nun ausgeübt von den beiden;[9]

---

[1] Das meint die Auslese <u>eines</u> Denkgegenstandes unter mehreren möglichen.
[2] Edfou VI, 101, 9.
[3] Edfou VI, 64, 7.
[4] Edfou VIII, 106, 16.
[5] Edfou VII, 79, 8 f.; ähnlich: V, 174, 9. Eventuell auch: Edfou VII, 16, 4 f.; 49, 6 f. (allerdings folgt zweimal *ḥr und Infinitiv*).
[6] Edfou VI, 266, 10.
[7] Edfou VI, 114, 8; wörtlich: Djedemet ist das, was man zu dieser Stätte sagt. Zur Stellung *Prädikat-Subjekt* siehe oben, § 192.
[8] Cf. die altägyptische Konstruktion *Partizip und Partizip*, Edel, Altäg. Gramm., § 957.
[9] Edfou VI, 182, 1. Wörtlich: Schützen ist das Tun seitens der beiden.

- , *š3ḥ jr(t) (j)n nbwj (r) ṯsm(t) wr(t)*, Es erreichen die beiden Herren die große Umfassungsmauer.[1]

Das voranstehende Verbum ist Prädikat, das folgende Subjekt. Was letzteres anbelangt, so liegt die Bestimmung als Infinitiv nahe. Zwar stehen drei Fälle mit *jn*[2] zwei Fällen mit *n*[3] gegenüber, doch kann *jn* auch defektiv geschrieben werden.[4] Es kommt hinzu, daß der Infinitiv mit seiner unbestimmten Zeitlage in den Schöpfungsmythen dominiert.[5]

1.1 Nominalsatz

1.1.1 Nominaler Nominalsatz

1.1.1.4 Nomen und Demonstrativpronomen

§ 195

Alle Arten des Demonstrativpronomens (siehe oben, § 70 ff.) können als nachgestelltes Subjekt dienen (cf. oben, § 192). Von diesen wird *pw* wegen seiner besonderen Funktionen in den folgenden Paragraphen gesondert behandelt.

p3j:

- (Was die ... anbelangt) , *b3w ḫftjw p3j*, das sind die Bas der Feinde.[6]

Wenn auf *p3j* eine von *ntj* eingeleitete Attributgruppe folgt, dann wird die durch das nominale Prädikat vermittelte Gleichsetzung betont,[7] wird auf Bedeutsames besonders hingewiesen:

- (Über den König, der das Menit bringt: Er ist wie Horus, der sich auf seinen Thron setzt).[8]

- , *jśwj n Śtš p(3) ntj m ḏrtj.f*, indem es die Hoden des Seth sind, die er in seinen Händen hält.[9]

---

[1] Edfou VI, 320, 11 f.

[2] Edfou VI, 182, 1; 320, 7; 329, 3 f.

[3] Edfou VI, 320, 11 f.; 324, 3.

[4] Siehe oben, § 159, sub voce. – Die Relativform muß wegen der Belege mit *jn* ausscheiden, obwohl man zunächst an sie denken könnte, weil es sich auch hier mehrheitlich um Verben der Bewegung handelt, wie bei der Konstruktion *śḏm pw jrj.n.f* (siehe unten, § 207).

[5] Das ist es auch, was gegen die Bestimmung als Partizip Passiv spricht (... *jrj(t) jn* ..., ... ist das, was von ... getan wurde).

[6] Edfou V, 134, 7; zur Transkription *p3* oder *p3j* siehe oben, § 71, Anm. zu b) und e).

[7] Cf. Spiegelberg, Dem. Gr., § 447; 467.

[8] Die Opfergabe des Menit entspricht der Vernichtung der Hoden des Seth; siehe ITE I/1 (Edfou VIII), 180, n. 4.

[9] Edfou VIII, 101, 12.

nw:

- (Über den Tempel von Edfu gesagt) 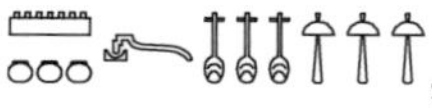, *mnw nw mnḫw nfrw* ..., Dies sind die vollkommenen und trefflichen Denkmäler, ... [1]

nn:

- (Der König überreicht Horus das Feld und sagt): , *hjn.k nn:* ..., „Das sind deine Grenzen: ... .[2]“

1.1 Nominalsatz

1.1.1.5 Der Nominale Nominalsatz mit *pw*

§ 196

Der Nominalsatz *Nomen und pw* ist ein Minimalsatzbaumuster mit der Satzteil-Folge *Prädikat-Subjekt*, dessen Erweiterung eine Reihe verwandter Konstruktionen liefert (siehe im folgenden). Erweitert werden kann das Nomen zu einem selbständigen Nominalsatz oder Verbalsatz, jeweils bestehend aus mindestens Subjekt und Prädikat. Dieser selbständige Satz bleibt das Prädikat, ist aber als solches eingebettet in den übergeordneten Satz, dessen Subjekt *pw* bleibt. In diesen Fällen bedeutet *pw* je nach Kontext „Es ist so, daß, ...“, „Das heißt/bedeutet, daß ...“ oder ähnlich.

Das Wort *pw* ist invariabel, nur relativ selten steht an seiner Stelle das feminine *twj* oder das pluralische *n3*.[3]

[1] Edfou VII, 3, 6 f.; zur Stellung des *nw* siehe unten, § 198.

[2] Edfou VII, 85, 16.

[3] Siehe oben, § 80 b (*twj*) und § 73 c (*n3*).

1.1 Nominalsatz

1.1.1.5 Der Nominalsatz mit *pw*

1.1.1.1.5.1 Nomen und *pw*

§ 197

Dieses Satzbaumuster, das ja Kern- und Ausgangspunkt der folgenden Konstruktionen ist, findet auch im Ptolemäischen reichlich Anwendung. Es hat vor allem zwei Funktionen:

- die Ankündigung dessen, was folgt (seltener);
- die Erläuterung dessen, was vorangeht (häufiger).

Ankündigung:

- (Die Baubeschreibung des Tempels wird so eingeleitet): , *Śt-wrt pw nt Rᶜ Ḥr-3ḫtj Wṯst-nt-Nḏ-jt.f* ..., Dies ist der Große-Sitz des Re Harachte, der Thronsitz-des-Endotes: ... .[1]

Erläuterung:

- (Bei der Übergabe einer Waffe an den Gott sagt der König): , *mdw.k pw ntj (ḥr) ḏśr w3t.k*, „Dies ist dein Stab, der deinen Weg freimacht“;[2]
- (Als Grenze eines bestimmten Gebietes wird „das westliche Hochfeld von Edfu“ genannt und anschließend so ausgedeutet): , *mw nṯrj pw m Wṯst-Ḥr*, Das ist das heilige Wasser vom Thronsitz-des-Horus;[3]
- (Alle Gottheiten Ägyptens sind in Edfu), , *Rᶜ pw ḥnᶜ mśw.f nb(w)*, Es ist Re mit all seinen Kindern.[4]

Prädikat kann auch ein Infinitiv sein:

- (Horus wird aufgefordert, ein Getränk zu trinken, dessen Wirkung so beschrieben wird): , *śḥb šnbt pw m wn m3ᶜ*, Es macht die Brust festlich, ganz gewiß.[5]

---

[1] Edfou VII, 12, 6 f.
[2] Edfou VII, 201, 15 f.
[3] Edfou VII, 236, 10.
[4] Edfou VII, 27, 7 f.
[5] Edfou VI, 133, 8; wörtlich: Es ist ein Festlich-machen der Brust, ganz gewiß.

1.1 Nominalsatz

1.1.1.5 Der Nominalsatz mit *pw*

1.1.1.5.2 Nomen und *pw* und Nomen

§ 198

Dieses Satzbaumuster wird traditionell folgendermaßen aufgefaßt: *pw* entspricht unserer Kopula, also einer Form des Verbs „sein“; das erste Nomen ist das Prädikat, *pw* das Subjekt, dem in Apposition das zweite Nomen folgt, das mithin das eigentliche, bedeutungtragende Subjekt ist. Demgegenüber wurde aber auch bereits für die klassische Zeit festgestellt, daß sich längst nicht in allen Fällen ein zufriedenstellender Sinn ergibt, wenn das zweite Nomen als Subjekt aufgefaßt wird; viellmehr verlangen manche Textstellen, das erste Nomen als Subjekt aufzufassen,[1] und das trifft auch für das Ptolemäische zu.

Nun wurde aber für Texte der klassischen Zeit darauf hingewiesen, daß für etliche Fälle dieser Konstruktion von einer Voranstellung (genauer: einem Nach-vorne-rücken) des *pw* ausgegangen werden muß,[2] dergestalt, daß ein Satz *A pw B* eigentlich als **A B pw* zu verstehen ist: *Es ist so, daß das A ein B ist*. Die Voranstellung des *pw* entspricht dem generellen Bestreben, das Vorfeld des Satzes dadurch zu entlasten, daß das aus nur einem zweikonsonantigen Wort bestehende Prädikat (zum Beispiel *jm*) oder Subjekt (hier: *pw*) möglichst weit nach vorne gerückt wird,[3] um auf diese Weise die Kernaussage des Satzes schneller erfassen zu können.

Davon ausgehend halte ich es – vor allem auch mit Blick auf die im folgenden behandelten Satzbaumuster – für sinnvoll, die Konstruktion Satz *A pw B* in <u>allen</u> Fällen nur als eine Umstellung des eigentlich gemeinten als **A B pw* zu verstehen.[4] Dabei ist die Verteilung von Subjekt und Prädikat ebenso variabel wie beim Nominalen Nominalsatz (siehe oben, § 192), so daß wir fallweise ansetzen müssen

[1] Siehe Gardiner, EG, § 130.

[2] Westendorf, Beiträge zum altägyptischen Nominalsatz, in: NAWG, I Philologisch-historische Klasse, Jahrgang 1981, Nr. 3, Teil 4, 88 - 99; idem, in: GM 109, 1989, 83 ff. – Cf. Gardiner, EG, § 325 und, innerhalb eines breiteren Rahmens, Borghouts, in: Crossroad, 48 f. – Zur Voranstellung von Satzteilen siehe generell unten, § 269 A.

[3] Cf. Gardiner, EG, § 129. Beispiele für das Ptolemäische findet man oben (§ 195, *nw*; § 197, *pw*) und unten (§ 270); hier nur zwei Fälle: *g3jwt jm.ś nw nṯrw dw3(t) nfrw.śn*, Die tragbaren Schreine der Götter sind darin, deren Schönheit gepriesen wird: Edfou VII, 15, 9 (ITE I/2, 21); ähnlich: VII, 13, 4 (*ʿḥw pw nw Jwn ḫnt Bḥdt*).

[4] Das würde auch dem Befund im Koptischen nicht widersprechen; siehe Till, Kopt. Gramm., § 246.

- entweder *A pw B* = *A B pw* bedeutet: *Es ist so, daß das A (ein) B ist*
- oder *A pw B* = *A B pw* bedeutet: *Es ist so, daß das B (ein) A ist.*[1]

Man wird nun danach fragen, mit welcher Funktion sich das Satzbaumuster *A pw B* = *A B pw* vom Nominalen Nominalsatz ohne *pw* unterscheidet. Ich denke, daß der Nominale Nominalsatz mit *pw* expliziter ist und deutlicher zum Ausdruck bringt, daß etwas Vorangehendes näher erläutert oder mit etwas anderem identifiziert wird. Damit verhält er sich zum Nominalen Nominalsatz ohne *pw* etwa wie die Konstruktion *jn und Nomen und Partizip* zur Konstruktion *Nomen und Partizip* (siehe oben, § 194).

Was die Übersetzung ins Deutsche angeht, so entspricht das *pw* in vielen Fällen der Kopula und muß nicht eigens übersetzt werden. In anderen Zusammenhängen kann der Bezug zum Vorangehenden durch *denn, ja, nämlich, wahrlich* o.ä. ausgedrückt werden; in wieder anderen Fällen ist die Übersetzung *Es ist so, daß* ... sinnvoll.

Das erste Nomen ist Subjekt des eingebetteten Satzes:

- Von den sieben göttlichen Baumeistern, die den Tempel von Edfu errichten und deren Werk nie endet, heißt es unter anderem): , *nrwt pw n(t) wnwt.śn nḥḥ*, Die Zeiten ihres Dienstes sind ja die Unendlichkeit.[2]

Das zweite Nomen ist Subjekt des eingebetteten Satzes:

- (Bei der Beschreibung der Dinge im Sanktuar):  ... , *wṯs-nfrw nt(j) š3b-šwt ... bj3jt pw dgt.śn*, Die Prozessionsbarke des Buntgefiederten (Horus) und ... ihr Anblick ist wahrlich ein Wunder.[3]

[1] Diese Auflösung ist häufiger als die vorangehende, was daran liegen mag, daß das *pw* in der Ausgangskonstruktion *A pw* ebenso wie in der Konstruktion *A pw B* aufgrund seiner Position das erste Nomen eher als Prädikat erscheinen ließ und entsprechende Aussagen nach sich zog.

[2] Edfou VI, 173, 10.

[3] Edfou VII, 15, 4 f. Bei diesem Beispiel wurde das Direkte Objekt zu *dgj* wohl aus stilistischen Gründen vorangestellt, um einen Spannungsbogen zu erzeugen; zur Schreibung des Infinitivs vor Suffixpronomen siehe oben, § 138. Ein weiteres Beispiel: VI, 317, 17: *ẖrt ḥm.k pw mtwt-k3*, „Der Bedarf Deiner Majestät ist ja der Stiersame (die Maat)"; es ist eine Aussage über die Maat.

1.1 Nominalsatz

1.1.1.5 Der Nominalsatz mit *pw*

1.1.1.5.3 Nomen und Nomen und *pw*

§ 199

Eine wichtige Funktion dieses Satzbaumusters besteht darin, das erste Nomen des Nominalen Nominalsatzes unzweideutig als Subjekt hervortreten zu lassen.[1] Erreicht wird dies dadurch, daß das übliche Nach-vorne-rücken des *pw* (**A B pw* → *A pw B*; siehe oben, § 198) nicht geschieht. Es handelt sich also nicht um die Voranstellung des Subjekts, sondern um die Beibehaltung der primären Satzstruktur. Damit werden zugleich drei stilistische Anliegen verwirklicht, und zwar diejenigen, das Subjekt als solches zu kennzeichnen, es nach vorne und damit in den Blickpunkt zu rücken und schließlich den Satz trotz der Überlänge des Subjekts leicht verständlich zu gestalten:

- 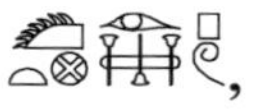, *Kmt jrt-Ḥr pw*, Ägypten ist das Auge des Horus;[2]
-  ... , *tr pn nfr ... śnwt pw*, Dieser schöne Zeitpunkt ... war der Senut-Fest(tag);[3]
- 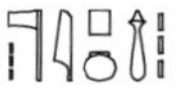 ... , *nṯrw jpn ꜥꜣw ... śnnw pw nw ḏꜣjśw*, Diese großen Götter, ..., sind die Genossen der Djaisu[4].

Zwar wurde *pw* auch hier etwas nach vorne gerückt, aber nur innerhalb der Genitivverbindung, wie es ja dort sehr häufig geschieht.[5]

---

[1] Soll dies explizit und damit noch deutlicher geschehen, wird dem Satz die Partikel *jr* vorangestellt. Cf. Gardiner, EG, § 149, 1; Barta, in: GM 88, 1985, 7 ff. Für das Ptolemäische siehe zum Beispiel Edfou VI, 129, 10 f.: *jr p(ꜣ) ꜥpj ntj ḥr ... Ḥr Bḥdtj pw*, Was die Flügelsonne anbelangt, die auf ..., das ist Horus Behedeti.

[2] Edfou VI, 200, 5 (das Weg-Zeichen wurde im Original nicht vollständig ausgeführt); ähnlich: VI, 223, 2; Esna II, Nr. 17, 53 (*ꜥpj špś śḫt-śšp.f pw*).

[3] Edfou VII, 8, 7 f.

[4] Edfou VI, 173, 4 - 6; ähnlich: V, 344, 7 f. (*tm ꜣb m śmś pr.f ꜥnḫ pw ꜣw*); VIII, 76, 7 - 9; Cauville, Porte d'Isis, 3, 5; Kôm Ombo (Gutbub) I, Nr. 264, 1 (cf. 292, 1: ohne *pw*).

[5] Siehe § 197 (die ersten beiden Beispiele); schon in der klassischen Sprache, Gardiner, EG, § 129.

1.1 Nominalsatz

1.1.1.5 Der Nominalsatz mit *pw*

1.1.1.5.4 Unabhängiges Personalpronomen und *pw* und Nomen

§ 200

Auch für dieses Satzbaumuster gilt, daß *pw* nach vorne gerückt wurde, so daß die primäre Konstruktion *Unabhängiges Personalpronomen und Nomen und pw* ist:[1]

- (Horus weist sich vor Osiris als dessen Sohn aus): , *jnk pw kꜣ sꜣ kꜣ*, „Ich bin wirklich der Stier, der Sohn des Stieres.“[2]
- (Über Chnum und Neith, die Herren Esnas, gesagt): , *ntśn pw nṯrw wrw ꜥꜣw mnḫw ṯsj wnnt*, Sie sind wahrlich die mächtigen, großen und trefflichen Götter, die das, was ist, gebildet haben;[3]
- (Osiris, der in Theben weilt, der Herrscher in ..., der auf seiner Bahre liegt im Hause seiner Erzeugung, der König der Götter, ...) , *Rꜥ pw ntf pw Rꜥ*, der Re ist, der wirklich und wahrhaftig Re ist.[4]

1.1 Nominalsatz

1.1.5.1 Der Nominalsatz mit *pw*

1.1.1.5.5 Unabhängiges Personalpronomen und Nomen und *pw*

§ 201

Die Konstruktion kann ich nur selten belegen. Zur Stellung des *pw* sowie zur Übersetzung siehe oben, § 198.

---

[1] Siehe oben, § 198.

[2] Edfou VI, 138, 3; Osiris wurde auch als Stier angesehen. – Ähnlich: Dendara XII, 89, 5; XIII, 27, 9 (*ntś pw nbt jtrtj wḏꜣt*, sie ist wahrlich die Herrin der Tempel Ägyptens).

[3] Esna II, Nr. 17, 63 f.; ähnlich: Urk. VIII, 115, Nr. 143, Zeile 15 der Publikation (*ntś pw pt n(t) Kmt*).

[4] De Wit, Tempel d'Opet, 121, oben. – Der Satz will offenbar zweifelsfrei zum Ausdruck bringen, daß der Osiris dieses Tempels keine bloße Mumie auf der Bahre ist, sondern Re in seiner Übergangsform als Osiris, aus der er wieder als Re hervorgehen wird.

- („Habt Ehrfurcht vor Horus Behedeti ...) , *nṯrw m tꜣ ntf nśwt.ṯn pw*, ihr Götter auf Erden, denn er ist wahrlich euer König.“[1]

1.1 Nominalsatz

1.1.1.5 Der Nominalsatz mit *pw*

1.1.1.5.6 Unabhängiges Personalpronomen und *pw* und Partizip oder *śḏm.tj.fj*

§ 202

Zur Stellung des *pw* und zu den Möglichkeiten der Übersetzung siehe oben, § 198.

- (Das Bild des Horus Behedeti, die Flügelsonne, ist außen an den Schreinen aller Götter angebracht) , *ntf pw ḫwj ṯꜣw.f*, weil er es ja ist, der seine Nestlinge (die anderen Götter) schützt.[2]

Hier ist das primär ans Ende des Satzes gehörende Subjekt *pw* des übergeordneten Satzes[3] nach vorne gerückt worden, hinter das Subjekt des eingebetteten Satzes, bei dem es sich um die *jn*-Konstruktion handelt.

- , [*ntf*] *pw* ⸢*spj.tj.fj*⸣, denn [er] ist wahrlich ⸢der, der übrigbleiben wird⸣.[4]

1.1 Nominalsatz

1.1.1.5 Der Nominalsatz mit *pw*

1.1.1.5.7 Unabhängiges Personalpronomen und *pw* und *śḏm.f*

§ 203

Zur primären Stellung des *pw* und zu den Übersetzungsmöglichkeiten siehe oben, § 198. Wie schon im Vorangehenden (siehe oben, § 202) ist das *pw* hinter das Subjekt der *jn*-Konstruktion[5] nach vorne gerückt worden:[6]

---

[1] Edfou VIII, 153, 8 (ITE I/1, 277). Das Beispiel ist wegen der folgenden Textzerstörung etwas unsicher.

[2] Edfou VI, 348, 7 f.; ähnlich: VI, 59, 9; 199, 5 f.; Dendara XI, 60, 9.

[3] *ntf ḫwj ṯꜣw.f pw*.

[4] Edfou VI, 266, 10. Zur Ergänzung cf. VI, 267, 17.

[5] *jn* und Nomen/Unabhängiges Personalpronomen und *śḏm.f* mit futurischem Sinn.

[6] Die ursprüngliche Stellung im folgenden Beispiel wäre als **ntf spj.f pw*.

- (Sachmet wird beschworen, den lebenden Falken von Edfu, die Inkarnation des Horus, von ihren unheilbringenden Sendboten zu verschonen) , *ntf pw spj.f*, so daß er übrigbleiben wird.[1]

1.1 Nominalsatz

1.1.1.5 Der Nominalsatz mit *pw*

1.1.1.5.8 Unabhängiges Personalpronomen und *pw ntj ...*

§ 204

- (Die Allgegenwart des Horus von Edfu wird beschrieben, unter anderem durch die Feststellung, daß bestimmte Götter anderer Kultorte Erscheinungsformen des Horus seien) , *ntf pw ntj m Jrt-Rꜥ*, Es ist so, daß er (auch) der ist, der im Auge-des-Re (in Theben) ist.[2]

Obwohl man hier vielleicht einwenden könnte, es handele sich um ein Satzbaumuster *Nomen und pw mit Attributgruppe*, denke ich – mit Zweifeln –, daß der Kontext eher für eine Voranstellung des *pw* spricht.[3]

1.1 Nominalsatz

1.1.1.5 Der Nominalsatz mit *pw*

1.1.1.5.9 Unabh. Personalpronomen und *pw* und substantivierte *sḏm.n.f*-Relativform

§ 205

Zur Position des *pw* und zur Übersetzung siehe oben, § 198. Der oben, in § 204 geäußerte Zweifel gilt analog auch hier:

[1] Edfou VI, 266, 1.

[2] Edfou VIII, 133, 5. Der Text setzt sich fort mit „und so nennt man ihn ‚König der Götter'"; „König der Götter" ist aber der typische Beiname des Amun von Theben. – Ähnlich VIII, 133, 3 f.

[3] Allerdings kann ich **ntf ntj ... pw* nicht belegen, ebensowenig **pw ntj* ... anstelle des üblichen *pꜣ ntj* ... . – Mit Blick auf die Konstruktion *sḏm pw jrj.n.f* könnte man allerdings *pw jrj.n.f* als Subjekt und *ntf* als Prädikat auffassen, womit sich als Übersetzung ergäbe: Der, der im Auge-des-Re ist, ist er.

- (Zur Uräusschlange gesagt, die den Herrn Edfus schützt: „Du bist es, die den Respekt vor ihm verbreitet, du erzeugst sein Ansehen, (bist) seine Fürstin), , *ntf pw mkj.n.ṯ*, und er ist wahrlich der, den du schützt.“[1]

1.1 Nominalsatz

1.1.1.5 Der Nominalsatz mit *pw*

1.1.1.5.10 Adverbieller Nominalsatz (syntaktisch ein Nomen) und *pw*

§ 206

An diesem Satzbaumuster läßt sich besonders deutlich erkennen, daß *pw* nach vorne gerückt und in den eingebetteten Satz eingedrungen ist (siehe oben, § 198):

- (Während er Maat opfert, sagt der König zu den Göttern: „Nehmt euch diese Maat, die ihr liebt), , *ḫrt k3.ṯn pw jm.ś*, denn sie ist wahrlich die Nahrung eures Ka.“[2]
- (Zwei Pylontürme sind vor ihnen von 120 Ellen Länge; ihre Höhe bis zu ihrer Spitze beträgt 60 Ellen), , *wśḫ.śn pw ntj mḥ 21 r wʿ nb jm.śn ḥr wnmj j3bj*, und es ist so, daß ihre Breite von 21 Ellen einem jeden von ihnen zugemessen wurde, auf der rechten und auf der linken Seite.[3]

---

[1] Edfou VI, 303, 10; zur Schreibung des Wortes *mkj* cf. VI, 298, 5. Verben des Wortfeldes „schützen“ stehen oft im *śḏm.n.f*, auch wenn sie eine präsentische Übersetzung verlangen, etwa im Sinne von „ich habe in meine Obhut genommen und schütze fortan“ (das schließt nicht aus, daß in anderem Kontext *ḥr und Infinitiv* verwendet wird: Edfou VII, 20, 9 f. und öfters) . – Die Aussage wird sinnvoll, wenn man bedenkt, daß der Gott den Uräus trägt.

[2] Edfou VI, 348, 1; wörtlich: denn es ist so, daß sie die Nahrung eures Ka ist. Zum vorliegenden Typ des Adverbiellen Nominalsatzes siehe unten, § 213. – Ein weiteres Beispiel Kôm Ombo (Gutbub) I, Nr. 34, 7: *jwʿw.k pw (j)r.f* (* *jwʿw.k (j)r.f pw*), Er ist wahrlich dein Erbe. Zur Konstruktion siehe unten, § 215.

[3] Edfou VII, 19, 2 f.; ähnlich: VI, 55, 15 (*śbj pw m jdr*, Es ist so, daß die Feinde eine Herde sind).

1.1 Nominalsatz

1.1.1.5 Der Nominalsatz mit *pw*

1.1.1.5.11 Infinitiv und *pw jrj.n.f*

§ 207

In dieser Konstruktion[1] ist ein Verbum im Infinitiv das Prädikat und *pw jrj.n.f* das Subjekt.[2] Das Satzbaumuster begegnet nur in narrativen Texten, Zeitlage ist die Vergangenheit. Prädikat ist in der Regel ein Verb der Bewegung,[3] das in der vorliegenden Konstruktion als Blickfang am Beginn des Satzes steht.[4] Das Subjekt besteht aus dem Demonstrativpronomen *pw* mit attributiv angeschlossener *śḏm.n.f*-Relativform.

- , *śm(t) pw jrj.n ḥm n Rᶜ*, Es ging nun die Majestät des Re (dorthin);[5]
- , *ḫd(t) pw jrj.n Śtš*, Nordwärts fuhr nun Seth;[6]

, *jj(t) pw jrj.n śnt.f Tfnt*, Es kam nun seine Schwester Tefnut.[7]

1.1 Nominalsatz

1.1.1.6 Partikel und Nominaler Nominalsatz

§ 208

Lediglich Beispiele mit der Partikel *mk* sind mir bekannt; in diesen Fällen leitet *mk* zumeist einen Kausalsatz ein:[8]

---

[1] Für die klassische Sprache siehe Gardiner, EG, § 392.

[2] Zu *jrj* als Hilfsverb siehe oben, § 154, sub voce.

[3] So auch an der Stelle Edfou VI, 134, 6. *mkmk* bedeutet hier nicht – wie sonst die Regel – „schlafen", sondern „sich zur Ruhe niederlassen"; zum Inhalt siehe Waitkus, in: ÄAT 33, 2, 1988, 165, n. 167.

[4] Je nach Kontext mag auch eine gewisse Betonung hinzukommen, aber auch in diesem Falle dient die Konstruktion einem stilistischen Anliegen.

[5] Edfou VI, 112, 3.

[6] Edfou VI, 217, 3.

[7] Esna II, Nr. 127, 6; zur Schreibung des *jrj* siehe § 8.6 f (EP 1, 492). – Weitere Beispiele: Edfou VI, 112, 9; 113, 1; 118, 4; 119, 1; 119, 3; 120, 1 (*jrj* wurde ausgelassen; kollationiert); 122, 1; 125, 2 (ergänzt); 127, 11 (*pw* wurde ausgelassen; kollationiert); 128, 6 f.; 214, 3 (*n.śn* wurde ausgelassen; kollationiert; entweder ein antiker Fehler oder die passive Konstruktion; zu letzterer siehe Gardiner, EG, 392; ersteres ist wegen der im Umfeld vergleichbaren Fehler wahrscheinlicher); 215, 5; 217, 4; 220, 1 (*jrj.n.f* wurde ausgelassen; kollationiert).

[8] Siehe oben, § 159, sub voce.

- („Horusauge, komme und bemächtige dich ihrer), , *mk śbjw* <*nf*>* *nt(j) ʿpj* , denn <jene>* sind die Feinde des Api;[1]
- (Die Tempel Ägyptens jubeln über Horus) , *mk nb.śn pw ḏr-ʿ*, weil er ihr Herr ist seit Anbeginn;[2]
- („Gebt ihm euren Schutz, o ihr Götter), 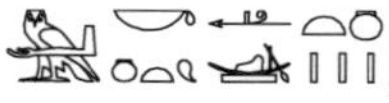, *mk ntf wʿ jm.ṯn*, denn er ist einer von euch!“[3]

1.1 Nominalsatz

1.1.1.7 Partikel *n*(*n*) (Negation) und Nomen oder Nominaler Nominalsatz

§ 209

Die Partikel *n*(*n*)[4] bedeutet „nicht ist .../nicht gibt es ...“. Eingangs behandelt werden Satzbaumuster, welche die Nichtexistenz einer Sache, eines Wesens oder eines Vorgangs ausdrücken (A); in diesen Fällen ist die Partikel *n*(*n*) Prädikat des Satzes. Es folgt ein Satzbaumuster, welches die Aussage des Nominalen Nominalsatzes verneint (B); in diesem Falle ist die Partikel *n*(*n*) das Prädikat des übergeordneten Satzes dessen Subjekt der eingebettete Nominale Nominalsatz ist.

A Subjekt kann sein ein Nomen oder eine nominal verwendete Form des Verbs, denen sich weitere Satzteile anschließen können.

Subjekt ist ein Nomen:

- (Das Feld ist sehr ertragreich) , *n ḳnw*, ohne unfruchtbare Stellen;[5]
- (Das Opfer besteht aus Broten) , *n ḏrw*, in unbegrenzter Anzahl.[6]

---

[1] Edfou VIII, 76, 10 (ITE I/1, 137). Das Determinativ  wurde zusammen mit  als Gruppe übernommen, cf. Wb I, 245, 3 ff. Das Subjekt *nf* wurde nach vorne gerückt, siehe oben, § 198, 2. Absatz.

[2] Edfou VIII, 81, 11 (zur Determinierung des Wortes *nb* cf. Cauville, Dend. Chap. Os. III, 247); ähnlich: V, 344, 8 f. (*mk k3 pw šmś*<*.f*>; kollationiert; *šmś* ist Infinitiv).

[3] Edfou VI, 151, 11; bei der in der Publikation angegebenen kleinen Lücke handelt es sich wohl nur um eine Zerstörung (kollationiert).

[4] Zur Schreibung siehe oben, § 159, sub voce.

[5] Edfou VII, 246, 6; wörtlich: nicht gibt es unfruchtbare Stellen. – Anstelle der üblichen drei Sandkörner (cf. Edfou VII, 315, 7 f.) wurden hier irrtümlich nur zwei geschrieben.

[6] Dendara VI, 36, 12; wörtlich: nicht gibt es eine Grenze; ähnlich: VI, 141, 10.

Subjekt ist ein Infinitiv:

- (Diese Iun-Pfeiler stehen fest), , *n ktkt*, ohne zu wanken;[1]

- Die Manchet-Troddel schützt ihren Träger), , *nn ḥr(t) r śt.ś*, ohne sich von ihrem Platz zu entfernen.[2]

Diese beiden Satzbaumuster findet man sehr oft, und zwar innerhalb von Satzgefügen zumeist als Adverbialsatz oder als Attributsatz.[3]

Parallel und gleichbedeutend mit *n(n)* kann ***n(n) wn*** verwendet werden (;):[4]

- (Felder) , *n ṯnw.śn*, ohne Zahl, (Äcker) , *n wn ḏrw.śn*, ohne Grenzen;[5]

- (Zu einer Zeit, als Nahrung und Speise) , *wr.tj nn ḏrw.śn nn wn jsf(t) m tꜣ pn*, zahlreich waren ohne Grenzen, als es noch nicht das Unrecht in diesem Lande gab.[6]

Weitaus seltener belegt sind die folgenden Fälle:

Subjekt ist ein Partizip Aktiv:

- (Über den Tempel von Edfu gesagt) , *n wn(t) m tꜣ mjtt.f*, Es gibt nichts auf Erden, das ihm gleichkommt;[7]

- (Der Feind liegt auf der Schlachtbank), , *n wn ḥr nḏ.f*, und es gibt keinen, der ihn schützt.[8]

---

[1] Edfou VIII, 100, 4; wörtlich: nicht gibt es ein Wanken.

[2] Edfou VII, 273, 5 f.; wörtlich: Nicht gibt es ein Entfernen von ihrem Platz. Der Auslaut *w* bei *ḥrj* steht vielleicht für das *t* der Infinitivendung; cf. EP 1, § 9.9; andererseits wird der Auslaut früher bereits mit *j*, *jw* oder *wj* markiert (Wb III, 144, unten ff.; zum Infinitiv cf. auch Osing, Nominalbildung, 406 f., Anm. 89).

[3] Beispiele mit Nomen nach Infinitiv: Edfou VII, 72, 12 f.; 85, 10; 175, 9 f.; 255, 5; 296, 3. Je nach Art der angeschlossenen Adverbien sind verschiedene Übertragungen ins Deutsche möglich, beispielsweise mit konsekutivem Anschluß: (... fette Gänse als Brandopfer, Myrrhe, Weihrauch und Öl <⌜in der Holzkohlenglut⌝>*), *n gmḥ pt m-ꜥḳꜣ Mśn*, so daß man den Himmel über Mesen (Edfu) nicht (mehr) sah. (Edfou VII, 8, 2; wörtlich: ... indem es nicht gab das Sehen des Himmels gegenüber Mesen".

[4] Cf. Junker, GdD, § 284; Gardiner, EG, § 108. – Zur Verwendung der Formen *wnn* und *wn* im Ptolemäischen siehe oben, § 137, sub voce.

[5] Edfou V, 376, 13. – Cf. auch VII, 313, 3 f. (ITE I/2, 596), wo man alternativ mit einem konsekutiven Nebensatz übersetzen könnte.

[6] Edfou V, 85, 14.

[7] Edfou VII, 19, 9; wörtlich: Es gibt nicht etwas, das auf Erden ist (als) Seinesgleichen. – Die Auffassung als Infinitiv, **n wn mjtt.f m tꜣ*, ist meiner Ansicht nach unwahrscheinlich, weil sich die Umstellung kaum begründen läßt und weil es weitere Fälle ohne Nomen gibt (VI, 57, 7: *n wn ḥr ẖw.f*; 59, 8: *n wn m-rwt.śn*).

[8] Dendara X, 51, 13; ähnlich: Edfou VI, 57, 7 (*n wn ḥr ẖw.f*).

Subjekt ist eine Substantivierte *śd̠m.n.f*-Relativform:

- (Der Gelehrte), 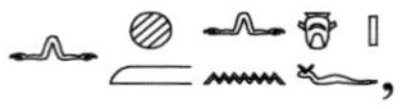, *n ḫm(t).n jb.f*, dessen Herz nichts unbekannt ist.[1]

Die Konstruktion *n sp śd̠m.f*, „niemals hat er gehört“,[2] kann ich im Ptolemäischen nicht mehr belegen.

B Beispiele für den negierten Nominalen Nominalsatz begegnen schon in der klassischen Sprache nicht häufig.[3] Aus den Edfutexten kenne ich nur diesen Fall:

- (Des Königs Schutz (Geschütztsein) ist der Schutz des Gottes Isedes), , *n ntf śk rmṯ*, denn er (der König) ist wahrlich kein Mensch.[4]

1.1 Nominalsatz

1.1.2 Adverbieller Nominalsatz[5]

§ 210

Abgesehen von drei speziellen Konstruktionen[6] steht im Adverbiellen Nominalsatz das nominale oder pronominale Subjekt vor dem Prädikat. Als Prädikat können verschiedene Wortarten erscheinen, beziehungsweise deren Formen und Kombinationen. Nach der Art des nachstehenden Satzteils (Prädikat oder Subjekt) werden folgende Paragraphen eingerichtet:

- Adverb (siehe unten, § 211)
- Präposition und Nomen oder Pronomen (siehe unten, § 212)
- *jm.f* (siehe unten, § 213)
- *n.f jmj* (siehe unten, § 214)
- *r.f* (siehe unten, § 215)
- Pseudopartizip (Pseudoverbalkonstruktion; siehe unten, § 216)
- Präposition und Infinitiv (Pseudoverbalkonstruktion; siehe unten § 217).

---

[1] Edfou VII, 44, 13; wörtlich: nicht gibt es etwas, das sein Herz nicht kennt. Zur Zeitlage des *śd̠m.n.f* bei *ḫm* siehe unten § 236 A; Lefebvre, Grammaire, § 482, Obs.

[2] Gardiner, EG, § 456. Was die Entstehung und wörtliche Bedeutung des *n sp* anbelangt, so denke ich an „nicht gibt es einen Fall von ...“.

[3] Gardiner, EG, § 134.

[4] Edfou VI, 301, 13. Wegen des Kontextes siehe oben, § 192, wo in einer Fußnote eine ähnliche Aussage zitiert und besprochen wird. Zum Pluraldeterminativ bei *rmṯ* siehe oben, § 107; im vorliegenden Fall wird der Mensch als Gattung gesehen. – Die Aussage verweist auf die göttliche Natur des Königs.

[5] Als selbständiger Satz: Edfou VII, 19, 8 (*ṯḫnwj wrwj rwd̠(wj) m-rwt.śn*).

[6] Zu diesen siehe unten, § 213; § 214 a; § 215.

Seinem Wesen nach ist der Adverbielle Nominalsatz zeitlich indifferent, seine Zeitlage hängt vom Kontext ab. Jedoch können Zeitlage und Aspekt/Aktionsart durch den Einsatz bestimmter Verbalformen, Hilfsverben oder Präpositionen festgelegt werden.
Die Zuordnung der Pseudoverbalkonstruktion zum Adverbiellen Nominalsatz läßt sich trotz der Beteiligung des Verbs vertreten, und zwar aufgrund der syntaktischen Gemeinsamkeiten.[1]

1.1 Nominalsatz
1.1.2 Adverbieller Nominalsatz
1.1.2.1 mit Adverb

§ 211

Da die nur aus einem Wort bestehenden Adverbien selten sind,[2] sind es nur wenige Wörter, die in dieser Art des Adverbiellen Nominalsatzes als Prädikat begegnen:

- , *ḫntj-jtrtj dj*, Der Erste-der-Tempel (Horus) ist dort;[3]
- , *Bḥdtj jm*, Behedeti ist dort.[4]

1.1 Nominalsatz
1.1.2 Adverbieller Nominalsatz
1.1.2.2 mit Präposition und Nomen oder Pronomen

§ 212

Das Subjekt des Adverbiellen Nominalsatzes ist ein Nomen oder Pronomen, sein Prädikat eine Präposition mit angeschlossenem Nomen oder Pronomen. Dieses Satzbaumuster gehört zu denjenigen, die am häufigsten verwendet werden.

---

[1] Das betrifft vor allem die mehrheitliche Stellung der Satzteile, den Umstand, daß der nach den verschiedenen Präpositionen verwendete Infinitiv syntaktisch ein Nomen ist sowie die Tatsache, daß das Pseudopartizip weit überwiegend adverbiell auftritt. – Cf. unten, § 220 B.
[2] Siehe oben, § 158.
[3] Edfou VII, 43, 14.
[4] Edfou VI, 15, 9; ähnlich: VI, 320, 13 f.; VII, 14, 6.

Nomen und Präposition und Nomen:

- (Bei der Beschreibung der Decke eines Tempelraumes): , *gbt n nb.ś ḫprw.f*, Der Himmel gehört (hier) seinem Herrn und dessen Erscheinungsformen;[1]
- , *wᶜ r j3btt*, Die eine (Türe) öffnet sich nach Osten hin;[2]
- (Bei der Beschreibung der Statue eines Gottes): , *śnw (n) bj3 ẖr rdwi.f*, Eine Scheibe aus Kupfer befindet sich unter seinen Füßen.[3]

Nomen und Präposition und Pronomen:

- , *śb3 ktt jm.f*, Eine kleine Türe ist in ihr (der Mauer);[4]
- (Bei der Beschreibung der Statue eines Gottes): , *w3ś r-ḫft-ḥr.f*, Ein Was-Zepter befindet sich vor ihm.[5]

Pronomen und Präposition und Nomen:

- *3. Person Singular Maskulin* (siehe oben, § 52): (Vom Pronaos des Tempels von Edfu gesagt): , *św mj h3jt*, Er ist wie der Himmel;[6]
- *3. Person Singular Feminin* (siehe oben, § 53): (Von Hathor gesagt): , *śj m nb(t) nhm*, Sie ist die Herrin der Jubelns;[7]
- *3. Person Plural* (siehe oben, § 56): (Von Produkten gesagt): , *śt mj m3ᶜ.śn*, Sie sind, wie sie sein sollen;[8]
- *Dual*: (Von Harsomtus und Ihi gesagt): , *śt m nbwj k3w*, Sie sind die Herren der Nahrung[9];
- *1. Person Plural* (siehe oben, § 54): (Ein Zuruf: „Seht doch, ihr Leute der Schiffsbesatzung), , *tw.n m p3 wp nfr n Bḥdt*, wir befinden uns im schönen Fest von Behedet."[10]

---

[1] Edfou VII, 16, 3.
[2] Edfou VII, 18, 3.
[3] Edfou VI, 22, 4 f.
[4] Edfou VI, 8, 1.
[5] Edfou VI, 21, 7.
[6] Edfou VII, 5, 2.
[7] Edfou V, 77, 6. Für das Femininum fand ich nur Beispiele mit prädikativem *m*; dazu siehe unten.
[8] Edfou V, 23, 5.
[9] Edfou VII, 265, 6. Für den Dual fand ich nur Beispiele mit prädikativem *m*; dazu siehe unten.
[10] Edfou V, 32, 12 f.

Die in diesem Typ des Adverbiellen Nominalsatzes benutzten pronominalen Subjekte sind im Ptolemäischen nur unvollständig[1] und außerdem ungleichmäßig[2] belegt; das Vorhandene entspricht dem Neuägyptischen.[3]

Nomen oder Pronomen und Prädikatives *m* und Nomen:

- (Die Konstruktion des Halskragens wird ausgedeutet): , *ṯnw g3bw(t).f m nṯrw 9*, Die Zahl seiner Blätterreihen entspricht neun Göttern;[4]
- 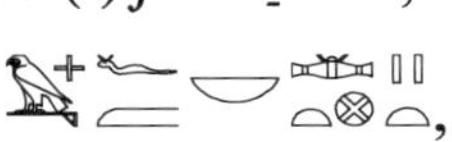, *nṯr jm.f m nb Mśn 2.t*, Der Gott darin ist der Herr der beiden (Orte) Mesen;[5]
- (Von einem Hof bezüglich seiner Länge gesagt): 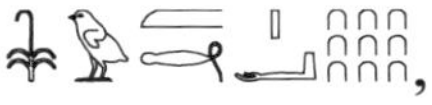, *śj m mḥ 90*, Er mißt 90 Ellen.[6]

Im Optativ begegnet der Adverbielle Nominalsatz sehr oft in bestimmten Wendungen:

- (Bei der Gabe des Feldes an Horus sagt der König): , *śḫt.k n.k Ḥr Ḥrw*, „Dein Feld für dich, Horus der Horusgötter!“[7]
- (Bei der Übergabe des Opfer sagt der König): , *ḥtp ḏf3 ḫr ḥm.k*, „Die Opferspeisen hin zu Deiner Majestät!“[8]

[1] Die 1. und die 2. Person Singular fand ich nur nach Partikeln und im Adverbiellen Nominalsatz mit Pseudopartizip; siehe unten, § 216 und 218.

[2] Für die 3. Person lassen sich Hunderte von Beispielen anführen, weil die entsprechende Konstruktion in bestimmten Registern zur Textstruktur der Ritualszene gehört.

[3] Erman, NG, 479. Zum Demotischen, das sich partiell unterscheidet, siehe Spiegelberg, Dem. Gr., § 135.

[4] Edfou VII, 120, 12.

[5] Edfou VI, 16, 13.

[6] Edfou VII, 18, 7.

[7] Edfou VII, 85, 13 f.

[8] Edfou VIII, 163, 13. Weitere Beispiele: VI, 63, 12 (... *n rn.k*); VII, 80, 14 (... *n k3.k*); 96, 14 (...*r ḥ3t.ṯ*); 264, 9 (... *r-tp ṯt.k*); VIII, 130, 1 (... *<ḥ3>* s3.k*). – Mit *sp 2* verstärkt: Edfou VI, 159, 13 (*jwḥ.k r.k sp 2*); 160, 8 (*tm r.k sp 2*).

1.1 Nominalsatz

1.1.2 Adverbieller Nominalsatz

1.1.2.3 mit *jm.f*

§ 213

Diese Konstruktion ist mit der Konstruktion *Nomen und Prädikatives m und Nomen* (siehe oben, § 212) eng verwandt (siehe unten). Für sie wurde ein eigener Paragraph eingerichtet, weil sie – im Unterschied zur klassischen Sprache[1] – im Ptolemäischen ziemlich oft verwendet wird.[2]

Da nun die Präposition *m* einerseits „in, aus, an“ und andererseits auch prädikativ „als“ bedeutet, kann ein Satz wie zum Beispiel **nb.j jm.f* theoretisch entweder bedeuten *„Mein Herr ist in ihm (dem Haus)“ oder *„Mein Herr ist er“.[3] Im ersten Falle ist *nb.j* Subjekt, im zweiten ist *nb.j* Prädikat, aber nur dann, wenn auf die Präposition *m* kein Nomen (siehe oben, § 212), sondern, wie hier, ein Pronomen folgt; der Einfluß der Semantik auf die Bestimmung von Subjekt und Prädikat tritt deutlich hervor. Wenn sich in der Konstruktion **nb.j jm.f* das Suffixpronomen auf eine Person bezieht, ist **nb.j* in der Regel das Prädikat: Dafür einige Beispiele:

- (Die Übergabe der beiden Uräen wird begründet): 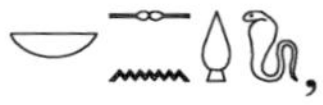, *nb.śn jm.k*, „Ihr Herr bist du;“[4]
- , *sꜣ.k jm(.j) jt.j jm.k*, „Dein Sohn bin (ich), mein Vater bist du;“[5]
- (Über den Erzfeind des Horus von Edfu gesagt) , *wꜣwꜣ nb jnj tꜣ jm.k*, „Alles Verschwören, das die Erde hervorbringt, bist du;“[6]

[1] Sethe, Nominalsatz, 98. Cf. auch Pyr., 630, a – c und Pyr. Übers. III, 169 – 171 (ich würde allerdings wegen des besseren Sinnes nach der von Sethe selbst schon aufgezeigten Alternative übersetzen: weil du ihr Herr bist ..., weil du ihr Gott bist ...); Bauer B1, 141 (*jw ẖrt bw-nb jm.k*).

[2] Die folgenden Beispiele stammen sämtlich aus den Inschriften des Tempels von Edfu, deren systematische Erfassung und Aufbereitung (Edfu-Projekt) mir das Auffinden der Beispiele leicht gemacht hat. Man findet aber die hier besprochene Konstruktion auch in anderen Tempeln, siehe beispielsweise Esna II, Nr. 25, 2 f. (*ẖrt ḥm.k jm.ś*, „Der Bedarf deiner Majestät ist sie.“); Dendara IV, 5, 3 f. (*sꜣ.ṯ jm.f*, „Dein Sohn ist er.“).

[3] Wörtlich: *„Mein Herr ist als er“ oder *„Mein Herr entspricht ihm“.

[4] Edfou V, 176, 13.

[5] Edfou VII, 195, 5.

[6] Edfou VI, 159, 16.

- (Der König sagt zu Horus bei der Übergabe der beiden Kronen): 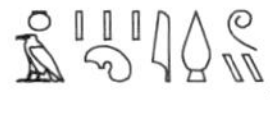, *n3j.k jm.w*, „Die deinigen sind sie;“[1]
- (Die Königin bittet den Gott, das Opfer des Königs anzunehmen[2]): , *s3.k jm.f*, „Dein Sohn ist er;“[3]
- , *ḥk3 jm.j jtj n wśbw*, „Ein Herrscher und Herr der Rinder bin ich;“[4]
- (Der König sagt zu Hathor: „Dieses Menit, das ich vor dich gebracht habe, Herrin der Götter,) , *nb(t).ś jm.ṯ*, seine Herrin bist du.“[5]

Das *jm.f* kann nach vorne gerückt werden und zum Beispiel in eine Genitivverbindung eindringen, wie es ja auch sonst gerne bei *jm* als Prädikat oder *pw* als Subjekt geschieht:[6]

- , *nb jm.k n śtp-s3*, „Der Herr des Palastes bist du.“[7]

Was die Struktur des Adverbiellen Nominalsatzes mit *jm.f* anbelangt, so fällt ins Auge, daß dieser mit der Konstruktion *Nomen und Prädikatives m und Nomen* das Prädikative *m* gemeinsam hat.

Die Funktion des *Adverbiellen Nominalsatz mit jm.f* läßt sich im Kontrast mit inhaltsgleichen anderen Satzbaumustern näher bestimmen. Dazu möchte ich von den oben genannten Beispielen *s3.k jm.f* anführen:

- *s3.k jm.f*
- *ntf s3.k*[8]
- **jw.f m s3.k.*[9]

Der Vergleich dieser drei Satzbaumuster ergibt folgendes: Während bei *ntf s3.k* und **jw.f m s3.k* das Prädikat „ ... ist dein Sohn“ am <u>Satzende</u> steht, erscheint bei *s3.k jm.f* das Prädikat „(ist) dein Sohn“, am <u>Satzanfang</u>; dabei verstehe ich als Subjekt „er“, also den in den Blick genommenen Gegenstand des Denkens, über den das Prädikat die Aussage „ist dein Sohn“ liefert.

---

[1] Edfou VIII, 84, 3. Zum Dual siehe oben, § 47, zum Absoluten Possessivartikel siehe oben, § 77.
[2] Zum Inhalt siehe Kurth, Dekoration, 17, n. 35; 21, n. 49.
[3] Edfou VII, 40, 4.
[4] Edfou VII, 313, 17.
[5] Edfou VIII, 101, 5 f.
[6] Siehe oben, § 198, 2. Absatz; § 208, 1. Beispiel.
[7] Edfou VII, 84, 16 f. Ähnlich: VII, 44, 2 f.; 197, 14 f.; auch bei anderen Satzteilen: VII, 246, 13 f. (*nb.śn* <⌜*jm.k*⌝>* *r 3w.śn*).
[8] Edfou VI, 305, 9.
[9] Analog: Edfou VIII, 102, 12 (*jw.śn m nḏt*, Sie sind Hörige).

Für die Frage nach der Funktion der Konstruktion *sꜣ.k jm.f* ist nun bedeutsam, daß das Prädikat „(ist) dein Sohn" an der Subjekt-Stelle eines Satzbaumusters erscheint, bei dem regelhaft das Subjekt vor dem Prädikat steht.[1] Das Anliegen ist also rein stilistisch: Als Blickfang vorne stehen soll das Prädikat, und seine Aussage soll Gewicht haben. – Für die angemessene Übertragung ins Deutsche bietet sich die Beibehaltung der ägyptischen Satzteilfolge an.

1.1 Nominalsatz

1.1.2 Adverbieller Nominalsatz

1.1.2.4 mit *n.f jmj*

§ 214

Neben seiner attributiven[2] Verwendung und seiner Substantivierung[3] begegnet der Ausdruck *n.f jmj* nicht selten als Prädikat im Adverbiellen Nominalsatz.[4] Die wörtliche Bedeutung ist „Für ihn ist ... da" = „Er hat ...". Zumeist steht das Prädikat vor dem Subjekt (a), selten folgt es ihm (b).

a) *n.f jmj* geht voran:

- 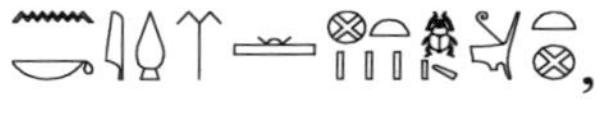, *n.k jmj nwwt tꜣ-mḥw*, „Dir gehören die Städte Unterägyptens;"[5]
- , *n.k jmj śnb*, „Dir gehört Gesundheit."[6]

[1] Siehe oben, § 210. Cf. auch das analoge Satzbaumuster unten, § 215.

[2] Siehe oben, § 122 a.

[3] Siehe oben, § 109.

[4] Für Belege der klassischen Sprache siehe Gardiner, EG, § 113, 3; 114, 4.

[5] Edfou VIII, 25, 12.

[6] Edfou VI, 189, 11. Weitere Beispiele: Edfou VI, 269, 11 und 12; VII, 32, 5 f.; Dümichen, Baugeschichte, Tf. 39, 6. Zeile von oben (aus Dendera); Esna II, Nr. 105, 6 (*n.k jmj prj(t) nb(t) n(t) ḥꜥpj rśj*, „dir gehören alle Produkte des südlichen Nil"). – An der Stelle Philä I, 22, 3, liegt die hier behandelte Konstruktion sehr wahrscheinlich nicht vor; dort ist vielleicht mit Blick auf Edfou VIII, 84, 2 f., zu lesen oder zu verbessern: *n(ꜣj).k jmj.w*, die deinigen sind sie.

b) *n.f jmj* folgt[1]:

- (Der König sagt zum Gott): 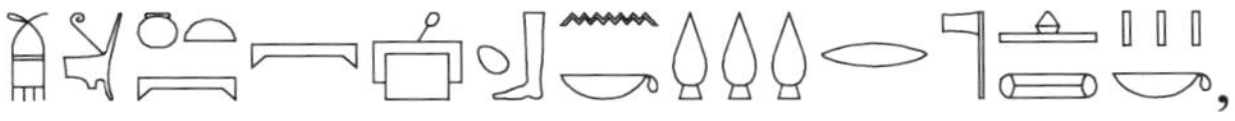, *ḥ3tj(t) n nwt ḥrj(t) š3 Gbb n.k jmj r ḥtp-nṯr.k*, „Was der Himmel überspannt hat[2] und was auf dem Rücken des (Erdgottes) Geb ist, gehört dir als dein Gottesopfer."[3]

Ein Unterschied zu anderen Ausdrücken eines Besitzverhältnisses[4] ist kaum zu erkennen. Ich habe jedoch den Eindruck, daß *n.f jmj* manchmal die Zuweisung eines Besitzes bezeichnet, der zu verwirklichen ist[5] oder der sich nach und nach verwirklicht. – Wenn *n.f jmj* als Blickfang am Anfang des Satzes steht (a), scheint eine leichte Betonung des Prädikates vorzuliegen.

1.1 Nominalsatz

1.1.2 Adverbieller Nominalsatz

1.1.2.5 mit *r.f*

§ 215

Der Adverbielle Nominalsatz mit *r.f* als Prädikat ist eine nicht allzu selten verwendete Konstruktion des Ptolemäischen.[6] Sie ist ebenso mit dem *Adverbiellen Nominalsatz mit r und Nomen* verwandt wie der *Adverbielle Nominalsatz mit jm.f* (siehe unten, § 213) verwandt ist mit dem *Adverbiellen Nominalsatz mit Prädikativem m und Nomen* (siehe unten, § 212).

Beim *Adverbiellen Nominalsatz mit r und Nomen* bedeutet die Präposition *r* „gehört zu ...". „ist bestimmt zu/für/als ...":

- (Über Leib und Haut der Oryx-Antilope wird gesagt): , *ẖt.f r* <⌜*mnḫt*⌝>*.*k*, Ihr Leib ist zu deiner <⌜Kleidung⌝>* bestimmt.[7]

---

[1] Bereits früher belegt, siehe Wb II, 197, 8, Belegstelle „Louvre C 218".
[2] Ich frage mich, ob das Wort zu *ḥdj*, umspannen (Wb III, 205, 2 ff.), gehört.
[3] Urk. VIII, Nr. 8 c; ähnlich: (*šnw n jtn n.š jmj*).
[4] Siehe beispielsweise das Nebeneinander verschiedener Ausdrücke an den Stellen Edfou VI, 189, 11 f.; 269, 11.
[5] Als Indiz dafür siehe zum Beispiel Edfou VIII, 25, 12: *mn n.k nwwt jpn n(t) t3-šmꜥw n.k jmj nwwt t3-mḥw*, „Nimm dir diese Städte Oberägyptens, dir gehören die Städte Unterägyptens."
[6] Siehe Blackman, in: JEA 31, 1945, 66, Anm. 53. – Wegen weiterer Literaturangaben und Textstellen siehe Wilson, Ptol. Lex., 570 (cum grano salis).
[7] Edfou VII, 323, 15; zum Inhalt der Stelle siehe ITE I/2, 617.

Wenn nun anstelle des Nomens ein Suffixpronomen erscheint, dann wird auch hier[1] das stilistische Anliegen verwirklicht, an die Subjekt-Stelle eines Adverbiellen Nominalsatzes ein Wort zu setzen, das in inhaltsgleichen anderen Satzbaumustern als Prädikat auftritt. Das betreffende Wort wird dadurch als Blickfang herausgestellt.[2]

Die Bedeutung von ... *r.f* entspricht in vielen Fällen ungefähr „... ist er", ganz wie in der Konstruktion ... *jm.f*:

- (Die Königin verwendet sich für den König beim Gott): , *sꜣ.k jr.f*, „Dein Sohn ist er;"[3]
- (Der König sagt, während er Nephthys Bier opfert): , *nb(t) tḫ r.ṯ*, „Die Herrin des Rauschgetränkes bist du;"[4]
- (Zu Horus gesagt): , *(Ptḥ) Tꜣ-ṯnn r.k*, „(Ptah) Tatenen bist du."[5]

Da die Parallelen zwischen ... *r.f* und ... *jm.f* wechseln[6], ist an vielen Stellen die Übersetzung „... ist er" zu vertreten. An anderen Stellen jedoch ist die von der Konstruktion *Adverbieller Nominalsatz mit r und Nomen* abzuleitende Grundbedeutung noch etwas lebendiger:[7]

- (Der König reicht dem Gott ein Heh-Symbol und spricht: „Das Heh mit Leben an deine herrliche Nase), , *ꜥnḫj r.k*, denn der Lebende bist du wahrlich;"[8]
- (Nachdem von der Mutter des Osiris die Rede ist, sagt Onuris): , *jt.k r.j jw.j m sꜣ.k*, „Dein Vater aber bin ich, und ich bin dein Schutz."[9]

Wieder andere Stellen lassen sich kaum anders als mit der Grundbedeutung übertragen:

---

[1] Cf. oben, § 213.

[2] Abstrakt betrachtet möchte ich für die ptolemäischen Konstruktionen ... *jm.f* und ... *r.f* feststellen, daß sie aus einem stilistisch motivierten geschickten Jonglieren mit Grammatik und Semantik hervorgegangen sind.

[3] Edfou VII, 172, 17; der Anlaut *j* wird sonst meist nicht geschrieben. Ähnlich: Edfou VII, 132, 3; 187, 8.

[4] Edfou VII, 281, 7.

[5] Edfou VII, 302, 2; ähnlich: Dendara XII, 341, 3 (*mꜣj r.j*: „der Löwe bin ich").

[6] Man vergleiche zum Beispiel die Stellen Edfou VII, 302, 2 und IV, 75, 1 f.; VII, 40, 4 und 132, 3.
Beide Konstruktionen findet man auch nebeneinander: *ḥkꜣ(t).f <jm>*.ṯ nb(t).f r.ṯ*, „Seine (des Bierkruges) Herrscherin <bist>* du, seine Herrin bist du fürwahr." (Edfou V, 206, 14 f.).
An anderen Stellen steht die hier behandelte Konstruktion parallel zum Nominalen Nominalsatz *ntf A*: (Esna II, Nr. 17, 59; von Neith und Chnum gesagt): *nb šꜣw r.f ntś nbt rr*, Der Herr des Schicksals ist er, sie ist die Herrin des Aufziehens (der Kinder). Hier ließ sich mit Hilfe der Konstruktion ... *r.f* die Stilfigur des Chiasmus realisieren. – Mit anderer chiastischer Stellung: Edfou Mam., 13, 15 (*ṯwt Jtmw Šw r.j*, „Du bist Atum, Schu aber bin ich.").

[7] Also: ... ist bestimmt für ihn, ... gilt für ihn, ... ist er wahrlich u. ä.

[8] Edfou VI, 269, 15. Ähnlich: V, 139, 1 (Nechbet, die sich mit Uto verbindet, sagt: *šmꜥś r.j* ..., „Die Oberägyptische Krone bin ich wahrlich, ..."); VII, 141, 12 (zur Übertragung siehe ITE I/2, 254).

[9] Dendara X, 280, 3.

- (Beim Weihrauchopfer über Horus gesagt: Er ist der Herr der Myrrhe), , *śtj śnṯr r.f*, der Duft des Weihrauchs ist für ihn bestimmt.[1]

Ein Blick auf die Gesamtheit der oben aufgeführten Beispiele lehrt, daß sich die Bedeutungen von ... *r.f* und ... *jm.f* zu einem guten Teil überschneiden, daß sie aber nicht völlig identisch sind und man ... *r.f* fallweise übersetzen kann oder sogar muß: „... ist er fürwahr", „... gebührt ihm", „...kommt ihm zu"[2], „... ist für ihn bestimmt" oder ähnlich[3].

1.1 Nominalsatz

1.1.2 Adverbieller Nominalsatz

1.1.2.6 mit Pseudopartizip (Pseudoverbalkonstruktion)[4]

§ 216

In dieser Konstruktion steht an der Prädikat-Stelle ein Pseudopartizip (siehe oben, § 140). Dieses schreibt dem zugehörigen Subjekt bei Eigenschaftsverben die betreffende Eigenschaft zu (a). Bei Intransitiven Verben des Zustands gibt das Prädikat an, daß das Subjekt in den betreffenden Zustand geraten ist und/oder sich in ihm befindet (b). Das Prädikat der Intransitiven Verben der Bewegung sagt aus, daß das Subjekt die Bewegung ausgeführt hat (c). Bei Transitiven Verben wird vom Prädikat angegeben, daß der Verbalinhalt am Subjekt vollzogen wurde (d).

a) Eigenschaftsverben:

- , *śnḏt.f wr.tj m ḥᶜ.j*, „Die Ehrfurcht vor ihm ist groß in meinen Gliedern;"[5]
- , *ḫ3wt.k dnś.tj*, „Dein Altar ist schwer (beladen)."[6]

---

[1] Edfou VII, 292, 7. – Die Übersetzung „Der Duft des Weihrauchs ist er" kann im Kontext nicht befriedigen. Allenfalls könnte man in Erwägung ziehen: „Der Duft des Weihrauchs ist (zieht) zu ihm hin." Für die hier gewählte Übersetzung spricht das vorangehende „Herr".

[2] Manchmal im Sinne von „... ist seine Rolle".

[3] Cf. die semantisch verwandte Konstruktion *twt r.f* (siehe unten, § 225).

[4] Als selbständiger Satz: Edfou VIII, 5, 11 (*Rᶜ Ḥr-3ḫtj jw.tj m nwt*); 99, 16 (*jtn wbn*); 145, 16 (*...wbn.tj*); Dendara XIII, 4, 7 (*Št3t jm3.tj m ...*, Das Feld ist gediehen mit ...).

[5] Edfou VII, 255, 17.

[6] Edfou VIII, 19, 5.

b) Intransitive Verben des Zustands:

- , *ḥr-nb ḥʿj.tj n m33.k*, „Jedermann ist in Jubel ausgebrochen über deinen Anblick;“[1]
- (Von einem Feld gesagt) , *ʿnḫt.ś ʿnḫ.tj*, Sein Getreide lebt;[2]
- (Nach einer Aufzählung der Nahrungsopfer): , *wnn(t) wn.tj m h3w.k*, „Die Opferspeisen befinden sich (nun) bei dir;“[3]
- (Der König bringt die oberägyptische Königin/Krone und die) , *bjtjt ḫpr.tj ḫr.s*, unterägyptische Königin/Krone, die bei ihr ist.[4]

c) Intransitive Verben der Bewegung:

- , *p(3) hbj-ʿnḫ prj m m3ʿ-ḫrw*, Der Lebende-Ibis ist in Triumph hervorgegangen;[5]
- (Zu Horus gesagt): , *nśwt bjt (vacat)| s3 Rʿ (vacat)| jw ḫr.k*, „Der König von Ober- und Unterägypten (*vacat*)|, der Sohn des Re (*vacat*)|, ist zu dir gekommen.“[6]

d) Transitive Verben:

- , *nbḏ npḏ*, der Bösewicht wurde geschlachtet;[7]
- , *ś3t.ś śpḫr.tj r nfr*, Ihre Wände wurden in vollkommener Weise dekoriert;[8]
- , *ʿntjw śmś.tj n k3.k*, „Myrrhe ist deinem Ka dargereicht worden.“[9]

Als pronominales Subjekt finden wir die im neuägyptischen und teils im demotischen Präsens benutzten Formen.[10]

---

[1] Edfou V, 147, 6. Man könnte auch übersetzen: „... jubelt über deinen Anblick“. Auch andere Verben des Wortfeldes „jubeln“ werden gerne mit Pseudopartizip konstruiert (zum Beispiel: Edfou VII, 6, 2 f.: ... *ḥkn.tj*), während man nach dem Sprachgefühl des Deutschen als Prädikat eher *ḥr und Infinitiv* erwarten würde; letztgenannte Konstruktion ist tatsächlich ebenfalls gut zu belegen (Edfou V, 336, 14; VI, 295, 13 f.).

[2] Edfou VI, 260, 10; „leben“ meint „nicht abgestorben/verdorrt sein“.

[3] Edfou VI, 259, 7.

[4] Edfou VII, 145, 1. Cf. Erichsen, DG, 355, 3. Eintrag von unten.

[5] Edfou VIII, 52, 9.

[6] Edfou VI, 3, 2.

[7] Edfou VIII, 35, 12. Die beiden anderen Sätze des Kontextes geben an, daß sich der Böse im Vorgang bzw. Zustand der Vernichtung befindet: „... ist im Feuer“; „... ist Asche“.

[8] Edfou VII, 17, 4.

[9] Edfou VII, 210, 13 f.

[10] Siehe oben, § 48 ff. und cf. oben, § 212.

1. Person Singular:

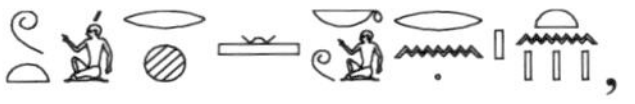, *tw.j rẖ.kwj rn.ṯn*, „Ich kenne eure Namen;“[1]

3. Person Singular Maskulin:

- (Von Horus gesagt): , *św jj m ḥꜥꜥ(wt)*, Er ist jubelnd gekommen;[2]
- (Über ein Geheimnis gesagt): , *św (r)dj (j)n jt n sꜣ.f*, Es wurde weitergegeben vom Vater an seinen Sohn;[3]

3. Person Singular Feminin:

- (Über den Himmel und eine Göttin gesagt): , *śj mn m ḫfꜥ.ś*, Er ist fest in ihrem Griff;[4]

3. Person Plural:

(Von den Produkten des Feldes gesagt): , *śt ḳꜣb*, Sie sind verdoppelt.[5]

Was die Zeitlage anbelangt, so gibt das Pseudopartizip in jedem Falle an, daß der Verbalinhalt zum Zeitpunkt der Aussage wirksam ist oder daß er verwirklicht wurde, daß also seine Aktivierung zeitlich vorangegangen ist. Dabei hängt es aber von der Semantik des jeweiligen Verbs ab, ob wir ins Präsens oder ins Präteritum übersetzen; letzteres ist zumeist bei Verben der Bewegung und bei Transitiven Verben der Fall.

1.1 Nominalsatz

1.1.2 Adverbieller Nominalsatz

1.1.2.7 mit Präposition und Infinitiv (Pseudoverbalkonstruktion)[6]

§ 217

Bei der Konstruktion *Nomen und Präposition und Infinitiv* sind drei Unterarten mit jeweils spezieller Bedeutung zu unterscheiden, je nach der Präposition, die vor dem Infinitiv steht

---

[1] Vittmann, in: Fs. Thausing, 241; 270; römerzeitliches Privatdenkmal. – Aus den Inschriften Edfus kenne ich nur Belege für die 3. Person.

[2] Edfou VI, 140, 10 f.

[3] Edfou II, 214, 9. Zur Lesung *jt* siehe EP 1, 130, Zeichenliste, 1 (Menschen und Gottheiten), Nr. 15 - 18 a.

[4] Edfou VII, 184, 15.

[5] Edfou VIII, 138, 11. – Weitere Beispiele für die 3. Person Singular und Plural: V, 186, 1 (neutrisch); 293, 7 (Plural); VI, 153, 4 (neutrisch); VII, 83, 14 f. (Plural).

[6] Als selbständiger Satz: Edfou VIII, 145, 4 (*bꜣ n Wśjr ḥr ḥn Ḥt-Wśjr*). – Dieser Gebrauch ist auch im Mittelägyptischen selten, siehe Gardiner, EG, § 322.

und mit diesem das Prädikat bildet: *m* und Infinitiv (A), *r* und Infinitiv (B) sowie *ḥr* und Infinitiv (C).

A *m und Infinitiv*.

a) Wie in der klassischen Sprache wird *m und Infinitiv* manchmal bei Verben der Bewegung verwendet,[1] um – wie *ḥr und Infinitiv* – anzugeben, daß die Bewegung im Verlauf ist oder „gerade ausgeführt wird:[2]

- („Ich gebe dir, daß) , *ḥ῾pj m ḥpt r śḫt.k*, der Nil auf dein Feld eilt;"[3]
- („Wir geben dir, daß) , *T3-mrj m šm(t) ḥr mw.k*, Ägypten dir ergeben ist."[4]

b) Im Ptolemäischen begegnet *m und Infinitiv* zum Ausdruck einer Handlung im Verlauf nicht selten auch bei anderen Verben:[5]

- , *nṯrw dmḏ m rś ḥr.n*, „Alle Götter wachten über uns;"[6]
- (Über die Bewohner Ägyptens gesagt) , *jmjw.śn nbw m w3ḥ tp*, Alle, die darin sind, verneigen sich;[7]
- (Menschen verharren in einer Geste der Ehrfurcht vor der Gottheit): , *rḫjt m wn rmnwj*, Die Untertanen breiten die Arme aus;[8]
- (Zu Horus gesagt): , *῾nwt.k m nḏrj ntt.śn*, „Deine Krallen ergriffen immer wieder ihre Haut;"[9]
- (Der König opfert Blumen und hebt deren verjüngende Wirkung hervor): , *ḥ῾.k m rnpj*, „Dein Leib verjüngt sich."[10]

Das letzte Beispiel, für das im Berliner Wörterbuch[11] ein Nomen *rnp*, die Verjüngung, angesetzt wird, führt in einen Bereich, in dem sich die Bedeutungen von *m und Infinitiv* und *m und Substantiv* überschneiden:

---

[1] Siehe Gardiner, EG, § 331. – Zum Nachleben dieser Konstruktion im Demotischen siehe Johnson, Thus Wrote, 31, § 46.
[2] Das ist ein Aspekt der Verbalhandlung, unabhängig von der Zeitlage.
[3] Edfou VII, 298, 1. Ähnlich: VI, 160, 5 (... *m sbj n śḏt*, ... vergeht im Feuer); 219, 2 (*m jj(t)*).
[4] Edfou VI, 318, 13.
[5] Cf. Junker, GdD, § 176.
[6] Edfou VI, 77, 5. Ähnlich: VI, 137, 10 (*Ḏḥwtj m nḏ-r3 ḥr.k*, „Thot sorgt für dich").
[7] Edfou VIII, 77, 10 f.; zur Schreibung von *tp* siehe § 3.3 b (EP 1, 460).
[8] Dendara IX, 41, 1; ähnlich: V, 86, 8.
[9] Edfou VI, 270, 13. Wörtlich: ... waren im Greifen ihre Haut; vielleicht ist sogar die Übersetzung „zerfleischen" angemessen.
[10] Dendara II, 188, 4.
[11] Wb II, 434, 9 ff.

- Wesen sind *m śnḏ*, in Furcht = fürchten sich[1]
- Feinde sind *m šꜥt*, im Gemetzel = werden niedergemetzelt, zerschnitten o. ä.[2]
- Bewohnte Orte oder Personen sind *m ḥb*, im Fest = in festlicher Stimmung.[3]

Ist das betreffende Wort nur als Substantiv belegt, wie beim letztgenannten Beispiel, gibt es die alternative Erklärung als *m und Infinitiv* nicht. Umgekehrt verhält es sich bei den nur als Verbum belegten Wörtern, wie im folgenden aufgezeigt wird.

c) Öfters wird *m und Infinitiv* verwendet, um anzugeben, daß das Subjekt über einen Zeitraum hinweg behandelt wird[4]; passivische Bedeutung kann der Infinitiv von Hause aus annehmen, da er hinsichtlich der Genera Verbi neutral ist:[5]

- (Während er ein Krokodil tötet, sagt der König): , *ḫntj m ḥw(t)*, „Der Unersättliche (das Krokodil) wird geschlagen."[6]
- (Während er eine Schildkröte tötet, sagt der König): , *[kꜣ]-mnḫ m kśm*, „Dem [Ka]-meneh (der Schildkröte) wird hart zugesetzt."[7]

d) In diesen Zusammenhang gehört der Ausdruck *m tm wn*, „im Nicht-sein", der zumeist adverbiell oder attributiv[8] aber auch wie im folgenden Beispiel prädikativ verwendet wird:

- , *ḫftjw.k nb(w) m tm wn*, „Alle deine Feinde existieren nicht mehr."[9]

In allen genannten Fällen bringt *m und Infinitiv* als Prädikat die Aktionsart des Verlaufs und der Fortdauer zum Ausdruck. Das Deutsche kann diese Aktionsart meist nicht adäquat wiedergeben und muß sich mit einfachen Tempora behelfen oder entsprechende Adverbien hinzunehmen. – Die Zeitlage hängt vom Kontext ab.

---

[1] Dendara IX, 40, 7: *nṯrw m śnḏ.ś*, Die Götter fürchten sie. Ist nun *śnḏ.ś* Infinitiv mit Suffix als Objekt oder Nomen mit Suffix im Genitivus Objectivus?

[2] Edfou VII, 151, 13; 213, 16 f.; cf. auch VI, 117, 14, mit Suffix zur Bezeichnung der Betroffenen: ... *m šꜥt.śn*. Alternativ kann man auch an die Verben *šꜥ* und *šꜥd* denken: „ ... sind im Zerschneiden;" siehe den folgenden Abschnitt c.

[3] Edfou VII, 2, 7. – Siehe auch Junker, GdD, § 248, der darauf hinweist, daß diese Konstruktion besonders bei Schilderungen beliebt ist.

[4] Die Form erinnert an die englische Verlaufsform des Präsens Passiv (something is being done).

[5] Siehe Gardiner, EG, § 298.

[6] Edfou VII, 151, 14. Wörtlich: ... ist im Schlagen. Cf. ITE I/2 (Edfou VII), 195, n. 6; 273, n. 5. – Ähnlich: VI, 160, 5 f. (... *m wꜣ m ḏrt Śḫmt*, ... wird von Sachmet gedörrt; wörtlich: ... ist im Dörren durch die Hand der Sachmet).

[7] Edfou VII, 312, 2. Wörtlich: ... ist im Trotz-bieten.

[8] Edfou VIII, 145, 14 f.: *tw.n r ḫꜣꜥ bꜥr m tm wn*, „Wir werden den Bar (Apophis) in die völlige Vernichtung stoßen;" ähnlich: VI, 177, 16. – In attributiver Verwendung: *jnj.j n.k ... jrj śbj r.k m tm wn*, „Ich bringe dir ... deinen Widersacher als Vernichteten." (Edfou VI, 180, 3).

[9] Edfou IV, 51, 11; ähnlich: VII, 62, 10; 128, 8 f.

B *r und Infinitiv*:

Diese im Ptolemäischen relativ seltene Konstruktion[1] dient zum Ausdruck des Futurs im weiteren Sinne, da sie sowohl zukünftiges Geschehen als auch Absicht und Bestimmung umfaßt:[2]

- (Die beiden Uräen sagen): 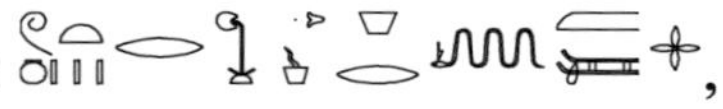, *tw.n r ḫꜣꜥ bꜥr m tm wn*, „Wir werden den Bar (Apophis) in die völlige Vernichtung stoßen.“[3]
- (Horus erwartet den Besuch der Hathor): , *ꜥwj.f r šsp.ś*, Seine Arme (sind ausgestreckt), um sie zu empfangen;[4]
- (Der König opfert Weinstöcke und sagt): 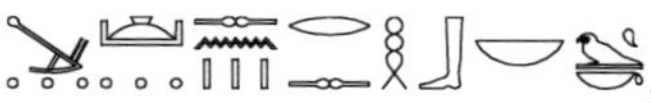, *prt-jꜣꜣ.śn r śḥb šnbt.k*, „Ihre Trauben sind dazu bestimmt, deine Brust festlich zu machen.“[5]

C *ḥr und Infinitiv*[6]:

Im Gegensatz zu den beiden zuvor behandelten begegnet die Konstruktion *ḥr und Infinitiv* überaus häufig; sie dient dazu, eine Handlung im Verlauf, die Fortdauer eines Tuns oder ein gewohnheitsmäßiges Tun zu beschreiben:[7]

- (Jubel und festliche Stimmung im Tempel von Edfu werden geschildert): , *Ḥt-bjk ḥr nhm*, Das Haus-des-Falken frohlockt;[8]
- (Bei der Beschreibung einer Tempelhalle heißt es: Verschiedenartige Säulen) , *ḥr twꜣ pt.f*, tragen ihren Himmel (die Decke);[9]

[1] Cf. Gardiner, EG, § 332; Erman, NG, § 502 (sehr selten).

[2] Es handelt sich auch hier nicht um ein Tempus, also eine als solche angegebene Zeitlage, sondern um einen Aspekt der Verbalhandlung, bei dem diese als angestrebt aber noch nicht begonnen gesehen wird.

[3] Edfou VIII, 145, 14 f. Das unübliche Determinativ zu *ḫꜣꜥ* erklärt sich durch die Uräen, die als Kobras Gift und Feuer gegen den Feind ausstoßen. Zu *tw.n* siehe oben, § 54.

[4] Edfou VII, 27, 1.

[5] Edfou VII, 234, 15 f.

[6] Diese Konstruktion der klassischen Sprache mündet in das neuägyptische, demotische und koptische Präsens. – Die Präposition *ḥr* wird gelegentlich ausgelassen, jedoch nicht nach bloßer Willkür; zu den hier geltenden Bedingungen siehe oben, § 135, sub voce *ḥr*.

[7] Das ist eine Aktionsart der Verbalhandlung, unabhängig von der Zeitlage.

[8] Edfou VII, 2, 7.

[9] Edfou VII, 5, 3; ähnlich: VII, 17, 12 f.

- (Der König sagt bei der symbolischen Übergabe der beiden Landesteile an Horus von Edfu, daß Ober- und Unterägypten dem Gott zujubeln (*m jꜣw*; *m hnw*) und daß die anderen Völker in Verehrung auf ihren Bäuchen liegen (*rdj ḥr ẖt.śn*)) und: , ⌜*śẖt-jmꜣw*⌝ *ḥr ẖrp n.k jẖt.śn*, „Die ⌜(Bewohner) von Sechet-Imau⌝ führen dir ihre Produkte zu.“[1]

Dieses Beispiel zeigt drei Typen des Adverbiellen Nominalsatzes, die in ein und derselben Sprechsituation[2] parallel stehen, nämlich diejenigen mit den Prädikaten *m und Nomen*, *Pseudopartizip* und *ḥr und Infinitiv*.

Als pronominales Subjekt (sehr selten) finden wir nur die im neuägyptischen und teils im demotischen Präsens benutzten Formen.[3]

Unpersönliches „man“:

, *twtw* (*ḥr*) *ꜥḳ.śn m jẖẖw*, Man läßt sie in den Schatten eintreten.[4]

1. Person Plural:

, *tw.n r ḥꜣꜥ bꜥr m tm wn*, „Wir werden den Bar (Apophis) in die völlige Vernichtung stoßen.“[5]

1.1 Nominalsatz

1.1.2 Adverbieller Nominalsatz

1.1.2.8 Partikel und Adverbieller Nominalsatz

§ 218

Nicht selten geht dem Adverbiellen Nominalsatz eine Partikel[6] voraus, die ihn in verschiedener Weise modifiziert. Wir finden die Partikel vor dem Hauptsatz ebenso wie vor dem Nebensatz.

---

[1] Edfou VII, 230, 12 f.

[2] Der König führt dem Gott die positive Wirkung seiner Opfergabe vor Augen; siehe Kurth, Dekoration, 212 f.

[3] Siehe oben, § 48 ff. und cf. oben, § 212.

[4] Dendara X, 297, 9. Zu *ꜥḳ* mit kausativer Bedeutung siehe oben, § 157.

[5] Edfou VIII, 145, 14. Der Fall wurde bereits oben als erstes Beispiel unter Abschnitt B zitiert.

[6] Zu den Partikeln siehe § 159.

jḫ vor nominalem Subjekt:

- (Der Tempel enthält ein Baumaß von 90 Ellen) , *jḫ pśḏ dj*, weil das Sonnenlicht dort ist;[1]

- (Der Tempel enthält ein Baumaß von 400 Ellen) 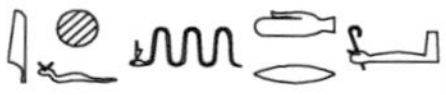, *jḫ fj dr*, weil die (feindliche) Schlange vertrieben wurde.[2]

jśk vor nominalem Subjekt:

(Horus verläßt seinen Tempel), 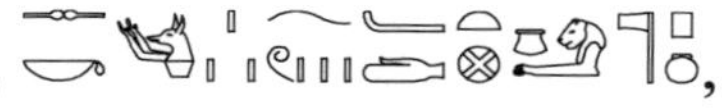, *śk Pśḏt jmjw Bḥdt ḫr-ḥ3t nṯr pn*, wobei die Götterneunheit von Edfu vor diesem Gott ist (dahinzieht).[3]

jśk vor pronominalem Subjekt:

(Der Gott soll dem König alles Gute zukommen lassen), , *śk św m nśwt bjt*, denn er ist der König von Ober- und Unterägypten.[4]

mk vor nominalem Subjekt:

(Re sagte nun zu Thot): , *mk Ḥr Bḥdtj mjt(t) m3j*, „Siehe, Horus Behedeti ist wie ein Löwe."[5]

mk vor pronominalem Subjekt:

- (Isis sagt): , *mk wj jj.kwj*, „Siehe, ich bin gekommen;"[6]
- (Zu Horus gesagt): , *mk ṯw m nḥśj*, „Siehe, du bist ein Nubier;"[7]
- (Die beiden Klagefrauen sagen zu Osiris): , *mk n r ś3ḫ.k*, „Siehe, wir werden dich verklären;"[8]
- (Über Opfertiere gesagt): , *mk śt m 3bwt śbjw.k*, „Siehe, sie sind die Abbilder deiner Widersacher."[9]

---

[1] Edfou VI, 323, 6 f. Zum Verständnis dieses Textes und zur kausalen Bedeutung der Partikel *jḫ* siehe Barguet, in: BSFE 72, 1975, 23 ff.
[2] Edfou VI, 320, 13. Zum Verständnis dieses Textes und zur kausalen Bedeutung der Partikel *jḫ* siehe Barguet, in: BSFE 72, 1975, 23 ff.
[3] Edfou V, 131, 1 f.
[4] Edfou VI, 306, 11 f.
[5] Edfou VI, 127, 13; ähnlich: VI, 243, 12; 337, 13 f.; VII, 44, 4.
[6] Edfou VI, 87, 3; ähnlich: VI, 74, 2.
[7] Edfou VI, 69, 9; ähnlich: VI, 74, 8; 9; 9 f.; 10.
[8] Dendara X, 135, 3 f.
[9] Edfou VII, 319, 16.

<u>*tj* vor nominalem Subjekt:</u>

(Über die Gemächer der Götterneunheit): , *tj ḥm.k m <nb> ś.t.śn*, „Deine Majestät ist der <Herr> ihrer Throne."[1]

Wie die vorangehenden Beispiele mit den Partikeln *jśk* und *mk* zeigen, wird als pronominales Subjekt in der Regel das Abhängige Personalpronomen der klassischen Sprache benutzt.[2]

1.1 Nominalsatz

1.1.2 Adverbieller Nominalsatz

1.1.2.9 Partikel *n*(*n*) (Negation) und Adverbieller Nominalsatz

§ 219

Der Adverbielle Nominalsatz wird mit  oder  negiert,[3] wobei diese Schreibungen ohne erkennbaren Unterschied verwendet werden.[4] In seiner negierten Form finden wir den Adverbiellen Nominalsatz als Haupt- und Nebensatz, letzteres weitaus am häufigsten:

- , *n ḥ3ˁjt ḫr ḥ3t.k*, „Kein Unheil ist vor dir;"[5]
- 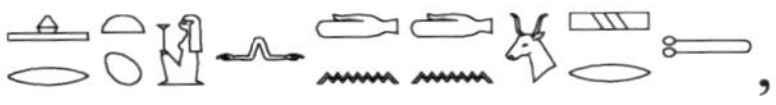, *ḥtp r.ṯ n dndn ḫr.k*, Sei doch gnädig, ohne zu zürnen, ...[6]
- (Die Königin bittet den Gott, die Stücke des Fleischopfers anzunehmen: Nimm es doch entgegen), , *nn š3t jm.śn*, denn es ist nichts Unreines daran;[7]

---

[1] Edfou VI, 137, 10 f.

[2] Zu einem unsicheren Fall mit dem jüngeren Abhängigen Personalpronomen (*mk tw.j*) siehe Edfou VI, 66, 11 und die relevante Anmerkung oben, § 49.

[3] Zu *n*(*n*) *wn* siehe oben, § 209. Fallweise ist es nicht einfach, zu unterscheiden zwischen einem Satz *Negiertes Nomen (Ausdruck der Nichtexistenz) und Adverb* (siehe oben, § 209) und einem *Negierten Adverbialsatz*. Bei der Unterscheidung habe ich mich von der Frage leiten lassen, ob sich ohne Negation eine selbständig Aussage ergibt.

[4] Siehe oben, § 159, sub voce.

[5] Edfou VII, 43, 12. Der Satz ist der mittlere von drei selbständigen Sätzen, die gemeinsam die Stilfigur des schweren Schlusses bilden, die ihrerseits äußerlich formal eingegrenzt ist. – Selbständig nach Imperativ und Vokativ: Edfou VI, 160, 6 f. (... *n n.k db m t3 pn*).

[6] Edfou VII, 305, 12f.; es folgt ein Vokativ, der sich auf Hathor bezieht. Als Nebensatz ähnlich: VI, 14, 6 (..., *n ˁ jm.f św m nṯr*, ..., ohne daß es eine Stelle an ihr (der Mauer) gibt, die ohne einen Gott ist).

[7] Edfou VI, 153, 4.

- (Der Ausfluß des Auges ist vollkommen), , *n ḏw nb ḫr-m-m.ś*, ohne daß es einen Schaden daran gibt.[1]

Beispiele für die negierte Pseudoverbalkonstruktion habe ich im Material der Edfutexte nicht gefunden.[2]

1.1 Nominalsatz

1.1.2 Adverbieller Nominalsatz

1.1.2.10 Hilfsverb und Adverbieller Nominalsatz

§ 220

Vor dem Adverbiellen Nominalsatz erscheinen die Hilfsverben *jw* (A), *ꜥḥꜥ* (B), *wn(n)* (C), und *wn(n) jn* (D).

A Das Hilfsverb *jw* finden wir vor dem Hauptsatz und vor dem Nebensatz:

a) Vor dem Hauptsatz mit nominalem Subjekt:

- (Isis verteilt das Fleisch des zerlegten Nilpferdes und sagt) , *jw n.j ḥ3t.f jw n.j pḥwt.f*, „Mir gehört sein Vorderteil, und mir gehört sein Hinterteil;“[3]

- (Neith sagt voraus): , *jw nṯr špś r ḫpr mjn*, „Ein herrlicher Gott wird heute entstehen.“[4]

Die Konstruktion entspricht dem koptischen Futur III. Sollte das anlautende  nicht wie üblich Allograph für  sein (*jw*), dann könnte es sich vielleicht um die bei nominalem Subjekt verwendet Form ⲉⲣⲉ handeln.[5]

- (Bei der Beschreibung eines Schiffes): , *jw mḏ3bt n(t) ḫśbḏ n m3ꜥt ḥr pnḳ mw*, Eine Schöpfkelle aus echtem Lapislazuli schöpft Wasser;[6]

---

[1] Edfou VII, 139, 16.

[2] Zur Seltenheit dieser Konstruktion in der klassischen Sprache und einer Begründung dafür siehe Gardiner, EG, § 334.

[3] Edfou VI, 85, 7. Die Selbständigkeit des Satzes ergibt sich zwingend aus der Textstruktur; so auch: V, 34, 10; VI, 80, 8 - 10; 89, 12; 117, 4; 121, 4 und 12 f. (mit Prädikativem *m*).

[4] Esna III, Nr. 206, 5 (§ 10).

[5] Johnson, DVS, 153 ff.; Till, Kopt. Gramm., § 308; cf. ferner Quack, in: LingAeg 2, 1992, 152 (zu Pap.Anastasi I, 8, 4 f.). – Ähnlich, aber mit vor dem Nomen: Edfou VI, 292, 12 f. (*jw nsrt.f r wbd rkww.f*).

[6] Edfou VI, 80, 9.

- , *jw nn r 3w mn.tj ḫnt śt-wrt*, All dies ist dauerhaft eingerichtet am Großen-Sitz (Edfu);[1]

- (Anfang einer Beschreibung der Urzeit) , *jw t3 pḫr m nwn*, Das Land ist noch vom Urozean durchzogen.[2]

b) Vor dem Hauptsatz mit pronominalem Subjekt:

- 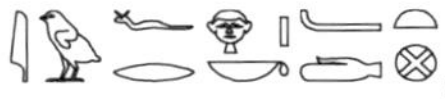, *jw.f r ḥr.k Bḥdtj*, „Sie (die Myrrhe kommt) vor dein Angesicht, Behedeti";[3]

- (Horus sagte zu Seth): 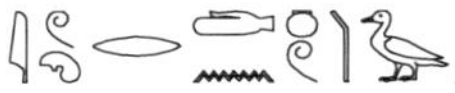, *jw.k r ṯnw*, „Wohin willst du?"[4]

- (Über Seth gesagt): 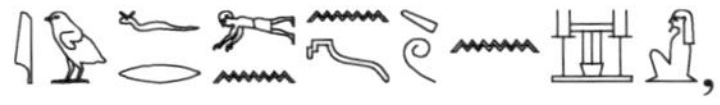, *jw.f r ḫr n nwḥ n Śsmw*, Er wird fallen durch den Strick des Schesemu.[5]

Die Konstruktion entspricht dem koptischen ⲉϥⲉ (Futur III).[6]

- (Horus sagt zu Re Harachte): , *jw.j ḥr m33 śbjw w3w3 r nb.śn*, „Ich sehe die Feinde, die gegen ihren Herrn rebellieren;"[7]

- 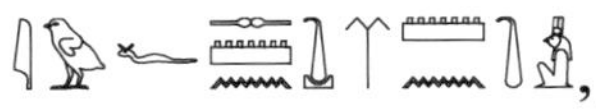, *jw.f śmn m Mnṯw*, Er ist (dort) dauerhaft als Month.[8]

c) Vor dem Nebensatz mit nominalem Subjekt:

- (Anfang einer Hymne an den Gott Chnum): , *nfr wj ḥr.k jw ꜥwj.k ḥr nḥp*, „Ach wie schön ist doch dein Gesicht, wenn deine Arme an der Töpferscheibe sind;"[9]

---

[1] Edfou V, 31, 6; ähnlich: VI, 80, 2 f (zwei Fälle); 80, 4 f.; 121, 13; 128, 9 f.

[2] Edfou VI, 14, 13; der Text setzt sich fort: „ ..., wenn Seine Majestät zum ... gelangt." Siehe auch Esna II, Nr. 17, 12 f., wo eine vergleichbare Aussage, bei gleichem Satzbau, als Nebensatz erscheint.

[3] Edfou VII, 210, 16. Die Bestimmung als „selbständig" stützt sich auf Folgendes: a) die Textstruktur besteht aus drei Aussage-Paaren, deren letzte mit dem vorliegenden Satz beginnt; b) wie in den „Formules" des Bandes Edfou VII nicht selten, beginnt mit jeder Kolumne ein neues Unter-Thema. – Ähnlich: VII, 106, 3.

[4] Edfou VI, 216, 5.

[5] Edfou VI, 77, 3; der Satz kann als selbständig angesehen werden, weil eine zweiteilige (siehe *mśḏj* und *mrj*), thematisch in sich abgeschlossene Aussage vorangeht. – Ähnlich: Dendara Mam., 104, 11 (*jw.f r ꜥḥꜥ*); Dümichen, Baugeschichte, Tf. 39, 4 (*jw.ś r ḫnm*).

[6] Siehe Spiegelberg, Dem. Gr., § 163 ff.

[7] Edfou VI, 110, 3.

[8] Edfou VI, 24, 2; als selbständig angesetzt, weil ein inhaltlich abgeschlossener Textteil (Beschreibung einer Statue) vorangeht.

[9] Esna II, Nr. 95, 2.

- , *mj mj Rꜥ wbn.k m wbnw.k jw kkw m jrtj n(t) ꜥ3pp*, Komme doch Re und leuchte mit deinem Licht, während die Augen des Apophis in Finsternis sind.[1]
- , *mn n.k ḥḥ jw ḥḥ r k3.k*, Nimm dir das Heh, denn Heh gehört zu deinem Ka;[2]
- , *mj mj Rꜥ ḳ3j.k m ḳ3w.k jw ꜥ3pp dḥ m dḥ.f* Komme doch Re und sei hoch in deiner Höhe, während Apophis niedrig ist in seiner Niedrigkeit;[3]
- (Der Gott erscheint in der Urzeit), , *jw t3 3bḫ m sm3wj*, wenn die Erde noch in Dunkelheit getaucht ist.[4]

d) Vor dem Nebensatz mit pronominalem Subjekt:

- (Die ganze Welt ist dem König untertan) , *jw.śn n.f r <ḥmw> jw.f m bjk ḥr śt-Ḥr*, indem sie ihm als <Diener> bestimmt sind, während er als Falke auf dem Horusthron sitzt;[5]
- (Während er die Kälber zu Horus treibt, sagt der König): , *ḥkn.k jm.śn jw.śn m-ḫnt ś3.k*, „Du freust dich über sie, wenn sie in deinem Stall sind;“[6]
- , *n rḫ.n.f bw jw.śn jm*, Er kannte nicht den Ort, an dem sie waren;[7]
- (Krankheiten werden fortgespült), 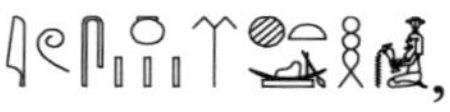, *jw.śn m ḫd(t) ḥ(nꜥ)? ḥꜥpj*, indem sie mit? dem Nil nordwärts abfließen;[8]

---

[1] Edfou III, 341, 7. Das logische Verhältnis zum Hauptsatz ist adversativ; zirkumstanziell: V, 30, 2; VII, 235, 11; 237, 7 und öfters in diesem Text (ITE I/2, 437 ff.).

[2] Edfou VII, 128, 15 f.; zu Heh siehe Kurth, Den Himmel stützen, 100 - 104; 115 f. Die Interpretation als kausale Beziehung stützt sich auf den üblichen Aufbau des „Titre et formule“; siehe dazu Kurth, Dekoration, 212 f.

[3] Edfou III, 341, 6 f. Das logische Verhältnis zum Hauptsatz ist adversativ; zirkumstanziell: Edfou VI, 96, 16; VII, 22, 1.

[4] Esna II, Nr. 17, 12 f. Cf. Edfou VI, 14, 13, wo eine ähnliche Aussage bei gleichem Satzbau als Hauptsatz erscheint.

[5] Edfou V, 38, 7 f. Das logische Verhältnis beider Nebensätze zum Hauptsatz ist zirkumstanziell, das Verhältnis des zweiten zum ersten Nebensatz ist adversativ.

[6] Edfou VI, 286, 6 f. Das logische Verhältnis zum Hauptsatz ist temporal-kausal; kausal: VI, 302, 15; temporal (während/solange): VII, 129, 7.

[7] Edfou VI, 118, 6; dieser attributive Nebensatz wurde wohl deshalb ohne *ntj* konstruiert, weil man den Ort nach dem Sinnzusammenhang als indefinit ansah.

[8] Edfou V, 138, 9 (kollationiert).

- (Des Königs Beliebtheit ist groß), , *jw.f r ʿḳ Mśn m ršrš*, wenn er sich anschickt, Mesen (Edfu) jubelnd zu betreten;[1]
- (Bei der Beschreibung eines Gebietes): , *hn(n).k r wʿ mw jw.f (ḥr)*[?] *šm(t) n p(3) j3btj r p(3) jmntj*, „Du wendest dich einem Wasserlauf zu, welcher von Osten nach Westen fließt;"[2]
- , *ḥm.j r-ḥnʿ.f jw.n ḥr mk(t) wśrt*, „Meine Majestät ist bei ihm, indem wir die Starke (Hathor) schützen;"[3]
- (Seschat sagt: „Ich schreibe für dich die Annalen auf als Millionen von Jahren), , *jw.k mn.tj ḥr śt Ḥr*, so daß du auf dem Thron des Horus dauerhaft bleibst;"[4]
- (Ein Sumpfgebiet mit Schenep-Pflanzen), 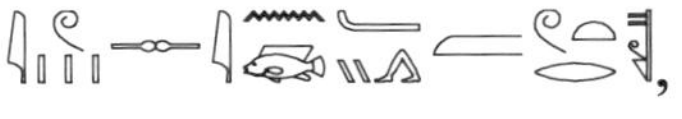, *jw.w śjnḥ m twr*, die von Schilf umgeben sind.[5]

e) Anders als in der klassischen Sprache üblich,[6] kann im Ptolemäischen das Satzbaumuster *jw und Adverbieller Nominalsatz (Pseudoverbalkonstruktion)* von einer Nicht-enklitischen Partikel eingeleitet werden. Ich kenne nur Beispiele mit der Partikel *jśk*, jeweils im Hauptsatz:

- (Die Göttin Seschat schreibt im Auftrag des Re für den König eine allumfassende, gesicherte Herrschaft fest). , *śk jw.j (ḥr) sš m ḏbʿw.j*, „Schau, ich schreibe (es) mit meinen Fingern."[7]

---

[1] Edfou VII, 43, 3. – Die Schreibung  (VI, 242, 10; kollationiert) ist singulär (siehe oben, § 154), weshalb eine Lesung **jw jw.f r* (cf. Johnson, DVS, 157 ff., „circumstantial future") meines Erachtens nicht auszuschließen, aber doch wenig wahrscheinlich ist.

[2] Edfou VII, 239, 12. Es handelt sich hier um einen attributiven Nebensatz ohne *ntj* nach (formal) indeterminiertem Bezugswort; die Ergänzung des *ḥr* ist nicht zwingend notwendig („gegangen ist" = jetzt dort fließt), aber auch mit PsP entspricht die Konstruktion einem Umstandssatz des Präsens. Ähnlich: Edfou VI, 121, 10.

[3] Edfou VI, 319, 11 f. Zum Verständnis der Aussage siehe Edfou VI, 325, 6 - 10 und XIV, Pl. DCIII. – Ähnlich: V, 353, 3: *jw.f (ḥr) ḥw(t) ḫftjw*; trotz meiner Transkription nach Art der klassischen Sprache dürfte ein Umstandssatz des Präsens der jüngeren Sprachstufe vorliegen, weil der ganze Text wohl eine zeitgenössische Komposition ist.

[4] Edfou VIII, 123, 12 f. Das logische Verhältnis zum Hauptsatz ist konsekutiv; ähnlich: VI, 160, 3; 309, 4. Temporal: Edfou V, 132, 9 (*jw.k jj.tj*); zirkumstanziell: VI, 96, 7.

[5] Edfou V, 19, 15; zu *śjnḥ* siehe oben, § 157 c. Ähnlich: VII, 219, 7; VIII, 105, 5 (*jw.w wʿb*; diese Wendung begegnet oft; cf. Erman, NG, § 498; Till, Kopt. Gramm., § 475).

[6] Cf. Gardiner, EG, § 324.

[7] Edfou VI, 338, 2 (kollationiert).

- (Die Urgötternekropole von Behedet und der Kult der dortigen Götter werden beschrieben). , *śk jw <nn> r ꜣw ḏdj.tj r nḥḥ*, Und all <dieses> dort ist dauerhaft bis in Ewigkeit.[1]

Zusammenfassend ist bei der Verwendung von *jw* vor dem Adverbiellen Nominalsatz folgendes festzuhalten:

Das Hilfsverb *jw* begegnet mit nominalem und pronominalem Subjekt sowohl beim Haupt- als auch beim Nebensatz. Dabei läßt sich *jw* vor pronominalem Subjekt im Nebensatz besonders häufig belegen[2], was ebenso dem klassischen Gebrauch entspricht[3] wie die Vermeidung der Negation *n(n)*[4] vor *jw* und die Beobachtung, daß das nominale Subjekt gerne dann im Nebensatz auftritt, wenn dieser sich zur vorangehenden Aussage adversativ verhält.[5]

B Das Hilfsverb *ꜥḥꜥ* begegnet wie in klassischer Zeit nur vor dem Hauptsatz, allerdings ausschließlich in der Form *ꜥḥꜥ.n*.[6] Seine Verwendung beschränkt sich innerhalb der Satzbaumuster des Adverbiellen Nominalsatzes auf die Pseudoverbalkonstruktion (siehe oben, § 216; 217).[7]

- , *ꜥḥꜥ.n nfj śbjw ḥr mḥ ḫr ḥꜣt.f*, Dann schwammen jene Feinde vor ihm her;[8]
- , *ꜥḥꜥ.n Śtš prj m ḫrw nḥꜣ*, Da kam Seth mit wilden Worten hervor.[9]

Vor der Pseudoverbalkonstruktion finden wir *ꜥḥꜥ.n* allerdings nur selten, wesentlich häufiger begegnet sie vor dem *śḏm.n.f*.[10] Die Konstruktion *ꜥḥꜥ.n und ḥr und Infinitiv* erscheint im narrativen Text und leitet darin einen neuen Abschnitt ein, der mit einer Handlung

---

[1] Edfou V, 63, 2. – In der Publikation (Edfou V, 63, 2 mit nota 1) wird über  noch eine Lücke angegeben. Was auch immer an der beschädigten Stelle im Stein stand, wegen der festen Wendung müssen wir *nn r ꜣw* lesen.

[2] Diese Aussage bezieht sich auf das gesamte Material, also nicht nur auf die hier vorgelegten Beispiele.

[3] Siehe Gardiner, EG, § 117.

[4] Siehe Gardiner, EG, § 120.

[5] Siehe Gardiner, EG, § 117, 1; cf. auch § 468, 2.

[6] Siehe oben, § 154, sub voce.

[7] Auch das (cf. § 210, in fine) verleiht der Pseudoverbalkonstruktion innerhalb des Adverbiellen Nominalsatzes eine gewisse Sonderrolle, die darauf beruht, daß das inchoative *ꜥḥꜥ.n* nicht zur Tempusindifferenz des ohne Verb konstruierten Nominalsatzes paßt. Diese Sonderrolle wiegt aber weniger schwer als die syntaktischen Gemeinsamkeiten, welche die Einordnung der PvK unter dem Adv. NS rechtfertigen.

[8] Edfou VI, 118, 1; es folgt ein Nebensatz. – Ähnlich, aber mit Auslassung des *ḥr*: VI, 121, 9 f. (*ꜥḥꜥ.n Śtš (ḥr) jrt ḫprw.f m ḥfꜣw jw.f (ḥr)ˀ hmhm*, Da verwandelte sich Seth in eine brüllende Schlange.); Block aus Edfu, 26. Dynastie (Dia Kurth, Nr. AP8b; Vernus, in: LÄ VI, 327, n. 10; Habachi, in: CASAE 23, 1981, 268, fig. 82B: *ꜥḥꜥ.n mšꜥ n ḥm.f (ḥr) jrt ⌜ḫꜣjt⌝* [...], Daraufhin machte das Heer Seiner Majestät ein Gemetzel [...]).

[9] Edfou VI, 119, 5; es folgt ein Nebensatz.

[10] Siehe unten, § 238 G.

beginnt, die begrenzt fortdauert. Auch die Konstruktion *ꜥḥꜥ.n und Pseudopartizip* markiert im narrativen Text den neuen Abschnitt einer Handlung,[1] die allerdings nur einmal geschieht und von der lediglich das Resultat oder die Wirkung fortdauert.

C Wenn das Hilfsverb *wnn*[2] vor dem Adverbiellen Nominalsatz steht, haben wir meistens einen Hauptsatz vor uns, seltener einen Nebensatz.

Vor dem Hauptsatz:

- , *Pśḏt Mśn wnn.śn jm*, Die Neunheit von Mesenet ist dort;[3]
- , *wnn njwt.k Ḏbꜣ m pt n(t) Kmt*, „Es ist deine Stadt Edfu der Himmel Ägyptens;“[4]
- (Horus von Edfu fordert seine Mitgötter auf, gemeinsam mit ihm den Tempel zu betreten. Die Mitgötter antworten): , *wnn.n m [ꜥp(t)]? r ⌜bw⌝ ꜣbj.k*, „Wir [fliegen]? zum ⌜Ort⌝, nach dem du verlangst;“[5]
- (In einer Liste von Orten, denen religiöse Verpflichtungen auferlegt waren, findet sich folgende Bestimmung): , *wnn p(ꜣ) ḥꜣtj n Nḫn ḥr śsp ḥꜣtt*, Der Vorsteher von Hierakonpolis ergreift das Vordertau;[6]
- 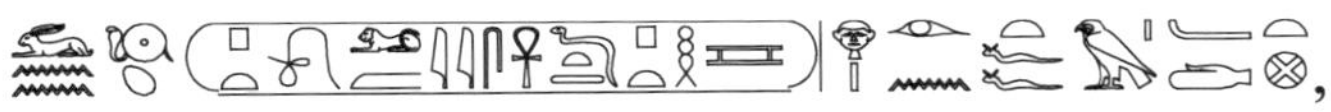, *wnn sꜣ Rꜥ* (Ptolemäus IX.)| *ḥr jr(t) n jt.f Ḥr Bḥdtj*, Es handelt der Sohn des Re (Ptolemäus IX.)| für seinen Vater Horus Behedeti;[7]
- , *wnn nśwt bjt* (Ptolemäus X.)| *ḫꜥj.tj m nbtj*, Es ist der König von Ober- und Unterägypten (Ptolemäus X.)| mit den beiden Herrinnen (Diademen) erschienen.[8]

---

[1] Zum dynamischen Gebrauch des Pseudopartizips in der klassischen Sprache siehe Westendorf, in: MIO 1, 1953, 38 ff.; ein Beispiel liefert die letzte der beiden oben genannten Textpassagen.

[2] Zu den Formen *wnn* und *wn* siehe oben, § 137; *n wn* zum Ausdruck der Nichtexistenz wird unten, § 209 behandelt.

[3] Edfou VII, 27, 2.

[4] Edfou VII, 29, 17.

[5] Edfou III, 85, 6. Gewiß ist ein Verb der Bewegung zu erwarten; wegen der Ergänzung siehe Kurth, Dekoration, 355. Die Konstruktion könnte sowohl den Ersteinsatz der Handlung als auch deren fortwährende Wiederholung bezeichnen; nach dem Vorbild der Sonne beziehen und verlassen ja auch die Götter den Tempel täglich. Alternativ, und enger vom Kontext inspiriert, könnte man erwägen, ob nicht die Bereitschaft und unmittelbare Erfüllung des Wunsches zum Ausdruck gebracht werden soll („Wir fliegen ja bereits zum Ort, ...“).

[6] Edfou V, 127, 3; ähnlich 127, 1 f. Im Kontext kann man auch übertragen: Der Vorsteher von Hierakonpolis soll das Vordertau ergreifen.

[7] Edfou VII, 39, 3.

[8] Edfou VII, 32, 3. Mit pronominalem Subjekt: VI, 99, 15 (*wnn.f ꜥnḫ wḏꜣ śnb*).

Das Hilfsverb *wnn* wird vor dem Hauptsatz verwendet, um einen fortdauernden Zustand oder ein gewohnheitsmäßiges Tun auszudrücken.

<u>Vor dem Nebensatz</u>:

- (Eine Göttin wird angerufen): 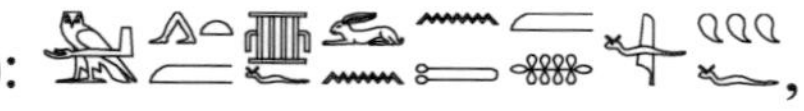, *mjt m-ḫnt.f wnn.ṯ m sꜣ jwf.f*, Komme vor ihn, auf daß du seiest der Schutz seiner Glieder;[1]
- (Die Göttin Tefnut ist) , *Mꜣꜥt wrt wnn.ś ḥr šnbt.f*, Maat, die Große, wenn sie an seiner Brust ist;[2]
- (Re Harachte, aufgefordert, das neugeborene Götterkind zu betrachten und ihm sein Amt zu überweisen, kommt der Aufforderung nach): , *wn.f m sn(t) r ḥm.j jw.f r ꜥḥꜥ ḥr nśt.f*, „Da er Meiner Majestät gleicht, wird er seinen Thron besteigen;“[3]
- , *gmj.tw ḥb pn wn nṯrt tn wḏꜣ r wjꜣ.ś (r) ḫnt(t) r Bḥdt*, Dieses Fest findet statt, wenn diese Göttin zu ihrer Barke gegangen ist, um stromauf nach Behedet zu segeln.[4]

Im Nebensatz scheint die nicht-geminierende Form *wn* anzuzeigen, daß der darin mitgeteilte Sachverhalt relativ vorzeitig ist.[5] Die geminierende Form hingegen weist auf dauerhaftes Vorhandensein.

---

[1] Edfou VI, 303, 1 f.

[2] Edfou VII, 272, 2; zum Inhalt siehe ITE I/2, 511 mit n. 2.

[3] Dendara Mam., 104, 11; cf. Daumas, Mammisis, 456. Zur Konstruktion des Hauptsatzes siehe oben, § 220 A. – Auch wenn man beide Sätze als selbständig ansetzt („Er gleicht meiner Majestät, er wird seinen Thron besteigen“), würde dennoch die voranstehende Aussage die Begründung der folgenden enthalten; denn ein nicht dem Gott Re gleichendes Kind könnte nach dem ägyptischen Königsdogma nicht den Thron besteigen.
Wenn man die beiden Sätze unter zeitlichem Aspekt betrachtet, liegt der erste von ihnen zeitlich früher. Formale Kennzeichnung der relativen Vorzeitigkeit ist die Verwendung von *wn* statt *wnn*.
Dieses zweigliedrige syntaktische Gebilde ist formal eingegrenzt. Seine Betrachtung nach Junge, Syntax („Sein Gleichsein mit mir ist/ergibt/ die Besteigung seines Thrones“), würde dieselbe logische Verknüpfung der beiden Aussagen aufzeigen.

[4] Edfou V, 358, 7; zur Bedeutung von *gmj* cf. Wb V, 167, 30 und arabisches يوجد, es gibt (wörtlich: es wird gefunden). Die in der Publikation vor *wḏꜣ* (PsP) angegebene Lücke enthielt sehr wahrscheinlich kein Schriftzeichen (kollationiert; derartige Zeichenabstände finden sich auch sonst im Umfeld, und die Lücke wird von der Fuge durchquert).
Ein Beispiel mit *ḥr und Infinitiv*: Dendara X, 121, 13; der vorangehende Text ist leider größtenteils zerstört, so daß eine gewisse Unsicherheit bleibt (siehe unten, § 260 A).

[5] Die wenigen mir bekannten Fälle erlauben es nicht, hier eine Regel zu erkennen. Zur Zeitlage cf. Gardiner, EG, § 454, 1; Erman, NG, § 510.

D Das Hilfsverb *wnn* in der Verbindung *wn(n) jn* erscheint im großen Horusmythus von Edfu nicht allzu selten, und zwar in selbständigen Sätzen. Bei der Verteilung der Schreibungen *wnn* oder *wn* ist folgendes zu beobachten:

a) Das Prädikat besteht aus Präposition und Nomen

Die beiden einzigen mir bekannten Fälle haben *wnn jn*, und sie beschreiben eine länger andauernde Situation:

- , *wnn jn jrf ḥm.f m Tꜣ stj*, Es befand sich nun Seine Majetät in Nubien.[1]

Zwei Fälle erlauben kein Urteil, aber es ist meines Erachtens nicht auszuschließen, daß in diesen Fällen *wnn* versehentlich statt *wn* geschrieben wurde; man vergleiche dieselbe Erscheinung im folgenden Abschnitt[2].

b) Das Prädikat besteht aus *ḥr* und Infinitiv

Wie auch schon im Neuägyptischen üblich,[3] leitet dieses Satzbaumuster kleinere Abschnitte eines narrativen Textes ein und gliedert ihn dadurch:

- , *wn jn Ḥr Bḥdtj ḥr jr(t) ẖꜣj(t) ꜥꜣt jm.śn*, Daraufhin richtete Horus Behedeti unter ihnen ein großes Blutbad an.[4]

Neben dieser regelhaften Schreibung *wn jn* begegnen nur zwei Schreibungen *wnn jn*, die sich nicht ohne weiteres erklären lassen:[5]

- , *wnn jn ꜣśt ḥr jr(t) ḥkꜣw nb(w)*, Da bewirkte Isis allerlei Zauber.[6]

Etliche Schreibungen erscheinen äußerlich wie *wnn*:  [7],  [8], [9]. Auch sie sind aber *wn jn* zu lesen, weil sie in demselben narrativen Text und in der gleichen syntaktischen Konstellation begegnen wie die eindeutig *wn jn* ausgeschriebenen Fälle.[10]

---

[1] Edfou VI, 109, 9 f.; ähnlich: VI, 110, 2 (*wnn jn Ḥr Bḥdtj m wjꜣ n Rꜥ*).

[2] Diese spricht auch gegen einen Ansatz der *śḏm.jn.f*-Form des Vollverbs *wnn*.

[3] Erman, NG, § 513; Junge, Neuäg. Gramm., p. 294 - 297.

[4] Edfou VI, 115, 7 f.; weitere Fälle: III, 85, 7 f.; VI, 111, 9; 114, 3; 115, 1; 118, 3 f.; 135, 2. Zur gelegentlichen Auslassung der Präposition *ḥr* vor *j* und *ḥ* siehe oben, § 135, sub voce. – Siehe auch Dendara XIII, 77, 14 f. (*wn jn ḥmt.ś ḥr śm(t) r Bḥdt*).

[5] Es könnte sich um antike Versehen handeln. Wegen einer phonetischen Begründung EP 1, 516 ff., § 17.3 a; cf. auch den vorangehenden Abschnitt (a).

[6] Edfou VI, 123, 8; der zweite Fall: VI, 129, 10.

[7] Edfou VI, 118, 2; 119, 7; 121, 3; 121, 5; 122, 5; 127, 10; 128, 3 f.; 128, 8; 135, 5; 135, 7.

[8] Edfou VI, 118, 5; 135, 3.

[9] Edfou VI, 125, 1 f.

[10] Wegen der vergleichbaren Auslassung des *j* beim *śḏm.jn.f* siehe oben, § 150 d.

1.1 Nominalsatz

1.1.3 Adjektivischer Nominalsatz

§ 221

Der Adjektivische Nominalsatz im Ptolemäischen läßt sich nach der Art des Prädikates in vier Arten unterteilen. Prädikat kann sein

- ein Adjektiv (siehe unten, § 222)
- ein Partizip (siehe unten, § 223)
- das Nisbe-Adjektiv *nj* (siehe unten, § 224)
- der Ausdruck *twt r.f* (siehe unten, § 225).

Die nur wenigen Fälle, in denen dem Adjektivischen Nominalsatz eine Partikel oder ein Hilfsverb vorangeht, werden unten in § 226 vorgestellt.

1.1 Nominalsatz

1.1.3 Adjektivischer Nominalsatz

1.1.3.1 mit Adjektiv[1]

§ 222

Der *Adjektivische Nominalsatz mit Adjektiv* erscheint oft als Hauptsatz (A) und als Virtueller Attributsatz (Relativsatz; B). Unter bestimmten syntaktischen Bedingungen wird statt des Adjektivs das zugehörige Adjektiv-Verb im *śḏm.f* benutzt (C).

A Im Hauptsatz steht das Adjektiv ohne *wj*, wenn die Aussage einen Vergleich enthält;[2] ist dies nicht der Fall, folgt dem Adjektiv zumeist die Partikel *wj*.[3]

---

[1] Als selbständiger Satz: Edfou VI, 169, 8 (*twr bw n Rᶜ n.f*); VIII, 135, 17 (*nfr wj ḥr.k*).

[2] Die Verwendung von *wj* bei Vergleichen wurde wohl als pleonastisch oder vielleicht sogar widersprüchlich empfunden und vermieden, weil bereits *wj* die Aussagekraft des Adjektivs steigert und deshalb einen komparativen Charakter hat (siehe oben, § 159).

[3] Siehe oben, § 159, sub voce; dort findet man auch die Auflistung einiger Adjektive, denen *wj* folgt.

In Vergleichen:

- (Über den Pronaos gesagt) , *wr ś(w) r Mśn ḥr wnmj.ś j3bj.ś*, Größer ist er als Mesen auf der rechten und der linken Seite;[1]
- (Über ein fruchtbares Gebiet gesagt): , *ˁ3 <⌜bnr⌝>* r nw*, Größer ist (die Menge) der <⌜Milch⌝>* als die Flut;[2]
- (Der Geruch seines Stoffbandes) , *twt ś(w) r ⌜jś⌝*, gleicht demjenigen der ⌜Salbenwerkstätte⌝.[3]

Auch wenn ein hoher Grad ausgedrückt wird, fehlt *wj*: , *ˁ3 p3 wr sp 2*, Groß ist Dieser gar sehr.[4]

In anderen Kontexten:

- (Eine Hymne an Chnum, den Bildner und Schöpfer): 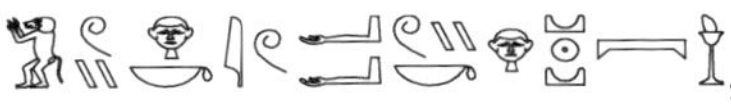, *nfr wj ḥr.k jw ˁwj.k ḥr nḥp*, „Ach wie schön ist doch dein Gesicht, wenn deine Arme an der Töpferscheibe sind;“[5]
- (Über die Ausmaße des Tempels gesagt) , *3ḫ wj mdw(t).ś*, O wie herrlich ist seine Höhe;[6]
- (Anläßlich der Krönung des Königs): 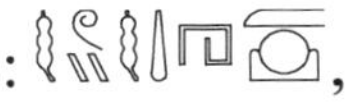, *nḏm wj ḫrw hj m 3ḫt*, Wie süß sind doch die Jubelrufe im Horizont.[7]

B Der Adjektivische Nominalsatz als Virtueller Relativsatz[8] wird zumeist bei Vergleichen verwendet, und dementsprechend (siehe oben, A) erscheint das Adjektiv ohne die Partikel *wj*:[9]

- (Der König ...), , *ṯnr ḳn ḳnj ś(w) r ḥḥ*, der Kräftige, der Starke, der stärker ist als Millionen;[10]

---

[1] Edfou VII, 5, 2; „Mesen“ bezeichnet im vorliegenden Kontext den Naos.
[2] Edfou VII, 71, 5.
[3] Edfou VII, 190, 1.
[4] Edfou VII, 22, 3 f. Zu „Dieser“ siehe ITE I/2, 38, n. 7.
[5] Esna II, Nr. 95, 2.
[6] Edfou VII, 12, 7.
[7] Edfou VI, 188, 7.
[8] Siehe unten, § 252, A d.
[9] Möglicherweise attributiv und nicht im Vergleich, aber mit : Dendara XIII, 283, 2; 358, 1; 445, 1 (*nḏm wj*); vielleicht ist dies aber nur ein Ausruf in Parenthese.
[10] Edfou VII, 85, 1.

- (Horus ...), , *nšnj św r w3ḏ-wr*, der wilder ist als das Meer;[1]
- (Horus ...), *wr św r nṯrw*, der größer ist als die (anderen) Götter.[2]

Der Adjektivische Nominalsatz ist von Hause aus ein selbständiger Satz, und so könnte man geneigt sein, ihn innerhalb der zitierten Epitheta-Ketten mit einer Parenthese zu übersetzen. Das aber würde zu einer unnatürlichen Inflation der Parenthese führen, weil man dann in den entsprechenden Fällen auch andere Arten des Nominalsatzes (siehe oben, § 191 ff.) als Parenthesen übersetzen müßte. So ist für die Übertragung in das Deutsche der Attributsatz (Relativsatz) das angemessene Mittel, zumal aussagegleiche, enge Parallelen teils die vorliegende Konstruktion (*wr św r nṯrw*) verwenden, teils das eindeutig attributive *wr r nṯrwj*.[3]

C Anstelle des Adjektivs erscheint unter bestimmten Bedingungen das zugehörige Adjektiv-Verb im *śḏm.f*. Dazu lassen sich aus den mir bekannten Texten anführen

- ein optativischer Satz (siehe oben, 234 A)
- ein Virtueller Adverbialsatz, kausal (siehe oben, § 248 f);
- ein Objektsatz (siehe oben, § 253 d).

1.1 Nominalsatz

1.1.3 Adjektivischer Nominalsatz

1.1.3.2 mit Partizip

§ 223

Als Prädikat im Adjektivischen Nominalsatz kann auch das Partizip eines intransitiven, transitiven oder kausativen Verbs auftreten.[4] Dabei kann es sich um ein Partizip Aktiv oder ein Partizip Passiv handeln.

Auch dieser Typ des Adjektivischen Nominalsatzes begegnet als Hauptsatz und als Attributsatz.[5] Im Hauptsatz wird die Partikel *wj* verwendet.

---

[1] Edfou V, 144, 8. Cf. die Stelle V, 19, 9 f., an der das Eigenschaftsverb *nšnj* – nicht in einem Vergleich und ohne folgendes *wj* – als Partizip konstruiert wurde (man beachte das anschließende *tm 3mś jb*).

[2] Dendara VI, 63, 2.

[3] Dendara VI, 58, 5.

[4] Die Konstruktion findet sich bereits in der klassischen Sprache, siehe Gardiner, EG, § 374 und den Nachtrag, p. 425.

[5] Cf. oben, § 222.

- (Über den Nil gesagt): , *šfj ś(w) hd ś(w) r mr(wt).k*, der anschwillt und (das Land) ergreift nach deinem (des Gottes) Belieben;[1]
- (Horus ist ein Gott), , *nšnj ś(w) r śbjw tm ꜣmś-jb ḥr sp*, der gegen die Feinde wütet und bei Unrecht keine Milde kennt;[2]
- (Die Sonnengöttin leuchtet auf, sieht den Tempel von Dendera und preist Re wegen ihrer Stadt) , *Jꜣt-djt śḥḏ śj m ḥw śwr śj m śnw špś śj m jḫt nb(t) nfr(t)*, Iat-dit, die glänzend ausgestattet ist mit Nahrung, reichlich versorgt mit Opferbroten und herrlich versehen mit allen guten Dingen;[3]
- (Bei der Gabe von Amulett-Steinen an den Gott sagt der König): , *jrj wj sꜣ.k wḥm wj mkt.k*, „Wie gut besorgt ist doch dein Schutz! Wie gesichert ist doch deine Obhut!"[4]

1.1 Nominalsatz

1.1.3 Adjektivischer Nominalsatz

1.1.3.3 mit *nj św*

§ 224

Diese Art des Adjektivischen Nominalsatzes,[5] die zur klassischen Sprache gehört[6], ist im Ptolemäischen relativ selten; in der Regel handelt es sich um einen Hauptsatz:

---

[1] Edfou VI, 224, 8. Die Endung  bei *šfj* (Tertiae Infirmae) weist auf ein substantiviertes Partizip (siehe oben, § 139 A) und auf die wörtliche Übersetzung: „ein Anschwellender ist er".

[2] Edfou V, 19, 9 f.

[3] Dendara VIII, 67, 12 f. Ein weiteres Beispiel, das aber wegen der Schwierigkeit des Textes etwas unsicher ist: Edfou VI, 18, 3 (*mśḏj ś(w)*, Ein Verhaßter ist er).

[4] Edfou II, 280, 1.
In einer festen Wendung der Ritualszenen trifft man auf eine Endung des Partizip Passiv, die manchmal äußerlich der Partikel *wj* entspricht (Edfou I, 477, 8), manchmal dem Abhängigen Personalpronomen 1. Person Singular (Edfou IV, 218, 7 f.; V, 66, 9; Goyon, in: BIFAO 78/2, 1978, 426, n. 7). Die Mehrheit der Schreibungen (zum Beispiel Edfou I, 401, 14; 215, 7; 474, 16; 559, 15) weist aber auf eine Endung *w* (cf. oben, § 139 B, Partizip Passiv), so daß man „die Sache NN, die gepriesene, die beliebte" als ursprüngliche Wendung ansetzen könnte, die dann hier und da in der aufgezeigten Weise umgedeutet worden wäre.

[5] Weitere Stellen findet man in den Fußnoten des § 123 a.

[6] Gardiner, EG, § 114, 2.

- (Über die Schutzgötter des 3. Monats der Achet-Jahreszeit): , *nj śt jmjw-ḫt Św*, Sie gehören zum Gefolge des Schu;[1]

- (Die Kampfkraft der Harpunierer wird beschrieben): , *nj ṯn ẖwt ntj m3jw*, „Ihr gehört zum Rudel der Löwen."[2]

1.1 Nominalsatz

1.1.3 Adjektivischer Nominalsatz

1.1.3.4 mit *twt r.f*

§ 225

Das Prädikat dieser Konstruktion lautet *twt*. Es darf nicht verwechselt werden mit *ṯwt*, dem Unabhängigen Personalpronomen der 2. Person Singular und Maskulin,,[3] was leicht möglich ist, da beide trotz unabhängiger Entstehung[4] völlig gleich geschrieben werden.

Formal hebt sich diese ptolemäische Konstruktion[5] dadurch als selbständig heraus, daß auf die Präposition *r* sowohl die 1. Person als auch die 3. Person folgen können.[6]

Prädikat ist das Eigenschaftsverbum *twt*, „gleich sein, entsprechen, passend sein",[7] woraus sich für *twt r.f* als mögliche Übertragungen ins Deutsche ergibt: *paßt zu ihm --- ihm gebührt --- kommt ihm zu --- ihm obliegt --- er sollte --- seine Aufgabe ist --- er ist ja der, welcher ...*[8]

Subjekt ist ein Nomen, ein Infinitiv oder ein substantiviertes Partizip.

Im Hauptsatz:

- (In einer Ritualszene tötet der König den Feind des Gottes und sagt): , *twt r.j śm3 ḫftj n ḥm.k*, „Meine Aufgabe ist es, den Feind Deiner Majestät zu töten;"[9]

---

[1] Edfou V, 11, 11.

[2] Edfou VI, 77, 9.

[3] Siehe oben, § 63; 64; 68.

[4] So stammt *ṯwt* von einem Personalpronomen der altägyptischen Sprachstufe ab (Wb V, 360, 5 ff.; Gardiner, EG, § 64), *twt* hingegen gehört zum Verbum *twt* (Wb V, 256, unten ff.; 260, 11 f.).

[5] Zum wahrscheinlichen Vorläufer *twt n.j* siehe Wb V, 257, 7 - 9; Jansen-Winkeln, in: ZÄS 125, 1998, 6 f.

[6] Cf. oben, § 159, sub voce „*jrf* und *r.f*", B.

[7] Cf. Wb V, 256, unten ff.

[8] Hinsichtlich der Semantik ist die Konstruktion des § 215 oben vergleichbar.

[9] Edfou IV, 57, 14; der Text setzt sich fort mit *jnk wꜥ m jśt.k*, „..., denn ich bin einer aus deiner Mannschaft".

- (Ein Schutzgott beteuert seine Bereitschaft, Horus zu schützen): , *twt r.j s3 ḥm.k rʿ nb*, „Mir obliegt es, Deine Majestät an jedem Tage zu schützen;“[1]
- (Horus und sein Gefolge nehmen den Tempel an, den der König so vollendet errichtet hat, daß er dem Himmel gleicht. Dazu sagt Horus): , *twt r.n rd(t) fḳ3*, „Wir sollten die Belohnung geben;“[2]
- (Über den König als Schu wird gesagt) , *twt r.f nṯr*, Er hat göttliche Natur.[3]

<u>Im Nebensatz</u>:

- (Die Götter verehren den geflügelten Skarabäus) , *twt r.f wb3 nḥp m nwt*, denn er ist es ja, der mit der Schöpfung beginnt am (Morgen)himmel.[4]
- (Hathor wird gepriesen und ihr Zorn vertrieben) , *twt r.ś ḥḳ3t m jdbw*, denn sie ist ja die Herrscherin der Ufer.[5]

1.1 Nominalsatz

1.1.3 Adjektivischer Nominalsatz

1.1.3.5 Nach Partikel oder Hilfsverb

§ 226

Der Adjektivische Nominalsatz nach Partikel oder Hilfsverb ist im Ptolemäischen nur selten zu belegen:[6]

- (Horus spricht): , *m 3ḫ wj mnw nfrw rdj(.n) n.j ḥm.f*, „Seht, wie herrlich doch die vollkommenen Monumente sind, die mir Seine Majestät übergeben hat.“[7]

---

[1] Edfou VI, 65, 5. Auch folgende Übersetzung träfe den Sinn: „Ich bin dazu da, Deine Majestät an jedem Tage zu schützen.“ Der Text setzt sich fort: „Ich bin der Erste in deiner Mannschaft.“

[2] Edfou III, 86, 1; im folgenden wird ausgeführt, welche Belohnung der König erhält.

[3] Edfou VI, 154, 10. Wörtlich: Ihm gebührt/zu ihm paßt (die Bezeichnung) Gott.

[4] Edfou I, 14, (15); zur Auffassung der Stelle siehe Kurth, in: Fs. Junge, 403, n. 21. – Die Übersetzung „denn du bist es ja“ bei Kurth, Treffpunkt der Götter, 82 ff., ist entsprechend zu verbessern.
Die Parallele Dendara I, 4, (17) wurde dort gleich konstruiert, wo sie sich auf Horus Behedeti bezieht; wenn sie sich aber auf Hathor bezieht (I, 5, (17)), wechselt sie: *ṯwt r.ṯ*, „denn du bist ja ...“.

[5] Philä Photo 284, unten, linke Randzeile.

[6] Für die klassische Sprache siehe Gardiner, EG, § 142.

[7] Edfou VI, 9, 8 f. Zur einleitenden Partikel siehe oben § 159 (sub voce), zur defektiv geschriebenen *śḏm.n.f*-Relativform siehe § 143.

Weist in diesem Falle die Partikel *wj* relativ sicher auf einen Adjektivischen Nominalsatz, ist dies beim folgenden Beispiel wegen des nominalen Subjekts nur anzunehmen,[1] aber nicht nachzuweisen:

- (Maat spricht): , *wnn św̓j tꜣ m ḏw*, „Das Land ist dauerhaft frei von Bösem."[2]

Wird der Adjektivische Nominalsatz negiert, steht das Prädikat sehr wahrscheinlich im *śḏm.f*:[3]

- (Die Mauer des Tempels ist mit Götterbildern dekoriert) , *n św̓j ꜥ jm.f n nṯr*, Es gibt keine Stelle an ihr, die ohne einen Gott ist.[4]

1.1 Nominalsatz

1.1.4 Die *jn*-Konstruktion

§ 227

Obwohl die deiktische Partikel *jn*[5] sowohl vor dem Subjekt[6] in Nominalsätzen als auch vor dem Subjekt in Verbalsätzen erscheint, behandele ich die *jn*-Konstruktion als letzte der Nominalsätze, weil sie in ihrer besonders häufigen Verwendung im Satzbaumuster *jn A śḏm* vor einem Nominalsatz steht.[7] Die traditionelle Bezeichnung *jn*-Konstruktion wurde beibehalten, da sie neutral ist und sich alle Verwendungsweisen unter diesem Begriff subsumieren lassen[8].

---

[1] Cf. Gardiner, EG, § 142 (p. 111, 2. Beleg).

[2] Dendara X, 58, 6.

[3] Cf. Gardiner, EG, § 144.

[4] Edfou VI, 17, 1. – Zum Präpositionalen Attribut *jm.f* siehe § 173. Die üblicherweise auf *św̓j* folgende Präposition *m* wurde 𓈖 geschrieben; dazu siehe § 17.4.

[5] Siehe oben, § 159, sub voce.

[6] Seltener vor dem Prädikat, siehe unten, § 231.

[7] Siehe oben, § 194 B.

[8] Die von Polotsky eingeführte Bezeichnung *Cleft sentence*, (deutsch: *die*[sic] *Cleft sentence* oder *der*[sic] *Spaltsatz*; Junge, Neuäg. Gramm., 187 ff.; französisch: *Phrase coupée*, Malaise/Winand, Grammaire raisonnée, 675) ist meines Erachtens nicht recht angemessen, und zwar insofern, als ihr die Übersetzung ins Englische, Deutsche und andere europäische Sprachen zugrundeliegt. Die ägyptische Sprache spaltet den Satz nämlich nicht auf, sondern sie verwendet ein ihr eigenes Mittel, das man vielleicht nicht mit identischer, aber doch vergleichbarer Funktion im arabischen إن vorfindet; cf. dazu auch Ward, in: JNES 20, 1961, 34. – Dabei ist es für mich ohnehin fraglich, ob die übliche stark betonte Übertragung „Es ist A, der hört" in jedem Falle angemessen ist (cf. in diesem Sinne bereits Gardiner, EG, p. 176 mit n. 2).

Folgende Satzbaumuster lassen sich unterscheiden:

- *jn und Nomen und Nomen* (für das Ptolemäische nicht sicher belegt, siehe oben, § 192, in fine);
- *jn und Nomen und Partizip* (siehe unten, § 228)
- *jn und Nomen und śḏm.f* (siehe unten, § 229)
- *jn und Nomen und śḏm.n.f* (siehe unten, § 230)
- *jn und Infinitiv und śḏm.n.f-Relativform* (siehe unten, § 231)
- *jn und Nomen und ḥr und Infinitiv* (fraglich, siehe unten § 232).

Alle genannten Konstruktionen sind auch ohne die voranstehende Partikel *jn* möglich; wird diese verwendet, hebt sie explizit hervor, daß das Subjekt[1] ein Wesen oder Gegenstand ist, der unter mehreren möglichen ausgewählt wurde.

1.1 Nominalsatz

1.1.4 Die *jn*-Konstruktion

1.1.4.1 *jn* und Nomen und Partizip

§ 228

Das Subjekt der vorliegenden Konstruktion ist entweder ein Nomen oder ein Unabhängiges Personalpronomen.

Die Aussagen sind teils zeitlich indifferent, gelten ohne Begrenzung; sie können aber auch angeben, was zuvor geschah und für die Gegenwart bedeutsam ist:[2]

- (Über Horus gesagt): , *jn bꜣ<.f>* jrj hrw*, Es ist <sein>* Ba, der den Tag verbringt;[3]
- (Über die Handwerker und Künstler des Goldhauses gesagt) , *ntśn mśj śḫmw*, Sie sind es, die die Götterstatuen bilden;[4]

---

[1] Seltener das Prädikat.

[2] Manchmal ist die Bestimmung der Zeitlage schwierig, weil im solaren Kontext drei mögliche Interpretationen miteinander konkurrieren: einmaliges Ereignis in der Urzeit, Zeitlosigkeit eines endlosen Zyklus oder beides zugleich. Hier denke ich zum Beispiel an die altägyptische Vorstellung, daß sich die Schöpfung an jedem Morgen wiederholt.

[3] Edfou VI, 306, 13 f.

[4] Dendara VIII, 131, 1; ähnlich: Edfou VI, 303, 9 (*nt̲t*); VIII, 140, 16 (*ntk*).

- (Nachdem Isis mit anderen Göttinnen Ägyptens gleichgesetzt wurde, fährt der Text fort): , *nts̀ pw wn m njwt nb(t)*, Sie ist wahrlich diejenige, die in jeder Stadt ist;[1]
- (Bei der Übergabe des Mekes und der Erburkunde) , *jn nb Ḫmnw nḫb s̀(j) n kꜣ.k*, Es ist der Herr von Hermopolis (Thot), der es (das Erbe) für deinen Ka festgesetzt hat;[2]
- (Über Seth, der Osiris tötete) , *jn jrf s̀n ms̀ḏj s̀n.f wr r.f*, Es war ja ein Bruder, der seinen älteren Bruder haßte;[3]

durch *jrf* noch verstärkt, wird hier das Subjekt besonders hervorgehoben, wird der Brudermord als ungeheuerlich herausgestellt;

- , *jn Rꜥ wḏ s̀ḥtm.k*, „Es ist Re, der deine Vernichtung befohlen hat.“[4]

1.1 Nominalsatz

1.1.4 Die *jn*-Konstruktion

1.1.4.2 *jn* und Nomen und *s̀ḏm.f*

§ 229

Die Zeitlage dieser Konstruktion ist in der Regel das Futur.[5] Anstelle des nominalen Subjekts kann eines der Unabhängigen Personalpronomen verwendet werden:

- 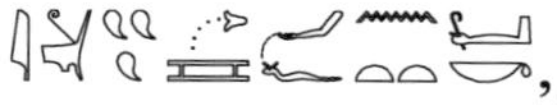, *jn Ḥꜥpj jꜥj.f ntt.k*, Hapi wird deinen (unreinen) Ausfluß abwaschen;[6]
- (Über Personen gesagt, welche sich um die heilige Barke des Gottes kümmern sollen und deshalb das Hecktau und das Vordertau ergriffen haben) , ... *nts̀n ꜣ (r)dj.s̀n mn(t).s̀n*, ..., denn sie werden ja ihr Anpflocken besorgen.[7]

---

[1] Dendara XI, 60, 9; wörtlich: Es ist so, daß sie es ist, die in jeder Stadt ist. Zur Konstruktion siehe oben, § 202.

[2] Edfou VII, 197, 8 f.; zur Endung des Partizips siehe oben, § 139. Ähnlich: Edfou VI, 83, 12 f.

[3] Edfou VI, 77, 2 f. Das Beispiel wurde bereits oben zitiert: § 159, s. v. „*jrf* und *r.f*“.

[4] Dendara X, 299, 1.

[5] Siehe Gardiner, EG, § 227.

[6] Edfou VI, 248, 15. Zum Wort *ntt* cf. Chassinat, Khoiak II, 650 f.; Goyon, Confirmation, 84, n. 6.

[7] Edfou V, 127, 4; zur Partikel *ꜣ* siehe oben, § 159. Weitere Beispiele: Edfou VI, 181, 1 (mit *nwj* als Unabhängigem Personalpronomen; zum Text siehe Kurth, in: Fs. Derchain, 195); VI, 268, 4; – An der von Junker, GdD, § 275, zitierten Stelle (Dendara VII, 41, 2) ist nach dem Kontext statt *jn* wohl eher *jj.n* zu lesen; das Photo DCXVIII erlaubt keine Entscheidung, aber die Verwechslung von  und  ist auch sonst zu ... > S. 893

1.1 Nominalsatz

1.1.4 Die *jn*-Konstruktion

1.1.4.3 *jn* und Nomen und *śḏm.n.f*

§ 230

Diese Konstruktion des Ptolemäischen ist im Mittelägyptischen, soweit ich sehen kann, nicht im Gebrauch, begegnet jedoch im Altägyptischen.[1] Das muß aber nicht zwingend einen Rückgriff des Ptolemäischen auf das Altägyptische bedeuten. Wahrscheinlicher ist es meines Erachtens, daß es die allmähliche Aufgabe der formalen Differenzierung Gemination/Nicht-Gemination war,[2] die es nahelegte, zur eindeutigen Kennzeichnung der Vergangenheit gelegentlich das *śḏm.n.f* einzusetzen.[3] Die folgenden Beispiele enthalten Aussagen über Vorgänge, die zweifelsfrei in der Vergangenheit abgeschlossen wurden (Präteritum):

- (Innerhalb der Baugeschichte des Tempels wird berichtet): , *jn rśj-jnb.f p3.n.f jr*, Es war der Südlich-seiner-Mauer (Ptah), der zuerst handelte;[4]
- (Die Feste des Tempels von Dendera sind eine uralte Einrichtung)  ... 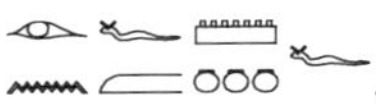, *jn nśwt bjt* (*Mn-ḫpr-Rꜥ*)| ... *jrj.n.f m mnw.f*, Es war der König von Ober- und Unterägypten, (Men-cheper-Re)|, ..., der (es) als sein Denkmal einrichtete.[5]

... < S. 892 belegen, siehe EP 1, 304, Zeichenliste, 11 (Pflanzen), Nr. 52.

[1] Edel, Altäg. Gramm., § 846 β.

[2] Ohnehin hatte diese Differenzierung innerhalb der *jn*-Konstruktion nur bei den veränderlichen Verben eine gewisse Unterscheidung der Zeitlage erlaubt.

[3] Cf. die bei Edel, Altäg. Gramm., § 846 β, angegebenen engen Parallelen, die teils das *śḏm.n.f* mit vorangestelltem Subjekt, teils die *jn*-Konstruktion mit veränderlichem Partizip, teils die vorliegende Konstruktion verwenden. – Was letztere anbelangt, so kann man sich für die Stellen aus Edfu fragen, ob nicht *jn* für *jr* steht (siehe oben, § 159, s. v. *jn*, Abschnitt e); dagegen spricht aber, daß keine der parallelen Aussagen im textlichen Umfeld *jr* verwendet.

[4] Edfou IV, 14, 6; es folgt ein weiterer Fall: *jn Śš3t wḥꜥ.n.ś...* (14, 7).

[5] Dendara VI, 158, 7 f.

1.1 Nominalsatz

1.1.4 Die *jn*-Konstruktion

1.1.4.4 *jn* und Infinitiv und *šḏm.n.f*-Relativform

§ 231

Für diese Konstruktion kenne ich nur das folgende Beispiel, bei dem die Partikel *jn* vor dem Prädikat steht:

- (Über Horus, der seine Feinde bekämpft): , *jn dndn jrj(t).n.f r.šn m ḥ3t.f*, Wütend wandte er seine Stirn gegen sie.[1]

1.1 Nominalsatz

1.1.4 Die *jn*-Konstruktion

1.1.4.5 *jn* und Nomen und *ḥr* und Infinitiv

§ 232

In diesem Satzbaumuster stünde die Partikel *jn* vor der Pseudoverbalkonstruktion. Weil dies in der klassischen Sprache meines Wissens nicht vorkommt, könnte man an einen antiken Fehler denken, vor allem unter Verweis auf das Neuägyptische, wo es etliche Fälle gibt, in denen die Präposition *ḥr* irrig gesetzt wurde.[2]

Andererseits wurden soeben in § 230 f. weitere Satzbaumuster des Ptolemäischen vorgestellt, die dem klassischen Mittelägyptisch fremd sind. Bedenkt man außerdem, daß sich immerhin vier[3] Belege für die fragliche Konstruktion anführen lassen, liegt es nahe, sie versuchsweise anzuerkennen und für sie einen eigenen Paragraphen einzurichten:

[1] Edfou VI, 111, 5. Wörtlich: Es war ein Wüten das, was er tat gegen sie mit seiner Stirn. – Zur Konstruktion cf. oben, § 194 C und ferner Gardiner, EG, p. 176, n. 1.

[2] Siehe EP 1, p. 88 mit n. 7.

[3] Außer in den drei folgenden Belegen aus Edfu und Dendera erscheint die Konstruktion auch an der Stelle Tôd II, Nr. 187 B: *wnn Mnṯw-Rᶜ nb Ḏrtj ḥr wṯs nfrw.f jn ḥr-nb ḥr ḥs(t) m3ᶜtj ḫbtj jsftj...*, Es rühmt Month-Re, der Herr von Et-Tôd, seine (des Re) Vollkommenheit; alle Menschen aber preisen den Gerechten (Re), der den Bösen bestraft ... – Zum Inhalt: Der vorangehende Satz beschreibt den Sonnenaufgang, der auch als der Zeitpunkt galt, an dem Re die Bösen bestrafte (Assmann, Liturgische Lieder, 272 mit n. 34).

- (Götter fertigen die Waffen des Horus): 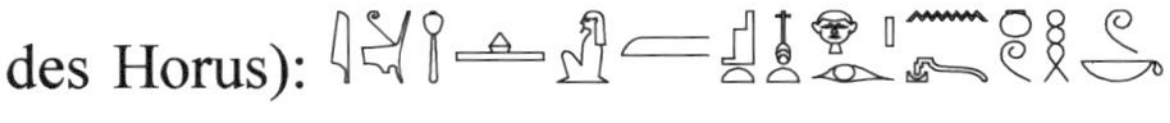, *jn Ḥḏḥtp m śt-nfrt ḥr jr(t) nwḥ.k*, „Es ist Hedjhotep im Schatzhaus, der deinen Strick herstellt;“[1]
- (Über das Anch-Was-Symbol gesagt):  *jn nṯrwj ḥr m3ꜥ n.k ś(t)*, „Es sind die beiden Götter, die es dir überreichen;“[2]
- (Im Zusammenhang der Tempelgründung heißt es): , *jn ḥm.f ḥnꜥ Śš3t ḥr pḏ n.ś šś*, Es sind Seine Majestät und Seschat, die für sie den Strick spannen.[3]

1.2 Verbalsatz

§ 233

Engsheden, Reconstitution du verbe, dokumentiert auf Seite 4 ff. und auch sonst in den Fußnoten des Buches die nun schon Jahrzehnte währende Diskussion um das rechte Polotsky-Verständnis sowie um die Funktionen des *śḏm.f* und des *śḏm.n.f*, um Zweite Tempora, Prospektiv, Thema-Rhema, Topic-Comment, Fokussierung, Topicalization, Topic Shifting, Thematization etc., eine ägyptologische Diskussion, die gewiß höchst demokratisch geführt wird und manchmal bereits im Grenzbereich von Wissenschaft und Mode operiert[4]. Unabhängig von Engshedens solider Behandlung der Inschriften seines Textkorpus, macht seine Dokumentation des Forschungsstandes dem Leser zum einen deutlich, daß unsere Sprachwissenschaft offenbar nicht ohne große Um- und Irrwege auskommen kann, oder will, und daß sich zum anderen in jüngerer Zeit desperate Rückwärtssprünge zeigen, die der Semantik und dem weiteren Kontext wieder mehr Gewicht geben, wobei diese Saltos teils durch neue Termini als neue Entdeckungen camoufliert werden.

---

[1] Edfou VI, 83, 12 f. (kollationiert). – Es irritiert etwas und läßt an einen antiken Fehler denken, daß die beiden vorangehenden Sätze, ebenfalls *jn*-Konstruktionen, das Partizip verwenden; es mag aber vielleicht sein, daß von den Teilen der Harpune – im Gegensatz zur metallenen Spitze und zum hölzernen Schaft – der Strick schneller verschliß und immer wieder nachgefertigt werden mußte (?).

[2] Edfou V, 366, 3 f. (kollationiert). – Die beiden Götter sind Schu und Tefnut, die mit den Symbolen Anch und Was, die sie verkörpern, fortwährend den Gott Osiris stärken, der sich zwischen ihnen befindet; siehe EP 1, p. 401, n. 137. Daraus folgt, daß die Verwendung von *ḥr und Infinitiv* an der vorliegenden Stelle sinnvoll ist.

[3] LD, Abth. IV, Bl. 69 e (nicht kollationiert, aber Dümichen, Baugeschichte, Tf. 11, 5, gibt den Text in gleicher Weise wieder, mit Ausnahme des fehlenden Ideogrammstriches bei *ḥr*). – Es ist nicht auszuschließen, daß das Strickspannen als ein länger andauernder Vorgang gesehen wurde.

[4] Ein Unbehagen über diesen Gang der Forschung wird von nicht wenigen Fachkollegen empfunden. Dazu vergleiche man beispielsweise das Vorwort bei Graefe, Mäg. Gr., 1., 4. und 6. Auflage. In letzterer ist zu lesen: „... die ‚Erneuerungszyklen’ erinnern an die der Computer“.

Auch die Frage nach den Funktionen und der gegenseitigen Abgrenzung des *śḏm.f* und des *śḏm.n.f* steht in dieser Diskussion.[1] Nun widerspräche einerseits die detaillierte Auseinandersetzung mit den verschiedenen Positionen dem Ziel der vorliegenden Grammatik, andererseits muß eine Position angeboten werden. Das soll im folgenden (§ 234 f.) geschehen, und zwar nach der Offenlegung dreier Prämissen:

- Das ausgewertete Textmaterial muß sehr umfangreich sein, um auch den Widersprüchen eine Chance zu geben[2].
- Zwar ist es für den Philologen oder Sprachwissenschaftler immer sehr erfreulich, wenn er eine neue Form oder Funktion entdeckt, die er dann mit einem lateinischen, griechischen oder heute meist englischen Namen belegen darf. Doch bei aller Entdeckerfreude sollte bedacht werden, daß es guter wissenschaftlicher Brauch ist, zuvor das Versagen oder auch nur die Schwächen des Bestehenden überzeugend nachzuweisen.
- Entscheiden kann im Widerstreit der Theorien und Lösungsansätze letztlich nur die Philologie, vor deren Ergebnissen sich jeder aus der systematischen Sprachwissenschaft gefundene Ansatz bewähren muß.[3] Die Philologie greift nämlich weiter aus als das strukturierende und systematisierende Vorgehen der Sprachwissenschaft, da sie, wenn sie verstehen will, auch Archäologie und Kulturgeschichte im weitesten Sinne sowie Landes- und Naturkunde heranziehen muß. So kann es dann sogar geschehen, daß eine vermeintlich neue Funktion des *śḏm.n.f* durch die Beobachtung der natürlichen Vorgänge während des Sonnenaufgangs widerlegt wird.[4]

---

[1] Siehe Engsheden, Reconstitution du verbe, 88 ff.; 98 ff.; 127 ff.; 158 ff.

[2] Zum Umfang des in dieser Grammatik ausgewerteten Materials siehe EP 1, 1 sowie die Einleitung zu den Nachträgen in EP 2.

[3] Cf. in diesem Sinne Iversen, in: Crossroad, 181 ff. – Wohin die Vernachlässigung der Philologie führen kann, demonstriert beispielsweise Callenders teilweise falsche Übersetzung der Passage Edfou VI, 214, 1 - 4, die sich natürlich in gewisser Weise auf die Ergebnisse seines Artikels ausgewirkt hat (Crossroad, 72 ff.; cf. dagegen Kurth, in: Fs. Kákosy, 373 ff.).

[4] Kurth, in: GM 108, 1989, 34 f. (dazu ein weiterer Fall: Willems, Shanhûr, Pl. 70); Jansen-Winkeln, in: SAK 23, 1996, 201 - 203. Siehe auch unten, § 236 (zum Artikel von Michèle Broze).

1.2 Verbalsatz

1.2.1 *śḏm.f*-Aktiv[1]

§ 234

Die Verwendung des *śḏm.f* im Nebensatz wird weiter unten behandelt.[2] Von den überaus zahlreichen Fällen dieser Verwendung sei hier nur nur ein Beispiel für den Finalen Nebensatz aufgezeigt:

- (Horus Behedeti, der die Widersacher seines Vaters Re bekämpfen will, sagt zu Re): 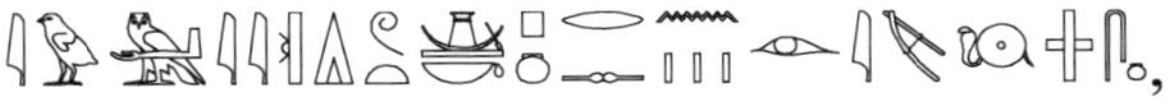, *jmj (r)dj.tw wj3.k pn r.śn jrj.j mrj(t) R*ᶜ *jm.śn*, „Lasse diese deine Barke zu ihnen hinfahren, damit ich mit ihnen tue, was Re will.“[3]

Es ist oft schwierig, die Funktion eines *śḏm.f* zu bestimmen[4], doch bietet das Ptolemäische dazu gute Chancen, weil viele Textteile äußerlich-formal oder durch markante Adverbien in Endstellung (zum Beispiel *nḥḥ* und *ḏt*) gegeneinander abgegrenzt sind. Die Suche nach günstigen Bedingungen dieser Art hat bei der Auswahl der nachfolgenden Textbeispiele eine große Rolle gespielt.

Als selbständigen Satz[5] oder als Hauptsatz eines Satzgefüges finden wir das *śḏm.f* in drei Verwendungen[6], und zwar als

- Optativ (A)

sowie als

- Präsens und Futur (B)
- Perfekt und Präteritum (C).

---

[1] Zum negierten Satz siehe oben, § 159, s. v. „*n* und *nn*“. – Als selbständiger Satz: Edfou VIII, 146, 7 (*pśḏ Ḥr j3btt ḫnt 3ḫt j3btt*).

[2] Oben, § 244 ff.

[3] Edfou VI, 118, 9.

[4] Zur Problematik siehe Engsheden, Reconstitution du verbe, 139 f. – Die stets unveränderliche Form des *śḏm.f* (siehe oben, § 147 f.) gibt keinen Aufschluß über die Vokalisation der einzelnen Funktionen im akademischen Unterricht; ich vermute, daß die noch vorhandenen Wörter nach der zeitgenössischen Aussprache vokalisiert wurden. - Welch differenzierte Vokalisation dem bloßen Konsonantengerüst entnommen werden kann, und das gilt ja auch für die klassische Sprache, zeigt ein Vergleich mit dem unvokalisiert geschriebenen modernen Zeitungsarabisch; dort ist ja der Leser in der Tat nur auf der Basis seines raschen Textverständnisses und seiner muttersprachlichen Bildung in der Lage, ein Verbum richtig zu vokalisieren, und zwar unter anderem differenziert nach beteiligten Personalpronomen, nach Aktiv oder Passiv, nach Zeitlage, nach Stämmen oder nach lexikalischen Vorgaben.

[5] Das bezeichnet auch koordinierte, aneinandergereihte selbständige Sätze (Parataxe).

[6] Das deckt sich mit den Ergebnissen Engshedens, Reconstitution du verbe, 128.

Für die beiden letztgenannten Begriffe gilt, daß sie, wie alle Begriffe, nur „der Nagel sind, an dem das Bild hängt“[1].

A Der Optativ[2] bezeichnet ein noch nicht eingetretenes Geschehen, das der Sprecher im Augenblick des Sprechens herbeiwünscht; die Verwirklichung des Geschehens ist möglich und wird erwartet. Von den sehr zahlreichen Fällen können nur einige wenige Beispiele gegeben werden:

<u>An eine oder mehrere andere Personen gerichtet</u>:

- (Schutzgötter werden angerufen): , *mkj.ṯn Ḥt-Ḥr śwḏ3.tn Bḥdt śḥrj.ṯn ḏw ḫ3 Jwnt*, „Ihr möget das Haus-des-Horus (Edfu) schützen, ihr möget Behedet heil sein lassen, ihr möget das Böse von Dendera fernhalten;“[3]
- (Nachdem die Göttin Hathor durch das Spiel der Sistren besänftigt wurde, sagt der König): , *ḥtp (j)r.ṯ wrt nb(t) t3wj ḫwj.ṯ Wḏ3t*, Sei doch gnädig, Große, Herrin der Beiden Länder, du mögest Ägypten schützen;[4]
- (Horus wird Gutes mitgeteilt, gefolgt von der Aufforderung): , *ḥꜥj.k*, Du mögest jubeln;[5]
- (Von den Gottesdienern zu singen): , *nḏm jb.ṯn b3w ꜥnḫw*, Froh seien eure Herzen, o ihr lebenden Bas;[6]

---

[1] Mit Blick auf die Gesamtheit der Verwendungsmöglichkeiten handelt es sich weder bei *śḏm.f*, noch beim *śḏm.n.f* um ein Tempus im Sinne europäischer Sprachen, da beide fallweise für alle Zeitlagen verwendet werden können (in etwa vergleichbar sind das arabische Imperfekt und Perfekt). Sowohl das *śḏm.f* als auch das *śḏm.n.f* bezeichnen nämlich nur zwei <u>Aspekte</u> das Verbalinhalts. Dabei kennzeichnet das *śḏm.f* ein Geschehen als solches, zeitneutral, weshalb sich für die Übertragung ins Deutsche sehr oft, aber keinesfalls immer, das Präsens anbietet. Das *śḏm.n.f* hingegen kennzeichnet ein Geschehen als abgeschlossen (und nur in diesem Sinne „zeitbehaftet“), weshalb sich im Deutschen zumeist die Wiedergabe mit einer Form der Vergangenheit eignet, also Präteritum, Perfekt, Plusquamperfekt oder Futurum Exactum.

[2] Diese Funktion besitzt das *śḏm.f* auch im Demotischen; Spiegelberg, Dem. Gr., § 121 (allerdings würde ich nicht von „imperativischer Bedeutung“ sprechen, sondern nur davon, daß fallweise eine gewisse Nähe zum Imperativ besteht).

[3] Edfou VIII, 109, 2 f. Eine Nähe zum Imperativ ist hier nicht gegeben, da sich Menschen bittend an Gottheiten wenden. – Man beachte auch die Stilfigur des Schweren Schlusses.

[4] Edfou VII, 104, 7. Formal folgt hier das optativische *śḏm.f* auf einen mit *r.ṯ* verstärkten Imperativ, inhaltlich handelt es sich bei dieser Rede des Königs um eine Aufforderung, der ein Wunsch oder eine Bitte folgt. Die umgekehrte Reihenfolge findet man zum Beispiel an der Stelle Edfou VII, 309, 2 f., weshalb ich die alternativ mögliche Auffassung des *śḏm.f* als Umstandssatz für weniger wahrscheinlich halte.

[5] Edfou VI, 307, 8. Der Zeilenwechsel spricht dafür, den anschließenden Vokativ *Ḥr* zum folgenden Text zu ziehen.

[6] Edfou V, 132, 2.

- (Der Gott wird gebeten, des Königs Opfer anzunehmen): 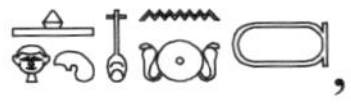, *ḥtp ḥr.k nfr n nśwt bjt* (vacat)|, Gnädig sei dein schönes Gesicht dem König von Ober- und Unterägypten (vacat)|.[1]

An die eigene und eine andere Person gerichtet (hortativ):

(Horus fordert den König zum Kampf auf): , *ḥms.n ḥmtj pf m ḏb3wj.n*, Wir wollen jenen Feigling (Seth) mit unseren beiden Harpunen erstechen;[2]

Das Adjektiv-Verb erscheint bei optativischer Bedeutung im *śḏm.f*: , *j rnpt nfrt nfr.ṯ n Ḥr Bḥdtj*, O Gutes Jahr, mögest du gut sein für Horus Behedeti.[3]

B Der Begriff Präsens[4] umfaßt

- immer gegenwärtiges Geschehen,
- in einem Zyklus immer wieder aufs neue gegenwärtiges Geschehen,
- im Augenblick der Aussage gegenwärtiges Geschehen,
- zukünftiges (nachfolgendes) Geschehen.

a) Immer gegenwärtiges Geschehen:

- (Über den Phönix gesagt): ; *śwr.f ḥnbw(t) m šnw m nwt.f śšm.f ḥr-nb r pśš(t)*, Er vermehrt die Äcker im Umkreis seiner Stadt, und er führt jedermann zu (seinem Acker)anteil;[5]
- 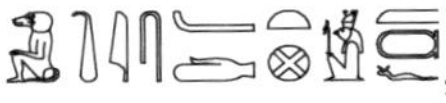, *ḏd.tw jś Bḥdtj m rn.f*, Man nennt ihn auch Behedeti.[6]

b) In einem Zyklus immer wieder aufs neue gegenwärtiges Geschehen:

- (Über den Sonnengott gesagt) , *wn.k jrtj.k ḫpr hrw ꜥḫn.k ś(n) ḫpr grḥ*, „Öffnest du deine Augen, wird es Tag, schließt du sie, wird es Nacht."[7]

---

[1] Edfou V, 132, 10.

[2] Edfou VI, 62, 5; ähnlich: VI, 112, 7.

[3] Edfou VI, 94, 15. Weitere Beispiele: VI, 308, 3 (*k3j.k*); VIII, 52, 12 (*ꜥ3.k*). – Cf. Gardiner, EG, p. 368, n. 2.

[4] In der neueren Literatur werden dafür unter anderem die Termini „Generalis", „Aorist" und „Inaccompli" verwendet. „Generalis" und „Inaccompli" bezeichnen auch nur Teilinhalte des Ganzen und sind deshalb nicht schlechter und nicht besser als „Präsens". Der Terminus „Aorist" ist untauglich, weil er bereits innerhalb der Beschreibung des altgriechischen Tempussystems für einen größtenteils gänzlich anderen Sachverhalt eingeführt wurde und sich nur mit einem Teilinhalt (Gnomischer Aorist) halbwegs eignet.

[5] Edfou VIII, 107, 15 f. (ITE I/1, 192). Die Aussage, ebenso wie die vorangehenden, ist zeitlich nicht definiert, bezeichnet ein immerwährendes Tun des Phönix.

[6] Edfou VII, 21, 9 f. Ähnlich: VII, 27, 2 und 7 (... *wnn.śn* ...); 34, 10 (*wnn* ...); 64, 7 - 9 (nach dem Kontext überschneiden sich hier Präsens und Futur).

[7] Edfou VIII, 131, 13 f.

- , *pśḏ Ḥr j3btt ḫnt 3ḫt j3btt*, Der Horus des Ostens leuchtet im östlichen Horizont.[1]

c) Im Augenblick der Aussage gegenwärtiges Geschehen:

- (Zum König, der ihm Wein opfert, sagt der Gott): 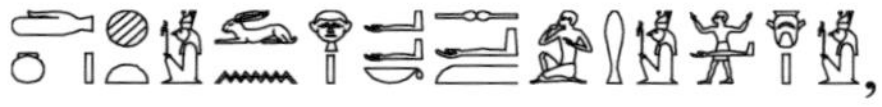, *śsp.n.j jḫt.j wn ḥr ʿwj.k śʿm ḥm.j ḥʿj jb.j*, „Ich habe meine Gabe entgegengenommen, die auf deinen Armen war, Meine Majestät genießt (davon), und mein Herz freut sich;"[2]
- (Die in der Szene dargestellte Göttin Seschat sagt zum König): , *śpḫr.j n.k gnw(t) m ḥḥw n rnpt*, „Ich schreibe dir die Annalen auf als Millionen Jahre."[3]

d) Zukünftiges (nachfolgendes) Geschehen:

- (Der König fordert die Gottheiten auf, die als Opfergaben dargebotenen Weinsorten anzunehmen. Dann sagt er zu Horus, dem Hauptgott dieser Ritualszene): , *śḫm.k jm.śn*, „Du wirst stark durch sie."[4]

C Als Perfekt[5] oder Präteritum bezeichnet das *śḏm.f* eine ausgeführte Handlung, häufig im narrativen Text, aber auch sonst. Diese Funktion hatte das *śḏm.f* in beschränktem Umfang bereits im Altägyptischen, später verstärkt im Neuägyptischen und dann besonders häufig im Demotischen.[6]

[1] Edfou VIII, 146, 7 (ITE I/1, 266). Ähnlich: VIII, 148, 9; 161, 8.

[2] Edfou VII, 167, 12 f. (ITE I/2, 302; das „ist" in der dortigen Übersetzung ist zu „war" zu verbessern).

[3] Edfou VIII, 123, 12. Ein Beispiel, das nicht aus den Ritualszenen stammt: Edfou VII, 20, 1 (*gmj.śn* ...).

[4] Edfou VII, 117, 5. – In manchem Zusammenhang ist eine Übersetzung mit dem deutschen Präsens möglich, obwohl nach dem Sachzusammenhang das Futur vorliegt (Edfou VII, 150, 2): *śtp.j ḫpš.f*, „Ich löse seinen Schenkel aus"; das geschieht immer bei einem stiergestaltigen – oder wie hier übertragen – bei einem menschengestaltigen Feind. Weil aber die zu dieser Rede des Königs gehörende Darstellung nur das Töten des Feindes zeigt, könnte man auch übersetzen: „Ich werde seinen Schenkel auslösen" (ITE I/2, 270 mit n. 3).

[5] Im frankophonen Bereich und auch sonst öfters „Accompli" genannt, siehe Engsheden, Reconstitution du verbe, 129 ff.

[6] Spiegelberg, Dem. Gr., § 120. – Geschichte und gegenseitiges Verhältnis des perfektischen *śḏm.f* und des *śḏm.n.f* werden zur Zeit noch diskutiert. Vielleicht ist die Entwicklung so verlaufen: Auch das von Hause aus zeitneutrale *śḏm.f* eignet sich im speziellen Kontext zur Wiedergabe der perfektischen/präteritalen Zeitlage, und zwar deshalb, weil das Suffixpronomen ja auch ein Besitzverhältnis ausdrückt. So kann „sein Hören" einer Person das Hören zuschreiben, womit diese ein Hören besitzt, ein Hören hat, gehört hat. Das ist aber nur eine unter den Funktionen des *śḏm.f*, und hier setzt nun das jüngere *śḏm.n.f* an, indem es im Bereich der Zeitlage die Mehrdeutigkeit des *śḏm.f* durch ein ähnliches Mittel aufhebt: *śḏm.n.f*, er hat Hören, hat gehört. Demnach wäre das *śḏm.n.f* einem angewachsenen Verlangen nach größerer Präzision entsprungen, hätte also zum Ziel gehabt, die Abgeschlossenheit eines Vorgangs und damit zugleich die Zeitlage der Vergangenheit deutlicher zu kennzeichnen.
In der Folgezeit dominiert das *śḏm.n.f* in offiziellen religiösen Texten, welche die klassische Sprache des Mittelägyptischen zum Vorbild nehmen, also auch im Ptolemäischen. In anderen Textarten jeoch beginnt das *śḏm.f* ab dem Neuägyptischen das *śḏm.n.f* zu ersetzen (cf. beispielsweise Anthony Spalinger, The Transformation of an Ancient Egyptian Narrative: P.Sallier III and the Battle of Kadesh., GOF IV/40, 2002, 204 ff.). Dabei frage ich mich, ob nicht auch die politisch-kulturelle Dominanz Unterägyptens im Alten ... > S. 901

Mit Blick auf letzteres verwundert es daher nicht, daß wir es in Edfu[1] fast nur in Texten finden, die auf eine zeitgenössische Redaktion zurückgehen:

- (Innerhalb der Baugeschichte des Tempels von Edfu heißt es): 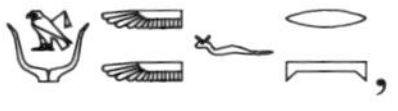, *wpj bjk ḏnḥwj.f r pt*, Da öffnete der Falke seine Flügel himmelwärts;[2]
- (Ein Katastertext): , *sš nꜣ sšw n (pr-ꜥꜣ)| 100 n śṯꜣ(t) P(ꜣ)-ꜥ-n-ꜥꜣ-šrj r tꜣ ḳꜣj(t) n(t) Snj*, Die königlichen Schreiber haben 100 Aruren vom Gehöft-des-Aa-scheri auf das Hochland von Esna überschrieben;[3]
- (Im erzählenden Teil des Horusmythus von Edfu lesen wir): , *nꜥj Rꜥ m wjꜣ.f šmśw.f ḥnꜥ.f*, Re fuhr in seiner Barke dahin, und seine Gefolgsleute waren bei ihm.[4]

Hiervon zu scheiden sind diejenigen *śḏm.f*, welche die Zeitlage eines vorangehenden *śḏm.n.f* übernehmen. Dabei ist das *śḏm.f* mit dem *śḏm.n.f* als dessen Zirkumstanzieller Adverbialsatz verbunden, auch wenn wir koordinierend mit „und" übertragen:

- (Auf die Frage seiner Mannschaft nach dem Namen der Urinsel antwortet Horus): 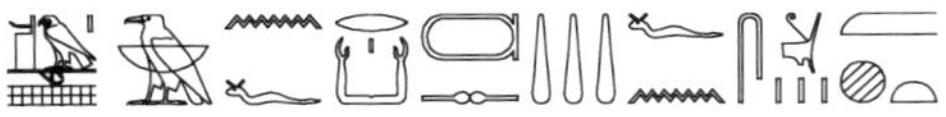 ..., *Wṯst-Ḥr <kꜣ>.n.f r kꜣ.ś mdw.f n.śn m jḫt* ..., „Thronsitz-des-Horus" <nannte> er als ihren Namen, und er sprach zu ihnen über die Dinge ...[5]

... < S. 900 und im Neuen Reich sowie in der Spätzeit eine Rolle gespielt hat (cf. beispielsweise das *j*-Augment bei Partizip, Relativform und Imperativ im Altägyptischen und im Neuägyptischen/Demotischen).

[1] In den Bänden V – VIII.

[2] Edfou VII, 9, 4 (ITE I/2, 11). Der Text ist derartig auf die Baugeschichte Edfus abgestimmt, daß es sich um eine zeitgenössische Komposition oder zumindest Adaption handeln muß.

[3] Edfou VII, 246, 3 f. Der Text hatte eine demotisch geschriebene Vorlage. Deshalb ist die Lesung *sš(.n) nꜣ sšw* ... unwahrscheinlich.

[4] Edfou VI, 110, 1. In seiner in Edfu vorliegenden Form ist der große Horusmythus eine zeitgenössische Komposition. Diese ist jedoch recht weitgehend mittelägyptisch abgefaßt, so daß die wenigen Fälle dieses *śḏm.f*-Perfekt wie Versehen wirken. – An einigen Stellen (zum Beispiel Edfou VI, 218, 1: *nꜥš Ḏḥwtj* ...) ist zwar formal der Infinitiv nicht auszuschließen, aber doch unwahrscheinlich. – In den Schöpfungsmythen des Tempels von Edfu ist aufgrund ihres besonderen Stils im Zweifelsfalle der Infinitiv anzusetzen.

[5] Edfou VI, 17, 10. Weitere Beispiele: V, 88, 6 (*ḫwj.n.ś(n)* <*ṯw*> *mkj.śn ḥm.k*); VI, 143, 13 (*smꜣ.n.j gśw ṯs.j ṯst*, „Ich habe die Salbe gemischt und das Amulett geknüpft"); siehe unten, § 243, letzte Anmerkung.

1.2 Verbalsatz

1.2.2 *śḏm.f*-Passiv, *śḏm.tw.f* und *śḏm.n.tw.f*

§ 235

A *śḏm.f*-Passiv

Das *śḏm.f*-Passiv zeigt keine Endungen[1]. Im selbständigen Satz wird es im Indikativ (a) und im Optativ (b) verwendet. Im Indikativ ist das *śḏm.f*-Passiv seltener mit dem Präsens, häufiger mit dem Perfekt oder Präteritum zu übersetzen.

a) Indikativ:

- (Über Türen gesagt): , *sš.ś(n) m ḏt.f ḏr pśḏ jtn*, Sie werden am Morgen geöffnet, sobald die Sonne scheint;[2]

- (Innerhalb der Baugeschichte des Tempels heißt es): , *ḥtś Mśn-n-bjk-n-nb r mn ḥ3t-sp 10.t*, Vollendet wurde das Mesen-des-Falken-der-Goldenen (Edfu) bis zum 10. Regierungsjahr;[3]

- (Innerhalb einer Schilderung der Nilpferdjagd heißt es): , *rdj n.k š3t nt ḫḫ.k jn mśw ḥmww*, „Sättigung deiner Kehle wurde dir gegeben durch die Kinder der Handwerker (Harpunen).“[4]

b) Optativ:

Die Bestimmung eines *śḏm.f*-Passiv als Optativ ist schwierig, weil zumeist kein formales Kriterium vorliegt, um es vom indikativischen *śḏm.f*-Passiv, vom *śḏm.f* mit unterdrücktem Suffixpronomen 1.Singularis, vom Infinitiv oder vom Imperativ zu unterscheiden. Deshalb sind die folgenden Beispiele in ihrer grammatikalischen Bestimmung ziemlich unsicher:

- (Ptah, der Horus das Anch-Symbol entgegenstreckt, sagt): 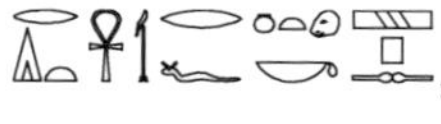, *rdj ꜥnḫ w3ś r fnḏ.k špś*, „Leben und Macht mögen an deine herrliche Nase gegeben werden;“[5]

---

[1] Cf. oben, § 149. – Zum *śḏm.f*-Passiv cf. die interessanten theoretischen Überlegungen bei Hannig, in: GM 103, 1988, 13 ff., die aber zur Praxis der Bearbeitung ptolemäischer Texte nur wenig beitragen. Außerdem frage ich mich, mit Blick auf die allgemeine Fragestellung dieses Artikels, warum man in einem sprachlichen System unbedingt eine geometrische Symmetrie erwarten muß.

[2] Edfou VIII, 58, 14 f.

[3] Edfou VII, 6, 3.

[4] Edfou VI, 74, 6.

[5] Edfou VI, 48, 15 ff.; 228, 7 ff. (es folgen jeweils viele weitere Fälle in derselben Schreibung). Die Schreibung scheint auf einen Infinitiv zu deuten; auf den Optativ weisen aber die Reden der Königin (VI, 54, 7 f.;... > S. 903

- (Der König soll eine bestimmte Schutzformel sprechen). , *ḏd r3 pn ḫpr ḫrj(t)*, Dieser Spruch werde gesagt, wenn Aufruhr entsteht.[1]

Negiert

- , *n h3b.śn r.f*, Sie (die Pfeile er Sachmet) sollen nicht gegen ihn ausgesandt werden.[2]

B Das *śdm.tw.f* ist manchmal mit dem Präsens, manchmal mit dem Präteritum ins Deutsche zu übersetzen:

- (Über den Sonnengott gesagt): 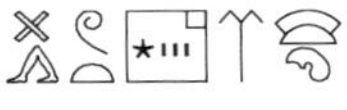, *sš.tw ḥwt-nṯrw m ḫʿw.k*, „Die Tempel werden bei deinem Aufgang geöffnet;“[3]
- (Horus metzelte[4] die Feinde nieder), , *jnj.tw śbj 106*, und 106 (getötete) Feinde wurden gebracht.[5]

Zur Erklärung dafür, daß dieses mit dem Präteritum zu übersetzende *śḏm.tw.f* neben dem ebenfalls präteritalen *śḏm.n.tw.f* besteht, kann man darauf verweisen, daß es ja auch in anderen Bereichen der Sprache[6] eine Koexistenz formal gekennzeichneter und nicht gekennzeichneter Formen gibt.[7]

Negiert:

- (Der König betritt den Tempel und spricht): , *n ḏd.tw n.j ḥm*, Nicht wird zu mir gesagt: „Weiche zurück!“[8]

C Die relativ seltene Form *śdm.n.tw.f* ist in der Regel mit dem Präteritum ins Deutsche zu übersetzen. Zu Beispielen siehe oben, § 150, in fine.

... < S. 902 234, 8 f.), die als optativischer Adverbieller Nominalsatz konstruiert wurden (*ʿnḫ w3š n nṯrw t3 mḥw*/*šmʿw r fnḏ.k špś*, ... an deine herrliche Nase!); siehe dazu oben, § 212, in fine.

[1] Edfou VI, 131, 8. – Ein weiteres Beispiel: Dendara X, 32, 9 f. (zitiert unten, § 266).

[2] Edfou VI, 266, 6.

[3] Edfou VIII, 131, 15. Wegen weiterer Beispiele siehe oben, § 151.

[4] Es wird das *śḏm.n.f* verwendet.

[5] Edfou VI, 125, 3.

[6] Man vergleiche beispielsweise das Nebeneinander der syndetischen und asyndetischen Nebensätze.

[7] Zu dieser Frage siehe auch die Erklärungsansätze bei Engsheden, Reconstitution du verbe, 332 f.

[8] Edfou VI, 240, 6 f.

1.2 Verbalsatz

1.2.3 *śḏm.n.f* [1]

§ 236

Vor der Behandlung des *śḏm.n.f* ist zunächst darauf hinzuweisen, daß es eindeutige Belege dafür gibt, daß in einer bestimmten lautlichen Konstellation das *n*, also das Kennzeichen des *śḏm.n.f*, nicht geschrieben wird, so daß formal ein *śḏm.f* vorliegt, das aber die Funktion des *śḏm.n.f* erfüllt.[2]

Auch ist zu berücksichtigen, daß es manchmal nicht ohne weiterreichende inhaltliche Interpretation möglich ist, das *śḏm.n.f* gegen den Dativ *n.f* abzugrenzen.[3]

Weiterhin ist ein Artikel von Michèle Broze zu nennen,[4] in dem anhand einiger Beispiele völlig zu Recht herausgestellt wird, daß *śḏm.f* und *śḏm.n.f* auch in den Inschriften des Tempels von Esna[5] differenziert verwendet werden. Die Art der Differenzierung ist allerdings weniger kompliziert als in diesem Artikel dargestellt, was deutlich wird, wenn man einige unrichtige Voraussetzungen und Versehen beseitigt.[6]

---

[1] Zum negierten Satz siehe oben, § 159, s. v. „*n* und *nn*". – Als selbständiger Satz: Edfou V, 31, 8 (*jj.n Ḥr m pr jt.f*); 36, 4 (*wpj.n.j w3t*); 37, 5 (*śmn.n.j tp.k m mw jpw*); VI, 169, 2 (*jj.n.j dj m jrw.j m3ʿ*); 319, 13 (*śpẖr.n.j nn*).

[2] Siehe oben, § 143; 150; Engsheden, Reconstitution du verbe, 160.

[3] Siehe ITE I/2 (Edfou VII), 664 f. Cf. Hannig, Peudopartizip, 164.

[4] RdE 44, 1993, 3 ff.

[5] Die vorliegende Grammatik nutzt ja in diesem Bereich vornehmlich das schon aufbereitete Material aus Edfu.

[6] Bei dem von Broze eingangs vorgestellten Beispiel ist richtig, daß mit *śḏm.f* die Lotusblüte charakterisiert wird, wie sie am Uranfang entstand und seitdem existiert. Jedoch kommt mit *ʿr śpś n mwt.f Jht* der Sonnengott ins Spiel (ein vorangestelltes Subjekt, wie schon Sauneron, Esna V, 142, richtig gesehen hat). Dieser aber öffnet sein Auge (das heißt: er wird als Scheibe sichtbar), <u>nachdem er zuvor</u> die Dunkelheit vertrieben und alles, was auf der Erde existiert, hat entstehen lassen; es ist nämlich so, daß die Erde hell wird und alle Dinge und Wesen auf der Erde wieder sichtbar werden (das heißt: wieder erschaffen werden), <u>bevor</u> die Sonne als Scheibe aufgeht. Das *sḏm.n.f* bezeichnet also klar die Vorzeitigkeit (cf. oben, § 233, in fine).
Auch steht an der Stelle Esna III, Nr. 206, 8, nicht *ẖnm.f*, sondern *ẖnm* (Partizip), wodurch Brozes Übersetzung (p. 6) hinfällig wird.
An anderen Stellen ist Saunerons Übersetzung klar vorzuziehen, siehe zum Beispiel Esna III, Nr. 272, 1 (Esna V, 142 versus Broze, o. c., 4; es handelt sich um die Position des *ḏd mdw*). Des weiteren ist Saunerons Lesung *Ḫmnw* richtig, auch wenn die Schreibung auf Chnum, den Herrn Esnas, anspielt; wie sollte man sonst das Zeichen der laufenden Beine erklären? – dazu cf. Esna VIII, 130, Nr. 87, *n*.
In der Passage *ʿš mwt.f* ... und *jj.n nṯr pn* ... (p. 8) könnte man theoretisch für *ʿš mwt.f* ein vom Demotischen beeinflußtes *śḏm.f*-Perfekt ansetzen; das aber ist wegen der vielen *śḏm.n.f* und *ʿḥʿ.n*-Konstruktionen dieses narrativen Textes äußerst unwahrscheinlich. Deshalb ist die ganze Passage als ein Satzgefüge anzusetzen, in dem das adverbielle *ʿš mwt.f* ... die Zeitlage des folgenden *śḏm.n.f* übernimmt, so daß man übersetzen kann: Als seine Mutter rief ..., da kam dieser Gott ....

- Über die Texte des Opettempels ist jüngst eine umfassende und nützliche Studie von Aurélie Paulet erschienen.[1] In ihr werden die Schreibungen des *śḏm.f* und des *śḏm.n.f* daraufhin untersucht, ob sie verschiedene Funktionen formal kennzeichenen. Das Ergebnis ist negativ und belegt, daß neben dem *n* des *śḏm.n.f* keine weiteren Morpheme zu erkennen sind. Von gewissen Tendenzen abgesehen,[2] stehen die verschiedenen Schreibungen vor allem im Dienst der Schriftgestaltung.

Generell gibt das *śḏm.n.f* an, daß ein Geschehen bereits vollzogen ist.[3] Dieser Aspekt des Verbalinhalts ist jedoch zeitlich nicht differenziert, gibt keine bestimmte Zeitlage an, so daß sich für die Übertragung ins Deutsche ergeben:

- Präsens (A)
- Perfekt (B)
- Präteritum (C)
- Plusquamperfekt (D)
- Futurum Exactum (E)

A Bereits bei der klassischen Sprache ist zu beobachten, daß es Verben gibt, deren *śḏm.n.f* man am besten mit dem deutschen Präsens überträgt. Diese Erscheinung beruht allerdings auf einem Teilinhalt der Semantik des betreffenden Verbs, so daß auch in diesen Fällen der perfektivische Aspekt weiterhin gültig ist. Das wohl bekannteste Beispiel ist *rḫ.n.f*, er weiß; *rḫ* bedeutet demnach auch „in Erfahrung bringen", was für *rḫ.n.f* ergibt: „er hat in Erfahrung gebracht", „er weiß". Das trifft außer für *rḫ* auch noch für einige andere Verben zu, zum Beispiel für *śḫ3.n.k*, „du hast in Erinnerung gerufen", „du gedenkst/du erinnerst dich".[4]

Im Ptolemäischen sind einige Verben hinzugekommen, deren *śḏm.n.f* fallweise am ehesten dem deutschen Präsens entspricht, was auch dadurch bestätigt wird, daß in ähnlichen Kontexten anstelle des *śḏm.n.f* öfters das *śḏm.f* erscheint. Für die folgenden wie auch für die vorangehenden Beispiele gilt jedoch, daß die Übertragung ins Präsens an den jeweiligen Sinnzusammenhang gebunden ist, daß also in manchem Kontext das betreffende *śḏm.n.f* mit

---

[1] CdE 81, 2006, 77 ff.

[2] O. c., 92 f. — Zu *wnn* siehe allerdings oben, § 137: in Edfu zumindest ist die größtenteils spezifische Verwendung von *wnn* und *wn* gut bezeugt (zu Ausnahmen siehe oben, § 220 D und unten, 238 J).

[3] In neuerer Literatur wird dieser Sachverhalt von einigen Autoren zutreffend mit dem französischen Begriff „Accompli" bezeichnet.

[4] Edfou VI, 77, 3 f. Cf. Gardiner, EG, § 414, 4; Lefebvre, Grammaire, § 482, Obs.

einer Form der Vergangenheit übersetzt werden muß.[1] – Präsentisch zu übertragenes *śḏm.n.f* findet man gerne bei[2]

a) Verben des Wortfeldes „schützen“:

- (Unter der Flügelsonne ist zu lesen): 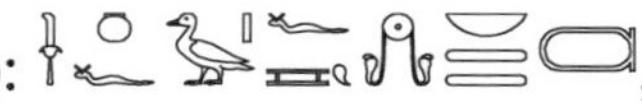, *ḫwj.n.f s3.f mrj.f nśwt bjt nb t3wj* (vacat)|, er schützt seinen geliebten Sohn, den König von Ober- und Unterägypten, den Herrn der Beiden Länder (vacat)|;[3]
- (Über den Phönix als Flügelsonne gesagt): 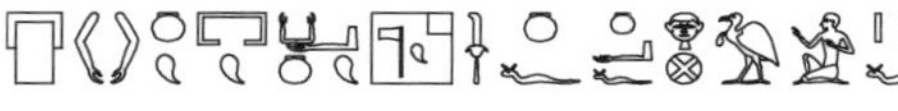, *śbḫ.n.f pr.f mkj.n.f ḥt-nṯr.f ḫwj.n.f* <n>* *ʿ.f ḥr nwtjw.f*, Er behütet sein Haus, er schützt seinen Tempel und er breitet seinen Arm schützend über die Bewohner seiner Stadt;[4]
- (Der Gott sagt zum König): , *(r)dj.j n.k ḥʿ.k wʿb.tj r ʿb śwḏ3.n.j tw.k r śḏb* <nb>* *ḏw*, „Ich gebe dir, daß deine Glieder frei sind von Unreinem, und ich bewahre dich vor <allem>* bösen Unheil.“[5]
- Hierhin gehören auch folgende Bezeichnungen der Schutzgötter: *s3w.n.śn* und *ḫwj.n.śn*.[6] Die wörtliche Übersetzung lautet: „Sie-haben-Schutz-bereitet“ und „Sie-haben-in-ihre-Obhut-genommen“.

Schließlich sei noch auf die besonders beweiskräftigen Fälle hingewiesen, in denen ein Verbum der Bedeutung „Schützen“ im *śḏm.n.f* unmittelbar neben Verben erscheint, die eine andere Bedeutung haben und das *śḏm.f* verwenden.[7]

---

[1] So zum Beispiel an der Stelle Edfou VII, 22, 3 (ITE I/2, 35). – Dieses wenig präzise anmutende Nebeneinander der Alternativen ist vor allem die Folge davon, daß sich die Semantik der ägyptischen und deutschen Verben niemals völlig deckt.

[2] Es gibt wesentlich mehr Fälle als die nachfolgend angeführten, beispielsweise an der Stelle Edfou VI, 300, 5 (siehe unten, § 260 B, sub voce *ḏr*).

[3] Edfou VI, 2, 9; sichtbarer Ausdruck dafür, daß der Gott den König *in seine Obhut genommen hat*, ist ja die Gegenwart der Flügelsonne. Cf. auch VI, 10, 9. – *ḫwj.f*: VI, 349, 3 (in etwas anderem Zusammenhang und innerhalb eines Satzgefüges); VII, 24, 6 f. (dito); VII, 120, 13 f. (dito); VII, 147, 9.

[4] Edfou VIII, 146, 1. Trotz der hier gewählten Übertragung ist der perfektivische Aspekt vorhanden; man könnte ihn folgendermaßen zum Ausdruck bringen: Er hat sein Haus beschirmend umfangen, er hat seinen Tempel in seine Obhut genommen und er hat seinen Arm schützend über die Bewohner seiner Stadt gebreitet. – Ein weiteres Beispiel Kôm Ombo (Gutbub) I, Nr. 290, 16 (*mkj*).

[5] Edfou VII, 285, 9 (ITE I/2, 538, n. 2); *śḏm.f*: VII, 140, 14; 313, 4 f. Zu *tw.k* siehe oben, § 50. – Für die Übersetzung mit dem Präsens gibt es eine konkurrierende Erklärung, siehe unten, B.

[6] Goyon, Gardiens, 489 ff.

[7] Edfou VI, 279, 2 - 5 (*wṯs.j nwt n ḏrtj wr pḥtj ḥrj.j śt ḥm.f r ḫftjw.f jrj.n.j s3.f r śbjw ḥr.f św⁽b.j ḥʿ.f r mnt*); 299, 14 f. (*wrḥ.j tp.k m ʿntjw n Pwnt gś.j ḥʿ.k m ʿḏ nḏm jrj.n.j s3.k m śẁt ḥnʿ w3ḏ*). – Damit ist es auch nicht notwendig, für die Stellen Urk. VI, 99, 22 - 101, 2, die Zeitlage der Vergangenheit anzusetzen und das mit der Annahme einer „konkreten mythischen Handlung in der Vergangenheit“ zu begründen (so Quack, in: Fs. Schenkel, 120).

b) Verben des Wortfeldes „jubeln“:

- (Über den König gesagt, der sich dem Gott nähert) 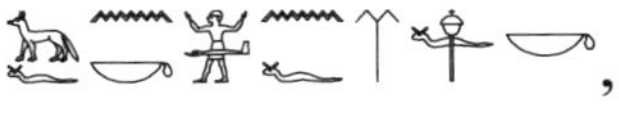, *jw.f n.k ḥꜥj.n.f m ḥśf.k*, Er kommt zu dir und jubelt, wenn er sich dir nähert;[1]

- (Hathor empfängt ihr Opfer und sagt zum König): , *šsp.n.j kꜣt.k ḥꜥj.n.j n mꜣꜣ.k wnf ḥr.j n dg(t).k*, „Ich habe dein Tun angenommen, ich jubele über deinen Anblick und mein Gesicht wird heiter, wenn es dich sieht.“[2]

c) Andere Verben:[3]

- (Der Gott soll ein Gewand anziehen), 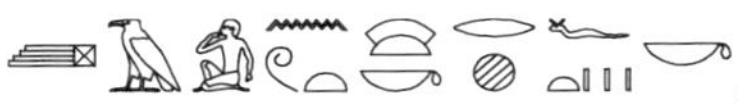, *śjꜣ.n.tw ḫꜥw.k r ḫftjw.k*, „damit sich deine glänzende Erscheinung von deinen Feinden unterscheidet;“[4]

- (Hathor, die Herrin des Sistrums), 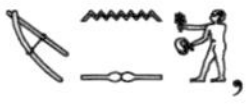, *mrj.n.ś jḥj*, die Musik liebt;[5]

- (Über den Tempel gesagt): , *nḥr.n.ś ḥrt ḫr jtn*, Er gleicht dem Himmel mit der Sonnenscheibe;[6]

Zur Bestätigung sei auch auf das Partizip Aktiv der Bildung *jrj und Infinitiv* verwiesen,[7] das in der Regel eine aktive Handlung der Vergangenheit beinhaltet:

---

[1] Edfou VI, 154, 7. Den perfektivischen Aspekt könnte man so ausdrücken: Er kommt zu dir und ist in Jubel ausgebrochen, wenn er sich dir nähert.
Direkt zum Ausdruck gebracht wird der perfektivische Aspekt, wenn in ähnlichem Kontext das Pseudopartizip verwendet wird, beispielsweise an der Stelle Dendara V, 159, 9 f.: *wśrw-ḥꜣt ḥꜥj.tj n mꜣꜣ.f*, (Ihi), über dessen Anblick die Useru-hat jubeln/in Jubel ausgebrochen sind. Der Jubel bricht nicht nur aus, sondern setzt sich hörbar fort, wie aus der anschließenden parallelen Aussage klar hervorgeht: *nṯrwt (ḥr) jrt n.f jꜣw*, dem die Göttinnen Lobpreis geben.

[2] Edfou V, 83, 15. Man beachte, daß hier das *sḏm.n.f* wohl bei *ḥꜥj*, nicht aber bei *wnf* benutzt wird. Weitere Beispiele: Edfou VI, 243, 9 (*ḥkn*); 313, 3 (*ḥꜥj*); VII, 312, 15 (*ḥꜥj*).

[3] Siehe auch Edfou VI, 246, 2: *jnḳ.n.f*, er hat umfaßt, hält jetzt in Händen; ähnlich: V, 40, 1 f. (parallel steht *ḥr und Infinitiv*!). – Edfou VIII, 142, 3 f.; Dendara II, 181, 2; IX, 100, 16: *dm.n.f pt*, hat in den Himmel gestochen/hat den Himmel berührt, ragt in den Himmel. – Edfou VI, 178, 12: *ḥm.n.j*, „ich habe (den Feind) sich umwenden lassen, ich vertreibe.“ Ebenso zu verstehen sind *sš.n.f* und *rwj.n.f*, zu denen parallel *ḥr und Infinitiv* verwendet wird: Edfou III, 66, 4 f.; V, 78, 17 f.; VII, 104, 5 - 7 (ITE I/2, 183 ist entsprechend zu verbessern); 305, 11 (ITE I/2, 581: passend mit „bannt“ übersetzt).– Edfou VII, 306, 14: *śwr.n.ś*, es hat anwachsen lassen, steigert. – Edfou VII, 306, 10: *śmꜥr.n.f*, hat schön gemacht, bekleidet.

[4] Edfou I, 244, 18; zu *śjꜣ* siehe Wb IV, 30, 4. – Dieser Fall erinnert an *rḫ*, siehe oben, und man könnte demnach für *śjꜣ* die Bedeutung „zur Kenntnis bringen“ ansetzen: „damit man deine glänzende Erscheinung zur Kenntnis gebracht hat gegen deine Feinde“.

[5] Edfou VII, 305, 13; ähnlich: VI, 77, 3; VII, 134, 2; 140, 2; cf. schon Wb II, 99, oben. Für *mrj* könnte man demnach neben „lieben“ auch folgende Bedeutungen ansetzen: „lieb gewinnen“, „Gefallen finden an“.

[6] Edfou VII, 11, 1; wörtlich: er hat erreicht, ist gleichgekommen. Cf. Wb II, 298, 1 ff. – Zwar kann ich die Bedeutung „er hat (einen Ort) erreicht“ nicht belegen, aber wie anders könnte man die Determinative  und  erklären (Wb II, 298, 1 ff.)?

[7] Siehe oben, § 139 A.

- (Aus einer Hymne an Chnum): , *j p(ꜣ) nb šḫt jrj ḥḳꜣ ww*, „O du Herr des Feldes, der über die Flur gebietet.“[1]

Aus den genannten Beispielen geht folgendes hervor: Das *šḏm.n.f* gibt an, daß es für die Aussage des Verbs wesentlich und wichtig ist, daß sie das Ergebnis einer entsprechenden Handlung ist, daß ihr ein Prozeß vorangeht, der in sie einmündet.[2] – Hierzu ist aufschlußreich auch die Formel *jḫt nbt rdj(t) pt ḳmꜣ(t) tꜣ jnj(t).n ḥꜥpj* mit ihren Varianten und Ergänzungen:[3] Während nämlich bei den Gaben von Himmel und Erde stets die *šḏm.f-Relativform* benutzt wird, erscheint parallel dazu bei *jnj, wtṯ, bsj* oder *mšj* in der Regel[4] die *šḏm.n.f-Relativform*, und zwar deshalb, weil man das Geben des Himmels und der Erde als ein vom Menschen unabhängiges natürliches Geschehen wertet, die Gaben des Nils und des Ackers hingegen als etwas ansieht, das durch ein bestimmtes Tun herbeigeführt wurde.

Demzufolge gilt mit Blick auf die obengenannten Fälle:

- „er hat die innere Einstellung und äußere Haltung des Jubels angenommen = er jubelt (sichtbar)“;
- „er hat getan, was Schutz bewirkt = er schützt (jetzt bereits)“;
- „er ist (durch ein bestimmtes Tun an etwas) herangekommen = er gleicht (nun)“;
- „er hat etwas in Besitz genommen = er gebietet nun darüber“.

B Die nachfolgend behandelte Funktion (Perfekt) ist eng mit der vorhergehenden (A) verwandt. Der Unterschied liegt lediglich darin, daß dort die semantische Inkongruenz mit der Zielsprache die präsentische Übersetzung manchmal notwendig macht, im vorliegenden Falle hingegen die Übersetzung mit dem deutschen Perfekt fast immer möglich ist.[5]

Die Sache ist Gegenstand einer schon lange währenden wissenschaftlichen Kontroverse.[6] Diese hatte sich an der Beobachtung entzündet, daß in den Beischriften der Ritualszenen öfters ein *šḏm.n.f* erscheint, das man in der Zielsprache präsentisch übersetzen möchte. Davon

---

[1] Esna III, Nr. 368, 29 (wörtlich: hat in Besitz genommen > beherrscht fortan). Die Übersetzung bei Quack, in: Fs. Schenkel, 113 („..., der die Flur beherrscht hat“) ist ziemlich sinnlos.

[2] In diesen Fällen erscheint das *šḏm.n.f* zugleich als ein Mittel der verbalen Begriffsbildung, das die Prägung neuer Wörter erspart und in dieser Hinsicht der Reduplikation oder dem kausativen *š* vergleichbar ist.

[3] Siehe beispielsweise Edfou VI, 19, 10; 156, 12; 255, 13 f.; 351, 2; Dendara VI, 46, 5 f.

[4] Eine Ausnahme: Edfou I, 336, 9 (Haplographie?).

[5] Das schließt nicht aus, in der Zielsprache aus stilistischen Gründen gelegentlich das Präsens zu benutzen.

[6] Die Darstellung der beiden unterschiedlichen Positionen sowie die Angabe ihrer jeweiligen Vertreter bis etwa zum Jahre 1990 findet man bei Hannig, Pseudopartizip, 156 f. Dazu: Kurth, Den Himmel stützen; 4; Labrique, in: GM 106, 1988, 53 ff.; Kurth, in: GM 108, 1989, 31 ff.; idem, in: GM 113, 1989, 55 ff. – Cf. auch Schenkel, Einführung, 161, der durch ein Fragezeichen seine Zweifel an der Übersetzung „hiermit gebe ich“ zum Ausdruck bringt.

ausgehend hat man eine besondere Funktion des *śḏm.n.f* angesetzt, die unter anderem „Synchronous Present“, „Koinzidenzfall“, oder „Performatif“ genannt und präsentisch übersetzt wurde, manchmal auch mit dem verdeutlichenden Zusatz „hiermit (gebe ich dir)“ oder „(ich gebe dir) feierlich.“[1]

Provoziert wurde dieser Ansatz durch das Nebeneinander von Bild und Text, das es scheinbar nahelegte, alle Aussagen des Textes auf die im Bild festgehaltene Situation zu beziehen. Das ist nicht richtig, weil das Bild stets nur einen Ausschnitt des Ritualgeschehens festhält.[2]

Nun wurde das sogenannte „Synchronous Present etc.“ nur in Ritualszenen erkannt.[3] Deshalb wäre vor der Bestimmung seiner Funktion als eine Art Präsens zu prüfen, ob und warum die in allen anderen Kontexten unbestrittene „Vergangenheitsaussage“ (beziehungsweise der perfektivische Aspekt)[4] des *śḏm.n.f* gerade in Ritualszenen nicht mehr vorhanden sein sollte. Dieser Nachweis konnte bisher nicht erbracht werden; dazu eignet sich auch nicht die Beobachtung, daß in vielen Ritualszenen anstelle des *śḏm.n.f* das *śḏm.f* verwendet wird.[5]

Das *śḏm.f* ist hier nämlich nur eine von zwei Möglichkeiten, und es wird benutzt, wenn die Aussage zeitlos gültig ist oder ein momentanes Geschehen begleitet. Verwendet man hingegen das *śḏm.n.f*, dann wird ein Geschehen bezeichnet, das vor dem „Jetzt“ begonnen hat und im „Jetzt“ zum Abschluß gekommen und nun sichtbar oder wirksam ist. Die Übersetzung der fraglichen Stellen mit dem deutschen Perfekt[6] ist sinnvoll und der Situation angemessen: „Ich bin zu dir gekommen“ (der König steht nun vor der Gottheit); „Ich habe dir gegeben“ (der König besitzt nun); „Ich habe dir gebracht“ (der Gott sieht nun des Königs Opfergabe vor sich).

Daraus folgt, daß an diesen Stellen die präsentische Übersetzung des *śḏm.n.f* dem ägyptischen Text nicht gerecht wird. Dieser will ja mit der Verwendung des *śḏm.n.f*, zum

1 „Solennellement“, Labrique, in: GM 106, 1988, 53 ff.
2 Siehe die Textbelege bei Kurth, in: GM 113, 189, die mir auch heute noch zwingend erscheinen.
3 Es findet sich auch nicht innerhalb der von Engsheden, Reconstitution du verbe, untersuchten Texte (p. 99, n. 407).
4 Cf. Hannig, Pseudopartizip, 149 f.
5 Zu den Belegen siehe Kurth, in: GM 113, 1989, 57; Paulet, in: CdE 81, 2006, 90 - 93. Die eine oder die andere Verbalform erscheint jeweils in abgeschlossenen größeren Dekorationseinheiten, sei es um zu variieren oder sei es, weil die Redaktion in verschiedenen Händen lag.
6 Auch die Wiedergabe mit dem englischen Present Perfect würde gut passen. – Hier sei noch einmal auf jene Stelle der Obelisken-Übersetzung des Hermapion hingewiesen (Erman, in: SPAW 1914, 267), in der das ägyptische , *(r)dj.n(.j) n.k*, „Ich habe dir gegeben“, im Griechischen mit δεδώρημαί σοι wiedergegeben wird (also eindeutig mit dem Perfekt Medium von δωρέω): „Ich habe dir geschenkt/gegeben“.

Ausdruck bringen, daß Gabe und Gegengabe bereits gegeben wurden, daß das gute Werk des Königs mit persönlicher Hingabe erbracht, und die Gnade des Gottes bereits gewährt worden ist; die Übertragung mit dem Präsens, auch wenn sie gelegentlich in der Zielsprache stilistisch besser ist, nimmt Gabe und Gegengabe etwas von ihrem Wert.

Zur Bestätigung meiner Auffassung läßt sich auch auf das textliche Umfeld verweisen. Dazu ein Beispiel:[1]

- (Der Gott sagt zum König): , *(r)dj.j n.k ḥꜥ.k wꜥb.tj r ꜥb śwḏꜣ.n.j tw.k r śḏb <nb>* ḏw*, „Ich gebe dir, daß deine Glieder frei sind von Unreinem, und ich bewahre dich vor <allem>* bösen Unheil.“[2]

Die Gesundheit der Glieder ist wegen der Pseudoverbalkonstruktion mit Pseudopartizip eine bereits erfüllte Gegengabe der Gottheit, und ebenso hat die Gottheit dem König bereits gewährt, daß er von körperlichen Schäden frei ist. Die präsentische Übersetzung des *śwḏꜣ.n.j* ist hier vertretbar,[3] auch aus einem anderen Grunde;[4] jedoch sehe ich für die Hinzufügung des Adverbs „hiermit“ oder „feierlich“ keinen positiven Hinweis.

Einige Textbeispiele:

- (In der einleitenden Formel einer Ritualszene des Sistrumspiels sagt der König zur Göttin Hathor): , *śsp.n.j sśš ꜣm(m).n.j sḫm (r)dj(.j) jꜣw n nb-nṯrw*, „Ich habe das Seschesch-Sistrum genommen, ich habe das Sechem-Sistrum ergriffen, und nun preise (ich) das Gold-der-Götter (Hathor);“[5]
- (Bei der Übergabe der Roten Krone sagt der König): ... , *jw.n.j ḫr.ṯ ḥkꜣt ... (r)dj.j n.ṯ nt*, „Ich bin zu dir gekommen, Herrscherin ..., damit ich dir die Rote Krone gebe;“[6]
- (Die Göttin antwortet): , *śsp.n.j ḥpt (r)dj.j ś(j) ḥr wpt.j*, „Ich habe die Krone entgegengenommen, und ich setze sie auf meinen Scheitel;“[7]
- (Der Gott sagt nach dem Empfang eines Stoffopfers): , *(r)dj.n(.j) n.k ẖkrw n(w) Rꜥ m ḥꜥw.f śnḏ.k wr.tj m ḥrw*, „(Ich) habe dir den Schmuck des Re

[1] Es wurde bereits im vorangehenden zitiert.
[2] Edfou VII, 285, 9 (ITE I/2, 538, n. 2).
[3] Man kann allerdings ebensogut übersetzen: „..., und ich habe dich gegen ... gefeit“.
[4] Siehe unter dem vorliegenden Paragraphen, oben, Punkt A a.
[5] Edfou VII, 104, 4 f.
[6] Edfou VII, 165, 9.
[7] Edfou VII, 165, 14. – Zu *t* als Schreibung des Suffixpronomens siehe oben, § 38.

mit seinem Glanz gegeben, so daß der Respekt vor dir bei den Gesichtern (Menschen) groß ist.“[1]

Die Gegengabe des Gottes ist also bereits gewährt, der zuvor gefaßte göttliche Beschluß ist Realität geworden.

Abschließend ist noch darauf hinzuweisen, daß es – wie überall – auch in diesem Bereich vereinzelte Ausnahmen von der Regel gibt. Das zeigte sich zum Beispiel bei folgendem Experiment: Aus den Bänden Edfou V - VIII wurden alle Fälle der Verben *ḥnk*, „schenken“, und *mꜣꜥ*, „darbringen“, herausgesucht, die sich einem Nomen als Relativformen anschlosssen, und zwar nur für die 1. Person Singular. Als Regel ergab sich bei beiden Verben die Verwendung der *śḏm.n.f-Relativform*: „(Die Gabe/Nimm dir die Gabe), die ich (dir/deinem Ka/deiner Majestät) geschenkt/dargebracht habe.“[2] Daneben begegnet einmal die *śḏm.f-Relativform* bei beiden Verben,[3] und einmal steht *hnk.j* parallel zu *mꜣꜥ.n.j*.[4] – Als mögliche Gründe für die Ausnahmen kommen in Frage, daß aus Unachtsamkeit Fehler gemacht wurden oder daß zwei der zahlreichen Autoren das Schenken und Darbringen nicht als Ergebnis eines vorangehenden Tuns sondern als momentanes Geschehen betrachtet haben.

C Nicht selten wird das *śḏm.n.f* zur Wiedergabe mehrerer Handlungen verwendet, welche, durch sachlichen Zusammenhang miteinander verbunden, in der Vergangenheit aufeinander folgten (Präteritum).[5] Die anschließende Textpassage im narrativen Teil des großen Horusmythus von Edfu berichtet vom Kampf des Horus gegen seine Feinde:

-  ... ,

pḥrr (pw) jrj.n.f ḥr śꜣ.śn jnj.n.f śbj 142 nkn.n.f śt m ꜥnw(t).f śdj.n.f dp(t).śn ... jrj.n.f jḫt jm.śn n jmjw-ḫt.f, Eilends machte er sich an ihre Verfolgung.[6] Er brachte 142 Feinde herbei, er zerfleischte sie mit seinen Krallen, und er riß ihre Nieren heraus ... . Er bereitete aus ihnen eine Mahlzeit für seine Gefolgsleute ... .[7]

---

[1] Edfou I, 31, 6.

[2] Für *mꜣꜥ*: Edfou V, 58, 1; 254, 6; VII, 135, 7. Für *ḥnk*: V, 50, 6; 80, 14; 158, 11; 280, 11; VI, 310, 9; VII, 122, 10; 166, 17.

[3] Edfou V, 193, 15.

[4] Edfou VII, 145, 10 f. – Die beschädigte Stelle VI, 158, 12 (*mꜣꜥ.j*), wurde nicht berücksichtigt.

[5] Das *śḏm.n.f* kann – auch ohne einleitendes *jw* und ohne daß die Betonung des Adverbs oder eines abverbiellen Nebensatzes vorliegt – einen selbständigen Satz einleiten; cf. in diesem Sinne auch Engsheden, Reconstitution du verbe, 108. In beiden Textkorpora wird also das System Polotsky (bis Junge, Syntax) für das „égyptien de tradition“ nicht bestätigt. – Zum Satzbaumuster *jw śḏm.n.f* siehe unten, § 238 D.

[6] Zur Konstruktion siehe oben, § 207.

[7] Edfou VI, 127, 11 f.; zum Kontext siehe Kurth, Treffpunkt der Götter, 212. – Weitere Beispiele: Edfou VI, 9, 3 - 5; 56, 10 f.; 86, 12; 116, 8 f.; 117, 2.

D Selten nur ist es angemessen, das *śḏm.n.f* mit dem <u>Plusquamperfekt</u> (Vorvergangenheit)[1] zu übertragen:

- (Bei der Übergabe des Triumphkranzes sagt der König): , *mꜣḥ r tp.k ṯsj.n.f ḥꜣt.k jtj.n.k tꜣwj m mꜣꜥ-ḫrw*, „Der Kranz an dein Haupt; denn er erhob sich an deiner Stirn, nachdem du die Beiden Länder in Triumph erobert hattest.“[2]
- (Innerhalb des narrativen Teils des Horusmythus wird Re aufgefordert, das Schlachtfeld zu betrachten):  ..., *šm pw jrj.n ḥm n Rꜥ ⌜ꜥštrt⌝ ḥnꜥ.f mꜣꜣ.n.f ḫftjw ḫr ḥr tꜣ tp.śn m śḳr ḏd.jn Rꜥ n Ḥr Bḥdtj* ..., Da ging die Majestät des Re (dorthin), und die Göttin ⌜Astarte⌝ war bei ihm. Nachdem er gesehen hatte, daß die Feinde zu Boden gefallen und ihre Köpfe zerschmettert waren, sagte Re zu Horus Behedeti: ... [3]

Man beachte zum einen die chiastische Verschränkung der beiden Satzgefüge, die jeweils aus einem Haupt- und einem Nebensatz bestehen, und zum anderen, daß beim letzteren der beiden das Personalpronomen als Subjekt vorangeht, während das nominale Subjekt folgt. Beides spricht dafür,[4] den mit *mꜣꜣ.n.f* beginnenden Satz als vorangestellten temporalen Nebensatz aufzufassen, und mit dem Plusquamperfekt zu übersetzen.

E Vereinzelt ist ein *śḏm.n.f* – auf der Grundlage des perfektivischen Aspekts – am ehesten als <u>Futurum Exactum</u>[5] zu erklären, auch wenn wir es dann meistens mit einfachem Futur ins Deutsche übertragen:

---

[1] Für die klassische Sprache siehe Gardiner, EG, § 67; 414, 2; Hannig, Pseudopartizip, 296.

[2] Edfou VIII, 56, 3 f. Der Kranz entstand nach dem Sieg des Gottes an dessen Stirn; cf. dazu Edfou V, 93, 17 (*jnj.j n.k wꜣḥ prj m tp nṯr*). Allerdings könnte man, als meines Erachtens schlechtere Alternative, den Nebensatz als Kausalsatz auffassen, weil der Sieg sowohl vorausgeht als auch die Ursache der Kranzbildung ist. – Ein weiteres Beispiel: Edfou VI, 154, 1: *ḫpr.n.f m (ś)ṯsw-św ṯsj.n.f ś(w)*, Er (Schu) wurde zum Luftraum, nachdem er sich erhoben hatte; in diesem Falle ist eine kausale Logik des Nebensatzes unwahrscheinlich.

[3] Edfou VI, 112, 3 f.

[4] Theoretisch ist vielleicht folgende Alternative möglich: Da ging die Majestät des Re (dorthin), indem die Göttin ⌜Astarte⌝ bei ihm war, und er sah, daß die Feinde zu Boden gefallen und ihre Köpfe zerschmettert waren. Da sagte Re zu Horus Behedeti: ... Dagegen spricht aber, daß dadurch die chiastische Struktur des Textes verlorenginge; zum Chiasmus und generell zu den Stilfiguren als Mittel der Textgliederung siehe Kurth, in: Edfu Begleitheft 4, 1994, 84 ff. und speziell 85 f.; in der vorliegenden Grammatik oben, § 268.

[5] Für die klassische Sprache siehe Hannig, Pseudopartizip, 296 f.

- (Osiris erhält als Opfergabe die belebende Wasserspende aus vier Gefäßen und sagt zum König): , *(r)dj.j n.k ꜥnḫ smꜣ m śnb jw.n.k m rnp tp tr n rnpt,* „Ich gebe dir Leben verbunden mit Gesundheit, indem du nach (jeder) Jahresfrist verjüngt wiederkommen wirst.“[1]

In Würdigung des *śḏm.n.f* müßte man wörtlich übersetzen: „..., daß du wiedergekommen sein wirst nach (jeder) Jahresfrist.“[2]

1.2 Verbalsatz

1.2.4 Partikel und Verbalsatz

§ 237

Partikeln findet man vor dem Verbalsatz nur relativ selten. Einige Beispiele:

jḫ

Diese Partikel[3] erscheint vor dem *śḏm.f* und leitet wie in der klassischen Sprache[4] eine Aussage ein, die als Konsequenz des vorangehenden Textinhalts eintreten wird oder soll:

---

[1] Deir al-Médîna, Nr. 19, 7 f.

[2] Weitere Beispiele:
- Edfou VII, 25, 10 f.: *Ḥt-jśbt pw nt nb mn-bjt jrj.n.f nḥḥ jm.ś ḥr nśt.f,* (Der Tempel von Edfu) ist das Haus-des-Thrones des Herrn des Thronsessels, worin dieser die Ewigkeit auf seinem Königsthron verbringen wird. Bei Berücksichtigung des perfektivischen Aspekts wäre zu übersetzen: ..., worin dieser die Ewigkeit auf seinem Königsthron verbracht haben wird; zur Vorstellung einer endlichen Ewigkeit cf. den Ausdruck *r km ḏt/nḥḥ*, bis zur Vollendung der Unendlichkeit/Ewigkeit (Wb V, 130, 2). Andererseits könnte man mit Blick auf die Entstehung des Tempels in der Urzeit mit dem Perfekt übersetzen (ITE I/2, 45), was, so sehe ich es heute, die schlechtere Alternative ist, weil die Ewikeit ja nicht endete, als der Text eingraviert wurde.
- Edfou V, 32, 7: (Die Landung der Schiffe steht bevor, ist aber nach Ausweis der vorangehenden Reden der Matrosen noch nicht erfolgt): *Ḥr Bḥdtj wḏꜣ.n.f,* Horus Behedeti bleibt unversehrt. Wörtlich könnte man übersetzen: a) Horus Behedeti ist unversehrt geblieben (die Landung wird wegen der Ufernähe als vollzogen angesehen); b) Horus Behedeti wird unversehrt geblieben sein (die Landung steht ja noch bevor). Letzteres ist, auf der Grundlage unseres Tempus-Systems, wegen der Rufe der Matrosen wahrscheinlicher, da diese eine gute Landung herbeiwünschen. An diesem Beispiel wird der zeitlich indifferente Aspekt-Charakter des *śḏm.n.f* besonders deutlich, weil dieses nur den Vollzug der Landung ausdrückt, wann auch immer er geschieht.
- Edfou V, 66, 1 - 4: Sokar-Osiris wird zum Opfer gerufen. Dabei wird unter anderem angegeben, in welcher Weise der Gott aus Himmel, Erde und Nekropole/Unterwelt zum Opfer kommt (*jw.n.k*, das heißt genauer mit den Ausdrucksmitteln des Deutschen „gekommen sein wird“). Das Beispiel wird auch unten, § 259 zitiert.
- Siehe auch unten, § 257 b und oben § 159, s.v „*n* und *nn*“.

[3] Zur Partikel *jḫ*, die einen Kausalsatz einleitet, siehe oben, § 159, sub voce „*jḫ*“ B a; Edfou VI, 323, 10.

[4] Gardiner, EG, § 40, 3.

- (Die Göttin soll dem Lebenden-Falken Respekt verschaffen) , *jḫ jrj n.ṯ p(ꜣ) ꜥḫm-ꜥnḫ hj*, „Dann wird dir der Lebende-Falke zujubeln.“[1]

jś, *jśk* und *śk*

Diese Partikel(n) verknüpfen explizit eine folgende Aussage mit der vorangehenden:[2]

- 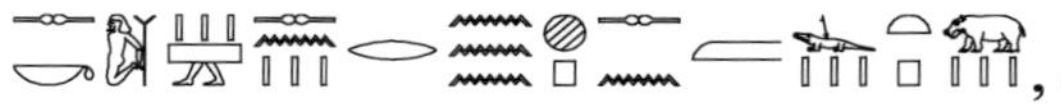, *śk śbjw śm.śn r mw ḫpr.śn m msḥw dbw*, Nun aber gingen die Feinde ins Wasser und verwandelten sich in Krokodile und Nilpferde.[3]

m

Diese Partikel[4], die mir nur vor dem *śḏm.n.f* begegnet ist,[5] lenkt den Sinn des Hörers auf etwas Bedeutsames; fallweise begründet sie einen vorangehenden Inhalt des Textes. Im Deutschen kann man fast immer mit dem Perfekt übersetzen:

- (Re weist Thot auf etwas hin): 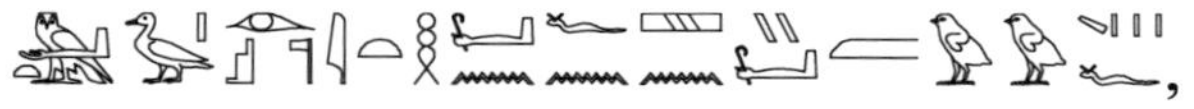, *m Sꜣ-Wśjr jtḥ.n.f nśnj m w.f*, „Siehe, es hat der Sohn-des-Osiris den Tobsüchtigen (Seth) durch dessen Bezirk geschleift;“[6]
- (Die Priester werden zu richtigem Verhalten im Tempel ermahnt. Am Ende heißt es dann): 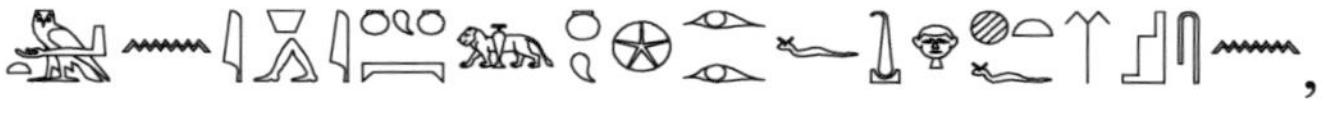, *m nꜥj.n.f n pt pḫr.n.f dꜣt jrtj.f mn ḥr jḫt.f m śt.śn*, Und seht: Ob er am Himmel dahingefahren ist oder ob er die Unterwelt durchzogen hat, seine Augen waren stets auf seinen Besitz gerichtet, dort, wo er sich befindet.[7]

mk

Die Partikel *mk*, für die ich nur Beispiele vor dem *śḏm.n.f* kenne,[8] erfüllt in etwa dieselbe Funktion wie die Partikel *m* und ist ebenfalls mit dem deutschen Perfekt zu übersetzen:

---

[1] Edfou VI, 303, 11; weitere Beispiele: oben, § 159, sub voce „*jḫ*“ B.

[2] Zu *jś* vor *śḏm.n.f* in einem Temporalsatz siehe unten, § 260 A.

[3] Edfou VI, 112, 8; zu beachten ist, daß *śm.śn* für *śm.n.śn* steht (siehe oben, § 150 e). – Zur Verbindung der vorliegenden mit anderen Partikeln siehe oben, § 159, sub voce.

[4] Zu Formen und Schreibungen siehe oben, § 159, sub voce; dort wird das erste der folgenden Beispiele bereits zitiert. Wegen des Vergleichs mit anderen Sprachstufen siehe nachfolgend unter *mk*.

[5] Das gilt auch für die Stelle Edfou VI, 118, 6 f., wo oben, nach § 150 e *dmj.(n).śn* zu verstehen ist.

[6] Edfou VI, 120, 7 f. – Wenn ich richtig verstehe, wird in einem Satz dieser Art zweierlei als bedeutsam herausgestellt, nämlich zum einen das vorangestellte Subjekt als Blickfang, zum anderen die Aussage des ganzen Satzes durch die Partikel.

[7] Edfou III, 361, 4 f. – Hinter der Verwendung des *śḏm.n.f* steht folgende Sichtweise: Der Gott hat den Himmel durchfahren und seinen Besitz im Auge behalten, so daß er jetzt weiß, wie die Priester sich verhalten haben (cf. oben, § 236 B); die Strafe für etwaiges Fehlverhalten wird folgen (cf. Edfou III, 361, 10).

[8] Es besteht demnach ein deutlicher Unterschied zur klassischen Sprache und zum Spätmittelägyptischen; siehe Jansen-Winkeln, Spätmitteläg. Gramm., § 661.

(Über die Feinde des Horus sagt Re zu Thot): 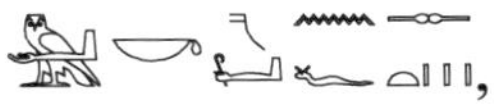, *mk ḥwj.n.f śt*, „Siehe, er hat sie geschlagen.“[1]

ḫr

Für diese Partikel, die nicht mit der Präposition *ḫr* verwechselt werden darf,[2] kenne ich nur ein Beispiel:

- (Die Vorsteher zweier Städte werden das Anpflocken der Prozessionsbarken besorgen) , *ḫr wdj.śn p3 k3 ntj ḥr m3ʿ*, und ferner werden sie den Stier geben, der geopfert wird.[3]

k3

Mit dieser Partikel wird eine zukünftige oder beabsichtigte Handlung eingeführt:[4]

- 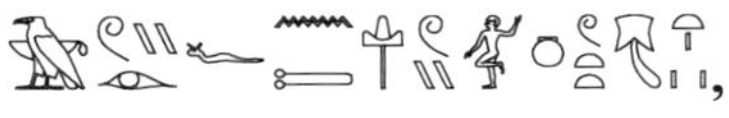, *k3 jrj.f n.ṯ jb3 n <ḫṯtwt>,* "Und er (der König) wird für dich (Hathor) den Tanz der <Äffinnen> aufführen.“[5]

1.2 Verbalsatz

1.2.5 Hilfsverb und Verbalsatz

§ 238

Nachfolgend behandelt werden[6]

- *jw śḏm.f Aktiv und Passiv* (A)
- *jw.f śḏm.f* (B)
- *jw śḏm.tw.f* (C)
- *jw śḏm.n.f* (D)
- *jw.f śḏm.n.f* (E)
- *ʿḥʿ.n śḏm.f* (F)
- *ʿḥʿ.n śḏm.n.f* (G)

---

[1] Edfou VI, 117, 2; ähnlich: VI, 73, 5 (vielleicht kausal mit dem Vorangehenden verbunden).
[2] Cf. Gardiner, EG, § 239; Junge, Neuäg. Gramm., 92.
[3] Edfou V, 127, 4 f. Die vorangehende Aussage ist eventuell begründend (siehe unten, § 258 B).
[4] Gardiner, EG, § 242.
[5] Dendara XIII, 48, 14 f.; zur Erklärung des antiken Fehlers siehe unten, Nachtrag zu EP 1, 419, n. 1.
[6] Zu *rdj* als Hilfsverb siehe oben § 154, sub voce.

- *ꜥḥꜥ.n.f śḏm.(n).f* (H)
- *ꜥḥꜥ.n śḏm.f-Passiv* (I)
- *wnn.f śḏm.f* (J)
- *wnn.jn.f śḏm.n.f* (K)

A Die Form *jw śḏm.f Aktiv und Passiv* begegnet als selbständiger Satz recht selten.[1] Sie bekräftigt die Aussage oder stellt sie als Tatsache dar:

Aktiv:

- (Der Steuermann reagiert auf die Anweisungen eines Matrosen): 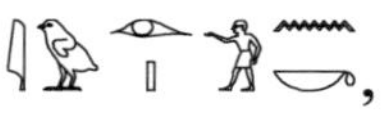, *jw jrj.j njś(t).n.k*, „Gewiß führe ich aus, was du gerufen hast;"[2]
- (Über Isis gesagt): , *jw ꜣ śḳd.ś ḥnꜥ sꜣ.ś m nḫn r jmn.f ḥꜣ Śtš ẖsj*, Sie wandert aber mit ihrem Sohn, der noch ein Kind ist, umher, um ihn vor dem elenden Seth zu verbergen.[3]

Passiv:

- (Über den Vollzug bestimmter Riten): 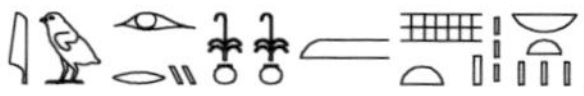, *jw jrj nn m śpwt nbwt*, Es wird dieses in allen Gauen ausgeführt.[4]

B Die im Ptolemäischen relativ seltene[5] Form *jw.f śḏm.f (Aktiv und Passiv)* stellt heraus, daß etwas gewiß geschieht oder geschehen wird:

Aktiv:

- („Was den anbelangt, der es (das Buch) ... liest), 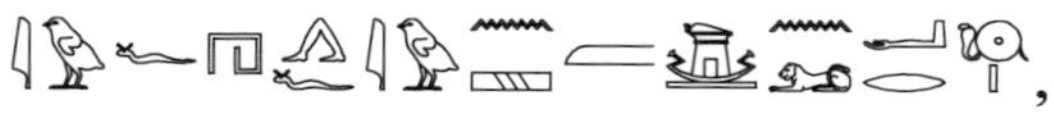, *jw.f hꜣj.f r nšmt n(t) <Rꜥ>*, er wird gewiß in die Neschmet-Barke des <Re> einsteigen."[6]

Passiv:

- (Beschwörend gegen Seth gesagt): 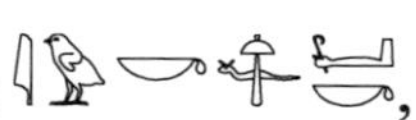, *jw.k ḫśf.k*, „Du wirst gewiß bestraft."[7]

[1] Diese Aussage bezieht sich nur auf die Texte der Tempel von Edfu und Dendera; zu letzteren siehe Junker, GdD, § 146.

[2] Edfou V, 32, 7. Der Satz steht initial und ist auch deshalb zwingend selbständig, weil der folgende Satz ebenfalls selbständig ist (Subjekt im *śḏm.n.f* vorangestellt; es beginnt eine neue Zeile).

[3] Edfou VI, 21, 3 f.

[4] Dendara X, 28, 6. Ein weiteres Beispiel: Edfou VI, 127, 14 f.

[5] Cf. dagegen für die klassische Sprache Gardiner, EG, § 463 („common verb-form").

[6] Dendara X, 299, 9.

[7] Dendara X, 297, 10.

Mit eingeschobener Partikel *ꜣ* oder *gr* und nominalem Subjekt wird die Aussage – wie bei *jw śḏm.f* (A) – bekräftigt und als Tatsache dargestellt:[1]

- (Re sagt zu Horus): , *jw ꜣ nn śbjw ḫntj.śn r jꜣbtt*, „Es segeln aber nun diese Feinde nach Osten."[2]

C Die in bestimmten Kontexten nicht seltene Form *jw śḏm.tw.f* stellt einen Sachverhalt als gegebene und unabänderliche Tatsache dar:[3]

- (Thot begründet einen Beinamen): , *jw ḏd.tw Ḥr Bḥdtj nṯr ʿꜣ ḥwj śbjw ḫnt Ḥbnw ḥr.ś r mn hrw pn*, „So sagt man deswegen ‚Horus Behedeti, der große Gott, der die Feinde in Hebenu schlägt' bis auf den heutigen Tag;"[4]

- (Ein Kultbrauch wird aufgezeigt): 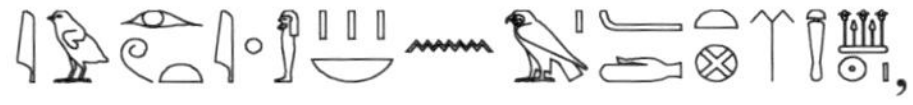, *jw jrj.tw jrw nbw n Ḥr Bḥdtj m tpj ꜣḫt*, Alle Riten werden für Horus Behedeti vollzogen im 1. Monat der Achet-Jahreszeit.[5]

D Die Form *jw śḏm.n.f* begegnet in narrativen Texten nicht selten[6] als selbständiger Satz; sie stellt den Verbalinhalt – mit etwas Nachdruck - als vollzogen dar:

- (Innerhalb des Horusmythus ergreift Isis das Wort): 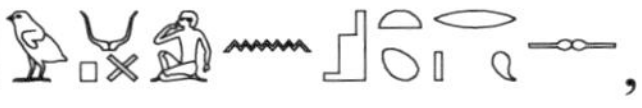, *jw wpj.n ꜣśt* <*rꜣ*>**.ś*, Da öffnete Isis ihren <Mund>*;[7]

- (Beim Opfer der Spiegel wird gesagt): 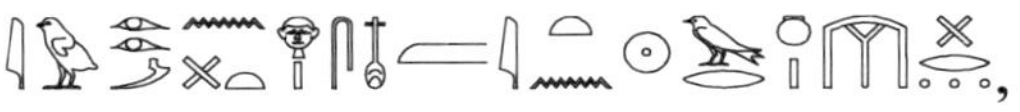, *jw mꜣꜣ.n wrt ḥr.ś nfr m jtn wr n ʿrḳwr*, „Es hat die Große (Hathor) ihr schönes Gesicht in der großen Scheibe aus Silber gesehen."[8]

---

[1] Abgesehen von der Partikel ist der Unterschied zu *jw śḏm.f* ja nur der, daß das nominale Subjekt als Blickfang vorangestellt und dann von dem entsprechenden Pronomen wieder aufgegriffen wird (siehe unten, § 269 A).

[2] Edfou VI, 127, 7. Weitere Beispiele, mit deutschem Präteritum zu übersetzen: VI, 121, 7 und 13: *jw ꜣ/gr nn/nw jrj ḫpr.śn* ..., All dies geschah aber, ... – Eventuell gehört hierhin auch der Fall Edfou VIII, 136, 3 f. (ITE I/1, 246 mit n. 10 und einer aus meiner heutigen Sicht wohl schlechteren Alternative).

[3] Zahlreiche Beispiele gibt es in den Ätiologien des großen Horusmythus von Edfu, zum Beispiel Edfou VI, 115, 8 f.; 117, 3 f.; 118, 8 f.; 120, 3 f.; 121, 8 f.; 123, 7. Da man aber im gleichen Kontext *śḏm.tw.f* findet (beispielsweise VI, 115, 8; 118, 8; 119, 7; 120, 5 f.; 122, 2; 123, 10; 128, 5 f.), dürfte der Unterschied zwischen *śḏm.tw.f* und *jw śḏm.tw.f* nicht groß sein; ersteres wäre nur nicht formal gekennzeichnet (inexplizit); damit vergleichbar ist unter anderem die Koexistenz asyndetisch und syndetisch angeschlossener Nebensätze.

[4] Edfou VI, 117, 2 f.

[5] Edfou VI, 123, 1 f. Cf. VI, 126, 4 f. (eine entsprechende Aussage ohne *jw*). Ähnlich: Dendara X, 31, 1 f. (*jw jrj.tw nn r ꜣw.śn m śpwt nṯrw*, Es wird aber all dies in den Gauen der Götter ausgeführt).

[6] So auch in der klassischen Sprache, siehe Gardiner, EG, § 464.

[7] Edfou VI, 84, 15; der Satz steht initial und ist Hauptsatz in einem Satzgefüge. – Weitere Beispiele: VI, 61, 7 ff. (mehrere Fälle); 73, 6 f.; 215, 7 f.

[8] Edfou IV, 238, 2 f.; zum weiteren Text siehe Husson, Miroir, 77 f. – Hier handelt es sich nicht um einen narrativen Text, aber der Blick der Göttin in den Spiegel ist die Voraussetzung für die folgenden Aussagen über den Glanz ihres Gesichtes und die Süße ihrer Lippen.

E Die Form *jw.f śḏm.n.f* fand ich nur selten und ausschließlich mit voranstehendem nominalen Subjekt; zur Übersetzung ins Deutsche eignet sich das Perfekt. Was mitgeteilt wird, ist eine unbestreitbare Tatsache:

- (In einer Episode des großen Horusmythus von Edfu war Seth als Schlange in der Erde verschwunden: Daraufhin stellte Re fest): , *jw B jrj.n.f ḫprw.f m ḥf3w*, „Es hat sich der Be (Seth) in eine Schlange verwandelt."[1]

Obwohl ich weder für die klassische Sprache noch für die Sprache des Neuen Reiches und der Folgezeit weitere Beispiele anführen kann, sollte man diese Konstruktion der Edfutexte nicht als eine künstliche ptolemäische Analogiebildung abtun; denn sie ist im Altägyptischen belegt.[2]

F Die Form *ʿḥʿ.n śḏm.f* ist selten zu belegen, wie bereits in der klassischen Sprache. Sie steht am Anfang eines neuen Abschnitts und kann mit dem deutschen Präteritum übersetzt werden:

- 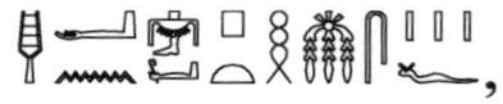, *ʿḥʿ.n nbj Ptḥ mśw.f*, Dann erschuf Ptah seine Kinder.[3]

G Die Form *ʿḥʿ.n śḏm.n.f* wird, wie in der klassischen Sprache,[4] in narrativen Texten oft benutzt. Sie leitet einen neuen Abschnitt oder einen neuen Gedanken ein und kann meist mit dem Präteritum übersetzt werden:

- (Horus hatte lange nach seinen Feinden gesucht.) 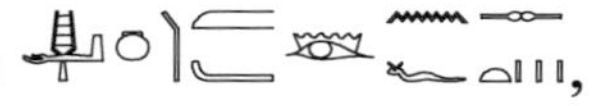, *ʿḥʿ.n gmḥ.n.f śt*, Da fand er sie;[5]
- (Bei der Schilderung der Kämpfe zwischen Horus und Seth heißt es an einer Stelle von Horus): , *ʿḥʿ.n ḫ3ʿ.n.f bj3.f r.f m Ḏb3*, Dann warf er sein Erz (die Harpune) auf ihn in Edfu.[6]

---

[1] Edfou VI, 121, 10. Ein weiteres Beispiel: VI, 88, 11 f.

[2] Edel, Altäg. Gramm., § 890.

[3] Ermant I, Nr. 38 (p. 60); ähnlich: Esna III, Nr. 196, 4. – An der Stelle Edfou VI, 127, 9, ist höchstwahrscheinlich *ʿḥʿ.n wdj.(n).śn* zu verstehen; cf. das folgende *ʿḥʿ.n gmḥ.n.f* und oben, § 150 e.

[4] Gardiner, EG, § 478.

[5] Edfou VI, 116, 4.

[6] Edfou VI, 217, 1 f. Weitere Beispiele: V, 356, 5; Kôm Ombo (Gutbub) I, Nr. 292, 18 (an den beiden zuletzt genannten Stellen handelt es sich wohl um die neuägyptische Verwendung der *ʿḥʿ.n*-Konstruktion, die in dieser Zeit zumeist – als selbständiger Satz – die Reaktion auf eine unmittelbar vorhergehende Aussage oder ein aus ihr resultierendes Ergebnis ausdrückt; siehe Green, in: Fs. Fairman, 114; cf. auch Junge, Neuäg. Gramm., 295); Edfou VI, 114, 7 (ergänzt); 115, 5; 118, 5; 119, 1; 122, 6; 216, 6; Esna III, Nr. 206, 2; 206, 3; 206, 4 (§ 8; auch in § 9 anzusetzen, und zwar wegen des Suffixpronomens der 3. Pluralis – siehe dazu oben, § 150 e der vorliegenden Grammatik); 206, 13 (§ 18; *ʿḥʿ.n jrj.n.ś*); 206, 13 (§ 19). – Vor nominalem Subjekt begegnet in Esna 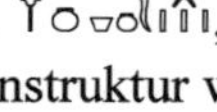, *ʿḥʿ.n ḏd.jn nṯrw*; dies könnte man als Hinweis auf eine bei nominalem Subjekt andere Silbenstruktur werten. – Auch an der Stelle Edfou VI, 216, 2, ist die Form *ʿḥʿ.n śḏm.n.f* zu ergänzen (*ʿḥ*[*.n*] *jrj.n Śtš*); die von Chassinat (auf der Basis von Navilles Abschrift) vorgenommene Ergänzung ist, nach ... > S. 919

H Nur selten[1] begegnet die Form *ꜥḥꜥ.n.f śḏm.(n).f*. Sie erscheint in einem narrativen Text und verlangt die Übersetzung im Präteritum:

- , *ꜥḥꜥ.n nf śbjw rhn.(n).śn ḫr-ḥꜣt.f*, Die Feinde aber flohen nun vor ihm.[2]

Die Voranstellung des Subjekts als Blickfang ist sinnvoll, weil zuvor von anderem die Rede ist.[3] Beim Suffixpronomen der 3. Pluralis fällt das *n* des *śḏm.n.f* zumeist aus;[4] deshalb darf man ein *śḏm.n.f* ansetzen, und das wird von den entsprechenden Formen des Kontextes bestätigt.

I Das *ꜥḥꜥ.n śḏm.f-Passiv* ist das passive Gegenstück zum *ꜥḥꜥ.n śḏm.n.f*:

- (Ein weiterer Abschnitt des Horusmythus wird eingeleitet): , *ꜥḥꜥ.n ḫntj ḥr spj(t) jrj nt śbjw*, Dann segelte man gegen den ganzen Rest der Feinde;[5]
- (Als Reaktion auf eine schlechte Nachricht): , *ꜥḥꜥ.n ꜥś śgb ꜥꜣ m-ḏr ꜣśt ḥnꜥ sꜣ.ś Ḥr*, Darauf wurde von Isis und ihrem Sohn Horus ein lauter Schrei ausgestoßen.[6]

J Die Form *wn.f śḏm.f* findet man selten bereits im Mittelägyptischen, „narrating a past continuous action".[7] Für *wnn.f śḏm.f*, offenbar eine analoge Bildung zum Ausdruck des zyklischen Präsens,[8] kenne ich nur Belege aus dem Ptolemäischen:

- , *wnn Rꜥ (r)dj.f ś(w) m ḥrt m jtn wr tp bkꜣ ꜥnḫ ḥr-nb n mꜣꜣ.f ḥꜣj śtw(t).f ndb(wt)*, Immerdar begibt sich Re des Morgens an den Himmel, und jedes Gesicht lebt auf bei seinem Anblick, weil sein Licht die ganze Welt bestrahlt.[9]

... < S. 918 Vergleich mit den anderen Schreibungen am Orte, eindeutig falsch.

[1] Cf. Gardiner, EG, § 479 („very uncommon").

[2] Edfou VI, 114, 5; 115, 3; 115, 9 f.

[3] Das gilt für alle zitierten Stellen.

[4] Siehe oben, § 150 e.

[5] Edfou VI, 128, 3.

[6] Edfou VI, 216, 6 f.

[7] Gardiner, EG, § 474, 2. - Das Beispiel für *wn śḏm.f* bei Junker, GdD, § 147 – und damit der ganze Paragraph – ist nach Dendara VIII, 131, 11 f., zu tilgen.

[8] Siehe oben, § 234, B b.

[9] Tôd II, Nr. 187 B. Wörtlich vielleicht: Re existiert, indem er sich ... – Ähnlich: Tôd II, Nr. 187, A.

K Für die Form *wnn.jn.f śḏm.n.f* ist mir nur ein einziger Beleg bekannt. Er stammt aus dem großen Horusmythus von Edfu, einem narrativen Text, der die Übersetzung mit dem Präteritum verlangt:

- , *wnn jn Ḥr-s3-3śt ḥśḳ.n.f tp n śbj.f*, Es schnitt nun Harsiese den Kopf seines Feindes ab.[1]

Die Voranstellung des Subjekts als Blickfang ist auch hier sinnvoll, weil der unmittelbar vorangehende Text über andere Ereignisse berichtet. Anstelle von *wnn* (kollationiert) würde man *wn* erwarten, aber auch dann hätte die Konstruktion keinen Vorläufer.[2]

1.2 Verbalsatz[3]

1.2.6 Zweites Tempus

§ 239

Die durch Polotsky eingeleitete und von seinen Schülern und Anhängern teils mit missionarischem Eifer weiterentwickelte Umstrukturierung der Syntax auch der klassischen Sprache ist schon seit langem in manchen Punkten umstritten,[4] und sie ist auch in jüngerer Zeit angezweifelt worden.[5] Dabei ist zu beachten, daß die Zweifel das Alt- und Mittelägyptische betreffen, während das System der Zweiten Tempora für das Neuägyptische, Demotische und Koptische als allgemein anerkannt gelten darf.[6]

Nun haben Jansen-Winkeln und Engsheden zwei große Textkorpora des 1. Jahrtausends v. Chr., die dem Ptolemäischen zeitlich vorangehen, grammatikalisch umfassend und sehr gründlich untersucht.[7] Da sich keine eindeutigen morphologischen Hinweise auf Zweite Tempora finden ließen, haben beide auf deren Aufnahme in ihr Verbalsystem verzichtet,[8]

---

[1] Edfou VI, 120, 6.

[2] Cf. Gardiner, EG, § 473 und 475; Edel, Altäg. Gramm., § 898 und 974. – Zu *wnn* und *wn* cf. auch oben, 220 D.

[3] Eine gute und knappe Zusammenfassung der Entwicklungsstadien und der Hauptströmungen im Bereich der Erforschung der (mittel)ägyptischen Grammatik und speziell ihres Verbalsystems bis etwa zum Jahr 2000 liefert Allen, Middle Egyptian, 404 - 410.

[4] Cf. beispielsweise Westendorf, in: Fs. Polotsky, 546 ff.

[5] Hannig, Pseudopartizip, 156; Jansen-Winkeln, Spätmitteläg. Gramm., § 447 - 450.

[6] Cf. zum Beispiel Junge, Neuäg. Gramm., 136 f.

[7] Jansen-Winkeln, Spätmitteläg. Gramm.; Engsheden, Reconstitution du verbe.

[8] Jansen-Winkeln, Spätmitteläg. Gramm., § 455; Engsheden, Reconstitution du verbe, 94 f.

nicht ohne anzumerken, daß eventuell die Funktion der Zweiten Tempora unter den indifferenten Schreibungen verborgen sein könnte.

Auch im Ptolemäischen sind mir keine Verbalformen begegnet, die, morphologisch gekennzeichnet, für ein Zweites Tempus in Anspruch genommen werden könnten, ebensowenig wie Textpassagen, deren inhaltliche Analyse eine über das Normale hinausgehende Betonung des Adverbs oder eines Adverbialsatzes verlangt hätten.

Damit stellt sich aber doch die Frage, ob nicht vielleicht das Fehlen des Zweiten Tempus in diesen am klassischen Mittelägyptischen orientierten Texten, die man zutreffend das „égyptien de tradition" nennt, einen Hinweis darauf gibt, daß auch im Mittelägyptischen das Zweite Tempus nicht existierte;[1] ohnehin liegt ja die markanteste Schnittstelle in der Entwicklung des Ägyptischen als lebende Sprache zwischen dem Mittel- und dem Neuägyptischen.[2]

1.3 Fragesatz

§ 240

Direkte Fragesätze[3] lassen sich einteilen in Entscheidungsfragen, die als Antwort eine Bestätigung oder Ablehnung verlangen (a), Ergänzungsfragen, die eine spezifische Antwort verlangen (b), und Rhetorische Fragen, die keine Antwort verlangen (c).

a) Theoretisch könnten Entscheidungsfragen ohne äußere Kennzeichnung gebildet worden sein, alleine mit Hilfe der Betonung. Werden sie gekennzeichnet, benutzt man *jn jw*.[4]

b) Bei Ergänzungsfragen verwendet man die Partikeln *jḫ*[5], *nm*[6], *m*[7] und *ṯnj*[8].

---

[1] Die geminierenden (emphatischen) Formen gehörten dann nicht in den Bereich der Grammatik, sondern des Lexikons; dieser Ansatz ist nicht neu, siehe die Zitate bei Junge, Syntax, 102 f.

[2] Im Bewußtsein einer hohen Leistungsfähigkeit der heutigen Philologie und Linguistik könnte vielleicht jemand argumentieren, daß die Verfasser der Texte des „égyptien de tradition" vom klassischen Mittelägyptischen kein richtiges Verständnis besessen und deshalb das Zweite Tempus nicht mehr gekannt hätten. Dem läßt sich aber entgegenhalten, daß die Verfasser mit den älteren Texten ihrer Muttersprache ständigen Umgang pflegten.

[3] Für indirekte Fragen fand ich kein sicheres Beispiel. Cf. auch Gardiner, EG, § 504.

[4] Siehe oben, § 159, sub voce *jn*, Abschnitt c.

[5] Siehe § 159, sub voce *jḫ*, Abschnitt A.

[6] Siehe § 159, sub voce *m*, Abschnitt A b.

[7] Siehe § 159, sub voce *m*, Abschnitt A a.

[8] Siehe § 159, sub voce *ṯnj*. .

c) Vor Rhetorischen Fragen findet man die Partikeln *ptr*[1], *nm*[2] und *sj*[3].

1.4 Negierter Satz

§ 241

Negierte Sätze werden teils unter den Hilfsverben[4] und Partikeln[5], teils unter den betreffenden Satzbaumustern[6] behandelt.

Gelegentlich begegnet auch eine Doppelte Verneinung, die im Ägyptischen[7] eine betonte Bejahung ausdrückt:

- (Schutzgötter) , *bwt k3.śn ẖm tm ꜥꜥw*, deren Ka Abscheu das Fehlen der Wachsamkeit ist;[8]
- (Der König, der die baulichen Ausmaße des Tempels exakt festlegt, ist) , *ḥmww n rḫ n ẖm(t).n jb.f*, der Gelehrte, dessen Herz nichts unbekannt ist.[9]

---

[1] Siehe § 159, sub voce *ptr*.

[2] Edfou VI, 13, 1 (*(j)nm ḏd.f ꜥḥ3.f m h3w.ś*, Wer wird sagen, daß er in seiner Nähe kämpfen wolle?).

[3] Siehe § 159, sub voce *sj*.

[4] § 154, sub voce *jmj* und *tm*.

[5] § 159, sub voce *n*(*n*).

[6] § 156 B (Vetitiv); § 209 (Nom. NS); § 219 (Adv. NS); § 226 (Adj. NS); § 235, Ab (*śḏm.f*-Passiv); § 235 B (*śḏm.tw.f*).

[7] Siehe Gardiner, EG, § 346, 3; Satzinger, Neg. Konstr., 50 (§ 79); Erman, NG, § 796; Spiegelberg. Dem. Gramm., § 481. – Das Ägyptische behandelt also die Doppelte Verneinung logisch; im Unterschied dazu wertet zum Beispiel das Altgriechische die Doppelte Verneinung teilweise als verstärkte Negation (siehe Rolf Mehrlein, Friedrich Richter, Wilhelm Seelbach, Ars Graeca, Paderborn 1967, 215).

[8] Dendara VIII, 34, 2 f.; das Beispiel wurde bereits oben, in § 154 zitiert und näher erläutert.

[9] Edfou VII, 44, 13 (ITE I/2, 76, n. 3). Man könnte auch paraphrasieren: ..., der wirklich alles weiß. – Beispiele etwas anderer Art: Dendara VI, 112, 14: *n ḫpr sḫm jwtj śḫm.f m-ḫnt.f*, es gibt kein Heiligtum, in dem nicht sein (des Horus) Bild ist (sein Bild ist in jedem Heiligtum); Dendara X, 377, 1: *n wḏ mdw jwtt ḏd.ś*, es gibt keinen Befehl, den sie (Isis) nicht gesagt hätte (damit wird ausgedrückt, daß alle Befehlsgewalt bei Isis liegt); XII, 96, 4 (*n jrj.tw śḫrw m ẖm.ś*).

2 Satzverbindung (allgemein)[1]

§ 242

Die beiden Hauptkategorien der Satzverbindung sind Parataxe und Hypotaxe. Parataxe (Nebenordnung) bezeichnet die Verbindung zweier oder mehrerer Sätze, von denen ein jeder als selbständiger Satz auftreten kann, die aber in manchem Textzusammenhang aufgrund bestimmter Kriterien als koordiniert gelten können.[2] Dabei werte ich als Kriterien für die Bestimmung solcher Satzreihen vor allem das Auftreten der betreffenden Sätze innerhalb der äußerlich-formal eingegrenzten Stilfiguren des Chiasmus, des Parallelismus Membrorum und des Schweren Schlusses;[3] in diesem Bereich überschneiden sich Stilistik und Syntax.[4] Andere, zunächst brauchbar erscheinende Kriterien, wie zum Beispiel gleicher Satzbau, gleiche Satzteile oder ein besonders enger sachlich-logischer Zusammenhang der fraglichen Sätze, sind problematisch, da sie zumeist keine sichere Abgrenzung gegen eine stilistisch gewollte Aneinanderreihung gleich strukturierter Sätze erlauben, die selbständig stehen sollen, um eine Folge pointierter Aussagen zu liefern.[5]

Hypotaxe (Unterordnung) bezeichnet ein Satzgefüge, das aus Haupt- und Nebensatz (Nebensätzen) besteht. Die Verbindung zwischen Haupt- und Nebensatz kann durch Präpositionen (Konjunktionen) explizit angezeigt werden (syndetisch), oder sie ist dem Zusammenhang zu entnehmen (asyndetisch).

---

1 Zum hier verwendeten Satzbegriff siehe unten, § 268.

2 Syndetische Parataxe (durch Konjunktion verbundene nebengeordnete Sätze) ist sehr selten. Als Konjunktion erscheint zum Beispiel *ḥnᶜ ꜣ*: Kôm Ombo (Gutbub) I, Nr. 292, 17 f.; *jś, jśk* und *śk* in einigen Verwendungsweisen (§ 159). Hinsichtlich seiner Funktion ist auch der Konjunktiv (oben, § 155) hier einzuordnen.

3 Andere formale Kriterien, wie etwa das *jw* der neuägyptischen Satzreihen (von einigen scherzhaft „NIMS“ genannt; cf. Junge, Neuäg. Gramm., 220 ff.) fand ich im Ptolemäischen nicht; cf. aber unten § 261, das Beispiel Edfou VI, 151, 2 f.

4 Siehe unten, § 268.

5 Natürlich wirkt sich die Unterscheidung nur in geringem Maße auf die Übersetzung aus, weil in jedem Falle eine Reihung vorliegt; allerdings verbleibt als Unterschied, daß die Gliedsätze mehr oder weniger eng miteinander verbunden sind.

2 Satzverbindung

2.1 Satzreihe (Parataxe)

§ 243

Die folgenden Beispiele stellen einige Satzreihen vor, deren Glieder jeweils eine formal klar und eindeutig definierte Stilfigur[1] bilden. Die betreffenden Gliedsätze können unter anderem entweder chiastisch verschränkt sein (a), parallel laufen (b) oder einen Schweren Schluß bilden, indem der letzte dreier Gliedsätze mehr Satzteile hat als seine beiden Vorgänger (c).

a) Chiastisch verschränkte Satzreihe:

- , *nḏm jb n jt.f Wśjr mwt.f ꜣśt m ꜣw(t)-jb*, Froh ist das Herz seines Vaters Osiris, und seiner Mutter Isis ist wohl ums Herz;[2]
- (Bei der Vereinigung der oberägyptischen und der unterägyptischen Wappenpflanzen heißt es): , *śwt nn ꜣbḫ.tj r śnb mnḥ jmꜣ.n.<f>* nśtjw*, Diese (oberäg.→) Sut-Pflanze ist vereint mit der (unteräg.→) Seneb-Pflanze, und der (←unteräg.) Papyrus hat sich verbunden mit der (←oberäg.) Wappenpflanze.[3]

b) Parallele Satzreihe:

- (Ein Schutzgott spricht):

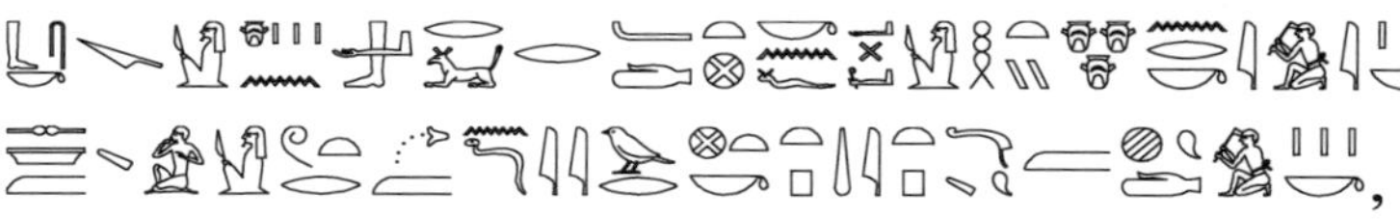,

bśk.j jbw nw bʿr r bḥdw.k nfʿ.j ḥꜣtjw n(w) rḳww.k

śʿm.j wtr m nḏj r nwt.k dp.j dpt m ḫftjw.k

„Ich schneide die Herzen derer heraus, die deinen Sitz angreifen, und ich reiße aus die Herzen deiner Widersacher;

ich trinke das Blut derer, die deiner Stadt feindlich sind, und ich schmecke den Geschmack deiner Gegner."[4]

---

[1] Viele Beispiele für die Stilfiguren in den Edfutexten findet man bei Kurth, in: Edfu Begleitheft 4, 1994, 72 ff.; für Dendera siehe Christian Leitz, Die Außenwand des Sanktuars in Dendara, MÄS 50, 2001, 153 ff. – Weiteres zu den Stilfiguren siehe unten, § 268.

[2] Edfou VIII, 68, 2 f.

[3] Edfou V, 261, 3 - 5 (kollationiert). – Auch inhaltlich adversativ: VI, 86, 12 f. (*Wṯst-Ḥr Jwnt m rš sp 2 ʿwn sp 2 m ḫntj Knst*).

[4] Edfou VI, 71, 12 - 72, 2; ähnlich: VII, 163, 6 f. – Auch inhaltlich adversativ: VII, 152, 15 f. („Die eine ..., die andere ...).

Formal sind diese vier Sätze, wenn auch nicht völlig, so doch weitgehend gleich konstruiert, inhaltlich jedoch schließen sich jeweils zwei von ihnen zu einem Paar zusammen:[1] *jb – ḥꜣtj* und *wtr – dpt*; deshalb halte ich die Verwendung des Semikolons für angemessen.

c) Satzreihe mit Schwerem Schluß:

- (Der König sagt zum Gott): , *mn n.k mkś ḫfꜥ n.k jmjt-pr šsp n.k jwꜥt nt jt.k*, „Nimm das Mekes-Zepter, ergreife die Erburkunde und empfange das Erbe deines Vaters;“[2]

Über den Schweren Schluß hinaus („... deines Vaters“) sind die drei Sätze auch dadurch unbezweifelbar als Einheit ausgewiesen, daß der Text sich mit einem gänzlich anderen Satzbaumuster fortsetzt (*jn*-Konstruktion).[3]

- (Über die Urgötter[4] gesagt) , *wr jbd.śn ꜥꜣ hrw.śn n rḫ ṯnw n wnwt.śn*, Zahlreich sind ihre Monate, viele sind ihre Tage und nicht kennt man die Zahl ihrer Stunden.[5]

Zum Abschluß dieses Paragraphen sei ein Beispiel für eine Reihung vorgestellt, deren Glieder dieselbe Struktur aufweisen, sich äußerlich-formal vom übrigen Kontext abheben und deshalb wahrscheinlich als eine große Satzverbindung aufzufassen sind:
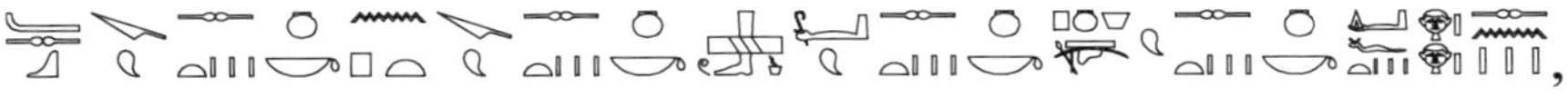, *ḥśḳ.f śt n.k npḏ.f śt n.k ḫbḫb.f śt n.k pnꜥ.f śt n.k rdj.f <śt> ḥr ḥr.śn*, Er enthauptet sie für dich, er schlachtet sie für dich, er zerstückelt sie für dich, er wirft sie nieder für dich und er legt sie auf ihre Gesichter.[6]

---

[1] Die engere Verbindung der Sätze 1 und 2 sowie der Sätze 3 und 4 wird auch durch die Verteilung der beiden verschieden konstruierten Objektgruppen bestätigt.

[2] Edfou VII, 197, 6 – 8.

[3] Siehe ITE I/2 (Edfou VII), 357 f.

[4] Siehe ITE I/2, 644 f.

[5] Edfou VII, 280, 8 f.

[6] Edfou VI, 154, 9 f. – Es begegnen auch Reihungen von Nebensätzen, siehe beispielsweise Edfou VI, 50, 2; 51, 2 (finale Nebensätze). – Manche Reihungen liefern im wesentlichen parallele Aussagen, wobei ein vorangehendes *śḏm.n.f* die Zeitlage der folgenden *śḏm.f* festlegt: *jrj.n.j sꜣ.k r śbj ḥr.k gś-dp.j ḥm.k m sꜣ ḳnd.j r śbjw.k m ḳnd śḫr.j ḫftjw.k m rꜣ-wꜣt*, „Ich schütze dich (siehe oben, § 236 A) vor demjenigen, der gegen dich rebelliert, ich behüte deine Majestät als Der-Schützer, ich wüte gegen deine Widersacher als Der-Wütende, und ich fälle deine Feinde in der Umgebung“ (Edfou VI, 65, 4 f.). Andere Reihungen entwickeln einen Handlungsverlauf: *šsp.n.j kꜣt.k ḫntš.j jm.ś ḫnt.j ⌜rḳww⌝ śtj.j śbjw*, „Ich habe dein Werk (Pfeil und Bogen) entgegengenommen, ich freue mich darüber, ich töte ⌜die Feinde⌝ und erschieße die Gegner“ (Edfou VII, 144, 7).

2.2 Satzgefüge, asyndetisch

§ 244

Wenn eine formale Kennzeichnung fehlt, zum Beispiel eine Präposition (Konjunktion), ist manchmal nicht sicher zu entscheiden, ob aufeinanderfolgende Sätze ein Satzgefüge bilden oder ob sie nicht eher als selbständige Sätze aufzufassen sind. Daneben findet man aber auch viele ziemlich eindeutige Satzgefüge, die sich dadurch zu erkennen geben, daß die betreffenden Sätze als selbständige Sätze nicht sinnvoll sind. – Als formaler Hinweis darauf, daß einer der fraglichen Sätze ein Nebensatz sein könnte, läßt sich höchstens die Verwendung des Pronomens anstelle des Nomens anführen; das aber ist ein bloßer Hinweis und kein Beweis, so daß letztlich immer Kunst und Erfahrung der Philologen entscheiden müssen.

Diese aber werden manchmal zu unterschiedlichen Ergebnissen gelangen, und selbst wenn die syntaktische Analyse unstrittig ist, ist damit noch nicht gesagt, daß die Übersetzung mit Konjunktion dem antiken Text wirklich gerecht wird. Schließlich kann beispielsweise im Deutschen der Überbringer einer frohen Botschaft ohne Informationsverlust sagen: „Freue dich, du hast die Prüfung bestanden"; der Nachsatz wird in jedem Fall kausal aufgefaßt, da er den Grund zur Freude angibt. Die Verwendung einer kausalen Konjunktion („Freue dich, weil du die Prüfung bestanden hast") wäre bei der ersten Überbringung der frohen Botschaft weniger sinnvoll als bei einer späteren Bewertung des Ereignisses. Beim Übersetzen ins Deutsche bleibt also für die Verwendung oder Nichtverwendung der Konjunktion ein gewisser Spielraum, doch ersteres ist immer dann anzuraten, wenn das Fehlen der Konjunktion in der Zielsprache Unklarheit erzeugen würde.

Die folgenden Beispiele wurden so ausgesucht, daß die logische Beziehung zwischen Haupt- und Nebensatz möglichst eindeutig ist.

2.2 Satzgefüge, asyndetisch

2.2.1 mit Adverbialsatz

§ 245

Der Adverbielle Nebensatz würde im zugehörigen Hauptsatz als Adverb erscheinen. Ein Beispiel im Deutschen ist der Hauptsatz „Er wird bei Tagesanbruch abfahren"; wenn man die Adverbialgruppe in Satzform auslagern will, erhält man: „Er wird abfahren, wenn der Tag anbricht".

Manchmal ist es schwierig, wenn nicht gar unmöglich, die Logik zu bestimmen, die den Hauptsatz und den Adverbiellen Nebensatz miteinander verbindet.[1] In diesem Sinne kann zum Beispiel die temporale mit der kausalen Logik konkurrieren. Dazu vergleiche man im Deutschen „Ich freute mich, als er kam" mit „Ich freute mich, weil er kam". Natürlich sagen beide Satzgefüge nicht dasselbe aus, aber die Logik beider Nebensätze überschneidet sich partiell, so daß diesbezüglich Zweifel auftauchen können, wenn es gilt, ein entsprechendes asyndetisches Satzgefüge der ägyptischen Sprache zu übersetzen.

Ein Beispiel aus dem Ptolemäischen: In manchen Randzeilen der Ritualszenen redet der König den Gott folgendermaßen an:[2] *jw.n.j ḫr.k ... jnj.j n.k ...* . Wie soll man hier übersetzen? Es gibt theoretisch mehrere Möglichkeiten:

- selbständig: „Ich bin zu dir gekommen, ... Ich bringe dir ... ."
- parataktisch: „Ich bin zu dir gekommen, ..., und ich bringe dir ... ."
- hypotaktisch zirkumstanziell: „Ich bin zu dir gekommen, ..., indem ich dir bringe... ."
- hypotaktisch final: „Ich bin zu dir gekommen, ..., damit ich dir bringe ... ."

Also sind auch hier die Erfahrung und die Kunst der Philologen gefordert, wobei es allerdings in der Natur der Sache liegt, daß man keine völlige Übereinstimmung der Ansichten erwarten darf. Ich würde das soeben genannte Beispiel hypotaktisch final übertragen, weil der zweite Satz in jedem Falle den Zweck des Kommens angibt.

---

[1] Sogar eine formale Kennzeichnung wie beispielsweise durch das neuägyptische *jw*, auch „Umstandskonverter" genannt, kennzeichnet zwar die Unterordnung des ihm folgenden Satzes als solche, läßt aber ebenfalls die Art der logischen Verknüpfung mit dem Hauptsatz offen; cf. dazu und zum Vergleich mit anderen Sprachen Junge, Neuäg. Gramm., 202 f.

[2] Siehe Winter, Tempelreliefs, 53 ff.

In den anschließenden Paragraphen, die sich jeweils einer bestimmten Art der logischen Beziehung widmen, wird für jede Satzart zumeist nur ein Beispiel gegeben, wobei die Nominalsätze den Verbalsätzen vorangehen.

2.2 Satzgefüge, asyndetisch

2.2.1.1 mit Adverbialsatz, adversativ

§ 246

a) Der adversative Adverbialsatz ist ein Adverbieller Nominalsatz:

- (Der König sagt, während er den Feind tötet): , *śtp.j ḫpš.f šdj.j ⌜ḥ3tj⌝[.f] jwf.f n jrjw-pt*, „Ich löse seinen Schenkel aus, und ich reiße [sein] ⌜Herz⌝ heraus, sein Fleisch aber gehört den Himmelsbewohnern (den Vögeln).“[1]

b) Der adversative Adverbialsatz ist ein *śdm.f* :

- , *ꜥnḫ nṯrw nbw(w) m śnṯr ḥr ḫt ꜥnḫ nb n tḫ*, Alle Götter leben vom Weihrauch auf der Flamme, die Goldene (Hathor) aber lebt vom Rauschgetränk.[2]

c) Der adversative Adverbialsatz ist ein *śdm.tw.f*:

- (Über die Urgötter gesagt): , *ꜥnḫ.śn ḥnꜥ ꜥnḫw tḫn.tw ḫ3(t).śn ḫnt j3t nṯrj(t)*, Sie leben bei den Sternen, während ihre Leichname an der göttlichen Stätte verborgen sind.[3]

2.2 Satzgefüge, asyndetisch

2.2.1.2 mit Adverbialsatz, final und konsekutiv

§ 247

a) Der finale Adverbialsatz ist ein *śdm.f* :

[1] Edfou VII, 150, 2 f.; ähnlich: VI, 79, 7.

[2] Edfou VIII, 55, 4 f.; ähnlich: V, 45, 8 f.

[3] Edfou VII, 118, 11 (ITE I/2, 211). Ein weiteres Beispiel: VII, 10, 12 (*tkn.f ḥḥ nn tkn.tw.f*, Er greift Millionen an, wohingegen man ihn nicht angreifen kann.).

- , *mj.n ḥn.n r p3 Š-n-Ḥr m33.n p3 bjk m śmḥ.f*, "Kommt, laßt uns zum See-des-Horus gehen, damit wir den Falken in seinem Schiff sehen;“[1]
- (Eine Göttin wird angerufen): 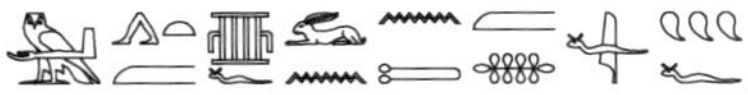, *mjt m-ḫnt.f wnn.ṯ m s3 jwf.f*, „Komme vor ihn, auf daß du seiest der Schutz seiner Glieder.“[2]

Diese syntaktische Funktion ist eine Domäne des *śḏm.f*. Es ließen sich viele Dutzende von Beispielen anführen, darunter auch solche, die bei vermutlich gleicher Aussage teils ohne, teils mit Präposition/Konjunktion *r* verbunden sind.[3]

b) Der finale Adverbialsatz ist ein <u>*śdm.f*-Passiv</u>:

- (Über ein Salböl gesagt): , *jw.ś r ḥʿ.ṯn nṯrw wrw śnḏm ḏt.ṯn jm.ś*, „Es gehört an eure Glieder, ihr großen Götter, damit euer Leib dadurch erfreut werde.“[4]

c) Der finale Adverbialsatz ist ein <u>*śdm.tw.f*</u>:

- (Der Tempel wurde aufs beste gebaut), , *śḳr.tw wdn n k3.f ḫr-m-m.ś*, damit darin seinem Ka Opfer dargebracht werden.[5]

Nicht selten konkurrieren der finale und der <u>konsekutive</u> Anschluß des Nebensatzes. In den folgenden Beispielen ist die Übertragung mit einem konsekutiven Nebensatz zumindest vertretbar:

d) Der konsekutive Nebensatz ist eine <u>Pseudoverbalkonstruktion</u>:

- (Der Gott sagt dem König: „Ich gebe dir viele Felder ohne Zahl und Äcker ohne Grenzen), , *śmʿw mḥw 3ḫ.tj m rk.k ṯ3w nb(w) ḥr dw3 nfrw.k*, so daß Ober- und Unterägypten zu deiner Zeit in Blüte stehen und alle Männer deine Vollkommenheit preisen.“[6]

e) Der konsekutive Nebensatz ist ein <u>*śdm.f*</u> :

[1] Edfou VI, 79, 5; ähnlich: VI, 187, 6 f.; VII, 146, 4; Dendara XI, 77, 5: (der König) *(r)dj wʿ n tpw (r)dj.śn n.f ḥḥw*, der ein (Korn) den Äckern gibt, damit sie ihm Millionen geben.

[2] Edfou VI, 303, 1 f. Der Adverbielle Nominalsatz mit Prädikativem *m* und pronominalem Subjekt kann nur mit dem Hilfsverbum *wnn* als finaler Nebensatz verwendet werden.

[3] Edfou VII, 11, 1 (*pśḏ.f m pt r m33 ḥt-nṯr.f*) und 24, 5 (*(r)dj.f św m gbt m33.f ḥt-nṯr.f*).

[4] Edfou VI, 165, 4; alternativ ist kausale Logik möglich.

[5] Edfou V, 5, 6

[6] Edfou V, 376, 13 f.; ähnlich: VIII, 124, 2.

- (Dem König wird gewährt: „Deine Kleidung ist aus feinstem Leinen, und sie duftet nach Myrrhe), , *nmt.k tꜣ twt m ḏt.k*, so daß du in vollendeter Erscheinung einherschreitest.“[1]

2.2 Satzgefüge, asyndetisch

2.2.1.3 mit Adverbialsatz, kausal

§ 248

a) Der kausale Adverbialsatz ist ein Nominaler Nominalsatz:

- (In Erwartung der Antwort „niemand“ wird gefragt, wer es denn wagen würde, den Tempel von Edfu anzugreifen), , *wr-nḫt ḥt-ḳn rn.śn*, denn „Groß-an-Kraft“ und „Haus-des-Starken“ sind seine Namen.[2]

b) Der kausale Adverbialsatz ist ein Nominaler Nominalsatz des Typs *Nomen und pw*:

- (Isis findet für sich und den von Seth arg bedrängten Horus keinen sicheren Platz. Thot verweist auf Edfu und sagt): , *jr jꜣt tn ḥtp ḥr.ś Ḏbꜣ pw n Nb-Mśn nḫt mꜣr m-ꜥ wśr*, „Was diese Stätte anbelangt, so lasse dich an ihr nieder, denn sie ist das Edfu des Herrn-von-Mesen, der den Schwachen aus der Hand des Starken rettet.“[3]

c) Der kausale Adverbialsatz ist ein Nominaler Nominalsatz des Typs *Personalpronomen und Nomen*:

- (Der König sagt zum Gott): , *mn n.k ḥḏt dmḏ r nt* *<Nb-Mśn>* ṯwt nb.śn*, „Nimm dir die Weiße Krone vereint mit der Roten Krone, o <Herr-von-Mesen>*, denn du bist ihr Herr.“[4]

Negiert: Siehe das oben in § 209 B zitierte Beispiel.

d) Der kausale Adverbialsatz ist ein Adverbieller Nominalsatz:

---

[1] Edfou VII, 44, 5. Weitere Beispiele: V, 90, 12; VII, 102, 9.

[2] Edfou VI, 13, 1. Zum pluralischen Suffixpronomen *śn* als Verweis auf den Tempel siehe oben, § 107 c.

[3] Edfou VI, 135, 4; ähnlich: VII, 24, 13 f. (ITE I/2, 43).

[4] Edfou V, 101, 6 f.

- (Dem Gott Osiris wird gesagt): , *ḥꜥj (j)r.k s3.k ḥr nśt.k*, „Freue dich doch, denn dein Sohn ist auf deinem Thron.“[1]

Negiert:

- (Die Königin sagt beim Fleischopfer: „<Nimm> es dir), , *nn š3t jm.śn*, denn es ist nichts Unreines daran.“[2]

e) Der kausale Adverbialsatz ist eine Pseudoverbalkonstruktion mit Pseudopartizip:

- (Die Königin bittet die Götter, das Opfer des Königs anzunehmen): , *šsp m-ꜥ.f jb.f ꜥḳ3*, „Nehmt (es) aus seiner Hand entgegen, denn sein Herz ist richtig beschaffen;“[3]

- (Über den Schöpfergott gesagt): , *ntk bsj ḫꜥt n wn(t) s3ṯw t3 pẖr m ⌜ḥwj⌝*, „Du bist der, der den Urhügel hervorkommen ließ, als es noch kein Land gab, weil die Erde mit ⌜Wasserflut⌝ überzogen war;“[4]

f) Der kausale Adverbialsatz ist ein *śdm.f* :

- (Rede des Königs: „Ich bin zu dir gekommen ..., damit ich dir den Horizont darbringe mit deinem Ba, auf daß du am Himmel erscheinst als jugendfrischer Knabe), , *ꜥnḫ ḥr-nb n ptr.k*, „denn jedermann lebt, wenn er dich sieht.“[5]

Negiert:

- (Der König nähert sich dem Kultbild des Gottes und ist von Ehrfurcht ergriffen), , *n śtwt śšt3.f r kjj 3bw(t)-nṯr*, weil dessen Abbild mit keinem anderen Götterbild vergleichbar ist.[6]

Im kausalen Adverbialsatz erscheint das Adjektiv-Verb im *śdm.f*:[7]

- (Die überaus zahlreichen Kultnamen des Tempels werden begründet. Edfu ist dabei unter anderem) , *Śt-wrt nt Rꜥ wr.f m-ḫnt.ś*, der Große-Sitz des Re, weil er (Re) darin groß ist.[8]

---

[1] Edfou VII, 309, 3. Es ließen sich viele weitere Beispiele anführen, darunter VII, 42, 14.

[2] Edfou VI, 153, 4.

[3] Edfou V, 387, 15 f.

[4] Edfou V, 118, 11 f.; statt des Kausalsatzes könnte man einen parallelen Temporalsatz in Erwägung ziehen (… gab, als die Erde…).

[5] Edfou VIII, 132, 1. Ein weiteres Beispiel: VIII, 57, 6 f.

[6] Edfou VII, 193, 2.

[7] Cf. für die klassische Sprache Gardiner, EG, § 143; Westendorf, Gramm. MT, § 154 b, 7.

[8] Edfou VI, 11, 9 f. Daß es sich im vorliegenden Zusammenhang sehr wahrscheinlich um einen kausalen Nebensatz handelt, geht aus den gelegentlich verwendeten kausalen Präpositionen/Konjunktionen ... > S. 932

g) Der kausale Adverbialsatz ist ein *śḏm.f*-Passiv:

- (Der profane Name der Stadt Edfu wird begründet): , *Ḏb3 pw ḏb3 ḏw-ḳd (m)-ẖnw.f*, Edfu („Bestrafungsort“) ist es, weil der Bösartige (Seth) darin bestraft wird.[1]

h) Der kausale Adverbialsatz ist ein *śḏm.tw.f*:

- (Der Gott betritt seinen Tempel frohen Herzens) , *twr.tw Mśn n nb.ś*, weil Mesen (Edfu) für seinen Herrn gereinigt wurde.[2]

i) Der kausale Adverbialsatz ist ein *śḏm.n.f*:

- (Der Gott gibt dem König die Herrschaft und begründet): 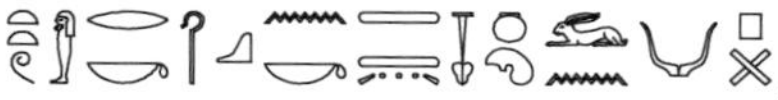, *ṯwt r.k ḥḳ3 n.k t3wj sm3.n.k wn(t) wpj*, „(denn) du bist der Herrscher, und dir gehören die beiden Länder, weil du das vereint hast, was getrennt war.“[3]

2.2 Satzgefüge, asyndetisch

2.2.1.4 mit Adverbialsatz, konditional; der „Wechselsatz“

§ 249

In vielen Fällen überschneiden sich der konditionale und der temporale Bezug zum Hauptsatz:

... < S. 931 hervor; siehe zum Beispiel Edfou IV, 328, 4 (*ḏr wr.f*); VII, 10, 6 f. (*m* < *n*); VII, 22, 11 f. (*ḥr*). – Eindeutig kausal an der Stelle Dendara XV, 271, 8: *ḫntš.ś wr.ś r śpwt Wḏ3t*, Sie freut sich, weil sie (die Stadt Dendera) größer ist als die (anderen Städte der) Gaue Ägyptens; zum Suffixpronomen siehe oben, § 42.

[1] Edfou VI, 13, 3. Einerseits ist *Ḏb3* der zivile Name der Stadt Edfu (<*Ḏb3*), andererseits bedeutet das Verbum *ḏb3* „bestrafen“; beides begründet den Sinn der Aussage. – Die Auffassung als kausaler Nebensatz ist nicht zwingend, für sie spricht aber sehr der vorangehende Text mit seinen rhetorischen Fragen, deren zu erwartende Antwort „nein“ jeweils mit der Wehrhaftigkeit des Tempels begründet wird. Cf. auch die relevante unmittelbar vorangehende Anmerkung. – Zur Zeitlage siehe oben, § 235 A; die vorliegende Stelle wurde von mir präsentisch-zyklisch aufgefaßt, weil ja die Feindvernichtungsrituale ständig wiederholt werden.

[2] Edfou VII, 22, 1. Zur Zeitlage des *śḏm.tw.f*-Passiv siehe oben, § 235 B. – „Rein“ bezieht sich im Kontext auf die Beseitigung des Apophis. – Ein weiterer Beleg: Dendara XV, 337, 11.

[3] Edfou VI, 48, 14; ähnlich: V, 126, 1 f. (Der Gott gibt dem König ewige Herrschaft, weil dieser für den Gott ein Fest eingerichtet hat); VI, 318, 3 f. (Die Götter sind die Herren der Maat, weil sie das Unrecht beseitigt haben). In diesen Fällen ist der kausale Bezug recht sicher; an anderen Stellen gibt es die Alternative, temporal anzuknüpfen.

- (Über den Sonnengott gesagt): , *wn.k jrtj.k ḫpr hrw ꜥḫn.k ś(n) ḫpr grḥ*, „Öffnest du deine Augen, wird es Tag, schließt du sie, wird es Nacht.“[1]

Wenn auch das Öffnen und Schließen der Augen des Sonnengottes die Bedingungen oder die Voraussetzungen für die Entstehung von Tag und Nacht sind, so steht hier aber doch der zeitliche Bezug im Vordergrund. Auch die ebenso gut mögliche Übertragung mit der Konjunktion „wenn“ („Wenn du ..., dann ...“) brächte keine Entscheidung, sondern ließe den Bezug zum Hauptsatz in der Schwebe.

Ein konditionaler Bezug zum Hauptsatz ist jedoch bei folgendem Beispiel gegeben:

- (Isis ermutigt und ermahnt Horus für dessen Kampf gegen Seth): 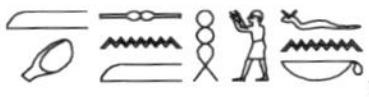, *m śḏm śnmḥ.f n.k*, „Höre nicht (auf Seth), wenn (falls) er dich (um Gnade) anfleht.“[2]

Weniger eindeutig ist folgender Fall: (die Königin fordert die Götter auf, das Fleischopfer des Königs anzunehmen und fährt dann fort):

- , *ḳnḳn.⌜ṯn⌝ jm.śn twt ḏt.ṯn m bꜣ-ꜥnḫ*, „Eßt ⌜ihr⌝ davon, dann sind eure Leiber vollendet als Lebende-Bas.“[3]

Da wegen der vorangehenden Aufforderung – zumindest theoretisch – die Annahme des Opfers abgelehnt werden könnte und der argumentativen Unterstützung bedarf, steht hier der konditionale Bezug im Vordergrund, wenn auch nicht so dominant, daß man mit „falls“ übersetzen sollte.

Mit diesen Beispielen haben wir eine auch im Ptolemäischen oft verwendete Art des Satzgefüges erreicht, die unter anderem als „Konditionalsatz ohne Einleitung“[4] oder als „Wechselsatz“[5] bezeichnet wird. Dieser sagt aus, daß ein Vorgang unmittelbar mit einem anderen verbunden ist. Die im Deutschen meist mögliche Übersetzung „Wenn ..., dann ... .“ wird in erster Linie als Bedingungssatz empfunden; die manchmal mögliche Übersetzung „Solange ..., ...“ betont den zeitlichen Aspekt der Bedingung.

---

[1] Edfou VIII, 131, 13 f.

[2] Edfou VI, 79, 11; 81, 3. – Auf einer nachgeordneten Ebene des Verstehens ist ein konzessiver Bezug zum Hauptsatz gegeben: *Töte ihn, obwohl (selbst wenn) er dich (um Gnade) anfleht.

[3] Edfou VII, 107, 14 (ITE I/2, 190).

[4] Edel, Altäg. Gramm., § 504.

[5] Junge, Syntax, 115 ff. – Der Wechselsatz ließ sich besonders gut in Junges streng zweigliedrig strukturierte Syntax einbauen.

- (Nechbet sagt zum König): , *sḫmtj dmḏ ḥr wpt n(t) kꜣ.k tꜣwj nb(w) ẖꜣb n bꜣw.k*, „Wenn die beiden Mächtigen (die Uräen) an der Stirn deines Ka vereint sind, dann beugen sich alle Länder vor deiner Macht."[1]
- (Der König reicht die Opferspeisen und sagt zu den Göttern): , <⌜*šḏb*⌝>*.*ṯn wḏꜣ.*⌜*ṯn*⌝ *jm.šn*, „<⌜Nehmt⌝)* ihr (sie) zu euch, dann gedeiht ⌜ihr⌝ durch sie;“[2]
- (Zur Göttin Sachmet in bezug auf den König gesagt): , *ꜥnḫ.ṯ ꜥnḫ.f*, „Wenn du lebst, dann lebt auch er;“[3]
- (Zur Göttin Sachmet unter Verweis auf den König gesagt: „Er ist der Herold des Allherrn), , *wnn.f wnn.ṯ ṯs pḫr*, Solange er existiert, existierst du, und umgekehrt.“[4]

Beide Teile dieses syntaktischen Gebildes können durch parallel geschaltete Aussagen mehrfach besetzt sein,[5] und es können verschiedene Satzbaumuster auftreten.[6]

2.2 Satzgefüge, asyndetisch

2.2.1.5 mit Adverbialsatz, temporal

§ 250

Der temporale Bezug zum Hauptsatz konkurriert nicht gerade selten mit dem kausalen:

- , *rdj.(n) n.k Rꜥ jwꜥt.f smꜣ.n.k tꜣwj m ḥtp*, „Re hat dir sein Erbe übergeben, nachdem du die Beiden Länder in Frieden vereint hast“.[7]

Die Übersetzung „..., weil du ...“ ist ebenfalls sinnvoll. – Schließlich ist auf den ersten Blick hin auch die Übersetzung „..., und (daraufhin) hast du... „ nicht auszuschließen. Zur Entscheidung zwischen solchen Alternativen reicht die Kunst des Nur-Grammatikers und erst recht des Linguisten nicht aus; denn dazu muß mit Hilfe relevanter Texte ermittelt werden, wie die Ägypter den vorliegenden Sachzusammenhang gesehen haben.

Bei den folgenden Beispielen steht relativ sicher der temporale Bezug im Vordergrund:

---

[1] Edfou VI, 244, 12. Wörtlich: ..., dann sind alle Länder vor deiner Macht gebeugt; angegeben wird also das Resultat (zum perfektivischen Aspekt siehe oben, § 236).

[2] Edfou VII, 264, 9 f.

[3] Edfou VI, 267, 4.

[4] Edfou VI, 303, 9.

[5] Siehe zum Beispiel Lösungshilfen zu Übung 12, Anmerkung zum linken Text, 1. Zeile.

[6] Zusätzlich zu den oben mitgeteilten Beispielen siehe auch Edfou VIII, 145, 13 (*šḏm.f* und Adv. NS).

[7] Edfou VI, 189, 3 f. Zur Lesung *rdj.(n) n.k Rꜥ*, also zur Bestimmung als *sḏm.n.f*, siehe oben, § 150 f.

- Zu einem Pseudopartizip (3. S. M.) in der Funktion eines Temporalen Nebensatzes siehe unten, § 264 A.

- (Über den Sonnengott gesagt: Der ...), , *ṯḥn ḥrw (r)dj.f św m j3btt*, der die Gesichter erglänzen läßt, wenn er sich im Osten zeigt;[1]

- (Freude herrscht beim Auszug des Sokar): , *dj.śn j3w n s3 Wśjr m33.śn Wśjr pśḏ m ḥnw*, Sie preisen den Sohn des Osiris, wenn sie Osiris[2] sehen, der in der Henu-Barke leuchtet;[3]

- , *wnn s3 Rꜥ ... ḥr nśt Jtmw ... śwḏ n.f ⌜t3wj⌝ m bw wꜥ*, Der Sohn des Re ... sitzt auf dem Thron des Atum ..., nachdem ihm die ⌜Beiden Länder⌝ zusammen anbefohlen wurden;[4]

- 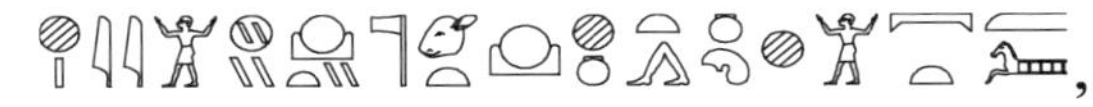, *ḫj sp 2 3ḫtj ḫnt 3ḫt ḫnd.n.k ḫjt m ḫntš*, „Steige auf, steige auf, Horizontischer im Horizont, nachdem du den Himmel in Freude betreten hast;“[5]

- (Der Gott freut sich über des Königs Kommen): , *mśḫ3 jmj-śt-[ꜥ].f ḫf.n.f k3.f*, Sein ⌜Herz⌝ ist froh, sobald er seinen Ka gesehen hat;[6]

- (Über den Sonnengott gesagt: Der ...), , *wbn m wꜥ śḫpr.n.f ḥḥ*, der als der Eine aufgeht, nachdem er Millionen erschaffen hat;[7]

- (Horus betrachtet den Tempel von Edfu prüfend) 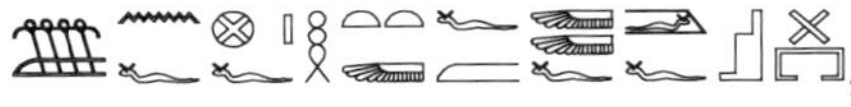, *śsp.n.f <nwt>*.f ḥdj. f <dm3tj>.f <ꜥḳ.f Śt-wrt>**, Hat er seine <Stadt>* angenommen, dann breitet er seine <Flügel> aus, und <er betritt den Großen-Sitz (Edfu)>*.[8]

---

[1] Edfou VII, 83, 10; ähnlich: VI, 12, 9 ((*r*)*dj.f św m dw3w*). Überwiegend temporal definiert sind wohl auch die vier Fälle der Passage Edfou VI, 8, 6 - 8, da sie an ein Geschehen gebunden sind, das alljährlich in einem Fest gefeiert wird.

[2] Osiris steht hier für Sokar-Osiris.

[3] Edfou VI, 141, 1.

[4] Edfou VII, 178, 9 f.

[5] Dendara VIII, 124, 2.

[6] Edfou V, 136, 12 f. (kollationiert); ähnlich: V, 35, 11; VII, 134, 2. Zwei weitere Beispiele für die nicht seltene Verbindung *śḏm.f – śḏm.n.f*, bei der das *śḏm.n.f* stets relativ vorzeitig ist: VI, 68, 12 f. (*śnm.j ... sꜥm.n.j ...*; hier ist die Rede vom Schächten; siehe die relevante Anmerkung in ITE I/3); 129, 7 f. (*prj.f ... ḥwj.n.f ...*); 262, 11 f.

[7] Edfou V, 292, 3. Zum Sinn: Bevor der Sonnengott im Horizont erscheint, hat er bereits sein tägliches Schöpfungswerk vollbracht, und zwar durch sein Licht, das alle Dinge und Wesen sichtbar ins Leben zurückruft (siehe oben, § 236, Anm. zum Artikel von Michèle Broze).

[8] Edfou VIII, 43, 1 f. (ITE I/1, 80); konditionale Logik im engeren Sinne („Falls er ...“) oder in Gestalt des „Wechselsatzes“ (siehe oben, § 249) klingen an, stehen aber im vorliegenden Zusammenhang nicht im Vordergrund, weil unmittelbar vorher gesagt wird, daß sich der Gott über seinen Tempel freut. – Ähnlich: VII, 11, 3 f. (*ḫnm.n.f ... ḥfd ḥm.f ...*).

2.2 Satzgefüge, asyndetisch

2.2.1.6 mit Adverbialsatz, zirkumstanziell

§ 251

Der Zirkumstanzielle Adverbialsatz (Umstandssatz) präzisiert und erweitert die Aussage des Hauptsatzes dadurch, daß er angibt, welche Umstände das im Hauptsatz mitgeteilte Geschehen begleiten oder mit dem dort geschilderten Zustand verbunden sind. Ins Deutsche übersetzt man meistens mit „indem“, „wobei“, „während“, „wenn“ oder „und“. Die Zeitlage ist von derjenigen des Hauptsatzes abhängig[1]. Einige Beispiele:

a) Der Zirkumstanzielle Adverbialsatz ist ein Adverbieller Nominalsatz (häufig):[2]

- , *šm(t) pw jrj.n ḥm n Rꜥ ⸢ꜥštrt⸣ ḥnꜥ.f,* Da ging die Majestät des Re (dorthin), und die Göttin ⸢Astarte⸣ war bei ihm;[3]

- (Der König sagt bei der Reinigung des Tempels): , *jw.j ꜥ.j ẖr snb(t),* „Ich komme herbei, indem mein Arm das Senebet-Gefäß trägt.“[4]

Negiert:

- (Götterbilder befinden sich auf der Tempelmauer), , *n ꜥ jm.f šw m nṯr,* ohne daß es eine Stelle an ihr gibt, die ohne einen Gott ist.[5]

b) Der Zirkumstanzielle Adverbialsatz ist eine Pseudoverbalkonstruktion (häufig):[6]

- (Bei der Wasserspende sagt der König):  ..., *mn n.k ḳbḥw prj m ꜣbw ... Ḥw m ḥpt Šw m ẖꜣẖ ...,* „Nimm dir die Wasserspende, die aus Elephantine hervorkommt, ..., indem Hu eilends dahinzieht und Schu schnell naht, ...;“[7]

---

[1] Wegen negierter Sätze siehe zusätzlich zu den folgenden auch die Beispiele oben, § 209; 219 (Ausdruck der Nicht-Existenz).

[2] Sichere Belege für die anderen Arten des Nominalsatzes sind in diesem Bereich kaum zu finden; die dafür auf den ersten Blick hin in Frage kommenden Stellen zeigen bei näherem Hinsehen eine eher kausale Beziehung zum Hauptsatz (Nominalsätze mit *pw*; cf. oben, § 248 c). Nominale Nominalsätze sind öfters attributiv mit dem Hauptsatz verbunden (siehe unten, § 252).

[3] Edfou VI, 112, 3 f.

[4] Edfou VII, 77, 9. Wörtlich: „Ich komme herbei, mein Arm unter dem Senebet-Gefäß“.

[5] Edfou VI, 14, 6. Cf. VI, 17, 1, wo dieselbe Aussage durch ein negiertes *šḏm.f* vermittelt wird. Ein weiteres Beispiel: VI, 98, 12.

[6] Für die Konstruktion mit *ḥr und Infinitiv* siehe beispielsweise Edfou V, 289, 11; VI, 93, 9 f.; VII, 197, 3; 276, 6.

[7] Edfou VI, 253, 14 - 17. Die beiden Umstandssätze enthalten mythologische Ausdeutungen der nahenden Nilflut; zu ersterer siehe H. Altenmüller, in: LÄ III, 65 ff.

- , *wnn nśwt bjt ... ḥr p.f bjk-n-nb ḥr ḫwt.f*, Es ist der König von Ober- und Unterägypten ... auf seinem Thron, indem der Falke-des-Goldes[1] ihn schützt;[2]
- , *wnn Rᶜ Ḥr-3ḫtj wbn.tj m Wṯst ḥrjt-tp.f wn r-gś.f*, Re Harachte ist im Thronsitz (Edfu) glänzend erschienen, während seine Uräusschlange bei ihm ist.[3]

c) Der Zirkumstanzielle Adverbialsatz ist ein *śḏm.f* (häufig):

- , *wnn s3 Rᶜ ... mn.tj ḫnt Wṯst-Ḥr dhn n.f t3 m bw wᶜ*, Es ist der Sohn des Re ... dauerhaft im Thronsitz-des-Horus (Edfu), und das ganze Land verneigt sich vor ihm;[4]
- 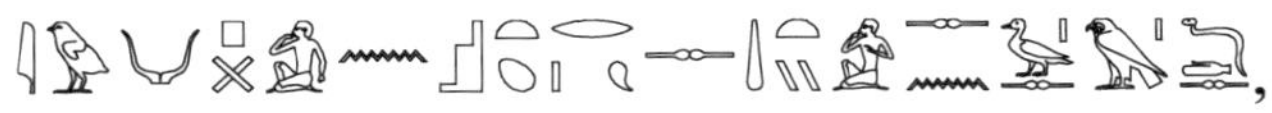, *jw wpj.n 3śt <r3>*.ś mdw.ś n s3.ś Ḥr ḏd.ś* ..., Es öffnete Isis ihren <Mund>*, um mit ihrem Sohn Horus zu reden, und sie sagte: ... .[5]

Bei der Übersetzung ins Deutsche übernimmt das *śḏm.f* die Zeitlage des Hauptsatzes.[6]

Das Adjektiv-Verb erscheint im *śḏm.f*:

- (Die Göttin des guten neuen Jahres wird gebeten, Horus älter als die Alten werden zu lassen), , *wr.f r wrw*, indem er betagter wird als die Betagten."[7]

Negiert:

- Anrufung an die Göttin des Neuen Jahres: „..., du mögest geben, daß sich erneuert Harsomtus ..., so wie du dich erneuerst), , *n ḏᶜm.ṯ n ḏᶜm.f ḏt*, ohne daß du vergehst, ohne daß er vergeht, ewiglich."[8]

---

[1] Der Falke-des-Goldes ist eine bestimmte Erscheinungsform des Horus.

[2] Edfou VII, 184, 17 f. Der Verfasser des Textes hatte wohl jene Rundbilder des thronenden Königs vor Augen, bei denen ein Falke hinter dem Kopf des Königs sitzt und seine Schwingen schützend ausbreitet. – Zur Schreibung des Infinitivs vor Suffixpronomen siehe oben, § 138.

[3] Edfou VI, 296, 6 (*wn* ist Pseudopartizip; cf. *wn* mit ausgeschriebener Endung des Pseudopartizips: Edfou VI, 259, 7). - Weitere Beispiele: VI, 22, 2 (*dt.f nḫt*); 83, 11; 142, 10; VII, 42, 2; 95, 13.

[4] Edfou VII, 188, 1 f.; ähnlich: Dendara XII, 152, 9 (*ṯnr śm3.f ḫ3śwt*, der stark ist, wenn er die Fremdlandbewohner tötet).

[5] Edfou VI, 84, 15.

[6] Als weiteres Beispiel siehe noch Edfou VI, 216, 2 f. (... *ḫntj.f r* ..., und er zog nach ...).

[7] Edfou VI, 97, 5 f. – Auch wenn man alternativ einen parallelen, ebenfalls von *rdj.t* abhängigen Objektsatz annimmt („Du mögest geben, daß ... und daß ..."), müßte wahrscheinlich das *śḏm.f* verwendet werden (siehe unten, § 253 d).

[8] Edfou VI, 99, 6 f.; man könnte auch konsekutiv anschließen: „..., so daß du nicht ... ." – Weitere Beispiele: VI, 17, 1 (cf. VI, 14, 6, wo dieselbe Aussage durch einen negierten Adverbiellen Nominalsatz vermittelt wird); 102, 5; VII, 41, 3; 137, 8.
Ein negiertes *śḏm.tw.f* („..., ohne daß ... wird") findet man beispielsweise an den Stellen Edfou VI, 302, 15 f.; VII, 276, 12.

d) Der Zirkumstanzielle Adverbialsatz ist ein <u>*śḏm.n.f*</u>:

- , *wnn s3 Rꜥ ... ḫꜥj.tj m ḥḏt śḥḏ.n.f ḥrw m ḥḏḏwt.f*, Es ist der Sohn des Re ... mit der Weißen Krone erschienen und hat die Gesichter (der Menschen) mit seinen Strahlen erhellt;[1]
- („Kommt und seht Horus am Bug seiner Barke, (der erscheint) wie Re, wenn er im Horizont aufstrahlt, geschmückt mit grünem (Stoff), gekleidet in rotem Stoff, versehen mit seinem (Waffen)schmuck), 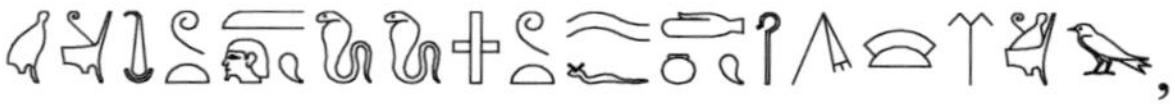, *ḥḏt nt mn.tj m tp.f w3ḏtj jmj-wtj jnḥwj.f šsp.n.f ḥk3t nḫ3ḫ3 ḫꜥj m śḫmtj wr*, oberägyptische und unterägyptische Krone fest auf seinem Haupt, die beiden Stirnschlangen zwischen seinen Augenbrauen, indem er Krummstab und Geißel ergriffen hat, erglänzt mit der großen Doppelkrone, ...“[2]

Eingebettet in andere Adverbialsätze und Adverbielle Ausdrücke,[3] ist dieses *śḏm.n.f* eindeutig adverbiell.

<u>Negiert</u>:

- (Das Netz des starken Fängers), 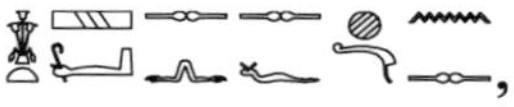, *ḥtš św n śfḫ.n.ś*, der einfängt, ohne daß es (das Netz) sich löst.[4]

[1] Edfou VII, 178, 15 f.; ähnlich: V, 295, 14 f. (*jw.n.j ... śjꜥr.n.j ...*).

[2] Edfou VI, 83, 10 f.

[3] Horus erscheint wie die Sonne, indem er ... (die folgende Schilderung wird durchgeführt mit):
- *Pseudopartizip und Präposition und Nomen* (drei in Folge),
- *Pseudoverbalkonstruktion mit Pseudopartizip*,
- *Adverbiellem Nominalsatz*,
- *Adverbiellem śḏm.n.f* (das hier behandelt wird),
- *Pseudopartizip und Präposition und Nomen*,
- *Pseudoverbalkonstruktion mit Pseudopartizip*,
- *Pseudoverbalkonstruktion mit ḥr und Infinitiv*.

Der lange Satz bildet unbestreitbar eine Einheit und ist gegen den vorangehenden Satz (Imperativ) und den folgenden (*jn*-Konstruktionen) klar abgegrenzt.

[4] Edfou VI, 236, 13 f. Zur Konstruktion siehe oben, § 223, zum Wort *ḥtš* siehe DeWit, in: CdE 29, 1954, 36, n. 89. Siehe auch ITE I/3 (Edfou VI), die Anm. zu E VI, 56, 7. Die Geltung der hier betroffenen Gunn’schen Regel wird oben, § 159, s. v. „*n* und *nn*“, diskutiert. – Weitere Beispiele: Edfou V, 115, 2; VIII, 93, 6 f.

2.2 Satzgefüge, asyndetisch

2.2.2 mit Attributsatz (Relativsatz)

§ 252

Der Attributsatz liefert Information über ein vorangehendes Substantiv, das Bezugswort. Dabei unterscheidet die ägyptische Sprache zwischen determiniertem und indeterminiertem Bezugswort, also beispielsweise zwischen „das/dieses Haus“ und „ein Haus“.[1] Bei determiniertem Bezugswort wird der Attributsatz in der Regel durch das Relativ-Adjektiv *ntj*[2] eingeleitet.[3]

Dem indeterminierten Bezugswort können sich verschiedene Satzarten anschließen, die meist als „Virtuelle Relativsätze“ bezeichnet werden. Bei ihnen handelt es sich, ihrer Struktur nach, eigentlich um Umstandssätze, die zu einem noch nicht eingeführten oder (partiell) unbekannten Substantiv Informationen liefern,[4] die zur Kennzeichnung dieses Substantivs für notwendig erachtet werden.[5] – Übersetzungstechnisch sollte man den ägyptischen Virtuellen Relativsatz als deutschen Umstandssatz realisieren, wenn es unserem Sprachgebrauch nicht zuwiderläuft.[6] In sehr vielen Fällen ist es aber angemessen, den auf ein Substantiv bezogenen Umstandssatz mit einem deutschen Relativsatz zu übertragen[7] – und damit befaßt sich der vorliegende Paragraph.

Die Grenze zwischen Determinierung und Nicht-Determinierung kann allerdings nicht scharf gezogen werden, weil es auch vom näheren und ferneren Kontext sowie von Kenntnisstand und Betrachtungsweise der beteiligten Personen abhängt, ob ein Bezugswort als bestimmt oder unbestimmt gewertet wird. So finden wir beispielsweise den Adverbiellen

---

[1] Diese Unterscheidung ist dem Deutschen fremd, man findet sie aber auch im Arabischen.

[2] Negativ: *jwtj*. Zu den Formen beider siehe oben, § 125 - 127.

[3] Zum Attributsatz mit *ntj* siehe unten, § 262.

[4] Deshalb spricht man hier auch vom Umstandssatz in adnominaler Verwendung (Junge, Neuäg. Gramm., 207). Cf. auch Jansen-Winkeln, Spätmitteläg. Gramm., § 441, der den Terminus „Uneigentlicher Relativsatz“ verwendet.

[5] Im Deutschen könnte man vielleicht paraphrasieren: „Ein ..., für den zutrifft/über den bekannt ist“. – Falls das Bezugswort eine Apposition ist, könnte man dieses als verkürzten Satz auffassen und einen Umstandssatz anschließen: *“..., der ein ... ist, indem/weil/ insofern als er ...“.

[6] So könnte man den Satz *ntk Rʿ wbn.f m <šw>** (Edfou VIII, 16, 8) nicht nur mit „Du bist Re, der im <Licht>* erscheint“ übersetzen, sondern auch mit „Du bist Re, wenn er im <Licht>* erscheint“.

[7] Daraus folgt, daß wir hier nur nur unter Bezug auf die Ausdrucksmöglichkeiten der Übersetzungssprache von einem „Relativsatz“ reden können.

Nominalsatz als Virtuellen Relativsatz innerhalb der Epitheta-Ketten, die auf den Namen[1] eines bestimmten Gottes folgen,[2] aber auch unmittelbar nach einem beliebigen determinierten Substantiv.[3] Ursache dafür mag sein, daß es sich um zusätzliche Informationen handelt, von denen man annimmt, daß sie dem Hörer oder Leser nicht vertraut sind; dazu paßt gut, daß manchmal innerhalb der Epitheta-Ketten eines der Epitheta durch einen Virtuellen Relativsatz näher erläutert wird.

Die Betrachtungsweise des Sprechers zeigt sich bei diesem Beispiel:

- (... ist dauerhaft) , *mj mn pt Rʿ jm.ś*, wie der Himmel dauerhaft ist, in dem Re ist.[4]

Der Himmel wird hier also nicht als determiniert, sondern als indeterminiert gesehen; es ist nicht ein spezieller Himmel gemeint, sondern der Himmel allgemein: *„...dauerhaft wie Himmel mit Re darin".[5]

Darüber hinaus hat es den Anschein, als werde der attributiv verwendete Adverbielle Nominalsatz überwiegend dann mit *ntj* angeschlossen, wenn das Bezugswort durch ein Demonstrativpronomen oder *nb*, alle, deutlich determiniert ist.

Ein formales Kennzeichen des Attributsatzes ist, wie in der klassischen Sprache, der Rückverweis auf das Bezugswort durch das entsprechende Suffixpronomen; weitaus seltener benutzt man statt dessen das Adverb *jm*.[6]

---

[1] Zum Virtuellen Relativsatz nach Eigennamen siehe auch Jansen-Winkeln, Spätmitteläg. Gramm., § 484; cf. ferner das unten (Ag) zitierte Beispiel aus der Neujahrshymne, in der die Göttin Renepet-Neferet, die Personifikation des guten Jahres, angerufen wird.

[2] Vergleichbares begegnet bereits im Mittelägyptischen, siehe Gardiner, EG, § 198, 1; cf. auch § 199, Belegstelle 2, wo umgekehrt ein für unser Sprachgefühl indeterminiertes Bezugswort mit *ntj* angeschlossen wird, ein Bezugswort jedoch, das der Ägypter – nicht ohne Sinn – als determiniert aufgefaßt hat. – Interessant ist auch die Stelle Couyat-Montet, Inscr. du Ouâdi Hammâmât, 77, Zeile 3 f. des Textes, wo nach determiniertem Bezugswort („dieser Stein") ein Zirkumstanzieller Adverbialsatz folgt (*jw.f m śt.f*), den wir im Deutschen als Attributsatz übertragen (cf. Schenkel, Memphis, Herakleopolis, Theben, 263, nota d).

[3] Wegen der Beispiele siehe unten.

[4] Dendara VIII, 85, 2.

[5] Siehe auch unten, § 262, A b, Anm. zum zweiten Beispiel. – Weitere Beispiele für Bezugswörter, die nach dem Kontext aus einsichtigem Grunde vom Ägypter als indeterminiert aufgefaßt wurden: Edfou VI, 118, 6 (es konnte theoretisch jeder Ort sein); Dendara X, 39, 4 f.: (ein Haufen Sand, *jw ḥtp nṯr ḥr.f m-ẖnw nb-ʿnḫ*, auf dem der Gott ruht im Sarkophage). – An der Stelle Edfou VII, 239, 12 ist das Bezugswort formal indeterminiert (*wʿ mw jw.f ...*).

[6] Siehe beispielsweise Edfou VI, 122, 5: ... *r bw nb šm.śn jm*, ... an jeden Ort, zu dem sie gehen. Ähnlich: VI, 195, 1 (*ḫnt 8.t nt Kmt bs(t) ḥʿpj jm r jm*); mit Suffixpronomen: 123, 9 f.: *śt tn ḥtpt.k jm.ś*. – Im Nominalsatz mit *pw* (siehe unten, b), beim Adjektivischen Nominalsatz (siehe unten, d) und in einigen besonderen Fällen (zum Beispiel bei Zeitangaben: Cauville, Temple d'Isis, 285, 3) erübrigt sich der Rückverweis.

Nachfolgend behandelt werden *Attributsätze* ohne voranstehendes *jw* (A), *Attributsätze* mit voranstehendem *jw* (B) und *Relativformen* (C). Letztere werden hier eingeordnet, weil ihre Verbindung mit dem Bezugswort im Ptolemäischen in aller Regel nicht mehr formal durch die Genuskongruenz markiert wird,[1] so daß wir auch sie nur mit Hilfe syntaktischer Gegebenheiten und/oder des Rückverweises als attributiv erkennen können.

A Als Virtueller Relativsatz ohne voranstehendes *jw* können etliche der Satzarten fungieren, die oben unter § 188 ff. vorgestellt wurden.[2]

a) Der Virtuelle Relativsatz ist ein Nominaler Nominalsatz:[3]

- 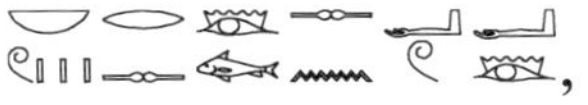, *nbw rś(w) bwt.śn ʿʿw*, Die Herren der Wachsamkeit, deren Abscheu der Schlaf ist;[4]

- 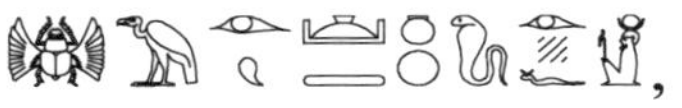, *ḫprr wnmjt.f jtn j3bt.f Jʿḥ*, Der geflügelte Skarabäus, dessen rechtes Auge die Sonnenscheibe ist, dessen linkes Auge der Mond ist.[5]

b) Der Virtuelle Relativsatz ist ein Nominaler Nominalsatz mit *pw*:

- , *Ḥr Bḥdtj nṯr ʿ3 nb pt ś3b śwt prj m 3ḫt Rʿ pw ḥrj nṯrw*, Horus Behedeti, der große Gott, der Herr des Himmels, der Buntgefiederte, der aus dem Horizont hervorkommt, der Re ist, der Oberste der Götter;[6]

- (Zu Horus gesagt): , *ntk s3 ḥḏt mś dšr(t) rr pw n nbtj*, „Du bist der Sohn der Weißen Krone, das Kind der Roten Krone, der Zögling der beiden Herrinnen."[7]

Viele weitere Beispiele ließen sich anführen,[8] die in ihrer Gesamtheit zeigen, daß der *Nominale Nominalsatz mit pw* in attributiver Verwendung benutzt wird, um das Bezugswort mit anderem gleichzusetzen, wobei – wie es in der Natur der Tempeltexte liegt – zumeist eine

---

[1] Siehe oben, § 141 - 145.

[2] Wegen negierter Sätze siehe zusätzlich zu den folgenden auch die Beispiele oben, § 209; 219 (Ausdruck der Nicht-Existenz).

[3] Diese Funktion des Nom. NS begegnet oft, siehe beispielsweise Edfou V, 55, 10; 364, 4 (*Ḥr Sm3-t3wj ... mjtt.f p(3) ntj n Bḥdt*, Harsomtus, ..., dessen Gegenstück derjenige ist, der in Behedet ist; cf. VI, 168, 6); VII, 94, 2; VIII, 48, 7.

[4] Edfou VI, 14, 10.

[5] Edfou V, 201, 12.

[6] Edfou VI, 348, 7.

[7] Edfou VII, 170, 14. Das Subjekt *pw* wurde vom Satzende nach vorne gerückt; cf. dazu oben, § 198.

[8] Edfou III, 232, 17 f.; 238, 7 f.; 256, 7; 258, 7; 268, 1; 280, 17; V, 190, 10 f.; 355, 5 f.; VI, 314, 16 f.; 315, 8; VII, 201, 4; VIII, 53, 2; 68, 10 f.; 123, 5 und andere mehr.

Gottheit mit einer anderen identifiziert wird, seltener ein Ort mit einem Ort[1] oder auch anderes.

Im Rahmen der vorliegenden syntaktischen Gegebenheiten handelt es sich nicht um einen selbständigen Satz. Das geht klar daraus hervor, daß der *Nominale Nominalsatz mit pw* hier inmitten jener Epitheta-Ketten der Ritualszenen erscheint, die größtenteils aus Appositionen, Attributen, Attributgruppen und Attributsätzen bestehen, und damit zugleich inmitten von Textabschnitten, deren formale Gliederungen[2] eindeutig festgelegt sind.

Der *Nominale Nominalsatz mit pw* steht wegen der Semantik seines Subjekts der Apposition nahe. Deshalb ist es gerechtfertigt, überall dort, wo die wörtliche Übersetzung ins Deutsche allzu schwerfällig würde, mit einer Apposition zu übersetzen, mit „nämlich" anzuschließen oder eine Parenthese[3] zu verwenden. Dazu ein Beispiel:

- (Der Tempel von Edfu birgt in sich) , *nṯrwj (Ptḥ) T3-ṯnn pw ḥnʿ Rʿ m śt jb.śn*, die beiden Götter, nämlich (Ptah) Tatenen und Re, die (hier) an ihrem Lieblingsort sind.[4]

c) Der Virtuelle Relativsatz ist ein Adverbieller Nominalsatz:[5]

- (Der König bringt dem Gott die Personifikation des Berges) , *Wtn(t) ḥm3g(t) m-ḫntj.ś*, Utenet, in dem (das Mineral) Hemaget ist;[6]
- (Horus) , *r3w prw nb(w) ḫr ʿḫmw.f j3wt nb(t) ḫr śḫm.f*, dessen Bildnisse in allen Tempeln sind, dessen Abbild an allen (heiligen) Stätten ist;[7]
- (Der König bringt eine Personifikation der Nilflut), , *bʿḥj 3ḫt wnnt nb(t) m-ḫt.f*, die den Acker überflutet, von der alles, was existiert, abhängt;[8]

---

[1] Siehe zum Beispiel Edfou VIII, 68, 10 f.

[2] Siehe Winter, Tempelreliefs, Abb. 6; Kurth, Dekoration, 177 ff.

[3] Jansen-Winkeln, Spätmitteläg. Gramm., § 646, erkennt in Fällen dieser Art grundsätzlich Parenthesen, was weder zu beweisen noch zu widerlegen ist. Allerdings halte ich die Bestimmung als Parenthese für wenig wahrscheinlich, und zwar sowohl wegen der Vielzahl der hier versammelten Belege als auch wegen der anderen attributiv verwendeten Arten des Nominalsatzes.

[4] Edfou VII, 38, 17. Auch an der Stelle III, 258, 6 f., könnte man übersetzen: Banebded, ... der vier Götter vereint in einem Gott ist, und zwar Re mit seinen Kindern; cf. die alternative Übertragung bei Kurth, Dekoration, 152 f.

[5] Dieser wird gerne auch innerhalb von Bildbeschreibungen verwendet, siehe zum Beispiel Edfou V, 177, 2 f.; VI, 21, 6; 23, 7 - 24, 1 (mehrere Fälle); VII, 24, 11 f. (ITE I/2, 42).

[6] Edfou VIII, 75, 7 f.

[7] Edfou VIII, 93, 10 f. Mit Blick auf den Kontext (ITE I/1, 166) könnte man alternativ zwei Umstandssätze ansetzen, die sich auf den vorangehenden Text beziehen: ..., der sich verborgen hat, um sein Wesen geheim zu machen, indem/während aber seine Bildnisse in allen Tempeln sind, ...

[8] Edfou VI, 206, 7 f.

- (Horus), *nb r3-ꜥ-ḫt pr-Mnṯw r ḫt.f*, der Herr des Kampfplatzes, dem das Haus-des-Month (das Zeughaus) unterstellt ist;[1]
- *Ḥr Bḥdtj nṯr ꜥ3 nb pt rś n n.f ꜥꜥw*, Horus Behedeti, der große Gott, der Herr des Himmels, der Wächter, der keinen Schlaf kennt.[2]

d) Der Virtuelle Relativsatz ist ein Adjektivischer Nominalsatz:[3]

- (Der König sagt zu Horus: „Ich bringe dir): ... , *kkw ... šfj ś(w) hd ś(w) r mr(wt).k*, die Nilflut, ..., die anschwillt und ausgreift nach deinem Belieben."[4]
- (Über Horus gesagt): *św m nṯr nṯrj wr św r nṯrw*, Er ist der göttlichste Gott, der größer (älter) ist als die (anderen) Götter.[5]

e) Der Virtuelle Relativsatz ist eine Pseudoverbalkonstruktion mit *ḥr* und Infinitiv:

- (Über Harsomtus gesagt): ... , *św mj Ḥr S3-3śt ... śntj ḥr jr(t) bs3.f*, Er ist wie Harsiese ..., dessen Schutz die beiden Schwestern (Isis und Nephthys) besorgen.[6]

f) Der Virtuelle Relativsatz ist eine Pseudoverbalkonstruktion mit Pseudopartizip:

- (Edfu ist eine Urinsel aus Gold), *śptj.ś rwḏ n ḫśbḏ*, deren Ufer mit Lapislazuli befestigt sind;[7]
- (Der Sonnengott von Edfu), *<mꜥnḏt> ḥꜥj.tj ḫr nfrw.f*, mit dessen Schönheit die Tagesbarke prangt.[8]

g) Der Virtuelle Relativsatz ist ein *śdm.f*:[9]

---

[1] Edfou VII, 64, 16 f. Hier könnte man den Adverbiellen Nominalsatz vielleicht dahingehend verstehen, daß er den vorangehenden Ausdruck, der als verkürzter Satz aufgefaßt wird, in Art eines zirkumstanziellen oder kausalen Nebensatzes näher erläutert: (Horus ist) der Herr des Kampfplatzes, indem ihm/da ihm .... – Ähnlich: VII, 121, 16; 242, 8.

[2] Edfou V, 325, 5; wörtlich: ..., ein Wächter, der keinen Schlaf hat. Ähnlich: Wb I, zweite Belegstelle zu 169, 9 (20. Dyn.). – Auch der mit *n.f jmj* gebildete Satz (oben, § 214) kann attributiv verwendet werden: Edfou V, 286, 17; VII, 234, 9 f.; VIII, 52, 16 f.

[3] Siehe auch oben, § 222 B.

[4] Edfou VI, 224, 8; ähnlich: VI, 236, 8; 250, 12 (beide: *twt św r* ..., der dem ... gleichkommt).

[5] Edfou VII, 114, 13; zum Inhalt siehe ITE I/1 (Edfou VIII), 44, n. 6. – Der Adjektivische Nominalsatz begegnet als Virtueller Relativsatz sehr oft in komparativer Aussage, siehe beispielsweise Edfou V, 45, 3 f.; VII, 85, 1.

[6] Edfou VII, 124, 2 f.; ähnlich: VI, 15, 5; VII, 194, 10; 204, 12; Dendara XII, 199, 4 (*jrt-Rꜥ bjk ḥr ḥwt.ś*). – Wenn das *ḥr* vor dem Infinitiv fehlt (zum Beispiel VII, 68, 13; 69, 12; 86, 11; 101, 3 f.; 133, 16; 162, 2 f.; 175, 13), dann hat das zumeist eine lautliche Ursache (siehe oben, § 135, sub voce *ḥr*).

[7] Edfou VII, 179, 1.

[8] Edfou VIII, 93, 7; wörtlich: unter dessen Schönheit die Tagesbarke in Jubel ausgebrochen ist. Zur Bedeutung des Pseudopartizips siehe oben, § 216 b. – Die Pseudoverbalkonstruktion mit Pseudopartizip findet man als Virtuellen Relativsatz nicht selten, siehe beispielsweise Edfou VI, 14, 1; VII, 111, 12; 193, 3 f.; 272, 16.

[9] Siehe auch die von Junker, GdD, § 126, zitierten Fälle.

Auch dieses *śḏm.f* ist ein Adverbialsatz, weshalb bei der Übtertragung ins Deutsche in vielen Fällen Attributsatz und Adverbialsatz miteinander konkurrieren.[1] Die folgenden Beipiele sind aber am ehesten attributiv zu übersetzen:

- (Völker des Nordens), 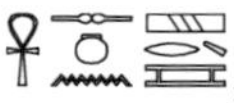, *ꜥnḫ.śn n šrḥ*, die von Bächen leben;[2]
- (Der König opfert Gänse und sagt): , *mn n.k hꜣjw hꜣj.śn m pt ḫnmw bsj m sš.śn*, Nimm dir die Zugvögel, die vom Himmel herabsteigen, und Sumpfgeflügel, das aus seinen Nestern hervorgeht.[3]

In vielen Fällen ist klar zu erkennen, daß das *śḏm.f* als Virtueller Relativsatz gewählt wurde, um Mehrdeutigkeit auszuschließen.[4] Die bei der angestrebten Aussage übliche *śḏm.f*-Relativform hätte ja fälschlich auch als Partizip Aktiv aufgefaßt werden können, wodurch das Bezugswort zum Subjekt geworden wäre und eine gegenteilige Aussage erzeugt hätte:[5]

- (Zu Horus von Edfu gesagt: „Du bist der große Falke mit den festlich geschmückten Augen), , *dwꜣ ś(w) <Ḏrtjw> r-rwt ḏrjt.f*, den <die Falkengötter> außen vor seinem Gemach lobpreisen.“[6]

h) Der Virtuelle Relativsatz ist ein *śdm.n.f*:[7]

Das *śḏm.n.f* als Virtueller Relativsatz kann sich sowohl einem determinierten als auch einem indeterminierten Bezugswort anschließen; es gibt an, daß ein Geschehen vollzogen ist.[8]

---

[1] Siehe dazu zum Beispiel Edfou VIII, 55, 8 f.: *św mj wdpw n Rꜥ ḫr <jnmt> wdḥ.f rdj.f n wśrt*, Er ist wie der Mundschenk des Re, der <Inemet-Wein> trägt, indem er ausschenkt und der Starken (Hathor) darreicht; cf. ITE I/1, 102, wo mit einem Attributsatz übersetzt wurde. Cf. auch die Parallelen Dendara VII, 37, 3 und Dendara Mam., 53, 12 f., von denen erstere etwas anders formuliert und dabei das Partizip Aktiv benutzt. – Die Stelle VII, 291, 10 (*⌜śt⌝ m nb(w) mꜣꜥt ꜥnḫ.śn m mꜣꜥt*) kann attributiv übertragen werden, aber ebensogut mit einem zirkumstanziellen Adverbialsatz (Umstandssatz).

[2] Edfou VI, 199, 3. Direkte Parallelen schreiben entweder *ntj ꜥnḫ.śn* (198, 2) oder *ntj jw ꜥnḫ.śn* (196, 12). – Ein weiteres Beispiel liefert die zwölfte Anrufung der Neujahrshymne: *j rnpt jj.ś jj.t n Ḥr Bḥdtj…*, „O Jahr, welches kommt! Du mögst kommen zu Horus Behedeti...“ (Germond, Invocations, 26; inzwischen ist ein weiterer Textzeuge hinzugekommen: Dendara XV, 55, 1 – 70, 11).

[3] Edfou VII, 124, 11 f. (zum Inhalt siehe ITE I/2, 222 und den dortigen Kommentar). – Man beachte das Nebeneinander von *śḏm.f* und Partizip; cf. dazu als weiteres Beispiel Edfou VII, 1, 11 (... *mj Rꜥ pśḏ.f* ...) und De Wit, Temple d'Opet, 232, 2 f. und 264, 2 f. (... *mj Rꜥ pśḏ* ...).

[4] Dieses Bemühen um sprachliche Eindeutigkeit ist auch sonst zu beobachten, siehe unten, § 263, in fine.

[5] An diese Beobachtung können folgende Überlegungen anknüpfen:

- Die mittelägyptische Silbenstruktur und Vokalisation der Relativformen waren nicht mehr bekannt.
- Die daraus resultierende Mehrdeutigkeit war den Verfassern der ptolemäischen Texte bewußt.
- Als gute Philologen beseitigten sie diese Mehrdeutigkeit mit Hilfe des *śḏm.f* als Virtuellem Relativsatz.

[6] Edfou VIII, 8, 8. Die Relativform **dwꜣ <Ḏrtjw> r-rwt ḏrjt.f* hätte dieselbe Aussage ergeben, hätte aber auch bei Auffassung als Partizip Aktiv zu folgender Übersetzung führen können: *(„Du bist der große Falke ...), der <die Falkengötter> außen vor seinem Gemach lobpreist.“ – Ähnlich: V, 25, 13 f.; VII, 20, 9; 194, 10.

[7] Siehe auch die von Junker, GdD, § 136, zitierten Fälle.

[8] Siehe oben, § 236.

Manchmal ist zu erkennen, daß das *śḏm.n.f* als Virtueller Relativsatz – präzisierend – anstelle des Partizip Aktivs verwendet wird, weil dieses ja hinsichtlich der Zeitlage morphologisch indifferent ist.[1]

- (Einer der Kultnamen Denderas lautet): , *Pr-Ḥr-jtj.n.f-ḥḏt*, Haus-des-Horus,-der-sich-die-Weiße-Krone-genommen-hat;[2]

- (Während des Maat-Opfers zum Gott gesagt): , *tjt.k pw prj.n.ś jm.k rdj(t).n.k n wn m-ḫt.k*, „Dein Abbild ist sie (die Maat), die aus dir hervorging, die du denen gegeben hast, die nach dir sind;“[3]

- (Horus ist der angriffslustige Ba, ...), , *śm3r.n.f śbjw ḥr jt.f*, der diejenigen bezwungen hat, die seinem Vater feindlich waren.[4]

i) Der Virtuelle Relativsatz ist ein negiertes *śḏm.tw.f*:

- (Hathor), 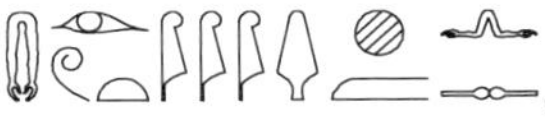, *n jrj.tw śḫrw m ḫm.ś,* ohne deren Wissen keine Angelegenheit (nichts) ausgeführt wird.[5]

j) Der Virtuelle Relativsatz ist ein Satz des Typs *Negation n und Nomen*:[6]

- (Der allereinzige Gott) 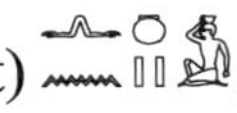, *nn śnnw.f*, dessengleichen es nicht gibt.[7]

B Der Virtuelle Relativsatz mit voranstehendem *jw* hat in der Regel ein pronominales Subjekt.

a) Auf *jw* folgt ein Adverbieller Nominalsatz:

- , *n rḫ.n.f bw jw.śn jm*, Er kannte nicht den Ort, an dem sie waren;[8]

b) Auf *jw* folgt eine Pseudoverbalkonstruktion:

---

[1] Abgesehen von der Konstruktion mit dem Hilfsverb *jrj* (siehe oben, § 139 A).

[2] Kockelmann, Toponymen- und Kultnamenlisten, 112.

[3] Edfou VI, 317, 15 f. Zur pluralischen Übersetzung des Ausdrucks *wn m-ḫt.k* siehe oben, § 105.

[4] Edfou VII, 308, 14. Ein weiteres Beispiel: VII, 91, 17: *(M3ʿt)* ... *śwr.n.ś śfjt.f*, (Maat), ..., die sein Ansehen groß gemacht hat.

[5] Dendara XII, 96, 4. Cf. Wb IV, 260, 14.

[6] Auch „Negativer Existenzsatz“ genannt; Jansen-Winkeln, Spätmitteläg. Gramm., § 590 ff. (cf. Gardiner, EG, § 107 - 109).

[7] ITE I/1 (Edfou VIII), 390, Zeile 14; wörtlich: ..., dessen Zweiten es nicht gibt. – Diese und ähnliche Wendungen (siehe zum Beispiel Wb II, 39, 9) sind sehr oft zu belegen.

[8] Edfou VI, 118, 6; das Beispiel wurde bereits oben zitiert (§ 220 A d). – Die Übersetzung mit einem Relativsatz läßt sich auch an folgenden Stellen vertreten: Edfou VIII, 68, 4; 112, 6; 145, 11; an der Stelle VII, 11, 2, liegt die Übersetzung mit einem Zirkumstanziellen Nebensatz näher.

- (Zahlreiche Opfergaben werden gebracht), , *jw.śn jrj r śḥb ḫ3wwt.k*, die allesamt deine Altäre festlich machen sollen;[1]
- (Bei der Beschreibung eines Gebietes): , *hn(n).k r wꜥ mw jw.f (ḥr)*[?] *šm(t) n p(3) j3btj r p(3) jmntj*, „Du wendest dich einem Wasserlauf zu, welcher von Osten nach Westen fließt;“[2]
- (Der König sagt zum Gott): 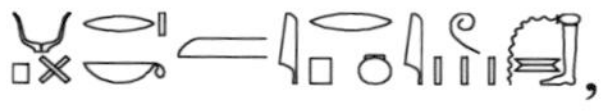, *wpj r3.k m jrp jw.w wꜥb*, „Öffne deinen Mund (um zu trinken) von dem Wein, der rein ist.“[3]

C Bei den überaus häufig anzutreffenden und in der Regel endungslosen[4] Relativformen[5] spielt Determinierung oder Nicht-Determinierung des Bezugswortes keine Rolle.[6] Für die jeweilige Zeitlage der verschiedenen Relativformen gilt das, was oben (§ 234 - 236) zu *śḏm.f*, *śḏm.f*-Passiv und *śḏm.n.f* gesagt wurde.

Im folgenden behandele ich zunächst die *śḏm.f*-Relativform (a) und die *śḏm.n.f*-Relativform (b), anschließend das Passiv der Relativform (c). Bei den beiden erstgenannten werden nacheinander für folgende Fälle jeweils ein oder zwei Beispiele gegeben:

- das Bezugswort ist Direktes Objekt (α)
- das Bezugswort wird mit einer Präposition angeschlossen (β)
- ein vom Bezugswort verschiedenes Direktes Objekt kommt hinzu[7] (γ).

a) Die *śḏm.f*-Relativform

α) das Bezugswort ist Direktes Objekt:

- (Der Windhauch), , *ndb ḥm.k*, „den deine Majestät hört.“[8]

β) das Bezugswort wird mit einer Präposition angeschlossen:

- (Horus, ...), , *ꜥnḫ jrt nbt jm.f*, durch den jedes Auge (alle Menschen) leben;[9]

---

[1] Edfou VI, 205, 2.

[2] Edfou VII, 239, 12; das Beispiel wurde bereits oben zitiert (§ 220 A d).

[3] Edfou VII, 278, 16 (cf. Erman, NG, § 498; Till, Kopt. Gramm., § 475). – Weitere Beispiele: VI, 114, 6 (*jw.w śpd*); VII, 219, 7.

[4] Siehe oben, § 142 - 143; 145.

[5] Zu den seltenen mit *j* anlautenden Relativformen, die hier nicht mehr behandelt werden, siehe oben, § 144.

[6] Anders verhält es sich bei den mit *j* anlautenden Relativformen (oben, § 144), die nur nach determiniertem Bezugswort benutzt werden.

[7] Gardiner, EG, § 383.

[8] Edfou VII, 295, 11; ähnlich: VII, 2, 6 (*ḥsj.f Rꜥ r nwt.f mrj(t).f*); 307, 10 (*mrj k3.ṯ*).

[9] Edfou VIII, 9, 11; ähnlich: VII, 1, 14 (*P-wr n k3.f ḫꜥj(t).f ḥtp(t).f m-ḫnt.ś*); VIII, 169, 1 (*śb3 ꜥ3 n-ḫft-ḥr nt(j) Wṯst.Ḥr prj Bḥdtj ḫnt.ś*).

- (Zu Horus gesagt): , *ṯwt nṯr prj ḥꜥpj m fdt.f*, „Du bist der Gott, aus dessen Schweiß die Nilflut hervorkommt."[1]

Rückverweis kann stattdessen ein adverbielles *śḏm.f* sein:

- (Hathor, ...), 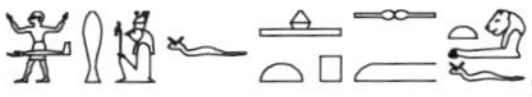, *ḥꜥj(t) ḥm.f ḥtp.ś m ḥꜣt.f*, über die sich Seine Majestät freut, wenn sie sich an seiner Stirn niederläßt.[2]

γ) ein vom Bezugswort verschiedenes Direktes Objekt kommt hinzu:

- (Horus, ...), , *šsp nṯr(w) nbw śnw ḥr ṯt.f*, von dessen Opfertisch alle Götter die Opferbrote empfangen.[3]

b) Die *śḏm.n.f*-Relativform

α) das Bezugswort ist Direktes Objekt:

- (Der Gott betrachtet) 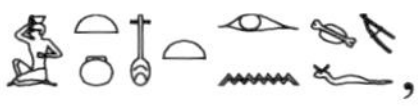, *kꜣt tn nfrt jrj(t).n jwꜥw.f mrj.f*, dieses vollkommene Werk, das sein geliebter Erbe errichtet hat.[4]

β) das Bezugswort wird mit einer Präposition angeschlossen:

- (Die Gestalt des Horus ist) 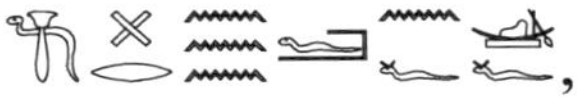, *wꜣḏ-wr prj.n.f jm.f* das Meer, aus dem er hervorkam;[5]

- (Der König), , *jj nṯr ḥr ḫrw.f*, auf dessen Stimme hin der Gott herbeikommt.[6]

γ) ein vom Bezugswort verschiedenes Direktes Objekt kommt hinzu:

---

[1] Edfou VIII, 9, 5 f.; hier wird zusätzlich noch ein Regens des Bezugswortes eingeführt.
Bei Intransitivem Verbum: Edfou VII, 161, 5 (*Ḥt-ḥr ... ḥwj(t) ḥꜥpj ḫft wḏt.ś*). An der Stelle VI, 285, 18 ist alternativ der Ansatz als Unmarkiertes Kausativ möglich (siehe Wb III, 192, 8 f. und cf. oben, § 157 f): (Hathor) ..., *ḥtpt jt.ś n mꜣꜣ.ś*, über deren Anblick ihr Vater zufrieden ist (cf. Edfou VI, 285, 2: *śḥtpt jt.ś n mꜣꜣ.ś*, die ihren Vater durch ihren Anblick zufriedenstellt).

[2] Edfou VII, 90, 6 f.; ähnlich: VII, 56, 3; 142, 4; 199, 7; 266, 3.
An anderen Stellen ist statt des adverbiellen *śḏm.f* ein Adverbieller Ausdruck theoretisch möglich, aber nicht zwingend (*Präposition und Infinitiv und Suffixpronomen als Genitivus Subjectivus*): Edfou VII, 115, 14; 117, 13; 174, 13 (... *m ḥtp.ś*).
An wieder anderen Stellen ist ein Adverbieller Ausdruck weitaus wahrscheinlicher als ein *śḏm.f*: VII, 179, 11 (... *m mꜣꜣ ḥr.f*).
Auch findet man, daß der Rückverweis in eine Adverbialgruppe mit Infinitiv und Direktem Objekt eingebunden ist: (Der Sonnengott) ..., *dwꜣ ꜥnḫw r rdt n.f jꜣw*, zu dessen Verehrung die Lebenden früh auf sind; Edfou VI, 241, 10.

[3] Edfou VII, 215, 1; ähnlich: VI, 117, 13 (*ꜣśt wrt mwt nṯr rdj(t) n.ś Rꜥ śbjw nw śn.ś*); VII, 256, 6; Dendara XIII, 38, 10: (Hathor) *mrj(t) Rꜥ mꜣꜣ nfrw.ś*, deren Schönheit Re zu sehen liebt; zum Inhalt cf. oben, § 181 a, letzte Anmerkung. Cauville, Temple d'Isis, 285, 2: *hrw (r)dj ś(j) mwt.ś r tꜣ*, der Tag, an dem ihre Mutter sie gebar; der Rückverweis kann bei Zeitangaben fehlen.

[4] Edfou VII, 3, 2; ähnlich: VII, 11, 4; 21, 1 (*rr.n nb*, den die Goldene aufgezogen hat); 24, 10.

[5] Edfou VIII, 9, 8; ähnlich: VI, 264, 2 f. (*ntf Rꜥ prj.n.ṯ jm.f*); 338, 13 f. (*mn n.k kfj nṯr m šꜣꜥ m Wnw prj.n.k jm.f*).

[6] Edfou VII, 87, 15.

- (Hathor) , *jrj(t.n) n.ś jt.ś Rꜥ <hb>.ś <n>* tḫ*, für die ihr Vater Re ihr <Fest> <der>* Trunkenheit eingerichtet hat;[1]

- (Die ehrwürdigen Verstorbenen) 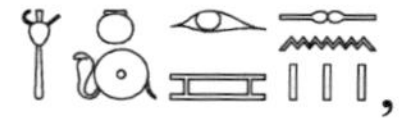, *wḏ(w).n Rꜥ jr(t) mrj(t).śn*, denen Re zugewiesen hat, daß sie tun können, was sie wünschen.[2]

c) Das Passiv der Relativform[3]

śdm.f-Passiv:

- (Die Urgötter Edfus), , *śwr(w) ṯt.śn jn wbn-m-ꜣḫt*, deren Altäre reichlich versorgt werden durch Den,-der-im-Horizont-aufgeht (Re).[4]

Unpersönliches Passiv:[5]

- 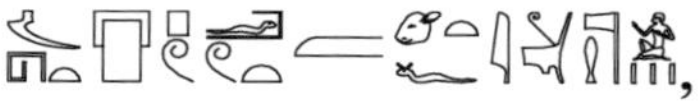, *mꜣh pw ꜥḳ.tw m ḫntj.f jn ḥmw nṯr*, Dies ist die Tür, durch welche die Gottesdiener eintreten.[6]

śdm.tw.f:

- (Der große Schützer der Neunheit), , *ḫtj(t).tw kꜣ.f m-rwt ḥḏ.śn*, an deren Kapellen sein Ka außen eingraviert wurde.[7]

---

[1] Edfou V, 70, 5 f.; zum Ausfall des *n* im *śḏm.n.f* siehe oben, § 143.

[2] Edfou VI, 99, 2. Wörtlich: ..., deren Nach-dem-Wunsche-tun Re angeordnet hat. Als Rückverweis fungiert hier das Suffixpronomen am Objekt zum Infinitiv, der seinerseits Objekt zu *wḏ* ist.

[3] Zum Begriff siehe oben, § 145.

[4] Edfou V, 161, 9 f. – Ein weiteres Beispiel: („Du mögest ihn bewahren vor allem bösen Übel) *ḏd jrt.ś r.f jn rmṯw nb(w)*, dessen Eintreffen bei ihm von irgendeinem Menschen gewünscht wird" (Dendara XIII, 67, 6 f.; es handelt sich um Verfluchungen und böse Wünsche, deren Eintreffen man befürchtete).

[5] Cf. Gardiner, EG, § 388.

[6] Edfou VI, 348, 13; zum Genus des Wortes *mꜣh < mꜣht* siehe Budde und Kurth, in: Edfu Begleitheft 4, 1994, 12, Nr. 48. Wörtlich: Dies ist die Tür, durch die eingetreten wird seitens der Gottesdiener. – Ähnlich: V, 99, 10 (*Wꜣḏt ... tḫj(t).tw n kꜣ.ś jn ṯꜣjw ⌜ḥmwt⌝*, Uto, ..., für deren Ka sich Männer und ⌜Frauen⌝ betrinken); VI, 349, 6.

[7] Edfou VIII, 81, 12; ähnlich: V, 2, 1; VII, 77, 2; VIII, 84, 13 (*Ḫntt-jꜣbtt ... jrj(t).tw nśwt ḫft wḏ(t).ś*, Chentet-iabtet, ..., auf deren Befehl hin der König eingesetzt wird); Cauville, Temple d'Isis, 19, 9 f.: (Die Göttin) ... *njś.tw n.ś jn bw-nb*, ..., die von jedermann angerufen wird.

2.2 Satzgefüge, asyndetisch

2.2.3 mit Objektsatz

§ 253

Nach bestimmten Verben[1] begegnet anstelle des Direkten Objekts ein Satz, der mindestens aus Subjekt und Prädikat besteht, der aber zusätzlich auch die anderen Satzteile umfassen kann.[2] Als Objektsätze können auftreten

- der *Adverbielle Nominalsatz* (a)
- die *Pseudoverbalkonstruktion mit Präposition und Infinitiv* (b)
- die *Pseudoverbalkonstruktion mit Pseudopartizip* (c)
- das *śḏm.f* (d).

Objektsätze folgen besonders oft dem Verbum *rdj*, geben/veranlassen, aber auch den Verben *ptr*, sehen, *mꜣꜣ*, sehen, *mrj*, gerne haben/wünschen/wollen und *gmj*, finden.[3]

Vor allem bei den Satzbaumustern a - c kann man fragen, ob das auf die genannten Verben folgende Substantiv das Subjekt eines Objektsatzes ist oder ob es sich bei ihm um das Direkte Objekt des betreffenden Verbs handelt, das durch die folgenden Satzteile näher bestimmt wird:[4]

- (Der Gott sagt zum König): , *(r)dj.j n.k tꜣ šmꜥw tꜣ mḥw ḥr dwꜣ.k.*[5]

Bei Auffassung als Objekt mit adverbieller Bestimmung ergibt sich:
„Ich gebe dir Ober- und Unterägypten, indem sie dich verehren."

---

[1] Für die klassische Sprache cf. Gardiner, EG, § 183 ff.

[2] Solche Sätze folgen im Deutschen auf die Konjunktion „daß": „Ich weiß etwas" → „Ich weiß, daß etwas ... ist".

[3] Auch auf *ḏd*, sagen und *njś*, rufen, folgt ein Objektsatz; dazu siehe unten, § 265 - 267. Semantisch entsprechen diese Verben den Verba Sentiendi et Dicendi der lateinischen Grammatik.

[4] In der zuletzt genannten Weise beschrieben von Gardiner, EG, § 304, 1 und 315; jedoch ließen sich auch die Pronomina seiner Beispiele als Subjekte eines Objektsatzes auffassen, indem sie hier durch ihre Einbettung in den Satz ebenso gestützt wären wie sonst durch Partikel oder *jw*. – Auch das auf die betreffenden Verben folgende *śḏm.f* läßt sich als Nomen (konjugiertes Nomen) beschreiben: *rdj.j śḏm.f*, „Ich veranlasse, daß er hört"; oder: „Ich veranlasse sein Hören".
Mit der Frage, ob das auf die betreffenden Verben folgende Nomen ein Direktes Objekt oder das Subjekt eines Objektsatzes ist, befaßt sich auch Sweeney, in: Crossroad, 337 ff. – Interessant ist dazu auch die Textstelle Edfou VI, 186, 16: *rwj.j śn pśš.tj m wꜥt 2.t*, „Ich beende ihren (der Kronen) Zustand des Getrenntseins in die eine und die andere." Auch hier möchte ich einen Objektsatz erkennen (wörtlich: „Ich beende/beseitige/vertreibe, daß sie getrennt sind ..."); die Auffassung des *śn* als Objekt ist hier nicht sinnvoll. – Objekt und Objektsatz können auch parallel stehen, zum Beispiel Edfou V, 380, 8 - 10.

[5] Edfou VIII, 26, 2.

Bei Auffassung als Objektsatz erhält man:

„Ich gebe dir, daß Ober- und Unterägypten dich verehren."

Wie auch immer die Sprecher der ägyptischen Sprache das empfunden haben mögen, letztlich handelt es sich bei der göttlichen Gabe – in ihrem ganzen Umfang – nicht um ein Objekt, sondern um einen Sachverhalt, für dessen unabhängige Darstellung ein vollständiger Satz benötigt würde. Deshalb ist bei der Übertragung ins Deutsche in vielen Fällen ein Objektsatz („daß-Satz") angemessen, und so würde ich beim obigen Beispiel die zuletzt gegebene Übersetzung bevorzugen.

Daneben gibt es andere Fälle, in denen nur die Übersetzung als Objekt mit adverbieller Bestimmung sinnvoll ist:

- (Der Gott sagt zum König): , *(r)dj.(j) n.k nśwjt ꜣꜥt ḥr śt-⸢Ḥr⸣*, „(Ich) gebe dir ein großes Königtum auf dem Thron-des-⸢Horus⸣."[1]

Aus der Betrachtung beider Beispiele ergibt sich, daß die ägyptische Sprache in diesem Bereich nicht formal differenziert, sondern es dem Hörer oder Leser überläßt, mit Hilfe der Semantik und des Kontextes das jeweils sachlich Zutreffende zu erfassen; die aufgeworfene Frage ist also nur für den Übersetzer von Belang.

a) Der Objektsatz ist ein Adverbieller Nominalsatz:

- (Der Gott sagt zum König): , *(r)dj.j n.<k>* śnw n tꜣ r ꜣw.f wsḫ.f nb ḫr.k*, „Ich gebe <dir>*, daß der ganze Umkreis der Erde und all ihre Weite dir gehören."[2]
- (Isis erblickt das getroffene Nilpferd und sagt zu Horus): , *jw mꜣꜣ.n.j bjꜣ.k m štꜣt.f*, „Ich habe gesehen, daß deine Lanze in seinem Leib (steckt)."[3]
- 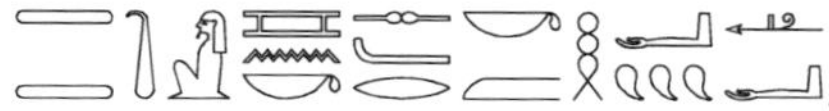, *ꜣḫtj mrj.n.k ś(w) ḥnꜥ.k m ḫꜥ wꜥ*, „O Horizontischer, du wünschst, daß er mit dir einen einzigen Leib bildet."[4]

---

[1] Edfou VII, 139, 5. – Der unmittelbar folgende Satz (*ꜥḥꜥw.k m <ꜣw n>* ḏt*) läßt sich als Umstandssatz anschließen („..., indem deine Lebenszeit der <Länge der>* Ewigkeit entspricht") oder als Objektsatz („... und daß deine Lebenszeit der <Länge der>* Ewigkeit entspricht"). – Ein weiteres Beispiel: Esna II, Nr. 12, 12: *(r)dj.j n.k ḥꜥpj jw.f m ḥwj*, „Ich gebe die Nilüberschwemmung, indem sie kommt als Flut."

[2] Edfou VI, 289, 5. Die Übersetzung „Ich gebe <dir>* den ganzen Umkreis der Erde, indem all ihre Weite dir gehört" ist ebenso sinnvoll.

[3] Edfou VI, 73, 6 f. Die Übersetzung „Ich habe deine Lanze in seinem Leib steckend gesehen" ist mißverständlich; die alternative Auffassung des *m štꜣt.f* als Präpositionales Attribut („Ich habe deine Lanze gesehen, die in seinem Leib steckt") paßt nicht gut in den Textzusammenhang.

[4] Edfou VI, 154, 14; zum *sḏm.n.f* siehe oben, § 236, A c. Die Übersetzung „O Horizontischer, du wünschst ihn mit dir als einen einzigen Leib" ist meines Erachtens weniger befriedigend. – Die Aussage bezieht sich auf die Verschmelzung zweier Götter.

b) Der Objektsatz ist eine Pseudoverbalkonstruktion mit Präposition und Infinitiv:

- (Der Gott sagt zum König): , *(r)dj.j n.k ḥꜥpj m ḥpt r nw.f*, „Ich gebe dir, daß die Nilflut zu ihrer (richtigen) Zeit herbeieilt;“[1]

- (Der Gott sagt zum König): , *(r)dj.j n.k ḥwnw ḥr ḥꜥ(t) n mꜣꜣ.k*, „Ich gebe dir, daß die Jünglinge bei deinem Anblick jubeln.“[2]

c) Der Objektsatz ist eine Pseudoverbalkonstruktion mit Pseudopartizip:

- (Die Gottheit sagt zum König): , *(r)dj.j n.k mnḳb.k ḥrj.tj r* <⌜*ḫꜣꜥj(t)*⌝>, „Ich gebe dir, daß der Palast fern ist von <⌜Aufruhr⌝>;“[3]

- (Harsomtus sagt zum König): , *(r)dj.j n.k jḫt wr.tj r ḫr(t).k*, „Ich gebe dir, daß die Nahrung für deinen Unterhalt reichlich ist;“[4]

- (Der Gott akzeptiert seinen Tempel) , *mꜣꜣ.f Mꜣꜥt wbg.tj m-ḫntj.ś*, Er sieht, daß Maat darin erschienen ist.[5]

d) Der Objektsatz ist ein *śdm.f*:

- (Hathor sagt zur Königin): , *dj.j jw n.ṯ ḥꜥpj m ḥpt*, „Ich veranlasse, daß die Nilflut eilends zu dir kommt;“[6]

- (Der König überreicht Osiris den Kranz der Rechtfertigung und sagt: „Ich bin zu dir gekommen, ..., [damit ich] ⌜dir⌝ ... [bringe]), , *mrj nṯrw mꜣꜣ.śn* ⌜*ṯw*⌝, auf daß die Götter ⌜dich⌝ gerne sehen;“[7]

- (Ein Matrose ruft): , *jmj hꜣj mnjt nfrt*, „Laßt den vollendeten Landepflock hinab!“[8]

Das Verbum *wnn* im Objektsatz:

- (Angeredet wird Horus, der lebende Achem-Falke): , *mꜣꜣ.n.k wnn.k m nṯr*, „Du hast gesehen, daß du ein Gott bist.“[9]

---

[1] Edfou V, 66, 14.
[2] Edfou VII, 68, 11; ähnlich: VII, 91, 10; 208, 1 f. (siehe ITE I/2, 377; in diesem Fall ist die Übertragung mit einem Objektsatz unumgänglich).
[3] Tôd I, Nr. 17, 8; zur Konjektur cf. Edfou VII, 201, 16.
[4] Edfou VII, 264, 16.
[5] Edfou VII, 2, 5; ähnlich: VI, 112, 3 und 4; 114, 1; 141, 1; VII, 2, 5 f. (nach *gmj*); 2, 9 (nach *mꜣꜣ*); 20, 13 f. (nach *gmj*).
[6] Edfou II, 249, 10 f.
[7] Edfou VII, 309, 5 f.; wörtlich: „..., damit die Götter lieben/wünschen, daß sie dich sehen.“
[8] Edfou V, 31, 16; cf. Spiegelberg, Dem. Gr., § 184 (Optativ).
[9] Edfou VI, 308, 4.

Im Objektsatz sollten die Adjektiv-Verben im *śdm.f* erscheinen:

- (Zum Gott gesagt mit Bezug auf die Opferspeise): , *gmj.<k>* 3ḫ.ś*, „<Du>* findest, daß sie herrlich ist.“[1]

2.2 Satzgefüge, asyndetisch

2.2.4 mit Subjektsatz

§ 254

Sehr selten nur und unter bestimmten Bedingungen finden wir einen vollständigen Satz als Subjekt:

- , *ḏd mdw jn Mrj.f-wꜥ(t)*, Worte zu sprechen vom (Schutzgott) Er-liebt-die-Einsamkeit;[2]
- (Die Götter sagen über Horus): , *wr wj rdj.n.f św jmj-wtj w3ḏtj*, „O wie großartig ist doch, daß er sich zwischen die beiden Uräen begeben hat.“[3]

2.3 Satzgefüge, syndetisch[4]

§ 255

Die formale Kennzeichnung der Nebensätze steht inhaltlich gleichwertig neben der Nicht-Kennzeichnung. Erstere wird zur Präzisierung eingesetzt, um auch das Verständnis desjenigen eindeutig zu erreichen, der mit dem jeweiligen Sachzusammenhang nicht vertraut ist.

---

[1] Edfou VII, 105, 6. Zwar ist bei diesem Beispiel keine formale Unterscheidung zwischen dem Abhängigen Personalpronomen *ś(j)* und dem Suffixpronomen *ś* möglich, doch von der klassischen Sprache (cf. Gardiner, EG, § 143; Westendorf, Gramm. MT, § 154 b, 7.) wird letzteres gefordert. Man vergleiche dazu auch oben, § 251 c.

[2] Edfou VI, 72, 9.

[3] Edfou VI, 128, 10 f.; ein weiteres Beispiel: *nfr wj j3wt* [*n(t)*] *jt n s3.f*, Wie vollkommen ist es doch, daß das Amt des Vaters seinem Sohn gehört (Edfou VI, 70, 8). In beiden Fällen läßt sich alternativ der Subjektsatz als Apposition zum unterdrückten neutrischen Subjekt *śt* auffassen („Wie ... ist (es) doch, nämlich daß ...“).

[4] Das Thema wurde bereits mehrfach oben unter anderen Aspekten berührt, und zwar bei der Behandlung der Partikeln (oben, § 159; 208; 218) und der Hilfsverben (oben, § 220); dort lassen sich weitere Beispiele finden. – Hierhin gehört in gewisser Weise auch die in § 272 c behandelte Konstruktion *św śdm.f*.

Die Mittel, die zur formalen Kennzeichnung des Nebensatzes verwendet werden können, sind vielfältig. Zu ihnen gehören

- Hilfsverben
- Partikeln
- Präpositionen/Konjunktionen,
- das Relativ-Adjektiv.

Von den Hilfsverben sind *jw* und *wnn* zu nennen, die verschiedene Arten des adverbiellen Nebensatzes einleiten.

Unter den Partikeln muß man auf *jr*, *jrf*, *jś*/*jśk*/*śk*, *mk*, und *tj* hinweisen, die teils adverbielle Nebensätze einleiten, teils gleichrangige Sätze verknüpfen (Parataxe).[1]

Präpositionen können vor dem adverbiellen Nebensatz als Konjunktionen dienen; unmittelbar als Konjunktionen werte ich Bildungen, die aus einer Präposition und den Bestandteilen *mrwt*, *ntt*, *ḫt* oder *ḏr* bestehen.

Hinsichtlich der Eindeutigkeit bei der Bestimmung des Nebensatzes nehmen die Hilfsverben und Partikeln eine Mittelstellung ein, und zwar zwischen der asyndetischen Verknüpfung und der Verknüpfung mit Präpositionen und Konjunktionen. Die Verknüpfung mit Hilfsverben und Partikeln ist nämlich, weil sie immerhin die Unterordnung als solche markiert, präziser als die asyndetische Verknüpfung, sie ist aber weniger präzise als die Verknüpfung mit Präpositionen und Konjunktionen, weil die Bestimmung des logischen Verhältnisses von Haupt- und Nebensatz auch bei der Verknüpfung mit Hilfsverben und Partikeln immer noch wesentlich mehr von der Interpretation des Kontextes abhängt, als es bei Präpositionen und Konjunktionen der Fall ist.

Das positive und das negative Relativ-Adjektiv leiten den Attributsatz (Relativsatz) ein.

---

[1] Siehe die Beispiele oben in § 159.

2.3 Satzgefüge, syndetisch

2.3.1.1 mit Adverbialsatz, adversativ

§ 256

a) Eingeleitet mit *jw*:

- , *mj mj Rʿ ḳ3j.k m ḳ3w.k jw ʿ3pp dḥ m dḥ.f*, Komme doch Re und sei hoch in deiner Höhe, während Apophis niedrig ist in seiner Niedrigkeit.[1]

b) Mit der Enklitischen Partikel *jrf*:

- (Der Wissende wird gelobt) , *<mśdj> jrf ẖm*, <verhaßt> aber ist der Unwissende.[2]

2.3 Satzgefüge, syndetisch

2.3.1.2 mit Adverbialsatz, final und terminativ

§ 257

a) Eingeleitet mit der Präposition/Konjunktion *r*, final:

Vor *śdm.f*:

- (Der König bringt Dattelsaft als Opfer) 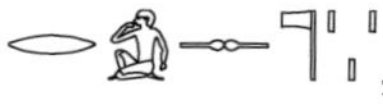, *r swr ś(t) nṯrw*, damit ihn die Götter trinken.[3]

Vor *śdm.f* - Passiv:

- (Die Namen der Bauherren wurden aufgeschrieben), 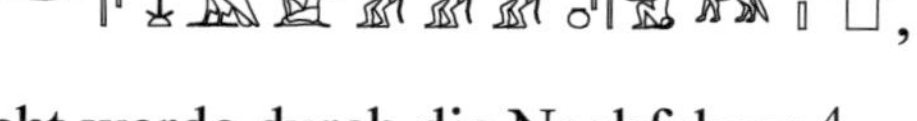, *r śḫ3 nfrw.śn jn jj ḥr-ś3*, damit ihrer Vollkommenheit gedacht werde durch die Nachfahren.[4]

---

[1] Edfou III, 341, 6 f.; ähnlich V, 38, 7 f. (beide Beispiele wurden bereits oben in § 220 A c und d zitiert). Siehe außerdem Edfou IV, 342, 8 f.: (Der König besänftigt Sachmet und sagt) ... *ʿḳ.j jw nšnj.<ṯ> m pr(t)*, „..., und ich gehe hinein (in den Tempel), während <dein> Zorn hinausgeht"; zur Konjektur cf. die Parallelen Edfou III, 130, 2 f.; V, 224, 13 f.

[2] Edfou V, 392, 17 f.

[3] Tôd II, Nr. 312, 1. Weitere Beispiele: Edfou V, 27, 5; 137, 8 (cf. III, 103, 12: *r und Infinitiv*); VI, 145, 8; VII, 4, 2 f.; 16, 3.

[4] Edfou VII, 4, 1.

Vor *śdm.tw.f*:

- (Die Namen der königlichen Bauherren des Tempels von Edfu wurden aufgeschrieben), 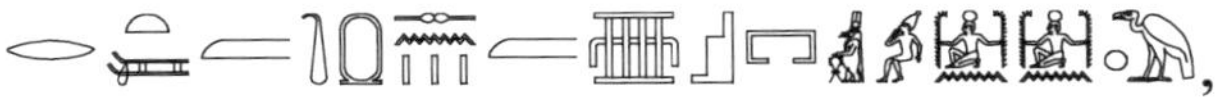, *r dm.tw rn.śn m-ḫnt Śt-wrt m ḥḥ n ḥḥ n nr(t)*, damit ihre Namen genannt werden im Großen-Sitz (Edfu) in Millionen und Abermillionen von Jahren.[1]

b) Eingeleitet mit der Präposition/Konjunktion *r*, terminativ (..., bis daß ...):

- („Deine Majestät kann im guten Fahrtwind <⌜dahingleiten⌝>*), , *r ˁḳ.k* ⌜*m3nw*⌝, bis du in den ⌜Westberg⌝ eintrittst."[2]

- (Die Menschen jubeln dem König zu), 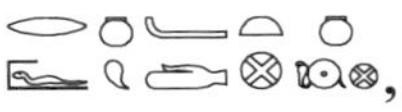, *r ˁḳ.n.f Bḥdw-n-Rˁ*, bis er den Thronsitz-des-Re (den Tempel von Edfu) betreten hat.[3]

Die Fälle mit *r śdm.n.f* sind weitaus zahlreicher als diejenigen mit *r śdm.f*. Der Grund dafür liegt auf der Hand: „bis er betreten hat" meint, genauer gesagt, „bis er betreten haben wird" (Futurum Exactum), was innerhalb der Aspekt-Opposition *sdm.f* – *śdm.n.f* (Handlung als solche – abgeschlossene Handlung)[4] am ehesten in den Bereich des *śdm.n.f* fällt.

c) Eingeleitet mit der Konjunktion *n-mrwt*, final:

- (Re spricht mit seiner Tochter Hathor-Tefnut), 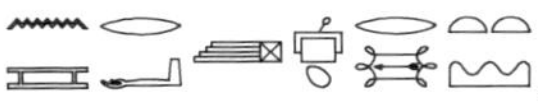, *n-mrwt rdj.ś š3.ś r Stj*, damit sie Nubien ihren Rücken kehre.[5]

Anstelle des *śdm.f*, wie im vorangehenden Beispiel, findet man auch den Infinitiv:[6]

- (Re hat dir sein Königtum gegeben), 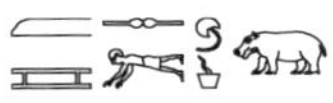, *m-mrwt śḫr(t) ḫ3b*, damit das Nilpferd niedergeworfen werde.[7]

---

[1] Edfou VII, 4, 3. – Die Hieroglyphe des Kindes zeigt im Original nur ein Bein.

[2] Edfou VII, 112, 15.

[3] Edfou V, 39, 1 (die Parallele V, 39, 4 f. hat *r ˁḳ.f*). Weitere Beispiele: II, 275, 4 (*r ḫwj.n.f*); VI, 8, 8; 242, 4 und 18; 245, 6; VIII, 49, 9 f. mit den Parallelen 68, 6 f. und 166, 7 f.; Agoûz, 99, Zeile 8 des hieroglyphischen Textes (*r jj.n nw.f*).

[4] Siehe oben, § 236.

[5] Junker, Auszug, 77, Zeile 12. Zur Parallele Edfou V, 351, 8, siehe § 14.5 (EP 1, 510). – Ein weiterer Beleg findet sich Urk. II, 92, 2. Engsheden, Reconstitution du verbe, 152, übersetzte hier mit einem kausalen Nebensatz, doch trotz der Beschädigung und Unsicherheit der Stelle ist final zu übersetzen, und zwar wegen der nachfolgenden parallelen Aussage (mit *r* eingeleitet).

[6] Das entspricht der klassischen Sprache, siehe Gardiner, EG, § 181.

[7] Edfou VI, 69, 9 f.; zum Inhalt: das Nilpferd verkörpert das Böse.

Negiert:

- (Das Wasser an der 13. Stätte der Unterwelt ist Feuer, die Verklärten und die Götter können ihren Durst nicht löschen und ihr Herz befriedigen), , *n-<mrwt> tm tkn jm.ś*, <damit> sie nicht betreten werde.[1]

2.3 Satzgefüge, syndetisch

2.3.1.3 mit Adverbialsatz, kausal

§ 258

Die Möglichkeiten zur formalen Kennzeichnung des kausalen Adverbialsatzes sind sehr zahlreich. Sie lassen sich gliedern in Hilfsverben und Partikeln (A), Präpositionen (B) und Konjunktionen (C).

Für die anschließenden Beispiele gilt: Die Anordnung der Partikeln, Präpositionen und Konjunktionen folgt wie üblich dem ägyptologischen Alphabet, bei mehreren Beispielen stehen die Nominalsätze vor den Verbalsätzen.

A Hilfsverben und Partikeln[2]

jw:

- (Schu erhält als Opfergabe ein Heh-Symbol): , *mn n.k ḥḥ jw ḥḥ r k3.k*, Nimm dir das Heh, denn Heh gehört zu deinem Ka.[3]

jrf:

- (Edfu wird „Erhobener-(Thronsitz)-des-Horus“ genannt) , *wṯs jrf Ḥr wṯst m-ḫnt.ś*, weil ja Horus den Erhobenen (Himmel) darin erhob.[4]

jś, jśk und *śk*:

- (Ein Körperteil des zerlegten Nilpferdes soll der Göttin Uto gegeben werden) , *mwt.k wrt jś pw*, „denn sie ist deine große Mutter“.[5]

---

[1] Dendara X, 372, 9. Zur Konjektur cf. Tb Naville II, 421, 87 (Kap. 149).

[2] Die meisten Beispiele zu Gliederungspunkt A wurden schon oben zitiert (§ 159, s. v.).

[3] Edfou VII, 128, 15 f.; zu Heh siehe Kurth, Den Himmel stützen, 100 - 104; 115 f. Die Interpretation als kausale Beziehung stützt sich auf den üblichen Aufbau des „Titre et formule“; siehe dazu Kurth, Dekoration, 212 f. – Ein weiteres Beispiel: Dendara XIII, 44, 8 f. (...*jw Pr-ʿ3 m s3[?]/Ḥr[?].ṯ*, ... , „denn Pharao ist dein Sohn[?]/Horus[?]“; zur Frage der Lesung siehe EP 1, 258, n. 72).

[4] Edfou VII, 22, 6 f.

[5] Edfou VI, 89, 10.

mk:

- (Götter werden aufgefordert, den König zu schützen), 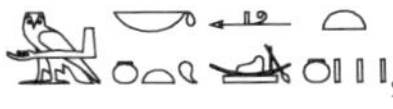, *mk ntf wꜥ jm.ṯn*, „denn er ist einer von euch;“[1]

- (Isis sagt zu Horus): 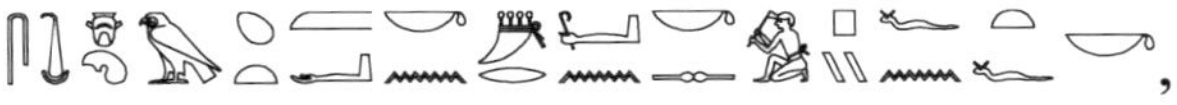, *śmn jb.k <sꜣ.j Ḥr>* mk nḏr.n.k ś(w) ḫftj pf n jt.k*, „Festige dein Herz, <mein Sohn Horus>*, denn du hast ihn gepackt, jenen Feind deines Vaters.“[2]

tj:

- („Habt Ehrfurcht vor Haroeris, ...), 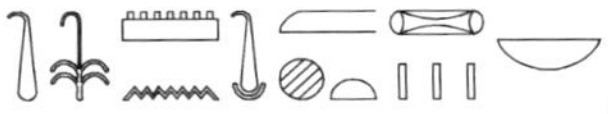, *tj św mn m jḫt nb(t)*, denn er ist dauerhaft in allen Dingen.“[3]

B Präpositionen

m:

- (Die überaus zahlreichen Kultnamen des Tempels werden begründet. Edfu ist dabei unter anderem) , *Śt-wrt jś nt Rꜥ Ḥr-ꜣḫtj m wr.[f] jm.ś*, der Große-Sitz des Re Harachte, weil [er] groß darin ist.[4]

mj:

- (Die Bas von Pe und Nechen ..., „sie jubeln und jauchzen vor deinem vollendeten Angesicht), , *mj ntk nb.śn*, weil du ihr Herr bist;“[5]

- (Die Priester sollen sich morgens im Tempelsee reinigen), 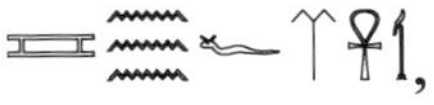, *mj mw.f m ꜥnḫ wꜣś*, denn sein Wasser ist Leben und Herrschaft;[6]

- (Hathor begründet ihre Gegengabe für den König: „Ich gebe ...) , *mj prj.n.k jm.j*, weil du aus mir hervorgegangen bist.“[7]

---

[1] Edfou VI, 151, 11.

[2] Edfou VI, 73, 5. Die Lesung *sꜣ.j Ḥr* statt *Ḥr sꜣ.j* folgt den zahlreichen Parallelen; sie wird auch davon unterstützt, daß im Original die Zeichen sehr klein sind und der Rückenlinie des Falken folgen.

[3] Kom Ombo II, Nr. 541, Zeile 6.

[4] Edfou VII, 22, 8 (ITE I/2, 36); zur Assimilation siehe § 16.5 (EP 1, 513). Ein weiteres Beispiel: V, 3, 4; zum Inhalt siehe Barguet, in: BSFE 72, 1975, 23 ff.; zur Dissimilation siehe § 16.5 (EP 1, 513). – In beiden Fällen steht *m* aus lautlichen Gründen für *n*.

[5] Edfou VI, 335, 4; ähnlich: VI, 79, 11 f.; Chelouit I, Nr. 23, 12; III, Nr. 136, 2; Deir el-Bahari III, 43, Nr. 45 (*mj ntf swnw nfr*; von der Autorin mißverstanden).

[6] Edfou V, 392, 16; zur Lesung *mj* siehe EP 1, 324, Nr. 74. – Zu Wasser, das Leben und Herrschaft ist, vergleiche man beispielsweise Edfou X, Pl. CLI, unteres Register.

[7] Tôd II, Nr. 290, 13.

Die Präposition *mj* in der Funktion einer kausalen Konjunktion ist für die klassische Zeit nicht belegt,[1] aber vom Neuen Reich an ist ein Übergang von komparativer zu kausaler Semantik festzustellen.[2]

n:

- (Re sagte zu seinem Gefolge: „Ach laßt uns doch in unserer Barke auf das Wasser hinausrudern, frohen Herzens), , *n śbjw.n ḫr ḥr tꜣ*, weil unsere Feinde zu Boden gefallen sind.“[3]

ḥr:

- (Der Gott sagt zum König): , *ḥꜥj.j ḥr ḥwj.k ḫrww*, „Ich jubele, weil du die Feinde schlägst;“[4]
- (Als Name der Stadt Theben wird gesagt „Theben-ist-siegreich,-die-Herrin-der-Kraft“), , *ḥr nḏtj.n.ś nṯrw r-ꜣw.śn*, weil sie alle Götter stets geschützt hat.[5]

Im Bereich der klassischen Sprache ist die Verbindung der Präposition *ḥr* mit dem *śḏm.n.f* kaum belegt, und sie wurde zumeist als fehlerhaft angesehen; in der Spätzeit jedoch und im Ptolemäischen findet man sie nicht allzu selten.[6]

---

1 Siehe Gardiner, EG, § 170.

2 Gardiner, EG, p. 118, n. 5; Erman, NG, § 621; Nelson, Hypostyle Hall, Pl. 46, 4 f.; 137, 21; Barguet, Karnak, 62; Jansen-Winkeln, Spätmitteläg. Gramm., p. 170 f.; Urk. II, 36, 6 f. (Die Übersetzung „aussi vrai que“ bei Engsheden, Reconstitution du verbe 151, wird dem Kontext nicht gerecht). In manchen dieser Fälle mag man schwanken zwischen der Übersetzung „..., entsprechend der Tatsache/dem Umstand, daß ...“ und „..., weil/da ja/denn ...“. – Für das Ptolemäische vergleiche man auch Edfou VI, 119, 5 f., wo die Aussage „wegen dessen, was ... getan hat“ einmal mit *„mj nn ⸢jrj⸣.n* ... ausgedrückt wird, das andere Mal mit *ḥr nn jrj.n* ... .

3 Edfou VI, 112, 7 f.; ein weiteres Beispiel: VI, 125, 6 f. (*... m jśw n śmꜣ.(n).śn n.j śbjw*,“... als Lohn, weil sie für mich die Feinde getötet haben“; das Genitiv-Adjektiv *n* ist hier weniger wahrscheinlich). – Ich kenne nur wenige Belege; für die vorangehenden Epochen siehe Gardiner, EG, § 164, 9 f.; Jansen-Winkeln, Spätmitteläg. Gramm., p. 174, C. Cf. auch oben bei der Präposition *m*.

4 Edfou VII, 162, 4; ähnlich: Edfou V, 187, 3; VI, 158, 8 f.; Clère, Porte d'Évergète, Pl. 62, linke Randzeile. An der Stelle Edfou VII, 22, 12, ist formal nicht zu unterscheiden zwischen *ḥr und śḏm.f-Passiv* und *ḥr und Infinitiv*.

5 Urk. VIII, Nr. 143, p. 115, 22 (EP 1, 562 f.). Man könnte auch mit dem Präsens übertragen: ..., weil sie ... schützt; siehe oben, § 236, A a.

6 Posener, Première Domination Perse, p. 15, Zeile 23; Derchain in: Gs. Behrens, 119, n. 9 (Obelisk des Antinoos); Cruz-Uribe, Hibis I, 87, n. 316; Engsheden, Reconstitution du verbe, 123 f. (zwei Belege); Tôd I, Nr. 17, 8; Esna VII, Nr. 623, 13.

ẖr?:

- (Die Versteher zweier Städte sollen Vorder- und Hintertau der Prozessionsbarke des Gottes ergreifen) , (... *ẖr ntśn ꜣ (r)dj.śn mn(t).śn*, ..., denn sie werden ja ihr Anpflocken besorgen.[1]

ḏr:

- („Er (der König) bringt dir (Geb) die Gaue Unterägyptens ...), , *ḏr ntk jt.śn*, denn du bist ihr Vater;“[2]
- (Nechbet hebt das Udjat-Auge an den Himmel), , *ḏr śj mn m ḫfꜥ.ś*, weil (dies)er sich fest in ihrem Besitz befindet;[3]
- (Nur reine Priester sollen den Tempel betreten), , *ḏr mrj nṯr ꜥbw r ḥḥ n jḫt*, denn der Gott liebt die Reinheit mehr als Millionen von Dingen (Opfern?);[4]
- („Ich bin zu dir gekommen, o Falke ..., damit ich die Kälber zu dir hintreibe, um dein Herz zu erfreuen), , *ḏr tḫn.n.k dꜣt nt jt.k*, weil du das Grab deines Vaters verborgen hast;“[5]

Besonders vor dem *śḏm.n.f* bietet die Präposition/Konjunktion *ḏr* mit ihren Bedeutungen „seit“, „als“ und „weil“ die Möglichkeit sowohl einer temporalen als auch einer kausalen Verknüpfung mit dem Hauptsatz, wobei erstere häufiger zu belegen ist.[6] In manchen Fällen ist eine eindeutige Entscheidung zwischen temporaler und kausaler Beziehung kaum möglich. Wenn aber der Hauptsatz das Thema der Freude anspricht, liegt für den mit *ḏr* eingeleiteten Nebensatz die kausale Logik näher als die temporale.

- (Die Höhe der Umfassungsmauer des Tempels beträgt 20 Ellen), , *ḏr ḏd.tw jꜣwt jn ḥt-nṯr.f*, weil Lobpreis gesagt wird seitens seines Tempels.[7]

---

[1] Edfou V, 127, 4; cf. Erman, NG, § 671 f. Die Verknüpfung mit „und“ ist, wenn auch nicht auszuschließen, so doch meines Erachtens weniger wahrscheinlich.

[2] Traunecker, Coptos, 99, Nr. 11, 8. – Für diese Konstruktion kenne ich nur den vorliegenden Fall, weshalb ich mich mit Blick auf die unten zitierten relevanten Beispiele (C, *mj-ntt*; *ḫr-ntt*) frage, ob hier nicht ein antiker Fehler für **ḏr-ntt ntk jt.śn* vorliegt; nur weitere Belege können die Frage beantworten.

[3] Edfou VII, 184, 15 (zum Inhalt siehe ITE I/2, 333 f.). Für diese Konstruktion, also *ḏr* vor dem neuägyptischen Präsens, kenne ich keinen weiteren Beleg, weder aus den älteren noch aus den jüngeren Sprachstufen. Man vergleiche aber das vorangehende Beispiel: beide Konstruktionen sind singulär. Bei ihnen könnte es sich jedoch um durchaus nachvollziehbare Analogiebildungen handeln.

[4] Edfou VI, 349, 5; ähnlich: V, 3, 3 und 4; VII, 22, 7.

[5] Edfou VII, 156, 3 f. (zum Inhalt siehe ITE I/2, 282); ähnlich: III, 163, 12; V, 131, 10.

[6] Siehe Edel, Altäg. Gramm., § 772; Gardiner, EG, § 176, 2; Jansen-Winkeln, Spätmitteläg. Gramm., § 283; Engsheden, Reconstitution du verbe, 124 - 126; 156 f.

[7] Edfou VI, 7, 4 f. Zum Inhalt siehe Barguet, in: BSFE 72, 1975, 23 ff.

C Konjunktionen

<u>*mj-ntt*</u>:

- („Sie kommen zu dir, Behedeti, Buntgefiederter), , *mj-ntt ntk nb.ṡn*, denn du bist ihr Herr.“[1]

Alle mir bekannten Belege enthalten dieselbe Aussage wie das soeben genannte Beispiel.[2]

<u>*n-ꜥꜣt-n*</u>:

- (Ptolemäus II. berief eine Leibgarde aus Ägyptern), , *n-ꜥꜣ(t)-n mrj.f Kmt r wnt nb*(*t*), weil er Ägypten so viel mehr liebte als jede andere Provinz.[3]

<u>*r-ntt*</u>:

- („Gehe in Frieden zu deinem Haus, (o Horus)), , (*r*)-*nt*(*t*) *Nḥꜣ-ḥr* ⸢*mdṡ*⸣ *m bjꜣ*, denn das Schreckgesicht (Apophis) ist mit dem Speer ⸢durchbohrt worden⸣.“[4]

<u>*ḫr-ntt*</u>:

- (Bestimmte Wesen sollen über den König keine Macht gewinnen), , *ḫr-ntt ntf ḫprr n ktm*(*t*), denn er ist der Skarabäus aus Feingold;[5]
- (Des Königs Feinde sollen vertrieben werden), , *ḫr-ntt ntf jrj mꜣꜥt nt Rꜥ*, denn er ist es, der die Maat des Re (auf Erden) verwirklicht;[6]
- (Wind und Wetter sind günstig), 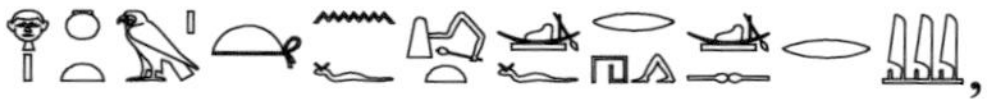, *ḫr-ntt Ḥr mḏḥ.n.f ꜥḥꜣt.f r hꜣ*(*t*) *jm.ṡ r ṡḫt*, weil Horus sein (des Harsiese) Kampfschiff gezimmert hat, um darin zum Schlachtfeld zu fahren.[7]

<u>*ḏr-ntt*</u>:

- (Die Fläche Ägyptens wird vollständig angegeben), , *ḏr-ntt Kmt jrt Ḥr pw*, weil Ägypten das Auge des Horus ist;[8]

---

[1] Edfou VII, 81, 15 f.; ähnlich V, 9, 3; VI, 293, 4; Dümichen, GI III, Tf. XIV, Zeile 3.

[2] Gardiner, EG, § 223, gibt kein Beispiel für *mj ntt*. – An der Stelle Edfou III, 158, 16 f., ist außer der Übersetzung „weil“ auch „während“ oder „so wie“ möglich. Cf. dazu auch Jansen-Winkeln, Spätmitteläg. Gramm., p. 171, G und H.

[3] Urk II, 42, 10. Engsheden, Reconstitution du verbe, 151 f., zitiert aus dem von ihm bearbeiteten Textcorpus zwei weitere Beispiele; aus den Tempelinschriften ist mir kein Beispiel bekannt.

[4] Edfou VI, 160, 10. Die Schreibung der Konjunktion ist vom Demotischen beeinflußt, siehe § 3.7 (EP 1, 462); Spiegelberg, Dem. Gr., § 516 f.

[5] Edfou VI, 133, 4.

[6] Edfou VI, 240, 13.

[7] Edfou VI, 70, 10 (zum Inhalt cf. VI, 215, 9 f.; 216, 6 - 8). Weitere Beispiele – ohne Voranstellung des Subjekts – zitiert Engsheden, Reconstitution du verbe, 126.

[8] Edfou VI, 200, 5. Zum Kontext siehe Kurth, Treffpunkt der Götter, 255; 380.

- (Ein Licht wird angezündet im Sanktuar der Tempel durch die Feuermacher, die das Feuerholz reiben), , *ḏr-ntt jrt-Ḥr ꜥpr.tj m dbḥw.ś nfrt r ꜥrḳj*, weil das Horusauge mit seinem Bedarf ausgestattet ist bist zum letzten Tag (des Monats).[1]
- (Die Priesterschaft von Edfu wird ermahnt, die zum Tempel gehörenden Menschen gut zu behandeln), 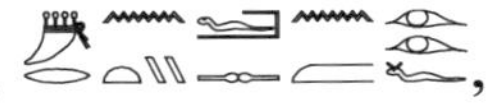, *ḏr-ntt prj.śn m jrtj.f*, weil sie aus seinen (des Horus) Augen hervorkommen;[2]
- (Götter und Menschen preisen den Gott) 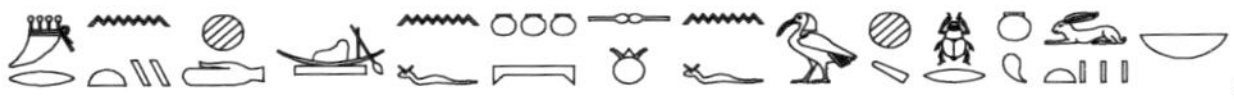, *ḏr-ntt ẖdj.n.f nww śrd.n.f ꜣẖ(t) ḫpr.n.f wnnt nb(t)*, weil er den (Himmels)ozean durchfahren hat, den Acker hat wachsen lassen und alles, was existiert, hat entstehen lassen.[3]

2.3 Satzgefüge, syndetisch

2.3.1.4 mit Adverbialsatz, konditional

§ 259

Die Protasis des Bedingungssatzes wird meistens mit *jr* eingeleitet, seltener mit *jn*.

jn:

- 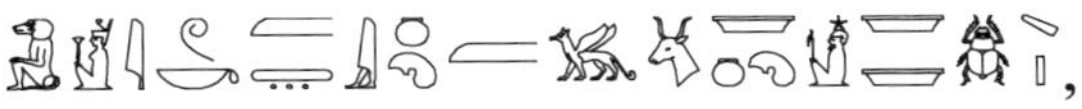, *jn jw.k m tꜣ jj.n.k m ḫꜣḫ sš.(n) n.k Gbb ꜥꜣwj tꜣ*, „Wenn du in der Erde bist, dann kommst du in Eile, nachdem Geb dir die Türen der Erde geöffnet hat;"[4]
- 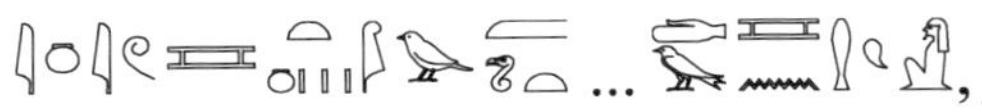, *jn jw mrj.ṯn św m nrt ... twr n <ḥm>*.f*, „Wenn ihr es liebt, frei von Furcht zu sein ..., dann seid rein für Seine <Majestät>*."[5]

[1] Edfou V, 355, 8. Zum Inhalt: „Horusauge" ist eine Bezeichnung der Opfergabe. Wird das Licht entzündet als Zeichen dafür, daß die Opfergabe bis zum Ende des Monats dargebracht wurde (cf. Grimm, Festkalender, 135, G 64; 143, L 87)? – Die Übersetzung des *ḏr-ntt* mit „bis" (so Grimm, o. c., 113) wird der üblichen Bedeutung dieser Konjunktion nicht gerecht (cf. allenfalls Gardiner, EG, § 407, 1; *ḏr śḏmt.f*).

[2] Edfou III, 361, 9; zum Inhalt siehe Guglielmi, in: LÄ III, 907 f.

[3] Edfou VI, 27, 8 f; ein weiteres Beispiel zitiert Engsheden, Reconstitution du verbe, 127.

[4] Edfou V, 66, 2 f. Zur Übersetzung des *jj.n.k* siehe oben, § 236 E; zur Lesung *sš.(n) n.k Gbb* siehe oben, § 150, Abschnitt f. – Weitere Beispiele für *jn* vor dem Adverbiellen Nominalsatz in der Protasis siehe Dendara X, 282, 3 ff.

[5] Edfou V, 344, 6 f. Das Beispiel wurde schon oben angeführt, § 159, sub voce *jn*, d. – Ein weiteres Beispiel ohne *jw* (Dendara XI, 132, 13: *jn mrj.ṯn ...*) wurde oben, in § 149 zitiert. – Ohne *jw* auch: Dendara XV, 183, 8 f. (*jn mrj.ṯn ꜥḥꜥw ꜣw... m thj nt-ꜥ nb nw ḥt-nṯr n(t) ḥmt.ś*).

jr:[1]

-  ... , *jr dhn.tw r p(ꜣ) ꜥḫm ꜥnḫ ... dhn.tw r.ṯn*, „Wenn man sich gegen den Lebenden Achem-Falken wendet, ..., dann wendet man sich gegen euch;“[2]
- (Ein Rezept für Salböl): , *jr gmj.k śj ⸢gnn⸣.tj rdt n.ś ꜥntjw św*, „Wenn du findest, daß es zu weich ist, dann werde Trockenmyrrhe hinzugegeben.“[3]

Negiert:

- 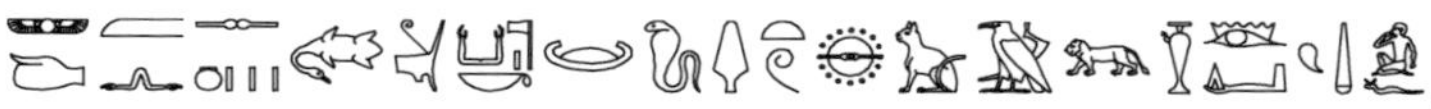, *(j)r tm.śn śnḏ n kꜣ.k wꜣḥ.k jmj-tw.śn mj mꜣj ḥśꜣ (r)dj.f ḫrw.f*, „Wenn sie deinen Ka nicht respektieren, dann begibst du dich unter sie wie ein wildblickender, brüllender Löwe.“[4]

2.3 Satzgefüge, syndetisch

2.3.1.5 mit Adverbialsatz, temporal

§ 260

Auch zur formalen Kennzeichnung des temporalen Adverbialsatzes verfügt das Ptolemäische über mehrere Möglichkeiten. Sie lassen sich gliedern in Hilfsverben und Partikeln (A), Präpositionen (B) und Konjunktionen (C).

A Hilfsverben und Partikeln

Der temporale Nebensatz steht voran:

jr (r; jw):

- , *jr jw wbnt ḫꜥ(t) jn Ḥt-ḥr*, Wenn die erste Stunde des Tages kommt, erscheint Hathor (in Prozession).[5]

Die Partikel *jr* ist dieselbe, die auch vor der Protasis des Konditionalsatzes verwendet wird. Beide Arten der logischen Verknüpfung, die temporale wie auch die konditionale, lassen sich von der Grundbedeutung „was anbelangt“ problemlos ableiten.

[1] Die folgenden Beispiele wurden bereits oben zitiert, § 159, sub voce *jr*, b.

[2] Edfou VI, 302, 7.

[3] Edfou VI, 165, 17 f. Cf. die Parallele II, 215, 7. – Zur Form des Verbs in der Apodosis siehe oben, § 156 A a.

[4] Esna VII, Nr. 620 A, Zeile 3 f. Zum Original des Zeichens  gehört nicht der innere Kreis.

[5] Dendara IX, 164, 7. Siehe weitere Beispiele mit den anderen Schreibungen des *jr* (, ) bei Junker, Sprachliche Verschiedenheiten in den Inschriften von Dendera, in: SPAW 1905, 792 f., § 24.

ḫr jr m-ḫt:

- , *ḫr jr m-ḫt jbdw hrww* <*snj*> *ḥr nn mśj.n 3śt Ḥr*, Nachdem Monate und Tage darüber <vergangen> waren, gebar die Isis den Horus;[1]

ḫr m-ḫt:

- 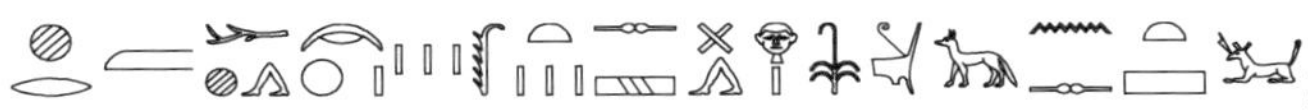; *ḫr m-ḫt jbdw hrww snj ḥr nn jw.n Śtš*, Nachdem Monate und Jahre darüber vergangen waren, kam Seth.[2]

Diese Konstruktionen des voranstehenden temporalen Nebensatzes erinnern sehr an den Stil neuägyptischer Erzählungen.[3]

Der temporale Nebensatz folgt:

jw:

- (Ein Mineral aus Nubien wird zur Beschriftung der Tempeltüren verwendet), , *jw jw św nfr n ḥ3t rnpt*, wenn der schöne Tag des Jahresbeginns herankommt;[4]

jś:

- (Innerhalb einer Rezeptur: „Wenn du feststellst, daß es zu steif ist, dann verdünnst du es mit Tischepes-Öl des Johannisbrotbaumes), 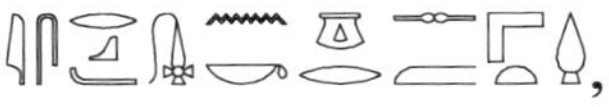, *jś rkḥ.n.k ḫr.ś m nḥt*, nachdem du zuvor darunter ein Feuer aus Sykomorenholz entfacht hast;"[5]

wnn:

- (Es [wurden die Bundesgenossen] des Seth [getötet]), 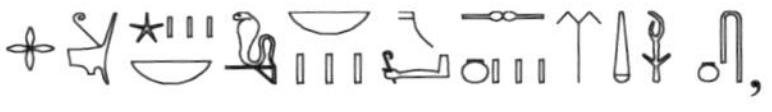, *wn nṯrw nb(w) nṯrwt nbw(t) (ḥr) ḥw(t).śn m mdw.śn*, während (gleichzeitig) alle Götter und alle Göttinnen sie mit ihren Stäben schlugen.[6]

---

[1] Edfou VI, 214, 8 f.

[2] Edfou VI, 214, 10. Zur Konstruktion gehört in diesem Fall kein *jr* (kollationiert).

[3] Siehe Erman, NG, § 673; 808.

[4] Edfou VI, 203, 6; ähnlich: II, 255, 9 (... *jw ḫpr tr jw(t).f n.śn*, wenn die Zeit da ist, in der er zu ihnen kommt); Dendara XII, 65, 8 (*jw t3 m kkw*, wenn die Erde noch in Dunkelheit ist).

[5] Edfou II, 215, 7 f. Da die Parallele VI, 165, 18, diesen Nebensatz nicht enthält, liefert dieser nur eine zusätzliche Angabe, die aus sachlichen Gründen zum vorangehenden Satz gehört. Alternativ könnte man einen konditionalen Nebensatz ansetzen.

[6] Dendara X, 121, 13. Die Stelle ist unsicher, weil der vorangehende Text mit Hilfe des Kontextes ergänzt werden mußte. Die Verknüpfung könnte auch zirkumstanziell sein, doch scheint mir die temporale Logik im Vordergrund zu stehen.

B Präpositionen

m:

- , *(r)dj.j šꜥt.k m jrtj n mꜣꜣ.śn <tw.k> m ḏw*, „Ich veranlasse, daß du die Augen zerschneidest, wenn sie <dich> böse anblicken;“[1]
- (Der Feind wird vertrieben), 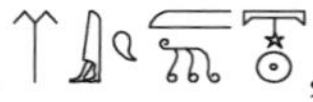, *m jj.f m wšꜣw*, wenn er kommt in der Nacht.[2]
- (Horus von Edfu), 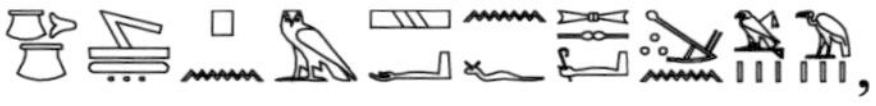, *grg tꜣ pn m šꜣꜥ.n.f ṯs prt n(t) nṯrw rmṯw*, der dieses Land einrichtete, als er damit begann, den Samen der Götter und Menschen zu bilden.[3]

mj:

- , *ꜥnḫ nṯrw ḥr wṯs nfrw.k mj mśj.w ḥr tꜣ-wr*, „Die Götter leben auf und preisen deine Vollkommenheit, sobald sie im Osten geboren werden.“[4]

ḫft:

- (Ein Amulett, das am Halse des Königs befestigt wird), , *ḫft mꜣꜣ.f ḥr-n-ḥr ḫrwjw*, wenn er Schrecken und Aufruhr sieht;[5]
- , *bnw nṯrj jj.n.f n bjꜣ ḫft pḫr.n.f jfdw nw pt*, Der göttliche Phönix ist vom Firmament gekommen, nachdem er die vier Seiten des Himmels durchzogen hatte.[6]

ḏr:

Manchmal ist es schwierig zu entscheiden, ob *ḏr* einen Nebensatz mit temporaler oder kausaler Logik anschließt. Folgendes Beispiel mag das verdeutlichen:

- (Alle im Tempel des Horus zeigen die Freude des Triumphs), , *ḏr mꜣꜣ.śn Ḥr <ḥr nśt>* jt.f*, wenn sie Horus <auf dem Thron>* seines Vaters sehen.[7]

---

[1] Edfou I, 45, 17 f.; zum Inhalt siehe ITE I/2 (Edfou VII), 129, n. 13. Die Präposition *m* wurde aus lautlichen Gründen *n* geschrieben; siehe dazu EP 1, 519, § 17.4.

[2] Edfou VI, 123, 4.

[3] Edfou VII, 79, 3 f. Weitere Beispiele: VII, 22, 11 und 13; 321, 8 (nachdem); Engsheden, Reconstitution du verbe, 121 f.

[4] Edfou I, 40, 17. Die temporale Verknüpfung durch *mj* begegnet selten; für die vorptolemäische Zeit siehe Jansen-Winkeln, Spätmitteläg. Gramm., p. 170 C, (hier wird auch der semantische Übergang erläutert).

[5] Edfou VI, 133, 1; ähnlich: VI, 61, 2 und 6 f.; Cauville, Temple d'Isis, 13, 7 (*ḫft (r)dj.ṯ ḥr.ṯ r ꜥ-rśj*, ... „wenn du dich nach Oberägypten wendest“).

[6] Edfou VIII, 145, 8; ähnlich: VI, 82, 6.

[7] Edfou VII, 36, 7.

Spontan möchte man mit „weil“ anschließen, in der Annahme, es werde der Grund der Freude angegeben. Da jedoch das nachfolgende und inhaltlich parallele Satzgefüge[1] den betreffenden Nebensatz mit *ḫft* anknüpft, ist es vermutlich besser, auch hier eine temporale Logik anzusetzen.

- (Der Sonnengott führt die Menschen) , *ḏr pśḏ.f*, wenn er leuchtet;[2]
- (Über die Türen des Tempels gesagt): 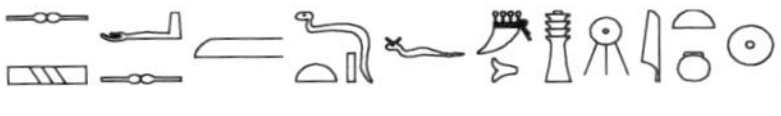, *sš.ś(n) m ḏt.f ḏr pśḏ jtn*, Sie werden am Morgen geöffnet, sobald die Sonne scheint;[3]
- (Der König, der für die Götterstatue Amulette knüpft, spricht): , *śwḏ3.n.j ḥ^c.k ḏr prj.n.k r-ḥ3*, „Ich habe deinen Leib geschützt (für die Zeit), wenn du (in Prozession) ausziehst;“[4]
- (Der König reicht der Göttin zwei Spiegel): , *wnf wj jb.ś ḥr k3t ʿwj.f ḏr m33.n.ś ḥr.ś nfr*, Ach wie froh ist doch ihr Herz über das Tun seiner Arme, sobald sie ihr schönes Gesicht (im Spiegel) erblickt hat.[5]

Für die klassische Sprache ist die Präposition *ḏr* vor dem *śḏm.n.f*, wenn überhaupt, nur äußerst selten zu belegen.[6] Vom Neuen Reich an findet man jedoch vereinzelte Fälle,[7] und im Ptolemäischen ist diese Konstruktion nicht allzu selten.[8]

- (Harsiese, ...), 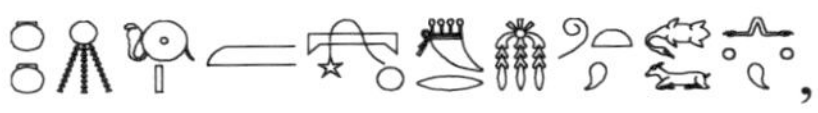, *wbn Rʿ m grḥ ḏr mśj.tw.f śnḏ jwt(t) m33.f*, (für den) Re aufging in der Nacht, als er geboren wurde, aus Besorgnis, er könne nicht sehen.[9]

---

[1] Edfou VII, 36, 9.

[2] Edfou VII, 134, 15; ähnlich: VII, 153, 8 (ITE I/2, 277; heute würde ich übersetzen: ..., wenn er aus dem (Mutter)leib kommt, <den Uräus> mit seinem Haupt verknüpft; cf. VI, 166, 7 f.).

[3] Edfou VIII, 58, 14 f. Weitere Beispiele: VIII, 145, 9; 148, 12.
Der temporale Nebensatz *ḏr śḏm.f* kann offenbar die präteritale Zeitlage des Hauptsatzes übernehmen: Edfou VI, 240, 8: *ḥsj.n wj nṯr ḥr jrj(t).n.j ḏr* ⸢*dgj*⸣*.f wj*, „Der Gott hat mich gepriesen für das, was ich getan habe, als er mich ⸢erblickte⸣"; 247, 13: *prj.n.[k] m śfj jmj-wtj śmw.f ḏr ḳm3 p3t jwʿw.śn*, „[Du] bist als Kind zwischen ihren (der Lotusblüte) Blättern hervorgekommen, als die Urgötterschaft ihren Erben schuf."

[4] Edfou VI, 300, 5. Zur präsentischen Übersetzung des *śḏm.n.f* siehe oben, § 236 A; das *śḏm.n.f* bringt zum Ausdruck, daß der Götterstatue erst dann Gefahr droht, wenn sie den schützenden Tempel *verlassen hat*.

[5] Tôd II, Nr. 264, 5; die kausale Verknüpfung ist weniger wahrscheinlich. – An der Stelle Edfou III, 163, 12 (*jb.j 3w ḏr ḫf.n.j ḥm.k*) ist die Entscheidung zwischen temporaler und kausaler Logik schwierig. – Eher temporal aufzufassen ist die Stelle Dendara XII, 106, 3 f. (sobald).

[6] Engsheden, Reconstitution du verbe, 124 f.

[7] Barguet, in: BIFAO 50, 1952, 59, n. 5; Jansen-Winkeln, Spätmitteläg. Gramm., p. 187 D (kausal).

[8] Siehe zusätzlich noch folgende Fälle, die wohl temporal aufzufassen sind („seit“), weil es sich um Reden der Urgötter handelt: Edfou VI, 322, 17 und 18; 323, 1.

[9] Dendara IX, 188, 2. Zu Inhalt und Konstruktion siehe EP 1, 211, n. 128. Die Zeitlage der Vergangenheit wurde angesetzt, weil es sich um ein Zitat aus einem Mythus handelt (ob eine Haplographie vorliegt *wbn.(n) Rʿ*?); zur Zeitlage des *śḏm.tw.f* siehe oben, § 235 B. – Ein weiteres Beispiel findet man bei Cauville, Temple d’Isis, 117, 8 f.: *m hrw (r)dj.tw.ś r t3*, am Tage, als sie geboren wurde.

C Konjunktionen

<u>*m-ḫt*</u>:

- (Über die Verstorbenen und den Sonnengott gesagt): , *ḏd.śn n.k śpr.śn nb m-ḫt ḥtp.k m ꜥnḫt*, „Sie sagen dir all ihre Bitten, nachdem du im Westen untergegangen bist.“[1]

Die Verbindung *m-ḫt śḏm.f* bringt immer eine Vorzeitigkeit zum Ausdruck, ebenso wie *m-ḫt śḏm.n.f* :[2]

- , *Ḏḥwtj ḏd.f m-ḫt mꜣꜣ.n.f śbjw ḫr ḥr tꜣ*, Thot sagte, nachdem er gesehen hatte, daß die Feinde zu Boden gefallen waren.[3]

<u>*m-ḏr*</u>:

- (Die lebenden Bas (die Urgötter) erwachen auf ihren Thronen), , *m-ḏr mꜣꜣ.<w> p(ꜣ) nb nṯrw*, wenn sie den Herrn der Götter (Horus) sehen;[4]
- („Die gebärfähigen Nilpferdweibchen können nicht mehr gebären, weil sie ihren Nachwuchs nicht mehr empfangen), , *m-ḏr śḏm.śn ḫrw hbḳ mꜣwt.k*, wenn sie das Geräusch deines zermalmenden Harpunenschaftes hören,[5]
- (Seth verwandelte sich in einen roten Esel), , *m-ḏr nw.f r Ḥr n wꜣj*, sobald er Horus von ferne erblickte.[6]

Die erst seit dem Neuägyptischen[7] belegte Konjunktion *m-ḏr* findet man im Ptolemäischen relativ selten.[8]

<u>*ḥr-śꜣ*</u>:

- (Der Zeitpunkt), , *ḥr-śꜣ ꜥrḳ.t(w) ꜥrtj*, nachdem man die Türflügel vollendet hatte.[9]

---

[1] Edfou VI, 273, 6. Weitere Beispiele: II, 153, 16 (.. *m-ḫt ḥtp nṯr ḥr.śn*, ...nachdem der Gott über sie zufrieden war; es ist die Rede von Opferspeisen, die der Gott – ideell – verzehrt hat); V, 347, 4 f. (cf. Kockelmann, Toponymen- und Kultnamenlisten, 87); VI, 61, 2; VIII, 135, 13 f.

[2] Gardiner, EG, § 178 (p. 133, 4).

[3] Edfou VI, 114, 1; ähnlich: VI, 270, 13 (*dr.śn śjn m-ḫt hbj.n.k*); Tôd I, Nr. 50, 1 (*m-ḫt hꜣj.n.k mṯwn*).

[4] Edfou V, 132, 1.

[5] Edfou VI, 61, 11 f. Zur Schreibung des *m-ḏr* siehe § 18.8 b (EP 1, 523); zum Inhalt siehe Kurth; in: Fs. Decker, 65 f.

[6] Edfou VI, 222, 4. Zum Anschluß des Direkten Objekts mit der Präposition *r* siehe oben, § 181, wo dieses Beispiel bereits zitiert wurde (unter Punkt c).

[7] Erman, NG, § 810; Johnson, DVS, 230 ff.

[8] Für die vorangehende Zeit siehe Jansen-Winkeln, Spätmitteläg. Gramm., § 335.

[9] Edfou V, 304, 11 f.

2.3 Satzgefüge, syndetisch

2.3.1.6 mit Adverbialsatz, zirkumstanziell

§ 261

Zur Definition des Zirkumstanziellen Adverbialsatzes siehe oben, § 251. Als Einleitung dieses Nebensatzes findet man nur selten eine Partikel:

- (Horus verläßt seinen Tempel), 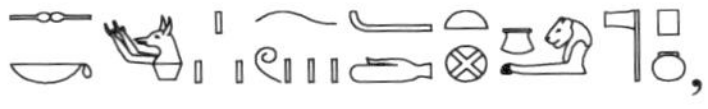, *śk Pśḏt jmjw Bḥdt ḫr-ḥ3t nṯr pn*, wobei die Götterneunheit von Edfu vor diesem Gott ist (schreitet).[1]

In der Regel ist es das Hilfsverb *jw*, das den Zirkumstanziellen Adverbialsatz eröffnet, ganz so, wie es seit dem Neuägyptischen üblich ist, und im Kontrast zum „mittelägyptischen" *jw*, das zumeist einen selbständigen Satz einleitet.[2]

Beide „*jw*" begegnen im Ptolemäischen nebeneinander, also dasjenige der Selbständigkeit wie auch das der Unterordnung. Nur der Sinnzusammenhang kann entscheiden, welches der beiden in der jeweiligen Textpassage gemeint ist.[3] Es folgen einige Beispiele für das „*jw*" der Unterordnung:

a) Vor dem Adverbiellen Nominalsatz (sehr häufig)

mit nominalem Subjekt:

- (Lageangabe eines Feldes: „Das erste Ackerstück, indem du von Norden aus (das Gebiet erfaßt)), 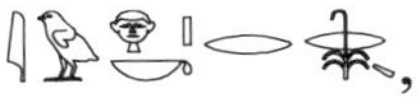, *jw ḥr.k r rśj*, dein Gesicht nach Süden gewendet;"[4]
- (Hathor sagt zum König): , *rdj.j wśr ḥm.k m ḫntj t3wj jw pḥtj.k m ḫt ḫ3śwt*, „Ich verbreite die Macht Deiner Majestät in den beiden Ländern, indem (zugleich) dein Ansehen die Fremdländer durchzieht."[5]

mit pronominalem Subjekt:

- (Schu opfert seinem Vater), , *jw.f m jrw.f n ḥm-nṯr gmḥśw*, indem er seine Gestalt des Hem-netjer-Priesters des Gemehsu-Falken hat;[6]

---

[1] Edfou V, 131, 1 f.

[2] Dazu siehe oben, § 238 A - E.

[3] Auch ist zu prüfen, ob der jeweilige Text neuägyptisch-demotisch gefärbt oder gar geprägt ist.

[4] Edfou VII, 237, 2 f. (ITE I/2, 437, n. 5); ähnlich: VI, 114, 5; 115, 3; Esna II, Nr. 95, 2 und 6 - 8; 101, 5 (wenn, während).

[5] Edfou VI, 258, 12 f. Weitere Beispiele: Edfou V, 30, 2 (... *jw wꜥ nb m-ḫt śnnw.f*); 154, 18 (... *jw ḥm.f m ḏrtj*).

[6] Edfou VII, 25, 14; zum Inhalt siehe ITE I/2, 45. Weitere Beispiele: Edfou VI, 10, 2; 221, 8 f.; 221, 9 f.

- (Über Horus und seine Feinde gesagt): , *jrj.n.f jḫt jm.śn n jmjw-ḫt.f jw.f ḥr ḏww*, Er bereitete aus ihnen eine Mahlzeit für seine Gefolgsleute, indem er sich (dabei) auf den Hügeln befand.[1]

Mehrere Zirkumstanzielle Adverbialsätze können aneinandergereiht werden, wobei sie als parallele Aussagen vom voranstehenden Hauptsatz abhängen:

,

j nṯrw jpw dmḏ.ṯn ḥr Ḥr Bḥdtj nṯr ꜥꜣ nb pt jw.ṯn m sꜣ.f jw.ṯn m sꜣ pr.f jw.ṯn m sꜣ śt.f jw.ṯn m sꜣ ḥnkt.f jw.ṯn m sꜣ ꜥt nb(t) ⌜*ntj*⌝ *jw.f jm.ś*,

„O ihr Götter, ihr möget euch zusammentun wegen Horus Behedeti, dem großen Gott, dem Herrn des Himmels, indem ihr sein Schutz seid, indem ihr der Schutz seines Hauses seid, indem ihr der Schutz seines Sitzes seid, indem ihr der Schutz seines Schlafzimmers seid und indem ihr der Schutz eines jeden Gemaches seid, in ⌜dem⌝ er sich befindet.“[2]

b) Vor der Pseudoverbalkonstruktion (sehr häufig)

mit nominalem Subjekt:

- (Der Gott freut sich über seinen Tempel) , *jw.f m ḥtp jw ḥr.f tḥn*, Er kommt zufrieden, indem sein Gesicht glänzt.[3]

mit pronominalem Subjekt:

- (Krankheiten werden fortgespült), , *jw.śn m ḫd(t) ḥ(nꜥ)*? *ḥꜥpj*, indem sie mit? dem Nil nordwärts abfließen;[4]
- (Uto sagt zum König) , *wnn.k m ḫꜥw n Rꜥ jw.k mn.tj ḥr śt Ḥr*, „Du hast fortan die Erscheinung des Re, indem du dauerhaft auf dem Thron des Horus bist;“[5]
- (Eine an Chnum gerichtete Hymne): , *nfr wj ḥr.k jw.k (ḥr) ḫnm rmṯw*, „Ach wie schön ist doch dein Gesicht, wenn du die Menschen bildest.“[6]

[1] Edfou VI, 127, 12 f.
[2] Edfou VI, 151, 2 f.
[3] Edfou VIII, 106, 11; ähnlich: VIII, 67, 11 (*jw jb.f ꜣw*).
[4] Edfou V, 138, 9 (kollationiert).
[5] Edfou VI, 295, 6; ähnlich: VI, 337, 14 f.
[6] Esna II, Nr. 95, 4.

Das *ḥr* vor dem Infinitiv fällt häufig aus,[1] wie es ja schon beim neuägyptischen Umstandssatz des Präsens sehr oft geschieht, so daß man in diesen Fällen den Infinitiv nur aufgrund bestimmter Kriterien ansetzen kann, so zum Beispiel, wenn ein Direktes Objekt vorliegt.

c) Vor dem *śḏm.f*

- (In einer Aufzählung: Die Äcker, die im Osten davon liegen),  , *jw wn ḫt-(n)-nwḥ 7 (m) p(3j).k rśj n-wś 3ḥw*, indem es (auf einer Länge von) 7 Hundertellen (im) Süden von dir keine Äcker gibt.[2]

d) Vor *n śḏm.(n).f* (negiert)

- (Horus suchte einen Tag und eine Nacht nach den Feinden), 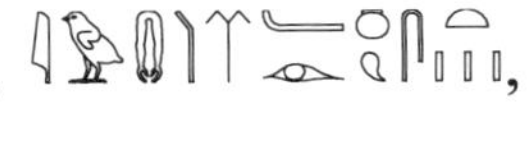, *jw n gmḥ.n.f śt*, ohne daß er sie erblicken konnte.[3]

e) Eine eigene Gruppe bilden die Komparativsätze, die durch die Präposition/Konjunktion *mj* eingeleitet werden:

- , *wnn Ḥt-Ḥr-Ḥrw ḥn.tj ḫr Ḥr Ḥrw mj Ḥr-3ḫtj ḥn.tj ḫnt ḥrt*, Das Haus-des-Horus-der-Horusgötter (Edfu) ist geschützt mit dem Horus der Horusgötter darin, wie Harachte geschützt ist im Himmel;[4]
- (Es sind 5 Tempelräume), , *mj wnn[.ś] ḏr p3t*, wie [es] seit der Urzeit üblich ist;[5]
- („O gesundes Jahr, lasse den ... gesund sein), , *mj śnb.ṯ*, so wie du gesund bist;"[6]
- (Der König sagt: „Ich schleppe Sokar auf seinem Barkenschlitten und durchziehe Mesen (Edfu)), , *mj pḫr.n.f Skr m ḥnw.f*, wie er (Sokar den Ort) Seker in seiner Barke durchzogen hat."[7]

[1] Siehe beispielsweise Edfou II, 215, 2 f. (Kurth, Treffpunkt der Götter, 115); VII, 237, 4 und 6; Esna II, Nr. 95, 5. – Was hier für den mit *jw* eingeleiteten Zirkumstanziellen Adverbialsatz zutrifft, also der Ausfall des *ḥr*, gilt weit weniger für den Adverbiellen Nominalsatz als Hauptsatz (siehe oben, § 217 C; 220).

[2] Edfou VII, 241, 5 (ITE I/2, 447); zu *n-wś*: siehe oben, § 135, sub voce. Subjekt ist ein gezähltes Substantiv; dazu cf. Johnson, DVS, 43. – Zu *jw wn* in der klassischen Sprache siehe Gardiner, EG, § 107, 2.

[3] Edfou VI, 118, 5 f.; ähnlich: 116, 3 f.; 122, 14; 128, 6. Zur Auslassung der Tempusreferenz *n* vor *śn* siehe oben, § 150. – Für die vorangehenden Epochen cf. Erman, NG, § 529; 753; Posener, Première Domination Perse, p. 19, Zeile 34 (*jw n ḫpr mjtt.f m t3 pn*);

[4] Edfou VII, 37, 13 f.; ähnlich: VII, 35, 15; 36, 5; 178, 13.

[5] Edfou VII, 14, 2 f.

[6] Edfou VI, 95, 11. Zum Inhalt siehe Kurth, Treffpunkt der Götter, 233 ff.; zur Lesung *śnb* siehe EP 1, 100, Nr. 23.

[7] Edfou VI, 139, 13 f.

Auch wenn ein <u>Irrealis</u> vorliegt, der Sachverhalt also nicht der Realität entspricht, wird *mj* verwendet:

- (Horus gelangt zur Nekropole der Urgötter und libiert ihnen), , *mj jt.f mwt.f jm*, als wären sein Vater und seine Mutter dort;[1]
- (Der Phönix läßt sich auf dem Pylon des Tempels von Edfu nieder), , *mj wn.f m-ḫntj Jwnw*, so als wäre er in Heliopolis.[2]

2.3 Satzgefüge, syndetisch

2.3.2.1 mit Attributsatz positiv (*ntj*)

§ 262

Das positive Relativ-Adjektiv *ntj*[3] erscheint in der klassischen Sprache so gut wie nie vor dem Nominalen Nominalsatz[4] und vor dem Adjektivischen Nominalsatz,[5] und nur relativ selten vor dem Verbalsatz.[6]

Ist das Bezugswort implizit („der, welcher ... ist"), erfüllen das Relativ-Adjektiv *ntj* und der ihm folgende Adverbielle Ausdruck die gleiche syntaktische Funktion, die ein entsprechendes Bezugswort erfüllt hätte, und zwar beispielsweise als

<u>Nomen im Adverbiellen Ausdruck</u>:

(Der Tempel wird dekoriert) , *mj ntt r sš jswt*, entsprechend den alten Schriften.[7]

---

[1] Edfou VII, 280, 5 f. (ITE I/2, 526). Ich würde **mj wn jt.f mwt.f jm* erwarten, doch der Satz steht so im Stein (kollationiert). – Zum Irrealis im Neuägyptischen siehe Till, in: ZÄS 69, 1933, 112 ff.

[2] Edfou VIII, 145, 9; ähnlich: VII, 258, 12 (teils ergänzt, siehe ITE I/2, 484); Dendara XII, 205, 14 f.: (Der König zieht aus seinem Gemach) *jw mrwt.f n pr mjt(t) ntj jw ḥm.f m Rꜥ m rmṯw Jtmw jśk m rḫjt*, indem seine Beliebtheit im Hause bleibt, so als wäre Seine Majestät als Re bei den Menschen und als Atum bei den Untertanen.

[3] Zu den Formen siehe § 126. – Cf. auch oben, § 164: Das innerhalb der Genitivverbindung zwischen Nomen Regens und Rectum erscheinende *ntj* ist vermutlich von *m-dj* abzuleiten.

[4] Im Ptolemäischen gibt es jedoch Beispiele für den Nominalen Nominalsatz nach *ntj jw* (siehe unten, D).

[5] Siehe Gardiner, EG, § 200, Obs.; cf. auch Jansen-Winkeln, Spätmitteläg. Gramm., § 733.

[6] Gardiner, EG, § 201 (mit Begründung); Junker, GdD, § 305 b.

[7] Edfou VII, 18, 10; wörtlich: ... wie das, was zu den alten Schriften gehört. Ähnlich: VII, 27, 9 f.; V, 135, 11.

Objekt:

(Die schwangere Isis soll zu Horus gehen), , *nḫt.n.f ntj m ẖt tn*, weil er den schützt, der in diesem Leib ist.[1]

Nomen Rectum in der Genitivverbindung:

(Die Umfassungsmauer des Tempels) , *ḥr jr(t) s3 n ntj m-ḫntj.ś*, gewährt demjenigen Schutz, der darin ist.[2]

Prädikat im Nominalen Nominalsatz:

(Harsomtus, ...), 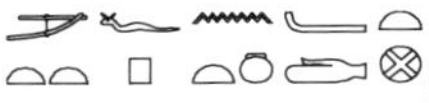, *mjtt.f p(3) ntj n Bḥdt*, dessen Gegenstück derjenige ist, der in Behedet ist.[3]

Bei explizitem Bezugswort können auf *ntj* verschiedene Satzbaumuster folgen:

- Adverbieller Nominalsatz (A)
- Pseudoverbalkonstruktion mit *ḥr und Infinitiv* (B)
- Pseudoverbalkonstruktion mit Pseudopartizip (C)
- *jw* und Nominaler Nominalsatz (D)
- *jw* und Adverbieller Nominalsatz (E)
- *jw* und Pseudoverbalkonstruktion mit *ḥr und Infinitiv* (F)
- *jw* und Pseudoverbalkonstruktion mit Pseudopartizip (G)
- *śḏm.f* (H)

A Der Adverbielle Nominalsatz nach *ntj*

Hier sind zwei Fälle zu unterscheiden: das Bezugswort ist zugleich Subjekt des Attributsatzes (a); der Attributsatz besitzt ein vom Bezugswort verschiedenes Subjekt (b).

a) das Bezugswort ist Subjekt des Attributsatzes:

- (Der König sagt zum Gott): , *rdj.k n.j wśr ntj m ꜥ.k*, „Du gibt mir die Stärke, die in deiner Hand ist;“[4]
- , *Jtmw p(3) nṯr mnḫ ntj m Ṯkw*, Atum, der treffliche Gott, der in Tjeku ist.[5]

[1] Edfou VI, 214, 3. Zur Zeitlage des *śḏm.n.f* siehe oben, § 236 A a.

[2] Edfou VII, 25, 8.

[3] Edfou VI, 168, 6; ähnlich: V, 364, 4.

[4] Edfou VII, 84, 14 f.; ähnlich: VI, 271, 6 f.; VII, 173, 3.

[5] Edfou V, 97, 16.

b) das Bezugswort ist nicht Subjekt des Attributsatzes:

- , *nṯrw ntj b3.śn m-ḫt ḥm.f*, die Götter, deren Bas Seiner Majestät folgten;[1]
- , *s ntj rn.f r Ḥr*, ein Mann, dessen Name „Horus" lauten soll;[2]
- , *ʿ nb ntj św jm.f*, jeder Raum, in dem er ist;[3]
- , *m bw nb nt(j) śn jm*, an jedem Ort, an dem sie sich befinden.[4]

B Pseudoverbalkonstruktion mit *ḥr und Infinitiv* nach *ntj*

a) das Bezugswort ist Subjekt des Attributsatzes:

- (Der König nimmt) 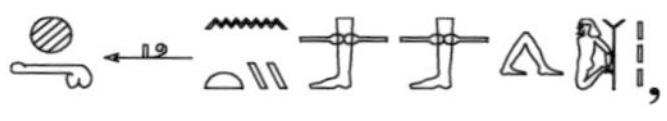, *ḫmt ntj (ḥr) sbsb śbjw*, die Chemet-Harpune, welche die Feinde verjagt;[5]
- („Ich bin zu dir gekommen, ..., damit ich dir bringe) 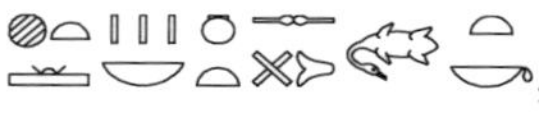, *jḫt nbt nt(j) (ḥr) śwr(t) śndt.k*, alle Dinge, die den Respekt vor dir vergrößern."[6]

Das *ḥr* vor dem Infinitiv fällt regelhaft aus.[7] Daß man nicht etwa das Genitiv-Adjektiv ansetzen darf (wörtlich: „die Dinge des Vergrößerns den Respekt/des Respekts") belegen die sehr seltenen Textstellen, die das *ḥr* vor dem Infinitiv schreiben:

- 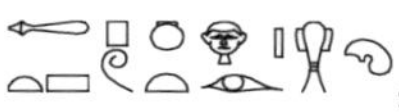, *ʿ3t pw nt(j) ḥr jr(t) s3.k*, „Es ist der Stein, der deinen Schutz bewirkt;"[8]
-  ..., *p3 nt(j) ḥr jw(t) r śšm* ..., derjenige, der kommt, um den ... zu begleiten.[9]

---

[1] Edfou III, 85, 4 f.

[2] Edfou V, 133, 6 f. Obwohl man aufgrund des Kontextes mit dem unbestimmten Artikel übersetzen muß („ein Mann"; cf. Kurth, Treffpunkt der Götter, 170), ist das Bezugswort aus ägyptischer Sicht definiert, weil es sich innerhalb des bekannten und jährlich wiederholten Ritualgeschehens um den bestimmten Mann handelt, der den Vorderschenkel auffängt und deshalb den Namen „Horus" erhält. – An anderen Stellen ist der entsprechende Satz mit dem bestimmten Artikel zu übersetzen: V, 34, 4 und 6; 125, 2 („..., dessen/deren Name ... lautet"); cf. auch die bei Jansen-Winkeln, Spätmitteläg. Gramm., § 733, zitierten Beispiele.

[3] Dendara V, 151, 18; 152, 10. – Zum maskulinen Rückverweis cf. Wb I, 159, 15; Erichsen, DG, 53 A. Zur scheinbaren Femininendung *t* siehe EP 1, 539 und EP 2, Nachträge, s.v.

[4] Edfou VI, 129, 10; ähnlich: VI, 130, 3.

[5] Edfou VII, 202, 2.

[6] Edfou VIII, 103, 13. – *ntj und (ḥr) und Infinitiv* erscheint parallel zum Partizip Aktiv, beispielsweise an der Stelle Edfou VIII, 104, 18; cf. dazu Johnson, DVS, 47 mit n. 26.

[7] Allein in den Bänden Edfou V - VIII gibt es dafür einige Dutzend Belege. Dazu aus Esna beispielsweise: Esna III, Nr. 356, 11; 367, 17. Siehe auch unten, F.

[8] Dendara X, 90, 11.

[9] Edfou V, 126, 3 f. – Ein weiteres Beispiel: V, 127, 5 (es wurde bereits oben, § 237, s. v. *ḥr* zitiert); bei diesem ist außerdem zu erkennen:
- der Infinitiv schließt das Passiv ein (*m3ʿ*, „geopfert werden");

b) das Bezugswort ist nicht Subjekt des Attributsatzes:

(Auf Schiffsbesatzungen bezogen): , *nȝj.w ʿḥʿw ntj śn ḥr ẖnt nṯr pn m śẖnt m <ḥb>.f nfr n Bḥdt*, Ihre Schiffe, (in denen) sie diesen Gott in einer Schiffsprozession an seinem schönen <Fest> von Behedet rudern (schleppen).[1]

C Pseudoverbalkonstruktion mit Pseudopartizip nach *ntj*

a) das Bezugswort ist Subjekt des Attributsatzes:

- 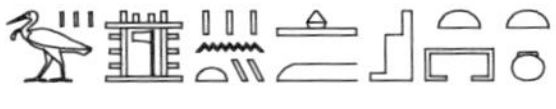, *bȝw nṯrjw ntj ḥtp m śt tn*, die göttlichen Bas, die an dieser Stätte ruhen;[2]
- , *mtw ntj ḳrf*, die Muskeln und Sehnen, welche gekrümmt sind.[3]

b) das Bezugswort ist nicht Subjekt des Attributsatzes:

- (Bezeichnung und Lageangabe eines Ackers) , *Tȝ-mȝwt-n(t)-P(ȝ)-ʿn ntt p(ȝ) mw ḳd n.ś*, Das-Neuland-des-Pa-an, zu dem hin sich das Wasser umwendet;[4]
- , *Wṯst-Ḥr ntj śj śmn m śšmw.f*, der Tronsitz-des-Horus (Edfu), der sein (des Horus) Bild dauerhaft enthält.[5]

... < S. 972 - *ḥr und Infinitiv* bezeichnet nur eine Aktionsart (das Opfern als länger andauernde Handlung), denn die Zeitlage ist ja nach Auskunft des anschließenden Textes das Futur (... *ʿrḳ pȝ wḏj*, wenn der Auszug beendet sein wird).

[1] Edfou V, 126, 7 f. Der zu erwartende Rückverweis **jm.śn* wurde wohl wegen der folgenden Adverbialgruppe als überflüssig empfunden und ausgelassen. – Der folgende Fall ist unsicher: VI, 255, 9 (*wtṯw.k nt(j).k (ḥr) śḫpr.f*, „dein Sohn, den du entstehen ließest"); zwar kann man für die Schreibung  des Relativ-Adjektivs und des ihm angeschlossenen pronominalen Subjekts auf Gardiner, EG, § 200, 2, verweisen, doch alle dort zitierten Beispiele erscheinen nur in der Formel *bw ntk/ntf jm*, und eines der folgenden Beispiele (das zweite unter Punkt C b) verwendet die Form *ntj śj*. – Cf. auch das zweite Beispiel bei Junker, GdD, § 157: *jḫt.ś nb(t) m ntt tw(tw) jrj kȝt nt jḫt nṯr jm.śn*.

Siehe auch Dendara XI, 13, 8 (ähnlich: 12, 14): *dbḥw nb nw ḥt-nṯr ntj tw (ḥr) jrt jrw nw jḫt-nṯr jm.śn*, aller Bedarf des Tempels, mit dem die Riten des Gottesopfers ausgeführt werden. Der Gebrauch von *tw* nach *ntj* könnte mittelägyptisch sein (Gardiner, EG, § 47; 328, 2) oder auch neuägyptisch (Erman, NG, § 843), wenn man *ntj (tw)tw* ansetzt (eine Auslassung, um eine Folge dreier ähnlich klingender Silben zu vermeiden?).

[2] Edfou V, 131, 1.

[3] Edfou VII, 307, 2.

[4] Edfou VII, 232, 12; wörtlich:..., zu dem das Wasser umgewendet ist. Ein weiteres Beispiel: VI, 199, 5 (*ḳn n Kmt ntj gśw prw ḫtj ḥr rn.f*).

[5] Edfou VI, 199, 4; wörtlich: ..., der gefestigt ist mit seinem Bilde. Die Konstruktion könnte in diesem Falle (3. Person Singular) ebensogut mittel- wie neuägyptisch sein.

D *ntj jw* und Nominaler Nominalsatz

- (Aus einer Hymne an Chnum): , *j p(ꜣ) mnḫ jb nt(j) jw bwt.f whn*, „O du mit dem wohltätigen Herzen, dessen Abscheu das Zerstören ist.“[1]

E *ntj jw* und Adverbieller Nominalsatz

- (Aus einer Hymne an Chnum): , *j p(ꜣ) nt(j) jw wḏꜣ n tꜣ ḏr.f ẖr śt-ḥr.f*, „O du, unter dessen Aufsicht das Wohlergehen des ganzen Landes ist;“[2]
- , *pꜣ ḥsj ntj jw rn.f r Ḥr*, der Gepriesene, dessen Name „Horus“ lautet;[3]
- , *p(ꜣ) mr ḥśw ntj jw tꜣj.f bnt m ḏrt.f*, der Leiter des Gesanges, der seine Harfe in der Hand hält;[4]
- , *m bw nb ntj śn jm ntj jw nṯrw nṯrwt nb jm*, an jedem Ort, an dem sie sich befinden und an dem sich alle Götter und Göttinnen befinden.[5]

F *ntj jw* und Pseudoverbalkonstruktion mit *ḥr und Infinitiv*

- (Aus einer Hymne an Chnum): , *j pꜣ nt(j) jw śšmw.f ḥr ḫnm ḫnt ḥt-nmjt*, „O du, dessen Abbild im Geburtshaus schaffend tätig ist;“[6]
- (Re sagt zu Thot): , *jḫ pꜣ ntj jw.w (ḥr) ḏd n.jm.f*, „Was ist das, worüber sie sprechen?“[7]

Vor dem Infinitiv wird die Präposition *ḥr* zumeist nicht geschrieben;[8] cf. dazu auch oben, unter Punkt B.

---

[1] Esna III, Nr. 367, 10.

[2] Esna III, Nr. 368, 31. Ein weiteres Beispiel: Dendara X, 37, 5 f.

[3] Edfou V, 135, 5; ähnlich: Dendara IX, 203, 6 f.

[4] Edfou V, 356, 1.

[5] Edfou VI, 129, 10. Zum Nebeneinander von *ntj śn jm* (pronominales Subjekt) und *ntj jw nṯrw nṯrwt nb jm* (nominales Subjekt) cf. für den Verbalsatz Spiegelberg, Dem. Gr., § 535 („bei pronominalem Subjekt meist ... *ntj* ohne ... *jw*“); Johnson, DVS, 46, unten. Zu *ntj jw* bei pronominalem Subjekt siehe beispielsweise Edfou VI, 146, 3 f.
Zum Rückverweis *jm* statt *jm.f* cf. Edfou VI, 146, 4 (beide stehen nebeneinander); VI, 151, 3 (*ꜥt nbt* ⌜*ntj*⌝ *jw.f jm.ś*); 320, 7 (*bw ntj jw Ḥr jm*); Mam. Edfou, 179, 16: *ꜥt nbt ntj jw.f* () *jm.ś*. – Rückverweis mit anderer Präposition: Edfou I, 244, 8 f.: *ḏd mdw jn Śkr Wśjr nṯr ꜥꜣ ḥrj-jb Bḥdt ntj jw śpwt ẖr kꜣ.f.*

[6] Esna III, Nr. 367, 11.

[7] Edfou VI, 215, 1 (Kurth, Treffpunkt der Götter, 257). Zur Form der Präposition *m* vor dem Suffixpronomen (ⲛ̄ⲙⲟ=) siehe oben, § 135, s. v. *m*.

[8] Weitere Beispiele: Edfou VII, 225, 1; 237, 4; 245, 7; 250, 5 und öfters in diesem demotisch geprägten Text.

G *ntj jw* und Pseudoverbalkonstruktion mit Pseudopartizip

- (Aus einer Hymne an Chnum): , *j p(3) ntj jw śnt.f dmḏ ḥnᶜ.f m-ẖnw Jwnjt*, „O du, mit dem sich seine Schwester (Menehit) in Esna vereint hat;“[1]

- (Horus von Edfu), , *ntj jw jtn.f wbn m nwt*, dessen Sonnenscheibe am Himmel erschienen ist.[2]

Zusammenfassend ist bei den Konstruktionen mit *ntj jw* (D - G) folgendes festzuhalten:

1) Sie entsprechen dem demotischen Relativsatz des Präsens;[3] vor pronominalem Subjekt erscheint in den mir bekannten Beispielen das Präfix des Präsens II.[4]

2) Das in der klassischen Sprache mit seinem Bezugswort nach Genus und Numerus kongruierende Relativ-Adjektiv *ntj* hat sich hier zu einer bloßen Partikel gewandelt, welche man vor die betreffenden Satzbaumuster stellt, um diese in Relativsätze umzuformen.[5]

3) Konstruktionen mit *ntj jw* werden in der Regel nur dann benutzt, wenn der Relativsatz ein vom Bezugswort verschiedenes Subjekt hat, und sie begegnen im Ptolemäischen mehrheitlich in Texten, die eine Färbung oder gar deutliche Prägung durch die jüngere Sprache erkennen lassen. Allerdings werden parallel dazu auch die entsprechenden Konstruktionen ohne *jw* verwendet.[6]

H *ntj* und *śḏm.f*

- (Horus sagt zu seinen Mitgöttern):  ..., *ḥt-nṯr nt(j) wn.j m-ẖnt.ś* ..., „Der Tempel, in dem ich mich befinde, ...“[7]

- (Menschen eines Volkes), 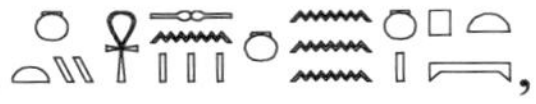, *ntj ᶜnḫ.śn n mw nw pt*, die vom Wasser des Himmels (dem Regen) leben.[8]

---

[1] Esna III, Nr. 367, 28; zu *dmḏ ḥnᶜ* siehe EP 1, 320, Nr. 25 und Wb V, 459, 19. Quacks Übersetzung (in: Fs. Schenkel, 113) scheiterte an der Hieroglyphe des Sterns.

[2] Edfou VII, 20, 12.

[3] Siehe Spiegelberg, Dem. Gr., § 538 f.; Johnson, DVS, 38 (Table 3); 46 f.

[4] Spiegelberg, Dem. Gr., § 539, belegt auch das Präfix des Präsens I (*tw=j*).

[5] Man verwendet für dieses *ntj* auch die Begriffe „Konverter“ oder „Relativkonverter“.

[6] Siehe die relevanten Beispiele oben unter A b und E.

[7] Edfou III, 85, 8 (siehe Kurth, Treffpunkt der Götter, 123). Die Form *wn* wird verwendet, weil ein momentanes Sich-befinden und nicht ein dauerhaftes Sein gemeint ist.

[8] Edfou VI, 197, 10.

- (Aus den Stundenwachen des Osiris): , *wnwt pw nt(j) ʿḳ Ḏḥwtj jm.ś ḥnʿ Jnpw*, Das ist die Stunde, in der Thot und Anubis eintreten.[1]

Diese Konstruktion ist schon in der klassischen Sprache selten,[2] und auch im Ptolemäischen fand ich nicht gerade viele Beispiele.[3]

2.3 Satzgefüge, syndetisch

2.3.2.2 mit Attributsatz negativ (*jwtj*)

§ 263

Für die in der klassischen Sprache anzutreffende Bildung *ntj n* ( ), „welcher nicht ist“[4], fand ich im Ptolemäischen keine Belege. Statt dessen wird fast ausschließlich *jwtj* benutzt.[5]

A Das Bezugswort ist implizit:

- , *jwtj ʿwj.f ⸢jwtj⸣ rdwj.f*, Der keine Arme ⸢und⸣ Beine hat (Apophis in Schlangengestalt);[6]
- (Horus schützt den Bedürftigen) , *ḥr nḫt jwtj-n.*<⸢*f*⸣>*, und stärkt den <⸢Besitzlosen⸣>*;[7]
- , *ntk jwtj ḳd*, „Du bist der, der keinen Schlaf kennt;“[8]
- (Das Gemach ist ..., ist) , *jwtt rḫ.ś*, eines, das man nicht kennt;[9]

---

[1] Junker, Stundenwachen, 66 (aus Dendera und Philä).
[2] Gardiner, EG, § 201; Erman, NG, § 847 (siehe dazu einschränkend Wolf, in: ZÄS 69, 1933, 112).
[3] Die Parallelen zu oben genanntem Beispiel (Edfou VI, 197, 10), nämlich VI, 196, 6 f. und 8; 197, 5; 198, 2 und 6, stammen aus ein und demselben Text; eine weitere Parallelstelle hat als einzige von allen statt *ntj ʿnḫ.śn* nur *ʿnḫ.śn* (vermutlich ein antiker Fehler). Der vermeintliche Fall Edfou V, 30, 8 ist nach Kollation zu tilgen (statt steht im Stein). – Demotische Belege sind nicht selten, siehe Spiegelberg, Dem. Gr., § 535 f.
[4] Gardiner, EG, § 201; Jansen-Winkeln, Spätmitteläg. Gramm., § 731 (p. 469 mit n. 1).
[5] Zu den Schreibungen siehe oben, § 127.
[6] Edfou VI, 159, 3. Zur Ergänzung cf. Goyon, Gardiens, 56, n. 8.
[7] Edfou VII, 113, 12; wörtlich: *jwtj-n.f*, (einer), dem nicht ist/der nicht hat/der Besitzlose.
[8] Edfou V, 119, 8 f.; ähnlich: Dendara I, 75, 9 (Hathor, ... *jwtt ʿʿw*); X, 4, 4 (Schu, ... *jwtj ʿʿw*).
[9] Dendara VI, 78, 10; zu *rḫ* als Nomen (Infinitiv) siehe Wb II, 445, 12 ff.

- (Der schlangengestaltige Apophis), *jwtj m t3 pn*, existiert nicht mehr in diesem Lande.[1]

B Das Bezugswort ist explizit:

Während *jwtj* im Alt- und Mittelägyptischen nicht selten vor dem *śḏm.f* und auch hier und da vor dem *śḏm.n.f* und dem Adverbiellen Nominalsatz auftritt,[2] fand ich im Ptolemäischen nach *jwtj* bis auf wenige Ausnahmen fast nur Substantive, Infinitive und substantivierte Formen des Verbs, denen fallweise ein Nomen Rectum oder eine Adverbialgruppe angefügt werden. Diese Substantive sind jeweils das Subjekt, während *jwtj* als Prädikat fungiert.[3]

a) Subjekt ist ein Nomen:

- (Hathor), *jwt(t) śnnw(t).ś*, deren Zweite (derengleichen) es nicht gibt;[4]
- (Das Waisenkind), *jwtj <jt.f>**, das keinen <Vater>* hat;[5]
- (Die Wirkung eines Getränks), *jwtj śk(w).f*, die unvergänglich ist;[6]
- (der Tempel ist dekoriert) *m k3t jwtt mjtt.ś*, in einer Arbeit, derengleichen es nicht gibt;[7]
- (Horus ist) *k3 k3w jwtj pḥwj.f*, der Höchste, der kein Ende hat;[8]
- *śꜥḥ jwtj tp.f*, eine Mumie, die keinen Kopf hat.[9]

b) Subjekt ist ein Infinitiv mit aktiver Bedeutung:

- (Von Isis heißt es, daß es keinen Befehl gibt), *jwtt ḏd.ś*, den sie nicht gesagt hätte;[10]

---

[1] Edfou VI, 159, 12. Wörtlich: ... ist einer, der nicht mehr ist in diesem Lande; in diesem Nominalen Nominalsatz ist *jwtj* das Prädikat.

[2] Edel, Altäg. Gramm., § 1064 ff.; Gardiner, EG, § 203, 1 und 5 f. Zur Frage des verbalen oder nominalen Charakters der auf *jwtj* folgenden Satzteile cf. aber auch Jansen-Winkeln, Spätmitteläg. Gramm., § 736 (p. 473, mit n. 5).

[3] Also mit Rückverweis: „A, dessen B nicht existiert/der kein B hat;“ ohne Rückverweis: „A, auf den sich bezieht, daß B nicht ist.“

[4] Edfou VIII, 65, 7; ausgesagt wird, daß die Göttin einmalig ist. Ähnlich: Edfou VIII, 55, 12; Dendara VI, 160, 7; Esna VI/1, Nr. 518, 12.

[5] Edfou VI, 73, 5.

[6] Edfou VI, 133, 8. Wb IV, 313, 16, belegt in dieser Wendung das Nomen, doch nach Schreibung und Sinn ist ebensogut der Infinitiv möglich (das folgende *ḥtm* in *jwtj ḥtm.f* müßte ein Infinitiv sein). – In einer Parallele (Edfou VI, 265, 6) fehlt der Rückverweis: *jwtj <śk(w)>*; hier könnte ein antiker Fehler vorliegen, siehe Chassinats Anmerkung zum Text.

[7] Edfou V, 4, 5; ähnlich: Dendara VI, 4, 11.

[8] Edfou V, 117, 4. Zum Superlativ siehe oben, § 167.

[9] Dendara X, 37, 2 f.; cf. ⲁⲧⲁⲡⲉ, ohne Kopf/kopflos (Crum, CD, 14 a).

[10] Dendara X, 377, 1; wörtlich: ..., der nicht ist ihr Sagen. Zur Doppelten Verneinung siehe oben, § 241.

- (Der Gott), , *jwtj bḫn šnw*, der unbestechlich ist;[1]
- (Der Vogel), , *jwtj <ʿḫ(t)>.f*, der nicht <fliegt> (fliegen kann).[2]

c) Subjekt ist ein Infinitiv mit passivischer Bedeutung:[3]

- (Das Gemach ist ..., ist) , *jwtt ḥḥj.f*, eines, das nicht aufgesucht wird;[4]
- (Harsomtus von Chadi), , *jwtj mśt.f*, der nicht geboren wurde;[5]
- (Die Göttin Nebet-Nebiu), , *jwtt ḫśf.ś m pt tꜣ*, der man sich nicht widersetzen kann im Himmel und auf Erden;[6]
- (Der Gott), 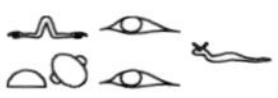, *jwtj mꜣꜣ.f*, den man nicht sehen kann;[7]
- (Ein Gemach), , *jwtj rḫ.ś jn kjwjw*, das den Barbaren unbekannt ist.[8]

d) Subjekt ist ein substantiviertes Partizip:

- (Horus), , *jwtj wn ḥr ḫw.*[*f*] *m* ⸢*šḫmw*⸣, [dem] unter den ⸢göttlichen Mächten⸣ niemand gleichkommt;[9]

---

[1] Esna II, Nr. 25, 7; wörtlich: ..., auf den sich bezieht, daß nicht ist ein Fordern[?] (o. ä.) des Geschenkes. Die Lesung *bḫn* wird unzweideutig von den Schreibungen verlangt, die Wild in BIFAO 54, 1954, 179 f., zusammengestellt hat; zu diesem Verb und seiner Bedeutung siehe Osing, Nominalbildung, 833, n. 1116 (die dort angesetzte Bedeutung „achten auf" paßt aber nicht gut zum ausschließlich verwendeten Determinativ ; die Stellen Edfou III, 194, 7 und VII, 322, 16, paraphrasieren mit *šsp dbꜣw*, Bestechungsgeschenke annehmen). – Ein weiterer Beleg: Esna VI/1, Nr. 514, 6.

[2] Edfou V, 114, 7; ähnlich: IV, 181, 11, f. und Dümichen, GI III, Tf. 78 (beide mit *śpꜣ* im Infinitiv). Ein weiteres Beispiel mit intransitivem Verb: Dendara I, 46, 10 f. (Sachmet, ..., *jwtt jʿr n.ś*, ..., zu der man nicht emporsteigen kann).

[3] Zum Infinitiv cf. oben, § 217, A c. – Junker, GdD, § 292, wertet die auf *jwtj* folgende Verbalform als *śdm.f*-Passiv und als *śdm.tw.f*. Anders, und meiner Ansicht nach richtig, Gardiner (EG, § 307, 2), der einen Infinitiv ansetzt; siehe die übernächste Anmerkung.

[4] Dendara VI, 75, 12 f. Auch hier ist in gewisser Weise das Bezugswort implizit, cf. oben, A.

[5] LD, Abth. IV, Bl. 54 a (aus Dendera; cf. Dendara XII, 14, 6 f.); ähnlich: Dendara IV, 261, 2; VI, 63, 6 f.; 160, 10; Esna VI/1, Nr. 518, 15. Zur Endung des Infinitivs siehe oben, § 138; vielleicht muß man aber wegen der konstanten Schreibung der Endung *tw* ein substantiviertes *śdm.tw.f* ansetzen (cf. die erste Anmerkung dieses Abschnitts).

[6] Dendara X, 415, 11. Ähnlich: II, 13, 2; 179, 1 f.; IV, 73, 2; 175, 7 f. (jeweils mit Erweiterung: *jwtt ḫśf dd.ś*, deren Worte man nicht zurückweisen kann; wörtlich: nicht ist ein Zurückweisen ihres Sagens/ihrer Worte); III, 165, 6.

[7] Dendara X, 97, 12; siehe Goyon, Gardiens, 308 f. Ähnlich: II, 7, 18; IX, 32, 2.

[8] Dendara V, 108, 5. Der Handelnde wird durch das Agens-Element *jn* eingeführt; wörtlich: ..., für das nicht zutrifft sein Kennen seitens der Barbaren.

[9] Edfou VI, 252, 3; wörtlich: ..., für den nicht zutrifft, daß es einen gibt, der von seiner Art ist unter den göttlichen Mächten. Ähnlich: Dendara II, 19, 5 f. (Isis, ... *jwtt wn* (*ḥr*) *jrt mjtt.ś*, ..., für die nicht zutrifft, daß es jemanden gibt, der wie sie handelt); IV, 169, 6 f.; VI, 153, 7 f. (Hathor, ... *jwtt wn ḥr ḫw.ś m nṯrw*, bzw. *nṯrwt*).

- (Hathor), , *jwtt mꜣꜣ(t) ḥr-tp.ś ḫnt nṯrwt*, über der keine (andere) gesehen wird unter den Göttinnen.[1]

e) Subjekt ist ein substantiviertes *śdm.tj.fj*:

- (Harsomtus-das-Kind ist) , *nśwt nḥḥ jwtj wḥm.tj.fj*, der König der Ewigkeit, den niemand wiederholen wird.[2]

f) Subjekt ist ein Adverbieller Nominalsatz:

- 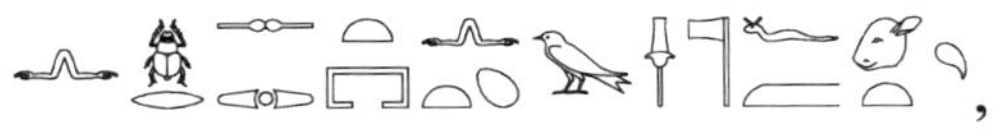, *n ḫpr sḫm jwtj śḫm.f m-ḫnt.f*, es gibt kein Heiligtum, in dem nicht sein (des Horus) Bild ist.[3]

g) Subjekt ist ein *śdm.f*:

- (Die Göttin Menehit), , *wrt ꜥꜣt jwtt jꜥr n.ś ꜥšꜣt*, die Mächtige, die Große, welche die vielen (anderen) nicht erreichen können.[4]

h) adverbielles *m/n jwtj*:

- (Horus sagt zum König: „Ich gebe dir, daß ... gerecht richtet), 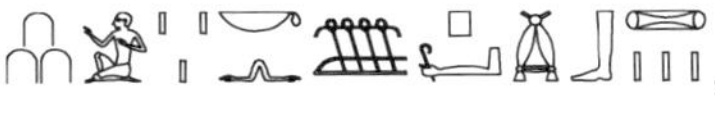, *mꜥbꜣjt.k jwtj*[?] *šsp ḏbꜣw*, „und daß dein Gerichtshof-der-Dreißig keine Bestechungsgelder annimmt;“[5]

Hier wird *jwtj*[?] offenbar adverbiell verwendet, wie im Demotischen („ohne“).[6] Zwar kenne ich außer dem übernächsten Beispiel[7] nur wenige ausgeschriebene hieroglyphische Belege für ein *m/n jwtj*,[8] doch man darf wohl zusätzlich auf das koptische adverbielle ⲛⲁⲧ- verweisen.[9]

---

[1] Edfou VI, 252, 5; wörtlich: ..., für die nicht zutrifft, daß es eine über ihr Gesehene gibt unter den Göttinnen. Ähnlich: Edfou VI, 19, 6; cf. VI, 335, 6; VII, 255, 7 (ebenfalls mit einer Erweiterung: „unter den Göttern und Göttinnen“); Dendara IV, 87, 5; 169, 6. – Die Aussage stellt heraus, daß die betreffende Gottheit rangmäßig über allen anderen steht.

[2] Dendara V, 85, 2 f.; Dendara Mam., 100, 10; eventuell auch Edfou II, 47, 2, wenn man zu <*wḥm.tj.fj*> emendieren darf. Weitere Beispiele: Dendara II, 18, 15; 23, 11; 53, 16.

[3] Dendara VI, 112, 14.

[4] Esna II, Nr. 6, 11; wörtlich: ..., nicht ist, daß die Menge zu ihr aufsteigt. Zu *jꜥr n* siehe Wb I, 41, 15. – Ein weiteres Beispiel, Edfou VI, 267, 11: (*Śḫmt*)... *jwt(t) śḫm nṯr nb m (r)dj(t).n.ś* (Sachmet)..., über deren Entscheidungen kein Gott Macht besitzt.

[5] Edfou VII, 322, 16 (die Lesung *n*, ITE I/2, 615, ist vielleicht zu *jwtj* zu verbessern; siehe unten); ähnlich: III, 194, 7.

[6] Spiegelberg, Dem. Gr., § 30.

[7] Dendara III, 137, 15.

[8] Dendara II, 205, 1: *wnn jrt-Rꜥ ḳꜣj.t(j) m śt.ś m jwtt* <*twt*> *n.ś*, Es sitzt das Auge-des-Re (Hathor) hoch auf ihrem Thron als eine, mit der niemand vergleichbar ist; diese Textpassage wird auch weiter unten behandelt. – Cf. ferner Edfou III, 340, 11: *jw śbjw.k m jwtt*, „Deine Feinde sind vernichtet (wörtlich: Deine Feinde sind das, was nicht ist)“.

[9] Westendorf, KoptHWb, 13.

Als Objektsatz kann, so wie hier angenommen, auch der Adverbielle Nominalsatz auftreten.[1] - Die Lesung *jwtj* des Zeichens  ist trotz einiger Parallelen unsicher.[2]

Im folgenden Beispiel ist *jwtj* wohl ebenfalls adverbiell aufzufassen, weil vergleichbare Stellen[3] das adverbielle *n ḳn rnpt* schreiben:

- (Horus sagt zum König: „Ich gebe dir, daß Ägypten zu deiner Zeit bestens versorgt ist), 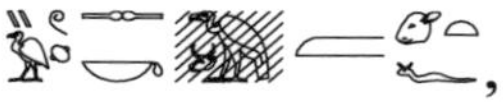, <*jwtj*>* *(j)šk* <⌜*ḳn*⌝ *rnpt*>* *m-ḫntj.f*, sogar <ohne daß es einen ⌜Mangel⌝ des Jahres>* darin gibt."[4]
- Klar ist die Bedeutung „ohne" an folgender Stelle: (Der Gott Hu), 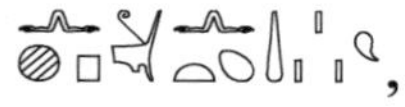, *n ḫpr n jwtt mdw.f*, ohne dessen Wort nichts entsteht.[5]

Abschließend ist noch folgendes anzumerken:

1) Offensichtlich wird die Satzart *n(n wn) und Substantiv oder substantivierte Form des Verbs*, („nicht ist/nicht gibt es ...") durch *jwtj/jwtt* in einen Attributsatz umgewandelt.[6]

2) Einige feste Wendungen werden teils mit *jwtj*, teils mit  konstruiert; so ist zum Beispiel neben *jwtj wḥm.tj.fj* auch *n* () *wḥm.tj.fj* belegt.[7] – Das attributive „(Ein Richter o. ä.), der nicht auf eine Seite legt (der unparteiisch ist)" wird teils mit *jwtj rd(t) ḥr gś*[8], teils mit *n rd(t) ḥr gś*[9] ausgedrückt.[10]

In diesen Fällen ist die theoretisch mögliche Lesung *jwtj* des  wenig wahrscheinlich, da die Schreibungen mit  sehr zahlreich sind; allerdings könnte man zugunsten der Lesung *jwtj* darauf verweisen, daß es sich um eine der vielen formelhaften Wendungen handelt, die ja gerne abgekürzt geschrieben werden. Dennoch halte ich folgende Erklärung für einleuchtender: Beide Konstruktionen sind gleichberechtigt und alternativ wählbar, weil ja

[1] Siehe oben, § 253 a.

[2] Siehe oben, § 127 und die Parallele Edfou VII, 127, 7 f. (attributiv).

[3] Edfou VII, 79, 17; VIII, 69, 4; 106, 13; siehe auch Wb V, 48, 9 ff.

[4] Edfou VII, 61, 9 f.

[5] Dendara III, 137, 15. Das adverbielle *n/m jwtt mdw.f* enthält den Rückverweis zum negativen Existenzsatz *n ḫpr*, der hier als Virtueller Relativsatz verwendet wird; wörtlicher: ..., ohne dessen Worte es kein Entstehen gibt.

[6] Cf. Jansen-Winkeln, Spätmitteläg. Gramm., § 735 f.

[7] Edfou VIII, 124, 7; Dendara III, 117, 9. Siehe auch Wb I, 341, 1.

[8] Edfou V, 59, 1; VI, 161, 18; VII, 291, 2; Dendara III, 24, 1.

[9] Edfou V, 187, 14; VII, 195, 10; Dendara IV, 138, 7; 175, 3; 242, 7.

[10] Zu einem derartigen parallelen Gebrauch bei anderen Wendungen siehe oben, § 127 (bei); Wb II, 39, 9 (*n(n)/jwtj mjtj.f*); IV, 149, 12 f. (*n(n)/jwtj śnnw.f*).

auch ein Satz des Typs *n(n) und Substantiv oder substantivierte Form des Verbs* als Virtueller Relativsatz auftreten kann.[1]

In anderen Fällen hängt die Verwendung von *n* oder *jwtj* von der unmittelbar vorangehenden syntaktischen Einheit und zugleich von der angestrebten Aussage ab. Dazu betrachte man folgendes Beispiel:

-  ..., *wnn jrt-Rᶜ ḳ3j.t(j) m śt.ś m jwtt <twt> n.ś ḥr wbn m pr.ś* ..., Es sitzt das Auge-des-Re (Hathor) hoch auf ihrem Thron als eine, mit der niemand vergleichbar ist, und sie leuchtet in ihrem Haus und sie ... .[2]

Hier wäre *n twt n.ś* mißverständlich gewesen, da man es auf *śt.ś* hätte beziehen können (*„auf ihrem unvergleichlichen Thron"); nur durch die Verwendung von *m jwtt twt n.ś* wird eindeutig ausgesagt, daß das Auge-des-Re (Hathor) unvergleichlich ist. Interessant ist nun, daß sich in den Bänden Dendara I - VI[3] für diese Wendung[4] 15 weitere Belege finden, sämtlich mit der Negation , jedoch allesamt unmittelbar dem Bezugswort folgend, dem sie übersetzungssprachlich adverbiell („die unvergleichlich Große") oder attributiv zugeordnet werden können.[5] Zwei dieser 15 Belege bestätigen die soeben aufgezeigte Differenzierung:

- *wnn wrt-ḥk3w wr.tj ḫnt Jwnt m wrt n twt n.ś ḥr* ..., Es ist die Zauberreiche (Isis) groß in Dendera als die Große, mit der niemand vergleichbar ist, und sie ...;[6]

der Bezug auf die Göttin ist hier bereits durch *m wrt* gegeben, weshalb auch durch das folgende *n twt n.ś* unzweideutig nur sie qualifiziert wird.

- *ḫnm.n.f pr-nw n ḫnmt-ᶜnḫ n twt n.f*, Er (der König) baute ein Per-nu für die Chenemet-anch (Hathor), dem keines vergleichbar ist;[7]

der Bezug auf das Gebäude, und nicht auf die Göttin, ist hier durch das Genus festgelegt.

Diese beiden Beispiele zeigen außerdem deutlich, daß, wie auch sonst zu beobachten,[8] die antiken Verfasser bemüht waren, ihre Aussagen sprachlich eindeutig zu gestalten.

---

[1] Siehe oben, § 252, A i.

[2] Dendara, II, 205, 1.

[3] Cauville, Dend. Trad., I - VI.

[4] Teils maskulin (*n.f*), teils feminin (*n.ś*).

[5] Dendara I, 7, 7; 49, 9; 61, 2; 68, 1; 127, 6; 150, 14; II, 81, 16; 106, 5; 141, 3; 208, 6; III, 35, 6; IV, 103, 10; 212, 8; V, 71, 3 (*n wn*); VI, 152, 10.

[6] Dendara I, 68, 1.

[7] Dendara II, 208, 6.

[8] Cf. oben, § 252, A g und h.

Allerdings ist einzugestehen, daß an manchen Stellen keine gesicherte Lesung empfohlen werden kann, weshalb es wohl aus praktischen Gründen das beste ist, dort jeweils die übliche Lesung zu wählen (𓈖, *n*; 𓈖𓏏𓍯, *jwtj*) und ein 𓈖 nur dann *jwtj* zu lesen, wenn eine sehr große Überzahl *jwtj* geschriebener Parallelen es nahelegt.

3) Offenbar spielt es bei der Verwendung von *jwtj* keine große Rolle, ob das Bezugswort bestimmt oder unbestimmt ist.

4) Vorhandensein oder Fehlen des Rückverweises auf das Bezugswort hängt innerhalb der von Jansen-Winkeln bearbeiteten spätmittelägyptischen Texte anscheinend von bestimmten Bedingungen ab.[1] Demgegenüber wird im Ptolemäischen wie in der klassischen Sprache der Rückverweis regelhaft verwendet. Wo er einmal fehlt (siehe beispielsweise oben: *jwtj ꜥꜥw*)[2], darf man wohl einen Einfluß des Demotischen vermuten.[3]

2.4 Komplexe Satzgefüge

§ 264

Um ein möglichst umfassendes Verständnis des Ptolemäischen zu gewinnen, ist es nützlich, sich vor Augen zu führen, daß die Verfasser der Texte noch in der Lage waren, in dieser aus dem lebendigen Gebrauch verschwundenen Sprachstufe komplexe und teils recht lange Satzgefüge zu bilden.[4] Für die Auslese der folgenden Beispiele war entscheidend, daß die Grenzen dieser syntaktischen Gebilde nicht durch Interpretation des Inhalts, sondern durch äußerliche Merkmale festgelegt sind.[5]

A In den ersten vier Beispielen ergeben sich die Satzgrenzen aus der klaren Struktur der Ritualszenen,[6] die sich in griechisch-römischer Zeit ausgebildet hatte:

---

1 Jansen-Winkeln, Spätmitteläg. Gramm., § 736.
2 Dendara X, 4, 4.
3 Cf. Spiegelberg, Dem. Gr., § 30.
4 Siehe auch das in EP 1, 114 - 117, analysierte Satzgefüge.
5 Für längere Satzgefüge in der klassischen Sprache cf. zum Beispiel Sethe, Lesestücke, 98 (Petrie, Koptos, Pl. VIII), Zeile 5 - 10.
6 Kurth, Treffpunkt der Götter, 39 ff.

- , *(r)dj.j n.k ꜥwj.k rwḏ ḥr śꜥḥꜥ ṯḫnwj km.tj m ꜥꜣt nt <mꜣṯ>,* „Ich gebe dir, daß deine Arme stark sind beim Aufrichten der beiden Obelisken, die aus Granit gefertigt sind.“[1]
- , *(r)dj.j n.k bw nb wbn.n.j ḥr.śn ḥr jrt sꜣ.k ẖr tpjw tꜣ,* „Ich gebe dir, daß dir an jedem Ort, über dem ich aufgehe,[2] die Erdenbewohner Schutz gewähren.“[3]
- (Osiris sagt zum König, nachdem dieser ihm den Kranz der Rechtfertigung überreicht hat):  *šsp.n.j mꜣḥ.k rdj.n.(j) ś(w) r tp.j šfḫ.tj rdj.n.j ś(w) r ḥꜣt.k,* „Ich habe deinen Kranz entgegengenommen, ich habe ihn auf meinen Kopf gesetzt und, nachdem (ich ihn wieder) abgenommen (habe), habe ich ihn auf dein Haupt gesetzt.“[4]

Auffällig ist das Pseudopartizip, das hier übersetzungssprachlich mit einem Temporalen Nebensatz wiederzugegeben ist.[5] Bei der Übertragung ins Deutsche habe ich den Satz etwas „geglättet“. Wörtlich wäre etwa zu übersetzen: „„... ich habe ihn auf meinen Kopf gesetzt und, abgenommen, habe ich ihn ...“.

- (Während er ihm ein Milchopfer überreicht, spricht der König zum Gott Harsomtus):  *ꜥnḫ wꜣš nw ḥnk.n.j n kꜣ.k sꜣ Bḥdtj jwꜥw n ꜥpj [...].k jm.śn m jrw.k n ẖ smꜣ.k tꜣwj n* ⌜*sp*⌝ „Wenn du von dieser Milch, die ich für deinen Ka gebracht habe, o Sohn des Behedeti, Erbe des Api, in deiner Gestalt als Kind [trinkst][6], dann fügst du die Beiden Länder ⌜zusammen⌝.“[7]

---

[1] Edfou VIII, 139, 9 f.

[2] Zur Zeitlage siehe oben, § 236 A. Hier war der Aspekt der bereits vollzogenen Handlung wesentlich; der Sachverhalt wurde in der Weise betrachtet, daß der Sonnengott schon vorher an den betreffenden Orten aufgegangen sein muß, damit dort Menschen leben können.

[3] Edfou VI, 334, 7. Wörtlich: „Ich gebe dir, daß jeder Ort, über dem ich aufgegangen bin, deinen Schutz bereitet seitens der Erdenbewohner.“

[4] Edfou VII, 309, 14.

[5] Cf. Gardiner, EG, p. 240, n. 8 b.

[6] Für diese Ergänzung sprechen die Parallelen sowie der beim Kollationieren noch erkannte Rest eines Zahn-Determinativs.

[7] Edfou V, 80, 13 - 15.

B Das folgende Beispiel stammt aus einer Bauinschrift des Hathortempels von Dendera:[1]

nśwt ḏś.f ⌜ḫwsj⌝ [… …] ḫntj ḳ3j.tj r ḥrt rwt ḥt-nṯr [… … …] ⌜śn⌝ wḥʿ.n.f w3w3 nb3t m ʿ.f ḥnʿ Śš3t ḳm.tj m k3t m jrj(t) r nfr m jnr ḥḏ rwḏ nfr

Der König selbst ⌜baute⌝[2] [… …] eine Vorhalle, hoch bis zum Himmel, außen vor dem Tempel [… … …] ⌜…⌝, nachdem er (bei der Gründung) den Strick gelöst hatte und der Pflock in seiner und der Göttin Seschat Hand gewesen war, indem sie (die Vorhalle) vollendet wurde als ein aufs beste ausgeführtes Werk aus schönem weißen und festen Stein.

Trotz der irritierenden Lücken dürfen wir einen zusammenhängenden Text ansetzen, weil sich *ḳm.tj* wieder auf die eingangs genannte Vorhalle bezieht.[3]

Die vordere Satzgrenze ist durch die Umkehr der Schriftrichtung eindeutig festgelegt.[4] Die hintere Grenze könnte man weiter ausdehnen: ... *m jnr ḥḏ rwḏ nfr* (*und*) *ḳ3w r nfr wśḫ r mtr mḏwt r tp-ḥśb*, ... aus schönem weißen und festen Stein, (*und*) wobei die Höhe vollkommen, die Breite genau und die Tiefe richtig ist. – Aus syntaktischer Sicht ist die Erweiterung sehr gut vertretbar,[5] weil den drei Adverbiellen Nominalsätzen keine Partikel und kein Hilfsverb vorangeht; übersetzungstechnisch kann man jedoch eine Abtrennung der drei Adverbiellen Nominalsätze erwägen.

C Der Anfang des folgenden Satzes[6] ist eindeutig festgelegt, und zwar äußerlich formal, weil es sich um den Beginn des einzigen waagerechten Textabschnittes der betreffenden Szene handelt.[7] Sein Ende wird durch den Imperativ angezeigt, der den folgenden Satz einleitet.

---

[1] Dendara XIV, 91, 7 f. – Große Satzgefüge findet man auch in anderen Bauinschriften, siehe beispielsweise Edfou VI, 8, 4 - 9 (demnächst übersetzt in ITE I/3); VII, 2, 9 - 11.

[2] Entweder ist zu *śḏm.n.f* zu ergänzen, oder es handelt sich um die Konstruktion des obigen§ 194, B a.

[3] Diesen verschachtelten Satz und einen weiteren zitiert Junker, GdD, § 307.

[4] Siehe dazu EP 1, 98.

[5] Wegen der Zerstörung des folgenden Textes ist nicht zu entscheiden, ob das Satzende nicht noch weiter hinten gelegen haben könnte.

[6] Edfou VI, 79, 5 - 7.

[7] Edfou X, Pl. CXLVII, unten, links, Nr 10.

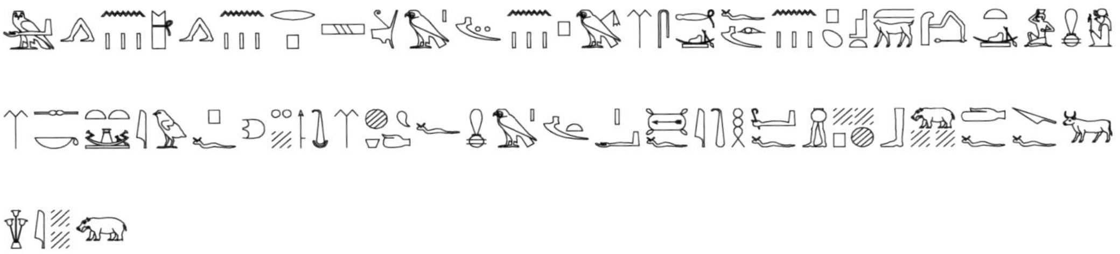

mj.n ḥn.n r p(ꜣ) Š-n-Ḥr mꜣꜣ.n p(ꜣ) bjk m śmḥ.f mꜣꜣ.n p(ꜣ) sꜣ ꜣśt m ẖnw ꜥḥꜣt.f mj Rꜥ m mśktt jw p(ꜣj).f ⌜*bjꜣ*⌝ *mn m ḫfꜥ.f mj Ḥr-ṯmꜣ-ꜥ śtj.f jtḥ.f jnj.[f] p(ꜣ) ẖꜣb* ⌜*sfṯ*⌝*.f kꜣ* ⌜*mḥj*⌝

(Der König sagt): „Kommt, laßt uns zum See-des-Horus gehen, damit wir den Falken in seinem Schiff sehen, damit wir den Sohn der Isis in seinem Kampfschiff sehen, der wie Re in der Morgenbarke ist, indem seine ⌜Harpune⌝ so fest in seinem Griff ist wie die des Horus-mit-dem-starkem-Arm, wenn er schießt, wenn er (die Beute) einholt, wenn [er] das Nilpferd herbeibringt und den Sumpfstier (das Nilpferd) ⌜zerlegt⌝."

Die Frage, ob *jw* wie im Mittelägyptischen einen Hauptsatz[1] oder wie im Neuägyptischen einen Nebensatz[2] einleitet, ist im vorliegenden Fall recht klar zu beantworten: Letzteres trifft zu, weil der ganze Text, das Siegesfest des großen Horusmythus, eine deutliche Färbung durch die jüngere Sprache erkennen läßt.

D Eine Szene auf der Umfassungsmauer des Tempels von Edfu, Nordseite, Innenfläche[3], zeigt Horus von Edfu und den heiligen Falken, die von den Bas von Pe und Nechen in einer Sänfte getragen werden. Dabei sitzen der Gott und seine falkengestaltige Verkörperung unter einem Baldachin. Vor und hinter diesem, und zugleich über den Trägerfiguren, wurde ein Text angebracht, dessen zweiter Satz[4] lautet:[5]

[1] Siehe oben, § 220, A a.
[2] Siehe oben, § 220, A c.
[3] Edfou X, Pl. CLIV, unteres Register, Mitte.
[4] Zur Diskussion der Satzgrenzen siehe unten.
[5] Edfou VI, 262, 16 - 263, 4. Zum Inhalt cf. ITE I/1 (Edfou VIII), 196 – 198; 272 – 274; Kurth, Treffpunkt der Götter, 280 ff.; 388 f.

(r)dj.f św ḥr jśbt.f m Bḥdw.f-ḏr-ꜥ ḥnꜥ bjk-ꜥꜣ-śꜣb-šwt r[a] *śpr kꜣ.f r mꜣrw.f n Mśn r*[*] *ḥn ḥꜣjt.f m ꜥnḫ wꜣś r*[*] *sḫn ḥm.f ḥr śšd.f-n-ḫꜥw m ḥb.f nt(j) śmn(t) jwꜥ(t).f r*[*] *śmn(t) jꜣwt nt ꜥwt n(t) Ḥr-ꜣḫtj ḏr*[b] *šsp.f nświjt.f m-ꜥ jt.f r*[*] *śḳꜣj bjk ḫnt Pr-bjk-nṯrj r*[*] *śḫꜣj śjꜣw wr ḫnt śrḫ.f r*[*] *rd(t) mrw(t).f r*[*] *śꜥꜣ(t) šfjt.f r*[*] *rtḥ jbw m tꜣ ḏr.f r*[*] *bḥn ḫftjw r*[*] *sbsb śbjw r*[*] *śḥrj ḏꜣḏꜣ m rꜣ-wꜣt.f*

Er (Horus Behedeti) zeigt sich auf seinem Thron in seinem Thronsitz-seit-der-Urzeit (der Sänfte) zusammen mit dem Großen-Falken-mit-buntem-Gefieder, damit sein Ka zu seinem Pavillon in Mesen (Edfu) gelange[1], um sein Gemach mit Leben und Kraft zu versehen, um sich mit Seiner Majestät in seinem Erscheinungsfenster zu vereinen an seinem Fest der Festigung seines Erbes, um das Amt des (heiligen) Tieres des Harachte zu festigen, wenn es sein Königtum aus der Hand seines Vaters empfängt, um den Falken im Haus-des-göttlichen-Falken (dem Falkentempel) zu erhöhen, um den großen Sia-Falken in seinem Serech (dem Falkentempel) erscheinen zu lassen, um seine Beliebtheit zu verbreiten, um die Ehrfurcht vor ihm zu vergrößern, um die Herzen im ganzen Land einzuschüchtern, um die Widersacher niederzumetzeln, um die Feinde zu beseitigen und um das Böse an seinem Wegesrand zu vertreiben.

Von seinem Kern ausgehend (*rdj.f św* ...) greift der Satz immer weiter aus, und zwar zunächst mit einem Finalen Nebensatz (a)[2] und anschließend mit elf Adverbialgruppen (durch * gekennzeichnet), die jeweils von *r und Infinitiv* eingeleitet werden. Manche von diesen besitzen eigene, recht umfangreiche Adverbialgruppen (Zeile 2), und in eine von ihnen (Zeile 3) ist ein temporaler Nebensatz (b)[3] eingebettet worden. Das Charakteristikum dieses langen Satzes ist die Aneinanderreihung zahlreicher, teils komplexer Adverbialgruppen.

Der soeben vorgestellte Satz ist wegen der Verknüpfung seiner Glieder durch Präpositionen/Konjunktionen unbestreitbar mindestens so lang wie angegeben. Er könnte jedoch theoretisch wesentlich länger angesetzt werden:

---

[1] Wörtlich: ..., damit sein Ka zu ... gelange.

[2] Präposition/Konjunktion *r* und *śdm.f*; siehe oben, § 257.

[3] Siehe oben, § 260 B.

Zum einen wäre es möglich, ihn an den vorangehenden Text anschließen, der das Nomen einführt, auf das sich das pronominale Subjekt bei *rdj.f św* bezieht:

- *Ḥr Bḥdtj wbn.tj m Bḥdt m jrw.f n bjk-n-nb tj.św m nśwt bjt ḥr wṯst-Ḥr.f ḥr nśt.f ẖnt ṯnṯ3t.f* (*und*) (*r*)*dj.f św*..., Horus Behedeti ist in Behedet erschienen in seiner Gestalt als Falke-der-Goldenen, indem er als König von Ober- und Unterägypten auf seinem Thronsitz-des-Horus sitzt, auf seinem Thron in seiner Sänfte (*und*) indem er sich dabei zeigt ... .

Zum anderen könnte man geneigt sein, den langen, formal zusammenhängenden Satz noch einmal um die anschließenden Sätze verlängern:[1]

- *... r śḥrj ḏ3ḏ3 m r3-w3t.f* (und) *nśwt bjt ẖr ḥ3t.f* ..., und um das Böse an seinem Wegesrand zu vertreiben (*und*) indem der König von Ober- und Unterägypten sich vor ihm befindet ... .[2]

Diese Erweiterungen lassen sich sowohl mit den Personalpronomina begründen, als auch mit der Fähigkeit der betreffenden Satzarten, als asyndetische Nebensätze aufzutreten; dennoch, als zusammenhängender Satz gesichert ist nur das eingangs aufgeführte große Satzgefüge, das sich an keiner Stelle unterbrechen läßt. Wenn man nun danach strebt, dem heutigen Leser das Verständnis des Textes erleichtern, dann empfiehlt es sich allerdings nicht, das zwingend zusammenhängende und bereits sehr große Satzgefüge in der Übersetzungssprache zu einem noch größeren syntaktischen Gebilde zu erweitern.

2.5 Rede und Begleitsatz

§ 265

Die Positionen von Rede und Begleitsatz sind variabel. Wir finden den Begleitsatz am Anfang (a), in der Mitte (b) und am Ende (c) der wörtlichen Rede. Der Begleitsatz kann auch fehlen (d).

a) Der Begleitsatz in Anfangsstellung:

- , *j jr*(*t*) *jn Ḥr nṯr ˁ3 ḏd.f n śnnw.f* ... ..., Es sagt Horus, der große Gott, indem er zu seinem Genossen (Tatenen) spricht: „... ... ...;“[3]

[1] Edfou VI, 263, 3 – 6.

[2] Der ganze Text ist eine ziemlich genaue Beschreibung des Szenenbildes.

[3] Edfou VI, 329, 3; wörtlich: Sagen ist das Tun seitens Horus, ... Zum Verbum *j*, sagen, siehe oben, § 137, zur Konstruktion § 194 D.

- (Ein Matrose, der sich an andere Matrosen wendet): , *r ḏd ḫnj pḥwj pḥ Ḥr Bḥdtj r Ḏbꜣ*, Höret die Worte[1]: „Paddelt das letzte Stück (der Strecke), damit Horus Behedeti nach Edfu gelange!“[2]
-  ..., *nṯrw nw pt ḥr (ḏd) nrj n Ḥr* ..., Die Götter des Himmels (sagen): „Fürchtet den Horus, ...!“[3]
- 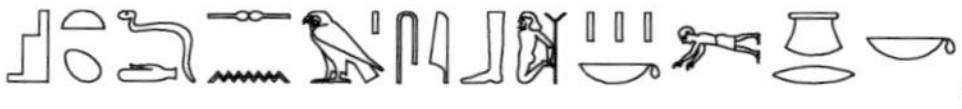, *ꜣśt ḏd.ś n Ḥr śbjw.k ḫr ḫr.k*, Isis sagt zu Horus: „Deine Feinde liegen gefällt unter dir;“[4]
- (Beim Weinopfer): 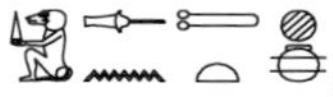, *ḏd mdw mn n.ṯ tḫ*, Worte zu sprechen: „Nimm dir das Rauschgetränk!“[5]

b) Der Begleitsatz in Mittelstellung:

- (Über den Bau des Tempels von Edfu):  ..., *wśḫ nmt(t) j.n Jśdn ... Rᶜ nḫp bw ḏdj.k jm* ..., „Das Schreiten (darin) ist weit“, sagte Isden (Thot) ..., „o Re, der Ort ist gebildet, an dem du dauerhaft bist ... ;“[6]
- (Ausruf des Re, der Edfu als erste Insel der Welt betreten will):  ..., *jḫ nwj njś jn Rᶜ nḏm(.j)* ..., „Ich werde also“, rief Re, „mich niederlassen auf ... .“[7]

c) Der Begleitsatz in Endstellung:

- , *jw.tj sp 2 j.n Rᶜ r śšmwt.f*, „Willkommen, willkommen“, sagt[8] Re zu seiner Stirnschlange.[9]
- (In einer Ätiologie wird angegeben, wie der Name der großen Umfassungsmauer von Edfu entstanden ist): 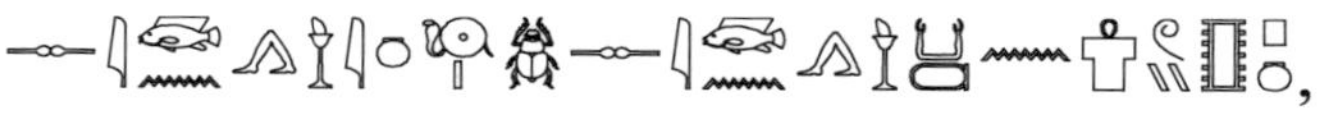, *śjn nḫp j.n Rᶜ ḫpr Śjn-nḫp*

[1] Wörtlich: Um zu sagen: ... .
[2] Edfou V, 32, 6.
[3] Edfou VI, 81, 1 f.; ähnlich: IV, 238, 5; VI, 79, 9; VII, 26, 6; 43, 4. Zur Auslassung des *ḏd* siehe Gardiner, EG, § 321; cf. Erman, NG, § 711; Junker, GdD, § 281.
[4] Edfou VI, 66, 13.
[5] Edfou VII, 88, 14 et passim. – Es gibt auch wesentlich ausführlichere Einleitungen der Direkten Rede: *wpj.n.f rꜣ.f mdw.f n nṯrw ntj bꜣ.śn m-ḫt ḥm.f mj.n śm[.n]* ..., Er (Horus) öffnete seinen Mund und sprach zu den Göttern, deren Bas im Gefolge Seiner Majestät waren: „Kommt, laßt [uns].gehen ...“ (Edfou III, 85, 4 f.); *ᶜḥᶜ.n ᶜš śgb ᶜꜣ m-ḏr ꜣśt ḥnᶜ sꜣ.ś Ḥr r tꜣ pt mjt m ṯꜣw ᶜꜣ* ..., Daraufhin schrien Isis und ihr Sohn Horus laut auf zum Himmel: „Komme mit einem großen Wind ...“ (Edfou VI, 216, 6 f).
[6] Edfou VI, 18, 7.
[7] Edfou VI, 181, 1. Zum Anschluß des Textes siehe Kurth, in: Fs. Derchain, 195. Ein weiteres Beispiel: VI, 17, 8 f.: *gr <św> nt dr-jꜣḫw kꜣ.śn n kꜣ.f ḏr mꜣꜣ.śn <św> ḥr pᶜjt ms.n ṯw.n r.k ḥkꜣ ꜣḫt.*
[8] Zur Übertragung mit dem Präsens siehe oben, § 236 A.
[9] Edfou VII, 26, 7.

kꜣ n šꜣ pn, „Schnell war das Töpfern", sagte Re. So entstand Die-schnell-Getöpferte, der Name dieser Mauer[1].

Der Begleitsatz in Endstellung wird gerne mit dem Verbum *j*, sagen, eingeleitet,[2] in Edfu vor allem in den Schöpfungsmythen; doch man findet in derselben Funktion auch andere Verben.[3]

d) Fehlender Begleitsatz:

Im großen Horusmythus von Edfu trifft man auch auf wörtliche Reden ohne Begleitsatz,[4] jedoch erlaubt hier der Textzusammenhang in vielen Fällen eine sichere Bestimmung des Sprechers.[5]

Der Begleitsatz kann in Ritualszenen fehlen, weil hier die zugehörige Abbildung oder die feststehende Textstruktur – im Verbund mit dem Inhalt der betreffenden Passage – die Direkte Rede unmißverständlich hervortreten lassen:

- (Der thronende Harendotes reicht dem ihm gegenüber befindlichen Lebenden Falken von Philä die Symbole Anch und Was an die Nase): , *mj r mꜣrw.k mfkꜣ(t)-jnm*, „Komm zu deinem Pavillon, o Türkisfarbener (Falke);“[6]
- (Die königliche Randzeile derselben Szene): , *bs.k r šjwʿ.k*, „Du mögest dich zu deinem Thron (Tempel) begeben.“[7]

---

[1] Edfou VI, 320, 12. Weitere Beispiele: Edfou III, 85, 6; Dendara X, 350, 14 und nachfolgend öfters.

[2] Zum Verbum *j*, sagen, siehe oben, § 137.

[3] Beispielsweise *njś*, Edfou VI, 323, 6; *kꜣ*, Dendara X, 392, 12.

[4] Es handelt sich bei diesem Text um ein rituelles Schauspiel mit etlichen Akteuren, auf deren Nennung man vielleicht deshalb verzichtet hat, weil der Kundige sie kannte. Ein anderer Grund könnte sein, daß die Vorlage des Textes gänzlich anders gestaltet war und zum Zwecke der Anbringung auf der Tempelwand umgearbeitet werden mußte; dabei wären einige Begleitsätze versehentlich ausgelassen worden.

[5] Siehe zum Beispiel Edfou VI, 67, 6 (*⸢nḏrj⸣ bjꜣ.k jm.f sꜣ.j Ḥr*, „Deine Lanze möge ihn ⸢packen⸣, o mein Sohn Horus“; Isis spricht). – Zu wörtlichen Reden ohne Begleitsatz cf. auch Jansen-Winkeln, Spätmitteläg. Gramm., § 648.

[6] Philä I, 77, 15 (mit Abb. 40). Der Falke wird aufgefordert, die Brücke zwischen den Pylontürmen zu betreten, um dort vom Gott Leben und Herrschaft zu empfangen; zum Inhalt cf. Kurth, Treffpunkt der Götter, 229 ff.; ITE I/1 (Edfou VIII), 196 ff.; 272 ff.

[7] Philä I, 78, 9 (mit Abb. 40). Zum Wort *šjwʿ* siehe Budde und Kurth, in: Edfu Begleitheft 4, 1994, 18, Nr. 82 (dazu: Edfou VIII, 109, 12).

2.6 Direkte Rede

§ 266

Im vorangehenden Paragraphen wurden bereits genügend Beispiele für die Direkte Rede gegeben.[1] Im folgenden geht es darum, drei Sonderfälle dieses Themas vorzustellen.

a) Der Inhalt einer Mitteilung wird mit *r ntt* eingeleitet:

- („O all ihr Untertanen), , ⸢*mj.n*⸣ *śḏm.ṯn r ntt nśwt bjt* (Ptol. X.)| *ḥr wṯst Ḥr*, ⸢kommt⸣ und hört: ‚Der König von Ober- und Unterägypten (Ptolemäus X.)| ist auf dem Thron des Horus.'"[2]

Es ist keinesfalls sicher, daß es sich hier um eine Direkte Rede handelt.[3] Man könnte nämlich ebensogut übersetzen: „..., kommt und hört, daß Der König von Ober- und Unterägypten (Ptolemäus X.)| auf dem Thron des Horus ist." Um mit Sicherheit eine Direkte Rede ansetzen zu dürfen, müßte *ḏd.f*, er sagt (o. ä.) vorangehen.[4]

b) Wörtlich zitierte Aufschriften mit vorangehendem (*m*) *ḏd*:

-  ..., *jr bt n Śkr ḫtj ḥr šnbt.f m ḏd Ḥr wpj šꜥt tꜣwj* ..., Was die Form des Sokar anbelangt, auf seine Brust werde geschrieben: „Horus, der den Kampf der Beiden Länder schlichtete, ..."[5]
- , *jw.w* (*ḥr*) *mtnw.w* (*m*) *ḏd Ḫntj-jmntt*, Man beschriftet sie mit „Erster-der-Westlichen".[6]

c) Zitierte Namen, Beinamen oder Ausrufe mit folgendem oder vorangehendem Begleitsatz:

- , *Śt-wrt-n*(*t*)*-Rꜥ* ***ḫr.tw*** *r śt tn*, „Großer-Sitz-des-Re" nennt man diese Stätte;[7]
- , *ꜣḫ-jb* ***kꜣ.tw*** *r kꜣ.ś*, „Ort-der-Freude" nennt man sie (die Halle);[8]

---

[1] Dazu: Dendara XIII, 77, 14: eingeleitet mit *m ḏd*.

[2] Edfou VI, 187, 6 f.

[3] Für die Verwendung des *r ntt* in den älteren Epochen cf. Gardiner, EG, § 225; Erman, NG, § 680.

[4] Solche Fälle zitiert Jansen-Winkeln, Spätmitteläg. Gramm., § 668.

[5] Dendara X, 32, 9 f. Zur Konstruktion siehe oben, § 159, s. v. *jr*; § 235, A b.

[6] Dendara X, 49, 6 f. – Zur dritten Person Plural als Indefinitpronomen siehe oben, § 45, zur Konstruktion siehe oben, § 217 C (Ausfall des *ḥr*) und § 220 A. Der Text (Mysterien des Osiris im Monat Choiak) zeigt deutlich eine Färbung durch die jüngere Sprache (Neuägyptisch – Demotisch).

[7] Edfou VIII, 152, 12.

[8] Edfou VII, 17, 4; ähnlich: VIII, 152, 15.

- , *ḫpj-ḫftjw* ***dm.tw*** *rn.f*, „Vernichter-der-Feinde“ rühmt man seinen Namen;[1]
-  ..., *Nśt-n(t)-Ḥr* ***ḏd.tw*** *(j)śk r rn.ś* ..., „Thron-des-Horus“ nennt man ihn (den Tempel) auch, weil ... ;[2]
-  ..., ***k3.tw*** *<jś ⌜mśntj⌝>* r k3.f* ..., Man nennt ihn <außerdem noch „⌜Harpunierer⌝“>*, weil ... .[3]
- , ***ḏd.tw*** *j3w.tj jn ḥt-nṯr.f*, Gesagt wird „sei gepriesen“ seitens seines Tempels.[4]

Auch die soeben angeführten Namen, Beinamen oder Ausrufe gehören zum Bereich der Direkten Rede, weil mit ihnen wörtlich wiedergegeben wird, was jedermann sagt. Syntaktisch betrachtet, handelt es sich bei diesen Zitaten meist um das Objekt oder die Objekt-Gruppe[5] des Satzes, so wie es sich bei den meisten Beispielen der Paragraphen 265 und 267 um Objektsätze handelt.

2.7 Indirekte Rede

§ 267

In einem Falle ist bei der Indirekten Rede ein Wechsel von der ersten in die dritte Person zu beobachten; denn anstelle einer theoretisch möglichen Direkten Rede
- **(j)nm ḏd.f ꜥḥ3.j m h3w.ś*, *Wer wird sagen: „Ich will in seiner Nähe kämpfen“? lesen wir folgendes:
- , *(j)nm ḏd.f ꜥḥ3.f m h3w.ś*, Wer wird sagen, daß er in seiner (des Tempels) Nähe kämpfen wolle?[6]

Entsprechendes ist beim folgenden Beispiel nicht nachzuweisen, weil hier ja auch bei der Umwandlung in wörtliche Rede die dritte Person erscheinen würde:

---

[1] Edfou V, 244, 15; zur Abtrennung dieser Passage cf. VII, 101, 2 f.
[2] Edfou VII, 10, 7.
[3] Edfou VII, 24, 13. Zur verbesserten Textwiedergabe siehe ITE I/2, 812.
[4] Edfou V, 3, 4; ähnlich VI, 7, 4.
[5] Das letzte Beispiel ist ein optativischer Satz, eine Art der Ellipse.
[6] Edfou VI, 13, 1. Zur Rhetorischen Frage siehe oben, § 240.

- , *jr ḏd.f r nṯr ꜥꜣt.f m bjꜣ ḏd.f ś(j) r bjꜣ km*, Wenn er (der König) über das Gottes(bild) sagt, daß sein Material Bronze sei, dann sagt er (Thot), daß es Schwarzbronze sein solle.[1]

[1] Dendara VIII, 140, 13 f. Der Text wurde bereits oben (§ 159, sub voce *jr*, b) zitiert und kommentiert.

Übung 10

Zu transkribieren und zu übersetzen (von *ꜥḥꜥ.n jrj.n* bis *Ḏbꜣ pw*):

Photos Edfu-Projekt e044 + e045 (Es handelt sich um eine Photomontage.)

V Stilistik

1 Stilistik und Syntax[1]

§ 268

Die ohne Wort- und Satztrennung geschriebenen Texte (Scriptura continua) Altägyptens erschweren dem heutigen Übersetzer die Abtrennung der Sätze. Zwar gibt es wie in klassischer Zeit auch im Ptolemäischen zur Festlegung der Satzgrenzen etliche Hilfsmittel, wie beispielsweise bestimmte Hilfsverben und Partikeln,[2] doch auch damit ist nicht die Eindeutigkeit zu erreichen, die unsere heutigen Systeme der Interpunktion liefern.

In dieser Situation sollte man nicht auf ein weiteres Hilfsmittel verzichten, das als altes Erbgut auch im Ptolemäischen in großer Vielfalt bereitliegt: die Stilfiguren.[3] Diese fügen einerseits mehrere aufeinander folgende Einzelaussagen, die keine anderen formalen Kennzeichen ihrer Verbindung haben, zu einem größeren syntaktischen Gebilde zusammen; andererseits isolieren sie dieses syntaktische Gebilde innerhalb der übergeordneten Texteinheit und erleichtern dadurch die syntaktische Analyse der vorangehenden und folgenden Teile des Textes. Dabei ist als großer Vorteil herauszustellen, daß die syntaktische Analyse mit Hilfe der Stilfiguren nicht nur auf inhaltlichen Kriterien beruht, die ja oftmals mehrdeutig sind, sondern auf der eindeutigen und formal nachzuweisenden Kennzeichnung durch die Stilfiguren.

---

[1] Nachfolgend wird aus dem weiten Feld der Stilistik vorrangig nur das behandelt, was einen Einfluß auf die syntaktische Analyse hat. Weiteres, zum Beispiel die überaus häufige *Alliteration* (Kurth, Den Himmel stützen, 123 f.; idem, in: Edfu Begleitheft 4, 1994, 84 f.; dazu: Edfou VI, 160, 13 f., mit anlautendem *r*, was relativ selten ist), die *Anapher* (idem, in: Edfu Begleitheft 4, 1994, 85) oder die *Periphrase* (idem, in Fs. Junge, 401, ff.), würde den Rahmen dieser Grammatik sprengen.

[2] Siehe oben, § 208; 218; 220; 226; 237; 238. Siehe auch den Text der Übung 10 mit seiner Gliederung durch mehrere *ꜥḥꜥ.n*-Konstruktionen.

[3] Dazu siehe bereits oben, siehe § 243.

Von den vielen zweifelsfreien Beispielen, die ich bereits an anderem Ort[1] vorgelegt habe, sei nur eines angeführt,[2] das als Rede des Königs in einer Ritualszene äußerlich formal eingegrenzt ist. Die folgende Textgliederung weicht von derjenigen der Publikation sowie auch von der des Originals ab, damit die Stilfiguren besser hervortreten:
Fleischstücke weihen. Worte zu sprechen:

__N__frw __N__pḏ __W__nḏww __W__bd __Š__śrw __S__bj.tj m __Ś__dt

ꜥnḫw ꜥb.tj __T__3w __T__3.tj __W__d3w __W__3śj m __W__3

__N__j3ww __N__bj.tj n__M__t.f __W__r.tj __Ḫ__ftj m __Ḫ__tḫt r __Ḫ__bt

__M__ḥ __M__dś __Ś__bjw __S__bj.tj ⸢__W__rw⸣ __W__3śj m jrj(t).n.f

ꜥḥꜥ ḥmśj.k jw.k m ḏrtj jrj ḥm.k jḫt jm.śn

Die Nefer-Rinder sind geschlachtet, die Unedju-Rinder in der Glut, die Scheser-Rinder wurden gebraten im Feuer.
Die Ziegen sind abgestochen, die Ta-Antilopen gedörrt, die Udjau-Antilopen wurden niedergemacht weithin.

---

[1] Edfu Begleitheft 4, 1994, 92 ff. – Ein weiteres prächtiges Beispiel, das bisher noch nicht zitiert wurde, findet man in der Passage Edfou VI, 16, 10 - 12:

śbtj wr n Wṯst nt Nḏ jt.f	Subjekt 1	a
św3w Śt wnp n s3 Wśjr	Subjekt 2	b
šmjt n Jwnn n j3wtj wr pḥtj	Subjekt 3	c
ḥ3 Ḥ3jt nt j3wtj prj ꜥ	Prädikat 1	c
(ḥr) ḥn Ḥt bjk nt bjk n nb	Prädikat 2	b
(ḥr) s3w Śrḫ n š3b św t	Prädikat 3	a

Das lange Satzgebilde ist äußerlich-formal eingegrenzt, nach vorne durch die Mauerecke und nach hinten durch die Rhetorische Frage. Die drei Subjektgruppen sind mit den drei Prädikatgruppen chiastisch verschränkt, und zwar auf der Basis der Erscheinungsformen des Horus.

[2] Edfou VI, 257, 10 – 16.

Die Steinböcke sind geröstet, ihr[1] Richtblock war groß, die Widersacher[2] wurden getrieben zum Schlachtplatz.

Die Meh-Antilope ist gemetzelt, die Feinde sind vermindert, die Nilpferde wurden niedergemacht wegen ihres Tuns.

Zum Mahle niederlassen mögest du dich als Falke,[3] speisen möge Deine Majestät von ihnen.

Obwohl sich die sprachliche Formung des Textes in der Übersetzung nur äußerst unvollkommen imitieren läßt,[4] so machen doch die in Umschrift und Übersetzung markierten Stellen[5] deutlich, daß sich jeweils drei Einzelaussagen zu einer syntaktischen Einheit fügen; es ist die Stilfigur des Schweren Schlusses, die jede dieser Einheiten definiert. Hinzu kommt, daß sich die insgesamt zwölf Einzelaussagen (Minimalsatzbaumuster) durch den Wechsel der alliterierenden Konsonanten voneinander abheben.

Aufgrund der bisherigen Analyse, die ja nur den klaren Vorgaben des Verfassers der Inschrift folgen mußte, bleiben am Schluß des Textes zwei optativische *śḏm.f* übrig, deren inhaltlicher Zusammenhang auf Handlung und Folgehandlung beruht.

Betrachtet man das soeben vorgestellte sowie die vielen nur in den Fußnoten zitierten Beispiele,[6] taucht die Frage nach dem Wesen des ägyptischen Satzes auf. Vor einer Antwort ist einzugestehen, daß trotz der großen Vielfalt der Stilfiguren bei weitem nicht alle Texte durch Stilfiguren formal eingegrenzt sind und daß auch die anderen Hilfsmittel, also vor allem Partikel, Präpositionen (Konjunktionen) und Hilfsverben, oftmals nicht im von uns gewünschten Umfang vorhanden sind.

Angesichts dieses Sachverhalts ist es meines Erachtens günstig, den Begriff „Satz" in drei hierarchischen Ebenen zu definieren:[7]

a) Minimalsatz; dessen Eingrenzung bereitet die geringsten Probleme.

b) Satzgefüge; diese lassen sich eindeutig nur mit den genannten Hilfsmitteln bestimmen.

---

[1] Zum Distributiven Singular siehe oben, § 105 a.

[2] Zum Abstrakten Singular siehe oben, § 104.

[3] Zu dieser Aussage vergleiche man in derselben Szene das Beiwort des Horus „mit scharfen Krallen" (Edfou VI, 258, 9).

[4] Anstelle des nicht alliterierenden *jrj(t).n.f* hätte der antike Schreiber zur Fortführung der Alliteration *wdj(t).n.f* verwenden können. Vielleicht aber wollte er das nicht, um zur folgenden Zeile überzuleiten, die nicht mehr alliteriert.

[5] Fett gedruckte Großbuchstaben markieren die wechselnden Alliterationen, Unterstreichungen heben die Stilfigur des Schweren Schlusses hervor.

[6] Edfu Begleitheft 4, 1994, 72 - 102; Edfou VI, 16, 10 - 12.

[7] Einen Vorschlag zur übersetzungssprachlichen Gliederung eines längeren Textes findet man EP 1, 565 f. (Übung 5).

c) Großsatz (Abschnitt); dieser hebt sich nicht selten durch eine äußerlich formale Einteilung oder als thematische Einheit relativ klar heraus.
Alles übrige „schwimmt und treibt" innerhalb des Großsatzes, ist zunächst nach beiden Seiten zur Verknüpfung offen und muß vom Übersetzer mit Hilfe von Parallelen und seiner Analyse der im Text erkennbaren Gedankenführung nach vorne oder hinten angeschlossen werden[1]. Die dabei vorhandenen Alternativen sind meist nicht zahlreicher als diejenigen, die ein heutiger Schreiber hat, wenn er während des Schreibens, oftmals abwägend, seine Interpunktion setzt.[2] – Dabei wird man sich damit abfinden müssen, daß einiges unklar bleiben wird,[3] weil es nicht für uns geschrieben wurde.

2 Voranstellung und Nachstellung von Satzteilen[4]

§ 269

A Voranstellung

Dieses Thema ist in den letzten Jahrzehnten öfters behandelt und von vielen Seiten beleuchtet worden.[5] Darunter ist besonders interessant die Darstellung Friedrich Junges,[6] der die Voranstellung von Satzteilen in sein zweipoliges System von Nominalphrase und Adverbialphrase einordnet und feststellt, daß die Voranstellung nur eine Realisierung dieses Systems sei und „keine selbständige Erscheinung der ägyptischen Grammatik".[7] Allerdings ist diese Beurteilung des Phänomens durch zwei voneinander unabhängig vorgebrachte Gegenargumente der Fachliteratur widerlegt worden, mit denen darauf hingewiesen wird, daß jeder vorangestellte Satzteil von einem Pronomen aufgegriffen wird und deshalb zweimal vorhanden ist, was bei den anderen Realisierungen des Junge'schen Systems nicht der Fall

[1] Siehe das in EP 1, 114 - 117, analysierte Satzgefüge.
[2] Für weiteres siehe Kurth, in: Edfu Begleitheft 4, 1994, 101 f. – Dieser hinsichtlich der Satzgrenzen relativ unscharfe Satzbegriff des Ägyptischen begegnet in durchaus vergleichbarer Art im heutigen Zeitungsarabischen.
[3] Cf. die Junge'sche Darstellung der mittelägyptischen Syntax, die klare Regeln zum Übersetzen anbietet, die aber zugleich noch vieles den (philo)logischen Erwägungen überlassen muß (Junge, Syntax, z. B. 17; 128).
[4] Für die ältere Zeit siehe Edel, Altäg. Gramm., § 873 f.
[5] Einige Literaturangaben findet man bei Malaise/Winand, Grammaire raisonnée, p. 683; das Thema selbst wird auf den Seiten 667- 683 unter der Überschrift „Thématisation et Rhématisation" behandelt.
[6] Syntax, 38 ff.
[7] RdE 30, 1978, 98.

ist.[1] Deshalb geht die nachfolgende Darstellung davon aus, daß die Voranstellung von Satzteilen eine stilistische Erscheinung[2] ist, die man übrigens in vielen Sprachen findet.

Wenn der vorangestellte Satzteil im Ägyptischen an seiner Normalstelle durch ein Pronomen vertreten wird und dadurch zweimal vorhanden ist,[3] dann ist das nur eine notwendige Konsequenz der fehlenden Flexionsendungen; ohne diese Stellvertretung durch das Pronomen ergäbe sich nämlich eine andere Satzart[4] oder ein unvollständiger Satz und als Folge davon eine andere als die angestrebte Aussage.[5] Mithin wird also in diesen Fällen der betreffende Satzteil nicht zum Zwecke einer Betonung zweifach gesetzt;[6] wenn sich diese dennoch in bestimmten Fällen ergibt, so ist das ein willkommener Nebeneffekt.

Vielleicht hat der Ägypter den vorangestellten Satzteil ungefähr so isoliert empfunden, wie wir eine Prolepse[7] empfinden. Dennoch ist es der deutschen Sprache in der Regel nicht angemessen, wenn der vorangestellte Satzteil, dem Ägyptischen folgend, in der Übersetzung noch ein zweites Mal wiedergegeben wird, wenn also beispielweise *rnpw(t) nn ⸢rnpj⸣.k jm.śn* folgendermaßen übersetzt würde: **Diese jungen Pflanzen, du ⸢verjüngst⸣ dich durch sie.* Dem Deutschen angemessen ist vielmehr: *Durch diese jungen Pflanzen ⸢verjüngst⸣ du dich* (siehe unten, § 270). – Das schließt nicht aus, daß man in besonders gelagerten Fällen kaum anders als proleptisch übersetzen kann.[8]

---

[1] Borghouts, in Crossroad, 51; Kurth, in: Homm. Daumas II, 453 ff., speziell 456 f. Beide Artikel erschienen gleichzeitig im Jahre 1986.
Junge lehnt auch aufgrund einer allgemeinen Wahrscheinlichkeitserwägung (die Antizipation sei zu häufig) die Existenz der Voranstellung ab (Syntax, 43). Dagegen läßt sich aber als ebenfalls allgemeine Erwägung anführen, daß die Voranstellung ein gleichermaßen nützliches wie reizvolles Spiel mit „Takt und Synkope“ ist, das deshalb von den Sprechern vieler Sprachen gezielt genutzt wurde. – Sprache funktioniert ja nicht nach streng mathematischer Logik oder geometrischer Symmetrie; cf. dazu auch Eyre, in: Crossroad, 142 f.: „The language is not a single, clean, rigidly logical system“.

[2] Wegen einer zusätzlichen Bestätigung siehe unten, § 269 e.

[3] Damit gut vergleichbar ist der Rückverweis durch Personalpronomen in den ägyptischen Relativsätzen, weil auch dieser eine Folge des undeklinierten Relativ-Adjektivs ist. Für beides, also den Satzbau bei vorangestelltem Satzteil sowie auch bei den Relativsätzen, liefert das Arabische, trotz gewisser Unterschiede im Detail, eine im wesentlichen gute Parallele.

[4] Häufig eine Pseudoverbalkonstruktion.

[5] Kurth, in: Homm. Daumas II, 456 f.

[6] Dazu vergleiche man oben, § 168 c. – Bei emotionaler Betonung wird gerne ein Pseudopartizip verdoppelt: Edfou V, 38, 13; 39, 13; 290, 5; 370, 11 f.; VI, 99, 9; 118, 5; VII, 22, 4; 192, 9; 280, 8; 311, 12 f. Seltener begegnet dies beim *śḏm.f*: Edfou VI, 101, 4; 135, 8; VII, 28, 13. Die Wiederholung wird zumeist durch *sp 2* angezeigt, weitaus seltener wird sie ausgeschrieben. – Die Betonung des Persönlichen erfolgt wie in der klassischen Sprache durch *ḏś* und Suffixpronomen; siehe zum Beispiel Edfou VI, 207, 12 (*jb.k ḏś.k*); 253, 6 (*Rꜥ ḏś.f*); 295, 11 (*ḏbꜥw.j ḏś.j*); VII, 6, 1 (*nśwt ḏś.f*).

[7] Isolierende Vorwegnahme eines Satzteils, durch Komma abgetrennt und nachfolgend von einem Pronomen wieder aufgegriffen.

[8] Edfou VI, 16, 2 - 4; VII, 20, 12 f.; siehe auch unten, § 270, das Beispiel Edfou VI, 137, 10 f. Diskutabel ist die Stelle Edfou V, 136, 16 f.: *<ḥꜥt tn> wn ḥr nśwt n śnnwt.ś ḫnt tꜣ pn*, <Dieser Palast>, in dem der König lebt, seinesgleichen gibt es in diesem Lande nicht mehr (cf. V, 36, 1 f.; VI, 242, 8); aber auch hier könnte ... > S. 999

Voranstellung und Nachstellung von Satzteilen setzen eine Normalstellung der Satzteile voraus. Diese ist im Ptolemäischen nicht anders als in der klassischen Sprache.[1]

Als stilistische Funktionen der Voranstellung von Satzteilen erkenne ich:

a) Blickfang:

Der an den Anfang gerückte Satzteil soll den Sinn des Lesers auf denjenigen Begriff der folgenden Aussage lenken, der den Gedankengang am besten in die gewünschte Richtung weiterführt.

b) Entlastung:

Eine besonders lange Subjekt-, Objekt- oder Attributgruppe wird an den Satzanfang gerückt, weil sie an ihrem normalen Ort den Satz deformieren und dadurch das Verständnis erschweren würde.

c) Textgestaltung**:**

Wenn eine Folge mehrerer Sätze derartig gestaltet werden soll, daß jeweils ein bestimmter Begriff am Anfang steht, dann läßt sich das im Falle verschiedener Satzbaumuster mit unterschiedlichen Satzteilfolgen nur dadurch verwirklichen, daß im Bedarfsfalle ein Satzteil von seiner Normalposition gelöst und vorangestellt wird.

d) Hervorhebung**:**

Mit der Voranstellung eines Satzteils kann Besonderes, Erstaunliches oder Wichtiges hervorgehoben werden.[2]

e) Satzkernerfassung:

Zweikonsonantige Wörter, die als Satzteil fungieren, beispielsweise *pw*[3], *nn*, *jm*, sowie auch Präpositionen mit Suffixpronomen, werden nach vorne und möglichst nahe an das Prädikat oder Subjekt gerückt, um mit Subjekt und Prädikat den Satzkern schneller erfassen zu können;[4] an das Satzende plaziert, würden nämlich diese kleinen Satzteil-Wörter, besonders bei längeren Satzgebilden, vom Leser erst mit einer gewissen Verzögerung erkannt, was den Gedankenfluß stören könnte.

... < S. 998 man alternativ übertragen: Von <diesem Palast>, in dem der König lebt, gibt es keinen zweiten in diesem Lande.

[1] Gardiner, EG, p. 644, s. v. „Word-order"; Junker, GdD, § 262; vorliegende Grammatik, oben, § 189 - 241 (am jeweiligen Orte).

[2] Bei den im folgenden zitierten Beispielen ist hier und da eine Hervorhebung oder näher zu bestimmende Betonung anzusetzen, vor allem dann, wenn ein Objekt oder ein Nomen Rectum vorangestellt werden (beispielsweise unten, § 270, Edfou V, 8, 6; VII, 21, 9). Dieses wurde aber wegen der oft anhaftenden Unsicherheiten nicht mehr eigens vermerkt.

[3] Auch im Koptischen zu belegen, siehe Till, Kopt. Gramm., § 244.

[4] Cf. oben, § 198.

Diese als letzte aufgeführte Art der Voranstellung hebt sich von den vorangehenden dadurch ab, daß der betreffende Satzteil nicht direkt an den Satzanfang, sondern nur nahe an den Satzanfang gerückt wird. Außerdem ist keine Wiederholung des nach vorne gerückten Satzteils notwendig, weil das Nachvornerücken den Satz nicht sprengt, sondern – im Gegenteil – Subjekt und Prädikat des Satzes enger zusammenführt. In diesem Sachverhalt kann man eine weitere Bestätigung für die Existenz der Voranstellung sehen.[1]

B Nachstellung

Die Nachstellung von Satzteilen begegnet im Ptolemäischen wesentlich seltener als die Voranstellung, und sie beschränkt sich auf nur wenige gleichartige Fälle. Als Funktionen der Nachstellung sind zu erkennen:

a) Zuweisung:

Die Nachstellung betont eine exklusive Zuweisung.

b) Eindeutigkeit:

Durch die Nachstellung des betreffenden Satzteils soll ein mögliches Mißverständnis ausgeschlossen werden.

2 Voranstellung und Nachstellung von Satzteilen

2.1 Im Nominalsatz

§ 270

Die anschließenden Beispiele erscheinen in der Reihenfolge der Satzbaumuster *Nom. NS*, *Adv. NS*, *PvK* und *Adj. NS*. Mit den Buchstaben des vorangehenden Paragraphen 269 (A a – e; B a – b) wird die jeweilige Funktion der Voranstellung in den Fußnoten aufgezeigt.

A Voranstellung[2]

Subjekt:

- , ... *ḏfḏ pw n jrt Rʿ*, ..., welches die Pupille des Auges des Re ist;[3]

---

[1] Siehe die Diskussion dieser Frage am Beginn des vorliegenden Paragraphen.

[2] Zur Frage der Voranstellung in den mit *pw* gebildeten Satzarten siehe oben, § 198 - 206.

[3] Edfou VIII, 75, 5. Normalstellung: **ḏfḏ n jrt Rʿ pw* (A e). Ähnlich Edfou VI, 251, 11 f. (*jẖt-jb nn nt js ...*; Normalstellung: **jẖt-jb nt js ... nn*); VII, 27, 7 - 9; VIII, 81, 3 f.; 145, 2 f. – Cf. für die klassische Sprache zum Beispiel James, Hekanakhte I, 14 (*nꜣ* wird vor die lange Attributgruppe gesetzt; A b/e).

- (Die Königin sagt zum Gott): , *⌜ꜥwt⌝ nn śmꜣ ḥm.f m-ḥr.k mk śt m ꜣbw(t) śbjw.k*, „Dieses ⌜Kleinvieh⌝, das Seine Majestät vor deinem Angesicht zerlegt, siehe, es sind die Abbilder deiner Feinde.“[1]
- , *ḫnmw n rꜣ.f twt ś(w) r ⌜jś⌝*, Der Geruch seines Stoffbandes gleicht der ⌜Salbenwerkstätte⌝.[2]

<u>Prädikat</u>:

- , *ḥḥw jm.ś m jḫt nbt*, Millionen von guten Dingen sind darin;[3]
- , *mrwtj jm.k n nṯrw nṯrwt*, „Du bist der Liebling aller Götter und Göttinnen;“[4]
- (Über eine Gaupersonifikation gesagt): , *jḫt m-ꜥ.ś nw jdḥw*, Gaben des Sumpflandes sind in ihrer Hand.[5]

<u>Nomen Rectum des Subjekts</u>:

- , *Św sꜣ Rꜥ ꜥwj.f ḥꜣ jt.f*, Des Schu, des Sohnes des Re Arme umfangen seinen Vater;[6]
- , *tꜣ pn jb.f nḏm*, In diesem Lande waren die Herzen[7] glücklich;[8]
- , *jḫt n ḥm.k bnr wj dpt.f*, „Wie lieblich schmeckt doch die Sache Deiner Majestät (das Trankopfer)!“[9]

<u>Nomen Rectum des Nomens im Adverbiellen Ausdruck</u>:

- , *ḥꜣjt tn Śmś-jb m rn.ś*, Diese Halle heißt Ort-des-Vergnügens.[10]

---

[1] Edfou VII, 319, 16. Normalstellung: **mk ⌜ꜥwt⌝ nn śmꜣ ḥm.f m-ḥr.k m ꜣbw(t) śbjw.k*; vorangestellt wird eine lange Subjektgruppe (A b). Ähnlich: VII, 101, 9 - 11 (*rꜣw nn ... jw.w r ...*).

[2] Edfou VII, 190, 1. Normalstellung: **twt ḫnmw n rꜣ.f r ⌜jś⌝* (A c; innerhalb einer mehrgliedrigen Beschreibung, deren wesentliche Elemente jeweils als Subjekt am Anfang der Aussage stehen sollen).

[3] Edfou VIII, 17, 11. Normalstellung: **ḥḥw m jḫt nbt jm.ś* (A e).

[4] Edfou VII, 197, 14 f. Normalstellung: **mrwtj n nṯrw nṯrwt jm.k* (A e). Ähnlich: VI, 14, 6 (*n ꜥ jm.f św m nṯr*); Tôd II, Nr. 282, 4 (*śnnw jm.f n ḥm n Śsmw*).

[5] Edfou V, 24, 2. Normalstellung: **jḫt nw jdḥw m-ꜥ.ś* (A e). Weitere Beispiele: VII, 19, 2 (mit *r ḥꜣ*); 66, 11 f. (mit *m-ḳꜣb*); 263, 17 (mit *ḫr*); 266, 7 f. (mit *n*); VIII, 117, 7 (mit *m-ḏrt*); 169, 5 - 7 (mit *ḥr ẖꜣwt.k*: *ẖꜣw ḥr ẖꜣwt.k nt(j) jwꜣw gḥśw <mꜣw-ḥḏ> njꜣww*).

[6] Edfou VII, 25, 15 f. Normalstellung: **ꜥwj Św sꜣ Rꜥ ḥꜣ jt.f* (A a). Weitere Beispiele: VI, 131, 3 f.; 292, 7 und öfters.

[7] Zum Numerus siehe oben, § 105.

[8] Edfou V, 131, 10. Normalstellung: **jb tꜣ pn nḏm* (A a). Ähnlich: V, 190, 17; Deir al-Médîna, Nr. 167 (*śn.ṯ Wśjr jb.f nḏm*; A c).

[9] Edfou VII, 199, 13. Normalstellung: **bnr wj dpt jḫt n ḥm.k* (A a).

[10] Edfou VII, 17, 4. Normalstellung: **Śmś-jb m rn ḥꜣjt tn* (A a).

Nomen Rectum des nominalen Prädikats:

- , *nwwt r-ꜣw.śn nb.śn pw*, Aller Städte Herr ist er;[1]
- , *gśw-prw r-ꜣw.śn nb.śn jm.f*, Aller Tempel Herr ist er.[2]

Nomen Rectum zum Nomen Rectum des Nomens im adverbiellen Prädikat:

- 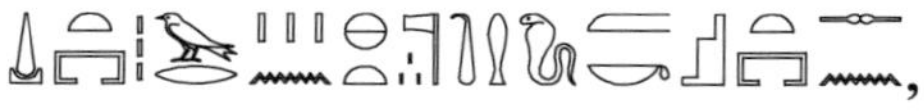, *ḏꜣwt wrw(t) n(t) Pśḏt tj ḥm.k m <nb> śt.śn*, „Die großen Gemächer der Götterneunheit, der <Herr> ihrer Throne ist Deine Majestät".[3]

Adverbieller Ausdruck:

- , *m-ḫt nn jḫt nb(t) twt n jrjt*, Danach ist alles so geschehen, wie es sich gebührt.[4]
- 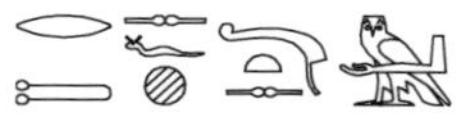 ..., *r.ṯ śfḫ.ṯ św m-ᶜ* ..., „Du (Sachmet), du mögest ihn befreien von ... ."[5]

Hier liegt eine besonders starke Betonung, ja geradezu eine Beschwörung vor.[6]

B Nachstellung:

- , *twr Bw-n-Rᶜ n.f*, Rein ist die Stätte-des-Re für ihn (Re).[7]

---

[1] Edfou VII, 21, 9. Normalstellung: **nb nwwt r-ꜣw.śn pw* oder eher: **nb pw n nwwt r-ꜣw.śn* (A a).

[2] Edfou V, 8, 6. Normalstellung: **nb gśw-prw r-ꜣw.śn jm.f* oder eher: **nb jm.f n gśw-prw r-ꜣw.śn* (A a). Ähnlich: VIII, 55, 1 (*n.ṯ-jmj <ḥkꜣ(t)>.f jm.ṯ*, „Über deinen <Besitz> verfügst du").

[3] Edfou VI, 137, 10 f. Normalstellung: **tj ḥm.k m <nb> śt nt ḏꜣwt wrw(t) n(t) Pśḏt* (A c).

[4] Kanopus-Dekret, 26 (giechisch: μετὰ δὲ ταῦτα; demotisch: *m-sꜣ nꜣỉ*; koptisch B.: ⲛⲥⲁ ⲛⲁⲓ); Daumas, Moyens d'expression, 153, § 85.

[5] Edfou VI, 266, 4; 266, 8.

[6] Die Betonung ist noch stärker an der Stelle Edfou VI, 266, 8 (*r.ṯ śfḫ.ṯ św r.ṯ m-ᶜ* ...), da hier *r.ṯ* zweimal gesetzt wird. – Zu *r.ṯ* siehe § 159, sub voce.

[7] Edfou VI, 14, 5; der Satz wurde als Adjektivischer Nominalsatz aufgefaßt. Normalstellung: **twr n.f Bw-n-Rᶜ* (B b). Ähnlich: VI, 18, 6; 143, 10; 169, 8. – Zur Begründung siehe unten, § 271.

2 Voranstellung und Nachstellung von Satzteilen[1]

2.2 Im Verbalsatz

§ 271

A Voranstellung

Subjekt:

- , *bjk-n-nb jrj.f jrw.f n mśntj*, Der Falke-des-Goldes nahm die Gestalt eines Harpunierers an;[2]
- , *jrt-Rꜥ šsp.n.ś śt.ś*, Das Auge-des-Re (Hathor) hat seinen Sitz erreicht.[3]

Objekt:

- , *ḫftj pf n jt.k hꜣj n.k ś(w)*, „Diesen Feind deines Vaters greife an!“[4]
- , *tpḥt-wdj(t)-kꜣw wn(t) ḥr ꜥwj.j ms.j ś(j) jrf ẖr.ṯn*, „Die-Höhle,-welche-die-Speisen-weiterleitet (Maat), die auf meinen Armen ist, bringe ich euch;“[5]
- , *jmjt-pr rdj(t).n Rꜥ n sꜣ.f Šw rdj.n.f ś(j) n sꜣ.f Gbb*, Die Erburkunde, die Re seinem Sohn Schu gegeben hatte, hat (dies)er seinem Sohn Geb gegeben.[6]

Nomen im Adverbiellen Ausdruck:

- , *rnpw(t) nn ⸢rnpj⸣.k jm.śn*, „Durch diese jungen Pflanzen ⸢verjüngst⸣ du dich.“[7]

---

[1] Für die klassische Sprache siehe Gardiner, EG, § 507.

[2] Edfou VII, 22, 1 f. Normalstellung: **jrj bjk-n-nb jrw.f n mśntj* (A a). Dutzende von weiteren Beispielen ließen sich anführen (A a; A b); diese verlangen auffallend oft eine Übersetzung in der Zeitlage der Vergangenheit (so beispielsweise Edfou VI, 114, 1). – Siehe auch VI, 61, 3 (Voranstellung des Subjekts im *śḏm.tw.f*: *Štš wpj.tw.f* ...).

[3] Edfou VII, 26, 9. Normalstellung: **šsp.n jrt.Rꜥ śt.ś* (A a).

[4] Edfou VI, 67, 6 f. Normalstellung: **hꜣj n.k ḫftj pf n jt.k* (A a; Ab; A d). Es ließen sich viele weitere Beispiele zitieren.

[5] Edfou VI, 310, 10 f. Normalstellung: **ms.j jrf tpḥt-wdj(t)-kꜣw wn(t) ḥr ꜥwj.j ẖr.ṯn* (A a/b).

[6] Edfou VIII, 148, 5. Normalstellung: **rdj.n Šw jmjt-pr rdjt.n n.f Rꜥ n sꜣ.f Gbb* (A b). Ähnlich: VII, 47, 6 - 8; 309, 1 f.

[7] Edfou VII, 82, 11 f. Normalstellung: *⸢rnpj⸣.k m rnpw(t) nn* (A a). Weitere Beispiele: V, 280, 11 f. (A a/b); VI, 6, 5 - 7, 2; 14, 2 - 4 (jeweils A a/b); 315, 17 f. (A a); VII, 90, 14 - 16; Jansen-Winkeln, in: MDAIK 45, 1989, 204 f.: *ṯꜣw n rꜣ*[sic]*.ṯn drp.ṯn wj jm.f*, „Mit dem Atem eures Mundes sollt ihr mich beschenken.“ (Inschrift auf einer Schreiberstatue; 26. Dyn.).

Nomen Rectum des Objekts:

- , *ḫmś šmˁj ḫnm.k ḫnmw.f*, „Des oberägyptischen Chemes' Wohlgeruch mögest du einatmen."[1]

Nomen Rectum des Subjekts:

- 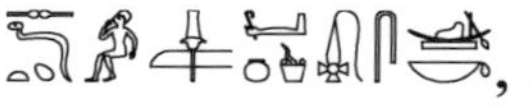, *śḏtjt śḫm nbj.ś jm.k*, „Des Mädchens (Hathor) Feuerglut bemächtigt sich deiner."[2]

Adverbieller Ausdruck:

- , *jr m-ḫt prt r ḥ3 jn nṯr pn*, Danach Hinausziehen seitens dieses Gottes (in Prozession);[3]
- , *jr m-ḫt nwd(t).ś rd(t) h3j n.ś ḳdt 2.t m ˁ3t nb(t)*, Nach dem Kochen 2 Kite von allen echten Edelsteinen dazugeben;[4]
-  ... 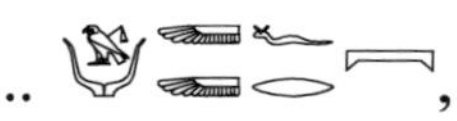, *ḥ3t.sp 54 nt nśwt pn 2.nw n šmw św 11 m-ḫt ˁḏ śnṯ n śbtj ... wpj bjk ḏnḥwj.f r pt*, Im 54. Regierungsjahr dieses Königs, 2. Monat der Schemu-Jahreszeit, 11. Tag, nach dem Ausheben des Fundamentgrabens der (Umfassungs)mauer ... öffnete der Falke seine Flügel himmelwärts.[5]

B Nachstellung

- (Der König), , *śwḏ j3wt nt Ḥr n.f*, dem das Amt des Horus überwiesen wurde;[6]
- , *Ḏḥwtj (r)dj.f jrt-Ḥr n.f*, Thot gibt ihm (Horus) das Horusauge;[7]

---

[1] Edfou VIII, 65, 14 f. Normalstellung: **ḫnm.k ḫnmw ḫmś šmˁj* (A a).

[2] Edfou VI, 159, 14. Normalstellung: **śḫm nbj śḏtjt jm.k* (A a). Ein Beispiel mit *śḏm.n.f*: VII, 20, 12 f.

[3] Edfou VI, 102, 11. Normalstellung: **prt r ḥ3 jn nṯr pn m-ḫt* (A a; als Blickfang nach vorne gerückt wird die Ankündigung eines neuen Handlungsschrittes); die Voranstellung des Adverbs benötigt die Einleitung mit *jr* (siehe oben, § 159, s. v. *jr*, c). Zur Konstruktion siehe unten, § 275. – Weitere Beispiele: VI, 102, 9; 163, 8; 163, 11. – Auch ohne *jr*: Dendara XIII, 37, 8 (*m-ḫt nn šsp ...*).

[4] Edfou II, 215, 4. Normalstellung: **rd(t) h3j n.ś ḳdt 2.t m ˁ3t nb(t) m-ḫt nwd(t).ś* (A a; als Blickfang nach vorne gerückt wird die Ankündigung eines neuen Arbeitsschrittes). Zur Schreibung von *h3j* siehe EP 1, 522, § 18.4; cf. auch Edfou VI, 166, 2.

[5] Edfou VII, 9, 3 f. Normalstellung: **wpj bjk ḏnḥwj.f r pt ḥ3t-sp ...* (A a; die Datierung wird wie üblich als Blickfang nach vorne gerückt). Ein weiteres Beispiel: Urk. II, 47, 8 f. (*jr m-ḫt śwḏ(t) pr n nb.f wḏ3 pw jrj.śn r ḫnw*).

[6] Edfou III, 232, 10; Kurth, Dekoration, 20, n. 20. Zur Konstruktion siehe oben, § 145 und § 252, C c. – Normalstellung: **śwḏ n.f j3wt nt Ḥr* (B b). Ähnlich: V, 400, 5; VI, 135, 10 (*jw.n Ḥr Bḥdtj wnp.n.f nhś rdj.n.f j3wt nt Ḥr n.f*, Nachdem Horus Behedeti gekommen war, tötete er den Nehes (Seth) und gab das Amt des Horus diesem (Horus).).

[7] Edfou III, 334, 7; ähnlich: V, 287, 14. Normalstellung: **Ḏḥwtj (r)dj.f n.f jrt-Ḥr* (B b).

- (Schu), , *wpj tȝš n nṯr nb n.f*, der den Landbesitz eines jeden Gottes für diesen eingrenzt.[1]

In diesen Fällen ist der Grund[2] für die Nachstellung ganz und gar offensichtlich:[3] teils muß das Direkte Objekt vorangehen, um zu wissen, worauf sich das Suffixpronomen bezieht; teils wäre bei Normalstellung eine Verwechslung mit dem *śḏm.n.f* möglich.

- , *ḥśḳ.f śt n.k*, „Er (der König) enthauptet sie für dich;“[4]
- (Isis), 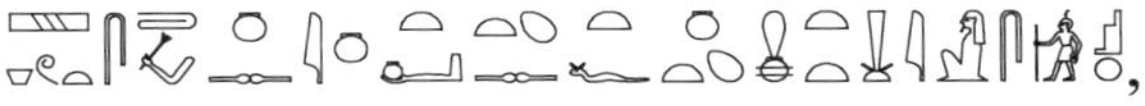, ... *šȝʿ.tw śpẖr n.ś jn mwt.ś Tfnwt mjtt śn.ś wr Wśjr*, ..., für die das Schreiben begonnen wurde von ihrer Mutter Tefnut, ebenso wie für ihren älteren Bruder Osiris.[5]

Bei den zuletzt genannten Beispielen gibt es keinen Grund, das pronominale Indirekte Objekt wegen eines möglichen Mißverständnisses nachzustellen. Deshalb ist anzunehmen, daß eine Art der Betonung vorliegt, die herausstellt, daß der König die als Feinde gedachten Opfertiere ausdrücklich für den betreffenden Gott enthauptet, beziehungsweise, daß das Schreiben speziell für Isis und Osiris erfunden wurde.[6]

3 Doppelsetzung von Satzteilen

§ 272

Hier sind drei[7] Fälle zu unterscheiden. Im ersten (a) geht ein Pronomen einem Nomen voraus, im zweiten ein Nomen einem Pronomen (b) und im dritten (c) erscheint ein Pronomen zweimal.

---

[1] Edfou VII, 271, 16 f. Normalstellung: **wpj n.f tȝš n nṯr nb* (B b).

[2] Zur Begründung vergleiche man auch Gardiner, EG, § 507, 4 und besonders Erman, Ägyptische Grammatik, Porta Linguarum Orientalium XV, Neudruck der vierten Auflage von 1928-1929, Osnabrück 1972, § 484.

[3] Das trifft auch zu für die oben unter § 270 B, genannten Beispiele.

[4] Edfou VI, 154, 9; es gibt weitere Fälle im engeren Kontext (154, 8 - 9). Normalstellung (Gardiner, EG, § 66): **ḥśḳ.f n.k śt* (B a).

[5] Edfou V, 349, 11 f.; cf. Grimm, Festkalender, 37; 185. Normalstellung: **šȝʿ.tw n.ś śpẖr jn mwt.ś Tfnwt mjtt śn.ś wr Wśjr* (B a).

[6] Hintergrund dieser Aussage könnten die in der Spätzeit sehr zahlreichen Hymnen auf Isis und Osiris sein; das Verständnis der Stelle bleibt aber problematisch, weil Tefnut meines Wissens keine besondere Beziehung zum Schreiben hat.

[7] Es gibt noch weitere, hier nicht klassifizierte Fälle; siehe zum Beispiel Edfou VI, 94, 1 (*jb.f* ... *Ḏḥwtj*...).

a) Pronomen und Nomen:

- , *nḏrj.n.k ś(w) ẖftj pf n jt.k*, „Du hast ihn gepackt, jenen Feind deines Vaters.“[1]

Dem Pronomen, das noch ohne klaren inhaltlichen Bezug vorausgeschickt wird, folgt das gemeinte Nomen in Apposition.[2] Diese verzögerte Mitteilung des zunächst nur angekündigten Nomens löst eine Spannung auf und verleiht dadurch diesem Nomen ein zusätzliches Gewicht, hebt seinen Inhalt als bedeutsam hervor.[3] – Dieses stilistische Mittel der Hervorhebung läßt sich ohne Verlust seiner Funktion im Deutschen nachahmen.

Zahlreiche weitere Belege für dieses stilistische Mittel wurden bereits oben zitiert (§ 166 B);[4] hier findet man auch die relevante Sekundärliteratur.

b) Nomen und Unabhängiges Personalpronomen:

- , *s3 Rꜥ* (vacat)| *ntf nb nḥḥ*, Der Sohn des Re (vacat)|, er ist der Herr der Ewigkeit.[5].

Es besteht eine gewisse formale Ähnlichkeit mit den Konstruktionen, die das initiale Nomen mit *jn* oder *jr* einführen,[6] doch anders als bei diesen geht es hier nicht darum, einen von mehreren möglichen Gegenständes des Denkens in den Blickpunkt zu rücken. Vielmehr besteht die Leistung der vorliegenden Kunstruktion darin, an der vorgenommenen Identifizierung keinen Zweifel aufkommen zu lassen („er und kein anderer“). – Auch dieses stilistische Mittel läßt sich ohne Verlust seiner Funktion im Deutschen imitieren.

c) die Konstruktionen *św śḏm.f* und *jw.f r.f św m*:

- („Behedeti, der Herr des Himmels, schlägt euch), , *św śpś.f ṯn*, indem er euch am Schopf packt;“[7]

---

[1] Edfou VI, 73, 5. Ein weiteres Beispiel: Dendara XIII, 4, 3 (*nfr wj śj ḥt-sššt*, Ach, wie schön ist es, das Haus-des-Sistrums).

[2] Zum möglichen Anschluß des Nomens mit *jn* siehe oben, § 45, drittletzte Fußnote (Chelouit III, Nr. 124, 1 f.; 127, 1 f.).

[3] Anders als in den Fällen des § 269 A, wo ein Satzteil wegen der fehlenden Flexionsendungen zweimal erscheinen muß, handelt es sich hier um eine bewußte Doppelsetzung eines Satzteils zum Zwecke der Hervorhebung.

[4] Dort wurde diese Konstruktion als besonderer Fall der Badal-Apposition vorgestellt, was sich vertreten läßt, weil der noch undefinierten Angabe eine näher definierende Angabe nachfolgt.

[5] Edfou VI, 133, 7; ähnlich: 131, 6 f.

[6] Siehe oben, § 159, sub voce *jn*, b und e; sub voce *jr*, a.

[7] Edfou VI, 55, 16 f.; dieses Satzgefüge beschreibt die Szene des Niederschlagens der Feinde.

- (Die leitenden Priester des Horus von Edfu werden ermahnt: „Begeht kein Unrecht gegen die (niederen) Priester seines Hauses), , *św mrj.f wnḏwt.f wr sp 2*, denn er (Horus) liebt seine Angehörigen gar sehr;“[1]
- , ⌜*ntf*⌝ *Rᶜ rmn ptj św wḏꜣ.f wḏꜣ wḏꜣt*, ⌜Er⌝ ist Re, der die beiden Himmel trägt, und wenn er unversehrt ist, dann ist auch das Udjat-Auge unversehrt.[2]

Diese schon in der klassischen Sprache belegte Konstruktion bewirkt keine Hervorhebung. Wir finden sie, wie Barta in einer umfassenden Studie[3] richtig gesehen hat, nur in Nebensätzen verschiedener Art. Daraus ergibt sich meines Erachtens der entscheidende Hinweis auf ihre Funktion: *św sḏm.f* verknüpft das Subjekt des Nebensatzes mit einem Satzteil des vorangehenden Hauptsatzes. Damit enthält diese Konstruktion zugleich ein formales Kennzeichnen der Hypotaxe.

Nur ein Beispiel kenne ich für die folgende Konstruktion:

-  ..., *jw.f r.f św m ḥwn* ..., Er, er ist gewiß der Jüngling ... .[4]

Es handelt sich offenbar um eine starke Betonung der Exklusivität.  in  gibt wohl die Position des Vokals in der akademischen Aussprache wieder.

4 Ellipsen

§ 273

Die Ellipse, also die Auslassung eines Textteils, der bei betont deutlicher („akademischer“) Formulierung der Aussage gesetzt werden könnte und fallweise gesetzt wird, ist auch im Ptolemäischen[5] keinesfalls selten. Im Streben nach sprachlicher Ökonomie spart die Ellipse dort etwas aus, wo der Kontext die Aussparung wettmachen kann. Sie überschreitet dabei aber nicht die Grenze der Verständlichkeit, jedenfalls nicht für denjenigen, der mit der Sprache und dem betreffenden Sachverhalt vertraut ist.

---

[1] Edfou III, 361, 8.

[2] Edfou VI, 302, 14. Zum Inhalt: Wenn der Himmel erhoben bleibt, dann bleibt auch das Himmelsgestirn (Mond/Sonne) an seinem Platz.

[3] Barta, in: ZÄS 112, 1985, 94 ff.; siehe vorher unter anderen Gardiner, EG, p. 424 (Nachtrag zu § 148).

[4] Kôm Ombo (Gutbub) I, Nr. 23, 4.

[5] Für die klassische Sprache cf. Gardiner, EG, § 506.

Von den vielen verkürzten sprachlichen Formen, die man meines Erachtens aus praktischen Gründen unter dem Begriff „Ellipse" einordnen könnte,[1] werden im folgenden nur diejenigen behandelt, die sich bei einigen Satzbaumustern des Nominal- und Verbalsatzes (siehe unten, § 274) zeigen, bei bestimmten Konstruktionen mit dem Infinitiv (siehe unten, § 275), bei Vergleichen (siehe unten, § 276) sowie bei Wunsch, Bekräftigung und Vokativ (Anrede, siehe unten, § 277).

4 Ellipsen

4.1 beim Nominal- und Verbalsatz

§ 274

Beim Nominalsatz (a) und beim Verbalsatz (b) werden Textteile ausgespart, die man als entbehrlich empfindet. Dabei handelt es sich oft um Wiederholungen, die für das Verständnis nicht notwendig sind und folglich den heutigen Leser nicht irritieren – oder ihm sogar von seiner eigenen Sprache her vertraut sind. Andere Fälle sind überraschend und etwas gewöhnungsbedürftig.[2]

a) Nominalsatz:

- , *ḥntj.f jḫmw-śk*, Seine (des Königs) Zeit ist (diejenige) der Unvergänglichen Sterne;[3]
- („Siehe das Heiligtum", sagte Re.) , *śt-wrt.k Rᶜ j.n tḫ*, „Dein Großer-Sitz (ist es), o Re", sagte Thot;[4]
- (Die Königin wendet sich an den Gott und stellt den König vor):  ..., *s3.k mrj.k śjᶜr n.k* ..., „Dein geliebter Sohn (ist er), der dir (als Opfergabe) hochreicht ... ;"[5]

[1] Den Begriff „Ellipse" fasse ich sehr weit, begreife mit ihm nicht nur die Aussparungen innerhalb der Sprache der Zeit, sondern auch längst „fest etablierte Aussparungen", die wir nur noch in der Tiefenstruktur der Aussage rekonstruieren können. – Cf. aber Jansen-Winkeln, in: MDAIK 46, 1990, 127 - 156, der in seinem materialreichen Artikel auch einen Teil der nachfolgend aufgeführten Fälle sehr differenziert behandelt, für sie den Begriff „Ellipse" ablehnt (p. 128) und sie unter der Bezeichnung „Vermerke" („eher eine Textform", p. 156) zusammenfaßt.

[2] Natürlich muß man auch mit fehlerhaften Auslassungen rechnen; so frage ich mich, ob beispielsweise an der Stelle Edfou VI, 214, 12, bei der Auslassung des Subjekts „Horus" ein antiker Fehler vorliegt.

[3] Edfou VI, 10, 1 (**ḥntj.f ḥntj jḫmw-śk*). In den beiden unmittelbar vorangehenden Aussagen wird das entsprechende Wort jeweils zweimal gesetzt: *h3w.f h3w pt rk.f rk t3 ḥntj.f jḫmw-śk*; siehe dazu als weiteres Beispiel VI, 301, 5: *mkt.f mkt j3btj*.

[4] Edfou VI, 324, 3 f. (**śt-wrt.k pw Rᶜ j.n tḫ*).

[5] Edfou VII, 293, 4 (*s3.k jm.f mrj.k śjᶜr n.k ...*; zu Parallelen, die *jm.f* nicht auslassen, siehe ITE I/2, 553, n. 5).

- , *⌜ḳꜣw⌝.ś m mḥ 27 1/6 wśḫ 6 1/2 1/12*, Ihre (der Türe) Höhe beträgt 27 1/6 Ellen, (ihre) Breite 6 7/12 (Ellen);[1]
- , *śnwt ḥm.f ḥr jꜣw.tj*, Der Hofstaat Seiner Majestät (sagt): „Sei gepriesen!“[2]

Eine eigene Gruppe bilden Überschriften und Beischriften, die nur aus dem Prädikat/Subjekt oder der Prädikatgruppe/Subjektgruppe eines Nominalsatzes bestehen und sich mit *pw* oder *jm* zu einem Satz ergänzen lassen. Diese weisen auf etwas hin, kündigen etwas an oder bezeichnen einen Inhalt (wie ein Etikett): „Der/ein ... (ist dies, ist dort, ist darin, folgt u. ä.).“

- ..., *ḥꜣt m śmꜣꜥ ḫrw Ḥr r ḫftjw.f* ..., Der Beginn des Triumphes des Horus über seine Feinde ...; [3]
- ..., *śt śnḏm n(t) bjk m jw.f n pt* ..., Der Ort, an dem sich der Falke niederläßt, wenn er vom Himmel kommt ... ;[4]
- (In einem Katastertext heißt es): , *kt 1 r 1 1/4 3 r 3*, Eine andere (Parzelle ist dort, und ihre Maße sind) 1 auf 1 ¼ und 3 auf 3.[5]

b) Verbalsatz:

- (Die Königin wendet sich an den Gott und weist auf die Gabe des Königs): , *šsp m-ꜥ.f*, Nimm (es) aus seiner Hand entgegen;[6]
- (Der König), , *rdj ḥr ẖt.f n jt.f špś*, der (sich) für seinen ehrwürdigen Vater auf den Bauch wirft;[7]
- (Die Göttin sagt zum König): , *šsp.n.j mnjt.k r śḫkr <bꜥnt>.j śnḏm jb.j wśḫ śt.j*, „Ich habe dein Menit entgegengenommen, um meinen <Hals> zu schmücken, (um) mein Herz zu erfreuen und (um) mein Ansehen zu vergrößern;“[8]
- , *wnn jn Ḥr-sꜣ-ꜣśt ḥśḳ.n.f tp n ḫftj.f ḥnꜥ*

---

[1] Edfou VIII, 49, 13 (*⌜ḳꜣw⌝.ś m mḥ 27 1/6 wśḫ.ś* ***m mḥ*** *6 1/2 1/12*).
[2] Edfou VII, 43, 4 (*šnwt ḥm.f ḥr* ***ḏd*** *jꜣw.tj*); siehe die relevante Anmerkung oben, § 265 a (zu Edfou VI, 81, 1 f.).
[3] Edfou VI, 61, 2 (*ḥꜣt* ***pw*** *m śmꜣꜥ ḫrw Ḥr r ḫftjw.f* ...); es ist die Überschrift und Einleitung des Siegesfestes von Edfu.
[4] Edfou VIII, 92, 18 (*śt śnḏm* ***pw*** *n(t) bjk m jw.f n pt* ...); das bezieht sich auf den Pylonen, auf dem der Text angebracht wurde.
[5] Edfou VII, 216, 8 f. (*kt* ***ḫtt jm nꜣj.f ḫꜣjw*** *1 r 1 1/4 3 r 3*); siehe ITE I/2, 412, n. 6.
[6] Edfou VI, 255, 9 (*šsp* ***śt*** *m-ꜥ.f*); siehe Kurth, Dekoration, 17, n. 35.
[7] Edfou VII, 193, 6 (*rdj* ***św*** *ḥr ẖt.f n jt.f špś*); cf. Wb II, 466, 31 - 33.
[8] Edfou VII, 321, 2 (*šsp.n.j mnjt.k r śḫkr <bꜥnt>.j* ***r*** *śnḏm jb.j* ***r*** *wśḫ śt.j*). An der Stelle Edfou VI, 70, 10 – 71, 1, wird die Präposition vor jedem der drei Infinitive geschrieben.

sm3j(t).f, Es schnitt nun Harsiese den Kopf seines Feindes und (die Köpfe) seiner Bande ab;[1]

- (Über einen Gott gesagt): , *prj nṯrw m r3.f rmṯw m wḏ3tj.f*, Die Götter kamen aus seinem Mund, die Menschen aus seinen beiden Udjataugen;[2]
- (Ein Vogelflug-Omen wird folgendermaßen beschrieben: Die vier Graugänse losziehen lassen.) , *śṯ3 n3 śrw n bꜥḥ ḫrjt n3 ṯ3w jm3*, Ziehen die Gänse über das Schwemmland, (bedeutet es) Unheil, (ziehen) die (Gänse in) die Luft, (bedeutet es) günstige Gelegenheit[3];
- (Isis sagt): , *n gm.n.j mr ḫf.n.j w3t*, „Weder kann ich einen Kanal finden, (noch) kann ich einen Weg erblicken;“[4]
- (Tatenen sagt zu seiner Truppe): , *sn jrw.ṯn r bw-tjtj*, „Gleicht eure Gestalt (derjenigen an, die ihr annehmt) auf dem Schlachtfeld.“[5]

4 Ellipsen

4.2 bei Konstruktionen mit dem Infinitiv

§ 275

Besprochen werden im folgenden der *Infinitiv mit Direktem Objekt oder/und Adverb mit oder ohne Einführung des Subjekts durch jn* (A), der *Infinitiv mit eigenem Subjekt und Objekt* (B), die Wendung *p3 ḏd* (C) und der Infinitiv nach *ḥnꜥ* (D).

A) Der *Infinitiv mit Direktem Objekt oder/und Adverb, mit oder ohne Einführung des Subjekts durch jn* begegnet zum einen bei Buchtiteln, Überschriften und Ankündigungen verschiedener Art[6] (a), zum anderen als sogenannter „Narrativer Infinitiv“ (b).

---

[1] Edfou VI, 120, 6 (**wnn jn Ḥr-s3-3śt ḥśḳ.n.f tp n ḫftj.f ḥnꜥ* **tpw nw** *sm3j(t).f*). Ähnlich: VI, 77, 8: *jrj bꜥbꜥ.ṯn m śnf n śbj.ṯn m ḥmwt.śn*, Trinket vom Blut eures Feindes und (dem) seiner Weiber!

[2] Edfou V, 85, 5 (**prj nṯrw m r3.f* **prj** *rmṯw m wḏ3tj.f*); *prj* erscheint in dieser Formel immer nur einmal (beispielsweise VI, 2, 2; ähnlich: VII, 321, 7 f.; VIII, 93, 9; 131, 14).

[3] Edfou V, 125, 3 f. (**śṯ3 n3 śrw n bꜥḥ ḫrjt* **pw śṯ3** *n3* **śrw m** *ṯ3w jm3* **pw**). – Siehe auch Dendara XII, 205, 13: **j3w sp 2 jn nbt n wtṯ śj* **j3w sp 2 jn** *s3t Rꜥ n s3.ś nśwt bjt* ...

[4] Edfou VI, 135, 3 (**n gm.n.j mr* **n** *ḫf.n.j w3t*).

[5] Edfou VI, 17, 13 (**sn jrw.ṯn r* **jrw** *bw-tjtj*).

[6] Für die klassische Sprache siehe Gardiner, EG, § 306; zu Fällen mit dem unpersönlichen Subjekt *tw*, man, cf. auch Edel, in: GM 44, 1981, 15 f. (die Stelle Urk. II, 46, 3, ist jedoch *jw.<tw>* zu lesen, cf. 48, 4).

a) Diese bei Buchtiteln etc. sehr häufig anzutreffende elliptische Konstruktion läßt sich als die Prädikatgruppe zum Satzbaumuster *A pw* („Das ist ...“) auffassen oder als die Subjektgruppe zum finiten Verb *ḫpr* (Es geschieht (nun)/es geschah ...“).

- , *rtḥ pꜥt*, Das Buch „Die Untertanen einschüchtern;“[1]
- , *śḫꜥj nśwt*, Das Buch „Den König einsetzen (krönen)“.[2]
- 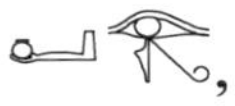, *ḥnk wḏꜣt*, Ein Udjat-Auge darreichen;[3]
- , *dwꜣ nṯr*, Den Gott preisen;[4]
- 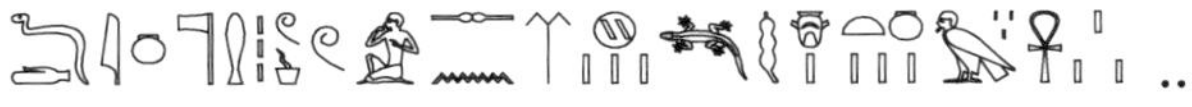 ..., *ḏd jn ḥmw-nṯr wšb.śn m spw ꜥšꜣw nḏm jbw.ṯn bꜣw ꜥnḫw* ..., Singen seitens der Gottesdiener und ihnen (im Wechselgesang) vielfach antworten: „Froh seien eure Herzen, o ihr lebenden Bas ... .“[5]
- 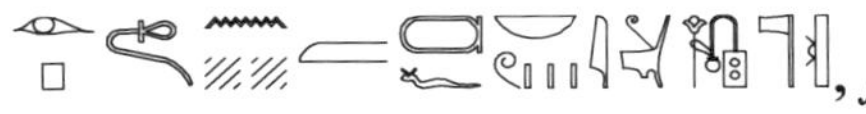, *jr(t) p(ꜣ) wdn n [p(ꜣ) Rꜥ] m rn(w).f nbw jn sš mḏꜣt nṯr*, Die Opferlitanei vollziehen für [den Re] mit all seinen Namen durch den Schreiber des Gottesbuches.[6]

b) Das letzte Beispiel gehört je nach Kontext[7] bereits in den Bereich des „Narrativen Infinitivs“. Hier werden Syntagmen dieser Art meist mehrfach hintereinandergereiht. Dabei könnte man die Fälle mit eigenem Subjekt als vollständige Sätze werten, weil sie Subjekt und Prädikat besitzen. Dennoch ziehe ich es vor, auch sie als Ellipse aufzufassen, weil diese aneinandergereihten Syntagmen wie die einzelnen Posten einer Liste oder eines Programms wirken und deshalb als jeweils komplexe Subjekte eines übergeordneten Satzes mit dem Prädikat *ḫpr* (Es geschieht ...) gelten können.[8] Ein Beispiel:

- *wḏꜣ m ḥtp jn ḥm nṯr pn špś Ḥr <Bḥdtj> nṯr ꜥꜣ nb pt Nb Mśn r ꜥḥ.f n ꜥnḫ wḏꜣ śnb (r)dt jhj r kꜣw ntj pt jn bw-nb n nwt tn jr(t) ḥb wḥm ḥb jr(t) wp jn tꜣjw ḥmwt r* ... , Sich in Frieden

[1] Edfou III, 351, 8.

[2] Edfou III, 347, 13.

[3] Edfou VII, 139, 12 (Titel einer Ritualszene).

[4] Edfou VII, 154, 12 (Titel einer Ritualszene).

[5] Edfou V, 132, 2. Zur alternativen Auffassung als *śḏm.jn.f* siehe oben, § 153; diese Alternative ist aber wegen des listenartigen Stils dieses insgesamt nicht-narrativen Textes wenig wahrscheinlich – eher könnte man noch an das unpersönliche Passiv denken, dessen Bestimmung allerdings ebenfalls problematisch ist (siehe oben, § 235, A b).

[6] Edfou V, 135, 4 f.; zur Textergänzung cf. V, 132, 6; 135, 7. – Dendara XIII, 37, 6 ff. (mehrere Fälle).

[7] Es ist eher eine Überschrift etc., wenn die angekündigten Dinge folgen; es ist eher ein narrativer Infinitiv, wenn weitere Infinitive dieser Art folgen.

[8] Für einen „Narrativen Infinitiv“ innerhalb eines Kontextes mit überwiegend finiten Verben kenne ich nur einen Beleg: Edfou VI, 216, 3 (*ꜥḥꜥ.[n] jrj.n Śtš ḫrb.f m ḫꜣb dšr ḫntj.f r tꜣ šmꜥw ḥnꜥ smꜣjt.f ḫntj r tꜣ mḥw (j)n Ḥr Nb Mśn ḥnꜥ šmśw.f ꜥḥꜥw.f*).

(zurück) begeben seitens der Majestät dieses herrlichen Gottes Horus <Behedeti>, des großen Gottes und Herrn des Himmels, des Herrn-von-Mesen, zu seinem Palast in Leben, Wohlbehaltensein und Gesundheit. Jubelgeschrei ausstoßen bis zur Höhe des Himmels durch alle Leute dieser Stadt. Ein Fest feiern, nochmals ein Fest feiern, in festlicher Stimmung sein durch die Männer und Frauen bis zum ... .[1]

B) Die schon im Mittelägyptischen belegte Konstruktion *Infinitiv mit eigenem Subjekt und Objekt*[2] finden wir als selbständige Aussage vermutlich innerhalb der Schöpfungsmythen des Tempels von Edfu. Dabei ist allerdings zu bedenken, daß es im Ptolemäischen nur in sehr beschränktem Umfang formale Kriterien gibt, die es erlauben, den Infinitiv vom *śḏm.f* zu unterscheiden.[3] Jedoch sprechen zwei Argumente dafür, daß die Konstruktion *Infinitiv mit eigenem Subjekt und Objekt* möglicherweise als selbständige Aussage (a) verwendet werden konnte: Zum einen begegnet in den Schöpfungsmythen der Infinitiv auffallend häufig, und zum anderen erscheint die vorliegende Konstruktion mit Sicherheit als Attributgruppe nach einem Nomen (b).

a) Selbständige Aussage[?]:

- , *š3ḥ T3-ṯnn Nbj(t)-nt-Wṯst-Ḥr*, Tatenen gelangt zum Schilfrohr-des-Thronsitzes-des-Horus (Edfu);[4]

-  ..., *ḥsj Rᶜ ḫᶜj(t) wrt ...*, Re preist den großen Erscheinungsort (Urhügel): „.. ..“[5]

b) Attributgruppe:

- 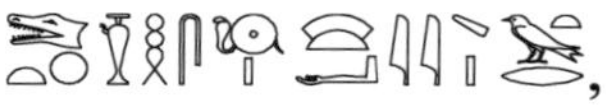, *3t ḥsj Rᶜ ḫᶜj(t) wrt*, Der Augenblick, in dem Re den großen Erscheinungsort (Urhügel) preist;[6]

- , *3t njś šbtjw ḏ3jśw*, Der Augenblick, in dem die Schebtiu die Schöpferworte ausrufen.[7]

---

[1] Edfou VI, 103, 2 – 4. – Ähnlich: VI, 102, 7 - 11; viele weitere Beispiele findet man in der Beschreibung des Festes anläßlich der Reise der Hathor von Dendera nach Edfu im Monat Epiphi (Edfou V, 29, 9 ff. und 124, 8 ff.) und generell in den Festkalendern (V, 346, 2 ff.; 397, 5 ff.).

[2] Gardiner, EG, § 301.

[3] Cf. oben, § 138 und Gardiner, EG, § 301, Obs. 1.

[4] Edfou VI, 15, 6; es folgen die Worte des Re. Vielleicht wörtlich: Erreichen des Tatenen das Schilfrohr-des-Thronsitzes-des-Horus (Edfu); alternativ ist die Bestimmung als *śḏm.f* möglich.

[5] Edfou VI, 15, 8. Vielleicht wörtlich: Preisen des Tatenen den großen Erscheinungsort (Urhügel); alternativ ist die Bestimmung als *śḏm.f* möglich. – Weitere Beispiele: Edfou VI, 17, 7 und 182, 13 (*ẖnm jtn nwt*, Die Sonnenscheibe vereint sich mit dem Himmel).

[6] Edfou VI, 183, 18; wörtlich: Augenblick des Preisens des Re den großen Erscheinungsort (Urhügel).

[7] Edfou VI, 184, 11; wörtlich: Augenblick des Ausrufens der Schebtiu die Schöpferworte.

Für die Einordnung der zuerst genannten Fälle (a) unter dem Begriff Ellipse - wenn es sich wirklich um Infinitive handeln sollte - läßt sich auch hier anführen, daß sie jeweils wie die Subjektgruppe zu einem übergeordneten Satz mit dem Prädikat *ḫpr* wirken.

C Es erscheint *p3 ḏd* vor der Angabe einer Stunde: *p3 ḏd wnwt* x, „Das Sagen der Stunde x". Das läßt sich auflösen in „(Wenn) die x. Stunde angesagt wird" oder kürzer „zur x. Stunde".[1]

- , *p3 ḏd wnwt 8.t n hrw* [*pn*] *ḥtp* [*m*] *ʿḥ*, Zur 8. Stunde [dieses] Tages: Ruhen [im] Palast.[2]

D Der *Infinitiv nach ḥnʿ* ist eine schon seit dem Altägyptischen durchgängig belegte Konstruktion.[3] Sie setzt einen Infinitiv, einen beliebigen Verbalsatz oder eine Pseudoverbalkonstruktion fort, ohne deren syntaktische Merkmale zu wiederholen;[4] insofern könnte die Konstruktion als „elliptischer Konjunktiv" bezeichnet werden.

- (Innerhalb magischer Schutzhandlungen heißt es): 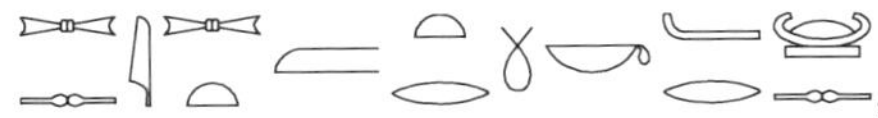, *ṯs.j ṯst m dr.k ḥnʿ wḥʿ.ś*, „Ich knüpfe einen Knoten in dein Kleid und löse ihn (wieder)."[5]

4 Ellipsen

4.3 bei Vergleichen

§ 276

Bei der Formulierung von Vergleichen neigte bereits die ägyptische Sprache der klassischen Zeit dazu, diejenigen Wörter auszusparen, die wir im Deutschen nach unserem Sprachgefühl direkt oder mit einem Stellvertreter wiederholen würden:[6]

---

[1] Es gibt Texte, die dafür sprechen, daß ganz konkret das Ansagen oder Ausrufen der Stunde gemeint ist; siehe Kurth, Treffpunkt der Götter, 266 ff.

[2] Edfou V, 351, 10 f.; ähnlich: V, 124, 8 f.; 359, 4 (*nfrjt r p(3) ḏd wnwt 9 n grḥ*, bis zum Ansagen der 9. Stunde der Nacht). – Siehe Junker, Auszug, 76; Grimm, Festkalender, 192, nota j.

[3] Edel, Altäg. Gramm., § 715; Gardiner, EG, § 171, 3; Erman, NG, § 437; Jansen-Winkeln, Spätmitteläg. Gramm., § 644.

[4] Das trifft natürlich für den Infinitiv nicht zu.

[5] Edfou VI, 145, 9. Ähnlich: V, 134, 1 f. (*⌜ḥnʿ⌝ jrt*; *ḥnʿ ʿš*; *ḥnʿ jrt*; hier werden Infinitive fortgesetzt); VI, 300, 2 (*jrj.k rmnt sp 4 ḥnʿ tf*); Dendara V, 121, 6 (*jm3.ś ḥnʿ bs*; von Cauville, Dend. Trad. V, 214 f., nicht richtig aufgefaßt; richtig: Waitkus; Krypten, 110, n. 6).

[6] Cf. Gardiner, EG, § 506, 4.

- (Hathor als Uräus sagt zum König): , *ḫꜥj.j ḥr tp.k mj Ḥr*, „Ich erscheine auf deinem Kopf wie (auf dem) des Horus;“[1]
- (Der Gott sagt zum König): , *(r)dj.j ḥr-nb ḥr ꜥḏꜥḏ r mꜣꜣ.k mj ḥꜥpj r tr.f*, „Ich gebe, daß jedermann bei deinem Anblick jauchzt wie (beim Anblick) des Nil, der zu seiner Zeit (kommt).“[2]

Auf dieselbe Art der Aussparung treffen wir auch bei *mjtt* in der Bedeutung „ebenso wie, und ebenso, und auch“:

- 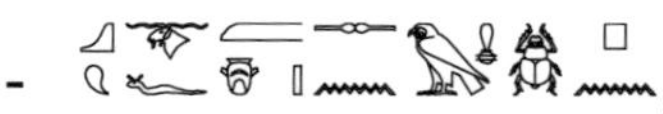, *ḳfꜣ(t).f m jb.śn mj Ḥr tꜣ pn*, Sein (des Gottes) Ansehen ist in ihren (der Höflinge) Herzen wie auch (in dem des) Horus dieses Landes (des Königs);[3]
- (Eine Türe öffnet den Weg der Göttin), , *r ꜥḳ śt-wrt mjtt r wjꜣ.ś r wḏꜣ Bḥdt*, um den Großen-Sitz (Edfu) zu betreten und ebenso (um) ihre Barke (zu betreten), um zur (Urgötternekropole von) Behedet zu fahren.[4]

4 Ellipsen

4.3 bei Wunsch, Bekräftigung und Vokativ (Anrede)

§ 277

A Wünsche[5] und Aufforderungen werden deshalb als elliptisch aufgefaßt, weil es sich bei ihnen um Objektsätze handelt, deren zugehöriger Hauptsatz ausgespart wird.[6] So betrachte ich beispielsweise *ḳꜣj.tj*, „Du mögest hoch sein“,[7] als Ellipse für ausführliches *„Ich wünsche, daß du hoch bist“.

---

[1] Edfou VII, 197, 1; ähnlich: 197, 1f. (*śwr.j nrw.k mj Sꜣ-ꜣśt*, „Ich lasse groß sein den Respekt vor dir wie den vor Siese“).

[2] Edfou VI, 190, 9; bei *r tr.f* handelt es sich um ein Präpositionales Attribut (siehe oben, § 173). – Weitere Beispiele: VI, 163, 7 (*jr(t) kꜣt jm.śn mj ḫt tpjt*); VII, 216, 1 (*wr rꜣw.ś mj ḳbḥw*); 305, 8 (*rdj.n.j ś(j) ḥr tp.k m ḥḳꜣ tꜣ pn mj ḥm.j ḫnt nṯrw*). Beispiele ohne Aussparungen: VII, 178, 13 (*wnn Ḏbꜣ ḏdj.tj ḫr ḏrtj mj tꜣ ḏdj ḫr Gbb*); 183, 5 (*wnn ꜣḫt nḥḥ ḫj.tj ḫr Rꜥ mj ḫjt ḫj.tj ḫr ḫprw.f*).

[3] Edfou VI, 12, 9; ähnlich: VII, 28, 7 f.

[4] Edfou V, 4, 1 f.; ähnlich: VI, 7, 6 f. Ohne Aussparungen und mit Synonymen: VII, 19, 1 f.

[5] Zu der bei Wünschen verwendeten Partikel *ḥꜣ* siehe oben, § 159, s. v.

[6] Mit gleichem Recht könnte man auch den Imperativ als Ellipse ansehen, der wegen seiner morphologischen Besonderheiten bereits oben behandelt wurde (§ 156).

[7] Edfou VI, 101, 7.

a) Bei der 2. und 3. Person wird wie in klassischer Zeit[1] das Pseudopartizip verwendet:

- (Ein Schutzgott sagt zum Feind): , *ḫpj.tj sp 2 ḫbntj*, „Stirb, stirb, du Verbrecher;"[2]

- (Der Gott sagt zum König): , *jw.tj m ḥtp s3.j mrj.j*, „Komme in Frieden, mein geliebter Sohn."[3]

- (Die Priester werden ermahnt): , *ḥrj.tj r ˁḳ m š3t*, „Hütet euch davor, (den Tempel) in Unreinheit zu betreten;"[4]

- (Über die Urgötter Edfus gesagt): , *mn.tj sp 2 <ḏdj.tj>* sp 2 mj nwt* [*ḥr*] *sḫnwt.ś 4*, Sie mögen fest sein, sie mögen fest sein, <sie mögen dauerhaft sein, sie mögen dauerhaft sein>* wie der Himmel [auf] seinen vier Stützen.[5]

b) Eine eigene Gruppe bilden die in Form einer Parenthese vorgebrachten Wünsche und Aufforderungen, die den Satzbau unterbrechen oder außerhalb des eigentlichen Satzes stehen:

- Die Aufzählung der Opfergaben, die der König den Gottheiten anbietet, wird gelegentlich von (*h3 śnḏ*) unterbrochen, einem Ausruf, dessen Bestimmung schwierig ist („o Jubel!"? „o heilige Scheu!"?);[6]

Eine abgeschlossene Texteinheit lautet:

- Der Sohn des Re (⌜Ptol. X.⌝)| ist mit der roten Krone erschienen, und <Unterägypten> jubelt über seine Macht , *ˁnḫ.tj mj Rˁ ḏt*, „Er lebe ewig wie Re!", gemäß <dem>*, was Re selber und alle Götter zusammen <gesagt>* haben;[7]

- , *ḏd.śn Ḥr Bḥdtj <h3>.ṯn r.ṯn jj m rśj*, Sie sagen: „Horus Behedeti – weichet <zurück>! – ist aus dem Süden gekommen."[8]

---

[1] Siehe Gardiner, EG, § 313.

[2] Edfou VI, 160, 4.

[3] Edfou VII, 173, 2 f.

[4] Edfou VI, 349, 5.

[5] Edfou VII, 280, 8. Bei Fällen dieser Art läßt sich allerdings nicht völlig ausschließen, daß das Pseudopartizip adverbiell mit dem vorangehenden Satz zu verbinden ist.

[6] Siehe ITE I/2 (Edfou VII), 204, n. 6; ursprünglich wohl ein Rezitationsvermerk (Barta, Opferliste, 112 f.). – Cf. auch oben, § 157 b.

[7] Edfou VII, 178, 17 f. (ITE I/2, 325, n. 3; ähnlich: VI, 266, 12 (*Ḥr w3ḏ ˁnḫ sp 2 r nḥḥ r nḥḥ ḏt*); an vergleiche die Struktur der zahlreichen Parallelen im textlichen Umfeld); das erinnert an die arabische Eulogieformel: عليه السلام. Die formal mögliche Übersetzung „Du mögest ewig leben wie Re" halte ich für weniger wahrscheinlich. – Cf. auch ITE I/2 (Edfou VII), 353 mit n. 8; 378 (zu Edfou VII, 208, 10).

[8] Tôd I, Nr. 31 A. Zum Inhalt siehe Kurth, in: Fs. Derchain, 191, n. 12; cf. auch Tôd I, Nr. 33 A und Esna II, Nr. 191, 20 (möglicherweise eine Anspielung auf den Horusmythus von Edfu: *ḥdj.n.f mḥtj m <ˁ3>-m3ˁ-ḫrw* ...). – Das Subjekt bei *ḏd.śn* bezeichnet sehr wahrscheinlich Feinde; cf. Edfou VI, 55, 17 f.: (Horus schlägt die Feinde), so daß sie (untereinander) sagen, wenn sie zum Angriff vorgehen wollen gegen den Tempel... > S. 1016

B Die folgenden beiden Formeln der Bekräftigung fasse ich als Ellipsen auf, weil bei ihnen der syntaktische Bezug zur bekräftigten Aussage nicht ausgedrückt wird:

a) *ḥn ḥm.k m ꜥnḫ*, „So wahr Deine Majestät mit Leben versehen ist“ (und Varianten):[1]

- (Über Opferspeisen gesagt, die zu essen der Gott aufgefordert wird): , *ḥn ḥm.k m ꜥnḫ jw.w wꜥb*, „So wahr Deine Majestät mit Leben versehen ist, sie sind rein;“[2]

- (Die Königin bittet den Gott, den König für seine Opfergabe mit einem großen Königtum zu belohnen): , *ḥn k3.j m ꜥnḫ ntf s3.k*, „So wahr mein Ka mit Leben versehen ist, er ist dein Sohn.“[3]

b) *ꜥnḫ n.j K3 n t3*, „So wahr der Ka der Erde für mich lebt“:[4]

- (Re Harachte spricht zum Tempel von Edfu):  ..., *ꜥnḫ n.j K3 n t3 jrj.n.j ṯn* ..., „So wahr der Ka der Erde für mich lebt, ich habe dich geschaffen ... .“[5]

C Den Vokativ möchte ich als Ellipse auffassen, weil er in verkürzter Form zur Aufmerksamkeit auffordert. So entspricht beispielsweise die ausführliche Form

- *rḫjt nb(t)* ⌜*mj.n*⌝ *śḏm.ṯn r ntt nśwt bjt (Ptol X.)*| *ḥr wṯst Ḥr*, „O all ihr Untertanen, ⌜kommt⌝ und hört: ‚Der König von Ober- und Unterägypten (Ptolemäus X.)| ist auf dem Thron des Horus!’“[6],

inhaltlich in etwa einer verkürzten Form

- **rḫjt nb(t) nśwt bjt (Ptol X.)*| *ḥr wṯst Ḥr*, O all ihr Untertanen, Der König von Ober- und Unterägypten (Ptolemäus X.)| ist auf dem Thron des Horus.

Der Vokativ begegnet in vier Formen:

a) *Partikel und Nomen und Demonstrativpronomen*:

- , ***j j3t twj*** *ntt 3ḫw jm.ś*, „O du Stätte, an der die Verklärten sind!“[7]

b) *Partikel und Nomen*:

... < S. 1015 des ⌜Horus Behedeti⌝, des großen Gottes, des Herrn des Himmels: „Ihr möget nicht gegen ihn antreten. Weichet zurück, wendet euch ab!“

[1] Ausführlich behandelt in ITE I/2 (Edfou VII), 674 (Anhang O).

[2] Edfou VII, 251, 15.

[3] Edfou VI, 305, 9.

[4] Zum Inhalt der betreffenden Passage siehe Kurth, Treffpunkt der Götter, 364.

[5] Edfou VI, 319, 4; ähnlich: 321, 1.

[6] Zitiert oben in, § 266 a.

[7] Dendara X, 363, 13.

- , *j **ḥnwt** jrj(t) św nb(t) pt nb(t) tꜣ (r)dj.ṯ sꜣ.ṯ n p(ꜣ) ꜥẖm ꜥnḫ*, „O Gebieterin, die ihn geboren hat, Herrin des Himmels, Herrin der Erde, du mögest deinen Schutz dem lebenden Achem-Falken geben!“[1]

c) *Nomen und Demonstrativpronomen*:

- , *jw.n.j ḫr.ṯn Ḏꜣḏꜣtj n(t) Tꜣ mrj* ***śḫmw nn*** *nb(w) šfjt*, „Ich bin zu euch gekommen, ihr beiden Richterkollegien Ägyptens, ihr Machtwesen, Herren des Ansehens.“[2]

d) *Nomen*:

- (Der König bringt Chnum ein Weihrauchopfer dar, und dafür erwartet er als Reaktion des Gottes): , *wśn.k* ***bꜣ*** *ḥr bhd.f*, „Du begattest, Widder, auf seinen Geruch hin.“[3]

Was die Stellung des Vokativs anbelangt, so findet man ihn seltener am Beginn, häufiger in der Mitte und mehrheitlich am Ende des Satzes:[4]

- , ***nṯrw m pt*** *mj.n m ḥꜥꜥ(wt)*, „Ihr Götter im Himmel, kommet in Jauchzen!“[5]
- , *mnjt twj ms.n.j m ḥr.ṯ* ***nb(t) nṯrw*** *nb(t).ś jm.ṯ*, „Dieses Menit, das ich vor dich gebracht habe, Herrin der Götter, du bist seine Herrin;“[6]
- , *wnn nśwt bjt (...)| ḥr śḳꜣ(t) śt.k* ***Rꜥ***, „Der König von Ober- und Unterägypten (...)| erhöht deinen Sitz, o Re.“[7]

Zu beachten ist, daß der Vokativ, obwohl er sich an eine zweite Person wendet, mit der dritten grammatischen Person konstruiert wird:[8]

- , *rś.k nfr wr św r nṯrw*, „Du mögest gut erwachen, o (du) der (du) größer bist als die (anderen) Götter!“[9]

---

[1] Edfou VI, 302, 10. Weitere Beispiele: VI, 302, 5; 349, 4 (cf. 348, 12: ohne Partikel); V, 32, 10 und 15.
[2] Edfou VIII, 122, 12 f. Viele weitere Beispiele findet man jeweils in den Fußnoten der § 70 – 89.
[3] Edfou VII, 270, 8.
[4] Diese Aussage bezieht sich auf die nicht gekennzeichnete Form (d) in den Bänden Edfou V – VIII.
[5] Edfou VIII, 25, 11.
[6] Edfou VIII, 101, 5 f.
[7] Edfou VII, 41, 4. – Eine Stilfigur, die Vokative in Anfangs- und Endstellung kombiniert, findet man Edfou VII, 20, 11 f. (ITE I/2, 31 mit n. 10).
[8] Für die klassische Sprache cf. Gardiner, EG, § 509, 1.
[9] Edfou VIII, 16, 1; wörtlich: „Du mögest gut erwachen, er-ist-größer-als-die-Götter!“

Übung 11

Zu transkribieren und zu übersetzen:

Gesamtansicht der Szene

Detailansicht oben rechts

Detailansicht oben links

Detailansicht oben Mitte

VI Text und Bild

1 Einheit von Text und Bild

§ 278

Eine Einführung ins Ptolemäische muß auch das Verhältnis von Text und Bild ansprechen, weil die überwiegende Mehrzahl der Tempeldekoration aus Kompositionen besteht, in denen Bild und Text eine Einheit bilden.[1] Dabei ist die Art der Verbindung unterschiedlich. Sie ist ziemlich eng in den Ritualszenen (a); anderenorts treffen wir auf Texte, die nur indirekte oder keine Bezüge zu Darstellungen aufweisen (b).

a) In den Ritualszenen[2] übernehmen Bild und Text die Aufgaben, die ihrer jeweiligen Eigenart entsprechen.[3] So lassen sich beispielsweise die Ikonographie der Akteure sowie ihre Haltungen und ihre wechselseitig aufeinander bezogenen Positionen *im Detail* nur sehr mühsam und unvollkommen mit Worten beschreiben; hier liegt die Domäne des Bildes. Demgegenüber dominiert der Text überall dort, wo die Reden, die Rollen, die Absichten und Reaktionen der Akteure sowie der Sinn und der religiöse Hintergrund des Ritualgeschehens dargestellt werden sollen.[4]

Es war die Kombination beider Ausdrucksmittel, die den Schöpfern der Ritualszenen die Möglichkeit eröffnete, einen sehr komplexen Sinnzusammenhang auf eng begrenztem Raum darzustellen. Dabei sind die Aussagen des Bildes und des Textes zumeist komplementär, doch in geringerem Umfang finden wir auch Überschneidungen.[5]

Die vorhandenen Überschneidungen in den Aussagen von Bild und Text sind zum einen das Ergebnis eines Gestaltungswillens, der es gebot, kein Dekorationselement isoliert zu lassen. Zum anderen sind sie die unvermeidbare Folge davon, daß die Kompositionen der

---

[1] Viele Beispiele für die enge Beziehung zwischen Bild und Text findet man ITE I/2 (Edfou VII), 743, s. v. „Bildbeschreibung".

[2] Eine knappe Darstellung der Vielfalt und Leistungsfähigkeit dieses Grundelements der Tempeldekoration findet man bei Kurth, Treffpunkt der Götter, 39 - 52.

[3] Siehe dazu bisher Kurth, in: Edfu Begleitheft 4, 1994, 76 - 82; idem, Treffpunkt der Götter, 29 f.

[4] Mit dem seit kurzem verfügbaren Datenbanksystem SERaT verfügt die Ägyptologie über ein ausgezeichnetes Werkzeug zum Studium der Ritualszenen altägyptischer Tempel, das alle bisherigen Hilfsmittel weit übertrifft; siehe Beinlich und Hallof, Einführung SERaT. Zum Verhältnis von Ikonographie und Philologie siehe Beinlich, in: o. c., 10.

[5] Siehe Übung 11, welche viele Passagen enthält, in denen sich Text und Bild zum Teil ergänzen, zum Teil überschneiden.

Texte und der Bilder in verschiedenen Händen lagen und in gegenseitiger Abstimmung zusammengeführt werden mußten.

Dort, wo es Überschneidungen gibt, bietet sich dem heutigen Übersetzer die Gelegenheit, seine Ergebnisse durch den Vergleich von Bild und Text zu überprüfen. Auf die Kombination beider ist er hingegen dort dringend angewiesen, wo Text und Bild komplementär sind. Aus beidem folgt, daß der Bearbeiter der Tempelinschriften die Darstellungen in größtmöglichem Umfang in seine philologische Arbeit einbeziehen muß. Versäumnisse in diesem Bereich bergen in sich die Gefahr falscher Übersetzungen.[1]

In der folgenden Ritualszene erhellen sich Text und Bild gegenseitig:

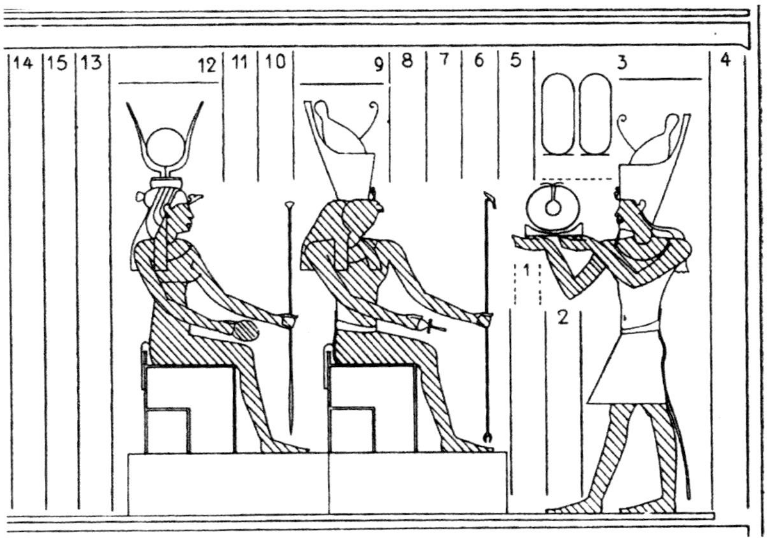

Edfou X, pl. CLIV

Der König überreicht Horus und Hathor einen Usech-Halskragen[2]. Dieser ist in mehrfacher Hinsicht ungewöhnlich dargestellt[3]:

- er ist oben bis auf einen schmalen Spalt geschlossen und erscheint dadurch fast wie eine Scheibe;
- er ruht auf einem Untersatz, der einer breiten Hieroglyphe *ḏw*, der Berg, ähnelt;
- Kragen und Untersatz zusammen erinnern unübersehbar an die Hieroglyphe *ꜣḫt*, der Horizont.

[1] Einen vermeidbaren Fehler, der mir durch Mißachtung der zugehörigen Darstellung leider selbst unterlaufen ist, hat vor kurzem ein junger Kollege korrigiert (Förster, in: SAK 34, 2006, 149 - 151; cf. demnächst ITE I/3, (Edfou VI), wo die betreffende Passage und ihr Kontext in kritischer Würdigung des besagten Artikels erneut übersetzt und kommentiert werden).

[2] Edfou VI, 333, 10 - 334, 7; X, Pl. CLIV, oberes Register, 1. Szene von rechts.

[3] Die Szene wurde kollationiert.

Während nun in den Beischriften der Halskragen-Opferszenen der griechisch-römischen Zeit das Thema des Schutzes besonders hervortritt,[1] betonen die Beischriften der vorliegenden Szene den solaren Aspekt der Gabe, so unter anderem mit Epitheta des Horus, die ihn bezeichnen als, „Falke, der im Horizont leuchtet", „der den ganzen Erdkreis bei seinem Aufgang erglänzen läßt".[2] Damit wird die ungewöhnliche Darstellung des Halskragens als Sonnenscheibe im Horizont verständlich; die Dominanz der solaren Thematik ist wohl auch mit dem Ort der Szene zu begründen: es ist die erste Szene der Ostseite auf einer ost-westlich ausgerichteten Mauer.

Nur unter Hinzunahme des Bildes läßt sich folgende Rede des Königs verstehen, die er in einer Szene spricht, die den Titel „Den Kranz umbinden" trägt:[3]
„Dieser schöne Kranz an deine Stirn, o Herr Ägyptens, Erster von Athribis! Der Falke ist dein Schutz, das Geierweibchen behütet deinen Leib und die Uräusschlange nimmt dich in ihre Obhut."
Will man wissen, warum diese drei tiergestaltigen Gottheiten angesprochen werden, wenn der König den Kranz überrreicht, dann muß man das Szenenbild heranziehen, das den Kranz genauer darstellt.[4] Dort sieht man nun, daß zwei Uräen, also Nechbet und Uto, sowie ein Falke am Rande des Kranzes vorspringen.[5]

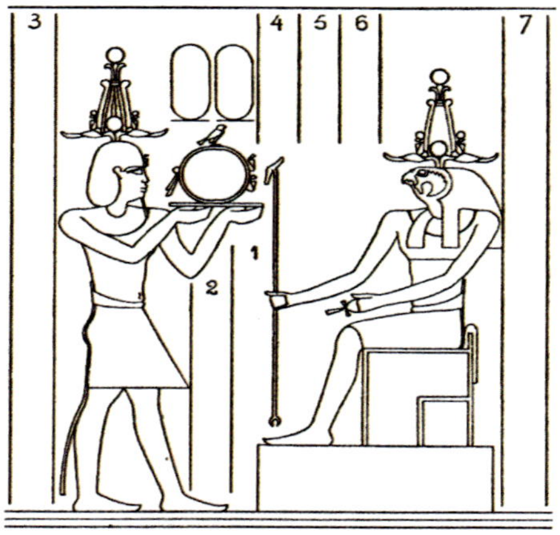

Edfou X, pl. CXV

[1] Cf. Handoussa, in: SAK 9, 1981, 148.
[2] Edfou VI, 333, 16 f.; bei *šn* handelt es sich sehr wahrscheinlich um eine Mischschreibung mit *šn* der Baum (EP 1, 91 ff.).
[3] Edfou V, 93, 13 ff. Zur Analyse dieser Ritualszene siehe Derchain, in: CdE 59, 1955, 280; cf. auch Vernus, Athribis, 251 ff.
[4] Edfou X, Pl. CXV, oberes Register, 2. Szene von links.
[5] Cf. Derchain, o. c., 228. – Am realen Gegenstand, einem Stirnreif, ragten der Falke und die Schlangen senkrecht auf (cf. etwa Cyril Aldred, Die Juwelen der Pharaonen, München 1976, Tf. 27; 59; 83 f.). Wenn sie als Paar auftreten, können sowohl Nechbet als auch Uto als Uräen erscheinen.

Manchmal kann es sogar gelingen, einen beschädigten Text[1] mit Hilfe der zugehörigen Darstellung zu ergänzen:

- *[ḏrt] <⌜wꜥ(t)⌝>* ꜥḳ m bjꜣ.k m mśḳ.f ḏrt śnnwt ꜥḳ m nwt.k*, „Die <⌜eine⌝>* [Hand] hat deine Lanze ergriffen, die in seiner Haut steckt, die andere Hand hat deinen Strick ergriffen“.

Dazu vergleiche man im Bild:

Photo Edfu-Projekt e009

[1] Edfou VI, 73, 6.

Was soeben am Beispiel der einzelnen Ritualszene festgestellt wurde, gilt natürlich auch für längere Szenenfolgen, deren einzelne Szenen eigene Beischriften besitzen, oder auch für Szenenfolgen, deren einzelne Szenen durch größere Textblöcke voneinander getrennt sind. Ersteres betrifft beispielsweise in Edfu die Szenenfolgen des Gründungsrituals (1. Register der Umfassungsmauer, Westseite, außen)[1], letzteres die nur mit viel Mühe zu verstehenden Schöpfungsmythen (3. Register der Umfassungsmauer Nordseite, innen)[2], den großen Horusmythus (2. Register der Umfassungsmauer Westseite, innen)[3] oder die ausführlichen Festdarstellungen anläßlich des Sieges (am selben Ort, 1. Register) und des Besuchs der Urgötternekropole (Pylon, Soubassement, innen)[4]. In jedem dieser Fälle sind die Bilder zum Verständnis der Texte unverzichtbar.

b) Als Beispiel für Texte, die sich nur indirekt auf die Darstellungen beziehen, sei verwiesen auf das Morgenlied an der Fassade des Sanktuars im Tempel von Edfu.[5] Die sechs Textblöcke des Morgenliedes heben sich deutlich von der übrigen Dekoration der Sanktuarfassade ab. Dennoch ist das Morgenlied ein integraler Bestandteil der gesamten Fassadendekoration, die – wie üblich – die Funktion des Raumes widerspiegelt.[6]

Andere Texte zitieren Darstellungen, die teils weit vom Ort des Textes entfernt liegen. So erwähnt eine Passage der großen Bauinschrift von Edfu einige Dekorationseinheiten des Sanktuars; die Bauinschrift befindet sich auf der Außenfläche der Umfassungsmauer.[7] In vergleichbarer Weise nennt der Text auf dem Architrav des östlichen Peristyls im Hof des Tempels von Edfu viele der Ritualszenen, mit denen die Innenflächen im Durchgang des Hauptportals dekoriert wurden, das zwischen den Pylontürmen liegt;[8] ohne Kenntnis dieser Szenen wäre die Übersetzung des Architravtextes schwieriger gewesen.[9]

---

[1] Siehe ITE I/2 (Edfou VII), 75 ff.; Bartels, ITE II/1, Blatt 32 ff..

[2] Edfou X, Pl. CXLIX.

[3] Edfou X, Pl. CXLVI - CXLVIII.

[4] Edfou X, Pl. CXLVI - CXLVIII; Pl. CXXI f.

[5] Kurth, Treffpunkt der Götter, 57; 80 ff.

[6] Entsprechendes trifft auch für einen Text auf der Außenseite der „Bibliothek" im Pronaos des Tempels von Edfu zu, in dem Bebon als Gegner des Thot verflucht wird; siehe Kurth, in: SAK 19, 1992, 225 ff.; idem, Treffpunkt der Götter, 140 ff.

[7] ITE I/2 (Edfou VII), 20 f.

[8] Edfou V, 312, 1- 4.

[9] Ein schönes Beispiel für Texte, die Darstellungen zitieren, liefert auch die Passage Edfou VI, 8, 6 - 9, 8. Dieser Text bezieht sich auf folgende Dekorationseinheiten der Umfassungsmauer, Westseite, innen:
- den narrativen Teil des großen Horusmythus im 2. Register (8, 6 - 9, 5);
- die Urgötternekropole im 2. Register (9, 5);
- das Siegesfest im 1. Register (9, 5 - 9, 8);

Für wieder andere Texte kann man nur sehr allgemein auf relevante Darstellungen innerhalb der ganzen Tempeldekoration hinweisen. Das betrifft zum Beispiel die Ermahnungen an die Priesterschaft[1] oder die *śnḏ-n*-Hymnen[2], deren Tenor vom guten äußeren Erscheinungsbild der Priester oder von der ehrfurchtsvollen Haltung des Königs reflektiert wird.[3]

Obwohl eingebunden in die Thematik der Wand, erscheinen zwei der Mythen, die sich um Osiris, Isis, Harsiese und deren Gegner Seth ranken,[4] als narrative Texte, die auch ohne direkt zugehörige Darstellungen relativ gut verständlich sind. Nur eine scheinbare Ausnahme ist dabei die einleitende Ritualszene,[5] worin der Könige den Gottheiten Horus, Hathor und Isis den heiligen Horusharpunen-Stab[6] überreicht; zwar ist die Opfergabe dieser speziellen Waffe des siegreichen Horus der sinnstiftende Ausgangspunkt der beiden Mythen, doch trägt die Ritualszene sonst nichts zum Verständnis der Handlung bei. – Gänzlich ohne Darstellungen finden wir dann beispielsweise in Esna zwei große Hymnen auf den Schöpfergott Chnum.[7]

Nicht vergessen sei ein Hinweis darauf, daß es vereinzelte Fälle gibt, in denen Bild und Text nicht genau übereinstimmen. So überrascht es in einer Ritualszene, daß der Text vier Götter nennt, das Bild aber nur zwei von ihnen zeigt.[8]

2 Formale Zuordnung von Text und Bild

§ 279

Die seit klassischer Zeit belegte Grundregel für die Zuordnung von Text und Bild ist auch für die Tempeldekorationen griechisch-römischer Zeit in vollem Umfang gültig: Alle Lebewesen innerhalb der Hieroglyphen einer Beischrift blicken in dieselbe Richtung wie die Person, auf die sich der betreffende Text bezieht. Die Beachtung dieser Regel ist für das Textverständnis

... < S. 1024 - das Sokarfest (9, 8).

[1] Kurth, Treffpunkt der Götter, 147 ff.

[2] Kurth, Treffpunkt der Götter, 282 ff.; Traunecker, Coptos, 142 ff.; eine umfassende Studie von Stefan Rüter wird demnächst erscheinen als Edfu Begleitheft 2 (in Vorbereitung).

[3] Siehe zum Beispiel Edfou IX, Pl. XI, unteres Register; XXXVIIa ff.; Esna II, Nr. 112.

[4] Umfassungsmauer, Ostseite, Soubassement, innen; Edfou X, Pl. CLIX, oben und Mitte links, Zeile 13 - 82 und Zeile 1 - 40; Kurth, Treffpunkt der Götter, 256 ff.

[5] Edfou VI, 213, 6 - 15.

[6] Zu den heiligen Stäben siehe Kurth, in: Fs. Decker, 53 ff.; Cauville, in: Fs. Kurth, 41 ff.

[7] Esna II, Nr. 17 und 31.

[8] ITE I/1 (Edfou VIII), 216, n. 6. Weitere Beispiele: 289, n. 9; ITE I/2 (Edfou VII), 91, n. 7; Edfu Begleitheft 4, 1994, 79 f.

nicht ohne Bedeutung, insbesondere bei denjenigen Szenen und Szenenfolgen, die einen komplexen Aufbau haben. Dazu ein Beispiel:[1]

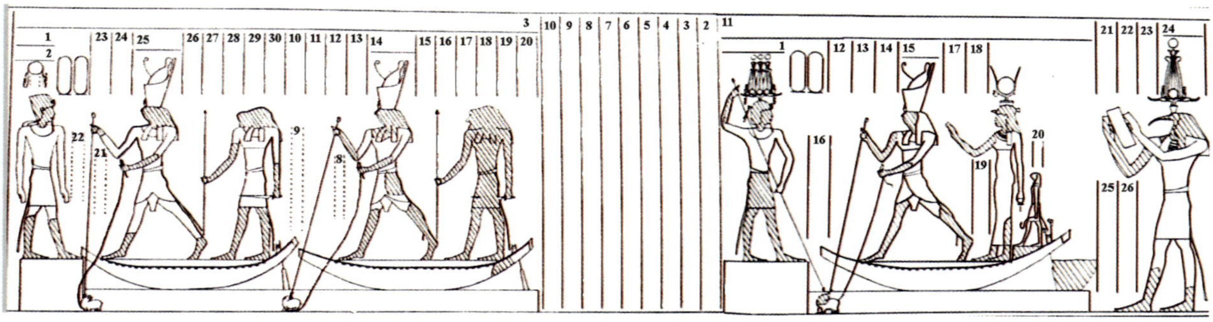

Edfou X, pl. CXLVIII

Über der rechten wie auch der linken Szene sehen wir einen langen waagerecht verlaufenden Text. In der linken Szene beginnt der Text rechts (bei Ziffer 3), und das gilt auch für die nach links hin anschließenden weiteren Szenen der Folge (bei Ziffern 10; 4; 3; 2; 1)[2]; deshalb muß sich der Textinhalt in all diesen Fällen auf den König beziehen, der in ehrfurchtsvoller Haltung am linken Szenenrand steht.

Im Unterschied dazu beginnt der waagerechte Text der rechten Szene am linken Ende der Zeile (bei Ziffer 11), woraus folgt, daß dieser Text sich auf Horus bezieht, der mit weit ausgreifendem Schritt in seinem Kampfschiff steht. – Der Inhalt der Texte[3] entspricht dieser Zuordnung.

Es gibt etliche weitere Regeln der Tempeldekoration, die hier und da für das Verstehen der Inschriften wichtig sind. Sie aufzuzählen und mit Beispielen zu belegen, würde allerdings der Zielsetzung dieser Grammatik widersprechen.[4]

*

* *

[1] Edfou X, Pl. CXLVIII, unteres Register, Mitte.

[2] Edfou X, Pl. CXLVI - CXLVIII.

[3] Edfou VI, 62, 1 - 3; 63, 12 - 64, 2; 66, 7- 9; 69, 4 - 7; 72, 15 - 73, 3; 76, 8 - 11; 79, 5 - 7.

[4] Eine knappe Darstellung wichtiger Ordnungsprinzipien findet man bei Kurth, Treffpunkt der Götter, 52 ff. – Nur am Rande erwähnt sei, daß diese Regeln schon seit klassischer Zeit bestehen (H.G.Fisher, The Orientation of Hieroglyphs I, New York, 1977; Kurth, in: Bryan und Lorton, Essays in Egyptology in Honor of Hans Goedicke, San Antonio, 1994, 138). Zu einem sehr komplexen Fall siehe die Ausrichtung der Szenen auf den Pfeilern der Weißen Kapelle von Karnak, die sich problemlos über die Regeln zur Ausrichtung von Gott und König erklären läßt, wenn man den Untersatz in der Mitte als Ort des Gottes und als zentralen Bezugspunkt der Pfeilerdekoration anerkennt (anders Strauß-Seeber, in: HÄB 37, 1994, 287 ff.).

Nachwort zur Stellung des Ptolemäischen innerhalb des Ägyptischen

Nach Abschluß der beiden Bände ist es sicher nicht nutzlos, *Eigenart und Bedeutung des Ptolemäischen* in knapper Form zusammenzufassen, und zwar mit Blick auf die Entwicklung der ägyptischen Schrift und Sprache[1] über den langen Zeitraum ihres Bestehens hinweg:

1. Als herausragende Leistung ist die Weiterentwicklung der hieroglyphischen *Schrift* anzusehen, deren Ausdrucksmöglichkeiten dadurch erweitert wurden, daß man die alten Wege, die vom Bild zum Laut führen, erneut beschritt und auf ihnen mit erstaunlicher Kreativität viel Neues herbeibrachte.
2. Im Bereich der *Morphologie* spiegelt das Ptolemäische viele der lautlichen Veränderungen wider, welche die ägyptische Sprache bis zur Niederschrift der Texte erfahren hat. Als besonders auffällige Abweichung von der klassischen Sprache sei herausgestellt, daß – abgesehen von einigen teils gegenläufigen Besonderheiten – die einst vorhandenen Endungen stark reduziert werden, so bei Infinitiv, Pseudopartizip und den Partizipien. Demgegenüber erkennt man zugleich gewisse archaistische Tendenzen, etwa bei der häufigen Schreibung des Duals beim Substantiv oder bei bestimmten Formen des Demonstrativpronomens.

   Von den Differenzierungen des Mittelägyptischen werden aufgegeben die Gunn'sche Regel sowie generell die spezifische Verwendung von *n* und *nn*.
3. Was die *Syntax* angeht, so zeigt der Blick auf das Ganze, daß die meisten Schöpfer dieser Inschriften danach strebten, ihre Texte nach dem Vorbild der klassischen mittelägyptischen Sprachstufe abzufassen; deshalb läßt sich nahezu der gesamte Bestand der klassischen Syntax im Ptolemäischen wiederfinden, sowohl beim Bau als auch bei der Verbindung der Sätze. Darüber hinaus kennt das Ptolemäische einige wenige Konstruktionen, die dem Mittelägyptischen fremd sind; bei ihnen handelt es sich um Analogiebildungen zu mittelägyptischen Konstruktionen oder – seltener – um einen Rückgriff auf die Sprachstufe des Altägyptischen.

   Die neuägyptisch-demotische Färbung oder sogar Prägung eines Textes findet man hier und da, jedoch nur in relativ geringem Umfang.

[1] Von der enormen Bedeutung der Textinhalte ist hier natürlich nicht die Rede.

Es fällt auf, daß das stilistische Mittel der Voranstellung von Satzteilen sehr häufig verwendet wurde.

Bemerkenswert ist schließlich die Beobachtung, daß bestimmte Konstruktionen ganz bewußt gewählt wurden, um eine Mehrdeutigkeit der Aussage zu vermeiden.

4. Die *Tradierung der klassischen Sprache* bis ins Ptolemäische setzt einen akademischen Unterricht voraus, zu dem das Lesen der Texte und das Benennen der Formen gehört haben muß.[1] Bei diesem Unterricht darf man davon ausgehen, daß seine Ausrichtung und Qualität je nach Ort und Zeit unterschiedlich waren.
5. Für die *Erforschung der altägyptischen Sprache* kann das Ptolemäische einen Beitrag leisten, läßt es doch erkennen, wie jene ptolemäer- und römerzeitlichen Philologen mit den Texten und mit den Sprachstufen der klassischen Epochen umgegangen sind, die auch ihnen bereits sehr fern standen. Wenn den antiken Kollegen auch das moderne wissenschaftliche Rüstzeug fehlte, sie standen der ägyptischen Sprache in mancher Hinsicht näher als wir.

[1] Aus diesem Unterrichtsbetrieb stammt vielleicht ein demotisch beschriftetes Holztäfelchen, dessen Text eine Anrufung an eine Göttin enthält, wozu es Parallelen in den Inschriften des Tempels von Dendera gibt; siehe Widmer, in: Fs. Zauzich, 651 ff.

Übung 12

Zu transkribieren und zu übersetzen:

Gesamtansicht

Linker Türpfosten

Rechter Türpfosten

VII b Lösungshilfen zu den Übungen 8 - 12

Übung 8

[15] *ḏd mdw jn Wśjr nṯr ꜥꜣ n Ṯꜣmt ḥrj-nmjt.f* [16] *ḫnt tꜣ-ḏśr ḥḳꜣ m Ḏdw jtj n ꜣbḏw* [17] *rꜣ-ḥrj n ḥrjw-tꜣ r ꜣw.śn mśj m Wꜣśt* [18] *śḫkr.tj m wꜣḏtj ꜥꜣbt.<f> r-gś Tꜣ-ṯnn m* [19] *Ṯpḥt-ḏꜣt wꜣḥ ḏt.f m dꜣt n Wḥꜥ-tꜣ r-gś* [20] *Jtmw p(ꜣ) nṯr ꜥꜣ m sp tpj ṯsj r ḥrt ḥr ꜣbḏw* [21] *r ꜥḳ jꜣbt m ḫprr špś jw.f m* [22] *ḥḥ rnpj.tj r nḥḥ (r)dj.tw.f r tꜣ tp rnpt m* [23] *ꜣḫt-nḥḥ n Jmn m Wꜣśt rḫ.tw jḫt n(t)* [24] *śmn.f wr m jꜣt Ṯꜣmt bw ḏśr n bꜣ ꜥꜣ* [25] *Km-ꜣt.f śnt.f ꜣśt m hjn pn ḥr* [26] *śꜥnḫ bꜣ.f m jꜣkbw.ś nḏm* [27] *šsp.n.j ḳbḥw ꜣm.n.j śt(t) mw mj? ntt* [... ...]

[15] Worte zu sprechen von Osiris, dem großen Gott in Djeme, dem Auf-seiner-Bahre-Liegenden [16] im Totenreich, dem Herrscher in Busiris, dem Gebieter in Abydos, [17] dem Oberhaupt aller Oberirdischen (Heiligtümer), der in Theben geboren wurde, [18] geschmückt mit den beiden Uräusschlangen, <dessen> Opferspeisen neben denen des Tatenen in [19] Tjepehet-Djat liegen, dessen Leib fortdauert in der Unterwelt von Uhata an der Seite des [20] Atum, des großen Gottes vom Urbeginn, (Osiris) der sich von Abydos aus an den Himmel erhob, [21] um einzutreten in das linke Auge (den Mond) als prächtiger Skarabäus, indem er [22] die Unendlichkeit ist, (zyklisch) verjüngt bis in Ewigkeit, der am Jahresbeginn geboren wird im [23] Horizont-der-Ewigkeit des Amun in Theben, [24] dessen große Statue man kennt an der Stätte von Djeme, dem heiligen Ort des großen Ba, [25] der Kematef-Schlange, dessen Schwester Isis in diesem Hause ist und [26] seinen Ba zum Leben erweckt mit ihren wohlklingenden Klageliedern: [27] „Ich habe die Wasserspende entgegengenommen, ich habe die Libation empfangen, so wie? du [... ...].“

Chelouit III, Nr. 127, 15 - 27. – Zu [15], „Djeme“: siehe Zeichenliste, 7 (Amphibien), Nr. 14. – Zu [17], „*ḥrjw-tꜣ*, die Oberirdischen (Heiligtümer)“: Cf. Chelouit III, Nr. 124, 25 und Nr. 135, 6; Kôm Ombo (Gutbub) I, Nr. 293, 1; das Wort ist mir sonst nicht bekannt; sollten damit die oberirdischen Heiligtümer im Gegensatz zu den unterirdischen gemeint sein, also beispielsweise zu den Krypten oder den Grabstätten des Kornosiris („untere Dat“)?; zu letzteren siehe Quack, in: WdO XXXI, 2000/01, 5 (mit n. 3) ff. – Zu [19], „Tjepehet-Djat“: ein Heiligtum bei Memphis; siehe Wilson, Ptol. Lex., 1162 f.; zu  siehe Zeichenliste, 14 (Schiffe), Nr. 21. – Zu [20], „des großen Gottes vom Urbeginn“: siehe LGG IV, 413, a und b (unter anderem belegt für Atum und Osiris). – Zu [21] f.: Hier wird Osiris als die dem Mond innewohnende Regenerationsenergie angesprochen, die ein ewiges zyklisches Vergehen und Werden bewirkt. – Zu [23], „Horizont-der-Ewigkeit des Amun in Theben“: Damit ist wohl das Urgöttergrab von Djeme (Medinet Habu) gemeint. – Zu [25], „in diesem Hause“: Das bezieht sich auf den Tempel von Deir esch-Schelwit. – Zu [27]: Wegen der Position der Rede des Gottes (ähnlich: Nr. 124, 26) siehe die zugehörigen Abbildungen und Kurth, Den Himmel stützen, 120.

Übung 9

[1] *ḏd mdw jn mꜣj wr pḥtj ḫnt Jw-nšn* [2] *jrj-rdwj n ḏrtj ḫnt wṯst.f ḥr ḥr.ṯn* [3] *šm jwtj hb(t).śn n šm.ṯn dj* [4] *hꜣw ḏrjt jnk ṯꜣm ḥḳꜣ mrw* [5] *śjꜥr ꜥḏt* ⸢*n(t)*^?⸣ *smꜣj(t) Śtš hb* [6] *r ptrt n* <*ḏꜣjt*> *m-ḫnt.f tꜣ wtḫ n* [7] *dgjt.f pḥrr.tj r* <*śwḥ*> *m wꜣj.f* [8] *śjn* <*ꜥḥꜥw*> *n ꜥḥꜥ m* <*hꜣw*>*.f nb rś m* [9] *hrw jwtj* <*ꜥꜥw*> *m grḥ ḥr ḫw(t)* [10] *ḫm n* ⸢*ꜣḫtj*⸣ *n ḥrt*

[1] Worte zu sprechen vom Löwen groß an Kraft in Insel-des-Wütens (Edfu), [2] dem Gefährten des Falken in seinem Thronsitz (Edfu): „(Fallt nieder) auf eure Gesichter, [3] geht fort, die ihr keinen Zutritt habt, nicht sollt ihr kommen hierher [4] zu dem Tempel! Ich bin der Löwe, der Herrscher der Wüste, [5] der (hier) oben vollzieht das Gemetzel ⸢an⸣ der Bande des Seth, [6] der das Schlachtfeld betritt, ohne daß man ihm <Widerstand> leistet, da alle Welt geflohen ist [7] bei seinem Anblick, schneller im Laufe als der <Wind>, wenn er naht, [8] der rasch zu Ende bringt die <Lebenszeit> eines jeden, der in seiner <Nähe> standhalten will, der wachsam ist am [9] Tage und nicht <schläft> in der Nacht, wenn er [10] das Heiligtum des ⸢Horizontischen⸣ schützt auf dem Dache“.

Edfou IV, 269, 3 - 7 (Text auf einem der Wasserspeier); Photo D03_1812 des Edfu-Projekts. Bearbeitung: De Wit, in: CdE 29, 1954, 42. – Zu [1]: Zur Charakterisierung des Löwen und einigen philologischen Anmerkungen siehe Thiers, in: Fs. Kurth, 251 ff. – Zu [2]: Der Wasserspeier galt auch als Hypostase des Horus von Edfu; der Ausdruck *ḥr ḥr.ṯn* findet sich in inhaltlich vergleichbarer Verwendung Edfou VI, 154, 9 f.; 302, 9. – Zu [3]: *hbj* ist ein Verbum IIIae inf. (Osing, Nominalbildung, 614 f.); *hbj*, betreten (in feindlicher Absicht): cf. zum Beispiel Edfou VI, 267, 8 und 10; *n šm.ṯn*: zur Zeitlage der Negation siehe § 159, sub voce. – Zu [4]: Von *ḥr ḥr.ṯn* bis *ḏrjt*: Stilfigur des Schweren Schlusses; zu *hꜣw* siehe § 135, sub voce; zur Schreibung des Wortes *ṯꜣm* siehe De Wit, in: BIFAO 55, 1956, 111 ff.; auf der freien Stelle vor *jnk* stand kein Text mehr, cf. Edfou IV, 269, 4 (generell zu Spatien siehe Rössler-Köhler, in: ASAE 70, 1984/85, 383 ff.: hier könnte Typ A 1 zutreffen). – Zu [5]: Mit Blick auf Stellen wie zum Beispiel Edfou V, 148, 15, möchte man lesen *śꜥꜣ ꜥḏt*, das Gemetzel vergrößern (so auch De Wit, CdE 29, 1954, 43, n. 168), was phonetisch möglich wäre (siehe EP 1, 522, § 18.4); doch gibt auch *śjꜥr* einen sehr guten Sinn (wörtlich: „der das Gemetzel aufsteigen läßt“), weil der Wasserspeier den Gott Seth in dessen Gestalt als Regen und Gewittersturm auf dem Dach des Tempels bekämpft (man vergleiche inhaltlich das Ende des vorliegenden Textes sowie Edfou IV, 263, 11); zur Ergänzung des Genitiv-Adjektivs *n*(*t*) (siehe § 161 g) siehe die geringen Reste am rechten Rand der Lücke und cf. Edfou V, 148, 15. – Zu [6]: Wörtlich: „nicht gibt es eine Widersetzlichkeit vor ihm“; zum Inhalt cf. Urk. VIII, Nr. 38 b. – Zu [7]: *pḥrr.tj r śwḥ m wꜣj.f* ist eine feste Wendung, cf. Edfou II, 14, 22; IV, 63, 11 f.; VI, 270, 12. – Zu [8]: *śjn* in transitiver Bedeutung: Wb IV, 39, 8; zur Schreibung von *hꜣw* siehe EP 1, 339, Zeichenliste, 13 (Gebäude und Teile von Gebäuden), Nr. 1. – Zu [9]: *jwtj ḳdt*: cf. Edfou V, 119, 8 f. und § 127 a (vorletzte Anm.). – Zu [10]: Die Schreibung des Wortes *ꜣḫtj*, der Horizontische, mit dem Haus-Determinativ findet sich auch sonst, cf. Edfou IV, 263, 11; V, 7, 8; für die Ergänzung des Wortes nach diesen Parallelen gibt es genügend Platz.

Übung 10

[1] <*ꜥḥꜥ*[.*n*]>* *jrj.n Śtš* [2] *ẖrb.f m ḫꜣb dšr ḫntj.f r tꜣ-šmꜥw ḥnꜥ smꜣjt.f* [3] *ḫnt*(*t*) *r tꜣ-mḥw* (*j*)*n* ⸢*Ḥr*⸣ *Nb-Mśn ḥnꜥ šmśw.f ꜥḥꜣw.f* [4] *Ḥr Sꜣ-ꜣśt ḥnꜥ mwt.f ꜣśt n dpt ntj* ⸢*Ḥr*⸣ *Nb-Mśn ẖr.f Ḥr-m-ḥtp* [5] *rn.śn ꜥḥꜥ.n ḏd.n Ḥr Nb-Mśn Ḥr Bḥdtj nṯr ꜥꜣ nb pt Nb-Mśn nb tꜣwj* [6] *ḫr.tw r.f n Śtš sꜣ Nwt jw.k r ṯnj pꜣ whj* [7] *n śn.f ꜥḥꜥ.n ḏd.n.f nꜥj.*(*j*) *r ꜣbw śt jꜣbj ꜥḥꜥ.n ꜥš śgb* [8] *ꜥꜣ m-ḏr ꜣśt ḥnꜥ sꜣ.ś Ḥr r tꜣ pt mjt m ṯꜣw ꜥꜣ* [9] *m mḥjt r Ḥr Bḥdtj nṯr ꜥꜣ nb pt Nb-Mśn nb tꜣwj* ⸢*ꜥḥꜥw.f*⸣ [10] *ṯꜣw m ꜥḳꜣ pḥ.śn Śtš ḥnꜥ* ⸢*smꜣj*(*t*)⸣[*.f*] [11] *m ꜥḳꜣ n Wṯst Ḥr Ḏbꜣ pw*

[1] <Dann>* wandelte Seth [2] seine Erscheinung in die eines roten Nilpferdes, und er zog nilaufwärts nach Oberägypten gemeinsam mit seiner Bande. [3] Nach Unterägypten segelte Horus Herr-von-Mesen zusammen mit seinen Gefolgsleuten und seinen Schiffen. [4] Harsiese und seine Mutter Isis waren im Schiff des ⸢Horus⸣ Herr-von-Mesen, welches ihn trug; „Horus ist zufrieden“ [5] war ihr (der Flotte) Name.
Dann sagte Horus Herr-von-Mesen, den man „Horus Behedeti, großer Gott und Herr des Himmels, Herr-von-Mesen, Herr der beiden Länder“ [6] nennt, zu Seth, dem Sohne der Nut: „Wohin willst du, du, der sich an [7] seinem Bruder verging?“
Dann sagte er (Seth): "(Ich) gehe nach Elephantine, der Stätte des linken (Beines).“
Dann schrien [8] Isis und ihr Sohn Horus laut auf zum Himmel: „Komme mit einem großen Wind, [9] mit Nordwind, hin zu Horus Behedeti, dem großen Gott und Herrn des Himmels, dem Herrn-von-Mesen, Herr der beiden Länder und zu ⸢seinen Schiffen⸣!“ [10] Der Wind war günstig, so daß sie Seth und [seine] ⸢Bande⸣ [11] genau beim Thronsitz-des-Horus erreichten, welcher Edfu ist.

Edfou VI, 216, 2 - 9; Kurth, Treffpunkt der Götter, 258 f. – Zu [1]: Vier Bildungen mit *ꜥḥꜥ.n* (§ 154, s. v.; § 238 G und I) gliedern den Text in vier inhaltlich eigenständige Abschnitte von unterschiedlicher Länge. _ [2] Zu *ẖrb* siehe Wb III, 396, 8; Erichsen, DG, 392. Zum *śḏm.f* § 251 c. – [3] Auch Horus Herr-von-Mesen segelt im Delta stromauf, weil er sehr wahrscheinlich von Tjaru kommt. Zur Konstruktion § 159, s. v. *jn*; § 274). – [4] Die Präposition *n* steht für *m*; siehe EP 1, § 17.4. – [5] Siehe § 266 c. – [6] Horus kann Seth nur dann eine Frage stellen, wenn er ihn mit seinen Schiffen eingeholt hat; denn beide fahren ja südwarts (andernfalls müßte man eine „mythische Realität“ ansetzen). – [7] Die hier angenommene Unterdrückung des Suffixpronomens (dazu siehe § 38) ist wegen der Beschädigung des Textes unsicher. Elephantine steht für den 1. oäg. Gau, wo als Körperglied des Osiris dessen linkes Bein aufbewahrt wurde; zu dieser Vorstellung siehe generell Beinlich, Osirisreliquien (speziell p. 98 f.); Junker, Abaton, 86 f. Die Absicht des Seth war es, dieses Bein zu schädigen, was für die Götter und Menschen Ägyptens schlimmste Folgen gehabt hätte, weil aus diesem Bein die lebenspendende Nilflut entsprang. – [8] Siehe § 135, s. v. *m-ḏrt*(*-n*); § 156, A b (zum Imperativ); § 238 I (zur Konstruktion). – [10] Zu *pḥ.śn* als Präteritum (statt *pḥ.n.śn*) siehe § 150 e. – [11] Zu *Ḏbꜣ pw* als Attributsatz siehe § 252, A b.

Übung 11

Der Text vor und hinter der Sänfte:

[4] *Ḥr Bḥdtj wbn.tj m Bḥdt m* [5] *jrw.f n bjk-n-nb tj św m nśwt bjt* [6] *ḥr wṯst-Ḥr.f ḥr nśt.f ḫnt ṯnṯ3t.f* [7] *(r)dj.f św ḥr jśbt.f m Bḥdw.f-*[8]*-ḏr-ᶜ ḥnᶜ bjk ᶜ3 š3b šwt r śpr* [9] *k3.f r m3rw.f n Mśn r ḥn* [10] *ḥ3jt.f m ᶜnḫ w3š r sḫn* [11] *ḥm.f ḥr ššd.f n ḫᶜw m ḥb.f ntj* [12] *śmn(t) jwᶜt.f r śmn(t) j3wt nt ᶜwt nt* [13] *Ḥr-3ḫtj ḏr šsp.f nśwjt.f m ᶜ jt.f r śḳ3j* [14] *bjk ḫnt Pr-bjk-nṯrj r śḫᶜj śj3w wr ḫnt śrḫ.f* [15] *r rd(t) mrwt.f r śᶜ3(t) šfjt.f* [16] *r rtḥ jbw m t3 ḏr.f* [17] *r bḥn ḫftjw r sbsb śbjw* [18] *r śḥrj ḏ3ḏ3 m r3-w3t.f* [19] *nśwt bjt ḫr-ḥ3t.f ḫr ᶜ n śnṯr ḥr* [20] *św3š ḥmt.ś r śwḏ3.f* [21] *jw nb-hdn ḥr mḏ3wt* [22] *nt s3w.f ḥnᶜ r3w nw ḫśf jrj-bt3* [23] *ḥr dśr w3t.f r ᶜḳ Ḥt-bjk* [24] *ḥr śr nmt(t).f r Pr-bjk.f* [25] *nrwt.f ḥḥw rnpwt.f ḥfnw* [26] *nḥḥ ḏt ḥr tp śrḫ.f*

[4] Horus Behedeti ist in Behedet erschienen in [5] seiner Gestalt als Falke-der-Goldenen, indem er als König von Ober- und Unterägypten [6] auf seinem Thronsitz-des-Horus sitzt, auf seinem Thron in seiner Sänfte. [7] Er zeigt sich auf seinem Thron in seinem Thronsitz-[8]seit-der-Urzeit (der Sänfte) zusammen mit dem Großen-Falken-mit-buntem-Gefieder, damit [9] sein Ka zu seinem Pavillon in Mesen (Edfu) gelange, um [10] sein Gemach mit Leben und Kraft zu versehen, um [11] sich mit Seiner Majestät in seinem Erscheinungsfenster zu vereinen an seinem Fest [12] der Festigung seines Erbes, um das Amt des (heiligen) Tieres des [13] Harachte zu festigen, wenn es sein Königtum aus der Hand seines Vaters empfängt, um [14] den Falken im Haus-des-göttlichen-Falken (dem Falkentempel) zu erhöhen, um den großen Sia-Falken in seinem Serech (dem Falkentempel) erscheinen zu lassen, [15] um seine Beliebtheit zu verbreiten, um die Ehrfurcht vor ihm zu vergrößern, [16] um die Herzen im ganzen Land einzuschüchtern, [17] um die Widersacher niederzumetzeln, um die Feinde zu beseitigen [18] und um das Böse an seinem Wegesrand zu vertreiben. [19] Der König von Ober- und Unterägypten befindet sich vor ihm mit einem Weihrauchgefäß [20] und preist Ihre Majestät (Sachmet), um ihn wohlbehalten sein zu lassen. [21] Der Herr-der-Heden-Pflanze (Thot) kommt mit den Büchern [22] für seinen Schutz und mit den Sprüchen zum Vertreiben des Verbrechers (Seth) [23], und er schirmt seinen Weg ab bis zum Eintreten in das Haus-des-Falken (den Horustempel) [24] und lenkt seinen Schritt (zurück) zu seinem Falkenhaus (dem Falkentempel). [25] Seine Zeiten sind Millionen, seine Jahre sind Hunderttausende, [26] indem Ewigkeit und ewige Dauer auf seinem Thron sind.

Der Text in der Sänfte:

[28] *⌜bjk⌝ ᶜ3 ḥrj śrḫ* [29] *š3ᶜ nśwt bjt w3ḥ nśwjt*

[28] Der große ⌜Falke⌝ oben auf der Palastfassade, [29] der das Königsein begonnen hat, mit dauerhaftem Königtum.

[30] *ḏd mdw (j)n Ḥr Bḥdtj nṯr ᶜ3 nb pt* [31] *š3b šwt prj m 3ḫt* [32] *ᶜn ḫᶜw m Wṯst-Ḥr*

[30] Worte zu sprechen von Horus Behedeti, dem großen Gott, dem Herrn des Himmels, [31] dem Buntgefiederten, der aus dem Horizont hervorkommt, [32] mit schöner Erscheinung im Thronsitz-des-Horus (Edfu).

Der Text über den rechten Trägern:

[33] *b3w P wṯs Ḥr ḫnt wṯst-Ḥr.f bjkw bs bjk r bkr.f*

[33] Die Mächte von Pe, die Horus in seiner Sänfte erheben; die Falken, die den Falken zu seinem Thron geleiten.

Der Text über den linken Trägern:

[34] *bꜣw ⌜Nḫn twꜣ?⌝ ḏrtj r ḏrjt.f ⌜ḏśr⌝ rꜣ-[wꜣt?.f] ⌜sꜣbw⌝ rmnj bjk*

[34] Die Mächte von ⌜Nechen⌝, die den Falken zu seinem Gemach ⌜hintragen⌝ und [seinen] ⌜Weg freimachen, die Schakale⌝, die den Falken tragen.

Edfou VI, 262, 15 - 263, 6; 263, 9 - 14; X, Pl. CLIV, unteres Register, Mitte; zum größeren Zusammenhang des Geschehens siehe Kurth, Treffpunkt der Götter, 229 ff.; viele Passagen der Texte beschreiben das Szenenbild (siehe dazu, § 278). – Zu [5]: Zu *tj św* siehe § 159, s. v. – Zu [19]: Zur Bildbeschreibung s. o.; vom König ist am rechten Bildrand noch die Schulter zu sehen (cf. Edfou X, Pl. CLIV). – Zu [20]: Zur Göttin siehe Edfou X, Pl. CLIV; die Wut der Sachmet bedurfte der Besänftigung, damit sie sich nicht gegen den König oder andere Götter richtete (cf. Edfou IV, 342, 17 f.; V, 225, 2; VI, 266, 9; 267, 3: *śnḏ(t) n.ś nṯr nb*). – Zu [21]: Zu Thot siehe Edfou X, Pl. CLIV, unteres Register, rechts. – Zu [24]: Zu *śr nmt(t)* siehe ITE I/3 (Edfou VI), Anm. zu 62, 9. – Zu [34]: Wegen der Ergänzungen cf. Edfou VI, 94, 8 - 11 (*twꜣ*); 263, 4 f. (*wꜣt*).

Übung 12

Der kleine Text enthält einige epigraphische Probleme. Deshalb ist es angebracht, eine Wiedergabe in normierten Hieroglyphen vorauszuschicken.

Rechte Seite:

[1] 

[2] 

[3] 

Linke Seite:

[1] 

[2] 

[3] 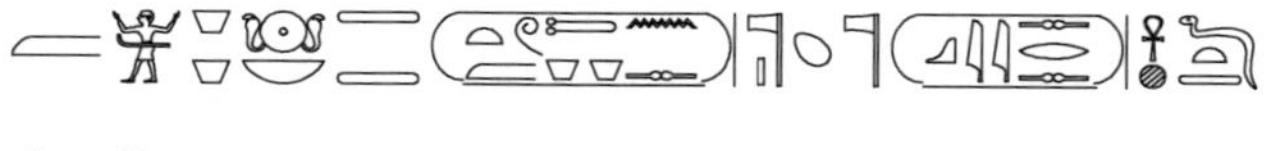

Rechte Seite:

[1] *pr pn nfr śrḫ n*

[2] *Jmn-Rꜥ ḥt-ḫꜥ(t) n nśwt ⌜nṯrw⌝*

[3] *<nꜥj(t)> nfr(t) n(t) nṯrw nṯrwt nśwt bjt nb ⌜tꜣwj⌝ ([... ...]ḳꜥꜥsrs)| ꜥnḫ ḏt*

Linke Seite:

[1] *wn ꜥꜣw m śt-wrt sn kꜣr m ḥḏ špś*

[2] *Wꜣśt <m> ḥb Wḏꜣt? m ⌜rśwt⌝ ⌜Śt-wḥꜥ⌝*

[3] *m ḫꜥꜥ(wt) nśwt bjt nb tꜣwj (Twmṯꜥꜥns)| nṯr sꜣ nṯr (ḳjjsrs)|*

Rechte Seite:

[1] Dieses vollkommene Haus ist der Thron des [2] Amun-Re, das Haus-des-Erscheinens des Königs der ⌜Götter⌝, [3] der vollkommene <Landeplatz> der Götter und Göttinnen. – Der König von Ober- und Unterägypten, der Herr der ⌜Beiden Länder⌝ ([... ...] Kaiser)|, er lebe ewig.

Linke Seite:

[1] Werden die Türen im Großen-Sitz geöffnet, wird aufgetan der Schrein in der erhabenen Kapelle, [2] dann ist Theben <in> festlicher Stimmung, Ägypten? in ⌜Freude⌝ und ⌜Set-uha⌝ voller [3] Jubel. – Der König von Ober- und Unterägypten, der Herr der ⌜Beiden Länder⌝, (Domitian)|, Gott, Sohn eines Gottes, (Kaiser)|, er lebe ewig.

Als letztes Übungsstück wurde diese Inschrift ausgewählt, um abschließend noch einmal auf die Probleme der epigraphischen Arbeit hinzuweisen. Diese ergeben sich teils aus beschädigten Hieroglyphen, teils aus ungewöhnlichen Zeichenformen oder gar antiken Fehlern; letzteres ist neben lokalen Traditionen auch darauf zurückzuführen, daß an entlegenen Orten keine gut geschulten Schreiber und Handwerker vorhanden waren.

Im folgenden kurzen Kommentar wird sich zeigen, daß sogar relativ kleine und eher bescheiden ausgeführte Inschriften dieser Art als Parallelmaterial einen gewissen Wert besitzen, zum Beispiel für Fragestellungen der Epigraphik, der Phonetik oder der Titulaturen.

Die Inschrift befindet sich links und rechts auf dem Sockel des Rahmens der Türe, die in das Sanktuar des Tempels von Deir el-Hagar führt (Dia Kurth, R5b). Obwohl es ältere Photographien dieses römerzeitlichen Heiligtums sowie Veröffentlichungen eines Großteils seiner Inschriften gibt, ist der Tempel bisher weder vollständig noch in der heute geforderten Qualität publiziert worden. Siehe vorerst die reichen Literaturangaben bei Joachim Willeitner, Die ägyptischen Oasen, Mainz 2003, 81 ff. und Günther Hölbl, Altägypten im Römischen Reich III, Mainz 2005, 81 – 88; 114, Anm. 210 ff.; siehe auch die Abb. 125, S. 84.

Rechte Seite:

Zu [1]: Die rechte Seite ist wohl zuerst zu lesen, weil sie den Namen des Tempelherrn nennt. Die letzten beiden Zeichen des Wortes *nfr* gehen vermutlich auf die fehlerhafte Umsetzung eines Determinativs oder einer Endung der kursiv geschriebenen Vorlage zurück (cf. Lesko, Dictionary II, 17; Erichsen, DG, 217). Zur formelhaften Wendung *pr pn nfr* cf. beispielsweise Edfou VII, 19, 8; Dendara VI, 9, 11; Tôd II, Nr. 173, 3; 174, 3 (*pr pn nfr śrḫ n Mnṯw*). Bei der Konstruktion handelt es sich um einen Nominalen Nominalsatz. – Zu [2]: Das Haus-des-Erscheinens ist im vorliegenden Zusammenhang eine Bezeichnung des Tempels/Sanktuars als Ort, in dem und aus dem der Gott glänzend erscheint, sei es allmorgendlich, wenn die Türen geöffnet werden, oder sei es am Beginn einer Prozession (siehe ITE I/2 (Edfou VII), 2; 56, n. 4); die vorliegende Bezeichnung „Haus-des-Erscheinens" ist komplementär zur folgenden („vollkommener Landeplatz"). – Zu [3]: das Wort *nꜥjt* bezeichnet primär den Landepflock für Schiffe, in übertragener Bedeutung dann auch die Schiffsanlegestelle (Erichsen, DG, 208; das Determinativ ist vermutlich ein antiker Fehler, entstanden bei der Umsetzung der kursiven Vorlage). *nꜥjt nfrt* bezeichnet den Tempel als Ort, an dem die Götter am Ende eines Zyklus (Tag; Jahr; Prozession) wieder einkehren, um zu ruhen (cf. ITE I/2 (Edfou VII), 2, oben: *ḫꜥj* neben *ḥtp*); als Synonym für *nꜥjt nfrt* ist *mrjt nfrt* anzusehen, der vollkommene Landeplatz (Edfou V, 128, 5 und 11; 319, 3 f.; siehe auch Kurth, Treffpunkt der Götter, 156 ff.; 164). In der Kartusche ist vermutlich der Titel „Autokrator“ zu ergänzen. Die syntaktische Verbindung der königlichen Titulatur mit dem vorangehenden Text ist hier, wie auch auf der gegenüberliegenden Seite, nicht markiert; Text und Titulatur gemeinsam sind wohl als sehr verkürzte Variante einer Bauinschrift anzusehen, weil sie den Tempelherrn und den königlichen Bauherrn angeben. Zu den beiden ▽ in der Kartusche siehe EP 1, 489 ff., § 8 und 502 ff., § 11

Linke Seite:

Zu [1]: Hinsichtlich der Syntax handelt es sich um einen mehrgliedrigen Wechselsatz (siehe § 249), dessen vorderer Abschnitt („Wenn ...“) aus zwei *śḏm.f*-Passiv-Sätzen, dessen hinterer Abschnitt („dann ...“) aus drei Adverbiellen Nominalsätzen besteht. Bei *wn* wird das fehlende Determinativ durch das folgende Substantiv ersetzt (siehe EP 1, 83). Das Determinativ nach *sn* entspricht  (zu dessen Form cf. Kurth, in: Edfu Begleitheft 5, 1999, 75; Dendara Mam., 129, 2). „Großer-Sitz“ bezeichnet im vorliegenden Kontext das Tempelhaus und „erhabene Kapelle“ das Sanktuar, in dem der „Schrein“ mit dem darin enthaltenen rundplastischen Götterbild stand; man beachte die beiden parallelen Aussagen *wn ꜥ3w m śt-wrt* und *sn k3r m ḥḏ špś*. – Zu [2]: Das Motiv der Freude Thebens korrespondiert mit dem in der rechten Inschrift genannten Gott Amun, dem Hauptgott Thebens und Herrn des Tempels von Deir el-Hagar. Zu  statt des zu erwartenden 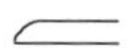 siehe EP 1, 344, Nr. 84. Die Lesung *Wḏ3t*, Ägypten, ist sehr unsicher (die hier mit Fragezeichen angesetzte Schreibung kann ich nirgendwo sonst belegen; andererseits gelang es nicht, ein in den vorliegenden Zusammenhang passendes Toponym *Ḥḏt* oder *Wḏt* zu finden). Das größtenteils zerstörte Determinativ zu *ršwt* könnte eine Blume gewesen sein ( o. ä.; cf. Edfou IV, 19, 10; Esna VI/1, Nr. 520, 2). Zu *Śt-wḥꜥ*, dem Namen von Deir el-Hagar, und zu seiner ätiologischen Legende siehe Osing, in: GM 30, 1978, 57 ff. (zur möglichen Ergänzung  cf. o. c., 59, n. 13; Erichsen, DG, 401, in fine; Wb IV, 1, nach 6 ff.; Cauville, Dend. Chap. Os. III, 450). – Zu [3]: Wegen der beiden ▽ in der Kartusche siehe EP 1, 489 ff., § 8 und 502 ff., § 11. Zur Verbindung der Titulatur mit dem vorhergehenden Text siehe oben.

Der Titel „Gott, Sohn eines Gottes“ ist für Tiberius belegt (Gauthier, LR V, 40) sowie für Augustus (Erich Winter: Das Kalabscha-Tor in Berlin, aus: Jahrbuch Preußischer Kulturbesitz 14, 1977, S. 67, Abb. 13) und Nero (Hölbl, o.c., 87), läßt sich aber auch für Domitian nachweisen, und zwar auf einem Obelisken aus Benevent: .

Der dort belegte erste Bestandteil der zur Titulatur des Domitian gehörenden Kartusche 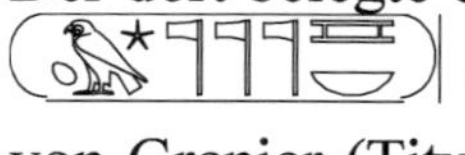 wurde von Erman (ZÄS 34, 1896, 156) „der Morgenstern“ gelesen, von Grenier (Titulatures, 44) „*s3 Ḥr*, Sohn des Horus“ und von Beckerath (Handbuch, 256) „*Ḥr-s3-3śt*, Harsiese“. Keine dieser Lesungen läßt sich – bei Beachtung aller drei Hieroglyphen – auf der Basis des ptolemäischen Schriftsystems überzeugend begründen. Das leistet nur die Lesung *nṯr s3 nṯr* (siehe EP 1, Zeichenliste, jeweils sub voce), die ja schließlich auch von der vorliegenden Pleneschreibung bestätigt wird. Außerdem vergleiche man Grenier, Titulatures, 43 (*Tmtynś p3 nṯr*). Schließlich paßt zu „Gott, Sohn eines Gottes“ bestens der zweite Bestandteil der Kartusche, „geliebt von allen Göttern“.

VIII Index

INDIZES

Wie schon im Vorwort gesagt, umfassen die Indizes beide Bände. Alle Stichwörter wurden streng alphabetisch geordnet; so steht beispielsweise „als“ vor „im“, „zur“ etc. Ägyptische Wörter in Umschrift folgen jeweils dem deutschsprachigen Index.

1. TEXTSTELLEN (übersetzte und/oder kommentierte Passagen)

Armant
Ermant I, Nr. 1 B — **1**, p. 423, n. 141

Athribis
Athribis, Pl. XIX — **1**, p. 260, n. 120; **1**, p. 360, n. 40
Athribis, Pl. XXI — **1**, p. 330 f., n. 151
Athribis, Pl. XXII — **1**, p. 244, n. 403
Athribis, Pl. XXX — **1**, p. 384, n. 95

Bigga
Bigeh, 3 — **1**, p. 422, n. 106

Dakke
Dakke, 268 — **1**, p. 444, n. 1

Deir el-Bahari
Deir el-Bahari III, 40, Nr. 38 — **2**, p. 715, n. 2
Deir el-Bahari III, 43, Nr. 45 — **1**, p. 436, n. 24; **2**, p. 613, n. 4; p. 957, n. 5

Deir el-Medineh
Deir al-Médîna, Nr. 112, 4 — **1**, p. 519, n. 1

Deir esch-Schelwit
Chelouit I, Nr. 1, 11 — **1**, p. 334, n. 243
Chelouit I, Nr. 1, 15 — **1**, p. 382, n. 9

Chelouit II, Nr. 78, 8 — **1**, p. 330, n. 150

Chelouit III, Nr. 121 — **1**, p. 243, n. 381
Chelouit III, Nr. 127, 1 f. — **2**, p. 598, n. 2
Chelouit III, Nr. 127, 15 - 27 — **2**, p. 797; p. 1030
Chelouit III, Nr. 127, 26 — **2**, p. 664, n. 5
Chelouit III, Nr. 130, 16 — **1**, p. 236, n. 207; p. 557
Chelouit III, Nr. 135, 10 — **2**, p. 656, n. 6

Chelouit III, Nr. 141, 6	**1**, p. 557
Chelouit III, Nr. 142, 14	**1**, p. 557
Chelouit III, Nr. 146, 6	**1**, p. 557
Chelouit III, Nr. 149, 6	**1**, p. 369, n. 20
Chelouit III, Nr. 154, 3	**1**, p. 236, n. 207; **1**, p. 432, n. 143; **2**, p. 612, n. 9
Chelouit III, Nr. 157 (p. 205, 2)	**1**, p. 445, n. 38

Dendara

Dendara I, 68, 1	**2**, p. 981, n. 5
Dendara I, 71, 3 f.	**2**, p. 763, n. 3
Dendara I, 80, 6	**2**, p. 746, n. 9
Dendara II, 12, 8	**2**, p. 624, n. 6
Dendara II, 18, 1	**1**, p. 389, n. 242
Dendara II, 19, 5 f.	**2**, p. 978, n. 9
Dendara II, 66, 15	**1**, p. 566 f., Zu [1]
Dendara II, 80, 9	**2**, p. 776, n. 5
Dendara II, 98, 2 - 99, 3	**1**, p. 566, [4]
Dendara II, 99, 7	**2**, p. 616, n. 11
Dendara II, 108, 5	**2**, p. 732, n. 3
Dendara II, 116, 4	**1**, p. 401 f., n. 137
Dendara II, 117, 2	**2**, p. 739, n. 7
Dendara II, 173, 4	**2**, p. 602, n. 8
Dendara II, 188, 4	**2**, p. 870, n. 10
Dendara II, 189, 13	**1**, p. 566 f., Zu [1]
Dendara II, 205, 1	**2**, p. 979, n. 8; p. 981, n. 2
Dendara II, 208, 6	**2**, p. 981, n. 7
Dendara III, 38, 5	**2**, p. 739, n. 7
Dendara III, 53, 6; 10; 14	**2**, p. 621, n. 1
Dendara III, 55, 6	**1**, p. 566 f., Zu [1]
Dendara III, 104, 16	**2**, p. 760, n. 1
Dendara III, 136, 8	**1**, p. 259, n. 118
Dendara III, 137, 15	**2**, p. 979, n. 7
Dendara III, 154, 3	**1**, p. 566 f., Zu [1]
Dendara III, 171, 8 f.	**1**, p. 155, n. 293
Dendara IV, 5, 7	**1**, p. 557, Nr. 9
Dendara IV, 14, 7 f.	**1**, p. 557, Nr. 10
Dendara IV, 16, 14 f.	**1**, p. 557, Nr. 11
Dendara IV, 17, 11	**1**, p. 558, Nr. 12
Dendara IV, 20, 6	**1**, p. 274, n. 93
Dendara IV, 21, 10 f.	**1**, p. 558, Nr. 13
Dendara IV, 151, 2	**2**, p. 739, n. 7
Dendara IV, 166, 3 f.	**1**, p. 274, n. 104
Dendara IV, 169, 6 f.	**2**, p. 978, n. 9

Dendara IV, 231, 12 — **1**, p. 158, n. 394
Dendara IV, 232, 2 — **1**, p. 220, n. 392
Dendara IV, 232, 4 — **1**, p. 259, n. 96
Dendara IV, 233, 2 — **1**, p. 220, n. 367
Dendara IV, 233, 3 — **1**, p. 158, n. 394

Dendara V, 16, 12 — **1**, p. 274, n. 97
Dendara V, 53, 3 — **1**, p. 261, n. 166
Dendara V, 53, 7 — **1**, p. 209, n. 86; **1**, p. 218, n. 329
Dendara V, 54, 1 — **1**, p. 263, n. 232
Dendara V, 61, 12 — **1**, p. 566 f., Zu [1]
Dendara V, 75, 10 — **2**, p. 775, n. 10; 13
Dendara V, 85, 2 f. — **2**, p. 979, n. 2
Dendara V, 108, 5 — **2**, p. 978, n. 8
Dendara V, 116, 12 — **2**, p. 804, n. 5
Dendara V, 151, 18 — **2**, p. 972, n. 3
Dendara V, 152, 10 — **2**, p. 972, n. 3
Dendara V, 157, 7 — **1**, p. 233, n. 118
Dendara V, 159, 9 f. — **2**, p. 907, n. 1

Dendara VI, 37, 5 f. — **1**, p. 259, n. 118
Dendara VI, 63, 2 — **2**, p. 886, n. 2
Dendara VI, 75, 12 f. — **2**, p. 978, n. 4
Dendara VI, 78, 10 — **2**, p. 976, n. 9
Dendara VI, 108, 8 — **1**, p. 158, n. 394
Dendara VI, 110, 6 — **2**, p. 652, n. 5
Dendara VI, 110, 8 f. — **1**, p. 158, n. 394
Dendara VI, 112, 14 — **2**, p. 922, n. 9; p. 979, n. 3
Dendara VI, 139, 4 — **1**, p. 209, n. 86
Dendara VI, 153, 7 f. — **2**, p. 978, n. 9
Dendara VI, 158, 7 f. — **2**, p. 893, n. 5
Dendara VI, 166, 3 f. — **1**, p. 274, n. 104

Dendara VII, 25, 16 — **1**, p. 294, n. 206
Dendara VII, 107, 16 — **2**, p. 723, n. 4
Dendara VII, 118, 17 f. — **2**, p. 718, n. 1
Dendara VII, 144, 9 — **2**, p. 761, n. 2

Dendara VIII, 5, 12 — **1**, p. 189, n. 330
Dendara VIII, 34, 2 — **2**, p. 747, n. 3; 9
Dendara VIII, 34, 2 f. — **2**, p. 922, n. 8
Dendara VIII, 44, 10 — **2**, p. 684, n. 7
Dendara VIII, 56, 12 — **2**, p. 746, n. 2
Dendara VIII, 67, 12 f. — **2**, p. 887, n. 3
Dendara VIII, 67, 13 f. — **1**, p. 259, n. 118
Dendara VIII, 85, 2 — **2**, p. 940, n. 4
Dendara VIII, 89, 8 — **2**, p. 611, n. 3; 5

Dendara VIII, 119, 3	**1**, p. 555, Nr. 14
Dendara VIII, 119, 4	**1**, p. 556, Nr. 19
Dendara VIII, 124, 2	**2**, p. 935, n. 5
Dendara VIII, 131, 1	**2**, p. 891, n. 4
Dendara VIII, 131, 8	**2**, p. 742, n. 8
Dendara VIII, 140, 13 f.	**2**, p. 770, n. 13; p. 992, n. 1
Dendara IX, 8, 4	**1**, p. 189, n. 321
Dendara IX, 8, 5	**1**, p. 179, n. 24
Dendara IX, 29, 12	**1**, p. 389, n. 242
Dendara IX, 41, 1	**2**, p. 870, n. 8
Dendara IX, 41, 6 - 8	**1**, p. 560 f., Nr. 8
Dendara IX, 59, 11	**1**, p. 389, n. 242
Dendara IX, 85, 13 f.	**1**, p. 389, n. 242
Dendara IX, 108, 11	**1**, p. 563, Nr. 3
Dendara IX, 109, 10	**1**, p. 563, Nr. 3
Dendara IX, 109, 15 und 17	**1**, p. 563, Nr. 3
Dendara IX, 117, 10	**1**, p. 561, Nr. 9
Dendara IX, 130, 15 f.	**1**, p. 560, Nr. 6
Dendara IX, 131, 10	**1**, p. 560, Nr. 7
Dendara IX, 164, 7	**2**, p. 962, n. 5
Dendara IX, 181, 9	**1**, p. 389, n. 242
Dendara IX, 188, 2	**1**, p. 211, n. 128
	2, p. 965, n. 9
Dendara X, 28, 6	**2**, p. 916, n. 4
Dendara X, 29, 1 ff.	**2**, p. 770, n. 7
Dendara X, 31, 1 f.	**2**, p. 917, n. 5
Dendara X, 32, 9 f.	**2**, p. 990, n. 5
Dendara X, 37, 2 f.	**2**, p. 977, n. 9
Dendara X, 39, 4 f.	**2**, p. 940, n. 5
Dendara X, 49, 6 f.	**2**, p. 598, n. 4; p. 990, n. 6
Dendara X, 51, 13	**2**, p. 857, n. 8
Dendara X, 58, 6	**2**, p. 890, n. 2
Dendara X, 77, 9	**2**, p. 803, n. 2
Dendara X, 90, 11	**2**, p. 972, n. 8
Dendara X, 94, 13	**2**, p. 746, n. 9
Dendara X, 97, 12	**2**, p. 978, n. 7
Dendara X, 102, 13	**1**, p. 517, n. 2
Dendara X, 121, 13	**2**, p. 963, n. 6
Dendara X, 131, 9 f.	**2**, p. 631, n. 11
Dendara X, 135, 3 f.	**2**, p. 874, n. 8
Dendara X, 151, 9	**1**, p. 265, n. 306
Dendara X, 170, 13	**2**, p. 625, n. 16
Dendara X, 215, 14	**1**, p. 233, n. 115
Dendara X, 226, 4 - 6	**2**, p. 793, n. 5
Dendara X, 226, 5	**2**, p. 656, n. 2
Dendara X, 243, 13	**2**, p. 786, n. 4

Dendara X, 245, 12	**2**, p. 718, n. 3
Dendara X, 268, 3	**2**, p. 770, n. 7
Dendara X, 280, 3	**2**, p. 866, n. 9
Dendara X, 297, 9	**2**, p. 873, n. 4
Dendara X, 297, 10	**2**, p. 916, 7
Dendara X, 297, 11	**2**, p. 781, n. 3
Dendara X, 298, 7 f.	**2**, p. 759, n. 15
Dendara X, 299, 1	**2**, p. 892, n. 4
Dendara X, 299, 9	**2**, p. 916, n. 6
Dendara X, 328, 1 f.	**2**, p. 795, n. 6
Dendara X, 347, 12	**2**, p. 674, n. 6
Dendara X, 363, 13	**2**, p. 624, n. 7; p. 1016, n. 7
Dendara X, 372, 9	**2**, p. 702, n. 8; p. 956, n. 1
Dendara X, 374, 11	**2**, p. 752, n. 8
Dendara X, 377, 1	**2**, p. 922, n. 9; p. 977, n. 10
Dendara X, 415, 11	**2**, p. 978, n. 6
Dendara XI, 13, 8	**2**, p. 973, n. 1
Dendara XI, 60, 9	**2**, p. 892, n. 1
Dendara XI, 77, 5	**2**, p. 929, n. 1
Dendara XI, 132, 13	**2**, p. 735, n. 3
Dendara XI, 152, 3	**2**, p. 723, n. 3
Dendara XII, 30, 7 f.	**2**, p. 732, n. 6
Dendara XII, 65, 8	**2**, p. 963, n. 4
Dendara XII, 96, 4	**2**, p. 945, n. 5
Dendara XII, 126, 8	**2**, Add. zu **1**, p. 270, Nr. 20
Dendara XII, 152, 9	**2**, p. 937, n. 4
Dendara XII, 164, 16	**2**, Add. zu **1**, p. 359, n. 4
Dendara XII, 199, 4	**2**, p. 943, n. 6
Dendara XII, 202, 17	**2**, p. 732, n. 6
Dendara XII, 205, 13	**2**, p. 1010, n. 3
Dendara XII, 205, 14 f.	**2**, p. 970, n. 2
Dendara XII, 286, 16	**2**, p. 807, n. 8
Dendara XIII, 4, 3	**2**, p. 1006, n. 1
Dendara XIII, 4, 7	**2**, p. 867, n. 4
Dendara XIII, 27, 9	**2**, p. 851, n. 2
Dendara XIII, 37, 8	**2**, p. 710, n. 11
Dendara XIII, 48, 12 und 14	**2**, p. 710, n. 11
Dendara XIII, 48, 14 f.	**2**, p. 915, n. 5
Dendara XIII, 67, 8	**2**, p. 741, n. 7
Dendara XIII, 73, 13	**2**, p. 816, n. 3
Dendara XIII, 77, 14 f.	**2**, p. 883, n. 4
Dendara XIII, 78, 1	**2**, Add. zu **1**, p. 288, n. 7
Dendara XIII, 78, 6	**2**, p. 754, n. 12
Dendara XIII, 138, 8	**2**, Add. zu **1**, p. 360, n. 40

Dendara XIV, 3, 7	**2**, Add. zu **1**, p. 350, n. 128
Dendara XIV, 3, 8	**2**, Add. zu **1**, p. 331, n. 160
Dendara XIV, 6, 7	**2**, Add. zu **1**, p. 384, n. 95
Dendara XIV, 15, 1	**2**, Add. zu **1**, p. 211, n. 136
Dendara XIV, 91, 7 f.	**2**, p. 984, n. 1
Dendara XIV, 133, 9 f.	**2**, p. 781, n. 4
Dendara XV, 253, 8 f.	**2**, p. 781, n. 6
Dendara XV, 271, 8	**2**, p. 704, n. 5; p. 931 f., n. 8
Dendara Mam., 24, 10	**1**, p. 243, n. 373; **1**, p. p. 521, n. 5
Dendara Mam., 98, 12	**1**, p. 563, Nr. 3
Dendara Mam., 98, 15	**1**, p. 274, n.108
Dendara Mam., 99, 4	**1**, p. 563, Nr. 3
Dendara Mam., 99, 6	**1**, p. 166, n. 703
Dendara Mam., 99, 7	**1**, p. 274, n. 93
Dendara Mam., 100, 10	**1**, p. 25; p. 96; **1**, p. 334, n. 239
Dendara Mam., 100, 12	**1**, p. 216, n. 254
Dendara Mam., 106, 13	**2**, p. 826, n. 4
Dendara Mam., 143, 9	**1**, p. 335, n. 299
Dendara Mam., 155, 11	**1**, p. 189, n. 323
Dendara Mam., 255, 15	**1**, p. 164, n. 594
Dendara Mam., 269, 8	**1**, p. 160, n. 484
Cauville, Porte d'Isis, 11, 7	**1**, p. 187, n. 240
Cauville, Porte d'Isis, 20, 8	**1**, p. 215, n. 231
Cauville, Porte d'Isis, 25, 9	**1**, p. 384, n. 96
Cauville, Porte d'Isis, 38, 9 (Pl. 46)	**1**, p. 215, n. 230
Cauville, Porte d'Isis, 72 (3, 10)	**1**, p. 310, n. 87
Cauville, Chap. Os. I, 129 f.	**2**, p. 786, n. 4
Cauville, Temple d'Isis, 13, 7	**2**, p. 964, n. 5
Cauville, Temple d'Isis, 19, 9 f.	**2**, p. 948, n. 7
Cauville, Temple d'Isis, 104, 4	**2**, p. 756, n. 5
Cauville, Temple d'Isis, 117, 8 f.	**2**, p. 965, n. 9
Cauville, Temple d'Isis, 285, 2	**2**, p. 947, n. 3
Cauville, Temple d'Isis, 321, 16	**2**, p. 600, n. 11
Dendera, Junker, GdD, § 59	**2**, p. 631, n. 11
Dendera, Junker, GdD, § 129	**2**, p. 738, n. 9
Dendera, Junker, GdD, § 141	**2**, p. 741, n. 9
Dendera, Junker, GdD, § 157	**2**, p. 973, n. 1
Dendera, Junker, GdD, § 285	**2**, p. 748, n. 11
Dendera, Junker, GdD, § 287 a	**2**, p. 754, n. 11
Dendera, Junker, GdD, § 297	**2**, p. 770, n. 13

Dendera, LD, Abth. IV, Bl. 54 a — **2**, p. 978, n. 5Dendera, LD, Abth. IV, Bl. 69 e — **2**, p. 895, n. 3

<u>Edfu</u>

Edfou I, 15, Nr. 28 — **1**, p. 154, n. 250
Edfou I, 19, 4 (links) — **1**, p. 556, Nr. 18
Edfou I, 29, 17 — **1**, p. 154, n. 250
Edfou I, 30, 14 — **1**, p. 207, n. 10
Edfou I, 31, 6 — **2**, p. 910 f., n. 1
Edfou I, 40, 17 — **2**, p. 964, n. 4
Edfou I, 151, 18 — **2**, p. 603, n. 7
Edfou I, 179, 16 f. — **1**, p. 554, Nr. 6
Edfou I, 231, 13 — **1**, p. 370, n. 32
Edfou I, 420, 5 — **1**, p. 95, n. 8
Edfou I, 457 a, 11 — **2**, p. 809, n. 6
Edfou I, 574, 11 f. — **2**, p. 739, n. 3

Edfou II, 47, 1 f. — **1**, p. 159, n. 442; n. 444; **1**, p. 161, n. 524; **1**, p. 162, n. 530
Edfou II, 56, 9 — **1**, p. 465, n. 8
Edfou II, 255, 9 — **1**, p. 309, n. 63; **1**, p. 522, n. 8
Edfou II, 259, 8 — **1**, p. 292, n. 149
Edfou II, 275, 13 — **1**, p. 162, n. 553
Edfou II, 276, 18 — **1**, p. 182 f., n. 118

Edfou III, 7, 10 f. — **2**, p. 769, n. 5
Edfou III, 85, 4 f. — **2**, p. 681, n. 5; p. 972, n. 1; p. 988, n. 5
Edfou III, 158, 16 — **1**, p. 291, n. 108
Edfou III, 340, 11 — **2**, p. 684, n. 2
Edfou III, 341, 6 f. — **2**, p. 878, n. 3
Edfou III, 343, 3 — **1**, p. 326, n. 29
Edfou III, 353, 13 — **1**, p. 559, Nr. 3

Edfou IV, 11, 6 — **1**, p. 153, n. 237
Edfou IV, 14, 6 — **2**, p. 893, n. 4
Edfou IV, 18, 13 — **1**, p. 97
Edfou IV, 19, 5 — **1**, p. 555, Nr. 14
Edfou IV, 19, 7 — **1**, p. 555, Nr. 15
Edfou IV, 19, 9 — **1**, p. 556, Nr. 16
Edfou IV, 51, 11 — **2**, p. 871, n. 9
Edfou IV, 57, 14 — **2**, p. 888, n. 9
Edfou IV, 103, 15 - 16 — **1**, p. 116, n. 1
Edfou IV, 103, 17 - 104, 2 — **1**, p. 116 mit n. 3

Edfou IV, 140, 13 **2**, p. 716, n. 2
Edfou IV, 151, 11 **2**, p. 856, n. 3
Edfou IV, 238, 2 f. **2**, p. 917, n. 8
Edfou IV, 244, 13 f. **2**, p. 744, n. 12
Edfou IV, 269, 3 - 7 **2**, p. 1031
Edfou IV, 311, 16 **1**, p. 179, n. 23
Edfou IV, 342, 8 f. **2**, p. 954, n. 1
Edfou IV, 358, 13 **2**, p. 816, n. 6
Edfou IV, 380, 2 f. **2**, p. 824, n. 6

Edfou V, 6, 6 **1**, p. 163, n. 575
Edfou V, 30, 3 f. **1**, p. 556, Nr. 20
Edfou V, 38, 7 f. **2**, p. 878, n. 5
Edfou V, 66, 2 f. **2**, p. 961, n. 4
Edfou V, 71, 16 **1**, p. 267, n. 394
Edfou V, 74, 6 **1**, p. 210, n. 112
Edfou V, 80, 13 - 15 **2**, p. 983, n. 7
Edfou V, 83, 4 **2**, p. 730, n. 9
Edfou V, 83, 15 **2**, p. 907, n. 2
Edfou V, 93, 13 ff. **2**, p. 1022, n. 3
Edfou V, 118, 12 **2**, p. 739, n. 6
Edfou V, 120, 8 **2**, p. 755, n. 2
Edfou V, 127, 4 f. **2**, p. 892, n. 7
Edfou V, 127, 4 f. **2**, p. 614, n. 8; p. 915, n. 3; p.959, n. 1
Edfou V, 132, 2 **2**, p. 898, n. 6; p. 1011, n. 5
Edfou V, 134, 5 f. **2**, p. 769, n. 4
Edfou V, 134, 7 **2**, p. 616, n. 12; p. 845, n. 6
Edfou V, 134, 8 f. **2**, p. 793, n. 2
Edfou V, 135, 4 f. **2**, p. 1011, n. 6
Edfou V, 144, 16 **2**, p. 739, n. 7
Edfou V, 149, 16 **1**, p. 556, Nr. 17
Edfou V, 151, 6 **1**, p. 104, a9)
Edfou V, 173, 11 **2**, p. 602, n. 1
Edfou V, 186, 2 **2**, p. 630, n. 12
Edfou V, 195, 13 **1**, p. 240, n. 302
Edfou V, 233, 6 **2**, p. 712, n. 14; p. 739, n. 8
Edfou V, 234, 3 f. **1**, p. 559, Nr. 1
Edfou V, 325, 15 f. **1**, p. 556, Nr. 2
Edfou V, 332, 16 **2**, p. 700, n. 6
Edfou V, 344, 3 **2**, p. 766, n. 8
Edfou V, 344, 6 f. **2**, p. 769, n. 1
Edfou V, 349, 11 f. **2**, p. 1005, n. 5
Edfou V, 350, 7 f. **1**, p. 179, n. 23
Edfou V, 356, 2 f. **2**, p. 750, n. 1
Edfou V, 358, 7 **2**, p. 882, n. 4
Edfou V, 392, 14 **2**, p. 715, n. 3

Edfou VI, 9, 9 **2**, p. 730, n. 7
Edfou VI, 17, 2 **1**, p. 327, n. 37; p. 420, n. 32
Edfou VI, 17, 13 **1**, p. 259, n. 117
Edfou VI, 21, 3 f. **2**, p. 916, n. 3
Edfou VI, 33, 11f **1**, p. 92
Edfou VI, 57, 10 **1**, p. 555, Nr. 13
Edfou VI, 69, 10 **2**, p. 841, n. 6
Edfou VI, 71, 12 - 72, 2 **2**, p. 924, n. 4
Edfou VI, 73, 1 **1**, p. 195, n. 538
Edfou VI, 74, 1 **2**, p. 699, n. 1
Edfou VI, 77, 2 f. **2**, p. 773, n. 2
Edfou VI, 77, 7 **2**, p. 618, n. 12
Edfou VI, 79, 5 **2**, p. 752, n. 25; p. 929, n. 1
Edfou VI, 79, 5 - 7 **2**, p. 984 f., n. 6
Edfou VI, 83, 10 f. **2**, p. 938, n. 2
Edfou VI, 90, 1 **2**, p. 716, n. 8
Edfou VI, 101, 2 - 3 **1**, p. 105, a15)
Edfou VI, 103, 9 **1**, p. 105, a16)
Edfou VI, 112, 3 **2**, p. 855, n. 5
Edfou VI, 112, 3 f. **2**, p. 912, n. 3; p. 936, n. 3
Edfou VI, 112, 8 f. **2**, p. 779, n. 1
Edfou VI, 112, 9 **1**, p. 152, n. 192
Edfou VI, 115, 7 f. **2**, p. 883, n. 4
Edfou VI, 117, 2 **2**, p. 915, n. 1
Edfou VI, 117, 2 f. **2**, p. 917, n. 4
Edfou VI, 118, 9 **2**, p. 897, n. 3
Edfou VI, 120, 7 f. **2**, p. 785, n. 9; p. 914, n. 6
Edfou VI, 121, 11 **2**, p. 715, n. 2; p. 745, n. 6; p. 791, n. 1
Edfou VI, 127, 7 **2**, p. 766, n. 7; p. 917, n. 2
Edfou VI, 127, 10 **2**, p. 155, n. 9; p. 766, n. 8
Edfou VI, 127, 11 f. **2**, p. 911, n. 7
Edfou VI, 129, 8 **2**, p. 753, n. 7
Edfou VI, 131, 3 **2**, p. 741, n. 8
Edfou VI, 134, 4 **2**, p. 741, n. 8
Edfou VI, 134, 7 **2**, p. 731, n. 1
Edfou VI, 135, 4 **2**, p. 930, n. 3
Edfou VI, 150, 7 **2**, p. 779, n. 6
Edfou VI, 151, 2 f. **2**, p. 968, n. 2
Edfou VI, 154, 9 f. **2**, p. 925, n. 6
Edfou VI, 156, 8 - 9 **1**, p. 105, a15)
Edfou VI, 164, 9 **1**, p. 105, a15)
Edfou VI, 165, 4 **2**, p. 929, n. 4
Edfou VI, 170, 1 f. **2**, 771, n. 5
Edfou VI, 170, 4 **1**, p. 233, n. 108
Edfou VI, 174, 17 **1**, p. 506, n. 3
Edfou VI, 214, 8 **2**, p. 793, n. 2
Edfou VI, 214, 8 f. **2**, p. 963, n. 1

Edfou VI, 214, 10	**2**, p. 963, n. 2
Edfou VI, 216, 2 - 9	**2**, p. 1032
Edfou VI, 241, 6	**1**, p. 211, n. 134
Edfou VI, 252, 2	**1**, p. 105, a16)
Edfou VI, 254, 2	**2**, p. 648, n. 3
Edfou VI, 257, 10 - 16	**2**, p. 995, n. 2
Edfou VI, 262, 15 - 263, 6	**2**, p. 1033 f.
Edfou VI, 262, 16	**2**, p. 795, n. 5
Edfou VI, 262, 16 - 263, 4	**2**, p. 985 f., n. 5
Edfou VI, 263, 9 - 14	**2**, p. 1033 f.
Edfou VI, 263, 11 f.	**1**, p. 258, n. 80
Edfou VI, 296, 3	**2**, p. 795, n. 2
Edfou VI, 297, 17	**1**, p. 192, n. 425
Edfou VI, 302, 7	**2**, p. 770, n. 9; p. 963, n. 2
Edfou VI, 303, 1 f.	**2**, p. 882, n. 1; p. 929, n. 2
Edfou VI, 310, 10 f.	**2**, p. 1003, n. 5
Edfou VI, 337, 14	**2**, p. 708, n. 5
Edfou VII, 3, 4	**1**, p. 555, Nr. 12
Edfou VII, 3, 7	**1**, p. 558, Nr. 20
Edfou VII, 8, 5	**1**, p. 211, n. 134
Edfou VII, 9, 3 f.	**2**, p. 1004, n. 5
Edfou VII, 9, 7 f.	**1**, p. 564 f., Nr. 4
Edfou VII, 9, 9 f.	**1**, p. 565, Nr. 5
Edfou VII, 15, 4 f.	**2**, p. 849, n. 3
Edfou VII, 27, 7 f.	**2**, p. 807, n. 8
Edfou VII, 37, 13 f.	**2**, p. 969, n. 4
Edfou VII, 39, 2	**2**, p. 825, n. 5
Edfou VII, 50, 1 f.	**2**, p. 648, n. 8
Edfou VII, 70, 15 f.	**2**, p. 826, n. 1
Edfou VII, 79, 3 f.	**2**, p. 964, n. 3
Edfou VII, 104, 4 f.	**2**, p. 910, n. 5
Edfou VII, 104, 7	**2**, p. 898, n. 4
Edfou VII, 118, 11	**2**, p. 928, n. 3
Edfou VII, 129, 14	**2**, p. 747, n. 5
Edfou VII, 130, 16 f.	**2**, p. 651, n. 10
Edfou VII, 133, 18	**2**, p. 715, n. 6
Edfou VII, 150, 2 f.	**2**, p. 900, n. 4; p. 928, n. 1
Edfou VII, 165, 14	**2**, p. 910, n. 7
Edfou VII, 168, 2	**2**, p. 648, n. 2
Edfou VII, 184, 13 f.	**2**, p. 826, n. 2
Edfou VII, 197, 6 - 8	**2**, p. 925, n. 2
Edfou VII, 209, 1	**2**, p. 653, n. 1
Edfou VII, 210, 4	**2**, p. 745, n. 16
Edfou VII, 211, 6 - 7	**1**, p. 105, a15)
Edfou VII, 211, 10	**2**, p. 747, 2
Edfou VII, 225, 7	**2**, p. 681, n. 1
Edfou VII, 239, 12	**2**, p. 879, n. 2

Edfou VII, 246, 3 f.	**2**, p. 901, n. 3
Edfou VII, 252, 13	**1**, p. 104, a10)
Edfou VII, 269, 9	**2**, p. 720, n. 10
Edfou VII, 285, 9	**2**, p. 906, n. 5; p. 910, n. 2
Edfou VII, 306, 7 - 11	**2**, p. 653, n. 6
Edfou VII, 309, 14	**2**, p. 983, n. 4
Edfou VII, 319, 16	**2**, p. 1001, n. 1
Edfou VIII, 9, 8	**1**, p. 113 f.
Edfou VIII, 21, 14	**1**, p. 211, n. 134
Edfou VIII, 22, 1	**2**, p. 647, n. 3
Edfou VIII, 55, 4 f.	**2**, p. 928, n. 2
Edfou VIII, 56, 3 f.	**2**, p. 912, n. 2
Edfou VIII, 56, 3 - 7	**1**, p. 115 f.
Edfou VIII, 58, 12	**1**, p. 555, Nr. 11
Edfou VIII, 69, 10 f.	**2**, p. 654, n. 2
Edfou VIII, 78, 2 f.	**2**, p. 745, n. 14
Edfou VIII, 82, 1	**2**, p. 723, n. 3
Edfou VIII, 84, 13	**2**, p. 732, n. 6; p. 738, n. 8
Edfou VIII, 87, 10	**1**, p. 107 f.
Edfou VIII, 107, 15 f.	**2**, p. 899, n. 5
Edfou VIII, 109, 2 f.	**2**, p. 898, n. 3
Edfou VIII, 110, 5 f.	**2**, p. 732, n. 5
Edfou VIII, 124, 1 f.	**2**, p. 653, n. 5
Edfou VIII, 124, 17	**2**, p. 730, n. 2
Edfou VIII, 127, 16 - 17	**1**, p. 108
Edfou VIII, 130, 5	**1**, p. 83, n. 9
Edfou VIII, 142, 18	**2**, p. 646, n. 8
Edfou VIII, 144, 2 f.	**2**, p. 774, n. 4
Edfou VIII, 146, 1	**2**, p. 906, n. 4
Edfou VIII, 146, 6	**2**, p. 739, n. 5
Edfou VIII, 148, 5	**2**, p. 1003, n. 6
Edfou Mam., 136, 12	**1**, p. 217, n. 270
Edfou Mam., 152, 11 f.	**1**, p. 560, Nr. 5
Edfou Mam., 158, 12	**1**, p. 310, n. 84
<u>Esna</u>	
Esna I, 51	**1**, p. 279, n. 38
Esna II, Nr. 6, 11	**2**, p. 979, n. 4
Esna II, Nr. 9, 16	**1**, p. 359, n. 6
Esna II, Nr. 11, 11	**1**, p. 555, Nr. 9
Esna II, Nr. 12, 12	**2**, p. 950, n. 1
Esna II, Nr. 14, 9	**2**, p. 778, n. 5; p. 800, n. 8
Esna II, Nr. 14, 14	**1**, p. 109
Esna II, Nr. 14, 15	**1**, p. 109
Esna II, Nr. 16, 2	**1**, p. 292, n. 135

Esna II, Nr. 17, 12 f. **2**, p. 742, n. 6; p. 878, n. 4
Esna II, Nr. 17, 53 **2**, p. 850, n. 2
Esna II, Nr. 17, 59 **2**, p. 866, n. 6
Esna II, Nr. 17, 63 f. **2**, p. 851, n. 3
Esna II, Nr. 23, 11 **1**, p. 153, n. 204
Esna II, Nr. 24, 7 **1**, p. 555, Nr. 10
Esna II, Nr. 24, 13 **1**, p. 558, Nr. 15
Esna II, Nr. 25, 2 f. **2**, p. 862, n. 2
Esna II, Nr. 25, 7 **1**, p. 558, Nr. 16; **2**, p. 978, n. 1
Esna II, Nr. 28, 13 **1**, p. 109
Esna II, Nr. 28, 14 **1**, p. 109
Esna II, Nr. 77, 12 **2**, p. 745, n. 12, n. 13
Esna II, Nr. 71, 13 **1**, p. 271, n. 21
Esna II, Nr. 77, 17 **1**, p. 522, n. 8
Esna II, Nr. 88, 15 **1**, p. 185 f., n. 210
Esna II, Nr. 95, 2 **2**, p. 877, n. 9; p. 885, n. 5
Esna II, Nr. 95, 4 **2**, p. 968, n. 6
Esna II, Nr. 103 **1**, p. 209, n. 86
Esna II, Nr. 105, 6 **2**, p. 864, n. 6
Esna II, Nr. 106, 1 **1**, p. 558, Nr. 17
Esna II, Nr. 127, 4 **2**, p. 741, n. 2
Esna II, Nr. 127, 6 **1**, p. 492, n. 9; **2**, p. 855, n. 7
Esna II, Nr. 141, 10 **1**, p. 558, Nr. 18
Esna II, Nr. 157 B **1**, p. 61, n. 3; p. 158, n. 417; p. 166, n. 678
Esna II, Nr. 161 A **1**, p. 348, n. 40
Esna II, Nr. 162, 4 **1**, p. 279, n. 38
Esna II, Nr. 163, 21 **1**, p. 355, n. 280
Esna II, Nr. 163, 25 **1**, p. 290 f., n. 91; p. 296, n. 9
Esna II, Nr. 164 B **1**, p. 161, n. 508
Esna II, Nr. 177, 11 **1**, p. 164, n. 597

Esna III, Nr. 196, 6 **1**, p. 279, n. 48
Esna III, Nr. 196, 7 **1**, p. 536, n. 5
Esna III, Nr. 206, 3 **2**, p. 648, n. 6
Esna III, Nr. 206, 5 **1**, p. 491, n. 6; **2**, p. 742, n. 3
Esna III, Nr. 206, 7 **2**, p. 612, n. 10
Esna III, Nr. 206, 11, 15 **1**, p. 541, n. 2; p. 558, Nr. 19
Esna III, Nr. 216, 1, (3) **1**, p. 207, n. 7
Esna III, Nr. 250, 8 **1**, p. 522, n. 8; **2**, p. 737, n. 6
Esna III, Nr. 253, 12 f. **1**, p. 279, n. 62
Esna III, Nr. 332, 26 **1**, p. 348, n. 61
Esna III, Nr. 356, 9 **2**, p. 716, n. 9
Esna III, Nr. 358, 35 **1**, p. 257, n. 57; p. 349, n. 72

Esna III, Nr. 366, 7	**2**, p. 808, n. 3
Esna III, Nr. 367, 10	**2**, p. 974, n. 1
Esna III, Nr. 367, 11	**2**, p. 974, n. 6
Esna III, Nr. 367, 28	**1**, p. 331, n. 159; **2**, p. 975, n. 1
Esna III, Nr. 368, 2	**2**, p. 908, n. 1
Esna III, Nr. 368, 31	**2**, p. 974, n. 2
Esna III, Nr. 368, 33	**1**, p. 244, n. 407
Esna III, Nr. 377, 6	**1**, p. 536, n. 6
Esna III, Nr. 378, 11 (p. 350, 9)	**1**, p. 279, n. 47
Esna III, Nr. 379, 23	**1**, p. 195, n. 518
Esna III, Nr. 380, 28	**2**, p. 826 n. 5; p. 828, n. 4; p. 829, n. 8
Esna IV/1, Nr. 404, 2	**1**, p. 279, n. 38
Esna IV/1, Nr. 406, 2	**1**, p. 467, n. 3
Esna IV/1, Nr. 465	**1**, p. 160, n. 465
Esna IV/1, Nr. 466, O	**1**, p. 279, n. 36
Esna VI/1, Nr. 503, 3	**1**, p. 359, n. 19
Esna VI/1, Nr. 517, 5	**1**, p. 310, n. 75
Esna VI/1, Nr. 524, 10	**1**, p. 185 f., n. 210
Esna VI/1, Nr. 531, 23	**1**, p. 219, n. 347; p. 219, n. 356; p. 291, n. 120; p. 382, n. 2
Esna VII, Nr. 548	**1**, p. 279, n. 38
Esna VII, Nr. 552, 5	**2**, p. 596, n. 14
Esna VII, Nr. 554, 8	**1**, p. 370, n. 51
Esna VII, Nr. 562, 4	**1**, p. 467, n. 3
Esna VII, Nr. 581, 7	**1**, p. 189, n. 316
Esna VII, Nr. 585, 7	**1**, p. 330 f., n. 151
Esna VII, Nr. 585, 10	**1**, p. 185 f., n. 210
Esna VII, Nr. 587, 18	**2**, p. 792, n. 3
Esna VII, Nr. 587, 33	**1**, p. 189, n. 333
Esna VII, Nr. 589, 13	**1**, p. 447, n. 25
Esna VII, Nr. 596	**1**, p. 289, n. 31, n. 52
Esna VII, Nr. 609, 9	**1**, p. 278, n. 18
Esna VII, Nr. 609, 15	**1**, p. 387, n. 174
Esna VII, Nr. 619, 46	**1**, p. 153, n. 225
Esna VII, Nr. 620	**1**, p. 328, n. 65; p. 461, n. 10
Esna VII, Nr. 620 A	**1**, p. 328 f., n. 97
Esna VII, Nr. 620 A, 3 f.	**2**, p. 962, n. 4
Esna VII, Nr. 624, 10	**1**, p. 281, n. 94
Esna VII, Nr. 633, p. 288, 2	**1**, p. 181, n. 58
Esna VII, Nr. 634, 25	**1**, p. 347, n. 27
Esna VIII, 146, Nr. 163	**1**, p. 279, n. 38
Esna VIII, 194	**1**, p. 289, n. 52

Hermupolis magna
Snape, Temple of Domitian, 20, 12 — **1**, p. 330, n. 142
Snape, Temple of Domitian, 24, 21 — **1**, p. 242, n. 344

Hibis
Hibis III, Pl. 25, oben — **1**, p. 508, n. 1
Hibis III, Pl. 31 — **2**, p. 795, n. 4

Kalabscha
Gauthier, Kalabchah, 103 — **1**, p. 388, n. 210

Karnak
Aufrère, Propylône, 112 — **2**, p. 739, n. 4
Aufrère, Propylône, 122 — **1**, p. 447, n. 17; **1**, p. 522, n. 5
Aufrère, Propylône, 144 — **1**, p. 151, n. 161
Aufrère, Propylône, 175 — **1**, p. 181, n. 65
Aufrère, Propylône, 182 — **1**, p. 147, n. 3
Aufrère, Propylône, 286 — **1**, p. 242, n. 344
Aufrère, Propylône, 403 — **1**, p. 42, n. 1

Clère, Porte d'Évergète, Tf. 17 — **1**, p. 292, n. 138
Clère, Porte d'Évergète, Tf. 11 — **1**, p. 233, n. 115
Clère, Porte d'Évergète, Tf. 30 — **1**, p. 243, n. 383
Clère, Porte d'Évergète, Tf. 36 f. — **1**, p. 562, Nr. 1

Urk. VIII, Nr. 30 c — **2**, p. 790, n. 8
Urk. VIII, Nr. 111 — **1**, p. 190, n. 363
Urk. VIII, Nr. 114 — **1**, p. 562, Nr. 1
Urk. VIII, Nr. 143 — **1**, p. 562 f., Nr. 2; **2**, p. 958, n. 8
Urk. VIII, Nr. 180 a — **2**, p. 717, n. 5

Kasr el-Aguz
Kasr Agoûz, 99, 8 — **1**, p. 559 f., Nr. 4

Kom Ombo
Kom Ombo, Nr. 107 — **1**, p. 421, n. 76
Kom Ombo, Nr. 151 A — **1**, p. 561, Nr. 10

Kom Ombo II, Nr. 541, Zeile 6 — **2**, p. 795, n. 4; p. 957, n. 3

Kôm Ombo (Gutbub) I, Nr. 6, 5 — **2**, p. 715, n. 2; p. 1053 (Add. zu **1**, p. 188, n. 281)

Kôm Ombo (Gutbub) I, Nr. 23, 4 — **2**, p. 1007, n. 4
Kôm Ombo (Gutbub) I, Nr. 34, 7 — **2**, p. 854, n. 2

Kôm Ombo (Gutbub) I, Nr. 262, 10 — **2**, p. 824, n. 3

<u>Koptos</u>
Traunecker, Coptos, 99, Nr. 11, 8 — **2**, p. 959, n. 2
Traunecker, Coptos, 99, Nr. 11, 9 — **1**, p. 436, n. 24
Traunecker, Coptos, 163, Nr. 30 — **2**, p. 803, n. 2
Traunecker, Coptos, 206, Nr. 38, 3 — **1**, p. 522, n. 8

<u>Philae</u>
Philä I, 65, 1 f. — **1**, p. 554
Philä I, 77, 15 — **2**, p. 989, n. 6
Philä I, 78, 9 — **2**, p. 989, n. 7
Philä I, 90, 3 — **1**, p. 191, n. 374
Philä I, 266, links — **1**, p. 221, n. 395

Philä II, 14 — **1**, p. 570 f., Übung 7
Philä II, 195, 14 — **1**, p. 239, n. 291

Philae, Žabkar, 117, 5 — **2**, p. 729, 5

Philä, Photo 284, unten, linke Randzeile — **2**, p. 889, n. 5

<u>Schanhur</u>
Willems, Shanhûr, p. 53 — **1**, p. 243, n. 383

<u>et-Tôd</u>
Tôd I, Nr. 14, 12 — **1**, p. 556, Nr. 3
Tôd I, Nr. 17, 8 — **2**, p. 951, n. 3
Tôd I, Nr. 24, 8 — **1**, p. 557, Nr. 4
Tôd I, Nr. 30 A — **1**, p. 554, Nr. 4
Tôd I, Nr. 31 A — **2**, p. 1015, n. 8
Tôd I, Nr. 33 A — **1**, p. 554, Nr. 5
Tôd I, Nr. 53, 1 — **1**, p. 187, n. 249; p. 519, n. 1; p. 543, n. 3

Tôd I, Nr. 53, 2 — **1**, p. 244, n. 387
Tôd I, Nr. 120 B — **2**, p. 731, n. 3

Tôd II, Nr. 187 A, 3 — **1**, p. 296, n. 8; **2**, p. 734, n. 1

Tôd II, Nr. 187 B — **2**, p. 894, n. 3; p. 919, n. 9
Tôd II, Nr. 228, 5 — **2**, p. 716, n. 3
Tôd II, Nr. 264, 5 — **2**, p. 965, n. 5
Tôd II, Nr. 279, 4 — **1**, p. 216, n. 260
Tôd II, Nr. 283 bis*, 1 — **2**, p. 743, n. 3; p. 827, n. 6
Tôd II, Nr. 288, 7 — **1**, p. 326, n. 30
Tôd II, Nr. 290, 13 — **2**, p. 957, n. 7
Tôd II, Nr. 293, 6 — **1**, p. 336, n. 312
Tôd II, Nr. 312, 1 — **2**, p. 954, n. 3

Urk. II, 47, 8 f. (Mendesstele, CG 22181) **2**, p. 1004, n. 5

Objekte aus Museen

Amsterdam, Allard Pierson Museum, Inv.-Nr. APM 7069 **1**, p. 160, n. 476; p. 240, n. 310; p. 259, n. 106; p. 330 f., n. 151; p. 371, n. 74; p. 516, n. 7, n. 9

Hamburg, Museum für Völkerkunde,
- Inv.-Nr. C 3836 **1**, p. 190, n. 338
- Inv.-Nr. C 4061 **1**, p. 181, n. 58

Kairo, Ägyptisches Museum
- JE 44964 **1**, p. 550, n. 1
- JE 51943 **1**, p. 218, n. 330
- TR 20/12/25/1 **1**, p. 190, n. 355

Marseille, Musée Borély, Inv.-Nr. 267 **1**, p. 46, n. 5; p. 214, n. 203

Moskau, Puschkin Museum,
- Inv.-Nr. I. I.a 5763 **1**, p. 311, n. 115; p. 369, n. 27
- Inv.-Nr. I.1.a 6688 **1**, p. 263, n. 239

Newark Museum, Inv. Nr. 25667 **1**, p. 447, n. 11

Wien, Kunsthistorisches Museum,
- Inv.-Nr. 4 **1**, p. 148, n. 41; p. 210, n. 120; p. 211, n. 130; p. 533 f., n. 8
- Inv.-Nr. 125 **1**, p. 56, n. 6

2. RES NOTABILES

2.1 Götter (Schreibungen)

Acht Urgötter	**1**, p. 143, Nr. 82a; p. 163, n. 574; p. 169, Nr. 33a; p. 222, Nr. 7; p. 231, n. 36; p. 288, n. 11; p. 444 f., n. 28
- als Paviane	**1**, p. 21, n. 3; p. 163, n. 575
Amun	**1**, p. 52, Nr. 16; p. 68, Nr. 5; p. 109, n. 5; p. 138, Nr. 57c; p. 157, n. 354; p. 199, Nr. 26; p. 204, Nr. 97; p. 219, n. 350; p. 337, n. 340; p. 356, Nr. 12
Amun-Re	**1**, p. 29, Nr. 9; p. 66, n. 8; p. 135, Nr. 42c; p. 356, Nr. 12; p. 388, n. 214
Amset	**1**, p. 233, n. 97
Anubis	**1**, p. 140, Nr. 71e; p. 161, n. 498 f.; p. 203, Nr. 85; p. 216, n. 263; p. 368, Nr. 59
- mit Mondscheibe	**1**, p. 161, n. 509
Apophis	**1**, p. 284, Nr. 25; p. 373, n. 126; p. 512; p. 541, n. 2; p. 552, n. 5; p. 563, Nr. 3
Atum	**1**, p. 96; p. 136, Nr. 43a; p. 139, Nr. 64; p. 158, n. 410; p. 185, n. 209; n. 210; p. 243, n. 386; p. 310, n. 84; p. 551, n. 5; p. 533, n. 2; p. 561, Nr. 9; p. 566, Übung 5; p. 569, Übung 6; p. 571, Übung 7
Atum-Re	**1**, p. 24; p. 185 f., n. 210
Baal	**1**, p. 218, n. 304
Banebded	**1**, p. 140, Nr. 70b
Bas-von-Nechen	**1**, p. 140, Nr. 71d
Bas-von-Pe	**1**, p. 141, Nr. 72b

Bastet	**1**, p. 146, Nr. 99, Nr. 99c; p. 166, n. 689; n. 698; p. 354, n. 249
Bebon	**1**, p. 50, Nr. 18; p. 366, Nr. 38
Behedeti	**1**, p. 199, Nr. 27; p. 249, Nr. 40; p. 261, n. 161; p. 285, Nr. 38; p. 314, n. 196; p. 319, Nr. 17; p. 319, Nr. 18; p. 473; p. 551
Bes	**1**, p. 139, Nr. 58; p. 236, n. 195
Chentet-iabtet	**1**, p. 366, Nr. 40; p. 372, n. 115
Chepre	**1**, p. 139, Nr. 58c; p. 274 f., n. 110; p. 299, n. 2; n. 20
Chnum	**1**, p. 22 f.; p. 60; p. 118; p. 140, Nr. 70b; p. 185 f., n. 210; p. 222, Nr. 6; p. 231, n. 36; p. 233, n. 89; p. 277, Nr. 15; p. 278, n. 18; p. 279, n. 36; n. 37; p. 338, n. 371; p. 348, n. 38; p. 447, n. 6; p. 508; p. 527; p. 535; p. 568 ff.
Chnum-Schu	**1**, p. 243, n. 386
Chons	**1**, p. 52; p. 141, Nr. 78c; p. 162, n. 532; n. 537; p. 201, Nr. 64; p. 558, Nr. 1b; p. 562, Nr. 1
Chonsu-Schu	**1**, p. 556, Nr. 1
Chuit	**1**, p. 157, n. 393; p. 389, n. 252
Duau	**1**, p. 270, Nr. 21; p. 274 f., n. 110; p. 319, Nr. 10
Dun-anui	**1**, p. 247, Nr. 18; p. 249, Nr. 37; p. 260, n. 128
Die Ferne Göttin	**1**, p. 153, n. 235; p. 154, n. 250
Geb	**1**, p. 38; p. 43 f.; p. 49; p. 139, Nr. 61; p. 140, Nr. 67; p. 160, n.

	462; p. 243, n. 381; p. 274, n. 98; p. 320, Nr. 25; p. 371, n. 75; p. 399, n. 70; p. 401 f., n. 137; p. 442, Nr. 6; p. 444, n. 18; p. 561, Nr. 10
Götterneunheit	**1**, p. 18, n. 14; p. 25; p. 44; p. 96; p. 145, Nr. 97; p. 162, n. 540; p. 223, Nr. 21; p. 235, n. 160; p. 292, n. 141; p. 344, Nr. 80; p. 371, n. 74; p. 425, Nr. 7; p. 445, n. 29; p. 547; p. 560 f., Nr. 8; p. 566, Übung 5; p. 569, Übung 6
Ha	**1**, p. 139, Nr. 60d; p. 323, Nr. 65
Hapi (Nilgott und Horussohn)	**1**, p. 24; p. 65, n. 3; p. 139, Nr. 59; p. 159, n. 434; p. 170, Nr. 43; p. 253, Nr. 84; p. 258, n. 74; p. 280, n. 79; p. 288, n. 22; p. 509, n. 5
Harachte	**1**, p. 247, Nr. 15a; p. 322, Nr. 50
Harendotes	**1**, p. 155, n. 302
Harendotes Behedeti	**1**, p. 142, Nr. 79a
Haroëris	**1**, p. 249, Nr. 44; Nr. 46
Haroëris-Schu	**1**, p. 561, Nr. 10
Harsomtus	**1**, p. 18, n. 14; p. 141, Nr. 73d; Nr. 79; p. 155, n. 284; p. 160, n. 478; p. 239, n. 296; p. 247, Nr. 17; p. 248, Nr. 28; p. 348, n. 37
Hathor	**1**, p. 18, n. 14; p. 21; p. 28, Nr. 2; p. 29, Nr. 13; p. 45; p. 51, Nr. 9; p. 52, Nr. 12; Nr. 13; p. 67, Nr. 3; p. 68, Nr. 5; Nr. 7; p. 85; p. 96; p. 109 f., n. 9; p. 144, Nr. 88; 88b; c; g; p. 157, n. 367; n. 382; p. 160, n. 478; p. 161, n. 490; p. 163, n. 583; p. 167, Nr.

	4b; p. 259, n. 118; p. 261, n. 165; p. 284, Nr. 33; p. 285, Nr. 40; p. 286, Nr. 57; p. 339, Nr. 13; p. 340, Nr. 27; p. 367, Nr. 52; p. 373, n. 143; p. 374, n. 163; p. 389, n. 242; p. 401 f., n. 137; p. 420, n. 56; p. 438, Nr. 14; p. 526, n. 5; p. 559 ff., Nr. 3, Nr. 6; Nr. 8; p. 566
Hathor-Isis	**1**, p. 160, n. 478
Hatmehit	**1**, p. 143, Nr. 85c; p. 295, Nr. 9
Heka	**1**, p. 128, Nr. 9; p. 285, Nr. 43; p. 340, Nr. 18; p. 342, Nr. 50 ff.
Heqet	**1**, p. 276, Nr. 2
Herischef	**1**, p. 140, Nr. 70b; p. 222, Nr. 6
Horus	**1**, p. 18, n. 14; p. 28, Nr. 3; p. 30, Nr. 18; p. 51 f., Nr. 2; Nr. 11; p. 67, Nr. 1; p. 97 f.; p. 114 f.; p. 141, Nr. 73c; Nr. 74; p. 144, Nr. 89b; p. 161 f., n. 523; n. 527; n. 557; p. 246, Nr. 11; Nr. 11a; p. 247, Nr. 14; Nr. 17; p. 272, n. 33; p. 318, Nr. 1; p. 323, Nr. 70; p. 327, n. 45; p. 360, n. 39; p. 371, n. 75; p. 507; p. 571
- als zehnter Gott der Neunheit	**1**, p. 162, n. 540
- weiblich (Titel der Königin)	**1**, p. 247, Nr. 17a
Horus Behedeti	**1**, p. 96 f.; p. 108; p. 114; p. 141, Nr. 79; p. 142, Nr. 79a; p. 247, Nr. 12; Nr. 17; p. 248, Nr. 25
Horus-Re	**1**, p. 44, n. 2; p. 161, n. 523; n. 527
Hu	**1**, p. 139, Nr. 63a
Ihi	**1**, p. 127, Nr. 2;p. 129, Nr. 12; p. 401 f., n. 137

Ipet **1**, p. 145, Nr. 97; p. 559

Iq(er) **1**, p. 276, Nr. 7

Isis **1**, p. 18, n. 14; p. 21; p. 28 f., Nr. 7 f.; p. 43, n. 8; p. 44; p. 52, Nr. 14 f.; p. 60; p. 77, Nr. 3; p. 97, n. 5; p. 101; p. 144, Nr. 88; 88b; c; p. 144, Nr. 89; 89b; c; p. 183, n. 125; p. 211, n. 128; p. 240, n. 300; p. 263, n. 237; p. 274, n. 104; p. 296, n. 10; p. 331, n. 168; p. 335, n. 286; p. 372, n. 115; p. 401 f., n. 137; p. 490 f., n. 1; p. 555, Nr. 11; p. 561; Nr. 9; p. 563, Nr. 3; p. 566 f.; p. 571

Isis-Sothis **1**, p. 310, n. 87

Jah **1**, p. 139, Nr. 60b; p. 159, n. 442; n. 444; p. 161, n. 509; p. 162, n. 530; p. 329, n. 107

Maat **1**, p. 143, Nr. 85

Menehit **1**, p. 146, Nr. 99b

Menet **1**, p. 201, Nr. 65; p. 215, n. 215

Meret **1**, p. 143, Nr. 86

Methyer **1**, p. 136, Nr. 46a

Min **1**, p. 42; p. 138, Nr. 57d; p. 182, n. 116; p. 190 f., n. 363; p. 192, n. 424; p. 204, Nr. 97; p. 316, n. 289; p. 365, Nr. 33; p. 366, Nr. 35; p. 372, n. 97; p. 423, n. 154

Min-Osiris **1**, p. 192, n. 424

Miysis **1**, p. 215, n. 216; p. 328, n. 65; p. 559, Nr. 1

Month **1**, p. 82; p. 141, Nr. 73d; p. 160, n. 483; p. 161, n. 516; p. 562 f., Nr. 2

Mut	**1**, p. 21; p. 140, Nr. 65; p. 160, n. 460 f.; p. 164, n. 631; p. 242, n. 359; p. 243, n. 383; p. 246, Nr. 6; p. 294, n. 204
Nebetuu	**1**, p. 232, n. 78; p. 495, n. 7; p. 512
Nechbet	**1**, p. 39, n. 1; p. 89, n. 4; p. 110, n. 1; p. 256, n. 27
Nefertem	**1**, p. 239, n. 283; p. 368; Nr. 60
Nehebkau	**1**, p. 276, Nr. 5
Nehemet-awai	**1**, p. 272, n. 35
Neith	**1**, p. 21; p. 108 f.; p. 119; p. 145, Nr. 94; p. 146, Nr. 100; p. 165, n. 654; n. 656; p. 207, n. 7; p. 242, n. 360; p. 246, Nr. 5; p. 279, n. 50; p. 280, n. 79; p. 285, Nr. 45; p. 289, n. 35; p. 337, n. 336; p. 392, Nr. 24; p. 541, n. 2
Nemti	**1**, p. 248, Nr. 23; p. 309, n. 48
Nephthys	**1**, p. 43 f.; p. 144, Nr. 90; p. 190 f., n. 363; p. 237, n. 235; p. 296, n. 10; p. 331, n. 168; p. 338, n. 369; p. 340, Nr. 33; p. 529
Neunheit	siehe Götterneunheit
Nut	**1**, p. 43; p. 145, Nr. 95; p. 197, Nr. 11; p. 318, Nr. 3; p. 337, n. 336
Onuris	**1**, p. 24, n. 2; p. 132, Nr. 27; p. 133, Nr. 28; Nr. 28d; p. 158, n. 408; n. 420; p. 177, Nr. 99b; p. 204, Nr. 97
Osiris	**1**, p. 25; p. 33, n. 4; p. 34; p. 36; p. 60; p. 96; p. 140, Nr. 68; p. 156, n. 322; p. 157, n. 358; p. 158, n. 410; p. 160, n. 478; p.

	203, Nr. 80; p. 257, n. 59; p. 262, n. 204; p. 265, n. 307; p. 266, n. 334; p. 274, n. 97; p. 356, Nr. 9; p. 366, Nr. 46; p. 415, Nr. 4; p. 419, n. 16; p. 565, Nr. 5; p. 571, Übung 7
Osiris-Lunus	**1**, p. 329, n. 110
Pachet	**1**, p. 232, n. 65
Pecher-her	**1**, p. 284, Nr. 28; p. 290 f., n. 91
Ptah	**1**, p. 138, Nr. 55; p. 274 f, n. 92; n. 110; p. 564 f., Nr. 4
Ptah-Tatenen	**1**, p. 274 f., n. 110
Re (Sonnengott)	**1**, p. 21; p. 23 f.; p. 93; p. 108 f.; p. 119; p. 139, Nr. 60a; p. 141, Nr. 74; p. 159, n. 442; p. 201, Nr. 53b; Nr. 62; p. 214, n. 200 f.; p. 238, n. 249; p. 283, Nr. 23; p. 285, Nr. 38; p. 319, Nr. 9; p. 324, Nr. 84 f.; p. 327, n. 54; p. 490; p. 533, n. 2; p. 563, Nr. 3
Re-Harachte	**1**, p. 152, n. 192; p. 247, Nr. 15
Re-Horus	**1**, p. 161, n. 527; p. 235, n. 175
Renenutet	**1**, p. 284, Nr. 33; p. 286, Nr. 58; p. 521
Repit	**1**, p. 146, Nr. 99a
Sachmet	**1**, p. 146, Nr. 99a; p. 286, Nr. 61; p. 569
Satet	**1**, p. 18, n. 3; p. 386, n. 136; p. 509, n. 1
Schai	**1**, p. 159, n. 430; p. 244, n. 407; p. 283, Nr. 23; p. 490, n. 8
Schema-nefer	**1**, p. 382, n. 17; p. 533, n. 4

Schemanefer-Sobek	**1**, p. 163, n. 573
Schentait	**1**, p. 144, Nr. 89e; p. 167, Nr. 8
Schesemtet	**1**, p. 378, Nr. 40; p. 386, n. 136
Schesemu	**1**, p. 200, Nr. 46a; p. 207, n. 10; p. 213, n. 167; p. 230, n. 15; p. 409, Nr. 46
Schu	**1**, p. 23 f.; p. 92; p. 119; p. 138, Nr. 57; p. 158, n. 408; n. 410; p. 171, Nr. 43a; Nr. 43b; p. 185, n. 209; p. 269, Nr. 8; p. 336, n. 320; p. 416, Nr. 22; p. 421, n. 76; p. 480; p. 533, n. 2; p. 557
Selkis	**1**, p. 146, Nr. 101; p. 298, Nr. 13
Sepa	**1**, p. 298, Nr. 12
Seschat	**1**, p. 55; p. 145, Nr. 94c; p. 367, Nr. 51; p. 568
Seth	**1**, p. 83; p. 203, Nr. 90; Nr. 91
Sia	**1**, p. 139, Nr. 63; p. 236, n. 205
Sobek	**1**, p. 163, n. 573; p. 276, Nr. 7; Nr. 9; p. 277, Nr. 12; p. 533, n. 4
Sobek-Neith	**1**, p. 280, n. 79
Sokar	**1**, p. 152, Nr. 79c; p. 357, Nr. 18
Sopdu	**1**, p. 249, Nr. 45; Nr. 47; p. 261, n. 150
Sothis	**1**, p. 144, Nr. 87a; p. 356, Nr. 10; p. 372, n. 115; p. 509; p. 566
Tatenen	**1**, p. 50, Nr. 18; p. 140, Nr. 70; p. 274 f., n. 110; p. 366, Nr. 38; Nr. 41; p. 376, Nr. 18

Tefnut — **1**, p. 119; p. 158, n. 410; p. 185 f., n. 210; p. 269, Nr. 3; p. 401 f., n. 137

Thoëris — **1**, p. 145, Nr. 97

Thot — **1**, p. 142, Nr. 81; p. 204, Nr. 96; Nr. 98a; p. 219, n. 340; p. 222, Nr. 7; p. 236, n. 205; p. 238, n. 249; p. 251, Nr. 64; p. 252, Nr. 67; p. 263, n. 234; n. 237; p. 304, Nr. 52; p. 434, Nr. 8; Nr. 13

Upuaut — **1**, p. 140, Nr. 71c; p. 203, Nr. 84

Urethekau — **1**, p. 286, Nr. 60

Urgötter — **1**, p. 541, n. 2; p. 555; p. 562 f.; p. 566, Nr. 12

Uto — **1**, p. 285, Nr. 44; Nr. 47

2.2 Epitheta (Schreibungen)

Götter:

Ältester-von-Himmel-und-Erde (Sonnengott) — **1**, p. 155, n. 315; p. 290, n. 80
Anfang der Götter, Ende der Götterneunheit (Osiris) — **1**, p. 96
Der-Brüller (Apophis) — **1**, p. 512; **1**, p. 552, n. 5
Der-den-Arm-erhebt (Min) — **1**, p. 190 f., n. 363
Der-die-Perücke-trägt (verschiedene Gottheiten und Personifikationen) — **1**, p. 401 f., n. 137
Der-Erste-des-Westens (Osiris) — **1**, p. 366, Nr. 46
Der-Helfer (Amun) — **1**, p. 548
Der-Herr-des-Lebens (göttliches Epitheton) — **1**, p. 343, Nr. 65
Der-Herr-von-Hermopolis (Thot) — **1**, p. 571
Das-Herz (-des-Re) (Thot) — **1**, p. 238, n. 249
Der-Herzensmatte (Osiris) — **1**, p. 563, Nr. 3
Der-Horizontische (Sonnengott) — **1**, p. 139, Nr. 60c; p. 345, Nr. 99
Der-König-von-Ober-und-Unterägypten (Osiris) — **1**, p. 329, n. 106
Der-Lichtvertreiber (Apophis) — **1**, p. 373, n. 126
Der-mit-großem-Triumph (Horus) — **1**, p. 85, n. 4
Der-Planer? (Ptah, Tatenen, Sokar) — **1**, p. 176, Nr. 81a
Der-Schatten-des-Bösen (Seth) — **1**, p. 373, n. 126
Der-Sohn-der-Erde (Harsomtus) — **1**, p. 348, n. 37

Der-starke-Stier (Month) **1**, p. 140, Nr. 70a; p. 160, n. 483; p. 557, Nr. 7
Der-unversehrt-Erwachende (Osiris) **1**, p. 393, Nr. 30
Der-vollkommen-Seiende (Osiris) **1**, p. 207, n. 8
Der-von-Hermopolis (Thot$^{?}$) **1**, p. 231, n. 37
Der-Vortreffliche (Thot) **1**, p. 251, Nr. 65
Der-zweimal-Große (Thot) **1**, p. 44; p. 81; p. 238, n. 249
Dessen-Haar-sich-hinabringelt (Osiris) **1**, p. 401 f., n. 137
Die-Zunge-des-Re/Atum (Thot) **1**, p. 163, n. 562
Onnophris **1**, p. 221, n. 394; p. 302, Nr. 29; Nr. 29a; p. 303, Nr. 30; p. 306, Nr. 81; p. 340, Nr. 17; p. 571

Göttinnen:
Das-Auge-des-Re (Hathor/Isis/Tefnut) **1**, p. 141, Nr. 78a; p. 187, n. 240; p. 271, n. 18; p. 319, Nr. 14; p. 328, n. 86; p. 559 f., Nr. 3; Nr. 6; p. 563, Nr. 3
Behedetit (Hathor) **1**, p. 473
Das-Haus-der-Urit-Kuh (Uräusschlange, Nechbet, Hathor) **1**, p. 340, Nr. 32
Das-Haus-des-Horus (Hathor) **1**, p. 163, n. 583
Deren-Haar-sich-hinabringelt (Hathor, Isis und Tefnut u.a.) **1**, p. 401 f., n. 137
Die-Amme (Hathor) **1**, p. 137, Nr. 52a
Die-auf-der-Treppe-ist (Bastet) **1**, p. 346, Nr. 102
Die-das-Haus-trägt (Nephthys) **1**, p. 190 f., n. 363
Die Goldene-der-Götter (Hathor) **1**, p. 85, n. 8
Die Goldene (Hathor) **1**, p. 209, n. 73
Die-Herrin-der-Neunheiten (Hathor) **1**, p. 18, n. 14
Die-Herrin-der-14-Kas **1**, p. 18, n. 14
Die-Herrin-von-Dendera (Hathor) **1**, p. 209, n. 73; p. 284, Nr. 33; p. 286, Nr. 59; p. 559 f., Nr. 3; Nr. 6; p. 566
Die-Herrin-von-Iat-dit (Isis) **1**, p. 566
Die-Lebenspendende (Hathor) **1**, p. 140, Nr. 70c
Die-ihre-Häuser-bewacht (Neith von Esna) **1**, p. 146, Nr. 100
Die-Pupille des-Udjatauges **1**, p. 85, n. 4
Die-Weiße-von-Nechen (Nechbet) **1**, p. 324, Nr. 80
Sefechet-abui (Seschat) **1**, p. 55
Weiblicher Ibis (Isis) **1**, p. 567 f.

ägyptisch:
ꜣmś (Osiris) **1**, p. 388 f., n. 240
jwḥt-rdwj (Nechbet) **1**, p. 41; p. 110, n. 1
Jr(j)-tꜣ$^{?}$ (Ptah) **1**, p. 274, n. 92
jt$^{?}$ (Chepre) **1**, p. 299, n. 2
wꜥ wꜥw (Der älteste Gott) **1**, p. 151, n. 147

wnn-nfrw (Osiris)	**1**, p. 207, n. 8; p. 302 f., Nr. 29; Nr. 30; p. 306, Nr. 81
mḏ3j (Min)	**1**, p. 423, n. 154
nhś (Seth)	**1**, p. 459
s3 Rᶜ (Onuris, Schu, Onuris-Schu)	**1**, p. 24, n. 2; p. 138, Nr. 57c; p. 158, n. 408, p. 557, Nr. 8
Śbk-nt[?] (Göttinnen als Sonnenmütter u. a. des Re)	**1**, p. 280, n. 79
śwḥt (Göttinnen als Sonnenmütter u.a. des Re)	**1**, p. 280, n. 79
śẖm (Geb)	**1**, p. 444, n. 18
khb (Seth)	**1**, p. 459
dmḏ[?] (Chnum)	**1**, p. 278, n. 18

2.3 Ortsnamen (Schreibungen)

• Ägypten	
- *Wḏ3t*	**1**, p. 183, n. 122
- *B3ḳt*	**1**, p. 168, Nr. 20
- *Śnwt*	**1**, p. 320, Nr. 27
- *Kmt*	**1**, p. 95; p. 277, Nr. 18; **1**, p. 346, Nr. 110
- *Ḳbḥwj*	**1**, p. 427, Nr. 30
- *T3wj*	**1**, p. 168, Nr. 22; p. 200, Nr. 46b; p. 227, Nr. 77, Nr. 79; Nr. 81; p. 284, Nr. 35; p. 302, Nr. 25; p. 304, Nr. 44; Nr. 46; p. 321, Nr. 37; p. 345, Nr. 100
• Oberägypten	
- *(T3-)Šmᶜw*	**1**, p. 44; p. 50, Nr. 19; p. 173, Nr. 58; p. 302, Nr. 24; p. 304, Nr. 49 f.; p. 305, Nr. 61, Nr. 66; Nr. 68; p. 315, n. 253; p. 346, Nr. 108; p. 375, Nr. 1; Nr. 4
• Unterägypten	
- *Mḥw*	**1**, p. 304, Nr. 41; Nr. 43; Nr. 45; Nr. 47; Nr, 48; p. 346, Nr. 109; p. 375, Nr. 8
• Mittelmeer	**2**, Nachtrag zu **1**, p. 188, n. 281
• Orte und Gaue	
- Abaton	**1**, p. 138, Nr. 57a
- Abydos	**1**, p. 321, Nr. 41; p. 322, Nr. 55; **1**, p. 367, Nr. 50
- Atfih	**1**, p. 222, Nr. 1

- Athribis **1**, p. 526, n. 5
- Babylon (heutiges Alt-Kairo) **1**, p. 358, Nr. 25
- Buto **1**, p. 360, n. 40
- Byblos **1**, p. 323, Nr. 64
- Charga/Dachla, Oasen **1**, p. 537
- Chemmis **1**, p. 357, Nr. 14; p. 512, n. 11
- Dendera **1**, p. 140, Nr. 69; p. 167, Nr. 5; p. 277, Nr. 13; p. 284, Nr. 30; p. 335, n. 286
- Dep **1**, p. 38 f.; p. 281, n. 87
- Diospolis Parva (Hu) **1**, p. 438, Nr. 13
- Elephantine **1**, p. 238, n. 246; p. 321, Nr. 33; p. 408, Nr. 39
- Elkab **1**, p. 366, Nr. 39
- Esna **1**, p. 253, Nr. 84; p. 533
- Harpunengau **1**, p. 366, Nr. 43
- Hebenu **1**, p. 199, Nr. 33a
- Heliopolis **1**, p. 76; p. 167, Nr. 5; p. 344, Nr. 79; p. 549
- Hermopolis **1**, p. 75; **1**, p. 222, Nr. 7
- Hierakonpolis **1**, p. 324, Nr. 76; Nr. 79; p. 346, Nr. 112; p. 376, Nr. 18
- Hui **1**, p. 393, Nr. 35
- Kôm Ombo **1**, p. 460
- Medinet Habu **1**, p. 277, Nr. 14
- Mendes **1**, p. 295, Nr. 9
- Neith **1**, p. 366, Nr. 42
- Ombos **1**, p. 460
- Oxyrhynchos **1**, p. 385, n. 120
- Pe **1**, p. 38 f.; p. 230, n. 7; p. 539
- Per-ur **1**, p. 339, Nr. 2; p. 342, Nr. 55
- Qus **1**, p. 378, Nr. 35 f.
- Sais **1**, p. 152, n. 197; p. 274, n. 95
- Schenes **1**, p. 324, Nr. 78; Nr. 85
- Sopdu **1**, p. 363, Nr. 12
- Talmis **1**, p. 155, n. 295
- Theben **1**, p. 366, Nr. 36; p. 380, Nr. 63 f.

- *J3t-tfnt* **1**, p. 372, n. 99
- *Brbr*? **1**, p. 385, n. 120; n. 122
- *P3-wḏ-ḥḏ* **1**, p. 539
- *Pr-Śpdw* **1**, p. 370, n. 43
- *Nʿrt ḫntt* **1**, p. 321, Nr. 41
- *Śḫt-jwr* **1**, p. 211, n. 128
- *Śmn-Ḥr* **1**, p. 265, n. 306

- *Knmt* (Oase Charga/Dachla) **1**, p. 537

2.4 Schriftsystem

• Abkürzung — siehe orthographische Besonderheiten

• Achsensymmetrie/achsensymmetrisch — **1**, p. 8; p. 107 f.; p. 110

• Akrophonie (Prinzip VI) — **1**, p. 19 f.; p. 34; p. 58, n. 2; p. 59 ff.; p. 123; p. 533, n. 4

• Alliteration — **1**, p. 41; p. 508; p. 510 f.; p. 525; p. 534; p. 538; p. 544, n. 9 **2**, § 268; Add. zu **1**, p. 360, n. 40

• alphabetische Schreibung — **1**, p. 5 mit n. 2; n. 5

• Assimilation — **1**, p. 63, n. 1; p. 83; p. 466, n. 1; p. 491, n. 5; p. 495, n. 7; p. 496, n. 2; p. 512, n. 1; n. 8; p. 513, n. 3, n. 5; n. 6; n. 8; p. 515; p. 519, n. 11;
2, p. 699 f.: *m; m-bꜢḥ*; p. 737, n. 3; p. 1065 f.: Add. zu **1**, p. 521, § 18.3

• Auslassung — **1**, p. 63, n. 1; p. 87 f.; p. 508, n. 1; p. 512, n. 2; p. 514, n. 4; p. 515, n. 4; p. 517; p. 539, n. 4;
2, p. 590, n. 2; p. 592; p. 593; p. 596; p. 704 f, n 10: *ḥr*;
siehe auch 4. Grammatische Begriffe: Elipse

• Determinativ — **1**, p. 125
- fehlt — **1**, p. 83
- -konkretisierung — **1** p. 5, n. 1; p. 32, n. 9; p. 33; p. 40; p. 54, n. 1; p. 125, n. 2
- mehrere — **1**, p. 84; p. 93
- mit Ideogrammstrich und/oder *t* der Femininendung — **1**, p. 84 f.; p. 468, n. 8
- nach zusammengesetztem Ausdruck — **1**, p. 85
- Position — **1**, p. 85 f.; p. 89
- von Kontext beeinflußt — **1**, p. 86 f.; p. 92, n. 1

• Differenzierungsaufhebung — **1**, p. 33

- Hieratisch/Hieroglyphisch (Prinzip X) **1**, p. 35; p. 39; p. 70; p. 74 ff.; p. 570, Übung 6
- Laute (Prinzip VII) **1**, p. 19; p. 23, n. 7; p. 33 ff.; p. 39 p. 46; p. 58, n. 3; p. 62 ff.; p. 71, n. 7; p. 80, n. 5; p. 81; p. 91, n. 3; p. 533, n. 4
- Schriftzeichen (Prinzip IX) **1**, p. 32; p. 34; p. 39; p. 70; p. 72 f.; p. 532, n. 11
- Wortinhalte (Prinzip III) **1**, p. 25, n. 4; p. 40; p. 47 f.; p. 70, n. 2; p. 76; p. 81; p. 533, n. 2

• Dissimilation **1**, p. 63, n. 1; p. 83; p. 468, n. 1; p. 513, n. 3 ff.; p. 519; p. 520, n. 1

• Dittographie (Doppelschreibung) **1**, p. 63, n. 1; p. 83; p. 517 mit n. 12; p. 545, n. 1

• Erschließung eines Lautwertes **1**, p. 111 ff.

• Fehler
- antik **1**, p. 8; p. 39; p. 73, n. 4; n. 6; p. 83, n. 1; n. 8; p. 85 mit n. 2; n. 9; p. 86 ff.; p. 89; p. 92; p. 98, n. 11; p. 99, n. 8; p. 106; p. 112; p. 121; p. 124 f.; p. 455; p. 457, n. 5; p. 462, n. 3 f.; p. 463, n. 6; p. 464, n. 3; p. 481, n. 10; p. 489, n. 7; p. 493, n. 6; n. 8; p. 494, n. 3; p. 496; p. 504, n. 4; p. 506, n. 1; n. 4; p. 509, n. 6; p. 510, n. 1; n. 6; p. 512, n. 5; p. 515, n. 7; p. 517, n. 6; p. 518, n. 5; p. 522, n. 4; p. 532, n. 11; p. 539 f.; p. 543; p. 545, n. 1; p. 565; p. 567; p. 571 f.
- modern **1**, p. 34, n. 6; p. 76; p. 87, n. 2; p. 106, n. 2; p. 111; p. 121 ff.; p. 460, n. 1; p. 511, n. 2; p. 522, n. 4; p. 529
- -korrektur/-beseitigung (antik) **1**, p. 89
- listen **1**, p. 121

• Haplographie **1**, p. 83; p. 493, n. 8; p. 510, n. 6; p. 512, n. 2; p. 514 mit n. 4; n. 12; p. 517; p. 531, n. 7

• Ideogrammstrich	**1**, p. 38, n. 2; p. 84 f.; p. 99, n. 1; p. 172; p. 468, n. 8; p. 522, n. 4; p. 571 f.
- beim Verb	**1**, p. 90
• klassische vs. ptolemäische Schreibung,	**1**, p. 4 f.;
siehe auch Schreibungen, historisch	**1**, p. 31; p. 65; p. 83; p. 85, n. 2; p. 95; p. 111; p. 454; p. 468, n. 2; p. 490, n. 7; p. 520, n. 6; p. 538; p. 549, n. 7
• Kombination mehrerer Prinzipien (Prinzip XI)	**1**, p. 33, n. 4; p. 35 f.; p. 46, n. 3; p. 47, n. 2; p. 58, n. 3; p. 79 ff.
• Konsonantenprinzip (Prinzip V)	**1**, p. 20, n. 6; p. 23, n. 2; p. 56 ff.; p. 60 f.; p. 65; p. 80; p. 81 mit n. 9; p. 100; p. 490, n. 5; p. 509, n. 5
• Kryptographie	**1**, p. 122 f.
• Mater Lectionis	**1**, p. 90 f.
• Metathesis	**1**, p. 63, n. 1; p. 83 mit n. 1; p. 465, n. 6; n. 8; p. 474, n. 1; p. 481, n. 11; p. 528, n. 4
• Mischschreibungen	**1**, p. 91 ff.; p. 112; p. 462, n. 3; p. 474, n. 12; p. 479, n. 4; p. 530, n. 11
- partiell	siehe Rebus, partiell
• Monogramme	**1**, p. 3, n. 1; p. 21; p. 95 f.; p. 119; p. 448; p. 543, n. 1
• Orthographische Besonderheiten	**1**, p. 489, n. 6
- Abkürzung	**1**, p. 5, n. 1; p. 40; p. 80, n. 1; p. 100
- Hinweis auf unterdrückte Fortsetzung eines Textes	**1**, p. 100
- Determinativ fehlt	siehe Determinativ
- Determinativ, mehrere	siehe Determinativ
- Determinativ mit Ideogrammstrich und/oder *t* der Femininendung	siehe Determinativ
- Determinativ nach zusammengesetztem Ausdruck	siehe Determinativ
- Determinativ, Position	siehe Determinativ

- Determinativ, vom Kontext beeinflußt siehe Determinativ
- Fehler siehe Fehler, antik
- gespaltene Kolumne siehe Zeichen
- Graphische Assimilation siehe Zeichen
- Horror Vacui siehe Zeichen
- Ideogrammstrich beim Verb siehe Ideogrammstrich
- Mater Lectionis siehe Mater Lectionis
- Mischschreibungen siehe Mischschreibungen
- Rebus partiell/partielle Mischschreibungen siehe Rebus
- Monogramme siehe Monogramme
- Nebensinn siehe Schrift
- Punktuelle Umkehr der Schriftrichtung siehe Schrift
- *sp 2* zur Verdoppelung von Konsonanten **1**, p. 98
- Umstellung siehe Zeichen
- Voranstellung aus Ehrfurcht siehe Wörter

• Pars pro toto (Prinzip VIII) **1**, p. 34; p. 46, n. 3; p. 71

• Phonogramme (Definition für die Zeichenliste) **1**, p. 124

• Prinzip I siehe Wortentnahme, leicht

• Prinzip II siehe Wortentnahme, schwierig

• Prinzip III siehe Differenzierungsaufhebung: Wortinhalte

• Prinzip IV siehe Rebus

• Prinzip V siehe Konsonantenprinzip

• Prinzip VI siehe Akrophonie

• Prinzip VII siehe Differenzierungsaufhebung: Laute

• Prinzip VIII siehe Pars pro toto

• Prinzip IX siehe Differenzierungsaufhebung: Schriftzeichen

• Prinzip X siehe Differenzierungsaufhebung: Hieratisch/Hieroglyphisch

• Prinzip XI siehe Kombination mehrerer Prinzipien

• Prinzip XII — siehe Rebus, reziprok

• Prinzip XIII — siehe Spezielle Verwendung von Pluralschreibungen

• Prinzip XIV (Proportionale Erweiterung der Schnittmenge) — **1**, p. 38 f.

• Rebus (Prinzip IV) — **1**, p. 32, n. 9; p. 33, n. 4; p. 47; p. 54 ff.; p. 79 f.; p. 82; p. 100; p. 112

- partiell — **1**, p. 93, n. 3; **1**, p. 94; **1**, p. 112, n. 5
- reziprok (Prinzip XII) — **1**, p. 36

• Schreibungen, historisch — **1**, p. 1; p. 10; p. 14 ff.; p. 58, n. 2; p. 83; p. 91, n. 3; p. 461, n. 5; p. 465, n. 7; p. 467, n. 8; p. 468, n. 8; p. 479, n. 11; p. 483, n. 7; p. 485, n. 4; p. 486; p. 487, n. 13; p. 488, n. 6 f.; p. 492 mit n. 8; p. 495, n. 7; p. 497, n. 9; p. 498 f.; p. 501, n. 8; p. 512, n. 1; p. 515, n. 1; p. 524 f.; p. 534; p. 538

• Schrift

- Nebensinn — **1**, p. 23, n. 3; p. 92 ff.; p. 95, n. 8; p. 96; p. 100; p. 112, n. 1; n. 4; p. 496, n. 2; p. 504, n. 12; p. 564 f.
- Umkehr der Richtung — **1**, p. 97 f.

• Sinneinheiten — **1**, p. 103 ff.; p. 108

• Spezielle Verwendung der Pluralschreibung (Prinzip XIII) — **1**, p. 37

• Spielende Schreibungen — **1**, p. 7; p. 14 f.; p. 24

• Totum pro Parte — **1**, p. 71

• Wortentnahme

- leicht (Prinzip I) — **1**, p. 33; p. 40 ff.; p. 79 ff.
- schwierig (Prinzip II) — **1**, p. 33; p. 36; p. 40 f.; p. 42 ff.; p. 46; p. 65; p. 81 f.; p. 558, Nr. 20

• Wörter, Voranstellung aus Ehrfurcht — **1**, p. 98

• Zeichen
- Differenzierungsaufhebung — **1**, p. 33 ff.; p. 37; p. 39; p. 46; p. 54; p. 62 ff.; p. 124; p. 456; p. 481, n. 9; p. 533, n. 4
- gespaltene Kolumne — **1**, p. 99; p. 512, n. 3; p. 514, n. 10
- graphische Assimilation — siehe Assimilation
- Horror Vacui — **1**, p. 99; p. 479, n. 6
- mehrgliedrige Ausdrücke — **1**, p. 43
- Umstellung aus kalligraphischen Gründen — **1**, p. 99; p. 455; p. 458, n. 3; p. 459, n. 9; p. 478, n. 5

2.5 Texterschließung

• Einheit von Text und Bild — **1**, p. 7 ff.; p. 12; p. 89; p. 111; p. 113 f.; **2**, p. 1020 ff.

• Formeln und Sinneinheiten
- *ꜣbj jb.ś* — **1**, p. 263, n. 241
- *ꜣm wr pḥtj* — **1**, p. 258, n. 80
- *ꜣmś jb* — **1**, p. 199, Nr. 37
- *jwḥt-rdwj* — **1**, p. 41
- *jnj pḥwj n* — **1**, p. 244, n. 387
- *jnj ḥp* — **1**, p. 148, n. 54
- *jṯj ḥp* — **1**, p. 148, n. 54
- *ꜥnt r nṯrwt* — **1**, p. 160, n. 470
- *ꜥḳꜣ rdwj* — **1**, p. 93, n. 1
- *wꜥt ḥnwt nṯrw* — **1**, p. 565 ff.
- *wbn m bꜣẖ* — **1**, p. 211, n. 134
- *wbn m nẖb* — **1**, p. 329, n. 105
- *wpj rḥwj* — **1**, p. 258, n. 76
- *wḥm mśẖꜥ* — **1**, p. 180, n. 25
- *wṯs ꜣmś ẖr śt-wrt* — **1**, p. 389, n. 242
- *bꜣ.*[*tj*] *ḫnt Bḥdt* — **1**, p. 210, n. 112
- *bjk wr pḥtj* — **1**, p. 258, n. 80
- *bjkt nṯrjt nb*(*t*) *Pwnt* — **1**, p. 260, n. 120
- *bẖn šnw* — **1**, p. 336 f., n. 332
- *pt m ḥb tꜣ ḏr.f m ršwt* — **1**, p. 61 f.
- *pt tꜣ dꜣt mw ḏw* — **1**, p. 73, n. 5;
- *pꜥt rẖjt* — **1**, p. 267, n. 393
- *prj m nẖb* — **1**, p. 329, n. 105
- *pśḏt n.k m jtrtj* — **1**, p. 423, n. 141
- *mśj nṯrw* — **1**, p. 16, n. 4
- *mḏt ḥr ꜥwj mꜣj* [?] *ḥḳꜣ Pwnt* — **1**, p. 179, n. 24

- *nb mꜣꜥt bwt.f jsft* — **1**, p. 267, n. 391
- *rś.k nfr* — **1**, p. 88
- *rdj ršwt* — **1**, p. 273, n. 69
- *ḥḥ n ḥntj* — **1**, p. 110
- *ḥsj Rꜥ r.ś* — **1**, p. 214, n. 201
- *ḫꜣꜥ ḳꜣh$^{?}$.f* — **1**, p. 536, n. 5
- *ḫpr ḫnt* — **1**, p. 103; 565 f.
- *ẖrjw ẖt Nwt ḥrjw śꜣ Gbb* — **1**, p. 66, n. 8
- *sn św r jt.f* — **1**, p. 74, n. 5
- *śḏdj.ś r (km ḏt)* — **1**, p. 220, n. 392
- *šsp.j wnwt.k* — **1**, p. 56, n. 1
- *ṯnj ḥꜣt* — **1**, p. 232, n. 60
- *dr śnm mꜣṯ m jb śntj* — **1**, p. 267, n. 394
- *ddt pt* — **1**, p. 523, n. 7
- *ḏꜣj pt rꜥ nb* — **1**, p. 41

• Position der Inschrift im Tempel — **1**, p. 7 ff.; p. 12; p. 102; p. 563 f.

• Textparallelen, Heranziehen von — **1**, p. 8; p. 11; p. 17, n. 4; p. 47; p. 103 ff.; p. 111 f.

• Textstruktur, gedankliche und inhaltliche — **1**, p. 7 ff.; p. 12; p. 62; p. 114 ff.; p. 125 f.; p. 180, n. 40; p. 214, n. 179; p. 508, n. 1

2.6 <u>Wörter/Wortdiskussionen</u>
- *jwꜥ/jsw* (Weihrauch) — **1**, p. 241, n. 336
- *ꜥḫ/ꜥḏ* (Anch-Djed-Was-Opfer) — **1**, p. 401 f., n. 137
- *wnšb* (Wasseruhr) — **1**, p. 187, n. 240; p. 205, Nr. 111; p. 220, n. 377; p. 424, n. 172 f.; n. 177
- *wṯs ꜣmś* (Trankopfer) — **1**, p. 389, n. 242
- *mꜣj ꜥnḫ* (Salbopfer) — **1**, p. 214, n. 180
- *rrm* (liturgisches Gerät) — **1**, p. 311 f., n. 131; p. 377, Nr. 27; p. 384, n. 94
- *rw/šnꜥ/šsmw* (Weihrauchopfer) — **1**, p. 213, n. 167; p. 214, n. 180; p. 215, n. 227

2.7 <u>Zeichen</u> (Diskussion einzelner Lesungen, ausgehend von der Zeichenliste)

1: Menschen und Gottheiten
- Nr. 1c - *n(n)* — **1**, p. 147, n. 8
- Nr. 46a - *Mḥjt-wrt* — **1**, p. 157, n. 358
- Nr. 57a - *Jw-wꜥbt* — **1**, p. 158, n. 410
- Nr. 69 - *Jwnt* — **1**, p. 160, n. 478

2: Teile des menschl. Körpers	
Nr. 6 - *wpt/dbnt*	**1**, p. 179, n. 23
- *mꜣj/rw*	**1**, p. 179, n. 24
Nr. 22 - *tꜣwj*	**1**, p. 183, n. 131
Nr. 43 - *š*	**1**, p. 185, n. 209
- *ṯf*	**1**, p. 185 f., n. 210
3: Säugetiere	
Nr. 31 - *bꜣ*	**1**, p. 210, n. 112
Nr. 46b - *nb* und *tꜣwj*	**1**, p. 213, n. 168
Nr. 50 - *mdś*	**1**, p. 213, n. 177
Nr. 79 - *ꜣḫ*	**1**, p. 216, n. 248
Nr. 96 - *ḏd*	**1**, p. 219, n. 340
4: Teile von Säugetieren	
Nr. 2 - *ꜥ*	**1**, p. 230, n. 6
Nr. 4 - *Šsmw*	**1**, p. 230, n. 15
Nr. 7 - *Ḫmnjw*	**1**, p. 231, n. 36
Nr. 10 - Determinativ zu *rḫ* und *n rḫ*	**1**, p. 231, n. 42
Nr. 25 - *ḫnm*	**1**, p. 232, n. 80
Nr. 37 - *t*	**1**, p. 233, n. 114
Nr. 48 - *ḳnt*	**1**, p. 235, n. 175
Nr. 63 - *ḥt-nṯr*	**1**, p. 238, n. 242
Nr. 65 - *ꜥꜣ*	**1**, p. 238, n. 249
5: Vögel	
Nr. 2 - *jrtjw*	**1**, p. 256, n. 27
Nr. 83 - *Śmn-Ḥr*	**1**, p. 265, n. 306
6: Teile von Vögeln	
Nr. 20 - *ḏt*	**1**, p. 274, n. 100
Nr. 21 - unsicher	**1**, p. 274 f., n. 110
7: Amphibien	
Nr. 9 - *Śbk*[?]	**1**, p. 280, n. 79
Nr. 16 - *dp*	**1**, p. 281, n. 87
8: Schlangen	
Nr. 15 - *ḏt*	**1**, p. 289, n. 51
Nr. 22 - *ḥḥw ḥfnw*	**1**, p. 289 f., n. 63
Nr. 28 - *Pẖr-ḥr*	**1**, p. 290, n. 91
9: Fische und Teile von Fischen	
Nr. 1 - *ḥtp*[?]	**1**, p. 296, n. 8
Nr. 2 - *ś*	**1**, p. 296, n. 10

Nr. 3 - *bwt* **1**, p. 296, n. 17
Nr. 5 - *ḫ* **1**, p. 296, n. 23

12: Himmel, Erde, Wasser
Nr. 3 - *pśḏ* **1**, p. 326, n. 23
Nr. 16 - *prj* **1**, p. 328, n. 93
Nr. 20 - *sp* **1**, p. 329, n. 116
- *ḫbj* (*jnw*) **1**, p. 330, n. 124
Nr. 25 - *rḏw*? **1**, p. 331, n. 153
Nr. 36 - *jr* **1**, p. 332 f., n. 202
Nr. 76 - *jmn* **1**, p. 337, n. 340

13: Gebäude und Teile von Gebäuden
Nr. 90 - *šnꜥ*, *jgp* **1**, p. 42, n. 1; **1**, p. 352, n. 215

14: Schiffe
Nr. 14 - *wꜣḏ* **1**, p. 360, n. 39

15: Mobiliar des Hauses, des Grabes und des Tempels
Nr. 10 - *mk* **1**, p. 370, n. 32

16: Kronen, Kleidung, Schmuck und Insignien
Nr. 9 - *wnn* **1**, p. 383, n. 38
Nr. 35 - *mꜥjt* **1**, p. 385, n. 120
Nr. 43 - *tꜣ*? **1**, p. 386, n. 143
Nr. 67 - *ꜣmś* **1**, p. 389, n. 242

17: Waffen
Nr. 42 - (*ꜥḥ šnjw*) **1**, p. 401 f., n. 137

18: Werkzeuge
Nr. 27 - *nḥp* **1**, p. 412, n. 87

22: Schrift, Spiele und Musik
Nr. 6 - *ꜥr* **1**, p. 440, n. 12
Nr. 8 - *m*? **1**, p. 440, n. 17
Nr. 12 - *śḫm* **1**, p. 441, n. 31

3. STICHWÖRTER

3.1 Ägyptisch (Auswahl)

ꜣbw (ungewöhnliches Zeichen für Elephantine) **1**, p. 238, n. 246
jb (Zeichen Nr. 3.96) **1**, p. 219, n. 343
jwḥt-rdwj (Epitheton der Nechbet) **1**, p. 41; p. 110, n. 1
jnd, traurig sein (Nebensinn) **1**, p. 93, n. 1
ꜥḥ (*jḥ*) (Zeichen Nr.17.42) **1**, p. 401 f., n. 137
wṯs ꜣmś ḫr śt-wrt **1**, p. 389, n. 242
b(*w*) *dj*(*t*) (Zeichen Nr. 10.10) **1**, p. 300, n. 38
bwt, hier: fernhalten/abwenden/beseitigen (Zeichen Nr. 3.17) **1**, p. 296, n. 17
prj (Zeichen Nr. 8.5) **1**, p. 288 f., n. 23
mꜣꜥ-ḫrw (Zeichen Nr. 13.84; Nr 3.54), gerechtfertigt **1**, p. 46
mfk, (fälschlich für Zeichen Nr. 17.42) **1**, p. 401 f., n. 137
n rḫ (Zeichen Nr. 8.57; Nr. 8.61), nicht kennen **1**, p. 45; 231, n. 42
nḫb (Zeichen Nr. 11.32) **1**, p. 311 f., n. 131
ḥnꜥ (Zeichen Nr. 2.39) **1**, p. 490, n. 7
ḥr.f-m-ḫt, Dessen-Gesicht-im-Feuer-ist (Zeichen Nr. 2.4a) **1**, p. 46
ḥrj-tp, oben (Zeichen Nr. 2.8) **1**, p. 46
sfn/tfn(*?*), sich freuen **1**, p. 545, n. 1
śr, der Fürst **1**, p. 465, n. 8
śḫbn, schmälern, mindern (Zeichen Nr. 9.5) **1**, p. 296, n. 23
šḥḳ, das Pulver (?) **1**, p. 526, n. 4
kꜣt, Vulva (Zeichen Nr. 10.10) **1**, p. 300, n. 38
gś, Seite (Zeichen Nr. 6.8) **1**, p. 46
ḏꜣj pt, der den Himmel überquert (Lesung) **1**, p. 47

Lesung „freie Stelle" (kein Zeichen) **1**, p. 45

3.2 Demotisch, siehe auch 4. GRAMMATISCHE BEGRIFFE: Demotische Formen und Konstruktionen

ꜣj, *ỉj*, o! **2**, p. 767
ꜣsj, eilen **1**, p. 478
ꜣsṯ, der Boden **1**, p. 464
ỉmj, gib **1**, p. 488, n. 1
ỉmbꜣ, Ombos **1**, p. 460, n. 6
ỉrm, mit, und **2**, p. 704 n. 8
ỉrt.(*t*), Milch **1**, p. 332 f., n. 202
ỉsj, Grab, Werkstatt **1**, p. 497, nota 8
ỉswj.(*t*), der Lohn **1**, p. 480
jꜥṯꜣ.t, der Tau **1**, p. 471

jwy, Partikel (Černy, CED, 45) **2**, p. 767
jnn, wir **2**, p. 614
jr, der Fluß **1**, p. 539
js, eilen **1**, p. 469
ˁˁn, der Pavian **1**, p. 491
ˁḥj, aufhängen **1**, p. 471
wrṯ, müde werden **1**, p. 474
wḫꜣ, suchen **1**, p. 493, n. 6
wšt, begrüßen **1**, p. 474
wt, befehlen **1**, p. 475, n. 5
bw, der Ort **1**, p. 493 f., n. 10
fnt, die Nase **1**, p. 474
ftj, der Schweiß **1**, p. 472
m-ỉr, tue nicht **2**, p. 742
m-mḫ, vor **1**, p. 512, n. 8
m-sꜣ nꜣỉ, danach **2**, p. 1002, n. 4
mj, wie **1**, p, 495
mwy (Černý, CED), Strahlen **1**, p. 484
nb, der Herr **1**, p. 509, n. 5
nbj, der Schaden **1**, p. 385, n. 103
npj, die Korn(göttin) **1**, p. 521, n. 3
nm, wer? **1**, p. 474
nḳtj, schlafen **1**, p. 468, n. 1
hj, fallen **1**, p. 482
ḥˁ (*iḥˁ.w*), die Glieder **1**, p. 464
ḥw, der Zuwachs **1**, p. 499
ḥf, die Schlange **1**, p. 482
ḥṯ, der Rauch **1**, p. 458
ḥtj, beschädigen **1**, p. 544, n. 3
ḫft, der Feind **1**, p. 539
ḫrt.ṯ, das (göttliche) Kind **1**, p. 474
ḫrṯ.w, die Kinder **1**, p. 474 f.
ḫḳ, das Pulver **1**, p. 526, n. 4
sj (*sjij*), satt werden **1**, p. 470
sjf, das Kind **1**, p. 469
sw, der Stern **1**, p, 495
sm, das Kraut **1**, p. 469
snb, die Gesundheit **1**, p. 478
snf, das Blut **1**, p. 478
snt, sich fürchten **1**, p. 475
sr, Widder **1**, p. 465, n. 6
špš.t, die Vornehme **1**, p. 533
št, geheim sein **1**, p. 532, nota 1
km, schwarz werden **1**, p. 469

knṯ, der Zorn 1, p. 475
kkj, die Dunkelheit 1, p. 480
tꜣ, die Zeit 1, p. 462, n. 1
tꜣj, weil 1, p. 462

3.3 Koptisch (saïdisch)

ⲁⲕ, richtig sein **1**, p. 24, n. 6
ⲁⲗⲕⲉ, der letzte Monatstag **1**, p. 536
ⲁⲙⲟⲩ, ⲁⲙⲏ, ⲁⲙⲱⲓⲛⲉ, Imp. zu kommen **2**, p. 751
ⲁⲛⲟⲛ, wir **2**, p. 614
ⲁⲣⲏϫ, das Ende **1**, p. 465, n. 6
ⲁⲣⲓ, Imp. zu tun **2**, p. 753
ⲁⲥⲟⲩ, der Lohn **1**, p. 480
ⲁⲧ-, ohne **2**, p. 683, n. 9
- ⲁϊⲧ, ohne **2**, p. 684, n. 8
ⲁⲑⲣⲏⲃⲓ, Athribis **1**, p. 526, n. 5
ⲁⲑⲱⲣ, Hathor **1**, p. 526, n. 5
ⲁϣ, wer **2**, p. 776, n. 13
ⲁϧⲱⲣⲓ, der Erdgott **1**, p. 528, n. 11
ⲁϩⲏ, das Rind **1**, p. 484, n. 3
ⲃⲟⲕⲓ, schwanger sein **1**, p. 535
ⲃⲏⲛⲉ, die Schwalbe **1**, p. 508, n. 1
ⲃⲱⲱⲛ, das Böse **1**, p. 463, n. 7
ⲃⲛⲛⲉ, die Dattel **1**, p. 464
ⲃⲱⲧⲉ, ein Getreide **1**, p. 484
ⲃⲁϩⲥⲉ, das Kalb **1**, p. 476
ⲃⲏϭ, der Falke **1**, p. 537
ⲉ-, ⲉⲣⲟ, Präp. *r* **1**, p. 489; p. 491; p. 493; **2**, p. 703
ⲉⲙⲃⲱ, Kôm Ombo **1**, p. 460
ⲉⲛⲉ, Fragepartikel **2**, p. 769, n. 1
ⲉⲛⲕⲟⲧⲕ, schlafen **1**, p. 468, n. 1
ⲉⲛⲧⲁⲓⲣ, ⲉⲛⲧⲏⲣ, die Götter **2**, p. 643
ⲉⲣⲉ, Präfix Futur III **2**, p. 876
ⲉⲣⲟ=, stat. pron. der Präp. ⲣ **1**, p. 487; p. 489, n. 2; p. 521
ⲉⲣⲏⲩ, der Genosse **1**, p. 500, n. 1; **2**, p. 673, n. 1
ⲉⲥⲏⲧ, der Boden **1**, p. 464
ⲉⲥⲟⲟⲩ, das Schaf **1**, p. 465, n. 6; p. 466, n. 1
ⲉⲧ, Relativpronomen **1**, p. 522
ⲉϥⲉ, Präfix Futur III **2**, p. 877
ⲉϩⲉ, die Kuh **1**, p. 484
ⲉϩⲣⲁⲓ, hinauf **2**, p. 703, n. 11
ⲏⲓ, o! **2**, p. 767
ⲏⲛ, der Affe **1**, p. 491
ⲏⲣⲡ, der Wein **1**, p. 507, n. 1
ⲉⲓⲉ, wahrlich **2**, p. 767

ⲉⲓⲉⲣ-, das Auge **1**, p. 484
ⲉⲓⲟⲟⲣ, der Kanal **1**, p. 539
ⲉⲓⲥ, siehe **2**, p. 781
ⲓⲱⲥ, eilen **1**, p. 469
ⲓⲏⲥ, eilen **1**, p. 469
ⲉⲓⲱⲧⲉ, der Tau **1**, p. 471
ⲉⲓϣⲉ, aufhängen **1**, p. 471
ⲉⲓⲁϩⲟⲩ, das Feld **1**, p. 458, n. 9; p. 463
ⲕⲱ, legen **1**, p. 536
ⲕⲱ, der Naos **1**, p. 488
ⲕⲟⲓⲉ, hochgelegenes Land **1**, p. 495
ⲕⲁⲕⲉ, die Finsternis **1**, p. 480
ⲕⲁⲙⲉ, schwarz sein **1**, p. 469
ⲕⲱⲣⲁϩ, die Nacht **1**, p. 536
ⲕⲓⲧⲉ, der Schlaf **1**, p. 484
ⲕⲁϣ, das Schilfrohr **1**, p. 535
ⲕⲱⲱϥⲉ, zwingen **1**, p. 528, n. 11
ⲕⲟⲟϩ, die Ecke **1**, p. 490 mit n. 4
ⲗⲉⲙⲏⲏϣⲉ, der General **1**, p. 523
ⲙⲁ-, Imperativ zu geben **2**, p. 753
ⲙⲟⲩⲉ, der Glanz **1**, p. 484
ⲙ̄ⲃⲱ, Kôm Ombo **1**, p. 460
ⲙⲁⲓ, lieben **2**, p. 711, n. 1
ⲙⲙⲟ-, Stat. Pron. der Präp. ⲛ **1**, p. 516, n. 8
ⲙⲙⲁϩ-, vor **1**, p. 512, n. 8; **2**, p. 700
ⲙⲛ-, ⲛⲉⲙ- , mit, und **2**, p. 699, n. 2
ⲙⲟⲟⲛⲉ, weiden, landen **1**, p. 464, n. 7; **2**, p. 590, n. 2
ⲙⲟⲩⲛⲕ, bilden, formen **1**, p. 528, n. 11
ⲙ̄ⲡⲣ̄, Präfix negierter Imp. **2**, p. 754
ⲙⲁⲧⲟⲓ, der Soldat **1**, p. 485, n. 3
ⲛⲟⲩ, Possessivartikel **2**, p. 621
- ⲛⲟⲩⲕ, Possessivartikel **2**, p. 622
ⲛⲟⲃⲉ, die Sünde **1**, p. 385, n. 103
ⲛⲃⲧⲉ, verzehren **1**, p. 464, n. 9
ⲛⲕⲟⲧⲕ, schlafen **1**, p. 468, n. 1; **1**, p. 521
ⲛⲙⲟ-, Stat. Pron. der Präp. ⲛ **1**, p. 516, n. 8; **2**, p. 700
ⲛⲓⲙ, wer **1**, p. 474; **2**, p. 784
ⲛⲁⲡⲣⲉ, das Korn **1**, p. 472, n. 1
ⲛⲟⲩⲣⲉ, der Geier **1**, p. 487; p. 489; p. 547
ⲛ̄ⲧⲁ=, Präfix Perfekt II **2**, p. 805, n. 4
ⲛ̄ⲧⲉ, Genitivpartikel **2**, p. 802; 805
ⲛⲧⲟ, du (Personalpronomen 2. S.F.) **2**, p. 612, n. 11

ⲛⲁⲧ-, ohne	**2**, p. 979
ⲛⲧⲟⲕ, du	**1**, p. 474
ⲛ̄ⲧⲛ̄-, durch	**1**, p. 523
ⲛ̄ⲧⲉⲣⲉϥ, Temporalis	**1**, p. 523
ⲛⲧⲁⲓⲣⲉ, die Götter	**2**, p.643
ⲛⲧⲟⲥ, sie	**1**, p. 464; p. 474
ⲛⲧⲱⲧⲛ, ihr	**2**, p. 614, n. 6
ⲛⲧⲟϥ, er	**1**, p. 474
ⲛ̄ⲟⲩⲉϣⲛ̄, ohne	**2**, p. 702
ⲛⲁϣⲧⲉ, die Stärke	**1**, p. 514
ⲛϣⲟⲧ, die Härte	**1**, p. 539; p. 521
ⲛⲟⲩϥⲉ, vollkommen	**1**, p. 501 mit n. 8
ⲛⲁϩⲃ, der Nacken	**1**, p. 476
ⲛⲉϩⲥⲉ, aufwachen	**1**, p. 465, n. 7
ⲛ̄ϩⲏⲧ, in	**2**, p. 701
ⲛ̄ϫⲓⲛ, von ... bis ...	**2**, p. 702
ⲟ, sein (Qualit. von ⲉⲓⲣⲉ, tun)	**1**, p. 488; p. 526, n. 5
ⲟ(ⲟ)ⲥⲉ, der Schaden, Verlust	**1**, p. 470, n. 8
ⲡⲁ-, ⲧⲁ-, ⲛⲁ-, der von ..., die von ...	**2**, p. 618
ⲡⲉ=ϥ-, ⲧⲉ=ϥ-, ⲛⲉ=ϥ-, Possessivartikel	**2**, p. 620
ⲡⲟⲩ, Possessivartikel	**2**, p. 621
ⲡⲱ=ϥ, Possessivartikel	**2**, p. 622
ⲡⲉⲓⲣⲉ, hervorkommen	**1**, p. 464, n. 6
ⲡⲱⲱⲣⲉ, träumen, sehen	**1**, p. 458; p. 539; **2**, p. 735
ⲡⲁϣⲉ, die Hälfte	**1**, p. 531
ⲣⲟ, der Mund	**1**, p. 481; p. 541, n. 2
ⲣⲁϣⲉ, die Freude	**1**, p. 471; p. 489
ⲣⲱϥ, der Mund	**1**, p. 541, n. 2
ⲥⲁ, der Mann	**1**, p. 464
ⲥⲉⲓ, sättigen	**1**, p. 470
ⲥⲟ/ⲥⲱ, schonen	**2**, p. 737, n. 3
ⲥⲱ, trinken	**1**, p. 488
ⲥⲓⲃ, das Ungeziefer	**1**, p. 509, n. 5
ⲥⲓⲟⲩⲣ, der Fürst	**1**, p. 465, n. 6
ⲥⲓⲙ, das Kraut	**1**, p. 469
ⲥⲟⲛ, der Bruder	**1**, p. 465, n. 7
ⲥⲱⲛⲕ, saugen	**1**, p. 478
ⲥⲛⲧⲉ, das Fundament	**1**, p. 484
ⲥⲛⲁⲧ, fürchten	**1**, p. 475
ⲥⲟⲛⲧⲉ, der Weihrauch	**1**, p. 521; p. 532, n. 9
ⲥⲁⲁⲛϣ, leben (lassen)	**1**, p. 480, n. 10
ⲥⲛⲟϥ, das Blut	**1**, p. 478 mit n. 5
ⲥⲣⲟ, der Widder	**1**, p. 465, n. 6
ⲥⲣⲓⲧ, Ähren lesen	**1**, p. 477, n. 1
ⲥⲓⲧⲉ, die Lichtstrahlen	**1**, p. 484
ⲥⲓⲟⲩ, der Stern	**1**, p. 495 mit n. 7

ϣογϣτ, das Fenster	**1**, p. 5; p. 532; p. 533, n. 8
ϣωϣ, die Antilope	**1**, p. 210, n. 120; p. 211, n. 130
ϣⲁϥτε, der Widersacher	**1**, p. 473
ϣοϥϣϥ, aushöhlen	**2**, p. 757, n. 7
ϣϩιχ, das Pulver	**1**, p. 526, n. 4
ϣⲁχε, erzählen	**1**, p. 467, n. 8
ϣωωϭε, schlagen	**1**, p. 536
ϥωτε, der Schweiß	**1**, p. 472
ϩε, fallen	**1**, p. 482
ϩη, anfangen	**1**, p. 499, n. 10
ϩι-, auf, über	**2**, p. 704 f. zu ḥr
ϩιβωι, der Ibis	**1**, p. 509, n. 5
ϩⲁ(ε)ιο, wahrlich	**2**, p. 791 f.
ϩικ, der Zauber	**1**, p. 499, n. 7
ϩωλ, fliegen	**1**, p. 469
ϩωμ, betreten	**1**, p. 483
ϩⲁμοι, wenn doch	**2**, p. 791 f.
ϩημϩεμ, grölen	**2**, p. 1065: Nachtrag zu EP 1, p. 459, § 3.3 b
ϩⲛ̄, in	**2**, p. 707 zu ḫnw
ϩωⲛ, versorgen	**1**, p. 514
ϩωⲛⲧ, sich nähern	**1**, p. 478
ϩⲁⲡ, das Gesetz	**1**, p. 458 f.
ϩⲣⲣε, beruhigen	**1**, p. 482, n. 4
ϩοcⲙ, das Natron	**1**, p. 515
ϩⲏⲧ=, vor	**2**, p. 704 zu ḥ3t
ϩοⲧ, gegenüber von	**1**, p. 458; p. 459
ϩⲱⲧε, schädigen	**1**, p. 544, n. 3
ϩηγ, der Zuwachs	**1**, p. 499
ϩοογ, der Tag	**1**, p. 521
ϩοϥ, die Schlange	**1**, p. 482
χω, sagen	**1**, p. 549
χⲡο, hervorbringen	**2**, p. 746
ϭⲱⲣϩ, die Nacht	**1**, p. 536
ϭⲱⲣϭ, gründen, besiedeln	**1**, p. 537
ϭοcϭ(ε)c, tanzen	**1**, p. 65, n. 5
ϭⲁϩce, die Gazelle	**1**, p. 458

3.4. Griechisch

ἄργυρος	**1**, p. 343, Nr. 67
βασιλεία	**2**, p. 659
Βαχθις	**1**, p. 483, n. 7
βηις	**1**, p. 537
Δακικός	**1**, p. 518
Δαρεῖος	**1**, p. 518, n. 6
δεδώρημαί σοι	**2**, p. 909, n. 6
και	**2**, p. 704, n. 8

και ὅταν	**2**, p. 771, n. 2
καιρός	**1**, p. 232, n. 80
κακά	**2**, p. 663
Μεθύερ	**1**, p. 157, n. 358
μετὰ δὲ ταῦτα	**2**, p. 1002, n. 4
Πχεβσις	**1**, p. 533
Φίλιππος	**1**, p. 525
Ῥώμη	**1**, p. 525
ῥισιγέτου	**1**, p. 485, n. 4; **2**, p. 1065: Nachtrag EP 1, p. 485, n. 4
Σῶς	**1**, p. 533, n. 2
Σῶθις	**1**, p. 509
τιμή	**2**, p. 659
Τάλμις	**1**, p. 155, n. 295
Τσεψις	**1**, p. 533
χαντ	**1**, p. 485, n. 2
χεμβισ, χεμμισ	**1**, p. 512, n. 11

3.5 Arabisch

إن	**2**, p. 890, n. 8
تلّ	**1**, p. 458, Anm. 8
صديقة لى	**2**, p. 816, n. 6
عليه السلا	**2**, p. 1015, n. 7
وجه	**2**, p. 662, n. 9
يوجد	**2**, p. 882, n. 4

3.6 Deutsch

Arnobius, Adversus Nationes IV, 16	**1**, 280, n. 79
Ei	**1**, 280, n. 97
Goldbelag auf Statuen	**2**, 770 f., n. 13
Horapollon, Hieroglyphica (CdE XVIII/35, p. 48)	**1**, 299, n. 3
Horusmythus von Edfu (Anspielungen auf)	**2**, 1015, n. 8
Kapitell	**1**, 42, n. 1
Königstitel: "Gott, Sohn eines Gottes"	**2**, 1036
Kornosiris	**2**, 1030
Nilflut	**1**, 288, n. 22; 290, n. 91
Plutarch, De Iside, 36, 365 D	**1**, 541, n. 2
Schatten	**1**, 373, n. 126
Sonnenaufgang in der Nacht	**1**, 211, n. 128
Sonnenaufgang, die Welt wird hell vor	**2**, 904, n. 6
Spatien	**2**, 1031
Totenvogel	**1**, 262, n. 191
Unterweltsbücher	**1**, 231, n. 42
Urgötternekropole	**1**, 563 f.
Zepter	**1**, 389, n. 242

4. GRAMMATISCHE BEGRIFFE

Abhängiges Personalpronomen siehe Personalpronomen, Abhängig

Accompli **2**, p. 899, n. 4

Adjektiv, siehe auch Genitiv: Genitiv-Adjektiv; Nisbe-Adjektiv; Relativ-Adjektiv; Verbal-Adjektiv
- Bildung des Superlativs **2**, § 167
- Definition **2**, 588, n. 2
- Doppelsetzung **2**, § 174
- Prädikat im Adjektivischen Nominalsatz **2**, § 222
- Verbindung mit Nomen **2**, § 175 - 178
- Verhältnis zum Partizip **2**, § 120
- Verhältnis zum Verbal-Adjektiv **2**, § 118

Adjektivischer Nominalsatz siehe Nominalsatz, Adjektivisch

Adverb
- als Rückweis im Attributsatz (Relativsatz) **2**, § 252
- Bildung durch Präposition und Nomen **2**, § 180 - 182
- Definition **2**, p. 588, n. 2; p. 836
- Formen und Gebrauch **2**, § 158
- im Nominalen Nominalsatz **2**, § 191
- Nomen als Adverb **2**, § 158; § 175; § 179
- Prädikat im Adverbiellen Nominalsatz **2**, § 211
- Verbum als Adverb **2**, § 185
- versus Attribut siehe Attribut
- *jwtj*, adverbieller Gebrauch **2**, § 263 B h

Adverbialsatz, siehe auch Adversativ-; Final-; Kausal-; Konditional-; Konsekutiv-; Temporalsatz
- ausgedrückt durch negierten Nominalsatz **2**, § 209 A
- ausgedrückt durch *śḏm.f* **2**, § 234 C
- Definition **2**, § 188
- im asyndetischen Satzgefüge **2**, § 245 - 251
- im syndetischen Satzgefüge **2**, § 256 - 261

Adversativsatz
- Definition **2**, § 188
- im asyndetischen Satzgefüge **2**, § 246
- im syndetischen Satzgefüge **2**, § 256

Affix *tj*
- bei der Nominalbildung **2**, § 116
- beim Partizip **2**, § 139

Akademischer Unterricht, Akademische Aussprache, erkennbar an
- Abhängigem Personalpronomen 3. Pers. S. M. **2**, § 52
- Fragepartikel *m* **2**, p. 784
- Hilfsverb *jw* **2**, p. 742
- Hilfsverb *jmj* **2**, p. 742 f.
- Imperativ zu *rdj* **2**, § 156
- Partikel *ꜣ* **2**, p. 767
- Partizipien **2**, § 120
- Possessivartikel **2**, § 76
- Präposition *n* **2**, p. 701 f.
- Suffixpronomen 3. Pers. Pl. **2**, § 45
- *śḏm.n.f* **2**, § 150

Altägyptische Formen und Konstruktionen
- Abhängiges Personalpronomen 2. Pers. S. M. **2**, § 50
- Bildung des Superlativ **2**, § 167
- Demonstrativpronomen *pw* **2**, § 79
- Nisbe-Adjektiv zu *m* **2**, § 122
- Partizipien im Nominalen Nominalsatz **2**, § 194 B
- *jw.f śḏm.n.f* **2**, § 238 E
- *jn* und Nomen und Nomen **2**, § 192
- *jn* und Nomen und *śḏm.n.f* **2**, § 230
- *śḏm.f* als Perfekt oder Präteritum **2**, § 234 C

Apposition
- Augmentierende Apposition **2**, § 166 A
- Definierende Apposition („Badal-Apposition“) **2**, § 166 B
- Doppelsetzung von Satzteilen zur Hervorhebung **2**, § 272 a
- im Nominalsatz mit *pw* **2**, § 198; § 252 A b

Artikel, siehe auch Attributivartikel, Possessivartikel
- Bestimmt **2**, § 70 - § 73; § 105 b
  - bei Kardinalzahlen **2**, § 187 A d
- Unbestimmt **2**, § 134

Asyndetische Satzgefüge
- Definition **2**, § 188; § 242
- mit Adverbialsatz **2**, § 244 - 251
- mit Attributsatz (Relativsatz) **2**, § 252
- mit Objektsatz **2**, § 253
- mit Subjektsatz **2**, § 254

Attribut
- Definition **2**, § 188
- präpositional **2**, § 173; § 180

Attributivartikel **2**, § 74

Attributsatz (Relativsatz)
- asyndetisch **2**, § 252
- Definition **2**, § 188
- syndetisch
  - mit Relativ-Adjektiv *jwtj* **2**, § 263
  - mit Relativ-Adjektiv *ntj* **2**, § 262

Badalapposition siehe Apposition

Begleitsatz siehe Direkte/Indirekte Rede

Betonung
- durch Nachstellung **2**, § 271 B
- durch Voranstellung **2**, § 270 A
- in Fragesätzen **2**, § 240
- leicht **2**, § 214 b
- stark **2**, § 168 c; § 270 A

Chiasmus siehe Stilistik

Demonstrativpronomen
- *pꜣ, tꜣ, nꜣ*
  - Formen **2**, § 71 - 73; § 75
  - Gebrauch **2**, § 70
  - im Nominalen Nominalsatz **2**, § 195
  - *pꜣ n* **2**, § 74
  - *pꜣ ḏd* **2**, § 275 C
  - *pꜣj.f* (Possessivartikel) **2**, § 76 - 77
- *pw, tw, nw*
  - absoluter Gebrauch **2**, § 81
  - Formen **2**, § 79 - 81
  - Gebrauch **2**, § 78
  - im Nominalen Nominalsatz mit *pw* **2**, § 195 - 207; § 248 b; § 252 A b
  - Voranstellung **2**, § 269 A e
- *pf, tf, nf*
  - Formen **2**, § 83 - 85
  - Gebrauch **2**, § 82
  - im Nominalen Nominalsatz **2**, § 195
- *pn, tn, nn*
  - Formen **2**, § 87 - 89
  - Gebrauch **2**, § 86
  - im Nominalen Nominalsatz **2**, § 195

Demotische Formen und Konstruktionen (Verweise auf Spiegelberg, Dem. Gr.)
- Adverbieller Nominalsatz mit Präposition und Nomen/Pronomen **2**, § 212 (Spiegelberg § 135: Konjugation – Jüngere Flexion)

- Attributivartikel **2**, § 74 (Spiegelberg § 11: Possessivartikel)
- Demonstrativpronomen *pꜣ* **2**, § 71 (Spiegelberg § 13: Demonstrativpronomina; Spiegelberg § 43: demonstrativer Gebrauch des Artikels)
- Demonstrativpronomen *pn, tn, nn* **2**, § 86 (Spiegelberg § 12: Demonstrativpronomina)
- Dual des Suffixpronomens **2**, § 47 (Spiegelberg § 36: Numeri)
- Dual mit Pluraldeterminativ **2**, § 103 (Spiegelberg § 36: Zahl (Numeri))
- Femininum **2**, § 94 (Spiegelberg § 21 f.: Feminina)
- Hilfsverb und Adverbieller Nominalsatz **2**, § 220 A (Spiegelberg § 163 ff.: Futurum III)
- Hilfsverb *jmj* **2**, p. 742 f. (Spiegelberg § 219: Vetitiv)
- Hilfsverb *jrj* **2**, p. 743 (Spiegelberg § 177 f.: Hülfszeitwort)
- Hilfsverb *rdj* **2**, p. 745 f. (Spiegelberg § 112 - 115: Kausativa)
- Hilfsverb *tm* **2**, p. 748 (Spiegelberg § 129: Tempus *ḫr śḏm.f*)
- Imperativ **2**, § 156 A (Spiegelberg § 213 - 216: Imperativ)
- Imperativ **2**, § 156 A (Spiegelberg § 478 δ: Die Negation *tm*)
- Imperativ **2**, § 156 B (Spiegelberg § 219: Vetitiv)
- Infinitiv **2**, § 138 (Spiegelberg § 224: Infinitiv)
- Konjunktiv **2**, § 155 (Spiegelberg § 140 ff.: Konjunktiv *mtw*)
- Negierung, doppelt **2**, § 241 (Spiegelberg § 481: Doppelte Verneinung)
- Nomen Regens und *ntj* und Rectum **2**, § 164 c (Spiegelberg § 71: Adjektivum)
- Nomen Regens und *ntj* und Rectum **2**, § 164 (Spiegelberg § 376: Präposition *mtw=*)
- Nomen und Demonstrativpronomen **2**, § 195 (Spiegelberg § 447: Der nominale Nominalsatz)
- Partikel *jn* **2**, p. 768 f. (Spiegelberg § 497: Bedingungssätze)
- Partikel *jr* **2**, p.770 f. (Spiegelberg § 469 α: Hervorhebung mit Partikeln; § 493 - 499: Bedingungssätze)
- Partikel *jḫ* **2**, p. 776 f. (Spiegelberg § 16: Fragepronomina, und § 156: Konjugation mit Hülfszeitwort)
- Partikel *mj* **2**, p. 786 (Spiegelberg § 216 - 218: Imperativ)
- Partizip Aktiv **2**, § 139 A (Spiegelberg § 236 und 241: Partizipium)
- Partizip Passiv **2**, § 139 B (Spiegelberg § 238: Partizipium)
- Personalpronomen, abhängig **2**, § 49 f.; § 51 f.; § 54 f. (Spiegelberg § 258 f.: Absolutes Objektspronomen)
- Personalpronomen, unabhängig **2**, § 61; § 64; § 67 f. (Spiegelberg § 7: Persönliches Pronomen)
- Plural ad Sensum **2**, § 107 (Spiegelberg § 40: Endung der Plurale)
- Possessivartikel **2**, § 76 (Spiegelberg § 9: verbundenes Possessivpronomen)
- Possessivartikel, absolut **2**, § 77 (Spiegelberg § 8: absolutes alleinstehendes Possessivpronomen)
- Präfix *mdt* **2**, § 113 (Spiegelberg § 31: *md.t*)
- Präfixe *rꜣ-ʿ, rꜣ und ʿ* **2**, § 114 (Spiegelberg § 33: *r.ʿ*)
- Präposition und Direktes Objekt **2**, § 181 (Spiegelberg § 249 - 251: Objekts-Bezeichnung)
- Präposition *m* **2**, p. 699 f. (Spiegelberg § 269: Präposition *n*)

- Präposition *m-b3ḥ* **2**, p. 700 (Spiegelberg § 326: Zusammengesetzte Präpositionen)
- Präposition *m-ẖt* **2**, p. 701 (Spiegelberg § 348 c: Zusammengesetzte Präpositionen)
- Präposition (*n*)-*wš*-(*n*) **2**, p. 702 (Spiegelberg § 389: Zusammengesetzte Präpositionen)
- Präposition *n-ṯ3-n* **2**, p. 702 (Spiegelberg § 387: Zusammengesetzte Präpositionen)
- Präposition *r-ḥr* **2**, p. 703 (Spiegelberg § 344: Zusammengesetzte Präpositionen)
- Präposition *ḥ3t* **2**, p. 704 (Spiegelberg § 305 - 308: Präpositionen)
- Präposition *ḥr* **2**, p. 704 f. (Spiegelberg § 285: Präpositionen)
- Pronomen und appositionelles Nomen **2**, §166 B (Spiegelberg § 468: Hervorhebung)
- Pseudopartizip **2**, § 140 (Spiegelberg § 96: Pseudopartizipium)
- Relativform, mit *j* anlautend **2**, § 144 (Spiegelberg § 549 f.: Relativbezeichnung durch Präfix)
- Satzgefüge, asyndetisch mit Objektsatz **2**, § 253 d (Spiegelberg § 184: Optativ)
- Satzgefüge, syndetisch mit Attributsatz positiv **2**, § 262 E (Spiegelberg § 535: Relativsätze)
- Satzgefüge, syndetisch mit Attributsatz positiv **2**, § 262 G (Spiegelberg § 538 f.: Relativsätze)
- Satzgefüge, syndetisch mit Attributsatz positiv **2**, § 262 H (Spiegelberg § 535 f.: Relativsätze)
- Satzgefüge, syndetisch mit Attributsatz negativ **2**, § 263 B h (Spiegelberg § 30: Bildung der Nomina)
- Satzgefüge, syndetisch mit Kausalsatz **2**, § 258 C (Spiegelberg § 516 f.: Kausalsätze)
- Substantiv, Bildung **2**, § 109 (Spiegelberg § 27 - 35: Bildung der Nomina)
- Umschreibung des Passivs **2**, § 45 (Spiegelberg § 248: Passivum)
- Verbal-Adjektiv **2**, § 119 (Spiegelberg § 71: Adjektivum Plural)
- Verbal-Adjektiv und Partizip **2**, § 120 (Spiegelberg § 67 - 71: Adjektivum)
- Verbalklassen **2**, § 137 (Spiegelberg § 177: Hülfszeitwort *'r*)
- Verbalklassen **2**, § 137 (Spiegelberg § 216, 4: Imperativ)
- Verbalklassen **2**, § 137 (Spiegelberg § 244: Participium conjunctum)
- Zahlen, kardinal **2**, § 130 (Spiegelberg § 87: Zahlabstrakta; § 91: Ordinalzahlen durch Kardinalzahl)
- Zahlen, ordinal **2**, § 131 (Spiegelberg § 88: Ordinalzahlen)
- Zahlen im Datum **2**, § 132 (Spiegelberg § 88: Ordinalzahlen)
- Zahlwort **2**, § 128 (Spiegelberg § 82: Zahlwörter)
- Zahlwort und Gezähltes **2**, § 187 C (Spiegelberg § 88: Ordinalzahlen)
- *jwtj* **2**, § 127 (Spiegelberg § 30: *'wtj*)
- *wꜥ* als unbestimmter Artikel **2**, § 134 (Spiegelberg § 44: Unbestimmter Artikel)
- *šḏm.f*-Aktiv **2**, § 234 A (Spiegelberg § 121: Tempus *sdm.f*)
- *šḏm.f*-Aktiv **2**, § 234 C (Spiegelberg § 120: Tempus *sdm.f*)

numerisch sortiert nach Spiegelberg, Dem. Gr.

- Spiegelberg § 7: Persönliches Pronomen (EP **2**, § 61; § 64; § 67 f.: Personalpronomen, unabhängig)

- Spiegelberg § 8: absolutes alleinstehendes Possessivpronomen (EP **2**, § 77: Absoluter Possessivartikel)
- Spiegelberg § 9: verbundenes Possessivpronomen (EP **2**, § 76: Possessivartikel)
- Spiegelberg § 11: Possessivartikel (EP **2**, § 74: Attributivartikel)
- Spiegelberg § 12: Demonstrativpronomina (**2**, EP § 86: Demonstrativpronomen *pn, tn, nn*)
- Spiegelberg § 13: Demonstrativpronomina (**2**, EP § 71: Demonstrativpronomen *pꜣ*)
- Spiegelberg § 16: Fragepronomina (**2**, EP p. 776 f.: Partikel *jẖ*)
- Spiegelberg § 21 f.: Feminina (**2**, EP § 94: Femininum)
- Spiegelberg § 27 - 35: Bildung der Nomina (**2**, EP § 109: Substantiv, Bildung)
- Spiegelberg § 30: *ꜥwtj* (**2**, EP § 127: *jwtj*)
- Spiegelberg § 30: *ꜥwtj* (**2**, EP § 263 B h: Satzgefüge, syndetisch mit Attributsatz negativ : *jwtj*)
- Spiegelberg § 31: *md.t* (**2**, EP § 113: Präfix *mdt*)
- Spiegelberg § 33: *r.ꜥ* (**2**, EP § 114: Präfixe *rꜣ-ꜥ, rꜣ und ꜥ*)
- Spiegelberg § 36: Zahl (Numeri) (**2**, EP § 47: Dual des Suffixpronomens)
- Spiegelberg § 36: Zahl (Numeri) (**2**, EP § 103: Dual mit Pluraldeterminativ)
- Spiegelberg § 40: Endung der Plurale (**2**, EP § 107: Plural ad Sensum)
- Spiegelberg § 43: demonstrativer Gebrauch des Artikels (**2**, EP § 71: Demonstrativpronomen *pꜣ, tꜣ, nꜣ*)
- Spiegelberg § 44: Unbestimmter Artikel (**2**, EP § 134: *wꜥ* als unbestimmter Artikel)
- Spiegelberg § 67 - 71: Adjektivum (**2**, EP § 120: Verbal-Adjektiv und Partizip)
- Spiegelberg § 71: Adjektivum (**2**, EP § 119: Verbal-Adjektiv)
- Spiegelberg § 71: Adjektivum (**2**, EP § 164 c: Nomen Regens und *ntj* und Rectum)
- Spiegelberg § 82: Zahlwörter (**2**, EP § 128: Zahlwort)
- Spiegelberg § 87: Zahlabstrakta; § 91: Zahlen, ordinal durch Kardinalzahl (**2**, EP § 130: Kardinalzahlen)
- Spiegelberg § 88: Ordinalzahlen (**2**, EP § 131: Zahlen, ordinal)
- Spiegelberg § 88: Ordinalzahlen (**2**, EP § 132: Zahlen im Datum)
- Spiegelberg § 88: Ordinalzahlen (**2**, EP § 187 C: Zahlwort und Gezähltes)
- Spiegelberg § 96: Pseudopartizipium (**2**, EP § 140: Pseudopartizip)
- Spiegelberg § 112 - 115: Kausativa (**2**, EP p. 745 f.: Hilfsverb *rdj*)
- Spiegelberg § 120: Tempus *sdm.f* (**2**, EP § 234 C: *śḏm.f*-Aktiv)
- Spiegelberg § 121: Tempus *sdm.f* (**2**, EP 234 A: *śḏm.f*-Aktiv)
- Spiegelberg § 129: Tempus *ẖr śḏm.f* (**2**, EP p. 748: Hilfsverb *tm*)
- Spiegelberg § 135: Konjugation – Jüngere Flexion (**2**, EP § 212: Adverbieller Nominalsatz mit Präposition und Nomen/Pronomen)
- Spiegelberg § 140 ff.: Konjunktiv *mtw* (**2**, EP § 155: Konjunktiv)
- Spiegelberg § 156: Konjugation mit Hülfszeitwort (**2**, EP p. 776: Partikel *jẖ*)
- Spiegelberg § 163 ff.: Futurum III (**2**, EP § 220 A: Hilfsverb und Adverbieller Nominalsatz)
- Spiegelberg § 177: Hülfszeitwort *'r* (**2**, EP § 137: Verbalklassen)
- Spiegelberg § 177 f.: Hülfszeitwort *ꜥr* (**2**, EP p. 743: Hilfsverb *jrj*)

- Spiegelberg § 184: Optativ (**2**, EP § 253 d: Satzgefüge, asyndetisch mit Objektsatz)
- Spiegelberg § 213 - 216: Imperativ (**2**, EP § 156 A: Imperativ)
- Spiegelberg § 216, 4: Imperativ (**2**, EP § 137: Verbalklassen)
- Spiegelberg § 216 - 218: Imperativ (**2**, EP p. 786: Partikel *mj*)
- Spiegelberg § 219: Vetitiv (**2**, EP p. 742 f.: Hilfsverb *jmj*)
- Spiegelberg § 219: Vetitiv (**2**, EP § 156 B: Imperativ)
- Spiegelberg § 224: Infinitiv (**2**, EP § 138: Infinitiv)
- Spiegelberg § 236: Partizipium (**2**, EP § 139 A: Partizip Aktiv)
- Spiegelberg § 238: Partizipium (**2**, EP § 139 B: Partizip Passiv)
- Spiegelberg § 241: Partizipium (**2**, EP § 139 A: Partizip Aktiv)
- Spiegelberg § 244: Participium conjunctum (**2**, EP § 137: Verbalklassen)
- Spiegelberg § 248: Passivum (**2**, EP § 45: Umschreibung des Passivs)
- Spiegelberg § 249 - 251: Objekts-Bezeichnung (**2**, EP § 181: Präposition und Direktes Objekt)
- Spiegelberg § 258: Absolutes Objektspronomen (**2**, EP § 139: Partizip Aktiv)
- Spiegelberg § 258 f.: Absolutes Objektspronomen (**2**, EP § 49 f.; § 51 f.; § 54 f.: Personalpronomen, abhängig)
- Spiegelberg § 269: Präposition *n* (**2**, EP p. 699 f.: Präposition *m*)
- Spiegelberg § 285: Präposition *ḥr* (**2**, EP p. 704 f.: Präposition *ḥr*)
- Spiegelberg § 305 - 308: Präposition *ḥꜣ.t* (**2**, EP p. 704: Präposition *ḥꜣt*)
- Spiegelberg § 326: Präposition *m-bꜣḥ* (**2**, EP p. 700: Präposition *m-bꜣḥ*)
- Spiegelberg § 344: Zusammengesetzte Präpositionen mit *ḥr* (**2**, EP p. 704: Präposition *r-ḥr*)
- Spiegelberg § 348 c: Zusammengesetzte Präpositionen mit *ẖ.t* (**2**, EP p. 701: Präposition *m-ẖt*)
- Spiegelberg § 376: Präposition *mtw=* (**2**, EP § 164: Regens und *ntj* und Rectum)
- Spiegelberg § 387: Präposition (*n*) *ṯꜣj n* (**2**, EP p. 702: Präposition *n-ṯꜣ-n*)
- Spiegelberg § 389: Präposition *n wš n* (**2**, EP p. 702: Präposition (*n*)-*wš*-(*n*))
- Spiegelberg § 447: Der nominale Nominalsatz (**2**, EP § 195: Nomen und Demonstrativpronomen)
- Spiegelberg § 468: Hervorhebung (**2**, EP § 166: Pronomen und appositionelles Nomen)
- Spiegelberg § 469 α: Hervorhebung mit Partikeln (**2**, EP p. 770 f.: Partikel *jr*)
- Spiegelberg § 478 δ: Die Negation *tm* (**2**, EP § 156 A: Imperativ)
- Spiegelberg § 481: Doppelte Verneinung (**2**, EP § 241: Negierung, doppelt)
- Spiegelberg § 493 - 499: Bedingungssätze (**2**, EP p. 770 f.: Partikel *jr*)
- Spiegelberg § 497: Bedingungssätze (**2**, EP p. 768 f.: Partikel *jn*)
- Spiegelberg § 516 f.: Kausalsätze (**2**, EP § 258 C: Satzgefüge, syndetisch mit Kausalsatz)
- Spiegelberg § 535: Relativsätze (**2**, EP § 262 E: Satzgefüge, syndetisch mit Attributsatz positiv)
- Spiegelberg § 535 f.: Relativsätze (**2**, EP 262 H: Satzgefüge, syndetisch mit Attributsatz positiv)
- Spiegelberg § 538 f.: Relativsätze (**2**, EP § 262 G: Satzgefüge, syndetisch mit Attributsatz positiv)

- Spiegelberg § 549 f.: Relativbezeichnung durch Präfix (**2**, EP § 144: Relativform, mit *j* anlautend)

Demotische Formen und Konstruktionen (Verweise auf Johnson, DVS)
- Hilfsverb *šꜣ*ʿ **2**, p. 748 (Johnson S. 142 - 145: Aorist, Predecessors)
- Hilfsverb und Adverbieller Nominalsatz **2**, § 220 (Johnson S. 153 ff.: Future, positive)
- Präposition *m-ḏr* **2**, p. 701 (Johnson S. 233, n. 17: Clause Conjugations: temporal)
- Satzgefüge, syndetisch mit Attributsatz positiv **2**, § 262 (Johnson, S. 38 (Table 3): Present Tense, Relative; S. 46 f.: Present Tense)
- Satzgefüge, syndetisch temporal **2**, § 260 (Johnson S. 230 ff.: Clause Conjugations, temporal)
- Satzgefüge, syndetisch zirkumstanziell **2**, § 261 (Johnson, S. 43: Present Tense)

numerisch sortiert nach Johnson
- Johnson, S. 38 (Table 3): Present Tense, Relative (**2**, EP § 262: Satzgefüge, syndetisch mit Attributsatz positiv)
- Johnson, S. 43: Present Tense (**2**, EP § 261: Satzgefüge, syndetisch zirkumstanziell)
- Johnson, S. 46 f.: Present Tense (**2**, EP § 262: Satzgefüge, syndetisch mit Attributsatz positiv)
- Johnson S. 142 - 145: Aorist, Predecessors (EP p. 748: Hilfsverb *šꜣ*ʿ)
- Johnson S. 153 ff.: Future, positive (**2**, EP § 220: Hilfsverb und Adverbieller Nominalsatz)
- Johnson S. 230 ff.: Clause Conjugations, temporal (**2**, EP § 260: Satzgefüge, syndetisch temporal)
- Johnson S. 233, n. 17: Clause Conjugations: temporal (**2**, EP p. 701: Präposition *m-ḏr*)

Direkte Rede **2**, § 266
- Begleitsatz **2**, § 265

Direktes Objekt
- Bildung durch Präposition und Nomen **2**, § 181
- Definition **2**, § 188
- entspricht Objektsatz **2**, § 253
- transitive Verben ohne Direktes Objekt **2**, § 186
- Voranstellung **2**, § 271 B

Doppelsetzung siehe Adjektiv: Doppelsetzung; Satzteile: Doppelsetzung

Doppelte Verneinung **2**, p. 747 (Hilfsverb *ḫm*); § 241

Ellipsen **2**, § 273 bei
- Konstruktionen mit Infinitiv
  - „elliptischer Konjunktiv“ **2**, § 275 D
  - Infinitiv mit eigenem Subjekt und Objekt **2**, § 275 B
  - mit Direktem Objekt **2**, § 275 A

- Nominalsatz **2**, § 274 a
- Verbalsatz **2**, § 274 b
- Vergleichen **2**, § 276
- Vokativ **2**, § 277 C
- Wünschen, Bekräftigungen **2**, § 277 A und B

Figura Etymologica **1**, p. 41; p. 235, n. 173

Finalsatz
- Definition **2**, § 188
- im asyndetischen Satzgefüge **2**, § 234; § 245; § 247
- im syndetischen Satzgefüge
  - eingeleitet durch *r* vor *śḏm.f* **2**, § 257 a
  - eingeleitet durch *n-mrwt* vor *śḏm.f* **2**, § 257 c

Futurum Exactum **2**, § 236 E; § 257 b

Gemination
- bei *wnn* **2**, § 138; § 139; § 140; § 146; § 148
- bei *śḏm.tj.fj* **2**, § 146
- beim Partizip Aktiv **2**, § 139
- der verschiedenen Verbalklassen **2**, § 137
- Wegfall **2**, § 136; § 139; § 140; § 230

Genitiv
- direkt **2**, § 162
  - zur Bildung des Superlativs **2**, § 167
- Gebrauch **2**, § 161
- indirekt
  - Konstruktion von Zahlen **2**, § 187 A f und B b
  - mit Genitiv-Adjektiv **2**, § 123 b und c; § 162 - 163
  - mit *ntj* **2**, § 164

Genusänderung des Substantivs **2**, § 95

Geographische Namen
- Genus **2**, § 95
- mit bestimmtem Artikel **2**, § 71

„Großsatz" siehe Stilistik

Hilfsverben
- Funktionen:
  - Festlegung der Satzgrenzen **2**, § 268
  - Kennzeichnung von Nebensätzen **2**, § 255

- *jw* **2**, p. 742
  - im Verbalsatz **2**, § 238 A - E

- vor Adverbiellem Nominalsatz **2**, § 220 A
- vor Temporalsatz **2**, § 260 A
- vor Zirkumstanzialsatz **2**, § 261
- *jmj* **2**, p. 742 f.
- *jrj* **2**, p. 743
  - und Infinitiv zur Bildung des Partizips Aktiv **2**, § 139 A
  - zur Bildung von Kausativa **2**, § 157 d
  - zur Umschreibung des Imperativs **2**, § 156
- *ꜥḥꜥ* **2**, p. 743 f.
  - im Verbalsatz **2**, § 238 F - I
  - vor Adverbiellem Nominalsatz **2**, § 220 B
- *wn(n)* **2**, § 137; p. 744
  - im Verbalsatz **2**, § 238 J - K
  - und Pseudopartizip zur Bildung des Partizips Passiv **2**, § 139 B
  - vor Adjektivischem Nominalsatz **2**, § 226
  - vor Adverbiellem Nominalsatz **2**, § 220 C
  - vor Temporalsatz **2**, § 260 A
  - vor *śḏm.f* **2**, § 238
  - *wn(n) jn* vor Adverbiellem Nominalsatz **2**, § 220 D
- *pꜥ(j)* **2**, p. 744
- *rdj* **2**, p. 745 f.
  - zur Bildung von Kausativa **2**, § 157 d
- *ḫpr* **2**, p. 746 f.
- *ẖm* **2**, p. 747
- *šꜣꜥ* **2**, p. 748
- *tm* **2**, p. 748

Imperativ
- Formen
  - endungslos **2**, § 156 A a
  - unregelmäßiger Verben **2**, § 137; § 156 A b
- Infinitiv als **2**, § 156
- mit pronominalem Direkten Objekt **2**, § 156 A a
- Umschreibung durch *jrj* **2**, p. 743, n. 3
- Vetitiv, Verneinung durch *m* und *tm* **2**, § 156
- Verstärkung **2**, § 48; § 55; § 183

Inaccompli **2**, p. 899, n. 4

Indirekte Rede **2**, § 267

Infinitiv, siehe auch Pseudoverbalkonstruktion: mit Präposition und Infinitiv
- als Imperativ **2**, § 156
- bei Wortbildung von Substantiven
  - mit *bw* **2**, § 110
  - mit *rꜣ-ꜥ*, *rꜣ* und *ꜥ* **2**, § 114
  - mit *tp* **2**, § 117

- Bildung des Konjunktivs mit **2**, § 155
- Bildung des Vetitivs mit **2**, § 156 B
- Einführung des Handelnden
  - durch *jn* **2**, p. 768
  - durch *ḥr* **2**, p. 705
- elliptische Konstruktionen mit dem Infinitiv **2**, § 275 A, B und D
- Formen **2**, § 136; § 137 - 138
  - Hilfsverben **2**, § 154
- im Adjektivischen Nominalsatz **2**, § 225
- im Adverbiellen Nominalsatz **2**, § 209 A; § 210
- im Finalsatz nach *n-mrwt* **2**, § 257 c
- im Nominalen Nominalsatz **2**, § 194 A und D; § 207; § 209
- in der *jn*-Konstruktion **2**, § 231
- mit Bildungselement *-tj* **2**, § 139 A b
- nach Hilfsverben
  - *ḫm* zur Verneinung eines Partizips **2**, p. 747
  - *jmj* zur Bildung des Vetititivs **2**, p. 742 f.
  - *pꜣ* zur Beschreibung eines Geschehens in der Vergangenheit **2**, p. 744
- nach *jr* vor Zeitangabe **2**, p. 771
- nach *jrj* zur Bildung des Partizips Aktiv **2**, § 139 A; § 236 A c
- nach *m* zur Verneinung des Imperativs (Vetitivs) **2**, § 156 B
- nach *ḥr* im attributiven Ausdruck **2**, § 177 b
- Prädikat im Nominalen Nominalsatz **2**, § 197; § 207
- Subjekt eines negativen Attributsatzes **2**, § 263 B b und c
- syntaktisch als Nomen **2**, § 160; § 194 A; § 197
- Verneinung **2**, § 138; p. 742 f. s.v. *jmj*
- Wegfall der Präposition *ḥr* vor Infinitiv **2**, p. 704 f.

Iteration **2**, § 168 a

jn-Konstruktion, Satzbaumuster **2**, § 227 - 232

Kausalsatz
- Definition **2**, § 188
- im asyndetischen Satzgefüge **2**, § 248
- im syndetischen Satzgefüge
  - eingeleitet durch Hilfsverben und Partikeln **2**, § 258 A
  - eingeleitet durch Konjunktionen **2**, § 258 C
  - eingeleitet durch Präpositionen **2**, § 258 B

Kausativ **2**, § 137
- markiert **2**, § 157 c und g
- unmarkiert **2**, § 157 f und h

Körperteile
- Abstrakter Singular **2**, § 104
- Genus **2**, § 95

- Suffixpronomen bei **2**, § 175 a

Komparativ
- Bildung mit Adjektiv/Partizip und Nomen und Präposition und Nomen **2**, § 178
- Bildung mit Nomen und Präposition und Nomen **2**, § 171
- Bildung mit Präposition und Nomen **2**, § 180
- Bildung mit substantiviertem Partizip **2**, p. 719

Komparativsatz, eingeleitet durch *mj* **2**, § 261 e

Komplexe Satzgefüge, eingegrenzt oder festgelegt durch
- formale oder inhaltliche Struktur der Ritualszene **2**, § 264 A
- syntaktische Gegebenheiten **2**, § 264 C
- Umkehr der Schriftrichtung **2**, § 264 B
- Verknüpfung mit Hilfe von Präpositionen/Konjunktionen **2**, § 264 D

Konditionalsatz
- Definition **2**, § 188
- im asyndetischen Satzgefüge **2**, § 249
- im syndetischen Satzgefüge **2**, § 259

Konjunktionen siehe Präposition/Konjunktion

Konjunktiv, Bildung **2**, § 155

Konsekutivsatz **2**, § 188; § 247 d - e

Mehrdeutigkeit **2**, § 234 A g; § 252 A g; Nachwort 3

Minimalsatzbaumuster, Definition **2**, § 188 - 189

Nachstellung von Satzteilen **2**, § 269 B
- im Nominalsatz **2**, § 270 B
- im Verbalsatz **2**, § 271 B

Narrativer Infinitiv siehe Ellipsen: Konstruktionen mit Infinitiv

Negation siehe Verneinung

Neuägyptische Konstruktionen/Formen
- Bildung des Partizip Passiv mit Hilfsverb und Pseudopartizip **2**, § 139 B
- Hilfsverb und Adverbieller Nominalsatz **2**, § 220 D b
- Imperativ, besondere Formen **2**, § 156 A b
- Konstruktion von Kardinalzahlen **2**, § 187 A f
- Konjunktiv mit Präfix *mtw* **2**, § 136; § 155
- Präsens I mit pronominalem Subjekt **2**, § 212; § 216 d; p. 873
- Partikel *jḫ* **2**, p. 776 f.
- Partikel *mk* **2**, p. 787 f.

- Personalpronomen, Unabhängig **2**, § 67
- Präposition *m* **2**, p. 699 f.
- Relativform, mit *j* anlautend **2**, § 136; § 144
- Temporalsatz mit *m-ḏr* **2**, § 260 C
- Vetitiv, umschrieben mit *jrj* **2**, § 156 B
- Zeitlage *śḏm.f* Perfekt **2**, § 234 C
- zirkumstanzieller Adverbialsatz nach *jw* **2**, § 261
- *ntj* der Genitivverbindung **2**, p. 805

Nisbe-Adjektiv
- Bildung **2**, § 121 - 124, reziprok **1**, p. 337, n. 340; **2**, § 175 d;
- Prädikat im Adjektivischen Nominalsatz **2**, § 224
- vor Nomen **2**, § 175 b

Nomen siehe Substantiv (Nomen)

Nominalsatz, Adjektivisch
- Bildung
  - mit Adjektiv
    - als Hauptsatz **2**, § 222 A
    - als Virtueller Attributsatz (Relativsatz) **2**, § 222 B
    - mit Adjektiv-Verb im *śḏm.f* **2**, § 222 C
  - mit Partizip **2**, § 223
  - mit *nj* **2**, § 224
  - mit *twt* **2**, § 225
  - nach Partikel und Hilfsverb **2**, § 226
- Gebrauch
  - als Virtueller Relativsatz **2**, 252 A d
  - *śḏm.f* anstelle von **2**, § 222 C
- Satzbau **2**, § 221
- Wortstellung des Nisbe-Adjektiv *jrj* im **2**, p. 673

Nominalsatz, Adverbiell
- Bildung
  - mit Adverb **2**, § 211
  - mit Präposition und Infinitiv (Pseudoverbalkonstruktion) **2**, § 217
  - mit Präposition und Nomen/Pronomen **2**, § 212
  - mit Pseudopartizip **2**, § 216
  - mit *jm.f* **2**, § 213
  - mit *n.f jmj* **2**, § 214
  - mit *r.f* **2**, § 215
  - nach Hilfsverb **2**, § 220
  - nach Partikel **2**, § 218 - 219
- Gebrauch
  - als Adversativsatz **2**, § 246 a
  - als Kausalsatz **2**, § 248 d
  - als Komparativsatz **2**, § 171

- als Objektsatz **2**, § 253 a; § 263 B h
- als Prädikat (eingebetteter Satz) mit *pw* als Subjekt **2**, § 206
- als Relativsatz
  - nach *ntj* **2**, § 262 A
  - nach *ntj jw* **2**, § 262 E
- als Subjekt (eingebettet) in negativem Attributsatz (Relativsatz) **2**, § 263 B f
- als Umstandsatz (zirkumstanzieller Nebensatz) **2**, § 251 a
- als Virtueller Relativsatz **2**, § 252 A c; § 252 B a
- nach *jw* **2**, § 252 B a; § 261 a
- Zeitlage **2**, § 210; § 217 A

Nominalsatz, Nominal
- Bestimmung von Subjekt und Prädikat **2**, § 192
- Bildung **2**, § 191
  - mit Demonstrativpronomen **2**, § 195
  - mit Nomen/Pronomen und Nomen **2**, § 192 - 193
  - mit substantiviertem Verb
    - Infinitiv **2**, § 194 A
    - Infinitiv und Infinitiv **2**, § 194 D
    - Partizip **2**, § 194 B
    - Relativform **2**, § 194 C
    - *śḏm.tj.fj* **2**, § 194 B c
  - mit pronominalem Subjekt **2**, § 193
  - mit *pw* **2**, § 196 - 207; § 248 b; § 252 A b
  - nach Partikel **2**, § 208 - 209
- Ellipsen **2**, § 274 a
- Gebrauch
  - als Kausalsatz **2**, § 248 a und c
  - als Relativsatz
    - nach *ntj jw* **2**, § 262 D
    - virtuell **2**, § 252 A a und b
- Voranstellung/Nachstellung eines Satzteils **2**, § 270
- Zeitlage **2**, § 191

Numerus siehe Substantiv: Numerus

Objektsatz (eingebetteter Satz)
- Definition **2**, § 188
- im asyndetischen Satzgefüge **2**, p. 745 f.; § 253

Parallelismus Membrorum siehe Stilistik

Parataxe siehe Satzreihe

Partikel
- Definition **2**, p. 836

- *ꜣ* (*ꜣj*) **2**, p. 765
- *j* **2**, p. 767
  - zum Ausdruck des Vokativs **2**, § 277 C a und b
- *jn* **2**, p. 768 f.; siehe auch *jn*-Konstruktion
  - vor Konditionalsatz **2**, § 259
  - *jn jw* vor Fragesatz **2**, § 240
- *jr* **2**, p. 770 f.
  - vor Konditionalsatz **2**, § 259
  - vor Nebensätzen (allgemein) **2**, § 255
  - vor Temporalsatz **2**, § 260 A
- *jr m-ḫt* vor Temporalsatz § 260 A
- *jrf* und *r.f* **2**, p. 772 ff.
  - vor Adversativsatz **2**, § 256 b
  - vor Kausalsatz (*jrf*) **2**, § 258 A
  - vor Nebensätzen (allgemein) **2**, § 255
- *jḥ* **2**, p. 779 f.
- *jḫ* **2**, p. 776 f.
  - vor Kausalsatz **2**, § 218
  - vor *śḏm.f* **2**, § 237
- *jś*, *jśk* und *śk* **2**, p. 778 ff.
  - im Kausalsatz **2**, § 258 A
  - vor Adverbiellem Nominalsatz **2**, § 218
  - vor Nebensätzen (allgemein) **2**, § 255
  - vor Temporalsatz **2**, § 260 A
  - vor Verbalsatz **2**, § 237
- *wj* **2**, p. 782 f.
- *bn* **2**, p. 783
- *ptr* **2**, p. 783
- *m* **2**, p. 784 ff.
  - im Verbalsatz **2**, § 237
- *mj* **2**, p. 786
- *mk* **2**, p. 787 f.
  - im Verbalsatz **2**, § 237
  - vor Adverbiellem Nominalsatz **2**, § 218
  - vor Kausalsatz **2**, § 258 A
  - vor Nebensätzen (allgemein) **2**, § 255
  - vor Nominalem Nominalsatz **2**, § 208
  - vor *śḏm.n.f* **2**, § 237
- *n* und *nn* **2**, p. 788 ff.
  - im Adverbiellen Nominalsatz **2**, § 219
  - im Nominalen Nominalsatz **2**, § 209 B
  - Vermeidung der Negation vor *jw* **2**, p. 880
  - *n* und Nomen als Virtueller Relativsatz **2**, § 252 A j
  - *n jwtj* (auch: adverbielles *jwtj*) im negativen Attributsatz **2**, § 263 B h
- *rꜣ-pw* **2**, p. 790
- *rśj* **2**, p. 790 f.

- *hj* (*h3*) **2**, p. 791 f.
- *ḥ3* **2**, p. 792
- *ḫm* **2**, p. 792
- *ḫr* **2**, p. 793
  - im Verbalsatz **2**, § 237
- *sj* **2**, p. 793 f.
- *św t* in der Verbindung *jś-św t* oder *sk-św t* **2**, p. 794
- *k3* **2**, p. 794
  - im Verbalsatz **2**, § 237
- *gr* **2**, p. 794 f.
- *tj* **2**, p. 795
  - vor Adverbiellem Nominalsatz **2**, § 218
  - vor Kausalsatz **2**, § 258 A
  - vor Nebensätzen (allgemein) **2**, § 255
- *ṯnj* **2**, p. 796

Partitiv, mit *m*/*n* zur Bezeichnung unbestimmter Teilmengen **2**, § 181

Partizip Aktiv **2**, § 139 A
- Bildung mit Affix *tj* **2**, § 139 A
- Bildung mit *j*-Präfix **2**, § 139 A
- Bildung mit *jrj* und Infinitiv **2**, § 139 A; § 236 A c
- Determinierung **2**, § 139 A
- Endungen **2**, § 120; § 139 A
- Formen **2**, § 137; § 139 A
  - *rdj* **2**, 745
- Gemination **2**, § 139 A
- im negativen Attributsatz **2**, § 263 B d
- im Adjektivischen Nominalsatz **2**, § 223
- im Nominalen Nominalsatz **2**, § 194 B; § 202; § 209 A
- in der *jn*-Konstruktion **2**, § 228
- substantiviert **2**, § 139 A
  - mit *m*-Präfix **2**, § 112
- Verhältnis zum Adjektiv **2**, § 118; § 120
- Verbindung mit Nomen **2**, § 175 - 178
- Verneinung (*ḫm*/*tm*) **2**, p. 723; 747 ff.

Partizip Passiv **2**, § 139 B
- Endungen **2**, § 120; § 139 B
- im Adjektivischen Nominalsatz **2**, § 223
- im Negativen Attributsatz **2**, § 263 B d
- im Nominalen Nominalsatz **2**, § 194 B; § 202
- substantiviert mit *m*-Präfix **2**, § 112
- unpersönlicher Gebrauch (Bildung mit *jrj*) **2**, § 139 B
- Verbindung mit Nomen **2**, § 175
- Verhältnis zum Adjektiv **2**, § 118; § 120

- Verneinung **2**, § 139 B

Perfekt **2**, § 234 C; § 235 A; § 236 B; § 237 (nach Partikel *m und mk*); § 238 E

Personalpronomen Abhängig
- als Direktes Objekt beim Imperativ **2**, § 156 A
- bei Nisbe-Adjektiv *nj* **2**, § 123 a
- Formen **2**, § 49 - 60
- Gebrauch **2**, § 48

Personalpronomen Indefinit
- beim neuägyptischen Präsens **2**, § 58
- beim *śḏm.tw.f* **2**, § 151
- Schreibungen **2**, § 46
- Umschreibung des Passivs durch 3. Pl. **2**, § 45
- Zweifachsetzung zur starken Betonung **2**, § 168 c

Personalpronomen Suffix
- als Rückweis im Attributsatz **2**, § 252
- bei der Bildung des Konjunktivs **2**, § 155
- bei Körperteilen **2**, § 161 a (nota); § 175 a α und β
- Besonderheiten beim *śḏm.n.f* **2**, § 150 a und e; § 238 H
- Formen **2**, § 38 - 47
- Gebrauch **2**, § 37
- Schreibungen nach *t*-Auslaut **2**, § 93; § 138
- Umschreibung des Passivs durch 3. Pl. **2**, § 45
- zur Bildung des Possessivartikels **2**, § 70

Personalpronomen, Unabhängig
- Formen **2**, § 62 - 69
- Gebrauch **2**, § 61
- Subjekt im Nominalen Nominalsatz **2**, § 193; § 200 - 205
- Subjekt der *jn*-Konstruktion **2**, § 228 - 229

Phonetik **1**, § 1 - 38

Plusquamperfekt **2**, § 236 D

Possessivartikel
- Absolut **2**, § 77
- Formen **2**, § 76

Pi^celbildungen § 157 f

Possessivpronomen
- Umschreibung der 3. Person durch *jrj* **2**, § 122 b

Prädikat
- Definition § 188
- im Adjektivischen Nominalsatz **2,** § 222 - 226
- im Adverbiellen Nominalsatz **2,** § 211 - 217; § 220 D
- im Nominalen Nominalsatz **2,** § 192 - 194; § 196 - 198; § 207
    - negiert **2,** § 209

Prädikatsatz (eingebetteter Satz) **2,** § 188; § 196; § 198; § 203; § 206

Präfix
- Konjunktiv **2,** § 155
- Nominalbildung **2,** § 109 - 115; § 117; § 123
- Partizip **2,** § 139
- Verbalbildung **2,** § 137; § 157 c und j

Präposition/Konjunktion
- Allgemeines **2,** § 255
- Definition **2,** p. 588, n. 2
- Verbindung mit Nomen **2,** § 169 - 173; § 176 - 178; § 180 - 182; § 212
- zur Kennzeichnung eines Nebensatzes (Konjunktion) **2,** § 255

- *jwd* **2,** p. 698 f.
- *jn*/*jr* (konditional) **2,** § 259
- *ꜥb* **2,** p. 699
- *bꜥḥ* **2,** p. 699
- *m* **1,** § 16.5; § 17. 4; **2,** p. 699 f.; § 181 a
    - kausal (*m* < *n*; Assimilation) **2,** p. 957
    - prädikativ im Adverbiellen Nominalsatz
        - in der Konstruktion mit *jm.f* **2,** § 213
        - mit Nomen **2,** p. 861
    - temporal **2,** § 260 B
    - und Infinitiv (Pseudoverbalkonstruktion) **2,** § 217 A
- *m-bꜣḥ*, *m-prw-r*, *m-rwt*, *m-ẖt*, *m-ḏr*, *m-ḏrt*(*-n*) **2,** p. 700 f.
- *mj*
    - kausal **2,** p. 957 f.
    - Komparativ **2,** § 261 e
    - temporal **2,** § 260 B
- *mj-ntt* **2,** § 258 C (kausal)
- *m-ẖt* **2,** § 260 C (temporal)
- *m-ḏr* **2,** p. 701; § 260 C (temporal)
- *n* **1,** § 16.5; § 17.3 und 4; **2,** § 701 f.
    - bewirkt Ausfall der Tempusreferenz im *śḏm.n.f* **2,** § 143
    - kausal **2,** § 258 B
    - zur Verstärkung des Imperativ **2,** § 156 A a
- (*n*)*-ꜥꜣ*(*t*)*-n* **2,** p. 702; § 258 C (kausal)
- (*n*)*-wš-*(*n*), *n-ṯꜣ-n*, *nfrjt-r* **2,** p. 702
- *n-mrwt* **2,** p. 702; § 257 c (final)

- *r* **1,** § 18, **2,** p. 703
  - und Infinitiv (Pseudoverbalkonstruktion) **2,** § 217 B
  - vor Nebensatz
    - final **2,** § 257 a
    - terminativ **2,** § 257 b
  - zur Verstärkung des Imperativs **2,** p. 751
- *r.f* als Prädikat im Adverbiellen Nominalsatz **2,** § 215
- *r-ntt* **2,** § 258 C (kausal)
- *r-rwt*, *r-h3w-ḥr*, *r-ḥr*, *rwt* **2,** p. 703 f.
- *h3w* **2,** p. 704
- *ḥ3* **2,** p. 704
- *ḥ3t* **2,** p. p. 704
- *ḥnᶜ* **1,** p. 490, n. 7; **2,** p. 704
- *ḥr* **1,** p. 490, n. 7; **2,** p. 704 f.
  - kausal **2,** § 258 B
  - und Infinitiv (Pseudoverbalkonstruktion) **2,** § 217 C
  - und Infinitiv als attributiver Ausdruck **2,** § 177 b
  - und Infinitiv in der *jn*-Konstruktion **2,** § 232
  - vor *śḏm.n.f* § 238 B
- *ḥr-ᶜ* **2,** p. 705
- *ḥr-ntt* **2,** § 258 C
- *ḥr-rwt*, *ḥr-ḫt* **2,** p. 705
- *ḥr-ś3* **2,** § 260 C (temporal)
- *ḫft* **2,** p. 705
  - temporal **2,** § 260 B
- *ḫr* **2,** p. 705
  - kausal? **2,** § 258 B
- *ḫr-m-m* **2,** p. 706
- *ẖnw* **2,** p. 707
- *ḏr* **2,** p. 707
  - kausal **2,** § 258 B
  - temporal **2,** § 260 B
- *ḏr-ntt* **2,** § 258 C (kausal)

Präsens (übersetzungssprachlich) **2,** § 234 B; § 235 B; § 236 A; § 238 J; § 261 b; § 262 F - G
- Neuägyptisches Präsens siehe Neuägyptische Konstruktionen/Formen; siehe auch *śḏm.f*: Zeitlage

Präteritum
- Definition/übersetzungssprachlich **2,** § 234 C; § 235; § 236 C; § 238 F - K
- in der *jn*-Konstruktion **2,** § 230

Pronomen, Definition p. 588, n. 2

Pseudopartizip
- adverbiell **2,** § 158

- Formen **1**, p. 500, n. 5; **2**, § 140
- im Temporalsatz **2**, § 264 A
- in der Pseudoverbalkonstruktion siehe Pseudoverbalkonstruktion
- in Wünschen und Aufforderungen **2**, § 277 A a
- nach *ꜥḥꜥn* **2**, § 220 B
- nach *wnn* zur Umschreibung des Partizips Passiv **2**, § 139 B
- und Nomen **2**, § 179

Pseudoverbalkonstruktion
- mit Präposition und Infinitiv
  - Attributsatz (Relativsatz), syndetisch
    - nach *ntj* **2**, § 262 B
    - nach *ntj jw* **2**, § 262 F
  - Finalsatz/Konsekutivsatz **2**, § 247 d
  - nach Hilfsverb *jw* **2**, § 220 A e; § 252 B b; § 261 b
  - nach *jn* **2**, § 232
  - Objektsatz **2**, § 253 b
  - Umstandsatz **2**, § 251 b
  - Virtueller Relativsatz (Attributsatz), asyndetisch **2**, § 252 A e
- mit Pseudopartizip
  - Attributsatz (Relativsatz) syndetisch
    - nach *ntj* **2**, § 262 C
    - nach *ntj jw* **2**, § 262 G
  - Kausalsatz **2**, § 248 e
  - nach Hilfsverb *jw* **2**, § 220 A e; 252 B; § 261 b
  - Objektsatz **2**, § 253 c
  - Umstandsatz **2**, § 251 b; § 261 b
  - Virtueller Relativsatz (Attributsatz), asyndetisch **2**, § 252 A f
  - Zeitlage **2**, § 216
- nach Hilfsverb *ꜥḥꜥ/ꜥḥꜥ.n* **2**, § 220 B
- nach *ḫpr* **2**, p. 746 f.
- nach nicht-enklitischer Partikel **2**, § 220 A e; § 232
- negiert **2**, § 219

Rede siehe Direkte/Indirekte Rede

Reflexivpronomen siehe Personalpronomen, Suffix; Personalpronomen, Abhängig

Reihung
- Präposition und Nomen **2**, § 182
- Sätze siehe Satzreihe

Relativ-Adjektiv
- *jwtj*
  - Formen **2**, § 125; §127
  - im Attributsatz (Relativsatz) mit explizitem Bezugswort
    - mit Adverbiellem Nominalsatz als Subjekt **2**, 263 B f

- mit Infinitiv als Subjekt mit aktiver Bedeutung **2**, § 263 B b
- mit Infinitiv als Subjekt mit passiver Bedeutung **2**, § 263 B c
- mit Nominalem Subjekt **2**, § 263 B a
- mit substantiviertem Partizip als Subjekt **2**, § 263 B d
- mit substantiviertem *śḏm.tj.fj* als Subjekt **2**, § 263 B e
- mit *śḏm.f* als Subjekt **2**, § 263 B g
-*m*/*n jwtj* im adverbiellen Gebrauch **2**, § 263 B h
- im Attributsatz (Relativsatz) mit implizitem Bezugswort § 263 A
- *ntj*
- Formen **2**, § 125; § 126
- im Attributsatz (Relativsatz) mit implizitem Bezugswort **2**, p. 970 f.
- mit explizitem Bezugswort vor folgenden Satzbaumustern
- Adverbieller Nominalsatz **2**, § 262 A
- Pseudoverbalkonstruktion mit Pseudopartizip **2**, § 262 C
- Pseudoverbalkonstruktion mit *ḥr und Infinitiv* **2**, § 262 B
- *jw* und Adverbieller Nominalsatz **2**, § 262 E
- *jw* und Nominaler Nominalsatz **2**, § 262 D
- *jw* und Pseudoverbalkonstruktion mit Pseudopartizip **2**, § 262 G
- *jw* und Pseudoverbalkonstruktion mit *ḥr und Infinitiv* **2**, § 262 F
- *śḏm.f* **2**, § 262 H

Relativform
- Definition **2**, § 141
- mit *j*-Augment (Formen und Gebrauch) **2**, § 144
- Passiv der Relativform
- Formen **2**, § 145
- Gebrauch **2**, § 252 C c
- substantiviert **2**, § 194 C; § 205; § 209 A
- *śḏm.f*-Relativform
- Formen **2**, § 142
- Gebrauch **2**, § 252 C a
- *śḏm.n.f*-Relativform
- Formen **1**, p. 514, n. 4; **2**, § 143
- Gebrauch **2**, § 252 C b
-im Nominalsatz mit *pw* **2**, § 207
-in der *jn*-Konstruktion **2**, § 231
-Subjekt im negierten Nominalsatz **2**, § 209 A

Relativsatz siehe auch Attributsatz (Relativsatz)
- Virtueller Attributsatz **2**, § 222 B; § 252

Satz/Satzgefüge **2**, § 188, siehe auch Asyndetische/Komplexe/Syndetische Satzgefüge

Satzgrenzen **2**, § 264; § 268, siehe auch Asyndetische/Komplexe/Syndetische Satzgefüge

Satzreihe (Parataxe) **2**, § 188; § 242 - 243; § 255; § 268

Satzteile
- Definitionen **2**, §188
- Doppelsetzung **2**, § 272
- Ellipsen **2**, § 273 - 277
- Nachstellung
  - Funktion **2**, § 269 B
    - im Nominalsatz **2**, § 270 B
    - im Verbalsatz **2**, § 271 B
    - innerhalb der Badal-Apposition **2**, § 166 B
- Voranstellung
  - Funktion **2**, § 269 A
    - im Nominalsatz **2**, § 270 A
    - im Verbalsatz **2**, § 271 A

Schwerer Schluß **1**, p. 114; p. 116; p. 559 f., Nr. 2; **2**, p. 875, n. 5; § p. 898, n. 3; § 242; p. 925; p. 996; siehe auch Satzreihe

Stilistik **1**, p. 117; **2**, § 104; § 158; § 165; § 166; § 182; § 194; § 199; § 213; § 215; § 242; § 243; § 268 - 277; siehe auch Doppelsetzung; Ellipsen; Figura Etymologica; Nachstellung/ Voranstellung von Satzteilen

Subjekt, siehe auch Minimalsatzbaumuster
- Definition **2**, § 188
- der Relativform (Passiv) **2**, § 145
- im Adjektivischen Nominalsatz **2**, § 225
- im Adverbiellen Nominalsatz **2**, § 212 - 213; § 215
- im Nominalen Nominalsatz **2**, § 192 - 196
  - mit *pw* **2**, § 197 - 199; § 203; § 207
- in der *jn*-Konstruktion **2**, § 228 - 229
- Voranstellung **2**, § 270 - 271

Subjektsatz **2**, § 188; § 254

Substantiv (Nomen)
- als Adverb **2**, § 158
- als Apposition **2**, § 166
- Bildung **2**, § 109
  - Affix *tj* **2**, § 116
  - mit *jrj* und Nomen **2**, § 122 b
  - Präfix *bw* **2**, § 110
  - Präfix *p* **2**, § 111
  - Präfix *m* **2**, § 112
  - Präfix *mdt* **2**, § 113
  - Präfix *n(j)t* **2**, § 123 c
  - Präfix *r3ᶜ-ᶜ*, *r3* und *ᶜ* **2**, § 114
  - Präfix *śt* **2**, § 115
  - Präfix *tp* **2**, § 117

- Definition **2**, p. 588, n. 2
- Genitivverbindung **2**, § 123; § 161 - 164
  - zur Bildung des Superlativs **2**, § 167
- Genus **2**, § 90 - 96
  - Genusänderung **2**, § 95
- Koordination **2**, § 165 - 167; § 170
- Numerus **2**, § 97 - 103; § 108
  - Plural
    - ad Sensum § 107
    - semantisch § 119
  - Singular
    - distributiv **2**, § 105
    - generalisierend **2**, § 104
    - ad Sensum **2**, § 106
- Zweifachsetzung zur Intensivierung **2**, § 168

Substantivierung
- Nisbe-Adjektiv **2**, § 124
- Partizip **2**, § 139; § 194 B; § 263 B d
- Relativ-Adjektiv **2**, § 125; § 126 b; § 127 b
- Relativform **2**, § 141 - 143; § 194 C; § 205; § 209 A
- Verbal-Adjektiv **2**, § 91 - 92; § 124
- Zahlwort **2**, § 128
- *n.f jmj* **2**, § 214
- *śḏm.tj.fj* **2**, § 263 B e

Suffixpronomen siehe Personalpronomen, Suffix

Superlativ
- Bildung durch Direkten Genitiv **2**, § 167
- Bildung durch Präposition und Nomen **2**, § 172

Syndetische Satzgefüge **2**, § 188; § 242; § 255
- mit Adverbialsatz **2**, § 256 - 261
- mit Attributsatz (Relativsatz) **2**, § 262 - 263

Syntax, siehe auch Stilistik
- Allgemeines **2**, § 239
- Wortsyntax, Definition **2**, p. 798

Tempus siehe Zeitlage

Temporalsatz **2**, § 188; § 245
- im asyndetischen Satzgefüge **2**, § 250
- im syndetischen Satzgefüge mit
  - Hilfsverb und Partikel **2**, § 260 A
  - Konjunktion **2**, § 260 C
  - Präposition **2**, § 260 B

Terminativer Adverbialsatz **2**, § 188
- eingeleitet durch *r* **2**, § 257 b

Unabhängiges Personalpronomen siehe Personalpronomen, Unabhängig

Umstandssatz (zirkumstanzieller Nebensatz) siehe auch Virtueller Relativsatz
- Definition **2**, § 188
- im asyndetischen Satzgefüge **2**, § 251
- im syndetischen Satzgefüge **2**, § 261
- *śḏmt.f* **2**, § 152

Verbal-Adjektiv
- Bildung **2**, § 119; § 124
- substantiviert **2**, § 91 - 92; § 97; § 99; § 124
- Verhältnis zum Partizip **2**, § 119 - 120
- vor dem Nomen **2**, § 175 a

Verbalklassen **2**, § 137

Verbalsatz, siehe auch Zweites Tempus; Formen des finiten Verbs
- Ellipsen **2**, § 274 b
- Forschungsstand § 233
- Fragesatz **2**, § 240
- nach Hilfsverb **2**, § 238
- nach Partikeln **2**, § 237
- negiert **2**, § 241
- Voran-/Nachstellung von Satzteilen **2**, § 271

Verbum siehe auch Hilfsverben; Imperativ; Infinitiv; Konjunktiv; Partizip; Pseudopartizip; Relativform; Formen des finiten Verbs
- als Adverb **2**, § 185
- Bildung
  - denominiert **2**, § 157 a
  - Hypostasen **2**, § 157 b
  - Kausativa **2**, § 157 c, d, f - h
  - mit *n*-Präfix **2**, § 157 j
  - reduplizierte Verben **2**, § 157 e
  - Übergänge intransitiv, transitiv und kausativ **2**, § 157 g - i
- Definition **2**, p. 588, n. 2
- Klassifizierung **2**, § 137
- nominale Formen im Nominalen Nominalsatz **2**, § 194
- transitiv
  - Anschluß des Direkten Objekts mit Präposition **2**, § 181
  - ohne Direktes Objekt **2**, § 186
- Verbindung Verbum und Verbum **2**, § 183 - 185

Verdoppelung siehe Adjektiv: Doppelsetzung; Satzteile: Doppelsetzung; Doppelte Verneinung

Verneinung, siehe auch Doppelte Verneinung
- *bn* **2**, p. 783
- *n*/*nn* **2**, p. 788 ff., siehe auch Partikel: *n* und *nn*
  - vor Adverbiellem Nominalsatz **2**, § 219
  - vor Nomen/Nominalem Nominalsatz **2**, § 209
  - vor *śḏmt.f* **2**, § 152
- *ẖm* **2**, p. 747
- *tm* **2**, p. 748; § 156 A

Vetitiv siehe Imperativ

Virtueller Relativsatz **2**, § 222 B; § 252

Vokativ **2**, § 70 - 73; § 78 - 83; § 86 - 87; § 89; § 159; § 277 C

Voranstellung von Satzteilen **2**, § 269 - 271
- im Nominalsatz mit *pw* **2**, § 198 - 199

Wechselsatz **2**, § 249

Wortarten, **2**, p. 588, n. 2

Zahlen
- Bildung, Gebrauch **2**, § 128 - 133
- Konstruktion **2**, § 187

Zeitlage siehe Accompli; Futurum Exactum; Inaccompli; Neuägyptische Konstruktionen/Formen; Nominalsatztypen; Perfekt; Plusquamperfekt; Präsens; Pseudoverbalkonstruktion; *śḏm.f*; *śḏm.n.f*; *śḏm.n.tw.f*

Zirkumstanzieller Nebensatz siehe Umstandssatz

Zweites Tempus **2**, § 239

śḏm.f
- Aktiv **2**, § 234
  - im Hauptsatz **2**, § 234
    - in der *jn*-Konstruktion **2**, § 229
    - nach *jw* und *jw.f* **2**, § 238 A und B; § 261
    - nach *ʿḥʿ.n* **2**, § 238 F
    - nach *wn.f* (*wnn.f*) **2**, § 238 J
  - im Nebensatz
    - adversativ **2**, § 246 b
    - final **2**, § 247 a; § 257 a und c

- kausal **2**, § 248 f
- konditional siehe Wechselsatz
- konsekutiv **2**, § 247 e
- nach *jwtj/ntj* **2**, § 262 H; § 263 B g
- Objektsatz **2**, § 253 d
- Subjekt in einem negativen Attributsatz (Relativsatz) **2**, § 263 B g
- temporal **2**, § 260 C
- Virtueller Relativsatz **2**, § 252 A g
- zirkumstanziell **2**, § 251 c; § 261 c
- Formen (Aktiv und Passiv)
- Hilfsverben **2**, § 154
- Verbalklassen **2**, § 137; § 147 - 149
- Gebrauch
- anstelle eines *śḏm.n.f* **2**, § 150 e und f
- im Adjektivischen Nominalsatz **2**, § 222 C
- negiert **2**, § 226
- im Nominalen Nominalsatz mit *pw* **2**, § 203
- im syndetischen Satzgefüge **2**, § 257; § 260 C; § 261 c; § 262 H; § 263 B g
- nach Partikel siehe dort
- negiert mit *n*/*nn* *śḏm.f* **2**, p. 788 ff.; § 226
- Optativ **2**, § 234 A; § 235 A b
- Passiv
- Formen **2**, § 235 A
- Gebrauch
- im Finalsatz **2**, § 247 b; § 257 a und c
- im Kausalsatz **2**, § 248 g
- nach *jw* **2**, § 238A
- nach *ꜥḥꜥ.n* **2**, § 238 I
- negiert **2**, 235 A b
- umschrieben mit *śn* **2**, § 45
-umschrieben mit *tw* **2**, § 151
- Verhältnis zum *śḏm.n.f* **2**, § 233; § 236 B
- Zeitlage
- Präsens und Futur **2**, § 234 B
- Perfekt und Präteritum **2**, § 234 C
- *św śḏm.f* **2**, § 272 c

śḏm.f-Relativform siehe Relativform

śḏm.jn.f, śḏm.ḫr.f, śḏm.kꜣ.f
- Formen und Gebrauch **2**, § 153

śḏm.n.f
- Formen **2**, § 137 (*j.n.f*); § 150
- Gebrauch **2**, § 236
- im Hauptsatz

- in der *jn*-Konstruktion **2**, § 230
- nach *jw* und *jw.f* **2**, § 238 D und E; § 261 (negiert)
- nach *ꜥḥꜥ.n(.f)* **2**, § 220 B; § 238 G und H
- nach *wnn.jn.f* § 238 K
- nach *m* **2**, § 237
- nach *mk* **2**, § 237
- im Nebensatz
  - kausal **2**, § 248 i; § 258 B
    - nach *ḥr* **2**, § 258 B
  - temporal **2**, § 258 B; § 260 C
  - terminativ **2**, § 257 b
  - Virtueller Relativsatz **2**, § 252 A h
  - zirkumstanziell **2**, § 251 d;
- Tempusreferenz, Ausfall der **2**, § 143; § 150
- Zeitlage
  - Futurum Exactum **2**, § 236 E
  - Perfekt **2**, § 236 B
  - Plusquamperfekt **2**, § 236 D
  - Präsens **2**, § 236 A
  - Präteritum **2**, § 236 C
- Verhältnis zum *śḏm.f* **2**, § 233; § 236 B

śḏm.n.f-Relativform siehe Relativform

śḏm.n.tw.f
- Formen **2**, § 150
- Zeitlage **2**, § 235 C

śḏm.tj.fj
- Formen und Gebrauch **2**, § 146
- substantiviert im negierten Attributsatz (Relativsatz) **2**, § 263 B e
- substantiviert im Nominalen Nominalsatz **2**, § 194 B c

śḏm.tw.f
- Formen **2**, § 151
- Gebrauch **2**, § 235 B
  - adversativ **2**, § 246 c
  - final **2**, § 247 c; § 257 a
  - kausal **2**, § 248 h
  - selbständig nach *jw* **2**, § 238 C
  - virtueller Relativsatz, negiert **2**, § 252 A i

śḏmt.f, Formen und Gebrauch **2**, § 152

IX Literatur

1) Sammlungen:

(Die nachfolgend genannten drei Arbeiten enthalten umfangreiche Literaturangaben zu den Tempelinschriften griechisch-römischer Zeit und sind deshalb als Einstieg in dieses Gebiet gut geeignet.)

Cauville, Essai I, 251 - 262.

Kurth, Treffpunkt der Götter, 327 - 390.

Françoise Labrique, Stylistique et théologie à Edfou, OLA 51, 1992, 1 - 9; 315 - 328.

Christian Leitz, Quellentexte zur ägyptischen Religion I - Die Tempelinschriften der griechisch-römischen Zeit, Münster 2004

2) Abkürzungen:

(Nicht aufgelöste Abkürzungen entsprechen denjenigen des Lexikons der Ägyptologie.)

Agoûz
Dominique Mallet, Le Kasr el-Agoûz, MIFAO 11, 1909[1].

Allen, Middle Egyptian
James P. Allen, Middle Egyptian. An Introduction to the Language and Culture of Hieroglyphs, Cambridge 2000.

Aufrère, Univers minéral
Sidney Aufrère, L'univers minéral dans la pensée égyptienne, BdE 105, 1991.

Aufrère, Propylône
Sidney Aufrère, Le propylône d'Amon-Rê-Montou à Karnak-Nord, MIFAO 117, 2000.

Barguet, Textes des Sarcophages
Paul Barguet, Textes des sarcophages égyptiens du Moyen Empire, Paris 1986.

Beckerath, Handbuch
Jürgen von Beckerath, Handbuch der ägyptischen Königsnamen, MÄS 49, 1999.

Bedier, Geb
Shafia Bedier, Die Rolle des Gottes Geb in den ägyptischen Tempelinschriften der griechisch-römischen Zeit, HÄB 41, 1995.

[1] Mallets Publikation ist nicht vollständig und enthält relativ viele Fehler; an einer neuen Publikation der Texte des Tempels von Qasr el-Aguz wird zur Zeit gearbeitet (siehe Mathieu, in: BIFAO 104, 2004, 658 ff.). Deshalb habe ich nur diejenigen Stellen ausgewertet, die mir aufgrund von Parallelen unbedenklich zu sein schienen. Zu einigen Stellen siehe auch Volokhine, in: BIFAO 102, 2002, 405 ff.

Behrmann, Nilpferd
Almuth Behrmann, Das Nilpferd in der Vorstellungswelt der alten Ägypter, 2 Bände , Frankfurt am Main 1989 und 1996.

Beinlich, Osirisreliquien
Horst Beinlich, Die "Osirisreliquien", ÄA 42, 1984.

Beinlich, Buch vom Ba
Horst Beinlich, Das Buch vom Ba, SAT 4, 2000.

Beinlich und Hallof, Einführung SERaT
Horst Beinlich und Jochen Hallof, Einführung in das Würzburger Datenbanksystem SERaT, Studien zu den Ritualszenen altägyptischer Tempel 1, Dettelbach 2007.

Boylan, Thoth
Patrick Boylan, Thoth, the Hermes of Egypt, London etc.1922.

Bresciani, Assuan
Edda Bresciani, Assuan. Il tempio tolemaico di Isi (Pernigotti: I blocci decorati e iscritti), Pisa 1978.

Brugsch, Grammaire
Henri Brugsch, Grammaire hiéroglyphique, Leipzig 1872.

Brunner, AMG
Hellmut Brunner, Abriß der Mittelägyptischen Grammatik, Graz 1967[2].

Budde, Seschat
Dagmar Budde, Die Göttin Seschat, Kanobos 2, 2000.

Caminos, Tale of Woe
Ricardo A. Caminos, A Tale of Woe, Oxford 1977.

Dendara XIII – XV (Internet, o. J.).

Cauville, Dend. Chap. Os.
Sylvie Cauville, Dendara. Les chapelles osiriennes, BdE 117 - 119, 1997.

Cauville, Dend. fonds
Sylvie Cauville, Dendara. Le fonds hiéroglyphique au temps de Cléopâtre, Paris 2001.

Cauville, Dend. Trad.
Sylvie Cauville, Dendara I - VI. Traduction, OLA 81, 88, 95, 101, 131, 132, 1998 ff.

Cauville, Essai
Sylvie Cauville, Essai sur la théologie du temple d'Horus à Edfou, BdE 102, 1987.

Cauville, Porte d'Isis
Sylvie Cauville, Le temple de Dendara. La porte d'Isis, Kairo 1999.

Cauville, Temple d'Isis
Sylvie Cauville, Dendara. Le temple d'Isis, Kairo, 2007.

Cauville, Théologie d'Osiris
Sylvie Cauville, La théologie d'Osiris à Edfou, BdE 91, 1983.

Černý, CED
Jaroslav Černý, Coptic Etymological Dictionary, Cambridge 1976.

Černý/Groll, LEG
Jaroslav Černý and Sarah I. Groll, A Late Egyptian Grammar, Rom 1993^{4}.

Chassinat, Khoiak
Émile Chassinat, Le mystère d'Osiris au mois de Khoiak, 2 Bände, 1966 und 1968.

Chelouit
Christiane M. Zivie, Le temple de Deir Chelouit, 4 Bände, Kairo 1981 – 1992.

Clère, Porte d'Évergète
Pierre Clère, La porte d'Évergète à Karnak, MIFAO 84, 1961.

Crossroad
Gertie Englund und Paul John Frandsen (Hg.), Crossroad, Kopenhagen 1986.

Cruz-Uribe, Hibis I
Eugene Cruz-Uribe, Hibis Temple Project I, San Antonio 1988.

Darnell, Enigmatic Netherworld Books
John Coleman Darnell, The Enigmatic Netherworld Books of the Solar-Osirian Unity, OBO 198, 2004.

Daumas, Moyens d'expression
François Daumas, Les moyens d'expression du Grec et de l'Éyptien, SASAE 16, 1952.

Debod
Günther Roeder, Debod bis Bab Kalabsche I, Kairo 1911.

Deir el-Bahari III
Ewa Laskowska-Kusztal, Le sanctuaire ptolémaïque de Deir el-Bahari, Warschau 1984.

Deir al-Médîna
Pierre du Bourget, Le temple de Deir al-Médîna, MIFAO 121, 2002.

Dendara IX
François Daumas, Le temple de Dendara IX, Kairo 1987.

Dendara X - XII
Sylvie Cauville, Le temple de Dendara X - XII, Kairo 1997 - 2007.

Dendara XIII – XV
Sylvie Cauville, Le temple de Dendara XIII - XV, www.dendara.net 2007 – 2008.

Dendara Mam.
François Daumas, Les mammisis de Dendara, Kairo 1959.

Derchain, Elkab I
Philippe Derchain, Elkab I, Les monuments religieux à l'entrée de l'Ouadi Hellal, Brüssel, 1971.

Derchain, Hathor Quadrifrons
Philippe Derchain, Hathor Quadrifrons, Istanbul 1972.

Derchain, Oryx
Philippe Derchain. Le sacrifice de l'oryx, Rites Égyptiens I, 1962.

Derchain, Zwei Kapellen
Philippe Derchain, Zwei Kapellen des Ptolemäus I Soter in Hildesheim, Zeitschrift des Museums zu Hildesheim, Neue Folge, Heft 13, Hildesheim 1961.

Derchain-Urtel, Thot
Maria-Theresia Derchain-Urtel, Thot à travers ses épithètes, Rites Égyptiens III, 1981.

Dümichen, Baugeschichte
Johannes Dümichen, Baugeschichte des Denderatempels, Strassburg 1877.

Dümichen, Kalenderinschriften
Johannes Dümichen, Altaegyptische Kalenderinschriften, Leipzig 1866.

Dusch
Peter Dils, Der Tempel von Dusch, Köln 2000

Edfu, Begleitheft
Dieter Kurth (Hg.), Die Inschriften des Tempels von Edfu. Begleithefte 1 und 3 - 5, Wiesbaden 1990 - 2002.

Edfou XV
Sylvie Cauville und Didier Devauchelle, Le temple d'Edfou XV, Kairo 1985.

Egberts, In Quest of Meaning
Arno Egberts, In Quest of Meaning, Egyptologische Uitgaven 8, 1995.

Engsheden, Reconstitution du verbe
Åke Engsheden, La reconstitution du verbe en égyptien de tradition 400 – 30 avant J.-C., Uppsala Studies in Egyptoloy 3, 2003.

EP 1
Dieter Kurth, Einführung ins Ptolemäische, Teil 1, Hützel 2007.

Erichsen, DG
Wolja Erichsen, Demotisches Glossar, Kopenhagen 1954.

Erichsen, AFT
Wolja Erichsen, Auswahl frühdemotischer Texte, Kopenhagen 1950.

Ermant I
Christophe Thiers – Youri Volokhine, Ermant I, Les cryptes du temple ptolémaïque, MIFAO 124, 2005.

Fakhry, Denkm. Dachla
Ahmed Fakhry, Denkmäler der Oase Dachla, AV 28, 1982.

Faulkner, Coffin Texts
Raymond O. Faulkner, The Ancient Egyptian Coffin Texts, 3 Bände, Warminster 1973 ff.

Favard-Meeks, Behbeit el-Hagara
Christine Favard-Meeks, Le temple de Behbeit el-Hagara, SAK Beiheft 6, 1991.

Finnestad, Image of the World
Ragnild Bjerre Finnestad, Image of the World and Symbol of the Creator, Studies in Oriental Religions 10, 1985.

Fs. Altenmüller
Nicole Kloth, Karl Martin und Eva Pardey (Hg.), Es werde niedergelegt als Schriftstück, SAK Beiheft 9, 2003.

Fs. Decker
Festschrift für Wolfgang Decker, Nikephoros 18, 2005 (ohne Hg.).

Fs. Derchain
Ursula Verhoeven und Erhart Graefe (Hg.), Religion und Philosophie im alten Ägypten, OLA 39, 1991.

Fs. Gundlach
Mechthild Schade-Busch (Hg.), Wege öffnen, ÄAT 35, 1996.

Fs. Junge
Gerald Moers, Heike Behlmer, Katja Demuß und Kai Widmaier (Hg.), *jn.t ḏr.w* – Festschrift für Friedrich Junge, Göttingen 2006.

Fs. Kákosy
Ulrich Luft (Hg.), The intellectual Heritage of Egypt, Studia Aegyptiaca XIV, 1992.

Fs. Kurth
Wolfgang Waitkus (Hg.), Diener des Horus, Festschrift für Dieter Kurth zum 65. Geburtstag, Aegyptiaca Hamburgensia I, 2008.

Fs. Polotsky
Dwight W. Young (Hg.), Studies Presented to Hans Jakob Polotsky, Beacon Hill, 1981.

Fs. Schenkel
Louise Gestermann und Heike Sternberg-el Hotabi (Hg.), Per aspera ad astra – Wolfgang Schenkel zum neununfünfzigsten Geburtstag, Kassel 1995.

Fs. Thausing
Manfred Bietak e.a. (Hg.), Zwischen den beiden Ewigkeiten, Festschrift Gertrud Thausing, Wien 1994.

Fs. Winter
Martina Minas und Jürgen Zeidler (Hg.), Aspekte spätägyptischer Kultur. Festschrift für Erich Winter zum 65. Geburtstag, Aegyptiaca Treverensia 7, 1994.

Fs. Zauzich
Friedhelm Hoffmann und Heinz-Josef Thissen (Hg.), Res severa verum gaudium, Studia Demotica VI, 2004

Gauthier, Kalabchah
Henri Gauthier, Le Temple de Kalabchah, Kairo 1911.

Germer, Arzneimittelpflanzen
Renate Germer, Untersuchung über Arzneimittelpflanzen im Alten Ägypten, Hamburg 1979.

Germer, Flora
Renate Germer, Flora des pharaonischen Ägypten, SDAIK 14, 1985.

Germond, Invocations
Philippe Germond, Les invocations à la bonne année au temple d'Edfou, ÄH 11, 1986.

Germond, Sekhmet
Philippe Germond, Sekhmet et la protection du monde, ÄH 9, 1981.

Goyon, Confirmation
Jean-Claude Goyon, Confirmation du pouvoir royal au nouvel an, BdE 52, 1972.

Goyon, Gardiens
Jean-Claude Goyon, Les dieux-gardiens et la genèse des temples, BdE 93, 1985.

Graefe, Mäg. Gr.
Erhart Graefe, Mittelägyptisch – Grammatik für Anfänger, Wiesbaden 1987[1]; 1994[4]; 2001[6].

Grenier, Titulatures
Jean-Claude Grenier, Les titulatures des empereurs romains dans les documents en langue égyptienne, Papyrologica Bruxellensia 22, 1989.

Grimm, Festkalender
Alfred Grimm, Die altägyptischen Festkalender in den Tempeln der griechisch-römischen Epoche, ÄAT 15, 1994.

Gs. Behrens
Daniela Mendel und Ulrike Claudi (Hg.), Ägypten im afro-orientalischen Kontext. Gedenkschrift Peter Behrens, Afrikanistische Arbeitspapiere, Sondernummer 1991, Köln 1991.

Gs. Quaegebeur
Willy Clarysse, Antoon Schoors and Harco Willems (Hg.), Egyptian Religion - the Last Thousand Years. Studies Dedicated to the Memory of Jan Quaegebeur, OLA 84/85, 1998.

Gutbub, Textes fond.
Adolphe Gutbub, Textes fondamentaux de la théologie de Kom Ombo, BdE 47, 1973.

Haikal, Nesmin
Hussein Haikal, Two Hieratic Funerary Papyri of Nesmin, BAe XIV - XV, 1970 - 1972.

Hallof, Thesaurus
Jochen Hallof, Thesaurus der Esna-Texte, Berlin 1993 (unpubliziert; Kopie mir vom Autor zur raschen Auffindung von Belegstellen freundlich überlassen).

Hannig, ÄgWb
Rainer Hannig, Ägyptisches Wörterbuch, Band I und II, Mainz 2003 und 2006.

Hannig, Pseudopartizip
Rainer Hannig, Pseudopartizip und *sḏm.n=f*, HÄB 32, 1991.

Hibis III
Norman de Garis Davies, The Temple of Hibis in El Khargeh Oasis. Part III, The Decoration, New York 1953.

Hoch, Semitic Words
James E. Hoch, Semitic Words in Egyptian Texts of the New Kingdom and Third Intermediate Period, Princeton 1994.

Hodjash and Berlev, Reliefs and Stelae
Svetlana Hodjash und Oleg Berlev, Egyptian Reliefs and Stelae in the Pushkin Museum of Fine Arts, Moscow 1982.

Homm. Daumas
Hommages à François Daumas, 2 Bände, Montpellier 1986 (ohne Hg.).

Husson, Miroir
C. Husson, L'offrande du miroir dans les temples égyptiens de l'époque gréco-romaine, Lyon 1977.

ITE I/1 (Edfou VIII)
Dieter Kurth, Die Inschriften des Tempels von Edfu, Abteilung I Übersetzungen, Band 1 Edfou VIII, Wiesbaden 1998.

ITE I/2 (Edfou VII)
Dieter Kurth, Die Inschriften des Tempels von Edfu, Abteilung I Übersetzungen, Band 2 Edfou VII, Wiesbaden 2004.

ITE II
Die Inschriften des Tempels von Edfu, Dokumentationen.

Jansen-Winkeln, Spätmitteläg. Gramm.
Karl Jansen-Winkeln, Spätmittelägyptische Grammatik der Texte der 3. Zwischenzeit, ÄAT 34, 1996.

Johnson, DVS
Janet H. Johnson, The Demotic Verbal System, SAOC 38, 1976.

Johnson, Thus Wrote
Janet H. Johnson, Thus Wrote Onchsheshonqy. An Introductory Grammar of Demotic, SAOC 45, 1986.

Junge, Neuäg. Gramm.
Friedrich Junge, Einführung in die Grammatik des Neuägyptischen, Wiesbaden 1996.

Junge, Syntax
Friedrich Junge, Syntax der mittelägyptischen Literatursprache. Grundlagen einer Strukturtheorie, Mainz 1978.

Junker, Abaton
Hermann Junker, Das Götterdekret über das Abaton, DAWW 56, 1913.

Junker, Auszug
Hermann Junker, Der Auszug der Hathor-Tefnut aus Nubien, Berlin 1911.

Junker, GdD
Hermann Junker, Grammatik der Denderatexte, Leipzig 1906.

Junker, Schriftsystem
Hermann Junker, Über das Schriftsystem im Tempel der Hathor in Dendera, Berlin 1903.

Junker, Stundenwachen
Hermann Junker, Die Stundenwachen in den Osirismysterien, DAWW 54, 1910.

Kalabscha Berlin
Erich Winter, Das Kalabsha-Tor in Berlin, Jahrbuch Preußischer Kulturbesitz 14, 1979, 59 ff.

Kasser, Compl.
Rodolphe Kasser, Compléments au Dictionnaire Copte de Crum, BdEC VII, 1964.

Kockelmann, Toponymen- und Kultnamenlisten
Holger Kockelmann, Die Toponymen- und Kultnamenlisten zur Tempelanlage von Dendera nach den hieroglyphischen Inschriften von Edfu und Dendera, Edfu Begleitheft 3, 2002.

Kom Ombo
J. de Morgan e. a., Catalogue des monuments et inscriptions de l'Égypte antique II und III, id est Kom Ombos, Teile I und II, Wien 1895 und 1909.

Kôm Ombo (Gutbub)
Adolphe Gutbub, Kôm Ombo I, Kairo 1995

Kön.
John Coleman Darnell, The Enigmatic Netherworld Books of the Solar-Osirian Unity. Cryptographic Compositions in the Tombs of Tutankhamun, Ramesses VI and Ramesses IX, OBO 198, 2004.

Kurth, Den Himmel stützen
Dieter Kurth, Den Himmel stützen, Rites Égyptiens II, 1975.

Kurth, Dekoration
Dieter Kurth, Die Dekoration der Säulen im Pronaos des Tempels von Edfu, GOF IV, 11, 1983.

Kurth, Teüris
Dieter Kurth, Der Sarg der Teüris, Aegyptiaca Treverensia 6, 1990.

Kurth, Treffpunkt der Götter
Dieter Kurth, Treffpunkt der Götter, Zürich und München 1994.

Lefebvre, Grammaire
Gustave Lefebvre, Grammaire de l'Égyptien classique, BdE 12, 1955.

Leitz, LGG
Christian Leitz (Hg.), Lexikon der ägyptischen Götter und Götterbezeichnungen, 8 Bände, OLA 110 – 116 und 129, 2002 - 2003.

Lesko, Dictionary
Leonard H. Lesko (Hg.), A Dictionary of Late Egyptian, 5 Bände, Providence 1982 – 1990.

Lieven, Himmel über Esna
Alexandra von Lieven, Der Himmel über Esna, ÄA 64, 2000.

Malaise/Winand, Grammaire raisonnée
Michel Malaise et Jean Winand, Grammaire raisonnée de l'égyptien classique, Liège 1999.

Meeks, Ann.Lex.
Dimitri Meeks, Année lexicographique, 3 Bände, Paris 1980 – 1982.

Meeks, Pal. Hiérogl. 1
Dimitri Meeks, Les architraves du temple d'Esna. Paléographie, Paléographie Hiéroglyphique 1, 2004.

Meeks, Texte des donations
Dimitri Meeks, Le grand texte des donations au temple d'Edfou, BdE 59, 1972.

Mélanges Gutbub
Mélanges Adolphe Gutbub, Montpellier 1984.

Nelson, Hypostyle Hall
Harold Hayden Nelson, The Great Hypostyle Hall at Karnak I, OIP 106, 1981.

Osing, Denkmäler
Jürgen Osing, Denkmäler der Oase Dachla, AV 28, 1982.

Otto, Gott und Mensch
Eberhard Otto, Gott und Mensch nach den ägyptischen Tempelinschriften der griechisch-römischen Zeit, Heidelberg 1964.

Qal'a
Laure Pantalacci und Claude Traunecker, Le temple d'El-Qal'a, 2 Bände, Kairo 1990 und 1998.

Quaegebeur, Shai
Jan Quaegebeur, Le dieu égyptien Shaï, OLA 2, 1975

Quirke, The Temple
Stephen Quirke (Hg.), The Temple in Ancient Egypt, London 1997.

Rochholz, Schöpfung
Matthias Rochholz, Schöpfung, Feindvernichtung, Regeneration, ÄAT 56, 2002.

Ryhiner, Concordance
Marie-Louise Ryhiner, Table de concordance des textes du temple d'Hathor à Dendara, Paris 2002.

Satzinger, Neg. Konstr.
Helmut Satzinger, Die negativen Konstruktionen im Alt- und Mittelägyptischen, MÄS 12, 1968.

Sauneron, Porte de Mout
Serge Sauneron, La porte ptolémaique de l'enceinte de Mout à Karnak, MIFAO 107, 1983.

Sauneron, Rituel
Serge Sauneron, Rituel de l'embaumement, Kairo 1952.

Schenkel, Einführung
Wolfgang Schenkel, Tübinger Einführung in die klassisch-ägyptische Sprache und Schrift, Tübingen, 1994.

Sethe, Nominalsatz
Kurt Sethe, Der Nominalsatz im Ägyptischen und Koptischen, Leipzig 1916.

Smith, Cat. Dem. Pap. III
Mark Smith, The Mortuary Texts of Papyrus BM 10507, Catalogue of Demotic Papyri in the British Museum III, 1987.

Snape, Temple of Domitian
Steven R. Snape, A Temple of Domitian al El-Ashmunein, British Museum Occasional Paper 68, 1989.

Spiegelberg, Dem. Gr.
Wilhelm Spiegelberg, Demotische Grammatik, Heidelberg 1975[2].

Spiegelberg, Mythus
Wilhelm Spiegelberg, Der ägyptische Mythus vom Sonnenauge, Straßburg 1917.

Spiegelberg, Priesterdekrete
Wilhelm Spiegelberg, Der demotische Text der Priesterdekrete von Kanopus und Memphis (Rosettana), Heidelberg 1922.

Till, Kopt. Gramm.
Walter Till, Koptische Grammatik, Leipzig 1966.

Tôd I
Jean-Claude Grenier e. a., Tôd. Les inscriptions du temple ptolémaïque et romain, Kairo 1980.

Tôd II
Christophe Thiers, Tôd. Les inscriptions du temple ptolémaïque et romain, Kairo 2003.

Traunecker, Coptos
Claude Traunecker, Coptos, OLA 43, 1992.

Valeurs des signes
François Daumas e. a., Valeurs phonétiques des signes hiéroglyphiques d'époque gréco-romaine, 4 Bände, Montpellier 1988 – 1995.

Vernus, Athribis
Pascal Vernus, Athribis, BdE 74, 1978.

Waitkus, Krypten
Wolfgang Waitkus, Die Texte in den unteren Krypten des Hathortempels von Dendera, MÄS 47, 1997.

Westendorf, Gramm. MT
Wolfhart Westendorf, Grammatik der medizinischen Texte (Grundriß der Medizin der alten Ägypter VIII), Berlin 1962.

Westendorf, Passiv
Wolfhart Westendorf, Der Gebrauch des Passivs in der klassischen Literatur der Ägypter, VIO 18, Berlin 1953.

Willems, Shanhûr
Harco Willems, Filip Coppens and Marleen de Meyer, The Temple of Shanhûr, OLA 124, 2003.

Wilson, Ptol. Lex.
Penelope Wilson, A Ptolemaic Lexicon, OLA 78, 1997.

Winglyph Professional
Nicolas Grimal, Jochen Hallof, Dirk van der Plas (Hg.), Hieroglyphica, Utrecht und Paris, PIREI 1, 1993.

Winter, Tempelreliefs
Erich Winter, Untersuchungen zu den ägyptischen Tempelreliefs der griechisch-römischen Zeit, Wien 1968.

Žabkar, Philae
Louis V. Žabkar, Hymns to Isis in Her Temple at Philae, Hanover und London 1988.

Zonhoven, *śḏm.t=f*,
Ludovicus Martinus Johannes Zonhoven, Studies on the *śḏm.t=f* Verb Form in Classical Egyptian, Groningen 1997 (Proefschrift).

Bedeutung der Klammern:

( ): dem Verständnis dienende Zusätze
< >: Korrektur antiker Fehler
< >*: Korrektur in der Publikation vorhandener Fehler

Addenda et Corrigenda zu Kurth, EP 1

Ein beträchtlicher Teil der folgenden Nachträge geht auf eine Durchsicht der Bände Dendara XII – XV zurück, die erst nach der Publikation des ersten Bandes der „Einführung ins Ptolemäische" veröffentlicht wurden: Cauville, Dendara XII (Kairo 2007); Dendara XIII – XV (Internet, 2007 und 2008, URL: http://www.dendara.net). Als letztes kamen noch die Inschriften des Isistempels von Dendera (Cauville, Temple d'Isis) hinzu.
Da bis zuletzt neue Nachträge hinzugekommen sind, sei den Benutzern der 2. Auflage von EP 1 empfohlen, sich nicht nur auf die Asterisken am Seitenrand zu verlassen, sondern in jedem Fall die folgenden Nachträge einzusehen.

p. 10, n. 4:
Hinzufügen: Zu den besonderen Zeichenformen im Tempel von Kom Ombo siehe Kôm Ombo (Gutbub) I, XXIX ff.

p. 43 f.:
Hinzufügen: Zu Prinzip II gehört auch das im Addendum zu p. 328, n. 67, angeführte Beispiel: , *Jtmw*, Atum.

p. 72, 2. Absatz:
Hinzufügen: Zu *kꜣ/ʿwj* cf. unten, p. 171, Nr. 45 (Addendum).

p. 85 (4):
Hinzufügen: Germond, Invocations, 74 ff.

p. 89, n. 1:
Hinzufügen: Dasselbe Phänomen begegnet auch an den Stellen Dendara XV, 249, 14; 253, 7; 254, 6; 271, 13; 306, 2; 306, 14 f.

p. 90 f., Mater Lectionis:
Hinzufügen: siehe auch , *jrj*, zugehörig (Dendara XIII, 380, 14).

p. 99, Nr. 19:
Öfters werden zwei auslautende  derartig umgestellt, daß sie ein anderes Zeichen in ihre Mitte nehmen: , *smꜣj(t)*, die Bande (des Seth); Edfou VI, 122, 3. Ähnlich: VI, 71, 8 (*mḥw*); 72, 1 (*rkjw*); 78, 7 (*tꜣw*); VIII, 167, 11; cf. auch Wb II, 304, 14 ff. (*nḫw*). – In 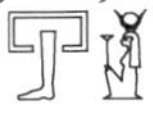, *bw nb*, jeder Ort (Dendara XII, 161, 14) wurde das Determinativ nach vorne gerückt.

p. 103, bei a3:
Verbessere *šʿʿ(t)* zu *šꜣʿ(t)*.

p. 103, bei a4:
Verbessere *šʿʿ(t)* zu *šꜣʿ(t)*.

p. 128, Nr. 9:
Hinzufügen (Phonogramme): *dj* (Dendara IX, 45, 8; XIV, 162, 12). Zur Herleitung siehe EP 1, 38, Prinzip XIV.

p. 134, Nr. 30:
Anfügen: Nr. 30a  Phonogramm *ḫꜣdj* (Dendara XV, 252, 1).

p. 135, Nr. 42:
Hinzufügen (Wörter): *k*, Pers. Pron. Suffix, 2. S. M.; siehe § 39.

p. 136, Nr. 43d:
Anfügen: Nr. 43e  Wörter *nśwt bjt nb tꜣwj*, König von Ober- und Unterägypten (Dendara XII, 65, 6; Pl. 39, unten rechts); im Original halten die Könige die Wappenpflanzen von Ober- und Unterägypten in Händen sowie ein Flagellum.

p. 141, Nr. 73c, 79 und Varianten:
Hinzufügen (Wörter): *k*, Pers. Pron. Suffix, 2. S. M.; siehe § 39.

p. 146, Nr 103:
Anfügen: Nr. 104  *nṯrt*, die Göttin (Dendara XIV, 3, 6).

p. 151, n. 152:
Hinzufügen: Dendara XII, 271, 14 (*Jtmw*).

p. 152, n. 176:
Hinzufügen: Dendara XIII, 85, 14; 246, 3: stehender Mann mit  in der Hand (*ḥwj*, schlagen).

p. 152, n. 180:
Hinzufügen: Dendara XII, 281, 1 (*mnjw*).

p. 152, n. 185:
Hinzufügen: Das Phonogramm *ḫꜣdj* (Dendara XIV, 17, 2: Toponym *Ḫꜣdj*) geht auf die Lesung *ḫꜣtj* zurück.

p. 154, n. 265:
Hinzufügen: Siehe auch Dendara XIII, 404, 1 f.; XIV, 7, 14; es handelt sich um eine Variante, die den Mann mit einer Art Schreibbinse (?) in der linken Hand zeigt (*jnj*, bringen; cf. Dendara XIII, 300, 1; XIV, 8, 4). Statt der Binse erwartet man einen Pfeil, cf. Davies, Rekh-mi-Rē^{c} II, Pl. 25.

p. 160, n. 477:
Hinzufügen: Dendara XIII, 35, 8 und 11.

p. 161, n. 524:
Hinzufügen: Dendara XIII, 35, 8 und 11.

p. 161, n. 526:
Hinzufügen: Dendara XIII, 72, 11.

p. 163, n. 571:
Hinzufügen: Dendara XIII, 431, 8.

p. 163, n. 575:
Hinzufügen: cf. auch Dendara XII, 126, 8 (Determinativ).

p. 164, n. 601:
Hinzufügen: Sehr unsicher ist auch die Lesung *ś*, Pers. Pron. Suffix 3. S. F. (Dendara XIV, 6, 6: *ḥtp.tw ḥr.ś*$^{?}$; *ḥtp.tj ḥr Ḥt-ḥr*$^{?}$).

p. 167, Nr. 4b:
Anfügen: Nr. 4c  *sššt*, das Sistrum (Dendara XIII, 237, 4; cf. 238, 8; 239, 3; 253, 10; 254, 3 f.; 298, 9; eine für den Pronaos des Hathortempels von Dendera typische Schreibung.

p. 167, Nr. 8:
Hinzufügen (Wörter): *dšr*, rot. Dendara XV, 337, 12 (cf. die Parallelen Dendara I, 64, 3; 87, 5; Daumas, Mammisis, 32; 33, n. 4); Cauville, Temple d'Isis, 300, 2; anders Cauville, in: BIFAO 90, 1990, 93, (8), deren Lesung aber m. E. den genannten Parallelen nicht gerecht wird.

p. 170, Nr. 43:
Hinzufügen (Phonogramme): *j*(*w*); Dendara XV, 323, 4 (*Jpw*, Panopolis).

p. 171, Nr. 45:
Hinzufügen (Wort, jetzt „Wörter"): *ʿwj,* die beiden Arme (Dendara XII, 19, 11); cf. p. 72.

p. 172, Nr. 51:
Die Lesung *jwtj* ist unsicher; siehe die entsprechende Anmerkung in § 127.

p. 172, Nr. 56:
Hinzufügen (Wörter): *ʿ*, der Arm; Wb I, 156, 1 ff.

p. 175, Nr. 71a:
Hinzufügen (Phonogramme): *šp* (Dendara XII, 96, 2: *špśt*; cf. 100, 10); *šsp* (Dendara XII, 134, 16: , *šspw*, die Abbilder; cf. VI, 173, 5).

p. 175, Nr. 74:
Hinzufügen (Phonogramm): *t* (Esna VII, Nr. 620 A, Zeile 3: *tm*). – Herleitung nach Prinzip IX (p. 34; 72 f.).

p. 179, n. 7:
Hinzufügen: Ein weiterer Beleg Kôm Ombo (Gutbub) I, Nr. 166, 1.

p. 179, n. 20:
Hinzufügen: cf. Dendara XII, 15, 1.

p. 182, n. 89 f.:
Hinzufügen: Dendara XII, 96, 4 (cf. V, 74, 9; 85, 2; VI, 38, 6; 89, 6); 142, 9.

p. 185, n. 206:
Hinzufügen: Dendara XII, 341, 3 (*mꜣj*, der Löwe).

p. 185 f., n. 210:
Hinzufügen: Die Unterdrückung des *n* findet man auch an der Stelle Dendara XIV, 125, 7 (cf. 135, 9: mit *n*).

p. 187, n. 250:
Hinzufügen: Ein weiterer Beleg: Dendara XIV, 171, 12 (*jwnn*).

p. 188. n. 271:
Hinzufügen: Siehe auch die Variante Dendara XV, 24, 7; 38, 9; 47, 7: menschlicher Torso mit Pfeil und Bogen in der Hand.

p. 188, n. 281:
Hinzufügen: Ein weiterer Beleg: Kôm Ombo (Gutbub) I, Nr. 6, 5 (*ḫntj r nw.f r tm rd(t) ꜥm ś(w) wꜣḏ-wr*; die Nilflut wird gedeutet als ein Stromauffahren des Nils, als eine Umkehr des Flusses, damit ihn nicht das Mittelmeer verschlinge).

p. 189, n. 316:
An der Stelle Esna VII, Nr. 581, 7, ist wohl besser *mwt <mśjt> ḫnmt rrt* ... zu lesen.

p. 191, n. 366:
Hinzufügen: Dendara XII, 3, 5.

p. 191, n. 383:
Hinzufügen: Dendara XII, 139, 15 (*špśt*, geschrieben *špšt*).

p. 192, n. 406:
Hinzufügen: Dendara XII, 260, 8.

p. 193, n. 441:
Hinzufügen: Dendara XV, 251, 14.

p. 201, Nr. 55:
Hinzufügen: Phonogramm *mꜣrw*?; Kôm Ombo (Gutbub), Nr. 292, 2 (*mꜣrw n mꜣj ḥsꜣ ḥr*; etwas unsicher cf. Wb II, 407, 13 ff.).

p. 201, Nr. 62:
Hinzufügen: Phonogramm *šnᶜ* (Dendara XII, 331, 10; 335, 16).

p. 202, Nr. 79:
Hinzufügen (Phonogramme): *sb* (mit Mater Lectionis in: *sbj nšnj*; Dendara XIV, 19, 11); *stj* (siehe Bedier, in: GM 162, 1998, 12, n. 32; folgende Schreibungen bestätigen Bediers Lesung: Kôm Ombo (Gutbub), I, Nr. 142, 10; 320, 7: , *śṯꜣ* > *stj*; 184, 5: ).

p. 203, Nr. 82:
Hinzufügen (Phonogramme): *śḏ* (Dendara XII, 331, 17: *śḏ-jb*, der-das-Herz-zerbricht/entmutigt, eine Bezeichnung des Löwen).

p. 205, Nr. 109:
Anfügen: Nr. 109a  *wpj*, öffnen, richten, entscheiden (Dendara XIV, 57, 13; 60, 8).

p. 207, n. 10:
Hinzufügen: Ein weiterer Beleg, Kôm Ombo (Gutbub) I, Nr. 113, 5.

p. 210, n. 115:
Hinzufügen: Dendara XII, 105, 12 (*jb*, der Landwirt).

p. 211, n. 136:
Hinzufügen: Sicher *prj* zu lesen an der Stelle, Dendara XIV, 15, 1 (*prj*(*t*) *m ḥꜣt ḥnᶜ jt.ś Nwn wr*); cf. Dendara VI, 134, 8.

p. 212, n. 139:
Hinzufügen: Dendara XIV, 45, 9 (*ẖᶜj.n.ś*).

p. 213, n. 172:
Hinzufügen: Dendara XII, 200, 2.

p. 216, n. 254:
Hinzufügen: Dendara XIII, 48, 14 (*mj.t spj.ṯ ś*(*w*), komme und lasse ihn übrig/verschone ihn; zum Inhalt cf. Edfou VI, 265, 16 f.).

p. 216, n. 260:
Hinzufügen: Dieselbe Verwechslung findet man auch Dendara XI, 50, 8 (cf. Pl. 35).

p. 217, n. 283:
Hinzufügen: Dendara XIV, 35, 12.

p. 218, n. 309:
Hinzufügen: Dendara XII, 221, 16.

p. 218, n. 330:
Zur Stele Kairo JE 51943 (aus Deir el-Hagar, Oase Dachla) siehe Lefebvre, in: ASAE 28, 1928, 29 ff.

p. 219, n. 333:
Hinzufügen: Dendara XV, 223, 2.

p. 219, n. 344:
Hinzufügen: Dendara XIV, 67, 8.

p. 222, Nr. 2:
Hinzufügen (Phonogramme): *tpj*; Kôm Ombo (Gutbub) I, Nr. 168, 7.

p. 224, Nr. 40:
Hinzufügen (Phonogramme): *śdm* (Dendara XII, 339, 11; *śdm*, schminken).

p. 225 f., Nr. 54 f.:
Zur Bestätigung cf. auch Zivie-Coche, in: Peter Der Manuelian und Rita E. Freed (Hg.), Studies in Honour of William Kelly Simpson, Bd. II, Boston 1996, 870 ff.

p. 226, Nr. 55a:
Hinzufügen (Phonogramme): *jw*; Kôm Ombo (Gutbub) I, Nr. 258, 4. – Die Herleitung ist fraglich (von *ʿwt*, Kleinvieh?); ob ein antiker Fehler vorliegt?

p. 237, n. 217:
Hinzufügen: Dendara XII, 203, 14 (*jm(jt).śn*).

p. 237, n. 233:
Hinzufügen: Man beachte auch die senkrechten Varianten Dendara XIV, 8, 4, 7 und 12.

p. 237, n. 234:
Hinzufügen: Dendara XV, 139, 12 (*Mnḥjt* oder *Mḥjt*).

p. 238, n. 246:
Am Ende anfügen: Dendara XIII, 202, 4.

p. 238, n. 247:
Hinzufügen: Dendara XII, 234, 6 (*jb*, der Landmann).

p. 238, n. 248:
Hinzufügen: Dendara XII, 321, 10 (cf. 331, 15); Cauville, Temple d'Isis, 103, 8 und 10 (cf. 2): *(r)dj.j-ʿ m ḥtp*, „Ich komme in Frieden".

p. 239, n. 271:
Hinzufügen: Kôm Ombo (Gutbub) I, Nr. 54, 2 (*ḥ3tjw*).

p. 240, n. 319:
Verbessere Nr. 12 zu Nr. 20.

p. 242, n. 343:
Hinzufügen: Cf. auch Kôm Ombo (Gutbub), I, Nr. 152, 1: *nmt.f tꜣ jw.f* ()[1] *twt*.

p. 242, n. 356:
Tilge den Beleg Edfou VI, 66, 11 aufgrund der Parallele IV, 213, 14 f.

p. 246, Nr. 11a:
Anfügen: Nr. 11b  Wörter, *nṯr sꜣ nṯr*, Gott, Sohn eines Gottes; siehe Lösungshilfe zu Übung 12, in fine.

p. 250, Nr. 49:
Hinzufügen: Phonogramm *b* (Dendara XII, 94, 16); siehe Nr. 50 mit n. 161.

p. 254, Nr. 92:
Hinzufügen (Phonogramme): *ḫn* (Dendara XIV, 67, 4: *ḫntšw*).

p. 257, n. 61:
Hinzufügen: Dendara XII, 289, 4 (*ptr*).

p. 258, n. 66:
Hinzufügen: Zum Problem cf. auch die Stelle Dendara XIII, 18, 1.

p. 258, n. 70:
Hinzufügen: , *mwt-nṯr*, die Gottesmutter (Dendara XIII, 153, 1; 175, 4; 247, 4).

p. 258, n. 72:
Hinzufügen: An anderen Stellen (Dendara XIII, 44, 4 und 9) liegt anscheinend die Lesung *sꜣ*, der Sohn, näher, aber auch hier ist die Lesung *Ḥr*, Horus, nicht auszuschließen.

p. 260, n. 139:
Hinzufügen: Zu *ḫrj*, Abkömmling (einer Gottheit) siehe auch Dendara XV, 62, 13.

p. 262, n. 190:
Hinzufügen: Dendara XI, 173, 1 (*mr ḥmw-nṯr*).

p. 263, n. 238:
Hinzufügen: Man beachte auch das Determinativ  zu *gmḥśw* (Volokhine, in: BIFAO 102, 2002, 411).

p. 268, n. 411:
Hinzufügen: Dendara XII, 209, 9 (*mḫnjt*); cf. 213, 11.

---

[1] In der Publikation handelt es sich um verschiedene Zeichenformen.

p. 269, Nr. 8:
Hinzufügen (Phonogramme): *r*; Kôm Ombo (Gutbub) I, Nr. 266, 12 (*pꜥt rẖjt*); siehe auch EP 1, 271 f., n. 32.

p. 269, Nr. 10:
Hinzufügen (Phonogramme): *sšš*; Dendara XV, 300, 7 und 8.

p. 270, Nr. 20:
Hinzufügen (Phonogramme): *djw* (das Zahlwort) fünf (Dendara XII, 126, 8: *św mj wtṯw nt(j) Ḫmnw*). – Zur Herleitung cf. den Lautwert *gb* des Eies sowie EP 1, Zeichenliste, Geometrische Figuren, p. 442, Nr. 6.

p. 271 f., n. 32:
Hinzufügen: An der Stelle Kôm Ombo (Gutbub) I, Nr. 266, 12, ist der Lautwert *r* sicher belegt.

p. 276, Nr. 7
Hinzufügen: (Wörter): *Ḏꜣmt*, Medinet Habu (Volokhine, in: BIFAO 102, 2002, 410).

p. 278, n. 6:
Statt „Inaros" lies *Ḥr-šdj* (*Šdj-Ḥr*).

p. 278, n. 33:
Hinzufügen: Cauville, Temple d'Isis, 8, 18.

p. 280, n. 79:
Hinzufügen: Dendara XV, 304, 7 f. (*śwḥt śbkt,* Bezeichnung des Harsiese. Die Bedeutung könnte sein: Ei/Kind der Sobeket/des weiblichen Sobek; zur Göttin siehe Brovarski, in: LÄ V, 1009 mit n. 273 f.; Kom Ombo II, 544). – Spielt das Zusammenziehen der Gebärmutter nach der Befruchtung eine Rolle, zur Verhinderung des Aborts? War dafür die Göttin Sobeket zuständig? Toëris wird ja „Sobeket" genannt.

p. 282, Nr. 1:
Hinzufügen (Phonogramme): *šꜣ*, Dendara XIII, 37, 13 (in: *šꜣšꜣjt*, der Hals; cf. 37, 11). – Zur Herleitung cf. Quaegebeur, Shai, 57; 276 f.

p. 284, Nr. 33:
Anfügen: Nr. 33a  *Tꜣ-rr*, Dendera (Dendara XIII, 324, 9; XV, 303, 3); cf. Dendara XIII, 238, 14; 327, 9; 379, 10; 401, 9). Siehe auch Addenda et Corrigenda zu p. 286, Nr. 54.

p. 286, Nr. 54:
Hinzufügen (Wörter): *Tꜣ-rr*, Dendera (Dendara XIV, 127, 7). Siehe auch Addenda et Corrigenda zu p. 284, Nr. 33. – Ein weiterer Beleg für *nṯrwt*: Dendara XV, 338, 14.

p. 288, n. 7:
Hinzufügen: Dendara XIII, 78, 1 (*śt śnḏm n(t) jt.ś Rʿ*).

p. 288, n. 17:
Hinzufügen: Dendara XII, 49, 14; 96, 7.

p. 290, n. 65:
Hinzufügen: Dendara XII, 233, 7 (mit Hörnchen; Suffixpronomen 3. S. M.; römerzeitlich).

p. 291, n. 115:
Hinzufügen: Cauville, Temple d'Isis, 13, 7.

p. 294, n. 203:
Hinzufügen: Dendara XIV, 203, 8.

p. 294, n. 204:
Hinzufügen: Als Beleg für *ḏd*: Dendara IV, 258, 11.

p. 296, n. 13:
Hinzufügen: Cf. Dendara XIII, 320, 2, wo vermutlich das Verbum *bwj*, verabscheuen, (Wb I, 453, 6), anzusetzen ist.

p. 298, Nr. 1:
Hinzufügen (Phonogramme): *ṯꜣ*; Dendara XV, 284, 4 (*ṯꜣjw*, die Männer).

p. 299, n. 7:
Hinzufügen: Dendara XV, 340, 10 (*bꜣ n Rʿ ꜣḫtj*; ob richtig?).

p. 299, n. 11:
Hinzufügen: Dendara XIV, 21, 2 (*ʿšꜣ ḫntšw*).

p. 300, n. 49:
Hinzufügen: Dendara XV, 269, 12.

p. 301, Nr. 8:
Hinzufügen (Phonogramme): *ḫnt*; Cauville, Temple d'Isis, 122, 11 (cf. 95, 17).

p. 302, Nr. 24:
Hinzufügen (Wörter): *tꜣ*, die Erde (Dendara X, 162, 14). – Zur Herleitung cf. Nr. 41 und 44.

p. 304, Nr. 41:
Hinzufügen (Wörter): *tꜣ*, die Erde (Dendara XII, 245, 16). – Zur Herleitung cf. Nr. 24 und 44.

p. 308, n. 30:
Hinzufügen: Dendara XIII, 351, 15 (*jmꜣ(t)*).

p. 311, n. 15:
Statt „Inaros“ lies *Ḥr-šdj* (*Šdj-Ḥr*).

p. 314, n. 217:
Hinzufügen: Dendara XII, 69, 18 (*W3ḏt*).

p. 316, n. 267:
Hinzufügen: Dendara XII, 284, 18 (*rwḏ b3gśw.k*).

p. 319, Nr. 17:
Hinzufügen (Wörter): *nśwt bjt*, König von Ober- und Unterägypten (Dendara XIV, 50, 9; 149, 7).

p. 320, Nr. 20:
Hinzufügen (Phonogramme): *j*(*j*); Erman, in: ZÄS 34, 1896, 151 (bei der Wiedergabe der Vokale „ja“ in „Domitianus“).

p. 327, n. 37:
Hinzufügen: An der Stelle Kôm Ombo (Gutbub), I, Nr. 148, 3, hat ein ähnliches Zeichen die Lesung *ṯḥn* (*ṯḥn ẖkrw*, cf. Wb V, 393, 1).

p. 327 f., n. 64:
Hinzufügen: Als Variante findet man auch ; Dendara XIII, 19, 8; 23, 4; 54, 14.

p. 328, n. 67:
Hinzufügen:  (Dendara XII, 282, 7; 286, 11; XV, 347, 5) und  (Dendara XIV, 19, 4), sind beide *Jtmw*, Atum, zu lesen (cf. Dendara IV, 158, 7). Zur Lesung gelangt man nach Prinzip II über die Idee des Lichtes der Morgensonne (Chepre), die zum Greis geworden ist (= Atum, die Abendsonne). Als Lautwert, wenn man überhaupt danach suchen muß, käme für  *jt* in Frage (< *jtn*);  = *m* (EP 1, 298, Nr. 1) und  = *w* (EP 1, 130, Nr. 15). – Ähnlich zu erklären ist wohl auch  *Jtmw*, Atum (Dendara XV, 266, 11); zu , Phonogramm *m*, cf. EP 1, 304, Nr. 41.

p. 328, n. 68:
Hinzufügen: Dendara XII, 286, 11 (*3ḫw*, Zaubersprüche).

p. 328 f., n. 97:
Lies besser (*j*)*r tm.śn śnḏ n k3.k w3ḥ.k jmj-tw.śn* ..., Wenn sie deinen Ka nicht respektieren, dann begibst du dich unter sie ... .

p. 329, n. 106:
Hinzufügen: Dendara XV, 222, 11.

p. 329, n. 111:
Hinzufügen: Dendara XII, 228, 4; ob der Priestertitel so zu lesen ist: *wdpw-śpr(-nṯr)*, der Mundschenk,-der (-den Gott)-erreicht (d.h. zum Gott gelangen darf)?

p. 329, n. 115:
Hinzufügen: Dendara XII, 275, 9 (*ḥnwt ḫb(t)*).

p. 331, n. 159:
Lies *śnt.f*. – Hinzufügen: Cf. Dendara XII, 71, 14.

p. 331, n. 160:
Hinzufügen: Dendara XIV, 3, 8 (*ḥbw.ś nfrw nw tp rnpt*).

p. 332 f., n. 202:

Hinzufügen: weitere Belege für  aus Dendera: Dendara XIII, 148, 12; 155, 13; XV, 301, 4. Inzwischen frage ich mich, ob nicht die Kuh (*jḥt*) metonymisch für das Produkt (die Milch) gesetzt wurde. Dafür spricht sehr die Stelle Cauville, Temple d'Isis, 114, 9.

p. 333, n. 224:
Hinzufügen: Cauville, Temple d'Isis, 15, 11 (cf. Wb V, 509, 19).

p. 333, n. 226 :
Hinzufügen : cf. Tebtynis II, 86 – 90, wo das Zeichen für einen der beiden *t*-Laute in der griechischen Wiedergabe des Toponyms verwendet wird.

p. 342, Nr. 49:

Hinzufügen (Phonogramme): *mn* (Dendara XIV, 172, 14; das gilt nur für die Form ).

p. 342, Nr. 54:

Anfügen: Nr. 54a  Phonogramm *nṯrj* (Dendara XII, 207, 15; zum Toponym siehe Favard-Meeks, Behbeit el-Hagara, 375 ff.); das Zeichen sieht im Original (Pl. 130 unten) etwas anders aus.

p. 347, n. 14:
Hinzufügen: Dendara XIII, 87, 11 (römerzeitlich).

p. 350, n. 128:
Hinzufügen: Wort *ś*, Pers. Pron. Suffix, 3. S. F.; Dendara XIV, 3, 7 (*wpš m3wt m ḥḏ.ś*); cf. auch Dendara XIV, 3, 6, wo ein spezieller Gebäudetyp ebenfalls als Pers. Pron. Suffix erscheint. – Zur Herleitung: nach Prinzip VI von *śrḫ* oder *sḫm*.

p. 352, n. 184:
Hinzufügen: siehe auch die überraschende Variante Dendara XII, 133, 14.

p. 352, n. 191:
Ein weiterer Beleg für diesen Fehler: Edfou IV, 214, 4.

p. 353, n. 220:

Cf. auch Edfou VI, 153, 4 (kollationiert), wo das Zeichen entweder fehlerhaft für steht oder für ; falls letzteres richtig sein sollte, wäre dieses Zeichen als Phonogramm *mn* anzusetzen.

p. 353, n. 225:

Hinzufügen: Die Lesung *nẖb* oder *nẖn* wird vielleicht von den Stellen Dendara XIII, 301, 2; 324, 7; 331, 12; 398, 11; XV, 5, 17; 317, 3; 320, 6 (cf. XI, 203, 12: *Nẖbt nb*(*t*) *Nẖb*) und anderen mehr bestätigt. Allerdings könnte es sich um einen Beinamen der Orte handeln (cf. Gauthier, DG III, 97: *nht;* IV, 27: *ḥpt*); dagegen spricht jedoch, daß *h* für *ẖ* stehen kann (siehe p. 525, § 20.3). Ob es sich um ein noch unbekanntes Heiligtum der Nechbet handelt?

p. 353, n. 243:

Hinzufügen: An der Stelle Kôm Ombo (Gutbub) I, Nr. 211, 14, steht das Zeichen fehlerhaft für .

p. 354, n. 251:

Hinzufügen: Fehler für 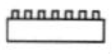, Kôm Ombo (Gutbub) I, Nr. 139, 9.

p. 354, n. 263:

Hinzufügen: Dendara XIII, 283, 2 (*ṯnṯꜣt*); allerdings läßt der folgende antike Fehler ( statt richtig ) an ein Versehen des Steinmetzen denken.

p. 354, n. 264:

Hinzufügen: Ein weiteres Beispiel findet sich an der Stelle Kôm Ombo (Gutbub) I, Nr. 26, 6.

p. 356, Nr. 1:

Hinzufügen (Phonogramme): *ẖn*; Caminos, Tale of Woe, 6.

p. 359, n. 4:

Hinzufügen: Dendara XII, 164, 16 (*ʿḥʿ m ḥkꜣ ḥr nśt*).

p. 359, n. 7:

Hinzufügen: Leichentuch Moskau I, 1a, 5763, links (Herzseite), 6. Register von unten.

p. 360, n. 39:

Hinzufügen: Das Zeichen ist zwingend *wꜣḏ* zu lesen an der Stelle Dendara XI, 83, 10.

p. 360, n. 40:

Hinzufügen: An anderen Stellen (z. B. Dendara XIII, 138, 8) spricht die Alliteration für die Lesung *ꜣẖ-bjt* (*nb mśẖʿ ẖ nfr ẖnt ꜣẖ-bjt*).

p. 360, n. 57:

Hinzufügen: Ein weiterer Beleg findet sich an der Stelle Dendara XII, 147, 10.

p. 361, n. 87:
Hinzufügen: Siehe auch p. 345, Nr. 96.

p. 369, n. 24:
Hinzufügen: Dendara XII, 55, 8.

p. 369, n. 27:
Hinzufügen: Dendara XIII, 114, 14; 115, 13. Dendara XV, 239, 14 – 240, 14. – Statt „Inaros“ lies *Ḥr-šdj* (*Šdj-Ḥr*).

p. 370, n. 50:
Hinzufügen: , *tꜣ-mrj*, Ägypten (Dendara XIV, 111, 6).

p. 374, n. 172:
Hinzufügen: Dendara XIII, 29, 12.

p. 376, Nr. 16:
Hinzufügen: Wort *fdw* (Zahlwort) vier (Dendara XII, 281, 3).

p. 379, Nr. 56:
Zur Bestätigung cf. auch Zivie-Coche, in: Peter Der Manuelian und Rita E. Freed (Hg.), Studies in Honour of William Kelly Simpson, Bd. II, Boston 1996, 872 ff.

p. 381, Nr. 70:
Hinzufügen (Phonogramme): *nḥb* (Dendara XII, 14, 1); der Fall ist sehr unsicher. – Zur möglichen Herleitung cf. Wb II, 297, 1 ff. Alternative: Es könnte sich um ein Flagellum auf dem Rücken des Gottes handeln (Pl. 13).

p. 384, n. 95:
Hinzufügen: das Zeichen  hat die Lesung *ꜣwj-jb*, froh sein (Dendara XIV, 6, 7: *ꜣwj-jb.t*(*w*) *jm.ś rꜥ nb*; zum Verbum siehe Cauville, Dend. Chap. Os. III, 1 f.). – Zur Herleitung cf. Dendara XIV, 65, 9: *ꜣwt-jb*, ein Amulett.

p. 387, n. 166:
Hinzufügen: Dendara XIII, 74, 5.

p. 389, n. 242:
Hinzufügen: Zur Reinigung mit dem *ꜣmś*-Zepter siehe auch Dendara XII, 205, 8f.

p. 397, n. 1:
Hinzufügen: Siehe auch in Kom Ombo, Kôm Ombo (Gutbub) I, Nr. 132, 1.

p. 401, n. 137:
Hinzufügen: Dendara XIV, 125, 12.

p. 406, Nr. 12:
Hinzufügen (Wörter): *jpt*, das Hohlmaß; Tanja Pommerening: Die altägyptischen Hohlmaße; SAK Beiheft 10, 2005, 232 f.

p. 410, n. 8:
Hinzufügen: Dendara XV, 139, 12 (*Mḥjt* oder *Mnḥjt*); römerzeitlich.

p. 410, n. 11:
Siehe Nachtrag zu p. 410, n. 8.

p. 415, Nr. 5:
Hinzufügen (Phonogramme): *stj* (Kôm Ombo, Gutbub, I, Nr. 142, 10; cf. Bedier in: GM 162, 1998, 12, n. 32).

p. 416, Nr. 27:
Hinzufügen (Phonogramme): *nḏ* (Dendara XIV, 120, 6: *śmnḫ nḏśw*); die Lesung ist etwas unsicher, da ich für diese Wendung keine Parallele finden konnte (cf. aber Nr. 29). Ein weiterer Beleg: Dendara XIV, 164, 4 (*štꜣ ꜥḳ m/n nḏśw,* unzugänglich für die gewöhnlichen Menschen).

p. 419, n. 1:

Hinzufügen: An der Stelle Dendara XIII, 48, 15, hat  vielleicht den Lautwert *h* (*hṯtwt*, Äffinnen); wenn kein neues Wort anzusetzen ist (**wtṯwt*), könnte es sich um einen antiken Fehler handeln, der von der demotischen Vorlage provoziert wäre (cf. Erichsen, DG, z. B. 303, 2. Eintrag).

p. 420, n. 56:
Hinzufügen: Die Texte der Szene Dendara XII, 99, 13 ff. (Pl. 64 oben) erläutern dieses Kultobjekt recht klar (Horus, der Herrscher Ägyptens und der Welt, noch im Ei, geschützt von Wappenpflanzen und Papyrus, den Hathor von Dendera gebären, nähren und großziehen wird). Als Bezeichnungen des Kultobjektes findet man 1) *pꜣ dmj ntj ḥr-tp tꜣ mnꜥt* der Ort, der sich über der Amme befindet (Dendara XIV, 171, 2; eine Art Wochenlaube? Oder eine symbolisch stilisierte Darstellung des Mammisi?); 2) *ḫꜣ-tb*[?] oder *ḫtb*[?] oder *ḫꜣdb*[?]; siehe zum Beispiel Dendara XIII, 321, 3 f.; XIV, 129, 2.

p. 421, n. 71:
Hinzufügen: Zur Lesung cf. auch Kôm Ombo (Gutbub) I, Nr. 240, 9.

p. 421, n. 91:
Hinzufügen: Dendara XV, 339, 13 (*mdw*, die Worte).

p. 421, n. 94:
Hinzufügen: Die Lesung *štꜣ* ist vielleicht belegt bei Cauville, Temple d'Isis, 321, 17. (*ꜥrḳ.j štꜣ.j m* ..., „Ich bekleide meinen Leib mit ...“); leider ist das Zeichen beschädigt.

p. 422, n. 106:
Die Stelle Dümichen, GI III, Tf. LXXXII, entspricht jetzt Dendara XII, 71, 4.

p. 422, n. 121:
Zur Bestätigung der Lesung *ꜥnḫ* cf. auch Zivie-Coche, in: Peter Der Manuelian und Rita E. Freed (Hg.), Studies in Honour of William Kelly Simpson, Bd. II, Boston 1996, 869 f.

p. 425, Nr. 6:
Ein ähnliches Zeichen hat den Lautwert *mj*: EP 1, 73, n. 6.

p. 428, Nr. 47
Hinzufügen: Phonogramm *mj* (Dendara XIII, 38, 8; 44, 4, cf. VI, 135, 5). – Herleitung: Verwechslung/Gleichsetzung mit .

p. 433, n. 166:
Hinzufügen: Cf. Kôm Ombo (Gutbub) I, Nr. 85, 2: ob Determinativ zu *kṯ*, ein Gefäß (unsicher wegen der vorangehenden Textzerstörung)?

p. 436, n. 22:
Von der Kursive inspirierte Varianten: Edfu Begleitheft 5, 1999, 75; Dendara Mam., 129, 2; Lösungshilfen zu Übung 12, links, Zeile 1.

p. 438, Nr. 1:
Hinzufügen (Wörter): *ḏd*, sagen; Pap. Carlsberg VII, Iversen, Fragments of a Hieroglyphic Dictionary, Historisk-Filologiske Skrifter 3, Kopenhagen 1958, 17. Neben der Herleitung nach Prinzip II über das Bild der Schriftrolle (diese enthält ja auch Gesagtes) ist auch eine phonetische Herleitung denkbar (über die Lesungen *mḏꜣt* und *dmḏ*).

p. 441, n. 30:
Hinzufügen: Dendara XII, 324, 15 (*Śḫmt*); Cauville, Temple d'Isis, 24, 5.

p. 441, n. 33:
Hinzufügen: Cauville, Temple d'Isis, 218, 18.

p. 442, Nr. 12:
Hinzufügen (Phonogramme): *p*; Kôm Ombo (Gutbub) I, Nr. 167, 1 (nach Prinzip V von *wp*? Ein Fehler?).

p. 443, Nr. 17:
Anfügen: Nr. 18 [1] Phonogramm *n* Kôm Ombo (Gutbub) I, Nr. 4, 5; 5, 5; 130, 1; 179, 4. – Herleitung: Es handelt sich um die nicht vollständig ausgeführte Hieroglyphe .

p. 445, n. 48:
Hinzufügen: Dendara XIII, 72, 12 (*ḫmj*). – Dendara XV, 4, 3 (in der Kartusche); 6, 9. Dieser Lautwert ist mir aus den Inschriften der Tempel von Edfu und Esna nicht bekannt.

[1] Die Seiten des Zeichens sind in der Publikation nicht konvex, sondern geradlinig.

p. 445, n. 55:
Hinzufügen: Dendara XIII, 56, 8.

p. 445, n. 58:
Hinzufügen: Dendara XII, 150, 17 (*ḥwȝw nb ḏw*).

p. 446, Nr. 9:

Anfügen: Nr. 10 Phonogramm *jśw*; Kôm Ombo (Gutbub) I, Nr. 355, 1; 356, 1; 370, 3. – Zur Herleitung cf. Möller, Paläographie III, Nr. 97 (?).

p. 459, § 3.3b:
Hinzufügen: , *ḥmḥmtj*, der Brüller (der Löwe); Dendara XII, 317, 12; 318, 1. Hier zeigt *ȝ* eindeutig die Position des Vokals an, siehe Crum, CD, 682 b; Westendorf, KoptHWb, 374: ϩⲏⲙϩⲉⲙ, (S^{f}. F.).

p. 466, § 4.4, n. 5:
Hinzufügen: Dendara XV, 283, 5 (*twȝ*).

p. 467, § 4.9, n. 6:
Hinzufügen: Auch Dendara XIII, 58, 3 (*r tp-ḥśb*).

p. 469, § 5.3 b, n. 4:
Hinzufügen: Auch Dendara XII, 201, 3.

p. 472, n. 7:
Hinzufügen: eine weitere Schreibung mit drei Schilfblättern: Kôm Ombo (Gutbub) I, Nr. 8 (*ḥrjw-šꜥ*).

p. 474, § 6.3 a, n. 6:
Hinzufügen: Kôm Ombo (Gutbub) I, Nr. 1, 5 ff. (viele Fälle).

p. 485, n. 4:
Lies ῥισιγέτου.

p. 500, § 10.4, n. 2:

Hinzufügen: Weitere Fälle: , *jj*, kommen (im *śḏm.f*); Dendara XV, 208, 3. Cauville, Temple d'Isis, 91, 3 (*mrj*).

p. 500, n. 2:
Cauville, Temple d'Isis, 91, 3 (*mrj*).

p. 516, n. 1:

Hinzufügen: cf. auch , *ḫnt* (Cauville, Temple d'Isis, 122, 11); die Schreibung beruht auf der Unterdrückung des *n* vor *t*.

p. 518, n. 3:
Lies: ... des dentalen Verschlußlautes *d* begründet; ...

p. 520 f., n. 2:
Hinzufügen: An der Stelle Dendara XIV, 17, 2, steht *n* eindeutig für *ꜣ*: 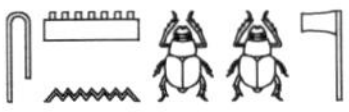, *Smꜣ-tꜣwj*.

p. 521, § 18.3:
Hinzufügen: , *rmnj*, tragen (Dendara XIV, 123, 8); , *rdj*, geben (Dendara XIV, 128, 11);  (Kôm Ombo (Gutbub) I, Nr. 11, 3).– Zur möglichen phonetischen Begründung für *rmnj* siehe Westendorf, KoptHWb, 166, mit n. 2; bei *rdj* (>϶) soll vielleicht die Aussprache des anlautenden *r* deutlich angegeben werden, und bei *rḥtj* handelt es sich wohl um eine Graphische Assimilation (siehe EP 1, 99, Nr. 20).

p. 525, § 20.3:
Hinzufügen: Zu einem weiteren möglichen Beleg siehe den Nachtrag zu p. 353, n. 225.

p. 525, § 20.4a:
Hinzufügen: Statt  wird auch  verwendet (Dendara XII, 84, 2; 107, 8).

p. 539:
Verbessere Feminenendung in Femininendung

p. 539, § 32.2:
Anfügen nach: „... und dort, wo das Koptische keine Bestätigung liefert.“:

p. 552, § 36 a): Bemerkenswert ist auch die Endung 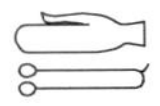 : Philä II, 134 links, mittlere Kolumne, unten (*ẖꜥj.tj*)

32.3 Hinzugefügtes *t*:

a) , *wr*, groß sein[1]; , *nh*, schützen[2]; , *ḥn*, sehen[3]; , *šbn.tj*, gemischt[4]; , *kfn*, beugen[5]; , *ṯwt*, die Speisentische[6].

In diesen Fällen wird es sich teils um Fehler verschiedener Art handeln, oder zumindest um eine gewisse orthographische Verwilderung[7].

p. 540 b, n. 1:

Hinzufügen: Cauville, Temple d'Isis, 78, 17; 79, 9.

---

[1] Edfou VI, 57, 9. Es handelt sich um einen antiken "Fehler" (Photo 1338 des Edfu-Projekts); die feminine Form *wrt* wurde versehentlich als Gruppe übernommen. Auch: , *nh(w) wr(w)*, die großen Schutzschlangen (Edfou VII, 108, 1, kollationiert; cf. IV, 284, 3).

Weitere, eventuell vergleichbare: Fälle: , *nśwjt*, das Königtum (Edfou VI, 57, 8 und VII, 198, 5; cf. Jansen-Winkeln, Spätmitteläg. Gramm., § 130); , *Pśḏt*, die Neunheit (Edfou V, 83, 2). Auch hier kann man sich fragen, ob nicht das erste jeweils innerhalb einer Gruppe oder Ligatur übernommen wurde. Bei , *s3t*, die Tochter (Edfou VII, 90, 11; 173, 1, , hier im Status Absolutus; bereits seit NR belegt, cf. Kurth, in: Edfu, Begleitheft 1, 1990, 63) und , *k3t*, die Arbeit (Edfou VII, 83, 2; cf. 82, 2 und V, 149, 7: im Stat. Pron. mit nur einem) dürfte diese Erklärung nicht zutreffen, im Falle *k3t* kommen mit Blick auf die Parallelen Zweifel, ob nicht vielleicht das letzte *t* ein Fehler für ist. - Cf. auch Edfou VII, 278, 4: *bnrt* anstelle des richtigen *bnr* (so im Stein, Photo 889).

[2] Edfou VII, 64, 15 (*śḏm.f*); ähnlich V, 318, 8 (Infinitiv; cf. oben, § 6.3, d). Es handelt sich wohl um eine Mischschreibung zwischen Verb und Nomen.

[3] Edfou VI, 328, 10 (kollationiert); ein Fehler?

[4] Edfou VI, 29, 2 (Pseudopartizip, 3. Pl.). Wurde von einer älteren Vorlage versehentlich eine vor dem Determinativ geschriebene Endung *t* des Pseudopartizips (Gardiner, EG, § 309) übernommen und dieser dann nochmals die Endung *tj* hinzugefügt? Oder liegt eine Analogiebildung zu jener Schreibung des femininen Substantivs im Status Pronominalis vor, als deren Endung *t* und Determinativ und *tj/tw* und Pers. Pron. Suffix erscheint (siehe Kurth, in: Edfu, Begleitheft 1, 1990, 62 f.; Jansen-Winkeln, Spätmitteläg. Gramm., § 132)?

[5] Edfou VI, 148, 8 (kollationiert); ein Fehler?

[6] Edfou VIII, 154, 2 f. Cf. auch die Schreibungen der Wörter *šfjt*, das Ansehen (Edfou V, 159, 3; VI, 59, 1), *ṯst*, der Himmel (VII, 121, 4), *mḥjt*, der Nordwind (VII, 243, 2) und *pt*, der Himmel (VII, 137, 14). In diesen Fällen (feminine Substantive, nicht im Status Pronominalis) hat es teils den Anschein, als hätte man das *t* der Femininendung stammhaft aufgefaßt und außerdem noch eine Femininendung hinzugefügt, geschrieben nach Art des Demotischen hinter dem Determinativ; man hätte also z. B. das Wort *ṯ.t* als **ṯt.t* oder vielleicht auch **ṯtj.t* verstanden.

[7] In den folgenden Fällen handelt es sich teils um Fehler, teils ist nicht sicher auszumachen, ob ein *t* hinzugefügt wurde oder ob es für andere auslautende (schwache) Konsonanten steht (cf. § 32.4): Edfou V, 46, 11 (*ʿb3*); steht *t* für auslautendes *3*, oder liegt ein Fehler vor? – Edfou VI, 28, 8 (*mrw*); die beiden *t* wurden vielleicht mechanisch mit dem üblichen Determinativ zur häufig anzutreffenden Gruppe kombiniert. – Edfou VII, 177, 13 (*bj3*); eine Mischschreibung mit *bd*, das Natron, reinigen (Wb I, 486, 5 - 13)? – Edfou VII, 207, 17 (*šbw*); cf. Wb IV, 437, 3 ff. mit konkurrierenden Wörtern. – Edfou VIII, 30, 4 (*pʿpʿ*), der ganze Text ist gespickt mit Chassinats "(sic)", und es liegt nahe, einen Fehler anzusetzen.
Ähnliche Fehler sind auch in der vorangehenden Zeit zu belegen, siehe Jansen-Winkeln, Spätmitteläg. Gramm., § 31 f.; 130.

p. 578:

Einfügen, nach Kockelmann:

Kön.

John Coleman Darnell, The Enigmatic Netherworld Books of the Solar-Osirian Unity, Cryptographic Compositions in the Tombs of Tutankhamun, Ramesses VI and Ramesses IX, OBO 198, 2004.

p. 579

Einfügen, nach Quirke:

Rondot, Tebtynis II

Vincent Rondot, Tebtynis II, FIFAO 50, 2004

Ebenfalls im Backe-Verlag erschienen:

Einführung ins Ptolemäische, Teil 1

Eine Grammatik mit Zeichenliste und Übungsstücken.

Der erste Band geht ausführlich auf das ptolemäische Schriftsystem ein. Die Grundlagen zu Herkunft, Entwicklung und Sinn des Schriftsystems werden ebenso behandelt, wie die verschiedenen Herleitungsprinzipien, nach denen Lesungen gebildet werden. Eine umfangreiche Zeichenliste und Übungen für das Selbststudium runden den Band ab.

594 Seiten

ISBN: 978-3-9810869-1-1